"十四五"普通高等教育本科规划教材

供本科护理学类专业用

基础护理学

主　编　万丽红　谢　晖　王翠丽

副主编　刘晓慧　熊吴燕　李昌秀
　　　　王　娟　李育玲

编　委（按姓名汉语拼音排序）

陈爱琴（中山大学肿瘤防治中心）
高　敏（新乡医学院护理学院）
郭植君（汕头大学医学院附属肿瘤医院）
李昌秀（遵义医科大学护理学院）
李　佳（中山大学肿瘤防治中心）
李　佳（遵义医科大学珠海校区护理学系）
李育玲（山西医科大学第一医院）
刘　齐（广西医科大学护理学院）
刘晓慧（宁夏医科大学护理学院）
史慧敏（宁夏医科大学护理学院）
万丽红（中山大学护理学院）
汪凤兰（华北理工大学护理与康复学院）

王翠丽（北京大学护理学院）
王　娟（广州中医药大学护理学院）
谢　晖（蚌埠医学院护理学院）
熊吴燕（贵州医科大学护理学院）
许丽杰（首都医科大学护理学院）
曾　丹（贵州医科大学护理学院）
张　华（天津医科大学护理学院）
张　琪（中山大学护理学院）
张全志（哈尔滨医科大学护理学院）
张　岩（北京大学护理学院）
张迎霞（大连大学护理学院）

北京大学医学出版社

JICHU HULIXUE

图书在版编目（CIP）数据

基础护理学 / 万丽红，谢晖，王翠丽主编. — 北京：北京大学医学出版社，2023.6
 ISBN 978-7-5659-2817-8

Ⅰ. ①基⋯　Ⅱ. ①万⋯ ②谢⋯ ③王⋯　Ⅲ. ①护理学–高等学校–教材　Ⅳ. ①R47

中国国家版本馆CIP数据核字（2023）第013356号

基础护理学

主　　编：万丽红　谢　晖　王翠丽
出版发行：北京大学医学出版社
地　　址：（100191）北京市海淀区学院路 38 号　北京大学医学部院内
电　　话：发行部 010-82802230；图书邮购 010-82802495
网　　址：http://www.pumpress.com.cn
E-mail：booksale@bjmu.edu.cn
印　　刷：北京瑞达方舟印务有限公司
经　　销：新华书店
责任编辑：郭　颖　　责任校对：靳新强　　责任印制：李　啸
开　　本：850 mm × 1168 mm　1/16　印张：31.75　插页：1　字数：916 千字
版　　次：2023 年 6 月第 1 版　2023 年 6 月第 1 次印刷
书　　号：ISBN 978-7-5659-2817-8
定　　价：75.00 元
版权所有，违者必究
（凡属质量问题请与本社发行部联系退换）

第3轮修订说明

国务院办公厅印发的《关于加快医学教育创新发展的指导意见》提出以新理念谋划医学发展、以新定位推进医学教育发展、以新内涵强化医学生培养、以新医科统领医学教育创新；要求全力提升院校医学人才培养质量，培养仁心仁术的医学人才，加强护理专业人才培养，构建理论、实践教学与临床护理实际有效衔接的课程体系，提升学生的评判性思维和临床实践能力。《教育部关于深化本科教育教学改革全面提高人才培养质量的意见》要求严格教学管理，把思想政治教育贯穿人才培养全过程，全面提高课程建设质量，推动高水平教材编写使用。新时代本科护理学类人才培养及教材建设面临更高的要求和更大的挑战。

为更好地支持服务高等医学教育改革发展、本科护理学类人才培养，北京大学医学出版社有代表性地组织、邀请全国高等医学院校启动了本科护理学类专业规划教材第3轮建设。在各方面专家的指导下，结合各院校教学教材调研反馈，经过论证决定启动27种教材建设。其中修订20种教材，新增《基础护理学》《传染病护理学》《老年护理学》《助产学》《情景模拟护理综合实训》《护理临床思维能力》《护理信息学》7种教材。

修订和编写特色如下：

1. 调整参编院校

教材建设的院校队伍结合了研究型与教学型院校，并注重不同地区的院校代表性；由知名专家担纲主编，由教学经验丰富的学院教师及临床护理教师参编，为教材的实用性、权威性、院校普适性奠定了基础。

2. 更新知识体系

对照教育部本科《护理学类专业教学质量国家标准》及相关考试大纲，结合各地院校教学实际修订教材知识体系，更新已有定论的理论及临床护理实践知识，力求使教材既符合多数院校教学现状，又适度引领教学改革。

3. 创新编写特色

本着"以人为中心"的整体护理观，以深化岗位胜任力培养为导向，设置"导学目标"，使学生对学习的基本目标、发展目标、思政目标有清晰了解；设置"案例""思考题"，使教材贴近情境式学习、基于案例的学习、问题导向学习，促进学生的临床护理评判性思维能力培养；设置"整合小提示"，探索知识整合，体现学科交叉；设置"科研小提示"，启发创新思维，促进"新医科"人才培养。

4. 融入课程思政

将思政潜移默化地融入教材中，体现人文关怀，提高职业认同度，着力培养学生"敬佑生命、救死扶伤、甘于奉献、大爱无疆"的医者精神，引导学生始终把人民群众生命安全和身体健康放在首位。

5. 优化数字内容

在第 2 轮教材与二维码技术初步结合实现融媒体教材建设的基础上，第 3 轮教材改进二维码技术，简化激活方式、优化使用形式。按章（或节）设置一个数字资源二维码，融拓展知识、微课、视频等于一体。设置"随堂测"二维码，实现即时形成性评测及反馈，促进"以学生为中心"的自主学习。

为便于教师、学生下载使用，PPT 课件统一做成压缩包，用微信"扫一扫"扫描封底激活码，即可激活教材正文二维码、导出 PPT 课件。

第 2 轮教材的部分教材主编因年事已高等原因，不再继续担任主编。她们在这套教材的建设历程中辛勤耕耘、贡献突出，为第 3 轮教材建设日臻完善、与时俱进奠定了坚实基础。各方面专家为教材的顶层设计、编写创新建言献策、集思广益，在此一并致以衷心感谢！

本套教材供本科护理学类专业用，也可供临床护理教师和护理工作者使用及参考。希望广大师生多提宝贵意见，反馈使用信息，以逐步完善教材内容，提高教材质量。

前 言

党的二十大从全面建设社会主义现代化国家使命和全局出发，进一步对推进健康中国建设作出部署，并把建成健康中国作为到2035年我国发展的总体目标之一。基础护理技术是每位护士必须熟练掌握的基本技能。随着人们健康意识的增强，人们对护士的职业要求也越来越高。如何在护理工作中体现"以人为中心"的整体护理理念、最大限度地满足服务对象全方位的需求、全面深入实施健康中国战略，已成为临床护理的重要课题之一。在基础护理技术教学中，如何理论联系实际、如何提高学生分析问题和解决问题的能力、如何围绕立德树人的根本使命做好学生专业价值的引领，是护理教学中的重点和难点。

基础护理学是护理学专业学生学习临床护理课程必备的前期课程和主干课程，以基础护理技术为主线，以满足患者身心需要为框架，内容包括基础护理学的基本理论、基本知识和基本技能（简称"三基"）。学好基础护理学，是夯实基础护理、实现优质护理服务的关键。为满足人们日益增长的健康需要，我们根据《护理学类教学质量国家标准》，参照国家教育部规定的本科阶段培养目标编写了这本教材，供护理学专业全日制本科、成人专升本教育及相应水平的读者使用。

本教材编写的指导思想是：围绕立德树人的教育目标，引导学生学习领会党的二十大精神，坚持以人民为中心的发展思想，培养学生有理想、敢担当、能吃苦、肯奋斗的精神，具备必需的理论知识、较强的实践能力和良好的职业素养，贯穿"以人为中心"的整体护理观，促进学生全面发展。本教材具有三大特点。一是与时俱进、体现最新进展：注重贯彻"三基"原则，对章节的顺序进行了合理的调整和组合，力求反映临床护理和护理研究的最新成果，编写内容体现科学性、先进性和实用性。二是图表清晰明了、所含信息丰富：基础护理技能除了注意运用图文说明外，还采用实景图片替代传统的模式图解，使其更加清晰直观，更有助于学生对操作要领的理解和掌握。三是立足基础、联系临床和生活实际，以提高学生学习兴趣和专业认同感：根据本科生学习特点和学习需要，增设了章前导入案例和章后案例分析，融入有助于塑造学生自主学习、临床思维、创新能力的教育元素和思政元素，为护生日后走上护理工作岗位、为服务对象提供优质整体护理打下坚实的基础，以满足临床护理工作的需要。此外，教材还设置了导学目标、知识链接、思考题等，同时设置了二维码数字资源。教材中的所有案例，均是编委精心设计的贴近临床实践的护理情境，力求在基础护理教学的同时，培养学生的临床护理思维、良好的职业道德和职业情感，真正达到课堂理论知识紧密联系临床实践的目的。

本教材由来自国内16所高等医学院校的23位护理学专业教师编写而成。该编委团队具有丰富的教学经验和临床护理经验，在教材编写过程中严谨求实，注重体现知识的基础性和时代性。但受水平所限，书中难免存在不足之处，恳请广大师生和读者惠予指正。

万丽红

目 录

- 第一章 绪论

- 第二章 医院与医院环境
  - 第一节 医院的概念、任务与种类…… 5
  - 第二节 医院环境的概念、
          特点与分类………………… 8
  - 第三节 医院环境与调控…………… 11

- 第三章 医院感染的预防与控制
  - 第一节 医院感染…………………… 22
  - 第二节 清洁、消毒与灭菌………… 27
  - 第三节 手卫生……………………… 48
  - 第四节 无菌技术…………………… 52
  - 第五节 隔离技术…………………… 62

- 第四章 入院与出院患者的护理
  - 第一节 入院患者的护理…………… 80
  - 第二节 患者的卧位………………… 87
  - 第三节 运送患者…………………… 97
  - 第四节 出院患者的护理…………… 102
  - 第五节 人体力学在护理实践中的
          应用………………………… 104

- 第五章 患者的舒适与安全
  - 第一节 患者的舒适………………… 116
  - 第二节 患者的安全………………… 119

- 第六章 疼痛患者的护理
  - 第一节 概述………………………… 131
  - 第二节 影响疼痛的因素…………… 135
  - 第三节 疼痛的管理………………… 136

- 第七章 休息、睡眠与活动
  - 第一节 患者的休息与睡眠………… 149
  - 第二节 患者的活动………………… 158

- 第八章 医疗与护理文件
  - 第一节 概述………………………… 169
  - 第二节 医疗与护理文件的书写…… 171
  - 第三节 医院信息系统的应用……… 178

- 第九章 生命体征的评估与护理
  - 第一节 体温的评估与护理………… 187
  - 第二节 脉搏的评估与护理………… 195
  - 第三节 呼吸的评估与护理………… 200
  - 第四节 血压的评估与护理………… 211

- 第十章 患者的清洁卫生
  - 第一节 口腔的护理………………… 220
  - 第二节 头发的护理………………… 225
  - 第三节 皮肤的护理………………… 228
  - 第四节 会阴部的护理……………… 242
  - 第五节 患者晨晚间护理…………… 246

目录

第十一章 冷、热疗法
- 第一节 概述 …………………… 250
- 第二节 冷疗法与热疗法 ………… 252

第十二章 饮食与营养
- 第一节 营养与健康 ……………… 270
- 第二节 医院饮食 ………………… 279
- 第三节 营养状况的评估 ………… 281
- 第四节 患者饮食的护理 ………… 286

第十三章 排泄
- 第一节 排尿的评估与护理 ……… 297
- 第二节 排便的评估与护理 ……… 310

第十四章 给药
- 第一节 给药的基本知识 ………… 327
- 第二节 口服给药法 ……………… 334
- 第三节 注射给药法 ……………… 338
- 第四节 药物过敏试验法 ………… 359
- 第五节 吸入给药法 ……………… 363
- 第六节 局部给药法 ……………… 372

第十五章 静脉输液与输血
- 第一节 静脉输液 ………………… 384
- 第二节 静脉输血 ………………… 401

第十六章 标本的采集
- 第一节 概述 ……………………… 422
- 第二节 各种标本的采集 ………… 423

第十七章 护士的职业暴露与防护
- 第一节 概述 ……………………… 440
- 第二节 护士的职业暴露与预防处理措施 ………… 444

第十八章 病情观察与危重症患者的管理
- 第一节 病情观察 ………………… 454
- 第二节 危重症患者的管理与护理 … 459
- 第三节 常用急救技术 …………… 463

第十九章 临终护理
- 第一节 概述 ……………………… 477
- 第二节 临终患者与家属的护理 … 481
- 第三节 死亡后的护理 …………… 489

主要参考文献 ……………………… 497

中英文专业词汇索引 ……………… 498

第一章 绪 论

导学目标

通过本章内容的学习,学生应能够:
◆ **基本目标**
1. 简述基础护理学的课程地位。
2. 理解基础护理学课程的基本任务。
3. 说出基础护理学课程的学习内容。
4. 明确基础护理学的课程学习目的。
5. 陈述基础护理学课程的学习方法及要求。

◆ **发展目标**
1. 在课程学习中,采用情景模拟学习法、结伴学习法、小步子学习法、反思学习法等,提高基础护理学的课程学习效果。
2. 通过课程学习,了解护士的神圣职责,领会党的二十大精神,坚持以人民为中心的发展思想,培养良好的职业情感和仁爱奉献的人文精神,掌握扎实的基本知识和技能,为专科护理的学习及完成救死扶伤的使命奠定基础。

帮助健康的人预防疾病、促进健康,帮助患者恢复健康、减轻痛苦是每一位护士的重要职责。随着护理学的发展,护理工作的内容不断深入和发展,除了基础护理,还有专科护理、护理教育、护理研究和护理管理等。基础护理是专科护理等工作内容的基础,它以护理学的基本理论、基本知识和基本技能为基础,结合服务对象的身心特点,满足服务对象的基本需要,从而达到帮助服务对象恢复或促进健康的目的,实现健康中国战略目标。

一、基础护理学的地位与基本任务

（一）课程的地位

基础护理学是护理学专业学生的必修课程和主干课程,是护理学专业课程体系中最基本、最重要的课程之一,是学生学习内科护理学、外科护理学、妇产科护理学、儿科护理学等临床护理课程必备的前期课程。学好基础护理学,能帮助学生了解护士的神圣职责,培养学生的专业情感,掌握基本知识和技能,为专科护理的学习及完成救死扶伤的使命奠定良好的理论和技能基础。

（二）课程的基本任务

围绕"以人为中心"的整体护理理念,护士需关注服务对象的生理、心理、社会、精神、文化等各方面现存的和潜在的健康问题，采用护理程序等科学的工作方法，为服务对象个体乃至家庭和社区提供整体护理。在各种护理活动中，护士必须掌握的就是护理学的基本理论、基本知识和基本技能。

基础护理学的基本任务是培养护理学专业学生良好的职业素质，在整体护理观的指导下，运用护理学的基本理论、基本知识和基本技能，满足服务对象的生理、心理与社会需要，帮助服务对象减轻痛苦、恢复健康、维持健康和促进健康，使其尽可能达到健康的最佳状态。课程教学应围绕立德树人的根本使命，积极融入课程思政元素，培养学生良好的职业道德和慎独精神、精益求精的专业精神、理性的评判性思维和敬畏生命、仁爱奉献的人文精神。

二、基础护理学的学习内容与学习目的

（一）课程的学习内容

基础护理学的学习内容包括护理学的基本理论、基本知识和基本技能，这些内容是临床护理实践中各项专科护理工作的基础，并贯穿于维护个体健康的始终。具体学习内容包括医院与医院环境、医院感染的预防与控制、入院与出院患者的护理、患者的舒适与安全、疼痛患者的护理、休息与活动、医疗与护理文件、生命体征的评估与护理、患者的清洁卫生、冷热疗法、饮食与营养、排泄、给药、静脉输液与输血、标本采集、护士的职业暴露与防护、病情观察与危重症患者的管理、临终护理。

（二）课程的学习目的

通过本课程的理论课、技能实训课、课间见习、临床实习等，使学生牢固掌握基础护理学的基本理论、基本知识和基本技能，提高学生发现问题、分析问题与解决问题的能力。学生在完成本课程的学习后，能够达到如下学习目的。

1. 获得满足患者基本需要和治疗需要的基本知识和技能 日常生活中，健康的个体能满足自己的基本需要。但在疾病状态下，患者的自我护理能力受到不同程度的影响，洗漱、穿衣、进食、排泄、活动等可能需要他人的帮助。在临床工作中，护士还需要根据医嘱为患者提供各种治疗性护理，如测量生命体征、给药、输液、观察病情等。通过学习基础护理学，学生能够获得护理学的基本理论、基本知识和基本技能，通过科学评估患者病情，及时发现患者现存的或潜在的健康问题，为医生提供诊疗信息和依据，为患者制订相应的护理措施，用娴熟的基础护理操作，满足患者的基本需要并促进患者的健康。

2. 获得满足服务对象心理社会需要的基本知识和技能 护士的基本职责包括维持健康、促进健康、恢复健康、减轻痛苦四个方面。护理工作不仅要关注服务对象的生理需要，还应关注其心理、社会、精神、文化等全方位的需要，为其提供整体护理。面对纷繁复杂、竞争激烈的现代社会，每个人都会经历各种各样的压力。如何更快地适应现代社会、如何更好地促进服务对象的身心健康，是每个护士都需要思考的问题。通过学习基础护理学，学生能够科学评估服务对象的心理社会压力，分析其压力与健康的关系，帮助服务对象采取适当的措施减轻压力，可达到促进身心健康、提高生活质量的目的。

3. 树立良好的职业道德观 护理的服务对象是人，这决定了护士必须具备良好的职业道德，树立"以人为中心"的整体护理理念；这还要求护士不但要专业素质强、心理素质好，更重要的是要有爱心，具备奉献精神。通过学习基础护理学，学生能够树立良好的职业道德观，养成严谨求实的工作作风和对服务对象高度负责的工作态度，敬畏生命，遵守行业规范，用爱心、耐心、细心、责任心去解除患者的病痛，更好地为维护和促进人的健康做出应有的贡献。

4. 树立正确的专业价值观 护理工作虽然平凡琐碎，但能给千家万户带来幸福和安康，防病治病、救死扶伤是护士的神圣职责；护理工作服务于广大人民群众生命的全周期，从出生

到死亡,每一个人都离不开护士;护士的工作并不仅限于打针、发药,护士在病情观察、急危重症患者的救治以及健康教育、心理支持等方面,都发挥着重要的作用。通过学习基础护理学,学生能够树立正确的专业价值观,通过渊博的知识、娴熟的技术、博爱的内心,取得服务对象的信任和尊重,获得专业成就感和满足感;同时激发学生的专业热情,为实现人人都拥有健康的梦想而努力奋斗!

三、基础护理学的教学方法与学习要求

（一）课程的教学方法与学习方法

基础护理学课程教学活动包括理论课教学、技能实训课教学、课间见习和基础护理技能临床实习。理论课常用的教学方法有讲授法、讨论法、角色扮演法、线上线下相结合的混合式教学法等。技能实训课教学的方法有操作演示法、案例教学法、情境教学法、高仿真模拟教学法、虚拟仿真实验教学法等。为提高教学效果,许多学校还增设了课间见习和中期临床实习,以帮助学生复习巩固理论课和技能实训课学习的理论和技能。

基础护理学是一门实践性很强的课程。学生不仅要掌握各项基本护理操作技术,还要理解每步操作的理论基础和原理,通过评估服务对象的健康状况,为服务对象提供准确、规范的护理操作,满足其健康需要。作为护理学专业的学生,掌握基础护理学的学习方法十分重要,包括:①理解学习基础护理学的意义,树立关爱生命、救死扶伤的信念,"三分治疗,七分护理",学好基础护理学相关知识,不但能够帮助自己维护健康,还能帮助身边所有需要健康的人维护健康。②注重新旧知识的联系,紧密结合前期相关的基础医学知识,从而更好地理解基础护理操作的概念、原理,真正做到"知其然,知其所以然",才能把护理操作做到准确、规范。③遵循"熟能生巧"的学习规律,加强课后练习,讲求练习方法,如采用情景模拟学习法、结伴学习法、小步子学习法、发现学习法、反思学习法等,提高基础护理学的学习效果。其中,小步子学习法是美国心理学家斯金纳提出的学习方法,即将学习目标分解为许多"小步子",通过逐步完成一系列"小步子"目标,使学生及时反馈,降低错误率,最终实现终极目标。④注重"学中做,做中学",加强理论联系实际,除了课后练习,还应积极参加课间见习、临床预见习、临床见习、临床实习等教学活动,通过临床真实护理情境的观摩或实践,达到巩固护理学基本知识和技能的目的。⑤"护理既是一门科学,也是一门艺术",护士的工作应展示良好的沟通技能;执行护理操作正确、规范、稳准、优美,应展示出"白衣天使"的良好形象;学生除了边学边做,还要边思考,善于反思学习,在实践中总结经验;同时善于观察学习,在实践中体验职业情感,培养职业的行为规范,为日后成为一名合格的护士奠定坚实的基础。

（二）课程的学习要求

1. 总体要求　基础护理学课程的理论课与技能实训课学时比例大约为1∶1。学生在学习中既要注重对理论知识的理解和记忆,更要注重对各项操作流程的熟练掌握和理论知识的灵活应用,同时要善于运用评判性思维和反思学习法,不断提升发现问题、分析问题和解决临床护理问题的能力。

2. 实训室学习要求　基础护理操作是学习基础护理学的重要组成部分,需在实训室模拟的护理情境下反复练习,熟练掌握各项基础护理操作流程,达到教学大纲的要求后,才能到临床真实情境中实施各项护理操作。因此,学生务必认真对待并重视实训室学习和课后练习,要求:①着装应符合护士职业规范方可进入实训室。②进入实训室后,应遵守实训室课堂纪律,不准坐在床上,不准随意挪动实训室内物品,保持操作环境的整洁、安静。③爱护教学模型及仪器设备,对贵重仪器设备及教学模型严格按相关制度使用。④认真观看教师的示范和讲解,认真做笔记。⑤认真做好模拟练习,积极思考,主动提问。⑥加强课后练习,尽量采用结伴练

习法，酌情使用录播回放系统进行视频回放，进行反思学习并记录。⑦每次操作结束后，做好操作物品的清洁、整理及复原工作。⑧课代表应做好实训室使用及模型仪器设备使用的登记工作，关好水、电、门、窗，注意做好安全及防火工作。

3. 临床见习与实习要求　临床见习与实习是巩固并提高护理学专业学生基础护理操作技能的有效途径，能促进学生职业道德和职业情感的形成与发展。为提高课堂学习效果，许多学校在课程中增设了临床见习，课程结束后方可进入临床实习。临床实习的前提条件是学生在实训室的各项操作考核达到教学大纲的要求，方可进入临床真实的护理情境中，在临床带教老师的指导下实施护理操作，要求：①严格遵守实习医院的规章制度和技术操作规程，防止医疗差错和事故、职业伤害等事件的发生。②"既要有爱心和同情心，还要有一双愿意工作的手"，工作中要专心致志，经常深入病房关心患者，了解患者病情，及时解决患者的健康问题。③尊敬病区所有工作人员，虚心学习医学及护理知识。④在护理工作中如有任何疑问，应随时请教带教老师或病区的值班护士，注重课本知识与临床实践相结合。⑤珍惜每一次临床操作机会，严格遵守操作规程，虚心接受带教老师的指导和帮助。⑥养成书写反思日记的习惯，把临床实习的感悟和收获记录下来，把临床实习中发现的疑问记录下来，以便在后续的专科护理学习中进一步寻找答案，达到理论联系实际的学习目的，从而提高学习效果。

小 结

基础护理学是护理学专业学生的必修课程和主干课程，是学习其他临床护理课程的基础。其基本任务是培养护理学专业学生良好的职业素质，在整体护理观的指导下，运用护理学的基本理论、基本知识和基本技能，满足服务对象的生理、心理与社会需要，帮助服务对象减轻痛苦、恢复健康、维持健康和促进健康，使其尽可能达到健康的最佳状态，更好服务于健康中国战略。课程教学活动包括理论课教学、技能实训课教学、课间见习和基础护理技能临床实习。学生只有充分认识该课程的地位和任务，明确课程学习的目的与要求，端正学习态度，掌握正确的学习方法，才能更好地掌握基础护理学的基本理论、基本知识和基本技能，才能进一步了解护士的神圣职责，为专科护理的学习及完成救死扶伤的使命奠定良好的理论和技能基础。

（万丽红）

第二章 医院与医院环境

本章数字资源

导学目标

通过本章内容的学习,学生应能够:

◆ **基本目标**

1. 解释医院的概念、医院的任务。
2. 说明医院环境的分类及特点。
3. 比较门诊、急诊、病区的环境设置及调控的不同。
4. 应用医院物理环境的调控知识设计病房环境。

◆ **发展目标**

1. 综合运用医院的任务、医院环境的特点提高学生对临床环境的认知能力。
2. 将医院环境调控的理论知识与医院环境相结合,增强学生对临床环境的调控能力。
3. 运用医院环境调控知识,进一步规范和改善医院环境,联系人文沟通知识,培养和提升学生人文关怀的能力。
4. 比较门诊、急诊、病区的环境设置及调控的不同,引导学生站在患者的角度进行环境设置,培养学生的同理心及共情能力。

案例 2-1

患者,男,65岁。头晕、胸闷十余天,突发晕厥 1 h,以"晕厥原因待查,梗阻型肥厚性心肌病待查"急诊留院观察。经心内科医师会诊由急诊收入心内科住院部。患者情绪焦虑、紧张,多次告知护士头晕、胸闷。

请回答:
1. 急诊留观时,急诊护士的护理工作有哪些?
2. 心内科护士安置此患者的适宜病室温度应在什么范围?
3. 病室温度过高或过低对患者各有什么影响?

第一节 医院的概念、任务与种类

医院是以向人们提供医疗和护理服务为主要目的的医疗机构,是为患者提供医疗卫生服务的重要场所。随着社会经济水平的提升和医学模式的改变,人民群众对医院环境提出了更高的要求。良好的医院环境既可以提升患者治疗及护理的安全性、有效性,也可以促进和谐的医患及护患关系,提升患者的心理舒适度,促进患者疾病的良性转归,提升人民群众整体健康水平。

随着现代医学模式的确立,医院从单纯的治疗疾病的场所向具有预防、治疗、保健、康复等多种功能的健康服务中心转变,工作内容涉及人的生理、心理、社会、精神、文化等多个层面。医院需合理规划布局,不断提升基础内涵建设,以便更好地满足人民群众的医疗服务需求。

一、医院的概念与任务

(一)医院的概念

医院是社会服务系统中的一个有机组成部分,是对个体或社会特定人群进行防病、治病的场所。医院通过提供一定数量的病床及生活基本设施,配备相应的医务人员和医疗设备,对住院或门诊患者实施诊断、治疗和护理。

(二)医院的任务

国家卫生健康委员会(原国家卫生部)颁发的《全国医院工作条例》总则中指出,医院的任务是以医疗为中心,在提高医疗质量的基础上保证教学和科研任务的完成,并不断提高教学质量和科研水平。同时做好扩大预防、指导基层和计划生育的技术工作。随着医学模式与护理模式的转变,医院应为满足人民群众不断增长的医疗卫生服务的需求,提供适应社会市场经济需求的卫生体制和服务体系。

1. 医疗 医疗是医院的主要任务。医疗工作以诊治疾病和护理服务两大业务为主体,与医院医技部门密切配合,形成一个医疗整体为患者服务。医院医疗工作一般分为门诊医疗、住院医疗、急诊医疗和康复医疗。其中门诊医疗、急诊医疗是第一线,住院医疗是中心。

2. 教学 医院是进行医学临床教学的重要场所。任何专业、任何层次的卫生技术人员所接受的学校教育只是整个医学教育的一部分,必须进行临床实践教学。因此,教学是医院的重要任务,不同医院的教学任务比重不同,医学院校附属医院的教学任务相对较重。

3. 科学研究 医院是开展医学科学研究的重要阵地。许多临床上的疑难未知医学问题是科学研究的课题。医院在承担医疗任务的同时进行科学研究,将更加充实教学内容和促进医学科学发展及医疗事业的进步。

4. 预防和社区卫生服务 在提倡健康的生活方式和加强自我保健的今天,预防保健工作和社区卫生服务成为医院工作的又一重要任务。各级医院要充分利用卫生资源,发挥预防保健功能,开展全社会的健康教育、疾病普查工作;指导社区患者科学进行慢性病管理、家庭护理;做好家庭访视、社区老人生活指导与咨询等工作。

二、医院的种类

根据不同划分条件,可将医院划分为不同类型。可按专业性质、床位规模和所能提供的服务质量等级、服务对象、所有制等进行相应的分类(表2-1),同一医院通常兼有几种类型,各类医疗机构在国家发生重大灾害、事故、疫情等突发事件时,有义务根据政府指令执行救治任务。

(一)按专业性质分类

1. 综合医院 指提供全科或主要综合科目医疗服务的医疗机构,在各医院中占有较大比例。综合医院根据规模设有一定数量的病床,分内、外、妇产、耳鼻喉、皮肤等各专科及检验、药剂、影像等医技科室,并配备相应人员和设备,对患者实施综合治疗和护理,通过医务人员的协作诊疗,着重解决患者的危、重、急、难等健康问题。

表2-1 医院分类

分类方式	种类
按专业性质分类	综合医院、专科医院、教学医院、诊所
按床位规模和医院功能提供的服务质量分类	一级医院（甲、乙、丙）、二级医院（甲、乙、丙）、三级医院（特、甲、乙、丙）
按服务对象分类	军队医院、企业医院等
按所有制分类	全民所有制医院、集体所有制医院、个体所有制医院、中外合资医院等
按经营目的分类	非营利性医院、营利性医院

2. 专科医院 主要侧重于针对某专科病种或提供某种专用治疗方法等专门方式的医疗服务机构。如口腔医院、五官科医院、肿瘤医院、心血管病医院、中医院、精神卫生中心等，以及以专属病患人群为服务对象的儿童医院、老年医院、妇幼保健院等。设置专科医院是医学科技发达的象征，有利于发挥医疗技术和设备的优势，集中人力、物力，开展专科疾病的预防、治疗和护理。

3. 教学医院 教学医院是为患者提供治疗的同时承担在校医学生的教学工作的医院。可以是综合医院，也可以是专科医院。教学医院通常是医科大学、医学院或综合性大学医学院的附属医院。

4. 诊所 诊所是只能提供针对常见疾病门诊服务的医疗机构。诊所包括公立诊所（社区卫生服务中心）和民营诊所两种，规模一般较小。

（二）按床位规模和医院功能提供的服务质量分类

根据《医院分级管理标准》，我国现行医院分为一、二、三级。每级再划分甲、乙、丙三等，其中三级医院增设特等，因此医院共分为三级十等。医院的等级划分是依据医院功能、技术水平、医疗设备、管理水平等进行考评。

1. 一级医院 直接为社区提供医疗、预防、康复、保健综合服务的基层医院，是初级卫生保健机构。其主要功能是直接为人群提供一级预防，在社区管理多发病、常见病的患者并对疑难重症做好正确转诊，协助上级医院做好中间或院后服务，合理分流患者。卫生院等提供床位数一般在20~100张。

2. 二级医院 跨几个社区提供医疗卫生服务的地区性医院，是地区性医疗预防的技术中心。其主要功能是参与指导对高危人群的监测，接受一级医院转诊，对一级医院进行业务技术指导，并能进行一定程度的教学和科研。一般提供床位数在100~499张。

3. 三级医院 跨地区、省、市以及在全国范围提供医疗卫生服务的医院，是具有全面医疗、教学、科研能力的医疗预防技术中心。其主要功能是提供专科（包括特殊专科）的医疗服务，解决危重疑难病症，接受二级医院转诊，对下级医院进行业务技术指导和人才培训；完成培养各种高级医疗专业人才的教学和承担省以上科研项目的任务；参与和指导一、二级预防工作。住院床位数在500张以上（专科三级医院则在300张以上）。

知识链接

医院等级评审程序

医院等级评审一般要经过自查申报、资格评审、考核检查、作出评审结论、审批五个阶段：

1. **自查申报** 各级医院根据医院分级管理标准先行自查，填写《医院评审申请书》一式数份，向相应的评审委员会提出申请。
2. **资格评审** 评审委员会根据申请书对医院的申请及时开展初审，确认参加评审的资格。
3. **考核检查** 医院评审委员会对医院实行平时有重点的抽查和周期评审相结合的考核检查。采取评分或数学模型法对医院作出综合评价。评审过程中，医院应向评审委员会提供所需要的各种真实资料。
4. **作出评审结论** 评审委员会应对被评审的医院作出级别和等次的结论，并提出正式报告呈报同级卫生行政部门。凡申报三级特等医院者，应先报省级评审委员会通过三级甲等医院的评审，然后由省级评审委员会根据评审结果决定是否推荐其到部级评审委员会参加三级特等医院的评审。
5. **审批** 各级医院的审批权如下：三级特等医院由国家卫生健康委员会审批；二、三级甲、乙、丙等医院由省、自治区、直辖市卫生厅（局）审批；一级甲、乙、丙等医院由地（市）卫生局审批。

摘自：《医院评审暂行办法》卫医管发〔2011〕75号

（三）按服务对象分类

有军队医院、企业医院等，有其特定服务对象。

（四）按所有制分类

有全民所有制、集体所有制、个体所有制和中外合资医院等。

（五）按经营目的分类

有非营利性医院和营利性医院。非营利性医院是指为社会公众福利利益而设立和运营的医疗机构。不以营利为目的、由政府创办的非营利性医院，主要提供基本医疗服务和政府下达的其他任务。我国大部分医院仍属非营利性医疗机构。营利性医院是指医疗服务所得收益可用于投资者经济回报的医疗机构。医院经报卫生行政部门核准后，根据市场需求，可自主确定医疗服务项目，依法自主经营。

第二节 医院环境的概念、特点与分类

医院环境在满足人们基本需求的同时，以维持和促进服务对象的健康为目标，应对其生理、心理、社会等方面产生积极影响。为患者提供安全、舒适的治疗及护理环境是护士的重要职责之一。护士需充分利用环境中对人群健康有利的因素，消除和改善环境中的不利因素，促进患者康复及人类健康，提高人群的整体健康水平，在工作中更好地承担维护人民健康的责任。

一、医院环境的概念与特点

（一）医院环境的概念

医院环境是指为患者及其家属提供咨询、诊疗及护理的就医环境，可分为医院物理环境和社会文化环境。医院物理环境包含房屋、仪器等硬件设施；医院社会文化环境包含医院文化、诊疗态度、语言情绪等软件层面。医院环境应该是安全、舒适的治疗性环境，护士应创建与维护适宜的医院环境，以满足患者的需要，有利于患者的治疗、护理和休养，促进康复。

（二）医院环境的特点

医院是对特定的人群进行防病治病的场所，是专业人员在以治疗为目的的前提下创造的适合患者恢复身心健康的环境。个体在生命过程中都有可能接触医院环境，医院环境不仅可以影响患者在就医期间的感受，还可以影响个体疾病恢复的程度与进程。因此，作为医务人员，为患者提供安全、舒适、优美、适合健康恢复的治疗性环境是十分必要的。良好的医院环境应具备以下特点。

1. 服务专业性　在医院环境中服务的对象是患者，而患者是具有生物和社会双重属性的复杂的生命有机体。因此，医院中医护技术人员在专业分工越来越精细的同时应团结协作，以提供高质量的医学综合服务，同时体现专业的精度和广度。护士需具备全面的专业理论知识、熟练的操作能力和丰富的临床经验，科学地照顾患者的生活，提供专业的生活护理、精神护理、营养指导及专科护理等服务，并在新技术、新业务不断发展的同时，进一步满足患者多方位的健康需求，因此，医疗服务是具有高度专业特性的服务。

2. 安全舒适性　医院是患者治疗疾病、恢复健康的场所，首先应满足患者的安全需要。

（1）物理环境安全：安全保证首先来源于医院物理环境，包括医院建筑设计、设备配置、布局、标识及环境清洁卫生的维持。常见的医院物理环境不安全的因素有机械性（如跌倒、撞伤等）、温度性（如热水袋烫伤、冰袋冻伤等）、压力性（如皮肤的压力性损伤、气压伤等）和放射性等因素。

（2）生物环境安全：在治疗性医疗环境中，致病菌及感染源的密度相对较高，应建立院内感染监控系统，健全有关制度并严格执行，避免发生院内感染和疾病的传播，保证生物环境的安全性。护士应严格执行消毒隔离制度，严格遵守无菌技术操作原则，加强和完善各项护理措施，避免微生物及昆虫等对患者的伤害。

（3）治疗性安全：治疗护理过程中应首先保证患者安全，规范临床路径及护理操作流程；护士严格执行药物管理制度；应用治疗药物时严格执行"三查八对"；注意药物的配伍禁忌，观察患者用药后的反应，保证患者治疗安全。

（4）医患、护患关系和谐：医护人员应注意为患者营造一个良好、和谐、舒适的人际关系氛围，耐心、热情地对待患者，建立和谐的人际关系，重视患者的心理支持，满足其被尊重的需要及爱与归属的需要，以增加其心理安全感。

3. 管理统一性　医院医疗服务面广，分工协作部门复杂多样，在"一切以患者为中心"的思想指导下，医院根据具体情况制定规章制度等，统一管理，保护患者及医院工作人员的安全，提高工作效率和质量。例如在病区护理单元中，应具体做到：

（1）病室整齐，规格统一，物品摆放以满足需求及使用方便为原则。

（2）患者的皮肤、头发、口腔等要保持清洁，被服摆放以根据需求及使用方便为原则。

（3）工作人员应仪表端庄、服装整洁大方，遵守相关工作制度，尽量减少噪声的产生，为患者提供一个安静的休养空间。

（4）治疗后用物及时撤去，排泄物、污染物及时清除等。

（5）正确分类并处理医用垃圾和生活垃圾。

4. 文化特殊性　医院文化有广义和狭义之分。广义的医院文化泛指医院主体和客体在长期的医学实践中创造的特定的物质财富和精神财富的总和，包括医院硬文化和医院软文化两大方面。医院硬文化主要是指医院内的物质状态，如医疗设备、医院建筑、医院环境、医疗技术水平和医院效益等有形之物，其主体是物；医院软文化是指医院特色的思想、观念等意识形态和行为模式以及与之相适应的制度和组织结构，其主体是人。医院硬文化是医院软文化形成和发展的基础，医院软文化对医院硬文化具有指导和促进作用。两者有机整合，相互制约，相互转化。狭义的医院文化是指医院在长期医疗活动中逐渐形成的以人为核心的文化理论、价值观念、生活方式和行为准则等。

适宜的医院文化是构建和谐医患关系的必要条件，构建医院文化正在日益由表层的物质文化向深层的精神文化渗透，将"以患者为中心"的服务理念融入医院管理中是医院组织文化建设的关键。

> **知识链接**
>
> **世界环境日**
>
> 1972年6月5日—6月16日，联合国在瑞典首都斯德哥尔摩召开人类环境会议，来自113个国家的政府代表和民间人士出席了会议，并就当代世界环境问题以及保护全球环境战略等问题进行了认真研讨。会议通过了著名的《人类环境宣言》，制定了保护全球环境的"行动计划"，规定了人类对全球环境的权利和义务，并提出了"为了这一代和将来世世代代保护和改善环境"的口号。与会代表还建议将大会开幕日定为"世界环境日"。同年10月，第27届联合国大会通过决议并接受了该建议，即将每年的6月5日定为"世界环境日"。
>
> 世界环境日的确立，反映了世界各国人民对环境问题的认识和态度，表达了人类对美好环境的向往和追求，体现了世界各国积极保护和改善环境的决心，是联合国促进全球环境意识、提高各国政府对环境问题的重视、号召世界各国人民开展环境保护活动的主要媒介之一。联合国系统和各国政府每年都在这一天开展各项活动，宣传和强调保护和改善人类环境的重要意义。
>
> 摘自：联合国人类环境会议决议【决议编号：A/RES/2994（XXVⅡ）】

二、医院环境的分类

医院环境是医务人员为患者提供医疗服务的场所，按环境性质不同可分为物理环境和社会文化环境两大类。物理环境按清洁程度从高到低可分为Ⅰ、Ⅱ、Ⅲ、Ⅳ类环境，社会文化环境又包括医疗服务环境及医院管理环境。

（一）按环境性质划分

1. 物理环境 指以医院的建筑设计、基本设施以及院容院貌等为主的物质环境，属于硬环境。它是表层的、具体的、有形的，包括视听环境、嗅觉环境、仪器设备、工作场所等，是医院存在和发展的基础。

2. 社会文化环境 指医疗服务环境和医院管理环境。

（1）医疗服务环境：指以医疗护理技术、人际关系、精神面貌及服务态度等为主的人文社会环境，属于软环境。它是深层次的、抽象的、无形的，包括学术氛围、服务理念、人际关系、文化价值等。医疗服务环境的好坏可促进或制约医院的发展。

（2）医院管理环境：含医院的规章制度、监督机制及各部门协作的人际关系等，也属于软环境。医院管理环境应以人为本，体现医院文化，旨在提高工作效率，满足患者需求。

良好的医院环境需要软、硬环境相互促进、共同发展，亦是医院树立良好的社会形象及影响广大患者对医院整体印象的综合评价和心理认同的重要因素。

（二）按环境地点划分

1. 门诊环境 门诊是医疗工作的第一线，作为医院重要的窗口之一，是医院直接对患者进行诊断、治疗和开展预防保健的场所。门诊环境具有患者数量多、人群流动性强、就诊时间短、病情观察受限、诊疗环节错综复杂等特点。

2. 急诊环境　急诊科是抢救急、危、重症患者的重要场所，对危及生命的患者及意外灾害事件，能提供快速、高效的服务，是构成城市急救网络的基本组成部分，在医疗服务中占有重要地位。急诊环境的管理应达到标准化、程序化、制度化。

3. 病区环境　病区是医务人员为患者提供医疗服务的主要功能区，是住院患者在医院接受治疗、护理及休养的主要场所，是医护人员全面开展医疗、预防、教学、科研活动的重要基地。清洁、整齐、舒适、安静的病房环境有助于患者保持稳定的心理状态，促进患者身心健康，提高医疗护理质量。

（三）按清洁程度从高到低划分

1. Ⅰ类环境　层流洁净手术室和其他层流洁净场所（如层流洁净骨髓移植病房）。

2. Ⅱ类环境　普通手术室、普通骨髓移植病房、产房、导管室、新生儿室、器官移植病房、烧伤病房、重症监护病房、血液病病区。

3. Ⅲ类环境　儿科病房、母婴同室、妇产科检查室、人流室、治疗室、输血科、消毒供应中心、血液透析室、急诊室、化验室、各类普通病室。

4. Ⅳ类环境　普通门急诊及检查室（注射室、换药室）、感染性疾病科门诊和病区。

第三节　医院环境与调控

随着社会经济繁荣和教育的普及，人民的生活质量普遍提高，消费观念也逐渐趋向追求高质量与美观舒适的生活空间。患病后，人们希望获得最佳的医疗服务，更希望在安全、舒适、优雅的环境中接受诊疗和休养。医院环境的设置和布局都要以患者为中心，综合考虑医院环境的舒适与安全，尽量减轻患者的痛苦，促进其康复。当医院的环境不能满足患者康复需求时，护士应采取适当的措施对其进行调控。

一、医院物理环境与调控

医院的物理环境指病室内的空间、温度、湿度、空气、噪声、光线、装饰、设备、清洁卫生等，这些是影响患者身心舒适的重要因素，可以影响患者的心理状态，从而关系到治疗的效果及疾病的转归。因此，适当地调节医院的物理环境，使其保持整齐、舒适、安全、安静、美观，是护士的重要职责，护士应努力为患者提供方便，创造整洁、安静、舒适的医院治疗环境。

（一）空间

在医院环境中，患者需要有一个相对独立的空间，以方便进行适当的活动，因此，在医院条件许可的情况下，应使患者对其周围环境拥有一定的控制力。同时为方便治疗和护理操作，以及为了保证患者有适当的活动空间，病床之间的距离不得少于 1 m。

（二）温度

适宜的温度有利于患者的休息、治疗及护理工作的进行。在适宜的室温下，患者可感到舒适、安宁，能减少消耗，利于散热，并可降低肾的负担。室温过高会使神经系统受到抑制，干扰消化及呼吸功能，不利于体热的散发，影响体力恢复；室温过低则因冷的刺激，使机体缩卷，缺乏动力，肌肉紧张而产生不安，又会使患者在接受诊疗护理时受凉。环境温度使人感觉舒适的标准因人而异。年龄较大、活动量较少的人可能比年纪较轻、活动量较大的人所偏好的室温为高。病室温度一般以 18～22℃为宜。新生儿室、老年病室、各种检查治疗室等室内温度应略高，保持在 22～24℃。

病室应备有室温计（图2-1），以便随时评估室内的温度并加以调节，满足患者身体舒适的需要。由于季节的变换，气温差别很大，应根据不同季节采用不同的护理措施。夏季酷热，有条件的医院使用空气调节器来调节室温，一般则采用电风扇使室内空气流通，从而增加身体热气蒸发速度，促进身体舒适。冬季严寒，病室多用暖气设备保持温度，农村和基层医疗单位中也有用火炉、火墙等取暖。此外，还应注意根据气温变化适当增减患者的盖被及衣服。在执行护理活动时，应尽量避免不必要的暴露，以防患者受凉。

图2-1　温度和湿度计

（三）湿度

湿度是空气中含水分的程度。病室湿度一般指相对湿度，即在一定温度下，单位体积的空气中所含水蒸气的量与其达到饱和时含量的百分比。湿度会影响皮肤蒸发散热的速度，从而造成人对环境舒适感的差异。人体对湿度的需要随温度不同而不同，温度越高，对湿度的需求越小。病室的湿度一般以50%～60%为宜。湿度过高时，空气潮湿，人体水分蒸发减少，抑制出汗，使患者感到憋闷，同时尿液排出量增加，加重肾负担；湿度过低时，空气干燥，人体水分大量蒸发，引起口干、咽痛、烦渴等，尤其对呼吸道疾患或气管切开患者不利。

病室应备有湿度计（图2-1），护士可根据评估情况对病室的湿度进行适当调节。当室内湿度大于室外时，使用空气调节器是调整湿度的最好方法。无条件时，可通过打开门窗使空气流通。室内湿度过低时，冬季可在暖气上安放水槽或水壶蒸发水气，夏季可在地面洒水，有条件的病室可使用加湿器提高室内湿度。

（四）空气

病室内的空气质量直接影响患者的生理及心理状况。污浊的空气中氧气不足，可以干扰人的正常生理及心理状况，常使人出现烦躁、倦怠、头晕、食欲减退等表现，有碍患者的康复。若室内的空气能不断流动，与外界空气持续交换，不仅可保持空气的新鲜，调节室内的温度和湿度，而且能使患者精神振奋、心情愉快。通风是降低室内空气污染、减少呼吸道疾病传播的有效途径，同时可以调节室内的温湿度，增加患者的舒适感。通风效果与通风时间、室内外温差、气流速度、通风面积（门窗大小）有关，一般通风30 min即可达到置换室内空气的目的。通风时注意保护患者，避免吹对流风使患者受凉。

（五）噪声

凡是不悦耳、人们不想听的声音，或足以引起人们生理或心理上不愉快的声音，统称为噪声。噪声不仅使人不愉快，且对健康有影响，严重的噪声甚至会造成听力丧失。噪声的危害程度视其音量大小、频率高低、持续暴露时间和个人的耐受性而定。噪声的耐受性因人而异，与其以往生活环境及经历有关。轻微的噪声可使有些人感到不悦，甚至影响睡眠，但对其他人却不会造成干扰。

噪声的单位是分贝（dB），根据世界卫生组织规定的噪声标准，白天病室较理想的强度是35～40 dB。噪声对人的影响是全身性、多系统的，尤其对心血管系统和神经系统的影响最为明显。人在生病时，适应噪声的能力减弱，少许声音即可能会使患者出现情绪波动，感到疲倦和不安，影响休息和睡眠，久之会加重病情。减少噪声可使患者得到较好的休息，有利于疾病康复。噪声强度在50～60 dB时，即能产生相当的干扰。突发性噪声，如爆炸声、鞭炮声、警报声等，其频率高、音量大，虽然这些噪声持续时间短，但当其强度高达120 dB以上时，可造成高频率的听力损失，甚至永久性失聪。个体长时间处于90 dB以上高音量环境中，能导致耳鸣、血压升高、血管收缩、肌肉紧张，以及出现焦躁、易怒、头痛、失眠等症状。

医院噪声主要包括各种医疗仪器使用时发出的声响和人为的噪声，如在病区大声喧哗、重步行走、开关门窗、洗涤物品及推动有轴的车、椅、床等时发出的响声等。因此，护士要做到"四轻"。

1. 说话轻 说话声音不宜过大，应评估并保持自己的声音于适当的音量。但也不可耳语，因为耳语会使患者产生怀疑、误会与恐惧。

2. 走路轻 走路时脚步要轻巧，应穿软底鞋，防止走路时发出不悦耳的声音。

3. 操作轻 操作时动作要轻稳，处理物品与器械时避免相互碰撞，尽量避免制造不必要的噪声。推车的轮轴定时滴注润滑油，以减少摩擦发出的噪声。

4. 关门轻 病室的门及椅脚应钉橡胶垫。开关门窗时，随时注意轻开轻关，不要人为地发出噪声。

患病时，人适应噪声的能力减弱，少许噪声即会影响患者情绪，使人感到疲倦和不安，影响休息与睡眠，久之，会导致病情加重。减少噪声可使患者得到较好的休息，有利于患者康复。护士除注意其自身行为外，还要做好患者及家属的宣传工作，共同保持病室安静，创造一个良好的休养环境。我国《民用建筑隔声设计规范（GB 50118-2010）》规定了医院建筑室内噪声标准。以下为医院病房、诊疗室等的室内允许噪声级标准（表2-2）。

表2-2 室内允许噪声级标准

房间名称	允许噪声级（A声级，dB）			
	高级		低级	
	昼间	夜间	昼间	夜间
病房、医护人员休息室	≤40	≤35[1]	≤45	≤40
各类重症监护室	≤40	≤35	≤45	≤40
诊室	≤40		≤45	
手术室、分娩室	≤40		≤45	
洁净手术室	—		≤50	
听力测听室			≤25[2]	
化验室、分析实验室	—		≤40	
人工生殖中心净化区	—		≤40	
入口大厅、候诊厅	≤50		≤55	

1. 对特殊要求的病房，室内允许噪声级应小于或等于30 dB。
2. 听力测听室允许噪声级的数值，适用于采用纯音气导和骨导听阈测听法的听力测听室。采用声场测听法的听力测听室的允许噪声级另有规定。

（六）光线

病室采光有自然光源和人工光源。日光是维持人类健康的要素之一。太阳辐射的各种光线，根据其不同波长，排成光谱，其中包括可见光、红外线、紫外线，各种射线都有很强的生物学作用。当可见光照射到机体时，能通过视觉分析器及皮肤感受器作用于中枢神经系统，经过复杂的反射作用，调整人体各组织器官的功能，促进身体健康。红外线能被皮肤吸收，使皮肤及深部组织受到温热作用。因此，适量的日光照射能使照射部位温度升高、血管扩张、血流增快，改善皮肤和组织的营养状况，使人食欲增加，舒适愉快。另外，紫外线有强大的杀菌作用，并可促进机体内部生成维生素D，因此，病室经常开启门窗，让患者接受阳光直接照射，或帮助患者到户外接受阳光照射,对辅助治疗颇有裨益,但应避免使光线直接照射患者的脸部。一些卧床患者也可借此增加活动,以增进身心舒适。另外,日光的变化可减少患者与外界的隔离感。

知识链接

"阳光维生素"——维生素D

维生素D(vitamin D)为固醇类衍生物,具有抗佝偻病作用,又称抗佝偻病维生素。维生素D是一个比较大的家族,其中最重要的成员是VD_2(麦角钙化醇)和VD_3(胆钙化醇)。维生素D均为不同的维生素D原经紫外线照射后的衍生物。植物不含维生素D,但维生素D原在动、植物体内都存在。与健康关系较密切的是维生素D_2和维生素D_3。

维生素D是环戊烷多氢菲类化合物,可由维生素D原(provitamin D)经阳光中的紫外线激活形成动物皮下7-脱氢胆固醇,经紫外线激活分别转化为维生素D_3及少量维生素D_2,因此,维生素D又称为"阳光维生素"。

当人体中维生素D缺乏时,会使肠道内钙和磷的吸收减少,而且血液中的钙、磷含量降低,会使骨盐不能有效沉积,从而导致骨样组织增生和骨质脱钙等一系列骨质问题。

为了夜间照明及保证检查、治疗及护理的需要,病室必须使用人工光源。其设计及亮度可依其作用进行调节。楼梯、药柜、抢救室、监护室内的灯光要明亮,普通病室除一般吊灯外,还应有地灯装置。柔和的地灯自地面射出,既不打扰患者的睡眠,又可保证夜间巡视工作的进行。病室内还应设置一定数量的立式鹅颈灯,以适用于不同角度的照明,为特殊诊疗提供方便。床头灯开关应设置在患者易于触及的地方。护士应熟悉不同患者对光线的需要,以使患者获得最适宜的光线。

(七)装饰

病室的装饰应简单、整洁、美观,并体现人性化特点,不但可以增进患者身体的舒适感,而且可使患者精神愉快。以往医院装饰均采用白色,给人以单调、冷漠的感觉,且易产生视觉疲劳。现代医院按照病室的不同需要,利用色彩对人情绪的影响,选择适当的颜色,合理地设计和布置,使患者身心舒适,有利于疾病的康复。如应用各式图画和各种颜色的窗帘、被单等来布置患者的床单位,护士的服装色彩也根据患者和工作需要有所变化。一般儿科病室的床单和护士的服装采用暖色调,以增加温馨、甜蜜的感觉,减轻儿童的恐惧心理。高血压患者的病室可布置淡蓝色、淡绿色等能使人平静的颜色。在病室内和走廊适当摆放花卉盆景,可美化病室环境,增加生机与活力,促使患者身心舒适,提高患者战胜疾病的信心和勇气,对医疗效果产生积极的作用。

二、医院社会文化环境与调控

社会环境是指人类在生产、生活和社会活动中相互形成的生产关系、阶级关系和社会关系的总和。如社会中的各种制度和规范、宗教信仰、生活方式、风俗习惯、社会交往、文化生活等均属社会环境的范畴。社会环境影响人们的心理和行为,与人的精神需要密切相关。

医院是一个特殊的社会环境,与人的生、老、病、死都有密切的关系。患者住院后,难免对医院的物理环境、各种人际关系、规章制度感到陌生和不习惯,从而产生某些不良心理反应。护士应与患者建立良好的护患关系，同时注意协调患者与其他医务人员、患者之间的关系，努力创造一个相互理解、相互信任的和谐氛围，消除患者不良的心理反应，以尽快适应医院的社会环境。

（一）人际关系

人际关系是在社会交往过程中形成的、建立在个人情感基础上的、彼此为寻求满足某种需要而建立起来的人与人之间的相互吸引或排斥的关系。在医院环境中，和谐的人际关系是保持患者良好心理状态的重要条件，可以直接或间接地影响患者的康复。

患病时通常会伴有情绪及行为上的变化，患者往往会感到害怕、焦虑、孤独、依赖、烦躁不安、缺乏自尊等。在日常活动中与他人接触往来，能带给个人满足感和价值感，但当患者因病无法参与日常活动时，常常会有挫折感、缺乏自信心，甚至会感到社交被隔离。因此，在为患者提供护理照顾时，既要考虑患者的生理需要，同时也要考虑患者心理、社会方面的需要，并提供安全与舒适的心理、社会环境。对住院患者来说，影响其身心康复的重要人际关系包括护患关系、医患关系及病友之间的关系。

1. 护患关系 护患关系是在护理工作中，护士与患者之间产生和发展的一种工作性、专业性和帮助性的人际关系，良好的护患关系有助于患者身心的康复。作为帮助者的护士处于主导地位，在医疗护理服务过程中，护士在解除患者的身心痛苦时，要做到不分民族、信仰、性别、职位高低、远近亲疏，一视同仁，一切以患者为中心，满足患者的身心需要，尊重患者的权利与人格。护士与患者之间不断通过各种方式表达自己的身心感受并感知对方的感受，彼此产生具有反馈作用的相互影响。护患之间相互影响的力量是不平衡的，护士的影响力明显大于患者。护士应主动与患者沟通，建立良好的护患关系，使患者尊重护士的职业和劳动，主动配合医护人员的治疗，以促进患者早日康复。护士的影响包括以下几方面。

（1）语言：在护患之间，语言是特别敏感的刺激物，它能影响人的心理及整个机体状况，乃至人的健康，成为生理和心理的治疗因素，是心理护理的重要手段。在护理活动中，护士应善于运用语言，通过恰当的交谈，发挥语言的积极作用，帮助患者正确认识和对待自身的疾病，减轻消极情绪，帮助患者肯定自己的价值并维护患者的自尊。正确使用语言的目的是建立良好的护患关系，使患者感到护士的诚恳、友善与好意，赢得对方的信任。

（2）行为举止：行为是人在思想支配下的活动，是思想的外在表现，也是人际间思想交流的另一种方式。不同患者的不同行为表现，是医护人员认识疾病、进行诊疗护理的主要依据，行为举止所传递的信息在判断病情及确定处理措施等方面具有重要意义。

（3）情绪：护士在工作中的情绪对患者有很大的影响，护士的积极情绪可使患者乐观开朗，消极的情绪会使患者变得悲观焦虑。因此，护士要学会控制自己的情绪，时刻以积极的情绪去感染患者，为患者提供一个舒适、安全、优美、令人愉悦的心理环境。

（4）工作态度：严肃认真、一丝不苟的工作态度可使患者获得安全感、信赖感。治疗和护理的效果好坏与患者对医护人员的信任程度有很大的关系，所以，护士通过自己的工作态度来取得患者的信任是非常重要的。患者是一个完整、独特的个体，在进行护理活动时，患者的年龄、信仰、文化背景、以往的经历、价值观等都应受到尊重。

2. 医患关系 这里主要指医疗坏境中医生与患者之间的人际关系，是临床活动中最重要的人际关系之一。和谐的医患关系可以营造良好的心理氛围，消除疾病对患者造成的压力，有助于医生获得正确的既往病史、疾病发生发展情况、患者的真实感受等信息，并促使患者变被动配合为主动参与，通过患者的积极配合使诊疗方案达到理想的效果，保证诊疗活动的顺利进行。

3. 病友关系 除医务人员外，患者接触最多的是同室的病友，他们自然地构成一个群体，这个群体有着共同的心理倾向，在共同的治疗康复过程中相互影响，如病友间通过交谈，了解一些疾病疗养常识、医院规章制度、生活制度等；病友间的相互帮助与照顾，有利于消除新入院患者的陌生感和不安情绪，增进病友间的友谊与团结；老病友对疾病的态度、感受等将会对新患者产生影响。护士是患者所处环境的主要调节者，应善于利用病友间的互助精神，调动积极因素，并善于觉察某些消极情绪的出现，耐心解释，正确引导，使其有利于患者康复和医护工作的开展。

病友们在共同的住院生活中自然形成了一个新的社会环境，表现为不同的病室群体气氛。有的表现为积极气氛，如病室病友之间彼此关心照顾，与医护人员关系融洽，配合密切，患者心情愉快，对医疗护理的满意度高；有的则表现为消极气氛，虽同住一病室，病友之间交往较少，彼此缺乏关照，相互间无愉快感受，患者感到寂寞、孤独，度日如年，对治疗护理只是被动接受，而缺乏主动参与的热情。

群体气氛是集中每个人的表现而形成的，而每个人又被群体气氛所影响。新入院患者由于对环境陌生，会产生焦虑。护士应帮助营造一个愉快、乐观的气氛去感染新入院患者，引导其保持乐观向上的情绪。护士是患者所处环境中的主要调节者，恰当的引导可使各种影响产生积极作用；同时，护士又可利用这种积极气氛，更好地开展护理工作。因此，病室气氛与护士有密切关系。

（二）医院的规章制度

为保证诊疗护理工作的正常进行，为患者提供良好的休息环境及预防和控制医院感染的发生等，每个医院要根据各自的具体情况制定相应的规章制度（简称院规）。如入院须知、探视规则、陪护制度等。通过院规对患者进行正确的指导，保证诊疗护理工作的正常进行，使预防和控制医院内感染工作便于实施；同时，也可保证患者具有良好的休息环境，并使患者的住院生活丰富充实，以达到帮助患者尽快恢复健康的目的。

医院的规章制度是对患者行为的指导，又是对患者的一种约束，因而会对患者产生一定的影响，如患者必须遵从医生和护士的指导，不能完全按照自己的意愿进行，易产生压抑感；患者与外界接触减少，不能时刻见到亲人，易产生孤寂感；需他人照顾的患者由于缺少家人的陪伴，生活不便而心理负担增加等。因此，医院规章制度的制定应体现"以患者为中心"的特点，处处考虑患者的需求，在各个方面尊重、理解、体贴患者。如病室的"整齐划一"要求，虽然保持了病室环境的整齐，但可能会造成患者的不便。护士需从以下六个方面帮助患者。

1. 耐心解释，取得理解　向患者和家属耐心解释每一项院规的内容和执行各项院规的必要性，以取得患者的主动配合，使其自觉地遵守医院的各项规章制度。

2. 维护患者对周围环境的自主权　患者较难适应的是不能按照自己的意志进行活动，凡事都需要遵守医院规则，服从医生护士的安排，处于服从地位，容易产生压抑感。因此，要在维护院规的前提下，尽可能使患者拥有其个人的环境，并对患者的居住空间表示尊重，包括在进入病室时应先敲门，在帮助患者整理床单位或衣物时，应先取得患者的同意等。

3. 满足患者需求，尊重探视人员　患者的家属或亲朋好友可帮助患者满足其安全感、归属感和自尊的需要，带给患者支持与舒适，并可减少患者的寂寞与社交隔离。因此，要尊重前来探视患者的亲属和朋友。但如果探视者不受患者欢迎，或探视时间不恰当，影响医疗护理工作，则要适当地加以劝阻和限制。

4. 提供有关信息与健康教育　在做各种检查、治疗或护理工作之前或过程中，应给予患者适当的解释与心理支持，使患者了解医护人员实施这些措施的目的。同时还应允许并鼓励患者参与决策，以增进其自我价值感和控制能力。这样可以减少患者对治疗、手术、检查等的恐惧心理，使患者能主动、积极地配合，早日康复。

5. 尊重患者的隐私权 为患者做治疗护理时，应该适当地遮挡患者，避免不必要的暴露；对患者的个案讨论、诊断鉴定、检查结果、治疗记录，护士有义务为患者保密。

6. 鼓励患者自我照顾 因病导致生活自理能力下降或被限制了活动、生活需依赖他人照顾的患者，当家属的陪护受到限制时，往往存在较重的思想负担。在病情允许的情况下，护士应创造条件并鼓励患者参与自我照顾，可以恢复其自信心与自护能力，有利于康复。

院规对新入院患者的影响较为突出，为了使患者入院后能尽快恢复其正常心理，适应医院生活，护士首先应热情接待患者，主动自我介绍，并介绍医院的环境和各项规章制度，使患者了解医院环境及规章制度的积极意义，取得患者的理解和配合，使其尽快适应医院的规章制度，维持较好的身心状态，以患者为中心，多从患者的角度考虑，使患者感到自己时刻受到护士的关注。其次，护士要以自身的行动使患者相信护士的知识、技能与能力足以解决他们住院生活中遇到的各种问题，从而对护士产生信任感，进而维持良好的身心状态，使机体功能得到较好的调节，预防并发症和促进健康的恢复。

（三）个性化帮助

患者适应医院生活的能力可依年龄、性别、文化程度、疾病轻重等有所不同。老人或儿童平时依赖家人照顾较多，一旦脱离亲人，进入陌生的环境，改由不熟悉的人照料，会出现思想波动较大，顾虑较多的情况。性格不够开朗的患者，环境的变化常常影响其已经形成的习惯，适应新环境相对困难。文化程度较高的患者深明事理，思想准备充分，较易适应新环境。护士必须根据患者的具体情况，为其提供有针对性的、个体化的护理措施，协助患者尽快适应医院环境，配合医疗护理活动，促进身心早日康复。

三、门诊环境与调控

（一）门诊设置和布局

门诊设有与医院各科室相对应的诊室，并设有挂号室、收费室、治疗室、候诊室、输液室、化验室、药房等。诊室内配备诊查床，床周设有环形遮帘，室内设置洗手池和诊查桌，桌上放置各种体检用具、化验检查申请单、处方纸等。治疗室内备有各种抢救物品和设备，如吸氧装置、电动负压吸引器、除颤仪、心电图机等。门诊的候诊、就诊环境以方便患者为目的，应备有醒目的标志和指示标牌，并设立导诊台。导诊台通常为圆形或弧形，可同时对多个方向的患者提供服务咨询，且同时设置高、低两种高度，以满足不同高度患者的需求。门诊需配备多媒体查询机和电子显示屏，清晰、透明地呈现各种医疗服务项目，简化就诊程序，门诊护理工作文明有序，使患者便捷、舒适地就诊。

（二）门诊环境的管理及调控

1. 预检分诊 门诊护士应热情接待患者，询问病史、观察病情，根据丰富的临床经验初步判断病情的轻重缓急和隶属专科，给予合理的分诊，做到先预检分诊，后挂号诊疗，门诊大厅及诊室附近应设有自助服务终端（图2-2）或挂号缴费一体机为患者提供方便。部分医院可通过电话、微信公众号等为患者提供远程预检分诊和挂号服务。

2. 组织候诊与就诊 患者挂号后，应分别到各科室候诊区域等候就诊。目前大多数医院采用电子候诊系统和人工服务结合的模式，以保证患者候诊、就诊顺利，护士应做好以下工作：准备好诊疗过程中所需的各种器械、设备等，检查诊疗环境和候诊环境；分开并

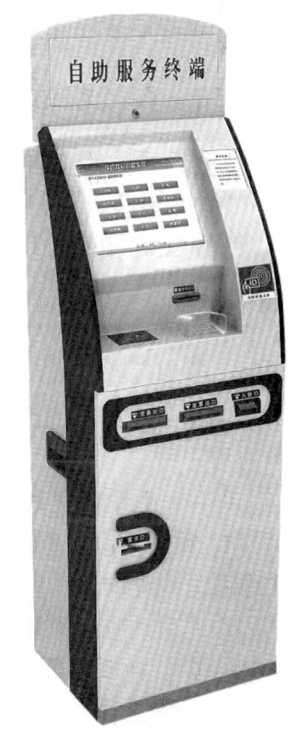

图2-2 自助服务终端

整理初诊和复诊病案，收集整理化验单、检查报告等；维持良好的诊疗环境和候诊环境，安排患者按挂号顺序有序就诊，如遇高热、剧痛、呼吸困难、出血、休克等患者，护士应立即为其安排就诊或送急诊处理。对病情较重或年老体弱患者，可适当调整就诊顺序，使其提前就诊；观察候诊患者病情变化，根据病情测量患者的体温、脉搏、呼吸、血压等，并记录在门诊病案上，必要时可协助医生进行诊查工作；就诊结束后及时整理物品，检查、关闭门窗及电源，防止意外事故的发生。

3. 治疗 根据医嘱执行注射、灌肠、导尿等护理操作，严格执行操作制度与规程，确保治疗安全、有效。

4. 消毒隔离 门诊人群流量大，容易发生交叉感染，因此要认真做好消毒隔离工作。门诊的空间、地面、墙壁、桌椅、扶手、诊查床、平车、轮椅、担架等应定期进行严格的清洁、消毒处理。如遇疑似传染病患者或传染病患者，应将其分诊到隔离门诊就诊，并立即上报主管部门，做好疫情报告工作。

5. 健康教育 护士可以利用候诊时间开展健康教育，耐心、热情地向患者介绍疾病相关知识，可采用口头、图片、黑板报、视频、动画或赠送健康教育小手册等不同方式进行健康宣传。

6. 保健门诊 经过培训的护士可以直接参与各类保健门诊的咨询或诊疗工作。

医院门诊环境的建设是门诊管理的重要方面，也是门诊人性化服务建设的重要组成部分。现代化医院的门诊环境要求整洁明快、配备绿色植物，在相应区域放置电脑查询机和自动提款机，设立简易商店、自助购买机等社会功能区，就医流程标识醒目，门诊科室分布指示清晰，诊疗部门布局合理。医务人员要保持仪表整洁，营造温馨、宽松、愉快的就医氛围，增加患者对医院的安全感和信任感。同时改变传统的导医被动模式，门诊的医务人员除了应具备丰富的实践经验和良好的职业道德，在接诊服务时还应主动热情，尽力满足广大患者的就诊需求并充分体现"以患者为中心"的服务理念。

总之，随着社会的不断发展和人们就医观念的改变，门诊环境愈加受到人们的重视，所以加强门诊环境建设，是医院建设的重要内容，只有建立起良好的门诊管理体系，才能使门诊的管理水平进一步提升，使门诊医疗服务更加科学化、人性化。

四、急诊环境与调控

（一）急诊设置和布局

急诊一般设有预检处、诊疗室、急救室、监护室、留观室、治疗室、药房、化验室、X射线室、心电图室、挂号室及收费室等，形成一个相对独立的单元，以保证急救工作的顺利完成。

急诊是抢救患者生命的第一线，急诊环境以方便抢救患者为目的，以最大限度地缩短候诊时间、争取抢救时机、提高抢救效率为原则。急诊环境应宽敞明亮、空气流通、安静整洁，各工作单元布局合理，各分区设有明显标志，路标指向清晰，夜间有明显的灯光和快捷通畅的抢救通道。

（二）急诊环境的管理与调控

1. 预检分诊 急诊护士接待就诊的患者要做到"一问、二看、三检查、四分诊"。如遇危重患者，应立即通知值班医生并配合进行抢救；如遇意外灾害事件，应立即通知护士长和相关部门快速启动应急预案并配合救治伤员；如遇法律纠纷、刑事案件、交通事故等事件，应尽快通知医院保卫部门或直接联系公安部门，并请家属或陪送者留下。

2. 抢救工作 包括抢救物品准备和配合抢救。

（1）抢救物品准备：所有抢救物品要求做到"五定"，即定数量品种、定点安置、定专人保管、定期消毒灭菌和定期检查维修。护士必须熟悉各种抢救物品的性能和使用方法，保证所有抢救物品处于良好的备用状态，抢救物品完好率要求达到100%。

（2）配合抢救：急诊护士应积极配合医生，进行以下抢救工作：医生到达前，护士应根据患者病情做出初步判断，并立即实施必要的紧急处理，如进行人工呼吸、胸外心脏按压、给氧、吸痰、止血、配血、建立静脉输液通路等，为患者的抢救争取时间，为医生治疗收集信息。医生到达后，护士应立即汇报处理情况，正确执行口头医嘱，积极配合抢救，密切观察患者病情变化，及时为医生提供相关资料，及时、准确、清晰地做好抢救记录，正确查对抢救物品。

（3）留院观察：通常急诊科留院观察室设有一定数量的观察床，以收治暂时不能确诊、暂时不宜搬动、病情危重且暂时住院困难或经短时间留院观察后可以回家的患者。一般患者的留院观察时间为3~7天。留院观察室的护理工作包括：入室登记，建立病案，详细填写各项护理记录，书写留观室患者的病情报告；加强对留院观察患者的病情观察，及时执行医嘱，做好患者的晨晚间护理，加强心理护理；做好留院观察患者及其家属的管理工作。

五、病区环境与调控

（一）病区设置和布局

病区应设有病室、抢救室、危重病室、治疗室、护士站、医生办公室、配膳室、盥洗室、库房、洗涤间、浴室、卫生间、医护休息室和示教室等。护士站应设在病区的中心位置，与抢救室、危重病室、治疗室相邻，以便观察重症患者病情、及时抢救患者。病区的环境应舒适、整洁、安静，方便医护人员治疗及护理工作的开展。每个病区最好设30~40张病床，如病区设置病床较多，可划分多个护理模块或护理小组，通常每间病室设2~4张病床，病床之间的距离不少于1m，并在病床之间设置遮隔设备，以保护患者的隐私。病室除基本的病床、床旁桌椅、遮挡设备外，还可设置中心供氧装置和中心吸引装置、呼叫系统、壁柜等。病室向家庭化发展的趋势更有利于患者放松、促进患者舒适和恢复健康。

（二）病区环境的管理及调控

病区环境的管理要尽可能体现对患者的人文关怀。病房墙壁应尽量选择比较柔和的暖色调，有利于患者保持宁静的心情接受治疗和护理；及时协助患者更换污染的被服和枕套，保持患者床单位的整洁、舒适；病床之间要留给患者足够的活动空间，避免病床安置过分拥挤；医疗仪器设备的管理和安置，要做到定数量品种、定点安置、定专人保管、定期消毒灭菌和定期检查维修。同时，护士应积极为患者创造和谐的病室氛围，介绍同病室患者相互认识，鼓励患者间加强疾病和情感的交流，促进患者的身心康复。

良好的医院环境是医院综合实力的外在体现，不仅影响广大患者对医院的心理认同和整体评价，而且在一定程度上体现了医院管理者的管理水平，是患者住院期间身心健康的重要保证。因此，医务人员应关注医院环境的设置及管理，为患者提供舒适、安全的医院环境。

小 结

医院是以医疗工作为主体，同时承担疾病预防、临床教学、医学科学研究和指导社区卫生服务的医疗服务机构，分为三级十等。要为患者提供安全舒适的诊疗环境，不仅需要具备根据患者的具体情况设置医院物理环境的能力，而且需要帮助患者及其家属知晓医院的规章制度、构建和谐人际关系，在医院社会环境中彰显人文关怀，从而促进患者康复及人类健康，为人民群众的健康保驾护航。

思考题

一、单项选择题

1. 某胃肠外科护理责任组长，巡视病房时发现其中一个病室的相对湿度为70%，该病室患者不可能出现的情况是
   A. 排汗受到抑制
   B. 闷热、难受
   C. 口舌干燥
   D. 机体蒸发作用减弱
   E. 排尿增加

2. 患者，女，50岁。因乳腺癌收住院。关于护士促进患者适应医院人文环境的描述不妥的是
   A. 介绍医院环境及制度
   B. 增加患者的信任感
   C. 关心患者，合理应用语言
   D. 协调处理护患关系
   E. 帮助患者解决一切困难

（以下病例为3~4题共用）

患者，女，72岁。高血压病史10年，因心肌梗死入院。护士为该患者调控医院环境。

3. 该患者适宜的病室色调是
   A. 红色
   B. 淡蓝色
   C. 黑色
   D. 紫色
   E. 橙色

4. 日间病室的噪声应控制在
   A. 40 dB 以下
   B. 60 dB 以下
   C. 80 dB 以下
   D. 100 dB 以下
   E. 120 dB 以下

二、案例分析题

患儿，男，5岁。在小区与宠物狗玩耍，不慎被咬，随即奔跑跌倒，跌倒时右手手掌撑地，少量出血，右腕肿胀、剧痛，活动受限。经急诊科医师诊断为桡骨下段骨折，骨折部位行石膏固定，收入小儿外科治疗。

请回答：
1. 作为护士，在医院物理环境的设置方面应为该患儿做哪些准备？
2. 作为病区内该患儿的责任护士，在医院的社会文化环境方面应该怎么做？

（史慧敏）

第三章 医院感染的预防与控制

本章数字资源

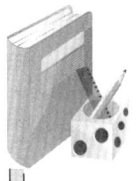

导学目标

通过本章内容的学习,学生应能够:

◆ **基本目标**

1. 解释医院感染、清洁、消毒、灭菌、手卫生、无菌技术、标准预防及隔离技术等相关概念。
2. 描述无菌技术操作原则和隔离原则。
3. 说出医院感染的分类、形成的原因及条件。
4. 简述常用的消毒灭菌方法及注意事项、医院选择消毒灭菌方法的原则。
5. 举例说明医院日常清洁、消毒及灭菌工作的主要内容,以及常见隔离的类型及相应的隔离措施。
6. 比较常用清洁、消毒和灭菌方法的适用范围、常用手卫生方法的应用时机。
7. 区分医院隔离区域的划分方法及医院不同病区的建筑布局与隔离要求。
8. 选择合适的方法进行医院日常的清洁、消毒和灭菌,遵守无菌操作原则,完成无菌技术基本操作。

◆ **发展目标**

1. 综合运用医院感染预防与控制的相关理论知识,通过正确执行清洁、消毒与灭菌操作、手卫生操作、无菌技术操作以及隔离技术等技能,最大可能地达到预防和控制医院感染的最终目标。
2. 通过对无菌技术和隔离技术的学习,培养学生的慎独精神,坚定其职业理想和职业信念,增强职业认同感。

第一节　医院感染

案例 3-1

某医院胸外科病房，陆续有5例行肺叶切除手术后1~2天内的患者出现发热、咳嗽、咳痰等现象，经痰标本细菌培养，结果显示致病菌类型均为金黄色葡萄球菌，由此，5位患者确定为医院感染。

请回答：
1. 上述患者发生的医院感染，最有可能的传播途径是哪种类型？
2. 针对此类医院感染，相关部门应该采取哪些预防措施？

随着医学技术的快速发展，医院感染的预防与控制工作面临着越来越多的新挑战，相关问题已成为全球共同关注的突出公共卫生课题。新的病原体陆续出现、多重耐药菌感染的不断增多、侵入性诊疗技术的广泛应用、抗菌药物使用增加导致细菌耐药性的产生等，使医院感染控制管理工作更加艰巨。因此，医疗机构的医生、护士、医院感染管理人员及其他医务人员，应高度重视和关注，掌握必要的医院感染相关理论知识和操作技能，提高医疗质量，确保患者安全。

医院感染（nosocomial infection）在国外先后有不同的表述，如医源性感染（hospital infection）、医院获得性感染（hospital acquired infection）或医疗相关感染（health care-associated infection）等，近年来国内逐渐将其统一称为"医院感染"。

一、医院感染的概念与分类

（一）概念

住院患者在医院内获得的感染均称为医院感染，包括在住院期间发生和在医院内获得出院后发生的感染，但不包括入院前已开始或入院时已存在的感染。医院工作人员在医院内获得的感染也属医院感染。

广义地讲，医院感染的对象涵盖住院患者、医院工作人员、门急诊就诊患者、探视者和患者家属等在医院特定范围内和在医院期间这一特定时间段内的所有人员。这些人群在医院诊疗环境中获得的感染性疾病，均可以称为医院感染。但由于就诊患者、探视者和患者家属在医院的时间短暂，获得感染的因素多而复杂，常难以确定感染是否来自医院，故实际上医院感染的对象主要是住院患者和医院工作人员。

（二）分类

医院感染可根据医院感染病原体的来源和种类分类，也可根据医院感染发生的部位分类。

1. 按病原体的来源分类

（1）内源性医院感染（endogenous nosocomial infection）：又称自身医院感染（autogenous nosocomial infection），是指患者在医院内，由于各种原因受到其自身固有病原体侵袭而发生的医院感染。病原体来自患者自身，为患者体内或体表的常居菌或暂居菌，如口咽部、皮肤、肠道、呼吸道、泌尿道、生殖道等的细菌，在正常情况下不致病，在一定条件下发生移位或数量改变时，成为条件致病菌而造成患者内源性感染。

（2）外源性医院感染（exogenous nosocomial infection）：又称交叉感染（cross infection），是指引起患者发生感染的病原体来源于患者身体以外的个体或环境，如医务人员的手、其他患者、医疗器械、探视陪护人员、医院环境等，通过直接或间接的途径，如患者之间、患者与医务人员之间、患者与探视人员之间、患者与污染环境、患者使用医疗器械、医院环境中污染的空气等方式传播病原体，导致患者发生外源性感染。

2. 按感染病原体的种类分类 按照引起医院感染病原体的种类不同，可将医院感染分为细菌感染、病毒感染、真菌感染、支原体感染、衣原体感染、立克次体感染、放线菌感染、螺旋体感染、寄生虫及原虫感染等，其中以细菌感染最为常见。每一类不同病原体引起的医院感染又可根据病原体的具体名称分类，如柯萨奇病毒感染、铜绿假单胞菌感染、金黄色葡萄球菌感染等。

3. 按感染发生的部位分类 机体全身各系统、各器官、各组织均可能发生医院感染，按照医院感染发生部位的不同，可分为呼吸系统感染（如上呼吸道感染等）、泌尿系统感染（如尿路感染等）、消化系统感染（如腹腔感染等）、骨和关节感染（如骨髓炎等）、中枢神经系统感染（如颅内感染等）、心血管系统感染（如心内膜炎等）、血液系统感染（如菌血症等）、生殖系统感染（如前列腺炎等）、皮肤与软组织感染（如坏死性筋膜炎等）、手术部位感染（如外科切口感染等）、其他部位感染（如口腔感染等）和多个部位感染（如多系统感染等）。

二、医院感染发生的条件

外源性医院感染与内源性医院感染，因发病机制不同而有不同的传播过程。外源性医院感染的三个传播环节为：传染源（外源性）、传播途径（感染途径）和易感宿主，缺少或者切断任何一个环节，都不会发生医院感染。内源性医院感染的三个传播环节为：传染源（自身）、易感途径和易感生态环境，需从微生态角度进行预防。

（一）传染源

传染源（source of infection），又称病原微生物贮源，指病原体自然生存、繁殖并排出的宿主（人或动物）或场所，可分为外源性传染源和内源性传染源两类。

1. 外源性传染源 即引起感染的病原体来自患者以外的宿主或医院环境。主要包括：

（1）已感染的患者：已感染的各类患者是医院感染最主要、最危险的传染源。在入院时和入院后，患者体内的病原体可以在感染部位（伤口、泌尿道、呼吸道、肠道等）大量繁殖，并不断排出，其数量多、致病性较强，而且多是耐药菌或多重耐药菌，很容易在另一易感宿主体内定植或引起感染，甚至造成医院感染暴发。因此，在日常工作中，应根据病原体的种类不同，对感染患者采取相应的消毒隔离措施，切断可能的传播途径，预防院内感染的发生。

（2）病原携带者：即携带病原体的感染宿主。由于获得免疫力或部分免疫力，病原携带者不具有任何临床症状，但其体内的病原体并未清除，仍可向外排出，这类传染源因无症状与体征而未被发现、未被隔离。主要包括潜伏期病原携带者、恢复期病原携带者、健康病原携带者，如携带病原体的患者、医院工作人员、探视和陪护人员，是医院感染的另一重要传染源，更应引起重视。

（3）动物传染源：各种动物如鼠、蚊、蝇、蟑螂、螨等都可能感染或携带病原微生物而成为动物传染源。医院的动物传染源主要是鼠类。鼠类在医院的密度很高，医疗垃圾是其主要繁殖地。鼠类是沙门菌尤其是伤寒沙门菌的主要宿主，可污染食物造成感染暴发。因此，要十分重视医院内的灭鼠工作。

（4）环境储源：医院是一个社会性的储菌库，是各种病原微生物高度聚集的场所。另外，自然界中的许多腐生菌在医院环境中也极易生长繁殖，这些病原微生物广泛存在于医院的空气、物品、食品、血液和血制品、生物制品、污水污物中及污染的医疗器械表面，是导致医源性感染的重要感染源。因此，如果手卫生管理、物体表面清洁与消毒、药品与食品储存、污水污物管理、医疗器械处理等不规范，会导致病原微生物的滋生和传播，从而引起医院感染的发生甚至暴发。

2. 内源性传染源 即引起感染的病原体来自患者本身。值得注意的是，外源性传染源可转变为内源性传染源。内源性传染源一般认为是由致病性微生物直接引起。另外一些情况下，如失血性休克、创伤、免疫功能低下、不合理使用抗菌药物、应激性损伤等，机体微生态学发生改变，正常菌群发生定位转移，也可成为内源性感染的重要来源，既可引起患者自身感染，也可传播给他人。因此，对一些重症或免疫功能缺陷的患者，进行监测性细菌学检查，及时了解其体内定植菌种类及耐药情况，对控制医院感染有一定的意义。

（二）传播途径

传播途径（route of transmission）是指病原体从感染源排出后，再进入另一个易感者所经历的途径和方式。医院感染的传播途径呈多种形式，主要包括空气传播、飞沫传播和接触传播三种类型。大多数病原菌的传播途径有两种或两种以上，如金黄色葡萄球菌可通过接触或空气传播；2020年1月起全球范围内暴发流行的新型冠状病毒感染以空气传播为主，同时还可以通过飞沫等传播。

1. 空气传播 也称微生物气溶胶传播，是以空气为媒介，空气中携带的病原微生物的微粒子（≤5 μm）随气流流动远距离播散，引起易感者发生医院感染。

2. 飞沫传播 主要是通过咳嗽、打喷嚏、大声谈笑喷出携带有病原微生物的小液滴（飞沫，直径≥5 μm）传播医院感染。医护人员在进行诊疗操作，如使用支气管镜或者吸痰等操作时，也可产生许多含有微生物的飞沫。飞沫直径多数为 15~100 μm，颗粒较大，在空气中的悬浮时间不长，传播距离一般<1 m。当周围密切接触的易感者吸入这些飞沫，或者通过直接及间接接触被飞沫污染的衣物和手时，可引起感染。经飞沫传播的疾病主要有病毒性腮腺炎、流行性脑脊髓膜炎、百日咳、白喉、冠状病毒相关的 SARS 等。

3. 接触传播 医院感染最常见的方式之一，即通过直接或间接接触传播传染性疾病。

（1）直接接触传播：包括病原微生物从感染者直接传播给接触者，或者病原微生物从患者已感染部位（如切口等）及污染的体液和排泄物等传递给自身其他部位。

（2）间接接触感染：是指易感人群接触被病原微生物污染的媒介，如医务人员的手、医疗仪器设备、医疗环境中的物体表面等发生感染。

（三）易感宿主

易感宿主（susceptible hosts）是指传播中的病原微生物易感性较高、容易发病引起医院感染的个体，即易感者。如果将这些易感者作为一个总体，则称为易感人群。

宿主感染病原微生物后，是否发病取决于病原微生物的致病因素与宿主的易感性。病原微生物的致病因素，即病原微生物的毒力，包括病原微生物的种类和数量；宿主的易感性，取决于病原微生物在宿主机体内的定植部位和宿主的防御功能。

医院常见的易感人群类型主要为：①婴幼儿及老年患者；②因疾病影响或严重损伤致使机体免疫功能受损者；③接受免疫抑制剂治疗者；④长期或不合理接受抗生素治疗者；⑤接受各种侵入性诊疗的患者；⑥营养不良者；⑦手术时间较长者；⑧住院周期较长的患者等。

三、医院感染发生的原因

医院感染的发生原因，有机体内在因素和机体外在因素，如个体自身的免疫功能状况、医院的感染管理体制及诊疗活动等。

（一）机体内在因素

机体内在因素包括生理因素、病理因素和心理因素。这些因素可使个体抵抗力下降、免疫功能受损，从而导致医院感染的发生。

1. 生理因素 包括年龄、性别等。婴幼儿，尤其是早产儿、低体重新生儿，其免疫功能发育不完善、不成熟；年长者，则生理防御功能减退。因此，婴幼儿和老年人的医院感染发生率较高。性别方面的差异尚无定论。但有些现象值得研究，如女性患者泌尿道感染率高于男性；女性在特殊生理期，如月经期、妊娠期、哺乳期，由于个体敏感性高、抵抗力下降等原因，可能会增加医院感染的易感性。

2. 病理因素 患者由于患有基础疾病或者原发病，如恶性肿瘤、糖尿病、慢性肾病、肝病、各种造血系统疾病等，其机体内细胞免疫和体液免疫功能受到严重影响，免疫功能降低，对病原微生物易感，易发生医院感染。

3. 心理因素 患者的不良情绪，如悲伤、抑郁等，可在一定程度上影响其免疫功能，从而导致机体对病原微生物的易感性增加。

（二）机体外在因素

1. 诊疗活动 包括直接损害患者免疫系统的治疗、侵入性操作、抗感染药物的使用等。

（1）直接损害患者免疫系统的治疗：如恶性肿瘤患者所接受的放射治疗、化学治疗和使用免疫抑制剂治疗等，可导致骨髓抑制，引起白细胞下降；或由于对患者的皮肤黏膜造成损伤（如放射性皮炎），破坏了机体屏障，使得一些条件致病菌可引起患者发生医院感染。

（2）侵入性操作：包括导尿、气管插管、置入各种导管、留置各种引流管、血液透析、内镜治疗、器官移植等。这些操作破坏了机体皮肤和黏膜的天然保护屏障，导致病原微生物侵入；同时，也可能在操作中带入致病微生物，导致医院感染的发生。

（3）抗感染药物的使用：抗感染药物的不合理、不规范使用，在杀灭或抑制病原菌的同时，也杀灭或抑制了正常菌群，破坏了患者的微生态平衡，引起菌群失调和二重感染，导致内源性医院感染和真菌感染的机会增多。

2. 医院环境 医院环境中存在的各种病原微生物、环境、空气和物体表面等清洁消毒不规范、不彻底；诊疗器械、器具和物品的清洗消毒与灭菌不合格；医疗机构的建筑设计或布局不符合感染防控要求等，均可能是引起医院感染发生的环境因素。

3. 医院感染管理机制与制度 医院是否重视感染管理工作、医院感染管理机制是否健全、医院感染管理的三级架构是否有效运作、是否重视对医务人员进行医院感染防控知识的培训和宣传等，均是医院感染发生的重要外在因素。

四、医院感染的预防与控制

医院感染可对患者造成不同程度的伤害，也可由此产生不良的社会影响。因此，医疗机构应以预防为主，切实做好医院感染控制的管理。

（一）建立完善的医院感染管理架构

医院感染管理工作需要全体医务人员共同协作才能完成。《医院感染管理办法》明确指出，住院床位总数在100张以上的医院，应设立单独的医院感染管理部门；住院床位总数在100张以下的医院，应指定分管医院感染管理工作的部门；其他医疗机构应当有医院感染管理专（兼）职人员。

医疗机构中应建立完善的医院感染管理三级网，包括：

1. 医院感染管理委员会 医院感染管理最高组织和决策机构，负责修订本医疗机构的医院感染管理计划及医院感染防控总体方案，并进行监督和评价。

2. 医院感染管理科 负责医院感染管理质量的职能科室，应落实本医疗机构的医院感染管理工作计划和质量改进措施，完成医院感染管理委员会制定的各项目标，不断完善和落实医院感染管理规章制度，逐渐形成完善的医院管理体系；对医院感染相关事件进行专业分析。其专职人员应掌握先进的理论和方法，熟知相关法律法规，与临床科室人员共同分析、研究对策，全面提高医院感染管理质量。

3. 临床医院感染管理小组　医疗机构中感染管理三级网的"基层"组织，也是医院感染防控的"一线"力量和实践者。临床医院感染管理小组成员，应充分发挥本科室医务人员参与院感管理的积极性，强化医务人员个体的"第一责任人"角色，在各项医疗实践活动中落实和履行医院相关感染防控措施。

（二）建立完善的医院感染管理制度

医院感染管理委员会应建立全面的感染管理制度，各科室及部门根据各自的特点，建立细化的制度或措施。医院感染管理的主要制度包括：抗菌药物临床应用管理制度，消毒药械管理制度，一次性使用医疗用品及卫生用品管理制度，呼吸机临床应用管理制度和其他相关管理制度等。

（三）按照不同部门的特点，逐一严格落实制度

医院各部门业务特点不同，应有各自具体的医院感染防控管理内容和模式。

1. 门诊系统　综合医院应设立发热门诊、肝炎门诊、肠道门诊等，及时分诊发热患者及传染病患者，发现传染病患者应及时转诊或隔离治疗，尤其在传染病流行的季节要加强管理。确诊患者使用过的诊室及用具，应及时消毒；一般候诊室、大厅、候诊椅等也要定期消毒。发现传染病患者要及时填报信息、及时上报。门诊各诊室应布局合理，患者的挂号、候诊、就诊、检查、化验、治疗、取药等路线尽量缩短，尽量避免人流往返，减少交叉感染的机会。

2. 病房　病房是医院的重要组成部分，住院患者多是病情较重及免疫功能低下者，因此，病房是感染防控管理的重点。病房应有完善的消毒隔离制度，并定期总结近期医院感染的发生情况；同时，应监督本科室医务人员严格执行无菌技术操作和消毒隔离制度，组织本科室人员进行医院感染的预防与控制知识培训，做好对卫生员、配膳员、陪护人员和探视者的卫生学管理。

特殊病房，如产房、母婴同室、新生儿室、儿科病房、传染病病房、骨髓移植病房以及重症监护病房（ICU）等，因其收治的患者抵抗力低下或带有传染性，均是医院感染发生的高危场所，消毒隔离要求高，对医务人员无菌操作水平、手卫生、消毒隔离制度的依从性要求较高，是医院感染预防控制的重点部门。

3. 手术室（部）　手术室既是大量无菌物品的使用部门，也是手术医生、护士、麻醉师等人员汇集的场所。因此，其消毒隔离制度及其他各项感染防控措施的落实质量直接影响手术患者的预后及医疗效果。手术室的医院感染管理，包括：手术室的合理设计与布局，手术物品的清洗、消毒与灭菌及其效果监测，无菌操作的严格执行等。手术室应建立健全一整套科学管理系统和管理对策，实施科学化管理，确保手术室安全，预防医院感染的发生。

4. 消毒供应中心　医院消毒供应中心是对复用诊疗器械、敷料及其他物品进行清洗、消毒、灭菌及储存发放的场所，其工作质量与医院感染的发生密切相关，是医院感染控制管理的重点关注部门。

5. 血液净化室　血液净化室应明确分区，即划分为三区中的清洁区（办公室、生活区、治疗室、水处理间、清洁库房）、污染区（候诊室、接诊区、透析治疗室、处置室）、感染区。乙型肝炎及丙型肝炎等传染病患者的透析专区，治疗车等相关医疗用具专区专用，应在专用的医疗用具、排班表、病例及相关文件上做专用标识等。

6. 医技科室　医院检验科，接受来自患者的、属于疑有异常情况的各种血液、体液、排泄物和组织标本等的检验分析。因此，在操作过程中及标本使用后的处理过程中，均要执行标

准防护，保证操作人员及医疗环境不被污染。药剂科要预防药品被病原微生物污染，以免造成患者的医院感染发生；同时，药剂科还应及时为临床科室提供抗菌药物的信息，监督临床医护人员的抗菌药物使用情况并及时反馈给临床。其他医技科室，如放射科等，要严格按照本专业的专业技术要求和操作规范，做好医院感染防控。

7. 其他科室 如洗衣房、太平间等，均应按照国家现行的相关规定，做好医院感染防控工作。

（四）控制传染源，切断传播途径，保护易感人群

主要方法包括：加强传染源管理；落实手卫生，规范对医院环境、医疗器械、医疗废物等可传播病原微生物的管理，切断传播途径；对易感人群实行保护性隔离；严格执行探视和陪护制度等。

（五）开展医院感染措施的效果监测

监测复用器械、器具和物品的清洗消毒与灭菌效果；规范一次性无菌医疗物品、消毒剂等的准入、采购、索证等流程和使用方法；定期开展手卫生执行的正确性和效果监测；定期开展诊疗环境、物体表面及清洁用品的细菌学检测；及时总结与反馈临床上分离的病原微生物及其对抗菌药物的敏感性。

（六）加强宣传教育，提升医院感染的防控意识

定期进行手卫生宣传教育工作，开展对新入职医务人员、医学生、护理学实习生等人员的医院感染知识培训；定期开展对医务人员医院感染相关知识和技能的培训与考核。

第二节 清洁、消毒与灭菌

> **案例 3-2**
>
> 患者，男，45岁。因上腹部规律性的疼痛、腹泻、嗳气等，到医院消化内科就诊。经胃镜检查及取样活检病理检查，诊断为胃窦癌早期，内镜中心拟为该患者行"经内镜下胃黏膜下肿物切除术"。
>
> 请回答：
> 1. 拟使用的胃镜，按照斯伯尔丁分类，属于医疗器械使用危险等级的哪一类？
> 2. 该患者使用的胃镜应采用哪一类消毒或灭菌水平？可选用哪些类型的消毒剂或灭菌剂？

医院是患者和病原微生物携带者集中的场所，医疗场所中的环境、空气、物体表面、医务人员的手以及诊疗器具等，容易成为传播疾病的载体，造成医院感染。清洁、消毒或灭菌是切断传染性疾病传播的重要措施之一，在预防和控制医院感染工作中发挥着十分重要的作用。

一、清洁、消毒与灭菌的概念

1. 清洁（cleaning） 指去除物体表面有机物、无机物和可见污染物的过程。适用于各类物体的表面去污处理，也是物品消毒和灭菌前的必要步骤。常用的清洁方法有水洗、清洁剂或去污剂去污、机械去污和超声去污等。洗涤或清洁过程中帮助去除被处理物品上有机物、无机物和微生物的制剂称为清洁剂。

2. 清洗（washing） 指去除诊疗器械、器具和物品上污物的全过程，分为手工清洗和机械清洗。清洗流程包括冲洗、洗涤、漂洗和终末漂洗。

3. 消毒（disinfection） 指清除或杀灭传播媒介上的病原微生物，使其达到无害化的处理。能够杀灭传播媒介上的微生物并达到消毒要求的化学制剂称为消毒剂。

4. 灭菌（sterilization） 指杀灭或清除医疗器械、器具和物品上一切微生物，包括杀灭致病微生物和非致病微生物，达到灭菌保证水平的方法。能够杀灭一切微生物（包括细菌芽孢）并达到灭菌要求的化学制剂称为灭菌剂。

5. 灭菌保证水平（sterility assurance level，SAL） 是指灭菌处理后单位产品上存活微生物的概率，通常标识为10^{-n}。如10^{-6}表示经灭菌处理后在一百万件物品中最多只允许一件物品存在有活性的微生物。

二、消毒与灭菌方法概述

（一）不同危险等级物品的分类

1968年，E.H.Spaulding根据医疗器械污染后使用所致感染的危险性大小，以及在患者之间使用的消毒和灭菌水平要求的不同，将医疗器械分为低度、中度和高度危险性物品三类，即斯伯尔丁分类法（E.H.Spaulding classification）。

1. 低度危险性物品 与完整皮肤接触而不与黏膜接触的器材，如听诊器、血压计袖带等、病房床栏、床面以及床头柜、被褥、墙面、地面、痰盂（杯）和便器等，均属于低度危险性物品。

2. 中度危险性物品 与完整黏膜相接触，不进入人体无菌组织、器官、血液，也不接触破损皮肤、破损黏膜的物品，如胃肠道内镜、气管镜、喉镜、肛表、口表、呼吸机管道、压舌板、肛门直肠压力测量导管等。

3. 高度危险性物品 进入人体无菌组织、器官、脉管系统，或有无菌液体从中流过的物品或接触破损皮肤、破损黏膜的物品。此类物品一旦被微生物污染，具有极高的感染风险，如手术器械、穿刺针、腹腔镜、活检针、心脏导管、手术植入物等。

（二）消毒与灭菌水平分类

1. 低水平消毒 指只能杀灭大多数的细菌繁殖体、部分病毒和部分真菌的消毒方法。

2. 中水平消毒 指可以杀灭和去除分枝杆菌、一般细菌繁殖体、病毒、真菌及其孢子等多种病原微生物，但不能杀灭细菌芽孢的消毒方法。

3. 高水平消毒 是采用高水平消毒剂，如含氯消毒制剂、二氧化物、过氧乙酸、过氧化氢、邻苯二甲醛、碘酊、臭氧等，在规定的条件下，以合适浓度和有效作用时间进行消毒的方法。高水平消毒可杀灭一般细菌繁殖体、分枝杆菌、病毒、真菌及其孢子和大部分细菌芽孢等微生物。

4. 灭菌水平 指杀灭一切微生物包括芽孢，达到无菌保证水平。达到灭菌水平的常用方法包括热力灭菌、辐照灭菌等物理灭菌方法，以及采用环氧乙烷、过氧化氢、甲醛、戊二醛、过氧乙酸等化学灭菌剂，在规定的条件下，以合适浓度和有效作用时间进行灭菌的方法。

（三）消毒灭菌法的分类

常用的消毒与灭菌方法分为两大类，包括物理消毒灭菌法和化学消毒灭菌法。

1. 物理消毒灭菌法 是指通过物理因子杀灭或去除病原微生物，达到消毒或灭菌目的的方法。常见以热力、紫外线、微波、红外线、静电吸附、电离辐射、超声波、过滤、强光等物理因子为介质，制成各种设备，对环境、器械、物品等进行消毒与灭菌的方法。

2. 化学消毒灭菌法 利用化学因子，使微生物的蛋白质凝固变性、酶蛋白失去活性，或抑制微生物的代谢、生长和繁殖，通过杀灭或去除病原微生物，达到消毒或灭菌的目的。

（四）化学消毒灭菌剂应具备的条件、种类及使用原则

1. 理想化学消毒灭菌剂应具备的条件 ①杀菌谱广；②有效浓度低；③性质稳定；④作用时间短；⑤易溶于水；⑥可在低温下使用；⑦不易受有机物、酸、碱及其他物理、化学因素影响；⑧不易引起过敏反应；⑨刺激性及腐蚀性小，无色、无味、无臭；⑩毒性低且容易去除残留；⑪不易燃烧、不易爆炸；⑫使用方法简单、价格低廉、方便运输。

2. 化学消毒灭菌剂的种类 按消毒灭菌的效力划分，化学消毒灭菌剂可分为以下四类。

（1）低效消毒剂：能杀灭细菌繁殖体和亲脂病毒的消毒制剂。常用的有：酚类、季铵盐类（如苯扎溴铵）、双胍类（如氯己定）消毒剂等。

（2）中效消毒剂：能够杀灭分枝杆菌、真菌、病毒及细菌繁殖体等微生物的消毒制剂。常用的有聚维酮碘（碘伏）、醇类、醇类与氯己定的复方、醇类与季铵盐化合物的复方、酚类等。

（3）高效消毒剂：能够杀灭一切细菌繁殖体（包括分枝杆菌）、病毒、真菌及其孢子等，对细菌芽孢也有一定杀灭作用的消毒制剂。常用的有过氧乙酸、过氧化氢、部分含氯消毒剂。

（4）灭菌剂：能够杀灭一切微生物（包括细菌芽孢）并达到灭菌要求的化学制剂。常用的有戊二醛、环氧乙烷等。

以上为直接使用的化学消毒剂及灭菌剂，还有可以通过产生化学因子进行消毒或灭菌的设备，包括环氧乙烷灭菌器、过氧化氢气体等离子体低温灭菌器、低温蒸汽甲醛灭菌器、戊二醛气体消毒柜、酸性氧化电位水生成器、臭氧水生成器、臭氧空气消毒机、二氧化氯发生器、次氯酸钠发生器等。

3. 化学消毒灭菌剂的使用原则

（1）合理使用：能够采用物理消毒或灭菌方法的，尽量不要使用化学消毒或灭菌方法，必须用时尽量少用。凡不适用于物理消毒灭菌的物品，都可以采用化学消毒灭菌法，如患者的皮肤、黏膜、排泄物及周围环境、光学仪器、金属锐器以及某些塑料制品的消毒或灭菌。

（2）根据物品的性能、材质以及各种微生物的特性，选用合适的化学消毒灭菌剂。

（3）严格掌握化学消毒灭菌剂的有效浓度、消毒时间和使用方法。

（4）化学消毒灭菌剂应定期更换；易挥发的应加盖存放，定期检测并及时调整浓度。

（5）化学消毒灭菌剂中不能放置纱布、棉球等可吸附性材料，以免降低消毒效力。

（6）待消毒或灭菌的物品应先清洗干净并擦干。

（7）经化学消毒剂消毒灭菌后的物品在使用前，应根据危险性等级冲洗干净残留物，以避免消毒灭菌剂刺激人体组织。其中，灭菌水平的物品应使用无菌注射用水冲洗，高、中、低水平消毒的物品则可以使用纯化水冲洗。

（8）应熟悉化学消毒灭菌剂的毒副作用，使用时做好工作人员的安全防护。

（五）消毒与灭菌方法使用的基本要求

医院的清洁、消毒及灭菌应严格遵守工作规程，遵循消毒与灭菌方法使用的基本要求。

1. 对于可重复使用的诊疗器械、器具和物品，使用后应先清洁后消毒。

2. 对于特殊传染病患者，如被朊毒体、气性坏疽及突发不明原因的传染病病原体污染的诊疗器械、器具和物品，则应先消毒后清洗，接着再消毒，使用消毒剂的类型和方法遵循国家相关要求。

3. 对于耐湿、耐热的手术器械，应首选压力蒸汽灭菌，不应采用化学消毒剂浸泡灭菌。

4. 对于环境与物体表面的消毒，一般情况下先清洁后消毒；当受到患者的血液、体液等污染时，应先去除污染物，再清洁消毒。

5. 对于医疗机构消毒工作中使用的消毒灭菌产品，应经卫生行政部门批准或符合标准技

术规范，并遵循批准使用的范围、方法和注意事项。

（六）消毒与灭菌方法选择的基本原则

应使用合法、有效的消毒灭菌剂和相关设备，并按照规定使用的范围和方法在医疗机构和疫源地等使用。消毒和灭菌方法应遵循以下几个基本原则：

1. 根据物品污染后导致感染的风险高低，即物品的不同危险等级，选择相应的消毒或灭菌方法。

根据斯伯尔丁分类法，医院对诊疗过程中不同危险等级的物品、器械或器具等，在清洁或清洗后，采用三类不同水平的消毒与灭菌方法进行处理，具体对应方法见表3-1。

表3-1 不同危险等级物品的分类及所需消毒或灭菌水平要求

物品	危险等级	所需消毒或灭菌水平
仅与完整皮肤接触的物品	低度危险物品	低水平消毒
直接接触人体完整黏膜的物品	中度危险物品	中水平消毒 高水平消毒
进入人体无菌组织、器官、脉管系统，或无菌液体从中流过的物品或接触破损皮肤、破损黏膜的物品	高度危险物品	灭菌水平

2. 根据物品上污染微生物的种类、数量选择消毒或灭菌方法。

（1）对受到致病芽孢、真菌孢子、分枝杆菌和经血液传播的病原微生物（乙型肝炎病毒、丙型肝炎病毒、HIV等）污染的物品，应采用高水平消毒或灭菌。

（2）对受到真菌、亲水病毒、螺旋体、支原体、衣原体等病原微生物污染的物品，应采用中水平以上的消毒方法。

（3）对受到一般细菌和亲脂病毒污染的物品，应采用中水平或低水平的消毒方法。

（4）杀灭被有机物保护的微生物时，应加大消毒剂的使用剂量和（或）延长使用时间。

（5）待消毒物品上微生物污染程度严重时，应加大消毒剂的使用剂量和（或）延长使用时间。

3. 根据消毒物品的性质选择消毒或灭菌方法。

（1）耐热、耐湿的诊疗器械、器具和物品，应采用压力蒸汽灭菌；耐热的油类、粉剂，应采用干热灭菌。

（2）不耐热、不耐湿的物品，宜采用低温灭菌方法，如环氧乙烷灭菌、过氧化氢气体等离子体低温灭菌或低温蒸汽甲醛灭菌。

（3）物体表面消毒，宜考虑表面的性质。光滑表面宜选用合适的消毒剂或紫外线消毒器近距离照射；多孔材料表面宜采用浸泡或喷雾消毒法。

4. 根据是否有明确的感染源选择消毒类型。

（1）预防性消毒（preventive disinfection）：指在未发现明确感染源的情况下，为预防感染的发生，对可能受到病原微生物污染的物品和场所进行的消毒。例如对医院医疗器械的灭菌、诊疗物品的消毒、餐具的消毒，以及对一般患者住院期间和出院后进行的床单位的消毒等。

（2）疫源地消毒（disinfection for infectious focus）：指对疫源地内污染的环境和物品的消毒，包括随时消毒和终末消毒。①随时消毒（concurrent disinfection）指疫源地内有传染源存在时进行的消毒，目的是及时杀灭或去除传染源所排出的病原微生物。应根据现场情况随时进行，消毒合格标准为自然菌的消亡率≥90%。②终末消毒（terminal disinfection）指传染源离开疫源地后进行的彻底消毒。可以是传染病患者住院、转移或死亡后，对其住所及污染物品进行的消毒；也可以是传染病患者出院、转院或死亡后，对其病室进行的最后一次消毒。应根据消毒对象及其污染情况选择合适的消毒方法，要求空气或物体表面消毒后自然菌的消亡率≥90%，排泄物、分泌物或被污染的血液等消毒后不应检出病原微生物或目标微生物。

三、常用的消毒与灭菌方法

（一）物理消毒灭菌法

1. 物理消毒法

（1）紫外线消毒法

1）适用范围：适用于室内空气和物体表面的消毒。

2）使用方法：①在室内无人情况下，采用悬挂式或移动式紫外线灯直接照射消毒，灯管吊装高度距离地面1.8～2.2 m，安装紫外线灯的数量平均为1.5 W/m³，照射时间≥30 min。②采用紫外线进行物体表面及空气消毒时，其消毒方法遵循生产厂家的说明书。③进行室内空气消毒时，应关闭门窗，保持室内环境清洁、干燥。温度应维持在20～40℃，相对湿度低于80%。

3）注意事项：①保持紫外线灯的表面清洁，每周至少一次使用酒精布巾擦拭表面；有灰尘、油污等时，随时擦拭。②采用紫外线灯消毒空气时，如相对湿度大于60%，应适当延长照射时间；采用紫外线灯消毒物体表面时，应使被消毒物品的表面充分暴露于紫外线；采用紫外线灯消毒纸张、织物等粗糙表面时，应适当延长照射时间，且两面均要受到照射。③不应使紫外线光源照射到人；不应在易燃易爆的场所使用。④应定期检测紫外线灯的辐照强度，当辐照强度降低至要求值以下时，应及时更换。⑤紫外线灯的使用寿命：当新灯的辐照强度下降至70 μW/cm³（功率≥30 W），或降低至原来新灯强度的70%（功率<30 W）时，应定期更换；使用时间应不超过1000 h。

（2）日光暴晒法：利用日光的热、干燥和紫外线作用达到消毒效果。常用于床垫、被服、书籍等物品的消毒。将物品放在直射阳光下暴晒6 h，并定时翻动，使物品各面均能受到日光照射。

（3）煮沸消毒法

1）适用范围：适用于金属、玻璃制品、餐饮用具、织物或其他耐热、耐湿物品的消毒。

2）使用方法：将物品完全浸没于水中，加热水沸腾后维持时间≥15 min。

3）使用注意事项：①从水沸腾时开始计消毒时间，若中途加入物品应重新计时。②消毒物品应保持清洁，可拆卸物品应拆卸，并完全浸没在水面下。③高海拔地区，应适当延长煮沸时间。④煮沸消毒用水宜使用软水，精密器械或仪器宜使用纯化水。

（4）臭氧消毒法

1）适用范围：适用于无人状态下的病房、口腔科等医疗场所的空气消毒和物体表面消毒。

2）使用方法：①空气消毒时，在无人的密封空间内，启动臭氧发生装置，采用20 mg/m³浓度的臭氧，作用30 min，可杀灭90%以上的自然菌。②物体表面消毒时，在无人的密封空间内，保持室内相对湿度≥70%的状态下，启动臭氧发生装置，采用60 mg/m³浓度的臭氧，作用60～120 min。

3）使用注意事项：①有人情况下，室内空气中允许臭氧浓度为0.16 mg/m³。②臭氧为强氧化剂，使用时对部分物品有损坏，如铜片出现绿色锈斑，橡胶有老化、变色、弹性下降，织物漂白褪色等。③臭氧的杀菌作用受多种因素影响，包括温度、相对湿度和有机物等。

（5）流动蒸汽消毒法

1）适用范围：适用于医疗器械、器具和物品手工清洗后的初步消毒，以及餐饮用具和部分耐湿耐热卫生用品的消毒。

2）使用方法：使用流动蒸汽发生器、蒸锅等，当水沸腾后产生水蒸气，蒸汽温度为100℃，相对湿度80%～100%时，作用时间15～30 min。

3）使用注意事项：①消毒所需时间，应从水沸腾后且开始有蒸汽冒出时计算；②消毒物品应清洁干燥，并垂直摆放，物品之间应留有一定空隙，以利于蒸汽穿透；③高海拔地区，应适当延长消毒时间。

（6）其他物理消毒法

1）过滤除菌法：是指将待消毒的介质，通过规定孔径的过滤材料，以物理阻留等原理，去除气体或液体中的微生物，但不能杀灭微生物。主要用于空气净化和不适用于压力蒸汽灭菌的液体过滤除菌，也可用于医疗机构低度危险性物品和中度危险性物品的消毒。

2）微波消毒法：即采用一种频率高、波长短、穿透性强的电磁波进行消毒的方法。一般使用频率为2450 MHz，可杀灭包括芽孢在内的所有微生物。在医疗机构中可用于低度危险性物品和中度危险性物品的消毒，如餐饮用具等。微波消毒的物品应浸没于水中或用湿布包裹。

3）高压静电吸附式空气消毒器：适用于有人情况下的室内空气消毒。通过电极产生静电场，将经过静电场的、附着在灰尘颗粒上的微生物吸附在集尘板上，从而达到消毒效果。

2. 物理灭菌法 主要利用热力使微生物的蛋白质凝固变性、酶失活、细胞膜和细胞壁发生改变而导致细菌死亡，从而达到消毒灭菌目的。该方法是效果可靠、使用最广泛的方法，分为干热法和湿热法两大类。干热法由空气导热，传热较慢；湿热法由空气和水蒸气导热，传热较快，穿透力强。相对于干热法消毒灭菌，湿热法所需的时间较短，温度较低。

常用的干热法包括燃烧法和干热灭菌法。湿热法主要是压力蒸汽灭菌法。详述如下。

（1）燃烧法

1）适用范围：燃烧法是一种简单、迅速、彻底的灭菌方法，适用于不需要保存的物品、微生物实验室的物品或某些急用金属器械等的灭菌。

2）灭菌方法：①不需要保存的物品，如病理标本、尸体、废弃衣物、纸张及医疗废物等，可在焚烧炉内焚烧或直接点燃。②微生物实验室的接种环和试管口的灭菌，可以直接在火焰上烧灼。③某些急用的金属器械，可在火焰上烧灼20 s；搪瓷类容器可倒入95%的乙醇，慢慢转动容器后使乙醇分布均匀，点火燃烧至熄灭。

3）使用注意事项：①使用燃烧法时，应远离易燃、易爆物品。②使用95%乙醇燃烧消毒时，中途不得添加乙醇，不得将引燃物投入消毒容器内等，以确保安全。

（2）干热灭菌法

1）适用范围：适用于耐热不耐湿、蒸汽或气体不能穿透物品的灭菌，如玻璃、金属等医疗用品和油类、粉剂等制品的灭菌。

2）灭菌方法：可根据物品对温度的耐受性，选择干热灭菌的灭菌参数，其常用的温度与对应时间为：150℃，150 min；160℃，120 min；170℃，60 min；180℃，30 min。

3）使用注意事项：①灭菌时物品不应与灭菌内舱底部及四壁触碰，灭菌后温度降至40℃以下再开启灭菌器柜门；②灭菌物品的体积不应超过10 cm × 10 cm × 20 cm，油剂、粉剂制品的厚度不应超过0.6 cm，凡士林纱条的厚度不应超过1.3 cm，装载高度不应超过灭菌器内舱高度的2/3，物品间应留有空隙；③设置温度应充分考虑物品对温度的耐受性，灭菌有机物品或用纸质包装的物品时，温度应≤170℃；④灭菌温度达到要求时，应打开柜体的排风装置；⑤目前此类型灭菌方式在医院中不常用，使用时应遵循操作指引，注意安全操作，按要求进行灭菌效果监测，合格后，灭菌包方可放行。

（3）压力蒸汽灭菌法

1）适用范围：适用于耐湿耐热诊疗器械、器具、物品的灭菌，是最常用的物理灭菌法。其下排气式压力蒸汽灭菌程序还适用于液体的灭菌；快速压力蒸汽灭菌程序适用于裸露的耐热、耐湿诊疗器械、器具、物品的灭菌。不适用于油膏类和粉剂灭菌。

2）分类：根据排放冷空气的方式和程度不同，分为下排气式压力蒸汽灭菌和预排气式（预真空式）压力蒸汽灭菌两大类；根据灭菌程序的时间长短，可分为常规压力蒸汽灭菌程序和快速压力蒸汽灭菌程序。

3）灭菌方法：①常规压力蒸汽灭菌程序：对不同类型物品的灭菌，其设定的时间、温度、压力不同，具体见表3-2。②快速压力蒸汽灭菌程序：是一种可以明显缩短灭菌周期的压力蒸汽灭菌程序，用于手术器械应急使用时的灭菌。其灭菌参数，如时间和温度，需要根据灭菌器的类型以及灭菌物品的材质和类型而定。具体操作方法遵循生产厂家指引。

表3-2 不同类型物品灭菌时间、温度及压力的设定要求

设备类别	物品类别	灭菌设定温度（℃）	最短灭菌时间（min）	压力参考范围（kPa）
下排气式	器械	121	20	102.8~122.9
	敷料	121	30	102.8~122.9
预真空式	器械	132	4	184.4~210.7
	敷料	134	4	201.7~229.3

4）使用注意事项：压力蒸汽灭菌法是医院最主要采用的灭菌方法，与医院感染控制管理密切相关，且此类设备属于压力容器，需关注：①安全操作：操作者应参加本地区特种设备管理部门组织的专项培训，并获得"压力容器操作证"才能上岗。操作者应严格按照设备操作规程操作，做好设备运行前的安全检查。②灭菌前的性能测试方法：设备开启后，在使用灭菌程序前，按照设备使用说明书的要求进行预热及（或）测漏试验，并应进行B~D测试，测试合格后，方可运行灭菌周期。③包装方法：待灭菌的器械应清洗干净并彻底干燥。应使用符合国家相关要求的灭菌包装材料进行灭菌包装。待灭菌包的体积和重量应符合现行国家行业标准及设备制造商说明书的要求，如器械包重量不宜超过7 kg、敷料包重量不宜超过5 kg。体积要求：使用下排气式压力蒸汽灭菌程序不宜超过30 cm×30 cm×25 cm；使用预真空式压力蒸汽灭菌器不宜超过30 cm×30 cm×50 cm。④灭菌装载方法：应使用专用灭菌架或篮筐装载灭菌物品，灭菌包之间应留有间隙，利于蒸汽进入和冷空气排出。宜将同类材质的器械、器具和物品置于同一批次进行灭菌。材质不相同时，纺织类物品应放置于上层、竖放，金属器械类放置于下层；手术器械包、硬质容器应平放；盆、盘、碗类物品应斜放；玻璃瓶等底部无孔的器皿类物品应倒立或侧放；纸袋、纸塑包装物品应侧放。选择下排气式压力蒸汽灭菌程序时，大包宜摆放于上层，小包宜摆放于下层。⑤运行观察：灭菌设备运行过程中，应密切观察每个阶段的时间、温度、压力等关键参数是否符合要求；观察设备附件是否正常运行，是否有异常声音等。⑥灭菌效果监测方法：灭菌运行结束后，应按要求进行物理监测和化学检测结果的判断，合格后方可放行；每周至少执行生物监测一次，手术植入物应每批次进行生物监测，生物监测不合格时，应召回此设备自上一次生物监测结果合格以来的所有无菌物品，待查明并排除原因，并连续进行3次物理、化学、生物监测合格后，方可继续使用该设备进行灭菌。

（二）化学消毒灭菌法

1. 化学消毒灭菌剂的使用方法

（1）浸泡法（immersion）：指将待消毒物品清洗干净并擦干后，完全浸没于规定浓度的化学消毒溶液中一定时间的消毒方法。浸泡前应打开关节或套盖，管腔内要灌满消毒液。浸泡法是最常用的化学消毒法。

（2）擦拭法（rubbing）：指蘸取规定浓度的消毒液，擦拭物体表面、皮肤、黏膜的消毒方法。此类方法一般选用易溶于水、穿透力强、无显著刺激性的消毒剂。

（3）喷雾法（nebulization）：在规定的时间内用喷雾器将一定浓度的化学消毒液均匀喷洒，达到消毒作用的方法。常用于空气、地面、物体表面的消毒。

（4）熏蒸法（fumigation）：在密闭空间内将一定浓度的消毒剂加热，或者加入氧化剂，使其产生气体在规定的时间内进行消毒灭菌的方法。可用于手术室、换药室、骨髓移植仓等的空气消毒。

2. 常用的化学消毒剂及消毒灭菌效力　医院常用的化学消毒剂与化学灭菌剂的名称、消毒效力、作用原理、适用范围及使用方法、使用注意事项详见下页表3-3所列。

四、医院日常的清洁、消毒与灭菌及效果监测

（一）医院环境与物体表面的清洁消毒

1. 日常清洁与消毒方法　医院应将所有部门和科室按风险等级不同，划分为低度风险区域、中度风险区域和高度风险区域，按照《医疗机构环境表面清洁与消毒管理规范》（WS/T 512-2016）的要求，执行日常的清洁与消毒。等级划分方法见表3-4所列。

2. 强化清洁与消毒　在特殊情况下，如暴发医院感染、环境中检出多重耐药菌等，应根据病原微生物的种类，选择合适的清洁与消毒方法，并增加清洁与消毒频率。同时，开展环境清洁与消毒质量评估和监测。

3. 地面和物体表面清洁与消毒方法

（1）地面的清洁与消毒：地面无明显污染时，采用湿式清洁。当受到患者体液、血液、排泄物、分泌物等污染时，先采用可吸附性的材料去除肉眼可见的污染物，再清洁和消毒。

（2）物体表面的清洁与消毒：室内的用品，如桌、椅、凳、床头柜等，表面无明显污染时，采用湿式清洁。当受到患者体液、血液、排泄物、分泌物等污染时，先采用可吸附性的材料去除可见的污染物，再清洁和消毒。

（3）感染风险高的部门地面和物体表面的清洁与消毒：感染风险高的部门，如手术室、产房、导管室、洁净病房、骨髓移植病房、器官移植病房、重症监护病房、新生儿室、血液透析病房、烧伤病房、感染疾病科、口腔科、检验科、急诊室等，其地面与物体表面应保持清洁、干燥，每天进行消毒。如有明显污物时，则随时去污，并清洁与消毒。消毒方法为：地面采用400～700 mg/L有效氯消毒液擦拭消毒，作用30 min；物体表面消毒方法同地面，或者采用1000～2000 mg/L季铵盐类消毒液擦拭消毒。

表3-3 常用化学消毒与灭菌法

制剂名称	效力	性质与作用原理	适用范围及使用方法	注意事项
胍类消毒剂（复方氯己定、氯己定）	低水平消毒	无色透明、无沉淀、不分层液体。能够破坏菌体细胞膜的酶活性，使胞质膜破裂，达到消毒目的	①适用范围：适用于手、皮肤和黏膜的消毒 ②使用方法：根据有效含量，用蒸馏水或纯化水将消毒液稀释成所需浓度。使用方法包括：a. 擦拭法：用有效含量≥2 g/L 氯己定-乙醇（70%体积比）溶液局部擦拭2~3遍，作用时间遵循产品说明书 b. 外科手消毒：使用的有效含量同擦拭法，使用方法遵循产品说明书 c. 冲洗法：用于口腔、阴道及创面口创面的消毒，使用有效含量≥2 g/L 氯己定水溶液冲洗，使用方法及作用时间遵循产品说明书	不应与肥皂、洗衣粉等阴离子表面活性剂混合使用或前后使用
季铵盐类消毒剂（复方季铵盐、苯扎溴铵）	中/低水平消毒	芳香气味的无色透明液体，属阴离子表面活性剂，能够吸附带有阴离子的细菌，破坏细胞膜，改变细胞的渗透性，使菌体蛋白变性	①适用范围：适用于环境、物体表面、皮肤与黏膜的消毒 ②使用方法：a. 环境、物体表面消毒，一般用1000~2000 mg/L 消毒液，消毒，作用时间15~30 min b. 皮肤消毒，用复方季铵盐消毒液的原液擦拭皮肤，作用时间3~5 min c. 黏膜消毒，用1000~2000 mg/L 季铵盐溶液，浸泡或擦拭，使用方法遵循产品说明书	不宜与阴离子表面活性剂，如肥皂、洗衣粉等合用
含碘消毒剂（碘酊）	中水平消毒	棕红色澄清液，有碘和乙醇气味	①适用范围：适用于注射及手术部位皮肤的消毒 ②使用方法：使用原液直接涂擦注射及手术部位皮肤2遍以上，作用时间1~3 min，待稍干后再用乙醇（70%~80%体积比）脱碘	①不应用于破损皮肤、眼及口腔黏膜的消毒 ②不应用于碘过敏者、过敏体质慎用 ③应置于阴凉处避光、防潮、密封保存

续表

制剂名称	效力	性质与作用原理	适用范围及使用方法	注意事项
含碘消毒剂（聚维酮碘）	中水平消毒	黄棕色至红棕色固体粉末，有碘气味。碘与聚醇醚和聚乙烯吡咯酮类表面活性剂形成的络合物，可迅速而持久地释放有效碘，使细菌体等蛋白质氧化而失活，从而达到连续杀菌的目的	①适用范围：适用于手、皮肤、黏膜擦拭和伤口的消毒 ②使用方法： a. 擦拭法：用于皮肤、黏膜擦拭消毒时，使用浸有聚维酮碘原液的无菌棉签、棉球等擦拭被消毒部位。外科手术部消毒则用聚维酮碘消毒原液擦拭揉搓至少3 min。手术部位的皮肤消毒：用聚维酮碘消毒原液局部擦拭2～3遍，作用至少2 min。注射部位的皮肤消毒：用聚维酮碘原液局部擦拭2遍，作用时间遵循产品说明书的指引。口腔黏膜及创面的消毒。使用时，应根据稀释定律，用含有效碘1000～2000 mg/L的聚维酮碘擦拭，作用时间3～5 min b. 冲洗法：用于冲洗阴道黏膜及创面，用灭菌蒸馏水或纯化水，将聚维酮碘原液稀释成有效碘500 mg/L的聚维酮碘溶液，按照稀释产品说明书的指引	①含乙醇的碘制剂消毒液，不应用于黏膜和伤口的消毒。 ②对二价金属有腐蚀性，不应用于金属制品的消毒 ③碘过敏者慎用 ④应在阴凉处避光、密封保存
醇类（包括乙醇、异丙醇和正丙醇，或者两种成分的复方制剂）	中水平消毒	无色澄清透明液体，具有乙醇特有的刺激性气味，通过破坏细胞膜的通透性屏障，使细胞代谢功能凝固，丧失从而达到消毒作用	①适用范围：适用于手、皮肤、物体表面和诊疗器械的消毒 ②常见的消毒方法： a. 手消毒：使用符合国家现行规定的含醇类手消毒剂，遵循医务人员手卫生规范（WS/T 313—2019）的要求使用 b. 皮肤消毒：使用70%～80%（体积比）的乙醇溶液擦拭皮肤2遍，作用3 min c. 物体表面消毒：使用70%～80%（体积比）的乙醇溶液擦拭物体表面2遍，作用3 min d. 诊疗器具消毒：将待消毒的器械、器具和物品完全浸没于70%～80%（体积比）乙醇溶液中，容器加盖，消毒时间≥30 min；或擦拭表面2遍，作用3 min	①醇类消毒剂易燃，应注意避开明火和高温 ②不适用于被血液、脓液、粪便等严重污染物品的消毒 ③醇类消毒剂易挥发，应盖紧保存 ④醇类过敏者，避免用于皮肤消毒
过氧化氢（溶液）	高水平消毒	利用过氧化氢的氧化还原作用，通过复杂的化学反应过程解离出高活性的羟基，破坏细胞膜，达到消毒作用	①适用于外科伤口、皮肤黏膜的冲洗消毒 ②使用方法：伤口及皮肤黏膜的消毒用3%（30 g/L）过氧化氢溶液冲洗或擦拭，作用时间3～5 min。室内空气消毒主要用于室内无人状态下的空气消毒，采用浓度为3%（30 g/L）的过氧化氢气溶胶，按20～30 mL/m³使用量进行喷雾消毒，作用时间60 min	①应避光、避热、室温下储存 ②过氧化氢对金属有腐蚀性，对织物有漂白作用，注意慎用 ③采用喷雾消毒时应注意防护，如不慎溅入眼和皮肤黏膜，应立即冲洗，并根据情况作进一步诊治

续表

制剂名称	效力	性质与作用原理	适用范围及使用方法	注意事项
含氯消毒剂（常用液态、漂白粉、漂白粉精、二氯异氰尿酸钠、氯、氧化氯、酸性氧化电位水等）	高水平消毒	在水溶液中释放有效氯，有强烈的刺激性气味。通过氧化、氯化作用破坏微生物酶的活性，使菌体蛋白变性	①适用于物品、物体表面、分泌物、排泄物的消毒 ②根据产品有效氯的含量，按稀释定律使用，常用方法如下： a. 浸泡法：将待消毒的物品浸没于配制好的含氯消毒剂溶液中，加盖。不同种类微生物，其使用浓度和作用时间有差异：对被细菌繁殖体污染物品的消毒，用含有效氯 500 mg/L 的消毒液浸泡 10 min 以上；对经分枝杆菌、经血液传播病原微生物污染物品的消毒，用含有效氯 2000～5000 mg/L 的消毒液浸泡 30 min 以上。 b. 擦拭法：大件物品或其他不能使用浸泡消毒的物品，可使用浸泡消毒的消毒剂擦拭消毒，所使用的浓度和作用时间与浸泡法相同 c. 喷洒法：对一般污染的物体表面，可使用 400～700 mg/L 的含氯消毒剂溶液均匀喷洒，作用时间 10～30 min；对被分枝杆菌、细菌芽孢、经血液传播病原微生物污染物品表面消毒，用含有效氯 2000 mg/L 的消毒液喷洒，作用时间 >60 min。喷洒后有强烈的刺激性气味，人员应立即离开现场 d. 干粉消毒法：对患者分泌物、排泄物的消毒，使有效氯的含量达到 20 000 mg/L，搅拌均匀，作用时间 >2 h；对医院污水的消毒，用含氯消毒干粉，按有效氯 50 mg/L 的用量加入污水，作用 2 h 后排放 e. 酸性氧化电位水：使用的有效成分指标：有效氯含量 60±10 mg/L，pH 2.0～3.0，氧化还原电位（ORP）≥1100 mV，残留氯离子 <1000 mg/L。将清洗后的器械、器具和物品，用酸性氧化电位水流动冲洗、消毒 2 min，取出并干燥。用于表面消毒时，将消洁后的物品采用酸性氧化电位水流动冲洗、浸泡，消毒 3～5 min，或反复擦拭 5 min。对内镜及其他用途的消毒遵循国家相关规定	①含氯消毒剂的水剂容易挥发，应现配现用，使用时限 ≤24 h，定期监测，不合格时，应随时更换 ②含氯消毒剂对皮肤、结膜的刺激性较大，配制和使用时，应戴口罩、手套，必要时还应佩戴防护眼镜或面罩 ③未添加防锈剂的含氯消毒剂，对金属有腐蚀性，不应用于金属器械的消毒，添加防锈剂的含氯消毒剂，消毒金属器械后，应使用无菌水冲洗干净 ④含氯消毒剂对织物有腐蚀和漂白作用，不适用于织物的消毒 ⑤酸性氧化电位水对光敏感，有效氯浓度随着时间延长而下降，应在生成后尽快使用，最好是现配现用。每次使用前，应检测酸性氧化电位水的 pH 值、氧化还原电位和有效氯浓度。贮存时间不超 3 天。对铜、铝等非不锈钢制品有一定腐蚀性，应慎用

续表

制剂名称	效力	性质与作用原理	适用范围及使用方法	注意事项
过氧乙酸	高水平消毒或灭菌水平	无色或浅黄色透明液体，有酸刺激性气味，能够产生新生态氧。主要通过氧化和酸性作用等使微生物灭活	①适用于耐腐蚀物品、环境、室内空气的消毒 ②过氧乙酸消毒液和中和剂（A液、B液），应混合使用，具体使用方法按照生产厂家使用说明书，并在一定时间内使用完。常见使用方法如下： a. 浸泡法：将待消毒的物品完全浸没于过氧乙酸溶液中，加盖。浓度为0.1%~0.2%（1000~2000 mg/L）时，可达到中高水平消毒；如消化内镜等；对于需要达到高水平消毒的器械，可使用0.5%（5000 mg/L），过氧乙酸溶液冲洗10 min，用无菌操作方法取出，无菌水冲洗干净，无菌巾擦干后使用 b. 擦拭法：可用于不能浸泡的物品或大件物品的表面消毒。过氧乙酸溶液的配制浓度和作用时间同浸泡法 c. 喷洒法：用于环境消毒。使用浓度为0.2%~0.4%（2000~4000 mg/L），作用时间30~60 min d. 喷雾法：需使用电动超低容量喷雾器，使用浓度为0.5%（5000 mg/L），按照20~30 ml/m³的用量进行喷雾消毒，作用时间60 min e. 熏蒸法：用于室内密闭环境的消毒。使用浓度为15%（7 ml/m³）过氧乙酸溶液，加热蒸发，室温熏蒸2 h，室内相对湿度60%~80% f. 过氧乙酸消毒或灭菌方法应遵循国家相关要求	①过氧乙酸不稳定，应遵循产品说明书的指引。使用前应测有效成分的含量，原液浓度低于12%时不得继续使用 ②过氧乙酸是氧化剂、腐蚀和漂白作用，对多种金属和织物有很强的腐蚀和漂白作用，金属制品和织物浸泡消毒后，应及时用符合使用要求的水冲洗干净 ③浸泡法不得用于手术室（部）器械和物品的灭菌
戊二醛	灭菌水平	无色透明液体，有醛刺激性气味。通过醛基的烷基化直接或间接与微生物的蛋白质及酶结合，引起一系列反应导致微生物灭活。甲醛溶液浸泡不得用于手术室（部）器械和物品灭菌	①适用于不耐湿热诊疗器械、器具与物品的浸泡消毒与灭菌 ②使用方法：将清洗干净的物品擦干，带管腔的器械应排除管腔内的空气，放进2%的碱性戊二醛溶液中，完全浸没，温度维持20~25℃，消毒持续时间遵循生产厂家说明书，灭菌作用时间持续10 h。灭菌方式取出后，应使用无菌水反复冲洗干净，布擦干后使用。内镜的消毒或灭菌应遵循国家相关要求	①戊二醛对人体有毒性，并对皮肤黏膜有刺激性，应在通风良好的环境中使用，同时做好个人防护 ②不得用于空气喷雾、物体表面、皮肤黏膜的消毒

续表

制剂名称	效力	性质与作用原理	适用范围及使用方法	注意事项
环氧乙烷	灭菌水平	采用100%的纯环氧乙烷气体或环氧乙烷气体与二氧化碳混合气体作为灭菌剂，在特定的灭菌装置内使用。低温下为无色液体，有芳香醚味，超过10.8℃时变为气态，易燃易爆；不损害物品且穿透性强；与菌体蛋白结合，使酶代谢受阻而杀灭微生物	①适用于不耐热、不耐湿诊疗器械、器具、物品的灭菌，如电子仪器、光学仪器、纸质制品、化纤制品、塑料制品、陶瓷及金属制品、油脂类、粉剂等医疗用品。不适用于食品、液体、油脂类、粉剂等的灭菌。是医院最常用的低温化学灭菌方式之一。环氧乙烷温度不超过60℃②使用方法：环氧乙烷灭菌的主要参数，如时间、温度、压力、湿度等，根据设备制造商的说明书或指导手册确定。常见的温度与解析时间的对应关系为：60℃，解析8 h；55℃，解析12 h	①其分解产物对人体有一定的毒性，灭菌器的安装应符合要求，包括：通风良好，远离火源；有专门的排气管道（铜管），且与大楼其他排气管道完全隔离，室外距离排气口7.6 m范围内不应有易燃易爆物及建筑物的入风口（如门或窗等）；定期监测环境中有害气体的浓度②灭菌剂储存时应远离火源和静电，存放温度低于40℃；不应冰箱冷藏保存；按易燃易爆物管理③操作人员不慎接触丁外泄的环氧乙烷液体或气体后，应立即脱离现场，脱去脏衣物，吸入新鲜空气，用大量流动水冲洗接触部位的皮肤或黏膜至少15 min；如污染眼部，则应持续冲洗眼睛至少10 min，再根据情况尽快就诊
过氧化氢（气体+等离子）	灭菌水平	采用50%~60%过氧化氢液体，在灭菌装置内汽化成气体而进行灭菌。利用过氧化氢的氧化还原作用，通过复杂的化学反应过程解离出高活性的羟基，破坏菌体细胞膜，达到杀菌作用。灭菌后利用等离子清除残留的过氧化氢	①适用于不耐热、不耐湿诊疗器械的灭菌，如电子仪器、光学仪器等②使用方法：按照诊疗器械制造商的说明和指引，根据器械的特点选择正确的灭菌程序。每个灭菌周期常见为28~75 min	①不适用于布类、纸类、水、油类、粉剂等的灭菌。不适用于半盲管端结构器械、结构复杂器械、手术植入物、一次性使用范围应遵循厂家说明书指引，管径、管长适用范围应遵循厂家说明书指引②灭菌前，应彻底清洗干净器械，并充分干燥③装载要求：不得堆放、叠放，特殊器械的装载应遵循厂家说明书指引④由于不同设备之间的性能和结构存在差异，灭菌参数如时间、温度、压力、等离子功率、过氧化氢浓度等合格值的判断，应遵循设备说明书

续表

制剂名称	效力	性质与作用原理	适用范围及使用方法	注意事项
甲醛	灭菌水平	无色透明液体,刺激性强,能使菌体蛋白变性、酶活性丧失。甲醛溶液浸泡不得用于手术室(部)器械和物品的灭菌。低温蒸汽甲醛灭菌是混合了化学(甲醛)和物理(蒸汽)两种灭菌因子的低温灭菌方式	①适用于不耐热、不耐湿的诊疗器械灭菌,如电子仪器、光学仪器、管腔器械、金属器械、玻璃器皿、合成材料物品等 ②使用方法:根据低温甲醛蒸汽灭菌器的要求,采用2%的复方甲醛溶液或35%~40%的福尔马林溶液进行灭菌。灭菌参数为:温度55~80℃,灭菌维持时间为30~60 min	①不适用于水、油类、粉剂等材质的灭菌 ②应采用取得国家卫生行政部门颁发卫生许可批件的低温甲醛蒸汽灭菌器,并使用甲醛专用的灭菌剂溶液进行灭菌,不得采用自然挥发或熏蒸的灭菌方法 ③安装设备的空间内所有排风系统排除残留气体,或使用排水管路进行氨水中和排放残留气体 ④操作人员应进行培训上岗,做好自身防护 ⑤应定期进行灭菌空间内环境中的甲醛浓度监测,结果符合国家相关要求

表 3-4 医疗机构各部门和科室的清洁消毒风险等级划分方法

风险等级	范围	环境清洁等级分类	方式	频率	标准
低度风险区域(基本没有患者或者患者只短暂停留的区域)	行政管理部门、会议室、图书馆、病案室等	清洁级	湿式卫生	1~2次	干净、干燥、无尘、无污垢、无碎屑、无异味
中度风险区域(普通患者居住,患者的体液存在潜在污染风险的区域)	病房、门诊科室、检查室	卫生级	湿式卫生,可采用清洁剂辅助清洁	2次	环境表面的菌落数≤10 CFU/cm²
高度风险区域(感染或者定植患者居住的区域,或者保护性隔离区域)	感染病房、产房、ICU、移植病房、手术室、烧伤病房、早产儿室	消毒级	湿式卫生,可采用清洁剂辅助清洁 高频接触的环境表面,实施中、低水平消毒	≥2次	环境表面的菌落数符合医院消毒卫生标准(≤4 CFU/平皿,5 min)

4. 空气消毒 从空气消毒的角度，将医院环境分为以下四类。

（1）Ⅰ类环境：即采用空气净化技术的诊疗场所，包括洁净手术室（部）、骨髓移植病房等。常用的空气消毒方法为：安装带有空气净化装置的集中空调通风系统、空气洁净技术、静电吸附式空气消毒器、循环风紫外线消毒器、紫外线灯消毒等可以达到Ⅰ类环境空气菌落数要求的空气消毒设备。

（2）Ⅱ类环境：包括非洁净手术室、产房、血液病区、烧伤病区、导管室、重症监护室、新生儿室等。此类环境应采用对人无害、且可连续消毒的方法（如通风），或Ⅰ类环境净化空气的方法等，结果符合Ⅱ类环境空气菌落数的要求。

（3）Ⅲ类环境：包括母婴同室、消毒供应中心的检查包装及灭菌区和无菌物品存放区、血液透析（室）、普通住院病房等。空气净化或消毒方法可采用Ⅱ类环境净化空气的方法、化学消毒法等，结果符合Ⅲ类环境空气菌落数的要求。

（4）Ⅳ类环境：包括普通门急诊及其检查室、治疗室，感染疾病科门诊及其病区。此类环境可采用Ⅲ类环境的空气消毒方法，结果符合Ⅳ类环境空气菌落数的要求。

上述四类环境的物体表面与环境空气菌落总数卫生标准见表3-5所列。

表3-5 四种类型环境物体表面与环境空气菌落总数卫生标准

环境类别		空气平均菌落数[a]		物体表面平均菌落数
		CFU/平皿	CFU/m³	CFU/cm²
Ⅰ类环境	洁净手术部	符合GB50333[b]	≤150	≤5
	其他洁净场所	≤4（30 min）[c]	≤150	≤5
Ⅱ类环境		≤4（15 min）	—	≤5
Ⅲ类环境		≤4（5 min）	—	≤10
Ⅳ类环境		≤4（5 min）	—	≤10

注：a：CFU/平皿为直径9 cm的平板暴露法，CFU/m³为空气采样器法。b：《医院洁净手术部建筑技术规范》（GB 50333—2013），2014年6月1日起实施，其中规定洁净手术部的空气消毒等级为四类。c：平板暴露法的平板暴露时间。

5. 清洁用品的清洁与消毒

（1）医院宜根据病区或科室的规模，设置清洁工具复用处理的房间，使用后的清洁工具应及时清洁与消毒，干燥保存。

（2）重复使用的清洁工具，使用后应及时清洁与消毒，有条件的医院首选全自动清洗消毒设备进行热力消毒，要求A_0值达到600及以上，相当于温度80℃持续时间10 min、90℃持续时间1 min，或93℃持续时间30 s。采用人工清洗及化学消毒剂消毒时，将擦拭布巾清洗干净，在250 mg/L有效氯消毒剂（或其他有效消毒剂）中浸泡30 min，冲洗干净消毒液，干燥备用；将地巾清洗干净，在500 mg/L有效氯消毒剂中浸泡30 min，冲洗干净消毒液，干燥备用。

（二）被服类的清洗与消毒

1. 患者衣物的清洗与消毒

（1）患者住院期间，应每日更换衣服；被汗液、血污、粪便污染时，应随时更换。更换的衣物送被服洗涤中心，按照相关要求清洗与消毒。传染病患者使用后的衣物，应使用黄色医疗废物袋，双层分两次鹅颈式扎口，标注科室及传染病种类。

（2）新生儿、婴儿的被服衣物等织物，应分开送至洗涤中心，进行专机洗涤和消毒，不得与其他医用织物混洗。

（3）手术室的医用织物，如手术衣、手术铺巾等，宜单独洗涤和消毒。

（4）清洁使用的布巾、地巾宜单独洗涤和消毒。

2. 医务人员被服类织物的清洗与消毒 医务人员的工作服、值班被服等，应与患者的被服分机或分批清洗消毒。

3. 医院织物的清洗与消毒 织物洗涤中心（洗衣房），应参照《医院医用织物洗涤消毒技术规范》WS/T 508-2016 的相关要求进行医院织物的清洗与消毒管理。

（三）病床单元的清洁与消毒

1. 病床单元应定期清洁和（或）消毒，有污染时应及时清洗与消毒；患者出院时应进行终末消毒。

2. 患者直接接触的床上用品，如床单、被套、枕套等，应一人一换；患者住院时间超过1周时，应每周更换；被污染时应及时更换。更换后的用品应及时清洁与消毒。

3. 患者间接接触的床上用品，如床垫、枕芯、褥子、病房隔帘、被芯等，应定期清洗与消毒；被污染时应及时更换、清洁与消毒。

（四）皮肤和黏膜消毒

1. 皮肤消毒 即杀灭或清除人体皮肤上的病原微生物，达到消毒要求。应采用符合皮肤消毒要求的化学消毒剂。消毒的方法包括擦拭法、冲洗法等。消毒范围、作用时间遵循产品说明书执行。

一般完整皮肤常用的消毒剂有醇类、含碘类、季铵盐类、酚类、过氧化物等。使用时，直接涂擦皮肤表面2遍。进行肌内注射、皮下注射、静脉注射及针灸时，以注射点为中心，由内而外缓慢旋转涂擦消毒，消毒面积应≥5 cm×5 cm；中心静脉导管置管时，消毒范围直径应＞15 cm，至少应大于敷料面积（10 cm×12 cm）。

2. 黏膜、伤口创面消毒 指杀灭或清除口腔、鼻腔、阴道及外生殖器、伤口创面病原微生物的过程。用于黏膜、伤口创面消毒的化学消毒剂应无刺激性。常用的方法有擦拭法或冲洗法两种。

（1）擦拭法：如使用含有有效碘1000～2000 mg/L的聚维酮碘擦拭；使用有效含量≥2 g/L的氯己定-乙醇（70%，体积分数）溶液局部擦拭2～3遍；采用1000～2000 mg/L季铵盐等。作用时间遵循产品说明书的要求。

（2）冲洗法：如使用有效含量≥2 g/L的氯己定水溶液冲洗或漱洗，至冲洗液或漱洗液变清为止；采用3%（30 g/L）过氧化氢冲洗伤口、口腔含漱；使用含有效碘500 mg/L的消毒液冲洗等。作用时间遵循产品说明书的要求。

（五）诊疗用品的清洁与消毒

1. 复用的诊疗器械、器具和物品，如换药碗、器械包等，使用后，初步清除明显可见的污物，送消毒供应室中心（室），遵循 WS 310.1～310.3 的规定进行清洗、消毒或灭菌。

2. 接触完整皮肤的医疗器械、器具及物品，如听诊器、监护仪导联、血压计袖带等，应保持清洁，被污染时应及时清洁与消毒。

3. 湿化瓶、呼吸机管路、呼吸机等的清洁与消毒，应遵循相关的规定。

4. 治疗车上用物应摆放有序，上层放清洁与无菌物品，下层放使用后用物。此外，治疗车上还应配备快速手消毒剂。治疗车应每天清洁与消毒，受到污染时应随时清洁与消毒。

（六）医院污物、污水的处理

1. 医院污物的处理 医院污物即医院废弃物，包括在诊疗过程和卫生处理过程中产生的废弃物，以及传染病患者生活过程中产生的排泄物及垃圾。医院污物不仅携带各种致病微生物，还有可能是可对人体造成伤害的各种利器，以及对人体有害的毒物等。

（1）医院污物的分类方法：根据《医疗废物管理条例》，按照医疗废物的特性、危害性、材质及处置方法，将医院的污物分为五大类，即：①感染性废物：指携带有病原微生物、具有引发感染性疾病传播危险的医疗废物。主要包括被患者血液、体液、排泄物污染的物品，如棉球、棉签、引流纱条及各种敷料、一次性卫生用品、一次性使用医疗用品、一次性医疗器械、废弃的患者使用被服、其他被患者血液、体液、排泄物污染的物品。②损伤性废物：可导致人体被刺伤或割伤的医用锐器，均归类为损伤性废物。主要有医用针头、缝合针、手术刀、解剖刀、备皮刀、手术锯片、载玻片、玻璃试管、玻璃瓶、玻璃安瓿及其他尖锐的医疗废弃器械等。③病理性废物：是诊疗、手术或实验过程中产生的人体组织废弃物或医学实验动物尸体等，包括人体组织器官、实验动物组织和尸体、病理切片后的人体组织、病理蜡块等。④药物性废物：指过期、淘汰、变质或被污染的废弃药品。包括废弃的一般药品（抗生素、非处方类药品等）、细胞毒药品（致癌性药物、可以致癌性药物、免疫抑制剂）、疫苗和血液制品。⑤化学性废物：具有毒性、腐蚀性、易燃易爆性并废弃的批量化学物品及使用后的化学性物品，均为化学性废物。包括批量废弃的化学试剂，如乙醇、甲醛、二甲苯等；批量废弃的消毒剂原液，如过氧乙酸、戊二醛等；废弃的含重金属的器具、物品及药剂，如含汞血压计、含汞温度计、口腔科含汞物品、显（定）影液等，以及使用后的化学试剂等。

（2）医院废弃物的收集和管理方法：医院废物的收集方法，是通过设置不同颜色的废物袋，进行分类收集。黄色废物袋用于收集感染性废物；白色废物袋为非医疗垃圾专用袋；黑色废物袋为生活垃圾专用袋；黄色利器盒为损伤性废物的专用收集容器。不同类型的医疗废物严禁混放。

（3）医院废弃物的处理：医疗废弃物应由具有卫生行政部门和环保部门颁发的卫生许可证、经营许可证的集中处置单位统一收集及处理。非医疗废弃物则可由有经营资质的公司回收处理；非医疗废弃物回收后，不得用于原用途，再次利用时应遵循不危害人体健康的原则。生活垃圾则由环卫部门统一收集处理。

2. 医院污水的处理 医院在医疗活动过程中及患者生活中使用后的水均属于医院污水。医院污水含有各种病原微生物、重金属、消毒剂、有机溶剂、酸、碱及放射性物质等，因此，排入市政污水管道前，必须进行消毒处理，否则会造成水源性的传染病暴发，造成对环境、土壤的污染。

（1）处理原则：医院污水经过消毒和无害化处理后，其所含的污染物质与有害物质应符合现行的国家有关标准要求。处理的基本原则：①医院污水处理设施与病房、居民区等建筑物应保持一定的距离，并有绿化防护带或隔离带。②严禁将医院的污水和污物随意排入下水道，并应对污水的产生、处理、排放的全过程进行有效管理。③应在污水的发生源头进行严格控制和分离，必须在医院就地处理。处理过程中，既要有效去除污水中的有毒有害物质，又要注意检查处理过程中消毒副产品的产生和控制水中余氯过高，保护生态环境。④传染病专科医院或设置有传染病病房的综合医院，其污水和粪便宜分别收集。污水进入污水处理系统前，必须预消毒，污水与消毒池的接触时间不宜短于 0.5 h；患者排泄物应预消毒后再排入化粪池。

常用的污水消毒剂包括次氯酸钠、过氧乙酸和二氧化氯等。粪便可使用石灰消毒。

（2）放射性污水的处理：放射性污水来源于诊断、治疗过程中，患者服用或注射放射性同位素后产生的排泄物。分装同位素的容器、杯皿、实验室的清洗水、标记化合物的放射性废水均属于放射性污水。放射性污水应在特定的防护容器内，按规定静止一定时间后才能排放，排放的浓度和排放标准为：浓度范围 $3.7 \times (10^2 \sim 10^5)$ Bq/L；排放量 $100 \sim 200$ 升/（床·天）；污水处理设施排放口监测，其总 $\alpha < 1$ Bq/L，总 $\beta < 10$ Bq/L。

（七）清洗、消毒与灭菌效果监测

1. 消毒供应中心及手术室的清洗、消毒与灭菌效果监测

（1）通用要求：消毒供应中心及手术室应设置消毒灭菌质量监测专岗，由专人负责定期质量监控。定期对洗涤用水、清洗剂、消毒剂、润滑剂、包装材料、消毒灭菌使用的测试耗材等进行质量检查，结果应符合《医院消毒供应中心第 1 部分：管理规范》WS 310.1—2016 的要求。应遵循设备制造商的使用手册或指导手册对清洗消毒器、灭菌器等设备进行维护与保养，做好日常的清洁和检查，并进行定期的清洗效果和灭菌效果等性能测试，定期进行全设备的检修及零配件、耗材的更换。

（2）清洗质量监测：复用的器械、器具及物品等，应进行日常和定期清洗效果监测：①日常监测，包括监测每批次清洗后的复用器械、器具及物品的清洗效果，监测清洗设备的物理参数及运转情况，并记录；灭菌前进行包装检查时，应目测和（或）借助带光源放大镜检查清洗效果，确保清洗后的复用器械表面及关节、齿牙等位置光洁，无血渍、无污渍、无水垢等。②定期抽检，是指每月至少随机抽检3~5个待灭菌包，检查包内全部物品的清洗质量，检查内容同日常监测。应定期对清洗设备的清洗性能进行全面测试和检修。

（3）消毒效果监测

1）湿热消毒效果监测：包括对煮沸消毒效果和全自动清洗消毒设备的湿热消毒效果监测。日常应记录复用物品每批次湿热消毒的时间和温度或 A_0 值，结果应符合《医院消毒供应中心 第2部分：清洗消毒及灭菌技术操作规范》WS 310.2—2016 的要求。应定期监测设备湿热消毒的效果。

2）化学消毒效果监测：应根据消毒剂的种类特点，定期测试消毒剂的消毒浓度、消毒时间和消毒时的温度，并记录，结果应符合该消毒剂相应的国家标准和规定。应每季度抽检3~5件采用化学消毒后、有代表性的物品，监测其化学消毒效果，监测方法及结果，判断是否符合国家标准要求。

（4）灭菌效果监测

1）基本原则：应强调灭菌全过程的质量控制，与灭菌效果相关的清洗、消毒、包装、装/卸载、灭菌过程的操作方法和参数、无菌储存等要有明确规定和要求，并实行全过程的信息可追溯管理。

2）基本要求：对灭菌质量采用物理监测法、化学监测法、生物监测法，监测结果符合《医院消毒供应中心 第3部分：清洗消毒及灭菌效果监测标准》WS 310.3—2016 的要求。物理监测不合格不得发放，应分析原因并持续改进，直至监测结果符合要求；包外化学监测不合格的灭菌物品不得发放，包内化学监测不合格的灭菌物品不得使用，应分析原因并持续改进，直至监测结果符合要求；生物监测不合格时，应召回此灭菌器自上次生物监测合格以来所有未使用的无菌物品，重新处理，并分析不合格的原因，改进后，生物监测连续3次合格后方可继续使用该灭菌器。手术植入物应每批次进行生物监测，结果合格后，方可发放；紧急情况下灭菌手术植入物时，使用含第5类化学指示物的生物过程挑战测试包（PCD）进行监测，化学指示物合格可提前放行，应将生物监测结果及时通报使用部门。预真空（包括脉动真空）压力蒸汽灭菌器应每日在开始灭菌运行前空载进行 B-D 测试，合格后，方可使用。B-D 测试失败时，应及时查找原因并进行改进，监测合格后，方可使用灭菌器。小型压力蒸汽灭菌器的 B-D 试验参照相关国家行业规范要求。灭菌器新安装、移位和大修后，应进行物理监测、化学监测和生物监测，即在物理监测、化学监测通过后，生物监测应空载连续监测3次，合格后方可使用灭菌器；对于小型压力蒸汽灭菌器，生物监测应满载连续监测3次，合格后方可使用灭菌器。预真空（包括脉动真空）压力蒸汽灭菌器应进行 B-D 测试并重复3次，连续监测合格后，方可使用灭菌器。

2. 使用中消毒液的监测　使用中的消毒液，可因微生物污染或消毒剂浓度下降，影响消毒效果，因此，需要对使用中的消毒剂进行有效成分和染菌量监测。

（1）使用中消毒剂有效成分检测方法：根据消毒剂的类型特点，可选用浓度试纸测定法、滴定法、仪器法等方法，测试消毒剂的有效成分是否在规定范围内。

（2）使用中消毒剂染菌量检测方法：可采用涂抹法、倾注法等取样方法，按规定抽取使用中的消毒液，1 h 内送检。使用中消毒液染菌量应≤100 CFU/ml，并不得检出致病菌为合格。

3. 紫外线消毒效果监测

（1）一般要求：用于物体表面消毒的紫外线照射剂量，应根据所需要灭活的微生物类型进行选择，如杀灭一般细菌繁殖体时，照射剂量不得低于 10 000 μW·s/cm^2；杀灭细菌芽孢的照射剂量不得低于 100 000 μW·s/cm^2；杀灭真菌的照射剂量不得低于 600 000 μW·s/cm^2。

（2）紫外线灯管辐照度值测定

1）辐照剂量的计量方法：辐照剂量为紫外线在被照射物品表面的辐照强度和照射时间的乘积，根据紫外线光源在被照射物品表面的强度，可以计算出需要照射的时间是否准确。

2）紫外线灯管度值的测定：普通 30 W 的直管型紫外线灯，新灯管的辐照值在灯管垂直下方 1 m 的中心处，辐照强度应≥90 μW/cm^2；使用中的灯管的辐照值在灯管垂直下方 1 m 的中心处，普通 30 W 的直管型紫外线灯，辐照强度应≥70 μW/cm^2。30 W 的高强度紫外线新灯，辐照强度应≥180 μW/cm^2。低于此值应予以更换。

3）紫外线强度指示卡监测方法：开启紫外线灯 5 min 后，将专用的紫外线灯化学指示卡放置于灯下垂直距离 1 m 中心处照射 1 min，结束后观察指示卡的变色情况，并与标准对照色块对比。新启用紫外线灯的辐照强度≥90 μW/cm^2 为合格；使用中紫外线灯的辐照强度≥70 μW/cm^2 为合格。

（3）紫外线消毒效果监测：通过对采用紫外线灯消毒后的物体表面或空气的细菌学检测，评价紫外线灯的消毒效果。

1）物体表面的消毒效果监测：将规定含量的染菌玻片放置于被紫外线灯照射消毒的物体表面照射消毒后，按照规定的操作方法进行活菌计数，结果符合要求则为合格。

2）空气的消毒监测：空气消毒处理后，根据《医疗机构消毒技术规范》布点和取样，送检。根据环境的空气管理要求判断结果是否合格，如：非洁净手术室、非洁净骨髓移植病房、产房、导管室、新生儿室、器官移植病房、烧伤病房、重症监护室、血液病区等空气中的细菌菌落总数≤4 CFU/（15 min·直径 9 cm 平皿）；儿科病房、母婴同室、妇产科检查室、人流室、治疗室、注射室、换药室、输血科、消毒供应中心、血液透析室（中心）、急诊科、化验室、各类普通病房、感染疾病科门诊及病房，其空气中的细菌菌落总数≤10 CFU/（15 min·直径 9 cm 平皿）。

五、消毒供应中心（室）的概况

消毒供应中心（central sterile supply department，CSSD）是医院内承担所有重复使用诊疗器械、器具和物品的清洗、消毒、灭菌以及无菌物品供应的部门。国家卫生部（现国家卫生健康委员会）于 2009 年正式颁布了医院消毒供应中心专用的"三项标准"，并于 2016 年再次修订后颁布第二版，即《医院消毒供应中心 第 1 部分：管理规范》WS 310.1—2016、《医院消毒供应中心 第 2 部分：清洗消毒及灭菌技术操作规范》WS 310.2—2016、《医院消毒供应中心 第 3 部分：清洗消毒及灭菌效果监测标准》WS 310.3—2016，对医院的消毒供应中心工作进行规范的指导。

（一）消毒供应中心的建筑设计及布局要求

1. 建筑设计要求

（1）基本原则：医院 CSSD 的新建、扩建和改建，应遵循医院感染预防与控制的原则，遵守国家法律法规对医院建筑和职业防护的相关要求，进行充分论证。

（2）基本要求

1）CSSD 宜接近手术室、产房和临床科室，与手术室有物品直接传递专用通道，不宜建在地下室或半地下室。

2）周围环境应清洁、无污染源，区域相对独立；内部通风、采光良好。

3）建筑面积应符合医院建设方面的有关规定，并与医院的规模、性质、任务相适应，兼顾未来发展规划的需要。

4）消毒供应中心各工作区域的具体建筑要求：①去污区、检查包装及灭菌区和无菌物品存放区之间应设实际屏障。②去污区与检查包装及灭菌区之间应设物品传递窗，并分别设人员出入缓冲间（带）。③缓冲间（带）应设洗手设施，采用非手触式水龙头开关；无菌物品存放区内不应设洗手池。④检查包装及灭菌区设专用洁具间的应采用封闭式设计；工作区域的天花板、墙壁应无裂隙，不落尘，便于清洗和消毒。⑤地面与墙面踢脚及所有阴角均应为弧形设计；电源插座应采用防水安全型；地面应防滑、易清洗、耐腐蚀；地漏应采用防返溢式；污水应集中至医院污水处理系统。

2. 布局要求

（1）应分为辅助区域和工作区域。辅助区域包括工作人员更衣室、值班室、办公室、休息室、卫生间等。工作区域包括去污区、检查包装及灭菌区（含独立的敷料制备或包装间）和无菌物品存放区。

（2）工作区域划分应遵循的基本原则

1）物品由污到洁，不交叉、不逆流。空气流向由洁到污。

2）采用机械通风的，去污区保持相对负压，检查包装及灭菌区保持相对正压。

3）工作区域温度、相对湿度、机械通风的换气次数、照明宜符合要求。

（二）消毒供应中心工作内容

医院应根据CSSD的工作量及各岗位需求，科学、合理配置具有执业资格的护士、消毒员和其他工作人员，按WS 310.1—2016的要求进行着装，遵循先清洗、后消毒的基本器械处理原则，完成复用器械、器具和物品的回收、清洗消毒、检查包装、灭菌、储存及发放工作。

1. 回收 应遵循集中回收原则，对临床科室使用的器械、器具和物品进行回收。应采用全过程密闭回收，避免在临床科室清点污染物品，避免中途装卸。传染病患者使用后的物品，应使用黄色医疗废物袋、双层分别行鹅颈式扎口后回收，并标注传染病的名称及来源科室。回收工具使用后应及时清洗与消毒。

2. 清洗消毒 清洗消毒是器械处理的重要环节。应根据器械的特点，选择合适的清洗方式、流程和方法。通过机械清洗及手工清洗过程，彻底去除器械、器具和物品上的污物，同时采用合适的物理或化学方式消毒，达到杀灭病原微生物的目的后，传递给检查包装区进行灭菌前的检查包装。常规物品遵循先清洗、后消毒的原则；突发不明原因的传染病、朊毒体、气性坏疽等患者使用后的物品，遵循国家现行的指引和要求，执行先消毒、后清洗，以保护人员及环境安全。耐湿耐热的物品，首选机械清洗和湿热消毒，不耐湿热的物品可使用75%乙醇消毒、酸性电位水或其他国家许可的消毒剂进行消毒。清洗消毒后的物品，根据器械特点采用不同的方式充分干燥；不得使用自然方法晾干。

3. 检查包装 包括器械功能及完好性的检查，按清单组配与核对器械，包装、标识器械包等内容。器械与敷料应分室包装。

（1）检查：包装前依据器械装配技术规程及图示，核对器械的名称、数量、完好性、功能等。采用目测和（或）使用带光源放大镜对干燥后的每件器械、器具和物品进行检查。带电源器械应进行绝缘性能等安全性检查。应使用医用润滑剂进行器械保养。不应使用液状石蜡等非水溶性的产品作为润滑剂。

（2）包装：包括装配、包装、封包、注明标识等步骤。①装配：手术器械应摆放在篮筐或有孔的托盘中进行配套包装。手术所用盘、盆、碗等器皿，宜与手术器械分开包装。剪刀和血管钳等轴节类器械不应完全锁扣。有盖的器皿应开盖,摞放的器皿间应用吸湿布、纱布或医用吸水纸隔开,包内容器开口朝向一致;软管类物品应盘绕放置,保持管腔通畅;精细器械、锐器等应采取保护措施。②压力蒸汽灭菌包重量和规格应符合要求。③包装方法及要求:灭菌物品包装分为闭合式包装和密封式包装。手术器械若采用闭合式包装方法,应由两层包装材料分两次包装。密封式包装方法应采用纸袋、纸塑袋等医用包装材料。硬质容器的使用与操作,应遵循生产厂家指引和国家行业规范要求。普通棉布包装材料应一用一清洗,无污渍,灯光检查无破损。④封包:包外应设有灭菌化学指示物;高度危险性物品灭菌包内还应放置包内化学指示物;如果透过包装材料可直接观察包内灭菌化学指示物的颜色变化,则不必放置包外灭菌化学指示物。闭合式包装应使用专用胶带,胶带长度应与灭菌包体积、重量相适宜,松紧适度。封包应严密,保持闭合完好性。纸塑袋、纸袋等密封包装,其密封宽度应≥6 mm,包内器械距包装袋封口处≥2.5 cm。硬质容器应设置安全闭锁装置,无菌屏障完整性被破坏后应可识别。⑤注明标识:应注明物品名称、包装者等内容;灭菌前注明灭菌器编号、灭菌批次、灭菌日期和失效日期等相关信息;标识应具有可追溯性。

4. 灭菌　根据器械包内器械的特点选择合适的灭菌方式:耐湿、耐热的器械、器具和物品应首选压力蒸汽灭菌;不耐热的器械、器具和物品应选择低温灭菌,如环氧乙烷灭菌、过氧化氢气体等离子体低温灭菌、低温蒸汽甲醛灭菌等。灭菌装载时,不得堆放、叠放,应有间隙,以利于灭菌剂(如蒸汽、环氧乙烷气体、过氧化氢气体、甲醛气体等)的穿透;可以使用适当的灭菌装载分隔架进行规范装载。灭菌过程中应由持有特种设备操作证的灭菌操作员密切观察设备运行状况和物理参数等,有异常情况应及时按照应急流程处理。灭菌后按要求卸载,观察物理监测结果、化学监测结果是否合格;并至少冷却 30 min 以上,观察是否有"脏包"、破包、湿包等异常情况。

5. 储存与发放　灭菌后的无菌包分类、分架放置储存,遵循"先进先出"的原则存放。

(1) 一次性使用无菌物品应去除外包装后,进入无菌物品存放区。

(2) 物品存放架或柜应距地面高度≥20 cm,距离墙≥5 cm,距离天花板≥50 cm。物品放置应固定位置,设置标识。接触无菌物品前应洗手或执行手消毒。

(3) 消毒后直接使用的物品应干燥、包装后专架存放。

(4) 无菌物品存放要求如下:

1) 无菌物品存放区环境的温度、湿度达到 WS 310.1 的规定时,使用普通棉布材料包装的无菌物品有效期宜为 14 天。

2) 使用一次性医用纸袋包装的无菌物品,有效期宜为 30 天;使用一次性医用皱纹纸、一次性医用无纺布包装的无菌物品,有效期宜为 180 天;使用一次性纸塑袋包装的无菌物品,有效期宜为 180 天;硬质容器包装的无菌物品,有效期宜为 180 天。

3) 跌落地面的无菌物品应视作污染物品,需重新处理。

(5) 发放:无菌物品发放也应遵循"先进先出"的原则。发放时应确认无菌物品的有效性。应记录无菌物品发放日期、名称、数量、物品领用科室、灭菌日期等。

(三) 消毒供应中心的管理

1. 集中管理模式　随着医院诊疗和外科技术的发展,医院对复用医疗器械的处理质量管理进一步加强,要求所有复用的诊疗器械、手术基础器械、硬式内镜器械、外来医疗器械等,均集中至消毒供应中心(室)进行集中清洗、消毒及灭菌;如院区分散、CSSD 分别设置,或现有 CSSD 面积受限,已在手术室设置清洗消毒区域的医院,其清洗、消毒或灭菌工作集中由 CSSD 统一管理,依据 WS310.1、WS310.3 进行规范处置的,也属于集中管理。

2. 相关各部门的管理职责　医院各相关部门在主管院长领导下,在各自职权范围内,履行对 CSSD 的相应管理职责。

（1）主管部门的职责包括：会同相关部门，制定落实CSSD集中管理的方案与计划，研究、解决实施中的问题；会同人事管理部门，根据CSSD的工作量合理调配工作人员；建立并落实对CSSD人员的岗位培训制度；将消毒供应专业知识、医院感染相关预防与控制知识及相关的法律、法规纳入CSSD人员的继续教育计划，并为其学习、交流创造条件。

（2）护理管理、医院感染管理、设备及后勤管理等的职责：对CSSD清洗、消毒、灭菌工作和质量监测进行指导和监督，定期进行检查与评价；发生可疑医疗器械所致的医源性感染时，组织、协调CSSD和相关部门进行调查分析，提出改进措施；对CSSD新建、改建与扩建的设计方案进行卫生学审议；对清洗消毒与灭菌设备的配置与性能要求提出意见；负责设备购置的审核（合格证、技术参数）；建立对厂家设备安装、检修的质量审核、验收制度；专人负责CSSD设备的维护和定期检修，并建立设备档案；物资供应、教育及科研等其他部门，应在CSSD主管院长或职能部门的协调下履行相关职责，保障CSSD的工作需要。

3. 消毒供应中心的职责　医院消毒供应中心在主管院长或其相关部门的直接领导下开展工作。直接管理部门（如护理部等）、人事部门、医院感染管理部门、后勤部门等协同管理，以保障消毒供应中心的工作需要，确保医院感染管理的安全及复用器械供应及时。

（1）建立健全岗位职责、操作规程、消毒隔离、质量管理、监测、设备管理、器械管理及职业安全防护等管理制度和突发事件的应急预案。应建立植入物与外来医疗器械专岗负责制，人员相对固定。

（2）建立质量管理追溯制度，完善质量控制过程的相关记录。

（3）定期对工作质量进行分析，落实持续改进。

（4）建立与相关科室的联系制度，主动了解各科室专业特点、常见的医院感染及其原因，掌握专用器械、用品的结构、材质特点和处理要点；对科室关于灭菌物品的意见有调查、有反馈、有落实，并有记录。

第三节　手卫生

> **案例 3-3**
>
> 　　某病房护士拟为一位直肠癌根治并腹部肠造口成形术后的患者进行两项护理操作：伤口清洁消毒及肠造口排泄物清理。
> 　　请回答：
> 　　1. 护士在操作过程中，哪些时机下应执行手卫生？
> 　　2. 何种情况下应选择洗手法？何种情况下可选择卫生手消毒法？

2009年4月1日，我国颁布了第一版《医务人员手卫生规范》，这是我国第一次用行业标准的方式来规范和推广手卫生，并于2019年再次修订并颁布第二版（WS 313—2019）。此规范规定了医务人员手卫生的管理与基本要求，手卫生设施要求，洗手与手卫生消毒、外科手消毒等的相关概念及操作方法，以及手卫生的效果监测方法等，旨在提高医疗机构医务人员的手卫生依从性和准确性。

一、概述

手卫生是预防和控制医院感染散发和流行暴发非常重要的措施。医院的各项诊疗、护理活动都离不开医务人员的双手相关操作,如果不能执行规范严格的手卫生,可直接或间接导致医院感染的发生。

通过加强手卫生,去除手部污垢和大部分暂居菌,使医务人员的手部皮肤得到彻底清洁,降低与预防外源性感染,保障患者和医务人员的安全;同时通过控制感染,达到减少医疗费用的支出、减轻医务工作者的工作量、缩短平均住院日,最终使患者、医院和社会共同受益的目的。

（一）基本概念

1. 手卫生（hand hygiene） 医务人员洗手、卫生手消毒和外科手消毒的总称。

2. 洗手（hand washing） 医务人员用流动水和洗手液（皂液）揉搓冲洗双手,去除手部皮肤污垢、碎屑和部分微生物的过程。

3. 卫生手消毒（antiseptic hand rubbing） 医务人员用手消毒剂揉搓双手,以减少手部暂居菌的过程。

4. 外科手消毒（surgical hand antiseptic） 外科手术前医护人员用流动水和洗手液揉搓冲洗双手、前臂至上臂下 1/3,再用手消毒剂清除或杀灭手部、前臂至上臂下 1/3 暂居菌和减少常居菌的过程。使用的手消毒剂可具有持续的抗菌活性。

（二）手卫生设施

手卫生设施是指用于洗手与手消毒的设施设备,包括洗手池、水龙头、流动水、洗手液（肥皂）、干手用品、手消毒剂等。手卫生设施的基本要求如下。

1. 医疗机构的各医疗单元,应配备足够数量、位置适宜的手卫生和手消毒设施。

2. 每个医疗单元应设置流动水洗手设施。手术室、产房、导管室、层流洁净病房、骨髓移植室、器官移植病房、重症监护病房、新生儿室、母婴室、血液透析病房、烧伤病房、感染疾病科、口腔科、消毒供应中心等重点部门的洗手设施应配备非手触式水龙头。有条件的医疗机构在诊疗场所均宜配备非手触式水龙头。

3. 应配备洗手液（肥皂）。盛装洗手液的容器宜为一次性使用。重复使用的洗手液容器应定期清洁与消毒。肥皂应保持清洁与干燥。洗手液有混浊或变色时,应及时更换,并清洁、消毒容器。

4. 应配置干手物品或设施。

5. 医务人员对选用的手消毒剂应有良好的接受性。

6. 手消毒剂宜使用一次性包装。

二、洗手法

洗手可以清除手部 99% 的暂居菌,是预防外源性医院感染传播的重要措施之一。

（一）目的

清除手部皮肤污垢和大部分暂居菌,切断手传播的途径,预防交叉感染。

（二）方法

根据国家卫生行业标准"医务人员手卫生规范（WS/T 313—2019）"的指引,洗手的具体操作方法如下。

1. 在流动水下,使双手充分淋湿。

2. 取适量肥皂（皂液）,均匀涂抹至整个手掌、手背、手指和指缝。

3. 认真揉搓双手至少 15 s,应注意清洗双手所有皮肤,包括手背、指尖和指缝,具体揉搓步骤遵循"六步洗手法"*：

（1）第一步，掌心相对，手指并拢，相互揉搓，见图3-1A。

（2）第二步，掌心对掌背，沿指缝相互揉搓，交换进行，见图3-1B。

（3）第三步，掌心相对，双手交叉，指缝相互揉搓，见图3-1C。

（4）第四步，弯曲手指，使关节在另外手掌心旋转揉搓，交换进行，见图3-1D。

（5）第五步，一手握住另一手拇指旋转揉搓，交换进行，见图3-1E。

（6）第六步，将五个手指尖并拢放在另一手掌心旋转揉搓，交换进行，见图3-1F。

4. 在流动水下彻底冲净双手。

5. 擦干双手，干手时避免二次污染。

6. 取适量护手液护肤。

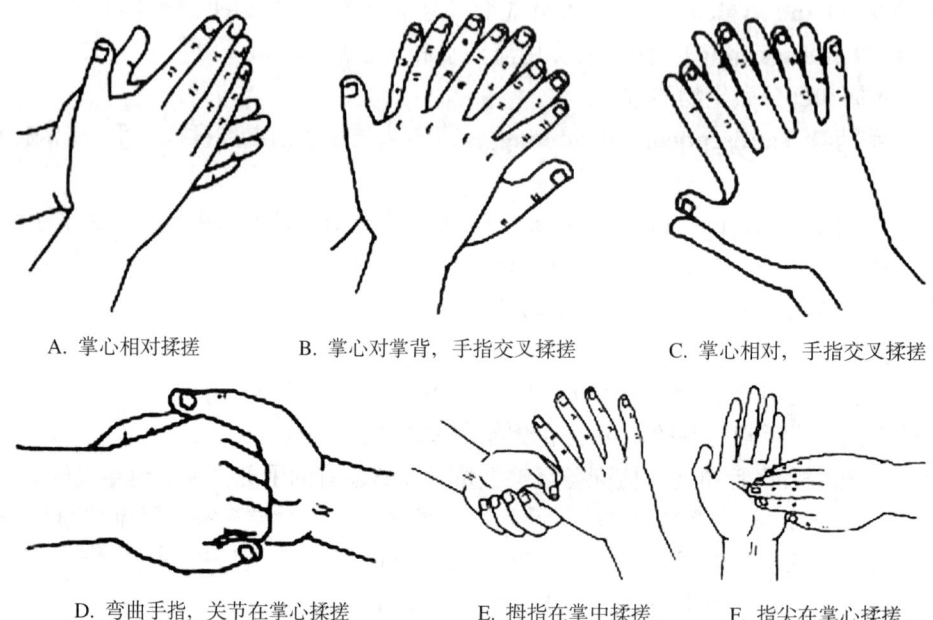

A. 掌心相对揉搓　　B. 掌心对掌背，手指交叉揉搓　　C. 掌心相对，手指交叉揉搓

D. 弯曲手指，关节在掌心揉搓　　E. 拇指在掌中揉搓　　F. 指尖在掌心揉搓

图3-1　六步洗手法

注：目前部分医院采用"七步洗手法"，增加的第七步为：清洗手腕。各医院可以根据需要选择"六步洗手法"或"七步洗手法"。

（三）注意事项

1. 遵循洗手的基本原则　当手部有肉眼可见的血液或体液时，应用肥皂（皂液）和流动水洗手；当手部没有肉眼可见的污染时，可使用速干手消毒剂消毒双手代替洗手。戴手套不能代替洗手，脱手套后应进行手卫生。

2. 掌握洗手的正确方法　应遵循洗手的步骤，手部不能佩戴饰物；洗手时保持指尖向下；揉搓动作面面俱到，注意指尖、指缝、皮肤皱褶等部位，应按皮肤的纵横纹理揉搓；调节合适的水温和出水量，避免溅湿地面和衣物。

3. 知晓洗手的时机　下列情况应洗手或使用手消毒剂进行卫生手消毒。

（1）接触患者前。

（2）接触清洁或无菌操作前，包括进行侵入性操作前、处理药物及配餐前等。

（3）暴露于患者体液后，包括接触患者黏膜、破损皮肤或伤口、体液、血液、排泄物、分泌物、伤口敷料等之后。

（4）接触患者后。

（5）接触患者周围环境后，包括接触患者周围的医疗相关器械、用具等物体表面后。

(6)穿脱隔离衣前后，脱手套后。
(7)接触不同的患者之间，或者从患者的污染部位移动到清洁部位时。
(8)处理污染物品后。

三、卫生手消毒法

医务人员在接触污染物或感染患者后，手部可能被大量细菌污染，仅采用一般洗手法达不到预防感染的目的，须在洗手后再进行卫生手消毒。

（一）目的

清除手部的致病性微生物，避免和预防交叉感染，避免污染清洁和无菌物品。

（二）方法

卫生手消毒的方法为：①取适量的手消毒剂于掌心，均匀涂抹双手；②严格按照上述"六步洗手法"的步骤，双手互相揉搓，揉搓时确保手消毒剂完全覆盖手部皮肤，直至手部干燥。

（三）注意事项

1. 先洗手再消毒。应进行正确的洗手，待干燥后，再进行卫生手消毒。
2. 卫生手消毒时，揉搓方法与揉搓部位与洗手方法相同，要做到面面俱到。
3. 下列情况时医务人员应先洗手，然后进行卫生手消毒。
(1)接触传染病患者的血液、体液和分泌物以及被传染性病原体污染的物品后。
(2)直接为传染病患者进行检查、治疗、护理，或处理传染病患者污物之后。
(3)医务人员的手未受到患者血液、体液等蛋白质性物质的明显污染时，可采用卫生手消毒代替洗手。

四、医务人员外科手消毒的设施要求及方法

医务人员外科手消毒的设施要求及方法见外科护理学相关内容。

五、手卫生效果的监测

医院应定期对医务人员手卫生依从性和手卫生消毒效果进行监测。

（一）手卫生依从性监测

应定期对医务人员手卫生的依从性进行监测与反馈。监测时采用直接观察法，即在日常医疗护理活动中，随机选择且不告知观察对象，观察并记录医务人员手卫生时机及执行的情况，并计算手卫生依从率，以评估手卫生的依从性。

手卫生依从性的监测用手卫生依从率表示，计算方法为：

$$手卫生依从率 = 手卫生执行时机数 / 应执行手卫生时机数 \times 100\%$$

（二）手卫生消毒效果监测

应每季度对手术部（室）、产房、导管室、洁净层流病区、骨髓移植病区、器官移植病区、重症监护病房、新生儿室、母婴同室、血液透析中心（室）、烧伤病区、感染性疾病科病区、口腔科、内镜中心（室）等部门工作的医务人员进行手卫生消毒效果的监测。当医院感染暴发可能与医务人员手卫生有关时，应及时进行监测，采样方法遵循相关国家行业规范要求进行。

第四节 无菌技术

> **案例 3-4**
>
> 某医院眼科医生为 10 名患者行白内障超声乳化手术,造成患者眼球医源性感染,其中 9 名患者单侧眼球被摘除。
>
> 根据调查,该院自制眼用平衡灌注液中检出铜绿假单胞菌;医院手术室布局、流程、环境、设施等不符合开展无菌手术的基本要求;手术器械未清洗干净,手术包灭菌时间、温度、压力不够,有湿包;人工晶体相关耗材包装袋有破损而手术前未发现;术中微创手术器械未做到一人一用一灭菌。
>
> 请回答:
> 1. 无菌物品使用前,应该如何检查?
> 2. 在手术过程中,应从哪些方面加强无菌观念?

无菌技术是预防与控制医院感染的一项基本且重要的医疗技术,其操作方法根据科学原则制订,所有医务人员必须熟练掌握并严格遵守,不能违反任何一个环节,以保证患者的安全。

一、无菌技术的相关概念与操作原则

(一)相关概念

1. 无菌技术(aseptic technique)　指在执行医疗护理操作过程中,防止一切微生物侵入机体和保持无菌物品及无菌区域不被污染的操作技术。

2. 无菌物品(aseptic supplies)　指经灭菌处理后保持无菌状态且未被污染的物品。

3. 非无菌物品(non-aseptic supplies)　指未经灭菌处理,或经过灭菌处理而又被污染的物品。

4. 无菌区(aseptic area)　指经灭菌处理后未被污染的区域。

5. 非无菌区(non-aseptic area)　指未经灭菌处理,或经灭菌处理后被污染的区域。

(二)无菌技术操作原则

1. 操作环境清洁、宽敞　①操作环境清洁、宽敞、明亮,定期消毒。②操作台清洁、干燥、平坦,物品布局合理。③无菌操作前 30 min 停止清扫工作,减少走动,避免尘埃飞扬。

2. 医务人员仪表符合要求　①无菌操作前,医务人员保持着装整洁,修剪指甲并洗手,戴好口罩。②必要时穿无菌衣、戴无菌手套。

3. 无菌物品有序规范　无菌物品应分类、分架存放。①存放环境:无菌物品存放架或柜应距地面≥20 cm,距墙≥5 cm,距天花板≥50 cm;室内温度<24℃,相对湿度<70%,机械通风换气 4~10 次/时。②标识清楚:无菌物品与非无菌物品分开放置于物品存放柜或存放架上,且有明显标识;无菌物品应存放于无菌包或无菌容器内,不得暴露于空气中;无菌包或无菌容器外应注明物品名称、灭菌日期。③有序使用:无菌物品按失效期的先后顺序摆放取用,须在有效期内使用,可疑污染、污染或过期物品应重新灭菌。④储存有效期:符合存储环境要求时,使用纺织品材料包装的物品有效期宜为 14 天;未达到储存环境标准时,有效期为 7 天;使用一次性医用皱纹纸、医用无纺布、一次性纸塑袋或硬质容器包装的无菌物品,有效期宜为

180 天；医用一次性纸袋包装的无菌物品，有效期宜为 30 天；由医疗器械生产厂家提供的一次性使用无菌物品遵循包装上标识的失效期。

4. 加强无菌观念 进行无菌操作时，应培养并强化无菌观念：①进行无菌操作时，应明确无菌区与非无菌区、无菌物品与非无菌物品的概念，非无菌物品应远离无菌区。②操作者身体应与无菌区保持一定距离。③取、放无菌物品时，应面向无菌区，但应避免面向无菌区谈笑、咳嗽、打喷嚏。④从无菌容器内取用无菌物品时，应使用无菌持物钳；无菌物品一经取出，即使未用，也不可放回无菌容器内。⑤操作者手臂应保持在腰部或治疗台面以上，不得跨越无菌区，手不可触及无菌物品。⑥若无菌物品与非无菌物品接触过，或置于操作者视线外，或在操作者腰部以下时，均视为非无菌物品；无菌物品过期、受潮、疑有污染或已被污染，则不可使用，应予以更换。⑦一套无菌物品仅供一位患者使用一次，以防发生交叉感染。

二、无菌技术基本操作方法

（一）使用无菌持物钳法

【目的】

取放和传递无菌物品，保持无菌物品的无菌状态。

【评估】

1. 评估操作环境是否符合无菌技术操作原则。
2. 评估需夹取的无菌物品的种类（图 3-2）及其放置的位置，选择合适的无菌持物钳/镊。
3. 评估无菌持物钳/镊的保存方法（独立包装或干式保存）。

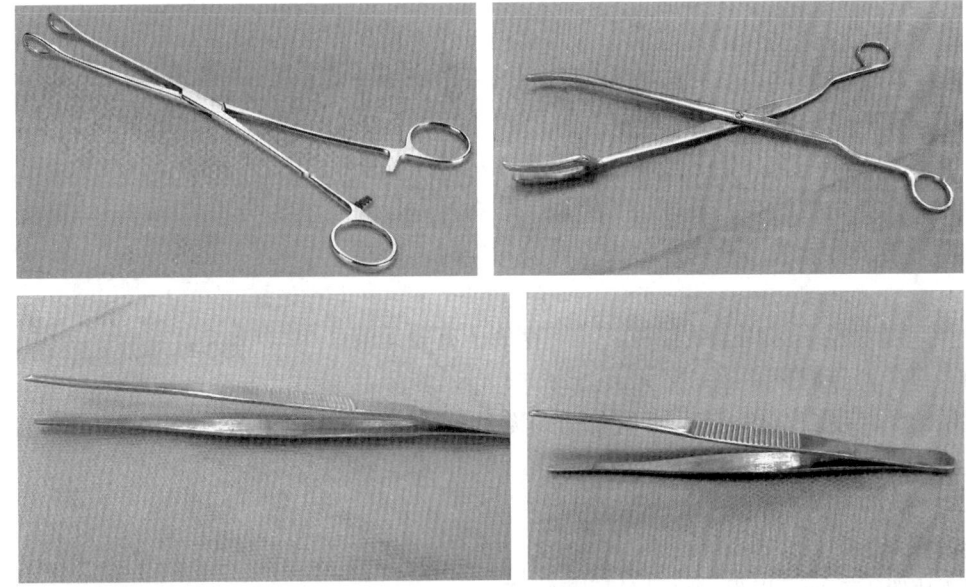

图 3-2 无菌持物钳的种类

【操作前准备】

1. **护士准备** 衣帽整洁、修剪指甲、洗手、戴口罩。
2. **物品准备** 无菌持物钳、盛放无菌持物钳的容器。
3. **环境准备** 清洁、宽敞、明亮、定期消毒。

【操作流程】

操作主线	操作步骤	操作要点
▲ 使用无菌持物钳法		
1. 查对	检查并核对物品的名称、有效期、灭菌标识	● 确保在灭菌有效期内使用 ● 第一次开包使用时，记录打开日期、时间并签名，4 h 内有效
2. 取钳	打开盛放无菌持物钳的容器盖，手持无菌持物钳的上 1/3 处，闭合钳端，将钳移至容器中央，垂直取出，关闭容器盖	● 手不可触及容器盖内面 ● 盖闭合时不可从盖孔中取、放无菌持物钳 ● 取、放时，钳端不可触及容器口边缘
3. 使用	保持钳端向下，不可倒转向上，在腰以上视线范围内活动	● 保持无菌持物钳的无菌状态
4. 放钳	使用后闭合钳端，打开容器盖，快速垂直放回容器中，关闭容器盖	● 防止无菌持物钳在空气中暴露过久而被污染

【注意事项】

1. 严格遵循无菌操作原则。

2. 取、放无菌持物钳时，应先闭合钳端，不可触及容器口边缘（图 3-3）。用毕应立即将无菌持物钳放回容器内。

3. 使用过程中，应保持钳端向下，不可触及非无菌区（非无菌物品）。就地使用，远处取物时，应将持物钳和无菌容器一起移至操作处。

4. 无菌持物钳只用于取、放无菌物品。不可用于换药或消毒皮肤，以防被污染；不可用于夹取油纱布，防止钳端沾油而影响消毒效果。一旦有污染或可疑污染时，应重新灭菌。

5. 无菌持物钳若采用干式存放法，应存放于有盖无菌容器内，每个容器内只存放一把无菌持物钳。目前临床上主要使用干燥保存法，将盛有无菌持物钳的无菌干罐保存在无菌包内，使用前打开，每 4 h 更换一次。

图 3-3 取放无菌持物钳

（二）使用无菌容器法

【目的】

用于盛置无菌物品以保持物品的无菌状态。

【评估】

1. 评估操作环境是否符合无菌技术操作原则。

2. 检查无菌容器的类型、灭菌日期、有效期及灭菌效果。

【操作前准备】

1. 护士准备　衣帽整洁、修剪指甲、洗手、戴口罩。

2. 物品准备　盛放无菌物品的容器、盛放无菌持物钳的无菌罐；无菌容器：常用无菌盒、罐、盘等，内放灭菌器械、棉球、纱布等。

3. 环境准备　清洁、宽敞、明亮、定期消毒。

【操作流程】

操作主线	操作步骤	操作要点
▲ 使用无菌容器法		
1. 查对	检查并核对无菌容器的名称、灭菌日期、失效期、灭菌标识	• 同时查对无菌持物钳，确保在灭菌有效期内 • 第一次使用时，记录开启日期、时间并签名，24 h内有效
2. 开盖	取物时，打开容器盖，平移离开容器，内面向上平放于稳妥处或拿在手中（图3-4）	• 盖子不可在无菌容器上方翻转，防止灰尘落入容器内 • 开、关盖时，手不可触及盖的边缘及内面，防止污染
3. 取物	用无菌持物钳从无菌容器内夹取无菌物品	• 垂直夹取无菌物品，无菌持物钳及无菌物品不可触及容器边缘
4. 关盖	取物后，立即将盖盖严	• 防止容器内无菌物品在空气中暴露过久而被污染
5. 手持容器	手持无菌容器时，应托住容器底部（图3-5）	• 手不可触及容器的边缘及内面

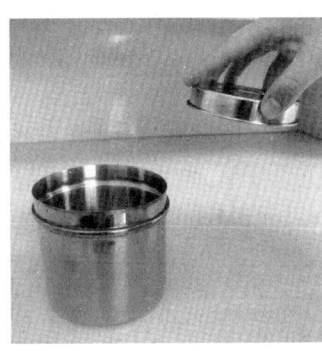

图3-4　打开无菌容器盖

图3-5　手持无菌治疗碗

【注意事项】
1. 严格遵循无菌操作原则。
2. 移动无菌容器时，应托住底部，手指不可触及容器的边缘和内面。
3. 从无菌容器内取物时，无菌持物钳及无菌物品不可触及容器边缘。
4. 用毕立即将容器盖严，避免容器内的无菌物品在空气中暴露过久。
5. 无菌物品一经取出，即使未用，也不可再放回无菌容器内。
6. 无菌容器应定期消毒灭菌。一经使用，应记录开启日期、时间并签名，有效期不超过24 h。

(三)使用无菌包法

【目的】

1. 用无菌包布包裹无菌物品,保持物品的无菌状态。
2. 从无菌包内取出无菌物品,供无菌操作使用。

【评估】

1. 评估操作环境是否符合无菌技术操作原则。
2. 检查无菌包的名称、类型、灭菌/生产日期、有效期、灭菌效果及包装的完好性。

【操作前准备】

1. **护士准备** 衣帽整洁、修剪指甲、洗手、戴口罩。
2. **物品准备** 盛放无菌物品的容器或区域、盛放无菌持物钳的无菌罐;无菌包:内放无菌治疗巾、敷料、器械等;记录纸、笔。
3. **环境准备** 清洁、宽敞、明亮、定期消毒。

【操作流程】

操作主线	操作步骤	操作要点
▲ 使用无菌包法		
1. 查对	检查并核对无菌包的名称、灭菌日期、失效期、灭菌标识,检查包布有无潮湿或破损	● 同时查对无菌持物钳,确保在灭菌有效期内 ● 如超过有效期或有潮湿破损,则不可使用
2. 开包	将包托在手上,另一手撕开粘贴的胶带,或解开系带卷放在手上,手接触包布四角外面,依次揭开四角并捏住(图3-6)	● 手不可触及包布内面及无菌物品
3. 放物	稳妥地将包内物品放在备好的无菌区内或传送给术者	● 投放时,手托住包布,使无菌面朝向无菌区域
4. 整理	将包布折叠放妥	

 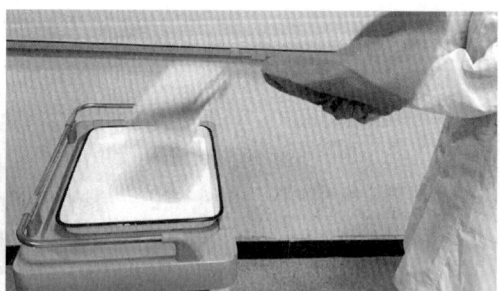

图 3-6 一次性取出无菌包内物品

【注意事项】

1. 严格遵循无菌操作原则。
2. 无菌包包布应选用质厚、致密、未脱脂的双层棉布制成,或使用医用无纺布。
3. 无菌包布内面为无菌面,外面为污染面。打开无菌包时,手只可接触包布四角外面,不可触及包布内面,不可跨越无菌区。
4. 如无菌包内无菌物品未用完,应按原折痕包好,注明开包日期、时间并签名,限 24 h 内使用。
5. 无菌包应定期灭菌,若包内物品超过有效期、被污染或包布受潮,则需重新灭菌。

（四）无菌区域准备法

【目的】

形成无菌区域，以放置无菌物品，供治疗或护理使用。

【评估】

1. 评估操作环境是否符合无菌技术操作原则。
2. 检查无菌治疗巾外包装的完好性、名称、灭菌日期、有效期和灭菌效果等。
3. 检查治疗盘是否清洁、干燥。

【操作前准备】

1. 护士准备　衣帽整洁、修剪指甲、洗手、戴口罩。

2. 物品准备　盛有无菌持物钳的无菌罐、无菌物品、盛放治疗巾的无菌包；治疗盘、记录纸、笔。无菌治疗巾的折叠方法：①横折法：治疗巾横折后纵折，再重复一次；②纵折法：治疗巾纵折两次，再横折两次，开口边向外。

3. 环境准备　清洁、宽敞、明亮、定期消毒。

【操作流程】以无菌治疗盘为例

操作主线	操作步骤		操作要点
▲ 铺无菌盘法			
1. 查对	检查并核对无菌包的名称、灭菌日期、有效期和灭菌标识，包装有无潮湿或破损		● 无菌包如超过有效期或有潮湿破损，则不可使用 ● 同时检查无菌持物钳、无菌物品，确保在有效期内
2. 取巾	打开无菌包，用无菌持物钳取一块治疗巾置于治疗盘内		● 若治疗巾未用完，应按要求开包、回包，注明开包时间，24 h 内有效
3. 铺盘	（1）双手捏住无菌治疗巾一边外面两角，轻轻抖开，双折铺于治疗盘上，双手捏住无菌治疗巾上层外面两角，将上层折成扇形，开口向外（图3-7）		● 手不可触及无菌治疗巾内面
	（2）放入无菌物品		● 保持物品无菌
	（3）覆盖：双手捏住扇形折叠治疗巾外面，遮盖于物品上，上下层边缘对齐，将开口处向上翻折两次，两侧边缘分别向下折一次，露出治疗盘边缘		● 手不可触及无菌治疗巾内面 ● 调整无菌物品的位置，使之尽可能居中
4. 记录	注明铺盘日期及时间并签名		● 铺好的无菌盘 4 h 内有效

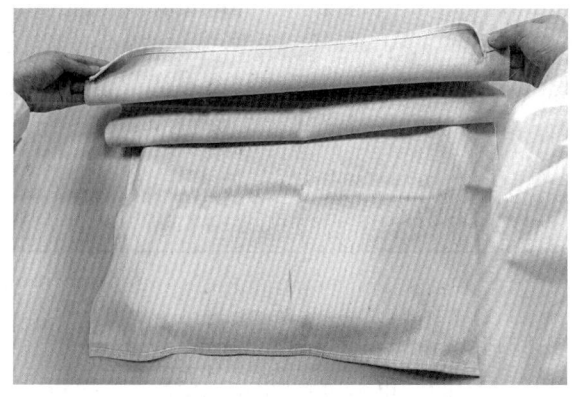

图 3-7　铺无菌治疗盘法

【注意事项】

1. 严格遵循无菌操作原则。

2. 铺无菌盘区域须清洁干燥，避免无菌巾潮湿、污染。

3. 铺盘时，非无菌物品和身体应与无菌区域保持适当距离；手不可触及无菌巾内面，不可跨越无菌区。覆盖无菌巾时，保持边缘对齐。

4. 铺好的无菌盘应尽早使用，有效期不超过 4 h。

（五）倒取无菌溶液法

【目的】

保持无菌溶液的无菌状态，供治疗或护理使用。

【评估】

1. 评估操作环境是否符合无菌技术操作原则。

2. 检查瓶装无菌溶液的名称、浓度、有效期和质量。

【操作前准备】

1. 护士准备　衣帽整洁、修剪指甲、洗手、戴口罩。

2. 物品准备　无菌溶液、弯盘；盛有无菌溶液的容器；棉签、消毒液、记录纸、笔等，必要时备盛有无菌持物钳的无菌罐、无菌纱布罐。

3. 环境准备　清洁、宽敞、明亮、定期消毒。

【操作流程】

操作主线	操作步骤	操作要点
▲ 倒取无菌溶液法		
1. 清洁	取盛有无菌溶液的密封瓶，擦净瓶外灰尘	
2. 查对	检查并核对：无菌溶液瓶签（药名、剂量、浓度和有效期）；检查无菌溶液瓶的完好性（瓶盖无松动、瓶身瓶底无裂缝）；检查无菌溶液的质量（无混浊、变色或沉淀）	● 确定溶液正确、质量可靠 ● 对光检查溶液质量 ● 同时查对无菌持物钳、无菌纱布的有效期
3. 开瓶	打开瓶盖，消毒瓶塞，待干后打开瓶塞	● 按无菌原则打开瓶塞，手不可触及瓶口及瓶塞内面，防止污染
4. 倒液	手持溶液瓶，瓶签朝向掌心，倒出少量溶液，旋转冲洗瓶口，再由原处倒出溶液至无菌容器中（图 3-8）	● 避免沾湿瓶签 ● 倒溶液时高度适宜，勿使瓶口接触容器口周围，勿使溶液溅出
5. 盖塞	倒好溶液后立即塞好瓶塞	● 必要时消毒后盖好，以防溶液污染
6. 记录	在瓶签上注明开瓶日期及时间并签名，放回原处	● 已开启的溶液瓶内的溶液，可保存 24 h ● 余液只用于清洁操作
7. 处理	按要求整理用物并处理	

【注意事项】

1. 严格遵循无菌操作原则。

2. 手不可触及瓶口及瓶塞内面，也不可将物品伸入无菌溶液瓶内蘸取溶液，以防污染。

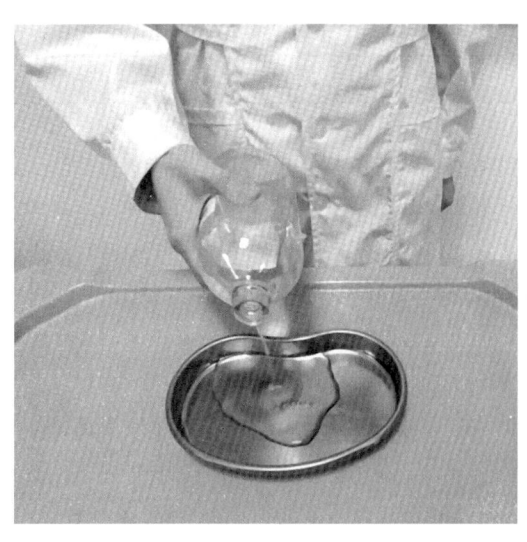
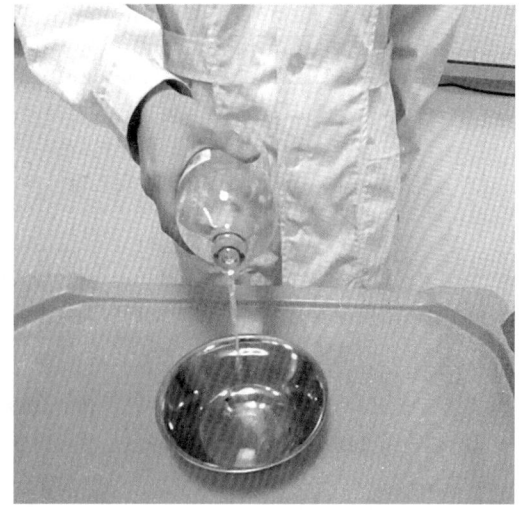

图 3-8 倒取无菌溶液法

3. 倒取溶液时，勿使瓶口接触容器口周围；瓶口距无菌容器口的距离不可少于 5～6 cm，勿使溶液溅出或回溅；已倒出的溶液不可再倒回瓶内，以免污染剩余溶液。

4. 已开启的无菌溶液瓶内的液体如未被污染，有效期为 24 h，余液只用于清洁操作。

（六）戴、脱无菌手套法

【目的】

预防病原微生物通过医务人员的手传播疾病和污染环境，适用于医务人员进行严格无菌操作时和接触患者破损的皮肤和黏膜时。正确戴、脱无菌手套可确保操作的无菌效果及保护患者及医务人员免受感染。

【评估】

1. 评估操作环境是否符合无菌技术操作原则。
2. 检查无菌手套的类型、号码、灭菌/生产日期、有效期及灭菌效果。

【操作前准备】

1. 护士准备 衣帽整洁、修剪指甲、取下手表、洗手、戴口罩。

2. 物品准备 无菌手套、弯盘。无菌手套有两种类型：①天然橡胶、乳胶手套；②人工合成的非乳胶产品，如乙烯、聚乙烯手套。

3. 环境准备 清洁、宽敞、明亮、定期消毒。

【操作流程】

操作主线	操作步骤	操作要点
▲ 戴、脱无菌手套法		
1. 查对	检查并核对无菌手套袋外的号码、灭菌日期，包装是否完整、干燥	• 选择号码适合操作者手掌大小的无菌手套 • 确认无菌手套在有效期内
2. 打开手套袋	打开外包装，取出内包装。将内包装放于清洁、干燥的操作台上	

续表

操作主线	操作步骤	操作要点
3. 取、戴手套	▲ 分次取、戴法 （1）一手掀开手套袋开口处，另一手捏住一只手套的反折部分（手套内面），取出手套，并对准五指戴上	● 手不可触及手套外面（无菌面） ● 手套取出时外面（无菌面）不可触及任何非无菌物品
	（2）未戴手套的手掀起另一只袋口，再用戴好手套的手指插入另一只手套的反折内面（手套外面），取出手套，同法戴好	
	（3）同时将后一只戴好的手套的翻边扣套在工作服衣袖外面，同法扣套好另一只手套（图3-9）	● 戴好手套的手应始终保持在腰部以上水平、视线范围内
	▲ 一次性取、戴法 （1）两手同时掀开手套袋开口处，用一手拇指和示指同时捏住两只手套的袖口反折处（手套内面），取出手套	● 要点同分次取、戴手套
	（2）将两手套五指对准，先戴一只手套；再以戴好手套的手指插入另一只手套的反折内面（手套外面），取出手套，同法戴好	
	（3）同时，将后一只戴好的手套的翻边扣套在工作服衣袖外面，同法扣套好另一只手套（图3-10）	
4. 检查调整	双手对合交叉检查有无漏气，并调整手套位置	● 手套的外面（无菌面）不可触及任何非无菌物品
5. 脱手套	用戴着手套的手捏住另一手套腕部外面，翻转脱下，使污染面在内；再将脱下手套的手伸入另一手套内，捏住内面边缘，将手套翻转脱下	● 勿使手套外面（污染面）接触皮肤 ● 不可强拉手套
6. 处理	按要求整理用物并处理	
7. 洗手，脱口罩		● 将手套弃置于黄色医疗垃圾袋内

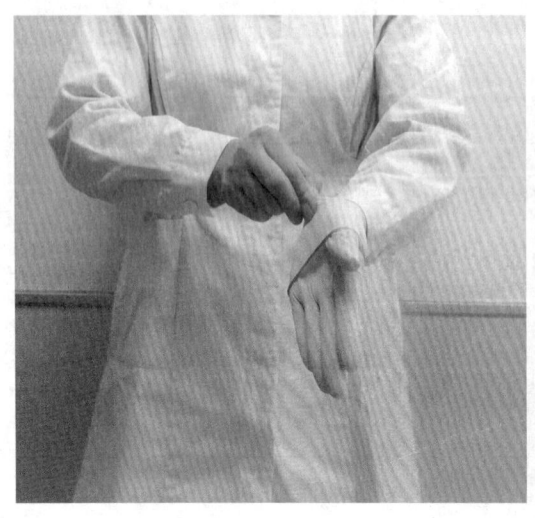
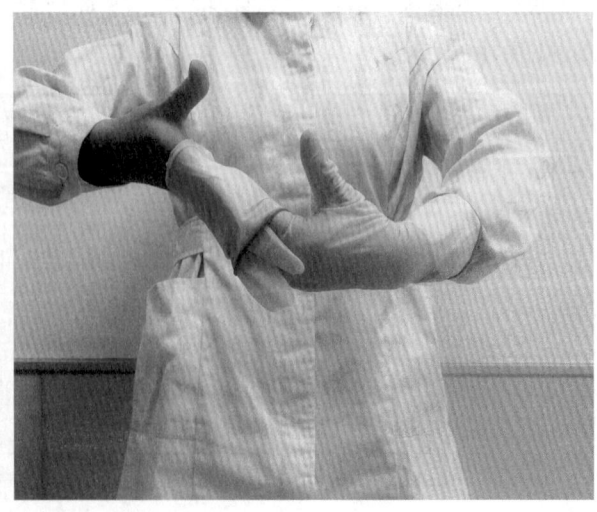

图3-9　分次取戴无菌手套法

第三章 医院感染的预防与控制

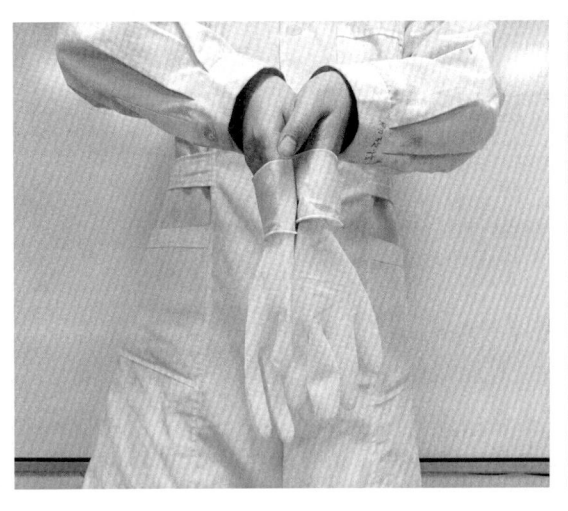

A

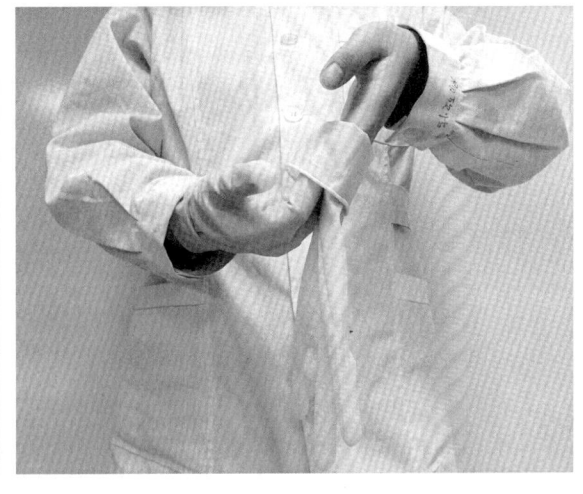

B

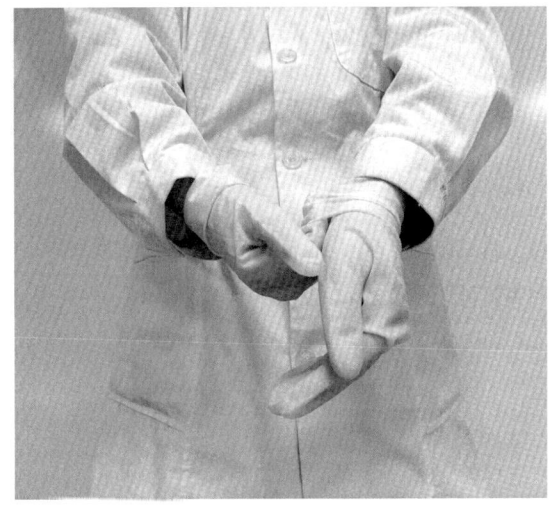

C

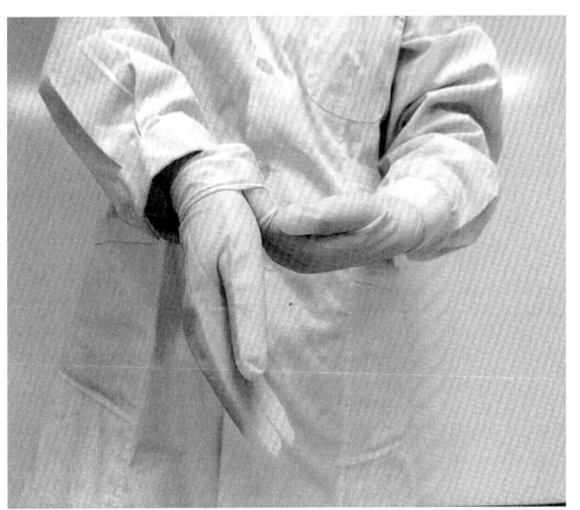

D

图 3-10　一次性取戴无菌手套法

【注意事项】

1. 严格遵循无菌操作原则。
2. 注意修剪指甲，以防刺破手套，并选用号码合适的无菌手套。
3. 戴无菌手套时，手套外面（无菌面）不可触及任何非无菌物品，未戴手套的手不可触及手套的外面；已经戴好手套的手不可触及未戴手套的手及另一手套的内面。
4. 戴无菌手套后，双手应始终保持在腰部或操作台面以上、视线范围内的水平；如发现手套有破损、污染或可疑污染，应立即更换或加戴一副无菌手套。
5. 脱手套的关键点是"污染面对污染面，清洁面对清洁面"，即手套外面（污染面）只能接触手套外面，勿接触皮肤和周围环境；手部皮肤只能接触另一只手套的内面，即清洁面，将手套翻转脱下，使污染面在内。
6. 脱手套时应翻转脱下，避免强拉；如手套上有血液或污染严重时，应先用清水冲洗；手套外面（污染面）不可与皮肤接触，以免发生感染；脱手套后应洗手，必要时进行手消毒。
7. 诊疗护理不同患者时应更换手套；一次性手套应一次性使用；戴手套不能替代洗手，必要时需进行手消毒。

第五节 隔离技术

> **案例 3-5**
>
> 某三甲医院新生儿科在院 11 名新生儿中先后有 9 例陆续出现发热、感染性休克等症状，其中 3 例经治疗无效死亡。经专家组调查，本次事件中感染患儿均为新生儿，局限于新生儿科 ICU 病房，存在时间和空间上的聚集性，并且在环境物体表面样本和患儿肛拭子、血液标本中均检出大肠埃希菌，表明此次事件是由病原菌在新生儿科 ICU 病房传播所导致的医疗机构内感染爆发事件。
>
> 请回答：
> 1. 对于大肠埃希菌感染的患儿，应采取哪种方式进行隔离？
> 2. 什么是标准预防？护理此类患者时，除标准预防外，还应该采取哪些隔离措施？

隔离是预防医院感染的重要措施之一。在隔离工作中，医务人员应熟练掌握隔离的基本知识，自觉遵守隔离制度，严格遵守隔离原则，认真执行隔离技术，同时应加强隔离知识教育，使相关人员理解隔离的意义并能主动配合隔离工作。

一、概述

（一）隔离的概念

隔离（isolation）是指采用各种方法、技术，防止病原微生物从患者及携带者传播给他人的措施。隔离可以切断感染链，将传染源、易感人群安置在指定地点，暂时避免其与周围人群接触，防止病原微生物在患者、工作人员及媒介物中扩散。科学合理的隔离管理可降低患者及医务人员发生医院感染的危险性。

（二）区域划分

1. 清洁区（cleaning area） 指进行传染病诊治的病区中，不易受到患者血液、体液和病原微生物等物质污染及传染病患者不应进入的区域。如医务人员的值班室、卫生间、更衣室、浴室以及储物间、配餐间等。

2. 潜在污染区（potentially contaminated area） 亦称半污染区，指进行传染病诊治的病区中，位于清洁区与污染区之间，有可能被患者血液、体液和病原微生物等物质污染的区域。如医务人员的办公室、护士站、治疗室、处理室、内走廊等。

3. 污染区（contaminated area） 指进行传染病诊治的病区中，传染病患者和疑似传染病患者接受诊疗的区域，包括被其血液、体液、分泌物、排泄物污染的物品暂存和处理的场所。如患者的病室、浴室、处置室、污物间，以及患者入院、出院处理室（用于处理患者用后的物品、医疗器械等）。

4. 两通道（two passages） 指进行传染病诊治的病区中的医务人员通道和患者通道。医务人员通道出入口设立在清洁区一端，患者通道出入口设立在污染区一端。

5. 缓冲间（buffer room） 指进行传染病诊治的病区中，清洁区与潜在污染区之间、潜在污染区与污染区之间设立的两侧均有门的小室，为医务人员的准备间。

> **知识链接**
>
> **负压病区（房）**
>
> 负压病区（房）[negative pressure ward (room)]也称负压病室，指通过特殊通风装置，使病区（房）空气由清洁区向污染区流动，使病区（房）内的压力低于室外压力。负压病区排出的空气需经处理，确保对环境无害。适用于经空气传播疾病患者的隔离。
>
> 建筑布局：应设病室及缓冲间，通过缓冲间与病区走廊相连。病室采用负压通风，上送风、下排风；病室内送风口应远离排风口，排风口应置于病床床头附近，排风口下缘靠近地面，但应高于地面10 cm。病室门窗保持关闭。病室内设置独立卫生间，有流动水洗手和卫浴设施，配备室内对讲设备。
>
> 隔离要求：送风应经过初、中效过滤，排风应经过高效过滤处理，每小时换气6次以上。应保障通风系统正常运转，做好设备日常保养。病室与外界气压差宜为-30 Pa，缓冲间与外界气压差宜为-15 Pa。一间负压病室宜安排一个患者，无条件时可安排同种呼吸道感染疾病患者，并限制患者到本病室外活动。患者出院所带物品应消毒处理。
>
> 摘自：《医院负压隔离病房环境控制要求》GBT 35428—2017

（三）标准预防的概念

标准预防（standard precaution） 指基于患者的血液、体液、分泌物（不包括汗液）、排泄物、非完整皮肤和黏膜均可能含有感染性因子的原则，针对医院所有患者和医务人员采取的一组预防感染措施，包括手卫生，根据预期可能的暴露选用手套、隔离衣、护目镜或防护面罩，以及安全注射和穿戴合适的防护用品处理患者环境中污染的物品与医疗器械等。

标准预防的核心内容包括：①认定患者的血液、体液、分泌物（不包括汗液）、排泄物均具有传染性，需要进行隔离。②强调双向防护，既要防止病原微生物从患者传至医护人员，也要防止病原微生物通过医护人员传至患者。③根据病原微生物的传播途径建立接触、空气和飞沫的隔离措施。

标准预防的措施主要包括：①洗手：具体操作见本章相关内容。②戴手套：接触患者的分泌物、排泄物、体液及其污染物时，接触患者黏膜和非完整皮肤前均应戴手套；对同一患者既接触清洁部位，又接触污染部位时应更换手套。③戴口罩、护目镜或防护面罩、穿隔离衣：上述物质（患者的血液、体液、分泌物、排泄物）有可能发生喷溅时，应戴一次性外科口罩或医用防护口罩、护目镜或防护面罩、穿隔离衣。④严格执行消毒灭菌制度和各项操作规程。⑤恰当处理污物：及时处理污染的床单，用过的针头不应套回针帽，与注射器分离，将用过的针头、注射器、刀片丢弃在专用的锐器收纳器内；或针头与注射器不分离，直接放进专用的锐器收纳箱内。⑥污染的环境或对环境有污染的患者应进行隔离。⑦对于各种仪器和装置采取正确的消毒措施，放于适当位置。

二、隔离的原则

（一）医院建筑布局合理，符合隔离要求

医院严格服务流程，各区之间界线清楚，标识明显，能满足医院感染控制要求，防止病原微生物扩散。

（二）隔离标识明确，卫生设施齐全

①隔离区域标识清楚明确，入口处配置更衣、换鞋的过渡区，并配有必要的卫生、消毒设备等。②隔离病区设两通道：有工作人员与患者各自的进出通道（门、梯道），通风系统区域化。③隔离病室门外或患者床头安置不同颜色的提示卡（卡正面为预防隔离措施，反面为适用的疾病种类），以表示不同性质的隔离；门口放置用消毒液浸湿的脚垫，门外设立隔离衣悬挂架（柜或壁橱），备隔离衣、帽子、口罩、鞋套以及手消毒物品等。④隔离病区中备有不透水材料制成的袋子，以盛放待消毒或焚烧的物品，袋子上应有醒目标记。

（三）明确服务流程，加强三区管理

严格执行人员、物品服务流程，保证洁、污分开，防止因人员流程、物品流程交叉导致污染。

三区管理：①患者及患者接触过的物品不得进入清洁区；②患者或穿隔离衣的工作人员通过走廊时，不得接触墙壁、家具等；③各类检验标本应放在指定的存放盘和架上；④污染区的物品未经消毒处理，不得带到他处；⑤工作人员进入污染区时，应按规定穿隔离衣，戴帽子、口罩，必要时换隔离鞋；穿隔离衣前，必须将所需的物品备齐，各种护理操作应有计划并集中执行，以减少穿脱隔离衣的次数和刷手的频率；⑥穿隔离衣后，只能在规定范围内活动；⑦离开隔离病区前脱隔离衣、鞋，并消毒双手，脱帽子、口罩。⑧严格执行探视制度，探陪人员进出隔离区域应根据隔离种类采取相应的隔离措施，接触患者或污染物品后均必须消毒双手。

（四）隔离病区环境定期消毒，物品分类规范处置

1. 环境消毒　应用Ⅳ类环境消毒方法，每日应用紫外线照射或消毒液喷雾进行空气消毒；每日晨晚间护理后，用消毒液擦拭或臭氧消毒器对病床及床旁桌椅等进行物品表面的消毒；根据隔离类型确定每日消毒的频次。

2. 物品处理　隔离病区内的污染物品必须先经过消毒再进行清洁处理。①患者接触过的物品、落地的物品应视为污染物，须经严格消毒后方可供他人使用；②患者的衣物、书籍、钱币等消毒处理后才能交给家属；③患者的生活用品，如脸盆、痰杯、餐具、便器个人专用，每周消毒；衣服、床单、被套等消毒后清洗；床垫、被、褥等定期消毒；排泄物、分泌物、呕吐物须经消毒处理后方可排放；④需送出病区处理的物品分类置于黄色污物袋内，袋外要有明显标记；⑤患者的排泄物、分泌物、呕吐物、剩饭菜等须经消毒处理后方可排放；患者用过的餐具器皿、便器等均需用含氯消毒液浸泡；患者使用的体温计用消毒液浸泡，患者使用的血压计、听诊器等物品放入熏蒸箱消毒；⑥需要送出病区处理的物品分类置于黄色污物袋内，袋外要有明显标志。

（五）定期开展隔离教育培训，加强隔离患者的心理护理

①定期对医务人员开展隔离与防护基本知识和技术的培训，为其提供合适、必要的防护用品，使其正确掌握常见传染病的传播途径、隔离方式和防护技术，熟练掌握隔离操作规程；同时，开展对患者及探陪人员的隔离知识教育，使其能主动协助、执行隔离管理。②了解患者的心理情况，向患者及家属解释隔离的重要性及暂时性，合理安排探视时间，以取得合作。在执行隔离措施时，应尽量避免患者产生恐惧、孤独、自卑等心理反应。

（六）掌握解除隔离标准

患者的传染性分泌物经培养3次，结果均为阴性，或确定已度过隔离期，经医生开出医嘱后，方可解除隔离。

（七）实施终末消毒处理

传染病患者出院、转院或死亡后，对病室及所用物品和医疗器械等进行的消毒处理。包括患者的终末处理、病室及物品的终末处理。

患者的终末处理：患者出院或转科前应沐浴，换清洁衣服，个人用物须消毒后才能带离隔

离区。如患者死亡，衣物原则上一律焚烧，尸体须用中效以上消毒剂进行消毒处理，并用浸透消毒液的棉球填塞口、鼻、耳、阴道、肛门等孔道，用一次性尸单包裹后装入尸袋内密封，尸袋上应注明"传染"标识，再送太平间并火葬。

病室及物品的终末处理：关闭病室门窗、打开床旁桌、摊开棉被、竖起床垫，用消毒液熏蒸或用紫外线照射；打开门窗，用消毒液擦拭家具、地面；体温计用消毒液浸泡，血压计及听诊器放熏蒸箱消毒；被服类消毒处理后再清洗。

三、医院建筑布局与隔离要求

根据患者获得感染危险性的程度，将医院分为4个区域：①低危险区域：包括行政管理区、教学区、图书馆、生活服务区等；②中等危险区域：包括普通门诊、普通病房等；③高危险区域：包括感染疾病科室（门诊、病房）等；④极高危险区域：包括手术室、重症监护病房、器官移植病房等。

隔离要求：同一等级分区的科室宜相对集中，高危险区的科室宜相对独立，宜与普通病区和生活区分开，远离食堂、水源和其他公共场所；通风系统应区域化，防止区域间空气交叉污染；应配备合适的手卫生设施；应明确服务流程，保证清洁区与污染区分开，防止因人员流动或物品流动导致交叉感染。

（一）呼吸道传染病病区的布局与隔离要求

适用于经呼吸道传播疾病患者的隔离。

1. 建筑布局 呼吸道传染病病区应设在医院相对独立的区域，分为清洁区、潜在污染区和污染区，设立两通道和三区之间的缓冲间。各区域之间宜用感应自控门，缓冲间两侧的门不应同时开启，以减少区域之间的空气流通。经空气传播疾病的隔离病区，应设置负压病室，病室的气压宜为 −30 Pa，缓冲间的气压宜为 −15 Pa。

2. 隔离要求 ①应严格三区管理：各区之间界线清楚，标识明显；病室内应有良好的通风设施；各区应安装适量非手触式开关的流动水洗手池；②患者分室安置：不同种类传染病患者应分室安置，疑似患者应单独安置；受条件限制的医院，同种疾病患者可安置于一室，两病床之间距离不少于 1.1 m；③应严格服务流程，防止因流程交叉导致医院感染。

（二）感染性疾病病区的布局与隔离要求

适用于主要经接触传播疾病患者的隔离。

1. 建筑布局 ①感染性疾病病区应设在医院相对独立的区域，远离儿科病房、重症监护病房和生活区。②设单独入、出口和入、出院处理室。③中小型医院可在建筑物的一端设立感染性疾病病区。

2. 隔离要求 ①应分区明确，标识清楚；②病室应通风良好，自然通风或安装通风设施；③应配备适量非手触式开关的流动水洗手设施；④不同种类感染性疾病患者应分室安置；每间病室不应超过4人，病床间距应不少于 1.1 m。

（三）普通病区、门诊、急诊布局与隔离要求

1. 普通病区的布局与隔离要求

（1）布局：在病区的末端，应设一间或多间隔离病室。

（2）隔离要求：①患者安置：病情较重的患者宜单人间安置；感染性疾病患者与非感染性疾病患者宜分室安置；受条件限制的医院，同种感染性疾病、同种病原体感染患者可安置于一室。②病室设置：病床间距宜大于 0.8 m。

2. 门诊的布局与隔离要求

（1）布局：①普通门诊应单独设立出入口，设置问询、预检分诊、挂号、候诊、诊断、检查、治疗、交费、取药等区域，流程清楚，路径便捷；②儿科门诊应自成一区，出入方便，并

设预检分诊、隔离诊查室等；③感染疾病科门诊应符合国家有关规定。

（2）隔离要求：①普通门诊、儿科门诊、感染疾病科门诊宜分开挂号、候诊；②诊室应通风良好，应配备适量的流动水洗手设施和（或）速干手消毒剂；③建立预检分诊制度，发现传染病患者或疑似传染病患者，应到专用隔离诊室或引导至感染疾病科门诊诊治，对可能污染的区域应及时消毒。

3. 急诊科（室）的布局与隔离要求

（1）布局：①应设单独出入口、预检分诊、诊查室、隔离诊查室、抢救室、治疗室、观察室等；②有条件的医院宜设挂号处、收费处、取药处、化验室、X线检查室、手术室等；③急诊观察室床间距应不小于1.2 m。

（2）隔离要求：①应严格预检分诊制度，及时发现传染病患者及疑似患者，及时采取隔离措施；②各诊室内应配备非手触式开关的流动水洗手设施和（或）速干手消毒剂；③急诊观察室应按病房要求进行管理。

四、隔离的种类与措施

隔离预防在标准预防的基础上，实施两大类隔离：一是基于传染源特点切断疾病传播途径的隔离，二是基于保护易感人群的隔离。

（一）基于切断疾病传播途径的隔离措施

根据中华人民共和国卫生行业标准《医院隔离技术规范》（WS/T 311—2021），感染性病原微生物的传播途径主要有3种：接触传播、空气传播、飞沫传播。一种疾病可能有多种传播途径时，应在标准预防的基础上采取相应传播途径的隔离与预防。

1. 接触传播的隔离与预防 对确诊或疑似感染了经接触传播的疾病如肠道感染、多重耐药菌感染、皮肤感染等患者而采取的隔离与预防措施。在标准预防的基础上，其隔离措施还有以下几种。

（1）隔离病室的隔离标志为蓝色。

（2）患者的隔离：①根据感染疾病类型确定入住单人隔离室，还是同病种感染者同室隔离。②限制患者的活动范围，减少不必要的转运，如需转运，应采取有效措施，减少对其他患者、医务人员和环境表面的污染。③患者接触过的一切物品，如被单、衣物、换药器械等均应先灭菌，然后再进行清洁、消毒、灭菌。被患者污染的敷料应装袋标记后送焚烧处理。

（3）医务人员的防护：①进入隔离室前必须戴好口罩、帽子，从事可能污染工作服的操作时，应穿隔离衣；离开病室前，脱下隔离衣，按要求悬挂，每天更换、清洗与消毒；或使用一次性隔离衣，用后按医疗废物管理要求进行处置。接触甲类传染病（鼠疫、霍乱）患者时应按要求穿脱防护服，脱下的防护服按医疗废物管理要求进行处置。②接触患者的血液、体液、分泌物、排泄物等物质时，应戴手套；离开隔离病室前、接触污染物品后应摘除手套，洗手和（或）手消毒。操作者手上有伤口时应戴双层手套。

2. 空气传播的隔离与预防 对经空气传播的呼吸道传染疾病如肺结核、水痘等患者采取的隔离与预防措施，在标准预防的基础上，还有以下几种。

（1）隔离病室的隔离标志为黄色。

（2）患者的隔离：①安置单间病室，无条件时相同病原体感染患者可同居一室，关闭通向走廊的门窗，尽量使隔离病室远离其他病室或使用负压病房；无条件收治时，尽快转送至有条件收治呼吸道传染病的医疗机构进行收治，并注意转运过程中对医务人员的防护。②当患者病情允许时，应戴外科口罩，定期更换，并限制其活动范围。③患者口鼻分泌物须经严格消毒后再倾倒，患者的专用痰杯要定期消毒，被患者污染的敷料应装袋标记后焚烧或做消毒-清洁-消毒处理。④严格空气消毒。

（3）医务人员的防护：①应严格按照区域流程，在不同的区域，穿戴不同的防护用品，离开时按要求摘脱，并正确处理使用后物品。②进入确诊或可疑传染病患者房间时，应戴帽子、医用防护口罩，并保持口罩清洁、干燥；进行可能产生喷溅的诊疗操作时，应戴防护目镜或防护面罩，穿防护服；当接触患者及其血液、体液、分泌物、排泄物等物质时，应戴手套。

3. 飞沫传播的隔离与预防　对经飞沫传播的疾病，如百日咳、流行性感冒、病毒性腮腺炎、急性传染性非典型肺炎及新型冠状病毒感染等特殊急性呼吸道传染性疾病患者采取的隔离与预防措施，在标准预防的基础上，还有以下几种。

（1）隔离病室的隔离标志为粉色。

（2）患者的隔离：①同空气传播的患者隔离措施前三项。②加强通风或进行空气的消毒。③患者之间、患者与探视者之间应相距1 m以上，探视者应戴外科口罩。

（3）医务人员的防护：①医务人员严格按照区域流程，在不同的区域，穿戴不同的防护用品，离开时按要求摘脱，并正确处理使用后物品。②与患者近距离（1 m以内）接触时，应戴帽子、医用防护口罩；进行可能产生喷溅的诊疗操作时，应戴护目镜或防护面罩，穿防护服；当接触患者及其血液、体液、分泌物、排泄物等物质时，应戴手套。

4. 其他传播途径疾病的隔离与预防　对经生物媒介传播的疾病如鼠、蚤引起的鼠疫等，应根据疾病的特性，采取相应的隔离与防护措施。

（二）基于保护易感人群的隔离措施

保护性隔离（protective isolation）也称反向隔离，是以保护易感人群作为制订措施的主要依据而采取的隔离。适用于抵抗力低或易感染的患者，如大面积烧伤患者、早产儿、白血病患者、脏器移植患者及免疫缺陷患者等。其隔离措施有以下几种。

1. 设专用隔离室　患者应住单间病室进行隔离，室外悬挂明显的隔离标志。室内空气保持正压通风，定时换气；地面、家具等均应每天严格消毒。严格保护性隔离患者需住层流洁净室。

2. 进出隔离室要求　所有进入病室人员应先清洗双手，穿戴灭菌后的隔离衣、帽子、口罩、手套及拖鞋后，方可进入；未经消毒处理的物品不可进入隔离区；接触患者前、后及护理下一位患者前均应洗手，防止患者感染。

3. 污物处理　患者的分泌物、排泄物、引流物及被体液污染的物品，应及时分装密闭，标记后送指定地点。

4. 探陪要求　原则上不予探视，必要时探视者需要进入隔离室，应采取相应隔离措施；凡患呼吸道疾病或咽部带菌者，包括工作人员，均应避免接触患者。

五、隔离技术的基本操作方法

为保护医务人员和患者，避免感染和交叉感染，应加强手卫生，根据情况使用帽子、口罩、手套、鞋套、护目镜、防护面罩、防水围裙、隔离衣、防护服等防护用品。

（一）帽子、口罩的使用

帽子可防止工作人员的头屑飘落、头发散落或被污染，分为一次性帽子和布制帽子。帽子应完全遮住工作人员的头发，保持清洁。进入污染区前，洗手后戴上帽子；离开污染区前，洗手后取下帽子并放入特定污物袋内，以集中处理。

口罩能阻止对人体有害的可见或不可见的物质进入呼吸道，也能防止飞沫污染无菌物品或清洁物品。口罩包括3类：①纱布口罩：能保护呼吸道免受有害粉尘、气溶胶、微生物及灰尘伤害，普通脱脂纱布口罩长18 cm左右，宽14 cm左右，应不少于12层，纱布要求密度适当，经纬纱均不得少于9根。②外科口罩：医务人员在有创操作过程中佩戴外科口罩能阻止血液、体液和飞溅物传播，通常为一次性使用的无纺布口罩，有可弯折鼻夹，多为夹层，外层有防水作用，中间夹层有过滤作用，能阻隔空气中超过90%的直径5 μm以上的颗粒，内层可以吸湿。③医用防护口罩：是能阻止经空气传播的直径≤5 μm 的感染因子或近距离（<1 m）接触经飞沫传播的疾病而发生感染的口罩，要求配有不小于 8.5 cm 的可弯折鼻夹，长方形口罩展开后中心部分尺寸长和宽均不小于 17 cm，密合型拱形口罩纵、横径均不小于 14 cm，口罩滤料的颗粒过滤效率应不小于 95%。

戴口罩时口罩应遮住口鼻部，其边缘与面部紧密贴合，调整到舒适的位置。口罩应始终保持清洁、干燥，潮湿后应立即更换。

【目的】
保护工作人员和患者，防止感染和交叉感染。

【评估】
1. 评估操作环境、洗手及手消毒的设施。
2. 检查帽子、口罩的类型、号码、灭菌/生产日期、有效期及灭菌效果。

【操作前准备】
1. **护士准备** 衣帽整洁、修剪指甲、洗手、戴口罩。
2. **物品准备** 根据需要备合适的帽子、口罩。
3. **环境准备** 清洁、宽敞、明亮、定期消毒。

【操作流程】

操作主线	操作步骤	操作要点
▲ 戴帽子、口罩法		
1. 洗手		● 按六步洗手法揉搓步骤洗手
2. 戴帽子	将帽子遮住全部头发，戴妥	● 帽子大小合适，能遮护全部头发
3. 戴口罩		● 根据用途及佩戴者脸型大小选择口罩，口罩要求干燥、无破损、无污渍
▲ 纱布口罩的佩戴方法	将口罩罩住鼻、口及下巴，口罩下方带系于颈后，上方带系于头顶中部	
▲ 外科口罩的佩戴方法	（1）将口罩罩住鼻、口及下巴，口罩下方带系于颈后，上方带系于头顶中部（图3-11）	● 如系带是耳套式，分别将系带系于左右耳后
	（2）将双手指尖放在鼻夹上，从中间位置开始，用手指向内按压，并逐步向两侧移动，根据鼻梁形状塑造鼻夹	● 不应一手按压鼻夹
	（3）调整系带的松紧度，检查闭合性	● 确保不漏气
▲ 医用防护口罩的佩戴方法（图3-12）	（1）一手托住口罩，有鼻夹的一面背向外	
	（2）将口罩罩住鼻、口及下巴，鼻夹部位向上紧贴面部	
	（3）用另一手将下方系带拉过头顶，放在颈后双耳下	
	（4）将上方系带拉过头顶中部	
	（5）将双手指尖放在金属鼻夹上，从中间位置开始，用手指向内按鼻夹，并分别向两侧移动和按压，根据鼻梁的形状塑造鼻夹	● 不应一手按压鼻夹
	（6）检查：将双手完全盖住口罩，快速呼气，检查密合性，如有漏气应调整鼻夹位置	● 应调整到不漏气为止

续表

操作主线	操作步骤	操作要点
4. 摘口罩	洗手后，先解开下面的系带，再解开上面的系带，用手指捏住系带将口罩取下，丢入医疗垃圾袋内	● 如是一次性帽子、口罩，脱下后放入污物袋；如是布制帽子或纱布口罩，每日更换，清洗消毒 ● 不要接触口罩外侧面（污染面）
5. 脱帽子	洗手后取下帽子	

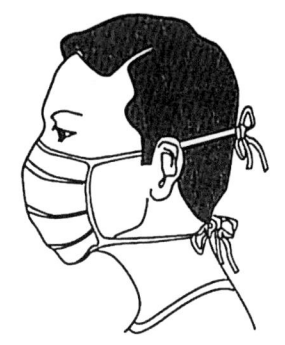

图 3-11　外科口罩的佩戴方法

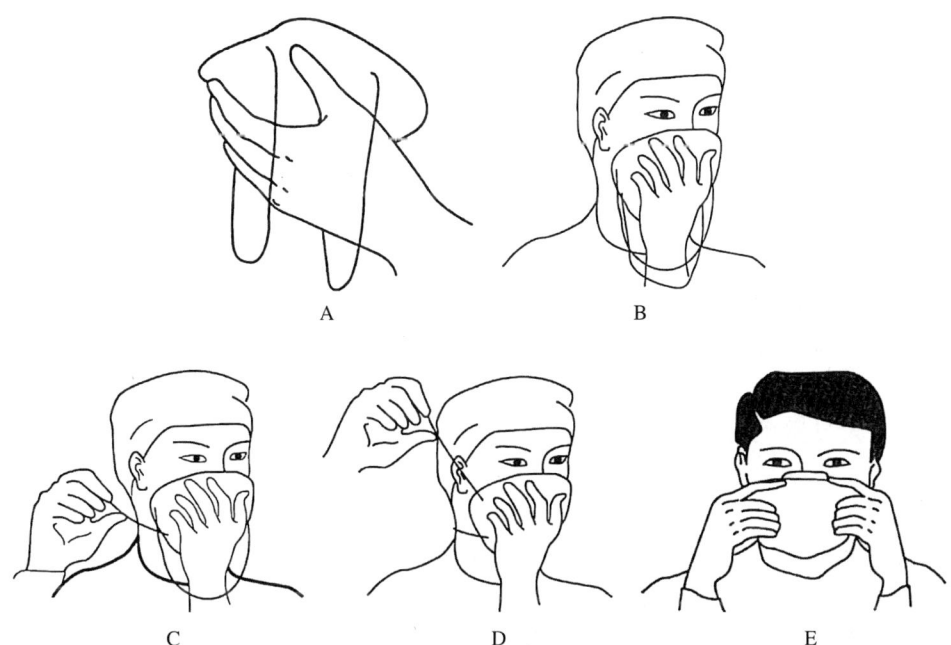

图 3-12　医用防护口罩的佩戴方法

【注意事项】

1. 使用帽子的注意事项 ①进入污染区和洁净环境前、进行无菌操作时应戴帽子；②帽子要大小合适，能遮住全部头发；③被患者血液、体液污染后应及时更换；④一次性帽子应一次性使用后，放入医疗垃圾袋集中处理；⑤布制帽子保持清洁干燥，每次或每天更换与清洁。

2. 使用口罩的注意事项 ①应根据不同的操作要求选用不同种类的口罩：一般诊疗活动，可佩戴纱布口罩或外科口罩；手术室工作或护理免疫功能低下患者、进行体腔穿刺等操作时应戴外科口罩；接触经空气传播或近距离接触经飞沫传播的呼吸道传染病患者时，应戴医用防护口罩。②始终保持口罩的清洁、干燥；口罩潮湿后、受到患者血液或体液污染后，应及时更换。③纱布口罩应每天更换、清洁与消毒，遇污染时及时更换；医用外科口罩只能一次性使用。④正确佩戴口罩，不应只用一手捏鼻夹；戴上口罩后，不可悬于胸前，更不能用污染的手触摸口罩；每次佩戴医用防护口罩进入工作区域前，应进行密合性检查。⑤摘口罩前后应洗手，使用后的一次性口罩应放入医疗垃圾袋内，以便集中处理。

（二）护目镜、防护面罩的使用

护目镜能防止患者的血液、体液等具有感染性的物质溅入人体眼部；防护面罩能防止患者的血液、体液等具有感染性的物质溅到人体面部。

下列情况应使用护目镜或防护面罩：①在进行诊疗、护理操作，可能发生患者血液、体液、分泌物等喷溅时；②近距离接触经飞沫传播的传染病患者时；③为呼吸道传染病患者进行气管切开、气管插管等近距离操作，可能发生患者血液、体液、分泌物喷溅时，应使用全面型防护面罩。

戴护目镜、防护面罩前应检查有无破损，佩戴装置有无松脱；佩戴后应调节舒适度。摘护目镜、防护面罩时应捏住靠头或耳朵的一侧摘掉，放入医疗垃圾袋内，如需重复使用，放入回收容器内，以便清洁、消毒。

（三）穿、脱隔离衣

隔离衣是用于保护医务人员避免受到血液、体液和其他感染性物质污染，或用于保护患者避免受到感染的防护用品，分为一次性隔离衣和布制隔离衣。一次性隔离衣通常用无纺布制作，由帽子、上衣和裤子组成，可分为连身式、分身式两种。通常根据患者的病情、目前采取的隔离种类和隔离措施，确定是否穿隔离衣，并选择其型号。

下列情况应穿隔离衣：①接触经接触传播的感染性疾病患者，如传染病患者、多重耐药菌感染患者时；②对患者实行保护性隔离时，如诊疗、护理大面积烧伤、骨髓移植等患者时；③可能受到患者血液、体液、分泌物、排泄物喷溅时。

【目的】

保护医务人员避免受到血液、体液和其他感染性物质污染，或用于保护患者避免受到感染。

【评估】

1. 评估患者病情、采取的隔离种类及隔离措施。
2. 评估本次进入患者隔离单位的目的和需要的用物。
3. 评估操作环境、洗手及手消毒的设施。

【操作前准备】

1. 护士准备 衣帽整洁；修剪指甲、取下手表；卷袖过肘、洗手、戴口罩。

2. 用物准备 隔离衣1件，挂衣架，手消毒用物。

3. 环境准备 清洁、宽敞、明亮。

第三章 医院感染的预防与控制

【操作流程】

操作主线	操作步骤	操作要点
▲ 穿隔离衣		
1. 评估	患者的病情、治疗与护理、隔离的种类及措施、穿隔离衣的环境	● 根据隔离种类确定是否穿隔离衣
2. 取衣	查对隔离衣,取衣后手持衣领,衣领两端向外折齐,对齐肩缝	● 选择隔离衣型号,应能遮住全部衣服和外露的皮肤;查对隔离衣是否干燥、完好,是否被穿过 ● 如隔离衣已被穿过,隔离衣的衣领和内面视为清洁面,外面视为污染面。取衣时手持衣领(图3-13),使清洁面朝向自己,露出肩袖内口(图3-14)
3. 穿袖	一手持衣领,另一手伸入一侧袖内,持衣领的手向上拉衣领,将衣袖穿好(图3-15);换手持衣领,依上法穿好另一衣袖(图3-16)	
4. 系领	两手持衣领,由衣领中央顺着边缘由前向后系好衣领(图3-17)	● 系衣领时袖口不可触及衣领、面部和帽子
5. 系袖口	扣好袖口或系上袖带(图3-18)	● 带松紧的袖口则不需系袖口
6. 系腰带	将隔离衣一边(约在腰下5 cm处)逐渐向前拉,见到衣边捏住(图3-19),同法捏住另一侧衣边(图3-20)。两手在背后将衣边边缘对齐(图3-21),向一侧折叠(图3-22),一手按住折叠处,另一手将腰带拉至背后折叠处,腰带在背后交叉,回到前面打一活结系好(图3-23)	● 后侧边缘须对齐,折叠处不能松散 ● 如隔离衣被穿过,手不可触及隔离衣的内面 ● 隔离衣后侧下部边缘如有衣扣,则扣上 ● 穿好隔离衣后,双臂保持在腰部以上,视线范围内;不得进入清洁区,避免接触清洁物品
▲脱隔离衣		
1. 解腰带	解开腰带,在前面打一活结(图3-24)	● 明确脱隔离衣的区域划分 ● 如隔离衣后侧下部边缘有衣扣,则先解开
2. 解袖口	解开袖口,将衣袖上拉,在肘部将部分衣袖塞入工作衣袖内(图3-25),充分暴露双手	● 不可使衣袖外侧塞入袖内
3. 消毒双手		● 不能沾湿隔离衣
4. 解衣领	解开领带(或领扣)(图3-26)	● 保持衣领清洁
5. 脱衣袖	双手持带将隔离衣从胸前向下拉,两手分别捏住对侧衣领内侧清洁面下拉脱去袖子	● 衣袖不可污染手及手臂 ● 双手不可触及隔离衣外面 ● 如还需使用,一手伸入另一袖口内(图3-27),拉下衣袖过手(遮住手),再用衣袖遮住的手在外面握住另一衣袖的外面并拉下袖子(图3-28),两手在袖内使袖子对齐,双臂逐渐退出(图3-29)

续表

操作主线	操作步骤	操作要点
6. 处理	将隔离衣污染面向内，衣领及衣边卷至中央，将一次性隔离衣投入医疗垃圾袋中（图3-30）。如为需换洗的布制隔离衣，放入污衣回收袋内清洗消毒后备用	● 如隔离衣还可使用，双手持领，将隔离衣两边对齐，挂在衣钩上；如挂在半污染区，清洁面向外；如挂在污染区，则污染面向外

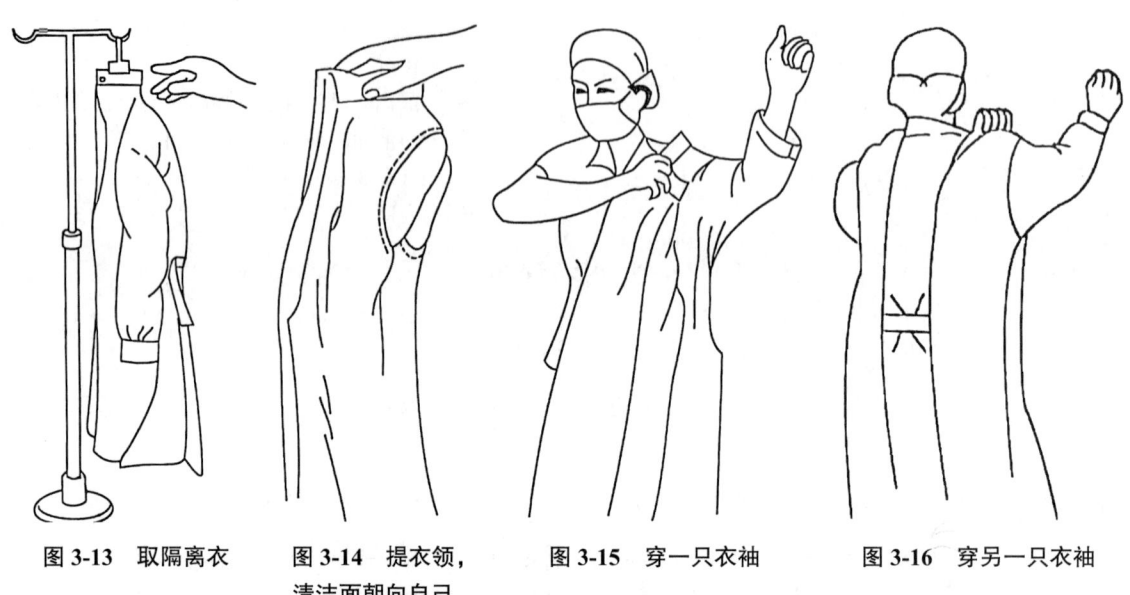

图3-13　取隔离衣　　图3-14　提衣领，清洁面朝向自己，露出肩袖内口　　图3-15　穿一只衣袖　　图3-16　穿另一只衣袖

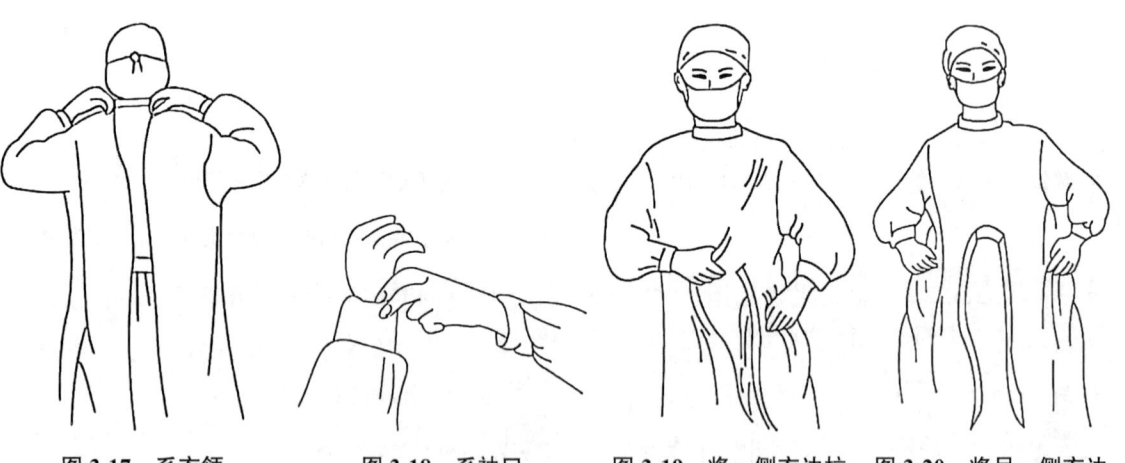

图3-17　系衣领　　图3-18　系袖口　　图3-19　将一侧衣边拉到前面　　图3-20　将另一侧衣边拉到前面

图 3-21　将两侧衣边在背后对齐　　图 3-22　将对齐的衣边向一侧折叠　　图 3-23　系腰带　　图 3-24　解开腰带在前面打一活结

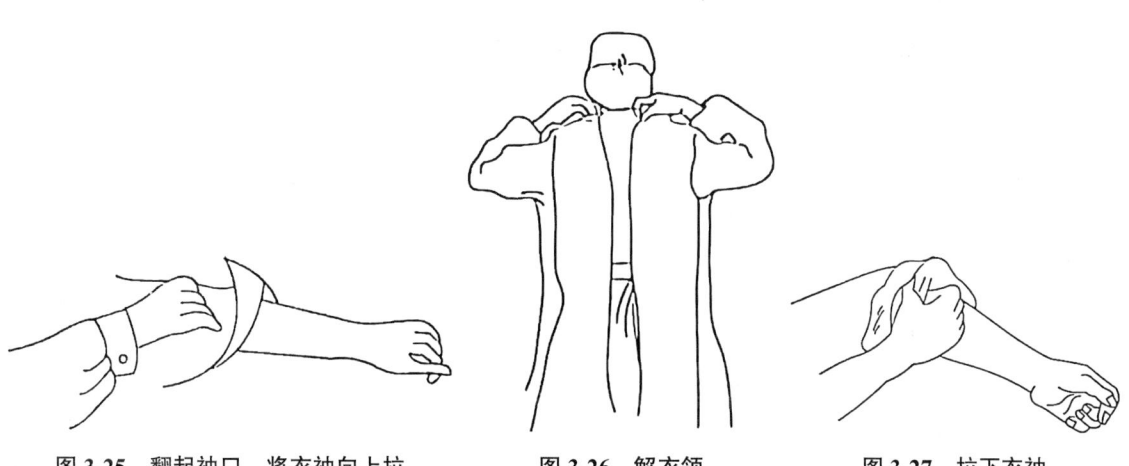

图 3-25　翻起袖口，将衣袖向上拉　　图 3-26　解衣领　　图 3-27　拉下衣袖

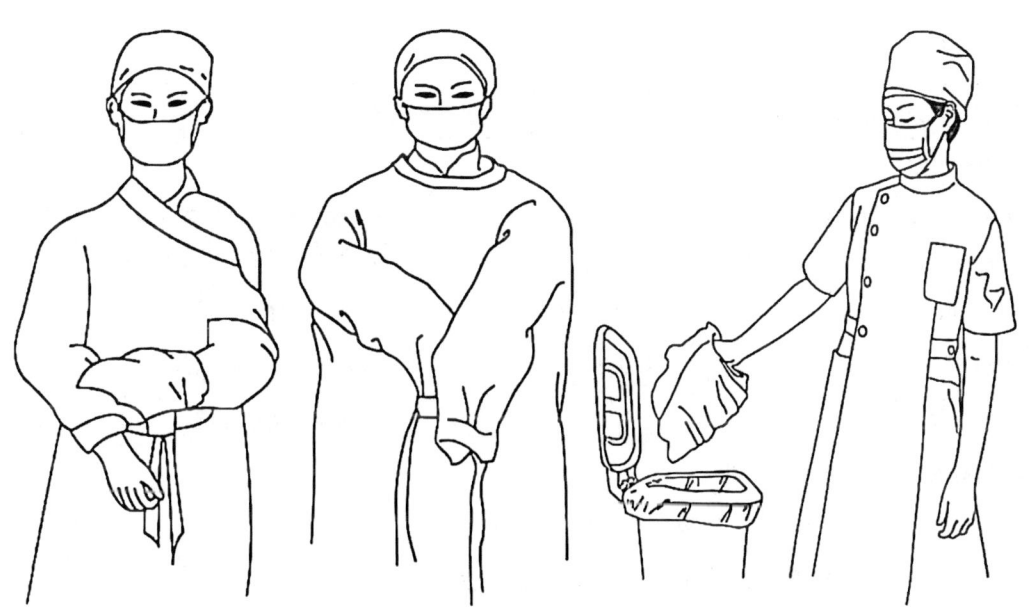

图 3-28　一手在袖口内拉另一衣袖的污染面　　图 3-29　双袖对齐，双肩逐渐退出隔离衣　　图 3-30　将一次性隔离衣投入医疗垃圾袋中

【注意事项】

1. 隔离衣只能在规定区域内穿脱，穿前检查有无潮湿、破损，长短须能全部遮盖工作服。
2. 隔离衣须每日更换，如有潮湿或污染，应立即更换。接触不同病种患者时应更换隔离衣。
3. 穿脱隔离衣过程中，避免污染衣领、面部、帽子和清洁面，始终保持衣领清洁。
4. 穿好隔离衣后，双臂保持在腰部以上，视线范围内；不得进入清洁区，避免接触清洁物品。
5. 消毒手时不能沾湿隔离衣，隔离衣也不可触及其他物品。
6. 脱下的隔离衣还需使用时，如挂在半污染区，清洁面向外；如挂在污染区，则污染面向外。

（四）穿、脱防护服

防护服是临床医务人员在接触甲类或按甲类传染病管理的传染病患者时所穿的一次性防护用品。防护服应具有良好的防水、抗静电和过滤效率，无皮肤刺激性，穿脱方便，结合部严密，袖口、脚踝口应为弹性收口。防护服分连体式和分体式两种。

下列情况应穿防护服：①临床医务人员在接触甲类或按甲类传染病管理的传染病患者时；②接触经空气传播或飞沫传播的传染病患者，可能受到患者血液、体液、分泌物、排泄物喷溅时。

【目的】

保护医务人员和患者，避免感染和交叉感染。

【评估】

1. 评估患者病情、采取的隔离种类及隔离措施。
2. 评估本次进入患者隔离单位的目的和需要的用物。
3. 评估操作环境、洗手及手消毒的设施。

【操作前准备】

1. **护士准备** 衣帽整洁，修剪指甲，取下手表，卷袖过肘，洗手。
2. **用物准备** 防护服1件，手消毒用物。
3. **环境准备** 清洁、宽敞、明亮。

【操作流程】

操作主线	操作步骤	操作要点
▲ 穿脱防护服		
1. 取衣	查对防护服	● 查对防护服是否干燥、完好、大小是否合适，是否被穿过；确定内面和外面
2. 穿防护服	穿下衣→穿上衣→戴帽子→拉拉链	● 无论连体式还是分体式都遵循本顺序
3. 脱防护服		● 勿使衣袖触及面部
		● 脱防护服前先洗手
▲ 脱分体防护服	（1）拉开拉链	
	（2）脱帽子：上提帽子，使帽子脱离头部	
	（3）脱上衣：先脱袖子，再脱上衣，将污染面向内放入医疗垃圾袋内	
	（4）脱下衣：由上向下边脱边卷，污染面向内，脱下后置于医疗垃圾袋内	● 脱防护服后洗手

续表

操作主线	操作步骤	操作要点
▲脱连体防护服	（1）拉开拉链：将拉链拉到底	
	（2）脱帽子：上提帽子，使帽子脱离头部	
	（3）脱衣服：先脱袖子，再由上向下边脱边卷，污染面向内，全部脱下后卷成包裹状，置于医疗垃圾袋内	● 脱防护服后洗手

【注意事项】

1. 防护服只能在规定区域内穿脱，穿前检查有无潮湿、破损，长短是否合适。
2. 接触多个同类传染病患者时，防护服可连续使用；接触疑似患者时，防护服应每次更换。
3. 防护服如有潮湿、破损或污染，应立即更换。

（五）鞋套、防水围裙的使用

鞋套应具有良好的防水性能，并一次性使用。从潜在污染区进入污染区时和从缓冲间进入负压病室时应穿鞋套。应在规定区域内穿鞋套，离开该区域时应及时脱掉鞋套并放入医疗垃圾袋内；发现鞋套破损应及时更换。

防水围裙主要用于可能受到患者的血液、体液、分泌物及其他污染物喷溅、进行复用医疗器械的清洗时。分为两种：①重复使用的围裙，每班使用后应及时清洗与消毒；遇有破损或渗透时，应及时更换。②一次性使用的围裙，应一次性使用，受到明显污染时应及时更换。

> **知识链接**
>
> **常见多重耐药菌感染患者的隔离**
>
> 耐甲氧西林金黄色葡萄球菌（MRSA）、耐万古霉素金黄色葡萄球菌（VRSA）是全球性引起医院内感染的重要致病菌之一，其耐药特点是耐受临床上广泛应用的多种抗生素，呈现多重耐药，给临床治疗带来了一定困难。因此，发现耐药菌感染患者时，应及时采取有效的隔离措施，并积极治疗。
>
> 主要的隔离措施：①将患者安置在单间或同种病原同室隔离；②减少人员出入隔离室，尤其是VRSA感染患者，严格限制人员进出隔离室；③医务人员加强手卫生和个人防护，近距离操作如吸痰、插管等需戴防护镜；④可能污染工作服时穿隔离衣，护理VRSA感染患者时应穿一次性隔离衣；⑤加强隔离室物品的消毒处理，如为MRSA或其他多重耐药菌感染，仪器设备用后应清洁、消毒和（或）灭菌，每天定期擦拭、消毒物体表面，并进行床单位消毒，而VRSA感染者使用的仪器设备要求专用，用后清洁、灭菌；⑥标本需用密闭容器运送；⑦VRSA感染患者的生活物品经清洁、消毒后方可带出；⑧医疗废物应用防渗漏密闭容器运送，利器放入利器盒，而VRSA感染者的医疗废物需用双层防渗漏医疗垃圾袋密闭运送。

知识链接

特殊急性呼吸道传染性疾病的隔离

特殊急性呼吸道传染性疾病，主要是指急性传染性非典型肺炎（SARS）、人感染高致病性禽流感、甲型 H1N1 流感等，这些均属于我国传染病分类中需严格管理的乙类传染病，但是由于人群普遍易感，且对人体健康造成的威胁明显，通常采取甲类传染病的隔离措施。

1. 将患者安置于有效通风的隔离病区或隔离区域内，必要时安置于负压隔离病区。
2. 严格限制探视者，如需探视，探视者应正确穿戴个人防护用品，并遵守手卫生规定。
3. 减少转运，需要转运时应注意医务人员防护；限制患者活动范围，离开隔离病区或隔离区域时，患者应戴外科口罩。
4. 进入隔离区工作的医务人员应经过专门培训，掌握正确的防护技术；同时每日监测体温两次，如体温超过 37.5℃，及时就诊。
5. 医务人员应严格执行区域划分的流程，按程序做好个人防护，严格按防护规定着装，方可进入病区。不同区域应穿不同服装，且服装颜色应有区别或有明显标志。

（1）穿戴防护用品应遵循的程序：①清洁区进入潜在污染区：洗手、戴帽子，戴医用防护口罩，穿工作衣裤，换工作鞋，进入潜在污染区。手部皮肤破损者戴乳胶手套。②潜在污染区进入污染区：穿隔离衣或防护服，戴护目镜/防护面罩，戴手套，穿鞋套，进入污染区。③对患者进行吸痰、气管切开、气管插管等操作，及可能被患者的分泌物及体内物质喷溅的诊疗护理工作前，应戴防护面罩或全面型呼吸防护器。

（2）脱防护用品应遵循的程序：①医务人员离开污染区进入潜在污染区前：摘手套，消毒双手，摘护目镜/防护面罩，脱隔离衣或防护服，脱鞋套，洗手和（或）手消毒，进入潜在污染区，洗手或手消毒，用后物品分别放置于专用污物容器内；②从潜在污染区进入清洁区前：洗手和（或）手消毒，脱工作服，摘医用防护口罩，摘帽子，洗手和（或）手消毒后，进入清洁区；③离开清洁区：沐浴、更衣，离开清洁区。

小 结

综上所述，医院感染是伴随着医院的建立和发展而产生和变化的，医院感染的发生，不仅影响患者的安全，也威胁着医务人员的健康，同时还给个人、家庭和社会带来了严重的负担，成为各级医疗机构普遍关注的公共卫生问题。医院感染的发生率是评价医疗护理质量和医院管理水平的一个重要指标，医院感染的预防和控制是医院及其所有工作人员的共同责任，是保证医疗护理质量和医疗护理安全的重要内容。消毒灭菌、手卫生、无菌技术、隔离技术、合理使用抗生素和消毒灭菌效果的监测是目前预防与控制医院感染的关键措施，这些措施与护理工作密切相关。因此，落实预防和控制医院感染的各项措施、标准和规范，加强医院感染管理中的护理管理，具有十分重要的意义。

第三章 医院感染的预防与控制

思考题

一、单项选择题

1. 关于手术器械的灭菌效果检测，下列不正确的是
   A. 物理监测不合格不得发放
   B. 包内化学指示物不合格不得使用，应分析原因并改进
   C. 包内化学指示物不合格不得发放
   D. 生物监测不合格时，需启动召回流程，并分析整改
   E. 手术植入物应每批次进行生物监测，合格方可使用；在紧急情况下，第五类化学指示物合格时，可以提前放行

2. 关于医务人员手卫生依从性的监测，下述不正确的是
   A. 用手卫生依从率表示
   B. 用于监测医务人员手卫生实际执行程度
   C. 采用直接观察法监测
   D. 随机选择监测对象
   E. 可以提高手卫生的准确率

3. 护士小张要协助医生为患者进行眼部手术，她要遵循的无菌操作原则以下不正确的是
   A. 无菌物品与非无菌物品分别放置
   B. 取无菌物品必须用无菌持物钳
   C. 无菌包外标明物品名称、灭菌日期
   D. 怀疑被污染时不可使用
   E. 一套无菌物品未用完，可以给其他患者使用

4. 患者，女，45岁，炼钢工人，工作中不慎被烧伤，烧伤面积达70%，应采取的隔离措施是
   A. 严密隔离   B. 呼吸道隔离
   C. 消化道隔离   D. 保护性隔离
   E. 接触性隔离

（以下病例为5~6题共用）
某医院内科病房，乙肝阳性的患者死亡后，应对该病房环境及病床单位进行终末处理。

5. 地面、物体表面、空气及物品的清洁消毒方法，不正确的表述为
   A. 湿式卫生，可采用清洁剂辅助清洁
   B. 地面、桌面、物体表面可实施低、中、高水平消毒
   C. 当受到患者体液、血液、排泄物、分泌物等污染时，先采用可吸附性的材料去除肉眼可见的污染物，再清洁和消毒
   D. 当受到患者体液、血液、排泄物、分泌物等污染时，应对污染物先消毒后清洁
   E. 空气可采用紫外线灯消毒，达到Ⅳ类环境空气菌落数的要求

6. 该患者使用后的床垫，下列清洁消毒方法不正确的是
   A. 清水清洁，使用后的清洁擦布立即更换，并丢弃或消毒处理
   B. 有条件的医院，可在初步清洁后，采用床垫消毒器进行湿热消毒

C. 清洁后，采用复方季铵盐双面彻底擦拭消毒

D. 清洁后，使用臭氧床垫消毒机消毒

E. 清洁后，使用紫外线灯双面各照射45 min消毒

（以下病例为7~8题共用）

患儿，女，6岁，因"咽干、咳嗽、发热2天"到医院发热门诊就诊，首先经核酸检测发现异常，复查核酸阳性，结合实验室及影像学检查，专家诊断为新冠病毒感染普通型，遂收治到该院隔离病房进行隔离治疗。

7. 针对该患儿，采用的隔离措施错误的是

  A. 住单人病室，门窗关闭 B. 隔离病室使用负压病房

  C. 接触患儿需戴帽子、医用防护口罩 D. 患儿使用的痰杯先清洁再消毒

  E. 为患儿进行口腔护理时戴手套

8. 该患儿入住的隔离病房，隔离区域的划分，属于潜在污染区的区域为

  A. 病室 B. 储物间

  C. 内走廊 D. 入院处理室

  E. 医务人员值班室

二、案例分析题

1. 某医院重症医学科，短期内连续有4位患者出现发热、咳嗽、咳痰等现象，听诊有湿啰音，影像学显示肺纹理增粗，痰细菌培养均为鲍曼不动杆菌，请回答：

（1）此类现象是否可判断为医院感染暴发？

（2）发生的可能相关原因有哪些？

2. 张先生，45岁，近2周来自觉乏力、食欲减退、间断咳白黏痰，伴有午后低热、夜间盗汗。门诊拟诊断为"肺结核"收住入院。查体：面色苍白，呼吸急促，肺部可闻及细湿啰音。胸部X线检查示"两侧肺野密布粟粒状阴影，急性粟粒性肺结核？"治疗期间，根据患者病情给予输血治疗。患者出院2个月后出现食欲下降，厌油腻，巩膜黄染，诊断为"丙型肝炎"。

请回答：

（1）对此患者入院时应采取何种隔离类型？

（2）医务人员应该告诉该患者采取哪些隔离措施？

（3）医务人员在诊疗和护理该患者时，应采取哪些防护措施？

（陈爱琴 高 敏）

第四章 入院与出院患者的护理

导学目标

本章数字资源

通过本章内容的学习，学生应能够：

◆ **基本目标**

1. 解释入院护理、出院护理、延续性护理、人体力学与职业性肌肉骨骼疾患的概念。
2. 陈述患者入院和出院护理的主要内容、临床护理工作中保证患者平衡与稳定的措施、职业性肌肉骨骼疾患的预防措施。
3. 应用正确的措施运送患者，协助患者安置合适体位、变换卧位；为患者准备恰当的床单位；运用人体力学原理，减轻护士临床护理工作中的压力，提高工作效率，同时增进患者的舒适，促进其康复。

◆ **发展目标**

1. 综合运用人体力学原理与人体工程学，解决临床护理工作中常见的护士职业损伤问题。
2. 为患者提供出入院护理、解决患者的健康问题时，体现对患者的关爱与尊重。

案例 4-1

患者，女，70岁。反复咳嗽、咳痰约8年。近日因咳嗽、咳痰、气促加重并出现神志模糊而入院，诊断为慢性阻塞性肺疾病急性发作。经抗感染、化痰、平喘及"气管插管＋呼吸机辅助通气"治疗后病情好转。医生开具出院医嘱。

请回答：

1. 患者入院护理内容包括哪些？
2. 患者住院时宜采用哪些卧位？
3. 护士需用平车运送患者前往CT室行胸部CT检查，应如何运送患者？
4. 患者出院当日，对患者的出院指导应包括什么内容？
5. 患者出院后的床单位应如何处理？
6. 护士在工作中可运用哪些力学原理提高工作效率？

门诊或急诊患者经医生诊查、确定需住院治疗时，需要办理入院手续。护士应掌握患者入院护理的一般程序，按照整体护理的要求，给予有针对性的护理措施，使患者尽快适应医院环境，密切配合医疗护理活动。通过医务人员的治疗和护理活动，患者病情好转，康复出院时，护士应运用患者出院护理的一般程序，协助患者办理出院手续，同时指导患者出院后如何巩固治疗效果。

第一节　入院患者的护理

患者在门诊或急诊就诊，经医生初步诊断确定需要进一步住院检查或治疗，由医生签发住院证后，护士对患者所进行的一系列护理工作，即为入院护理。入院护理的目的：①协助患者了解和熟悉环境，使患者尽快适应医院生活，消除紧张、焦虑等不良情绪；②满足患者的各种合理需求，以调动患者配合治疗护理的积极性；③做好健康教育，满足患者对疾病知识的需求。

一、入院程序

入院程序是指门诊或急诊患者根据医生签发的住院证，自办理入院手续起至进入病区的全过程，具体见图4-1。

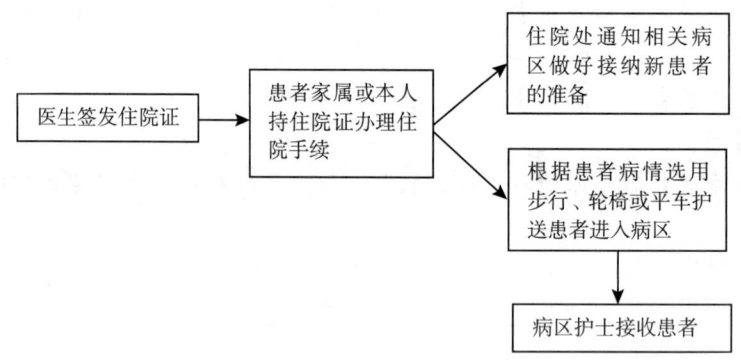

图 4-1　入院程序

二、患者进入病区的初步护理

（一）门诊患者的入院护理

1. 准备床单位　病区护士接到通知后，应立即根据患者病情的需要准备床单位，将备用床改为暂空床，根据情况可酌情添加一次性中单等。如为传染病患者，应安置在隔离病室。

2. 迎接新患者　护士应以亲切的语言接待患者，迎接新患者至指定的病室床位，妥善安置；协助患者佩戴腕带标识，进行自我介绍，说明护士的工作内容及职责；将患者介绍给同病室的其他患者。消除患者的不安情绪，增强患者的安全感和对护士的信任。

3. 测量并记录　测量患者生命体征（体温、脉搏、呼吸、血压）、体重，必要时测量身高并记录。

4. 通知医生　通知主管医师诊查患者，必要时协助体检或治疗。

5. 建立病历　住院病历按下列顺序排列：体温单、医嘱单、入院记录、病程记录、手术相关记录、病重（病危）患者护理记录、出院记录或死亡记录、患者签署的各种知情同意单、会诊记录、病危（重）通知书、各种检查、检验报告单。

6. 填写住院病历和有关护理表格　①填写住院病历眉栏及有关表格；②填写入院时间；

③把首次患者生命体征（体温、脉搏、呼吸、血压）、体重及身高值记录于体温单上；④填写入院登记本、诊断小卡（挂于患者住院一览表上）和床尾卡（插入病床尾栏内）等。

7. 做好介绍与指导 如患者病情允许，介绍病区环境、有关规章制度、床单位及其设备的使用方法，指导常规标本（如粪便、尿液、痰液）留取方法及注意事项；耐心听取并解答患者的咨询。

8. 观察及护理 观察病情，按医嘱处理有关事项，协助治疗或抢救，通知营养室准备膳食，按"分级护理"进行护理。

9. 入院护理评估 对患者健康状况进行评估，了解患者的基本情况、健康问题以及身心需要，填写入院护理评估单，并拟订初步的护理计划。

（二）急诊患者的入院护理

病区接收的急诊患者多从急诊室直接送入或由急诊室经手术室手术后转入，病区护士接到通知后应首先通知医生做好抢救准备，根据患者情况做好护理工作。

1. 准备床单位 护士应立即备好床单位，并在床上加铺一次性中单，对于急诊手术患者应准备好麻醉床。危重患者安置在危重病室或抢救室。

2. 备好急救物品及药品 根据患者的情况准备相应的急救物品，如氧气、吸引器、输液器具、心电监测设备、抢救车等。

3. 配合抢救 患者入病室后，护士应积极配合医生进行抢救，并密切观察病情变化，做好护理记录。在医生到来前，护士应根据病情做出初步判断，给予紧急处理，如吸氧、吸痰、连接心电监测设备、开放静脉通道等。

4. 暂留陪送人员 不能正确叙述病情和需求的患者，如语言障碍、听力障碍、意识不清的患者或婴幼儿等，须暂留陪送人员，以便询问病情等有关情况。

三、患者床单位的构成

患者床单位是指在住院期间医疗机构提供给患者使用的家具和设备，是患者休息、睡眠、饮食、排泄、活动与治疗的最基本的生活单位，包括床、床上用品（床垫、床褥、枕芯、棉胎或毛毯、床罩、被套、枕套等，必要时加一次性中单）、床旁桌椅、过床桌等。另外还包括床旁的供氧、负压吸引、照明等管道设施。对床单位管理应以患者的舒适、安全，并有利于治疗、护理和康复为目的。

四、铺床法与更换床单法

铺床是为了保持床单位整齐，满足患者休息的需要。铺好的病床应舒适、安全、平整、实用、耐用。常用的铺床法有铺备用床法、铺暂空床法、铺麻醉床法、卧床患者更换床单法。

（一）铺备用床法

【目的】

保持病室整洁、美观，准备接收新患者。

【评估】

1. 评估病房内有无患者正在进行治疗或进餐。
2. 评估病床及床上用物是否完好，被子是否适合季节需要。

【操作前准备】

1. 护士准备 洗手、戴口罩，必要时戴一次性手套。

2. 物品准备

（1）治疗车上层：床罩、被套、毛毯或棉胎、枕套与枕芯、手消毒液。

（2）治疗车下层：床刷及床刷套（消毒液浸泡后）、弯盘。

3. 环境准备 病室内无患者进行治疗或进餐。

【操作流程】

操作主线	操作步骤	操作要点
1. 检查	推治疗车携用物至床旁，检查床单位的整体情况、床褥、床垫、床的轮子，以及床旁设备和病室情况	• 保证安全
2. 铺床罩	（1）将床罩横、纵中线分别对齐床面中线，放于床褥上，依次打开	
	（2）铺近侧床头角：一手托起床垫一角，一手伸过床头中线，将床罩折入床垫下	• 护士两脚分开，稍屈膝，减少来回走动
	（3）移至床尾，同法铺床尾角	
	（4）移至床中间处，拉床罩中部塞于床垫下	
	（5）转至床对侧，同法铺对侧床罩	• 床罩平紧 • 床罩中线与床褥中线对齐
3. 套被套（或毛毯）	（1）取被套平铺于床褥上	
	（2）被套尾部开口端的上层打开至1/3处	
	（3）将"S"形折叠的棉胎由开口处放入，使棉胎底边与被套开口端平齐	• 被套无虚边
	（4）展开棉胎，两角与被套角平齐	
	（5）向床尾展开棉胎平铺于被套内	
	（6）拉平盖被，折被筒：盖被两侧平齐床缘内折，尾端平齐床尾内折	• 被套平整、充实 • 被筒两侧与床褥平齐 • 被套、被筒中线与床的中线对齐
4. 套枕套	将枕套套于枕芯外，横放于床头盖被上	• 枕套开口端背门 • 枕套角、线吻合，平整、充实
5. 整理、洗手	移回床旁桌、床旁椅，整理用物后洗手	

【注意事项】
1. 病室内有患者进餐或做治疗时应停止铺床。
2. 操作中要应用人体力学，符合节力原则。
3. 床褥及床垫有破损时要及时更换。
4. 床罩中线与床褥中线对齐，外观应平、整、紧、中线直、无皱褶。
5. 被套无虚边，被筒两侧与床褥平齐，被套、被筒中线与床的中线对齐。

（二）铺暂空床法

【目的】

保持病室的整洁，供新入院的患者或暂离床活动的患者使用。

【评估】

评估患者是否暂时离床或外出检查。

【操作前准备】

1. 患者准备 了解操作目的。

2. 护士准备 洗手、戴口罩，必要时戴一次性手套。
3. 物品准备 床刷及床刷套（消毒液浸泡后）、手消毒液。
4. 环境准备 病室内无患者进行治疗或进餐。

【操作流程】

操作主线	操作步骤	操作要点
1. 检查	推治疗车携用物至床旁，检查床单位的整体情况、床褥、床垫、床的轮子，以及床旁设备和病室情况	● 保证安全
2. 整理盖被	将盖被上段扇形三折或四折于床尾（图4-2）	● 按照需要更换清洁被套、床罩、一次性中单
3. 洗手		

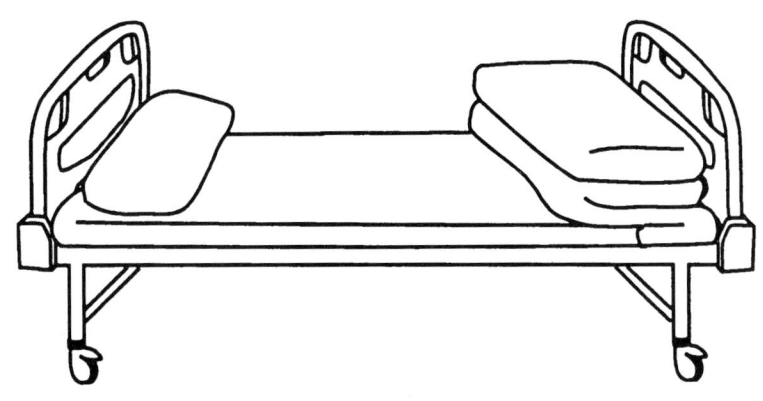

图 4-2 暂空床

【注意事项】
注意观察暂离床活动的患者的病情变化，保证患者安全。
【健康教育】
指导患者上下床的方法。

（三）铺麻醉床法
【目的】
1. 便于接收和护理麻醉手术后的患者。
2. 保护被褥不被血液或呕吐物污染。
3. 使患者安全、舒适及预防并发症。
【评估】
评估患者的手术和麻醉方式、术后需要的抢救或治疗物品。
【操作前准备】
1. 护士准备 洗手、戴口罩，必要时戴一次性手套。
2. 物品准备 用物同备用床，另加一次性中单。必要时准备心电监护仪、吸引器、吸痰管、氧气装置、胃肠减压器。
3. 环境准备 病室内无患者进行治疗或进餐。

【操作流程】

操作主线	操作步骤	操作要点
1. 检查	推治疗车携用物至床旁，检查床单位的整体情况、床褥、床垫、床的轮子，以及床旁设备和病室情况	• 保证安全
2. 铺床罩	移开床旁桌 20 cm，移床旁椅距床尾 15 cm，调整床褥，扫床，取床罩，按顺序由床头到床尾，由近侧到对侧，依次套好床罩	• 床罩平紧
3. 铺中单	将一次性中单距床头 45~50 cm 铺好。若需要在床头或床尾铺中单，中单的上、下端齐床头或床尾，另一端压在中部中单下，一同塞于床垫下	• 根据患者麻醉方式和手术部位铺一次性中单。腹部手术铺在床中部，下肢手术铺在床尾 • 一次性中单平紧
4. 套被套	同铺备用床法，将盖被折叠成被筒，尾端向内反折与床尾平齐，盖被纵向折叠于一侧床边，开口处向门（图 4-3）	• 便于将患者由手术车移至床上
5. 套枕套	枕套套于枕芯上，枕头横立于床头，开口侧背门	• 根据患者麻醉方式和术后恢复情况，有的患者需要去枕平卧
6. 归位、整理、洗手	移回床旁桌、床旁椅，放置手术后所需物品，洗手	• 将更换的被单、被套放于指定位置

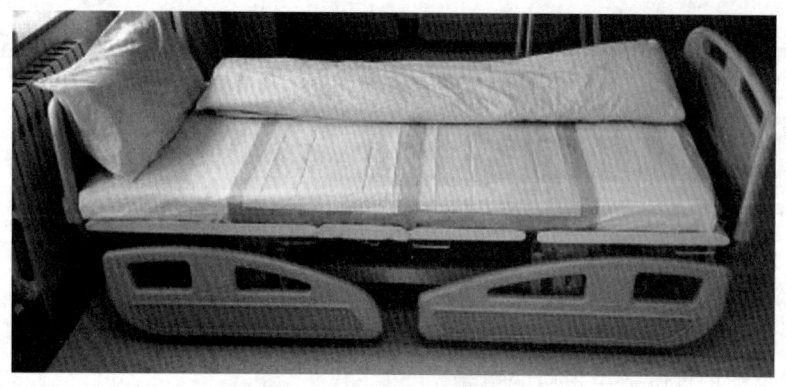

图 4-3　麻醉床

【注意事项】
1. 床罩中线、床褥中线、中单中线对齐。
2. 铺好的床罩外观应平、整、紧，中线直，无皱褶。
3. 铺麻醉床时应更换洁净的床罩，保证术后患者舒适，避免感染发生。

【健康教育】
向陪伴家属说明患者去枕平卧的目的、方法及注意事项。

（四）卧床患者更换床单法

【目的】
1. 为卧床患者更换清洁床单，保持病床平整。
2. 促进患者舒适，预防压力性损伤等并发症的发生。
3. 保持病室整洁美观。

【评估】

评估患者的病情、有无特殊治疗或活动限制、心理反应及合作程度。

【操作前准备】

1. 护士准备　洗净双手，戴口罩，着装整齐，必要时戴一次性手套。

2. 患者准备　了解更换床单的目的、方法及配合要点。

3. 物品准备

（1）治疗车上层：床罩、一次性中单、被套、毛毯或棉胎、枕套与枕芯、手消毒液。

（2）治疗车下层：床刷及床刷套（消毒液浸泡后）、弯盘、污衣袋。

（3）其他物品：按需准备清洁衣裤。

4. 环境准备　同病室无人进餐；必要时屏风遮挡。

【操作流程】

操作主线	操作步骤	操作要点
1. 检查	推治疗车携用物至床旁，检查床单位的整体情况、床褥、床垫、床的轮子，以及床旁设备和病室情况，病室环境是否安全、保暖、病室内有无进行治疗与进餐的患者	• 保证患者安全
2. 卷单、扫床（近侧）	（1）移开床旁桌 20 cm，移床旁椅距床尾 15 cm，松开床尾盖被	
	（2）将患者枕头移向对侧，协助患者翻身侧卧，背向护士	
	（3）从床头至床尾松开近侧各层床单，将污染的一次性中单卷入患者身下，将污床罩也向上卷入患者身下	
	（4）从床头至床尾扫净床褥上的碎屑	• 清扫原则：从床头至床尾，从中线至外缘 • 动作轻巧，避免扬尘
3. 铺床罩、一次性中单（近侧）	（1）将清洁床罩展开近侧半幅，将对侧半幅向内卷塞于患者身下［图4-4］	• 床罩、一次性中单平整、紧实
	（2）按铺床法铺好近侧床罩，放平中单，展开近侧半幅，另半幅塞于患者身下	
4. 撤单、扫床（对侧）	将患者枕头移向近侧，协助患者翻身面向护士，护士转至对侧，松开各单，将污中单卷至床尾，将污染的床罩由床头卷至床尾，撤掉污中单，撤掉床罩放入污衣袋内	• 护士使用恰当姿势，注意节力
5. 铺床罩、一次性中单（对侧）	扫净床褥上的碎屑，从患者身下取出清洁床罩，展开拉紧铺好，然后铺好中单，协助患者平卧	
6. 更换被套	（1）从开口处将棉胎呈"S"形折叠拉出，放于椅上	
	（2）将清洁被套正面向外平铺于污被套上，同备用床法套好被套后，撤出污被套放入污衣袋内	• 避免患者受凉 • 清醒患者可配合抓住被头
	（3）整理盖被，叠成被筒，为患者盖好，床尾多余的盖被塞于床垫下或齐床尾内折	
7. 套枕套	取出枕头，更换枕套，置于患者头下	• 患者躺卧舒适
8. 归位、整理、洗手	移回床旁桌、床旁椅，整理、洗手	• 将更换的被单、被套放于指定位置

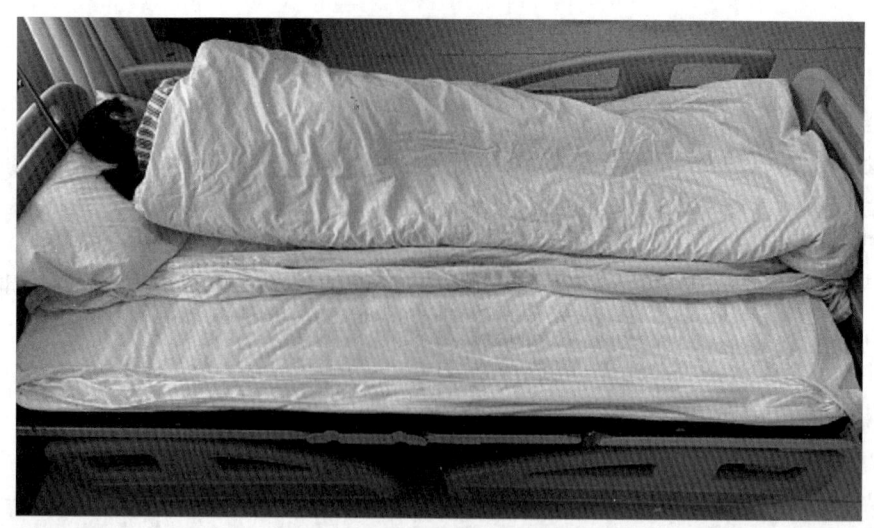

图 4-4 为卧床患者更换床单

【注意事项】

1. 病室内有患者进餐或做治疗时应停止铺床。

2. 移动患者时注意安全,避免各种管路脱出。操作时注意与患者的交流,随时观察患者的反应,询问有无不适,一旦病情发生变化,应立即停止操作。

3. 注意保暖,避免过多暴露患者。对意识不清的患者应拉起床档,或另有一位护士在旁保护患者,以防其坠床。

4. 由于患者病情限制不能侧卧时,可由两位护士合作,沿着从床头至床尾的方向更换床单,注意动作要协调一致。

5. 床罩、中单应平、整、紧;中线直,无皱褶;套好的被套、被筒平整,完全适合床上患者的需要。

6. 操作中要应用节力原则。

【健康教育】

告知患者在更换床单过程中,如有不适立即向护士说明。

五、分级护理

分级护理(graded nursing)是指根据对患者的轻重缓急以及自理能力的评估结果,给予患者不同级别的护理。

(一)分级方法

患者入院后应根据病情和(或)自理能力等级,确定患者的护理分级,并根据患者的病情和自理能力的变化动态调整护理分级。不同的护理级别规定了相应的护理要求,有利于护理工作的开展和保证护理质量。

(二)护理级别

依据患者病情和自理能力分为特级护理、一级护理、二级护理和三级护理四个级别。护士应当遵守临床护理技术规范和疾病护理常规,并根据患者的护理级别和医师制订的诊疗计划,按照护理程序开展护理工作。护士实施的护理工作包括:①观察患者的生命体征和病情变化;②正确实施治疗、给药及护理措施,并观察、了解患者的反应;③根据患者的病情和生活自理能力提供照顾和帮助;④提供护理相关的健康指导。各护理级别的适用对象及护理要点见表 4-1。

表 4-1 分级护理的适用对象及护理要点

护理级别	适用对象	护理要点
特级护理	①维持生命，实施抢救性治疗的重症监护患者；②病情危重，随时可能发生病情变化，需要进行监护、抢救的患者；③各种复杂或大手术后、严重创伤或大面积烧伤的患者	①严密观察患者病情变化，监测生命体征；②根据医嘱，正确实施治疗、给药措施；③根据医嘱，准确测量出入量；④根据患者病情，正确实施基础护理和专科护理，如口腔护理、压力性损伤护理、气道护理及管路护理等，实施安全措施；⑤保持患者的舒适和功能体位；⑥实施床旁交接班
一级护理	①病情趋向稳定的重症患者；②病情不稳定或随时可能发生变化的患者；③手术后或者治疗期间需要严格卧床的患者；④自理能力重度依赖的患者	①每小时巡视患者一次，观察患者病情变化；②根据患者病情，测量生命体征；③根据医嘱，正确实施治疗、给药措施；④根据患者病情，正确实施基础护理和专科护理，如口腔护理、压力性损伤护理、气道护理及管路护理等，实施安全措施；⑤提供护理相关的健康指导
二级护理	①病情趋于稳定或未明确诊断前，仍需观察，且自理能力轻度依赖的患者；②病情稳定，仍需卧床，且自理能力轻度依赖的患者；③病情稳定或处于康复期，且自理能力中度依赖的患者	①每 2 小时巡视患者一次，观察患者病情变化；②根据患者病情，测量生命体征；③根据医嘱，正确实施治疗、给药措施；④根据患者病情，正确实施护理措施和安全措施；⑤提供护理相关的健康指导
三级护理	病情稳定或处于康复期，且自理能力轻度依赖或无需依赖的患者	①每 3 小时巡视患者一次，观察患者病情变化；②根据患者病情，测量生命体征；③根据医嘱，正确实施治疗、给药措施；④提供护理相关的健康指导

知识链接

自理能力分级

自理能力分级依据可采用 Barthel 指数评定量表对患者日常生活活动进行评定。Barthel 指数评定量表包括进食、洗澡、修饰、穿衣、控制二便、如厕、床椅转移、平地行走、上下楼梯共 10 个项目。将各项得分相加即为总分，得分范围在 0~100 分。根据总分，将自理能力分为重度依赖（Barthel 指数总分≤40 分）、中度依赖（Barthel 指数总分 41 分~60 分）、轻度依赖（Barthel 指数总分 61 分~99 分）和无需依赖（Barthel 指数 100 分）。

第二节 患者的卧位

卧位（lying position）是患者休息和适应医疗护理需要所采取的卧床姿势。正确的卧位对增进患者舒适、治疗疾病、减轻症状、预防并发症及进行各种检查等均可能起到一定作用。

一、卧位的分类

根据卧位的性质，可将卧位分为三类：①主动卧位（active lying position）：是指患者自己采取的最舒适、最稳定的卧位。②被动卧位（passive lying position）：是指患者自身无力更换卧位，而只能处于被安置的卧位，如昏迷患者。③被迫卧位（obsessive lying position）：是指患者有更换卧位的能力，但由于疾病、治疗或检查的限制，只能被迫采取某种卧位，如哮喘急性发作时的端坐位。

根据卧位的平衡稳定性，可将卧位分为两类：①稳定性卧位：重心低，支撑面大，平衡稳定，患者感到轻松舒适（图4-5A）。②非稳定性卧位：重心高，支撑面小，难以保持平衡，患者肌肉紧张，易疲劳，感觉不舒适（图4-5B）。应尽量避免长时间采用非稳定性卧位。

根据卧位时的身体姿势，可将卧位分为仰卧位、侧卧位、半坐卧位、端坐位、俯卧位、头高足低位、头低足高位、膝胸位、截石位等。在临床护理过程中，护士应根据治疗、检查、护理及休息的需要，协助患者采取舒适、稳定、符合人体力学原理的卧位。

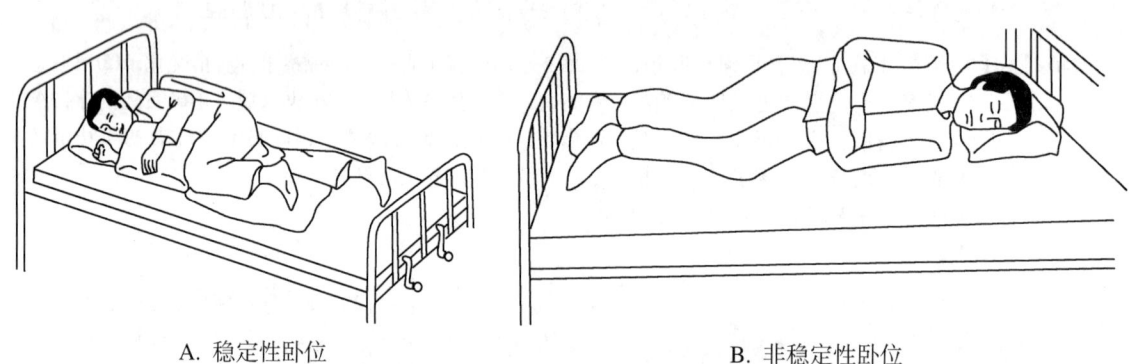

A. 稳定性卧位　　　　　　　　　　　　B. 非稳定性卧位

图 4-5　稳定性卧位和非稳定性卧位

二、常用卧位

（一）仰卧位

仰卧位（supine position）又称平卧位，患者仰卧，头下垫一枕头，两臂置于身体两侧，两腿自然伸直，这是一种自然的休息方式。临床上根据治疗和检查的需要又可分为去枕仰卧位、中凹卧位和屈膝仰卧位。

1. 去枕仰卧位（supine position without pillow under the head）

【方法】

患者仰卧，头偏向一侧，枕头横立于床头，防止患者头部被撞伤（图4-6）。

【适用范围】

（1）昏迷和全身麻醉未清醒的患者，防止呕吐物流入气管引起窒息及肺部感染等并发症。

（2）椎管麻醉和脊髓腔穿刺的患者，主要是防止脑脊液漏出，颅内压降低引起头痛。

2. 中凹卧位（shock position）

【方法】

头胸部抬高 10°~20°，下肢抬高 20°~30°（图4-7）。

【适用范围】

主要用于休克患者。抬高患者的头胸部，使膈肌下降，胸腔的容积扩大，有利于呼吸；抬高患者的下肢，以促进下肢静脉血液回流，增加回心血量和心输出量。

3. 屈膝仰卧位（supine position with knees flexed）

【方法】

患者仰卧，手臂自然放于身体两侧，两膝屈曲、稍外展（图4-8）。

【适用范围】

常用于腹部检查、导尿术等，使腹部肌肉放松，便于医生、护士进行触诊等检查。

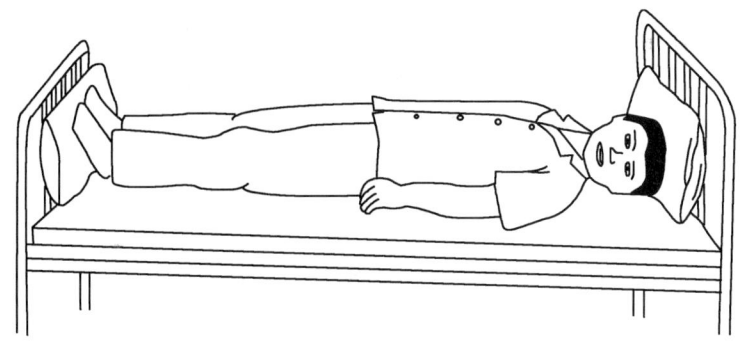

图4-6　去枕仰卧位位

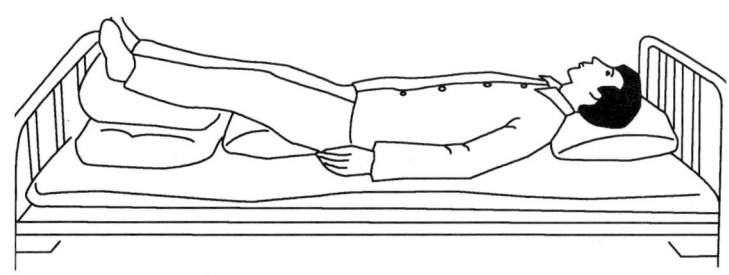

图4-7　中凹卧位

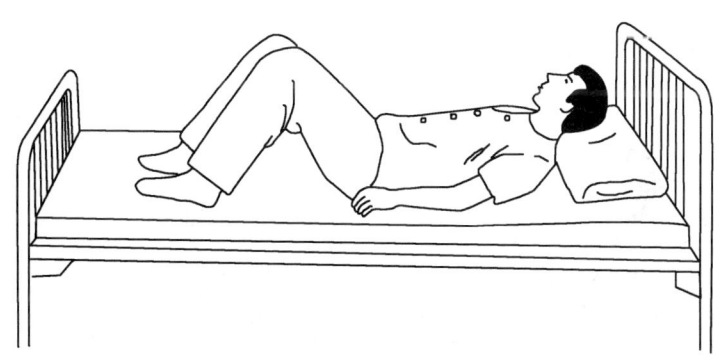

图4-8　屈膝仰卧位

（二）侧卧位（side-lying position）

【方法】

患者侧卧，身体与床面呈30°~45°；一手屈曲放于枕旁，另一手放于胸前；两腿分开放置，上腿屈曲在前，下腿稍伸直；同时在膝关节之间、背后及胸腹前垫软枕，以增大受力面积，减轻局部所承受的压力，增强身体的稳定性（图4-9）。

【适用范围】

（1）行灌肠术、肛门检查、胃镜检查、肠镜检查的患者。

（2）长期卧床的患者交替使用侧卧位与平卧位，以增进患者的舒适，防止压力性损伤。

图 4-9 侧卧位

（三）半坐卧位（fowler position）

【方法】

患者仰卧，以髋关节为轴心，上半身抬高与床的水平呈 30°~50°，再抬高膝下支架 15°~20°（图 4-10）。若无摇床，可在床头垫褥下放一靠背架，将患者上半身抬高，下肢屈膝，用中单包裹膝枕，垫在膝下，以免患者下滑。放平时，先放平膝下支架，再放平床头支架。

【适用范围】

（1）心肺疾患和呼吸困难的患者：一方面可以使膈肌下降，胸腔容积增大，有利于呼吸；另一方面由于双下肢位置较低，有助于减少回心血量，减轻心脏负担。

（2）腹部手术后的患者：有利于减轻腹部伤口的张力，减轻疼痛，促进伤口愈合。

（3）盆腔手术后及盆腔或腹腔有炎症的患者：有利于腹腔渗出物流入盆腔，防止感染向上蔓延引起膈下脓肿；由于盆腔部位腹膜抗感染性能较强而吸收性能较差，半坐卧位可以减少毒素的吸收，以减少中毒反应。

（4）颜面及颈部手术后的患者，有利于减少头面部出血。

（5）疾病恢复期的患者，由卧床逐渐向下地活动过渡。

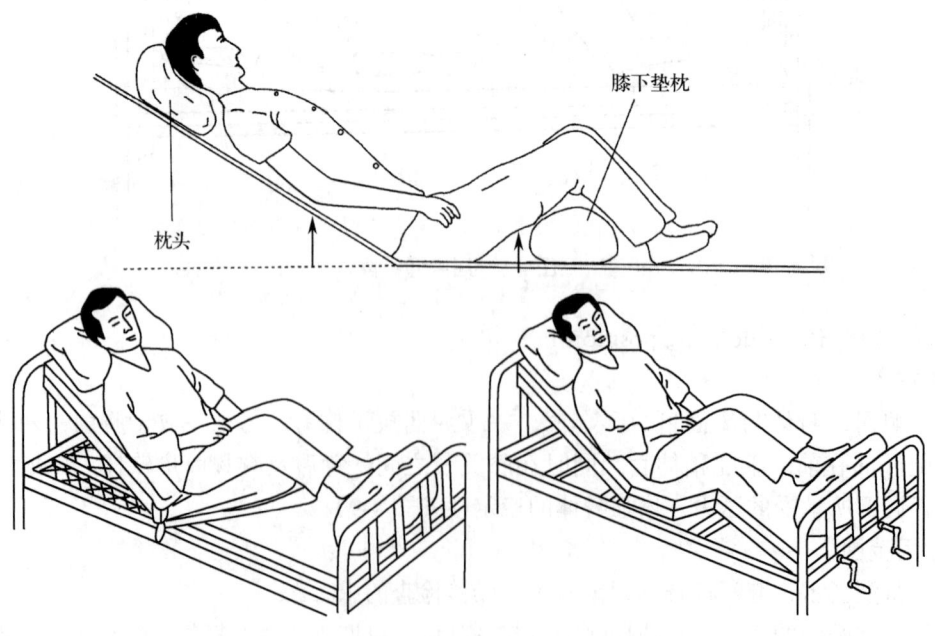

图 4-10 半坐卧位

(四)端坐位(orthopnea position)

【方法】

将床头摇起60°~70°,需要时可摇至90°,床尾摇起15°~20°,患者端坐于床上,背部垫软枕,身体前倾,或伏于跨床小桌上休息(图4-11),注意加床档防止坠床。

【适用范围】

(1)心力衰竭、心包积液、支气管哮喘发作的患者。

(2)急性肺水肿、呼吸困难严重者,可将患者安置于床边,双下肢下垂。端坐时,血液由于重力作用部分转移至下半身,使回心血量减少,从而减轻肺淤血;膈肌位置相对下移,胸腔容积相对增大,肺活量增加,呼吸困难减轻;减轻下半身水肿液吸收入血,减轻肺淤血。

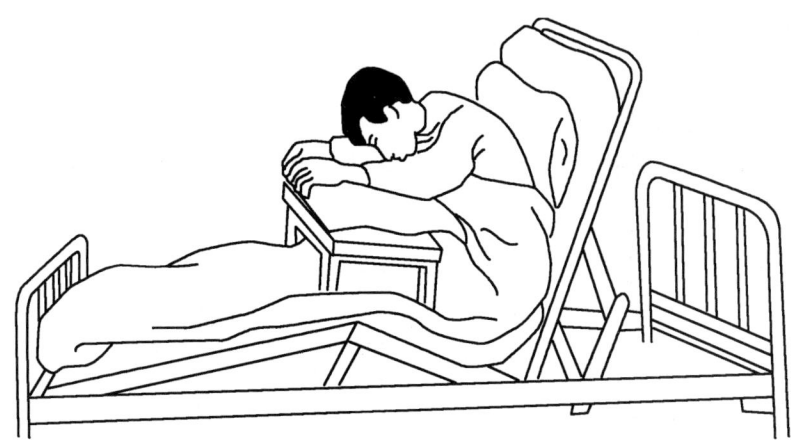

图 4-11 端坐位

(五)俯卧位(prone position)

【方法】

患者俯卧于床上,头偏向一侧,两臂屈曲放于头的两侧,两腿伸直,注意在胸部、髋部及踝部等易受压部位垫软枕(图4-12)。

【适用范围】

(1)腰背部检查、腰背部手术及腰背部或臀部有伤口而不能仰卧和侧卧的患者。

(2)胃肠胀气患者也可取俯卧位,以减轻疼痛。

(3)注意呼吸困难、气管切开、颈部受伤的患者不适合采用此体位。

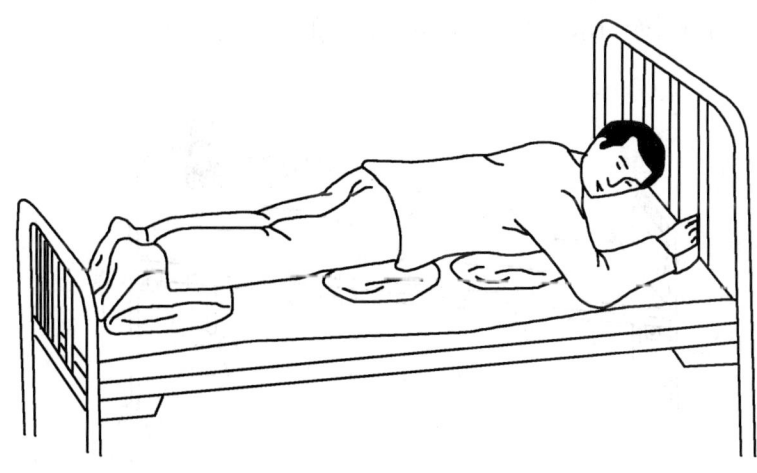

图 4-12 俯卧位

（六）头低足高位（trendelenburg position）

【方法】

患者仰卧于床上，将床尾升高或用支托物将床脚垫高 15~30 cm（图 4-13）。枕头横放于床头，以防损伤头部。

【适用范围】

(1) 胎膜早破的产妇，有助于防止脐带脱垂。

(2) 下肢或骨盆骨折后行牵引术的患者，可以利用人体的重力作为反牵引力。

(3) 严重失血性休克的患者，有利于促进下肢静脉血液回流。

(4) 十二指肠引流及胆汁引流的患者，有利于胆汁顺着重力的作用流出。十二指肠引流者应取头低足高右侧卧位。

(5) 肺底部有分泌物需行体位引流术的患者，借助重力的作用使肺底部的分泌物向外流出。

(6) 颅内压升高的患者禁用此体位。

(7) 此卧位易使患者感到不适，不可长时间使用，使用期间应密切观察患者反应。

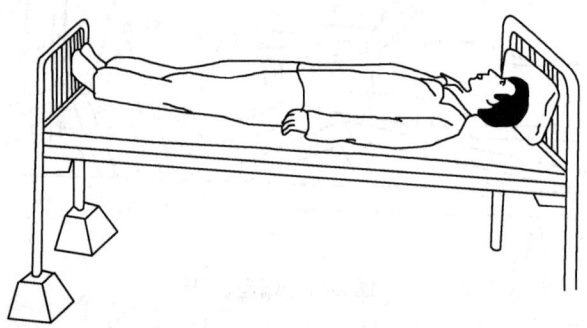

图 4-13 头低足高位

（七）头高足低位（dorsal elevated position）

【方法】

患者仰卧，将床头升高或在床头处用支托物将床脚垫高 15~30 cm，或根据具体情况酌情抬高（图 4-14）。

【适用范围】

(1) 脑水肿的患者，有利于预防或减轻脑水肿。

(2) 颅脑手术后或头部外伤的患者，有利于减少颅内出血。

(3) 颈椎骨折行颅骨牵引术的患者，可利用人体的重力进行反牵引。

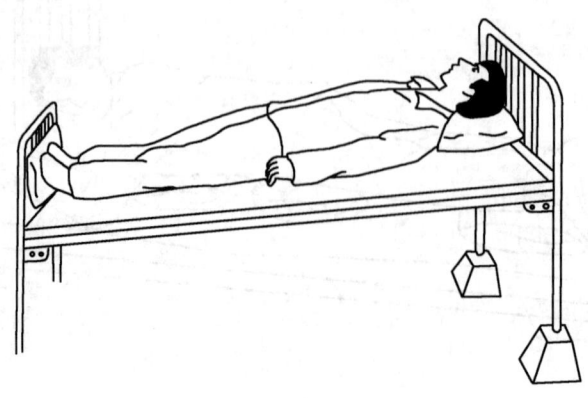

图 4-14 头高足低位

（八）膝胸卧位（knee-chest position）

【方法】

患者跪于床上，两腿稍分开，小腿平放，大腿垂直床面，胸部尽可能贴近床面，腹部悬空，臀部抬高，头偏向一侧，两臂屈曲放于头两侧（图4-15）。

【适用范围】

（1）肛门、直肠、乙状结肠镜检查和治疗的患者。

（2）矫正胎位不正和子宫后倾。

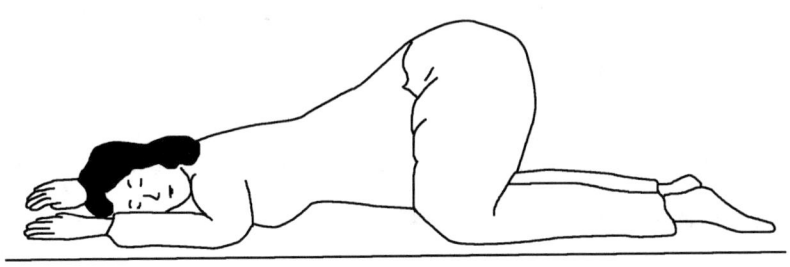

图4-15　膝胸卧位

（九）截石位（lithotomy position）

【方法】

患者仰卧于检查床上，臀部齐床沿，两腿分开放在支架上，两手放于胸部或身体两侧均可（图4-16）。

【适用范围】

（1）用于肛门、会阴部的治疗、检查及手术的患者。

（2）产妇分娩。

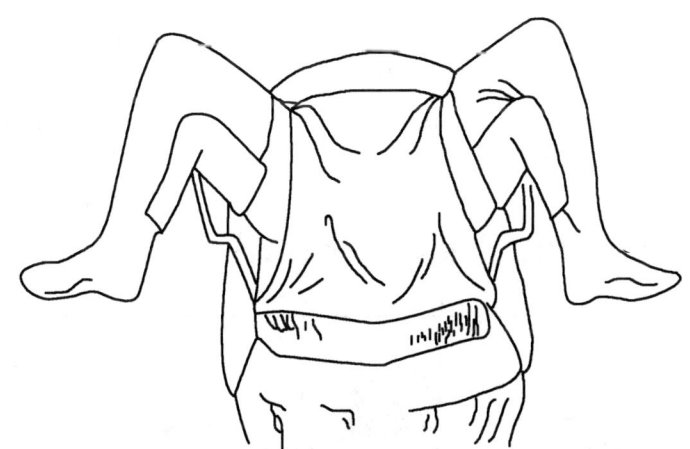

图4-16　截石位

三、变换卧位法

（一）协助患者移向床头法

【目的】

协助滑向床尾、但自己不能移动的患者移向床头。

【评估】

评估患者的年龄、体重、病情、活动能力和护士自身的负荷能力。

【操作前准备】
1. **护士准备** 洗手、戴口罩。
2. **患者准备** 了解移向床头的目的、方法及配合要点。
3. **物品准备** 软枕、床档。
4. **环境准备** 温度适宜、光线充足。

【操作流程】

操作主线	操作步骤	操作要点
1. 操作前检查	(1) 地面干燥、整洁，移开障碍物 (2) 固定床脚的轮子，摇平床尾 (3) 松被尾，撤去垫在患者身下的软枕	
2. 安置管道	将各种引流管、输液管等管道安置妥当	● 避免翻身时导致导管脱落
3. 安放枕头	协助患者取去枕仰卧屈膝位，横立枕头	● 防止撞到头部
4. 移向床头	▲ 一人协助法（图 4-17） (1) 护士面向床头，两脚前后分开，屈髋屈膝，脚尖朝向床头的方向 (2) 指导并协助患者双手握住床头栏杆，双腿稍屈曲 (3) 护士一手抬患者肩部，另一手托患者臀部 (4) 护士抬起患者移向床头，同时嘱患者两脚蹬床面，挺身上移	● 适用于有一定活动能力、体重较轻的患者，若患者病情允许，可指导患者发挥自主活动能力
	▲ 两人协助法 (1) 两名护士分别站于床的两侧，面向床头，两脚前后分开，屈髋屈膝，同时对称地托住患者的肩部和臀部，抬起患者移向床头 (2) 两名护士也可在床同侧，分别抬起患者的颈肩部、腰部、臀部和下肢，抬起患者移向床头	● 适用于极度虚弱、昏迷等不能配合移动或体重较重的患者 ● 注意运用人体力学原理，减少患者与床之间的摩擦，保护自身腰背部 ● 二人协助时，动作协调一致
5. 安置舒适体位	(1) 为患者垫好枕头，协助取舒适体位 (2) 合理安置患者身上的各种管道 (3) 整理床单位	● 增加患者身体稳定性，减少局部受压 ● 避免管道受压扭曲
6. 洗手、记录	记录内容：移动患者时间和移动过程中有无意外发生及患者的皮肤情况等	

图 4-17 一人协助患者移向床头

【注意事项】

1. 操作前注意评估患者的病情和活动能力，在保证安全的情况下，尽量鼓励患者配合护士的移动。

2. 在操作过程中注意灵活运用人体力学原理，绷紧腰背部的肌肉，保持脊柱挺直，同时屈膝屈髋，使用腿部和臀部肌肉的力量；不要采取弯腰、扭腰等姿势，以保护腰部肌肉，防止损伤。在移动患者的过程中，应避免拖拉患者，以防擦伤患者的皮肤。

（二）协助患者翻身侧卧法

【目的】

1. 协助患者定时变换体位，增进患者舒适。
2. 预防长期卧床引起的并发症，如压力性损伤、坠积性肺炎等。
3. 配合治疗、检查和护理的需要，如更换床单、脊髓穿刺、灌肠等。

【评估】

评估患者的年龄、体重、病情、活动能力和护士自身的负荷能力。

【操作前准备】

1. **护士准备**　洗手、戴口罩。
2. **患者准备**　了解移向床头的目的、方法及配合要点。
3. **物品准备**　软枕、床档。
4. **环境准备**　温度适宜，光线充足，地面干燥。

【操作流程】

操作主线	操作步骤	操作要点
1. 固定床脚、安置管道	（1）移开障碍物 （2）固定床脚的轮子 （3）安置患者身上所连接的各种管道	● 若患者垫有软枕，撤去软枕 ● 需要时拉起床档，防止坠床 ● 整理好各种管道，避免脱落、扭曲
2. 翻身前的卧位	协助患者仰卧，两手放于腹部，双腿屈曲	
3. 协助翻身	▲ 一人协助法 （1）护士两手分别置于患者的肩和腰臀部，以肘关节为支点，用前臂抬起患者，将患者身体移向近侧床边（图4-18） （2）同法将患者头部及双脚移向近侧床边，帮助患者屈膝，一手扶肩，一手扶臀，轻轻将患者转向对侧	● 适用于体重较轻者
	▲ 两人协助法 （1）一名护士托颈肩部和背部，另一护士托腰臀部和下肢 （2）同时将患者抬起，移向近侧床边（图4-19） （3）分别扶托患者的肩部、腰部、臀部和膝部，同时用力将患者翻向对侧	● 适用于体重较重或病情较重者 ● 护士注意运用人体力学原理，减少患者与床之间的摩擦，保护自身腰背部 ● 保持各种管道通畅
4. 安置舒适体位	（1）将患者的枕头移向对侧 （2）协助患者双腿屈曲，上腿屈曲在前，下腿略伸直，两手置于胸前和枕上 （3）在背后、两腿间等处垫上软枕 （4）合理安置患者身上的各种管道	
5. 整理、洗手、记录	记录内容：翻身时间、翻身后体位、翻身过程中有无意外发生及患者的皮肤情况等	

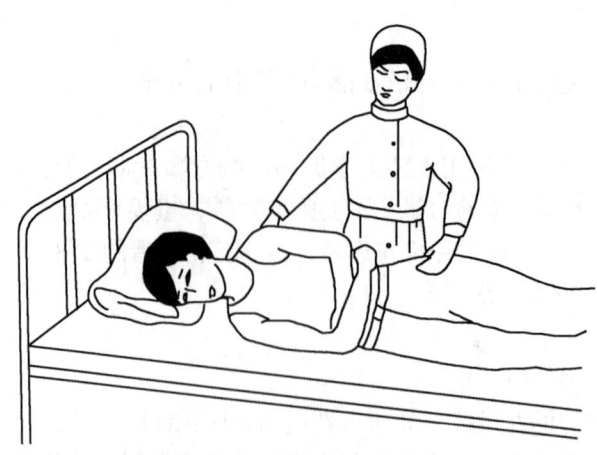

图 4-18 一人协助患者翻身侧卧

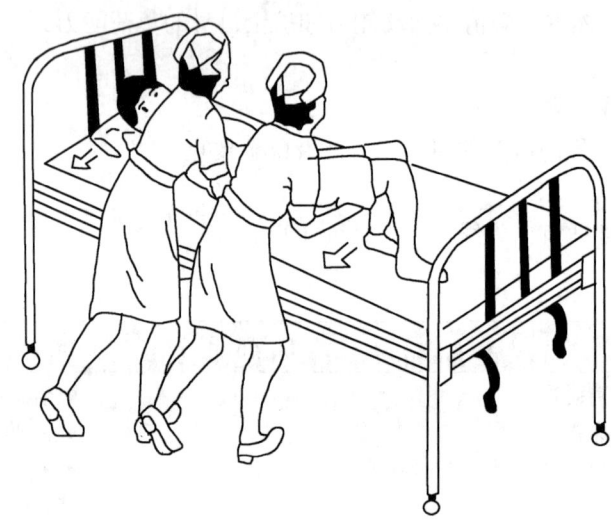

图 4-19 二人协助患者翻身侧卧

【注意事项】

1. 操作前注意评估患者的病情和活动能力。在保证安全的情况下，尽量鼓励患者配合护士的移动。

2. 根据患者的病情和皮肤受压情况，确定翻身间隔的时间。若发现患者皮肤有红肿或破损，应及时处理，合理增加翻身次数，并记录。

3. 护士在操作过程中注意灵活运用人体力学原理，绷紧腰背部的肌肉，保持脊柱挺直，同时屈膝屈髋，使用腿部和臀部肌肉的力量；不要采取弯腰、扭腰等姿势，以保护腰部肌肉，防止损伤。在移动患者的过程中，应避免拖拉患者，以防擦伤患者的皮肤。

4. 翻身、移动患者前后应仔细检查，注意妥善安置患者身上的各种管道，防止受压、扭曲、脱落等。对于手术后的患者，移动前应注意先固定好伤口处的敷料；如果敷料已经浸湿，应先更换敷料再移动，移动过程中注意保护伤口，避免受压。

5. 对于行牵引术的患者，翻身移动的过程中不可改变牵引的位置、力量和方向。

6. 对于颅脑手术的患者，移动过程中应避免头部的剧烈震动，防止发生脑疝。

【健康教育】

1. 向患者及家属说明更换卧位的重要性。

2. 教会患者及家属更换卧位时的配合方法及注意事项。

第三节 运送患者

由于疾病、治疗、检查的影响，患者的活动能力下降，不能自行移动，需要护士的协助或使用一定的搬运工具如轮椅、平车、担架等。移动和搬运患者是每位护士必须掌握的基本技术之一。在移动和搬运患者过程中，如果没有使用正确的方法，会导致护士腰背部损伤和患者坠地等意外的发生。因此，护士在移动和搬运患者的过程中，应注意合理运用人体力学原理，采取正确的身体姿势，以保证患者的安全和防止自身受伤。

一、轮椅运送法

【目的】

协助患者外出检查、治疗、活动或出入院等。

【评估】

1. 评估患者的年龄、病情、意识状态、活动能力及有无特殊活动限制等。
2. 评估轮椅的各配件是否完好，包括坐垫、靠背、脚踏板、刹车等。

【操作前准备】

1. **护士准备** 洗手、戴口罩。
2. **患者准备** 了解使用轮椅的目的及配合的方法。
3. **物品准备** 轮椅、靠垫，根据气候准备毛毯等保暖用物。
4. **环境准备** 地面干燥、无障碍物，环境宽敞，便于患者和护士移动。

【操作流程】

操作主线	操作步骤	操作要点
1. 检查、放置轮椅	（1）推轮椅至患者床旁，再次核对患者并解释	● 检查轮椅各部件，将轮椅制动，防止轮椅滑动，保证患者安全
	（2）将轮椅推至患者身体健侧的床尾，椅背与床尾平齐，面向床头，翻起轮椅的脚踏板，将轮椅制动	● 轮椅放置位置便于患者坐入
2. 协助坐起	护士一手托患者肩部，一手扶患者，协助患者坐起，双脚下垂着地，披上外衣，穿好鞋袜	● 询问、观察患者有无眩晕等不适
3. 协助坐入轮椅	▲ 能够自行下床的患者 （1）护士站在轮椅背后，固定轮椅 （2）嘱患者握轮椅扶手，慢慢坐于轮椅中部并向后靠	● 防止患者摔倒
	▲ 不能自行下床的患者 （1）护士双脚分开站立，屈髋屈膝，面向患者 （2）嘱患者双手扶在护士肩上 （3）护士双手环抱患者的腰部 （4）协助患者立于床旁 （5）协助患者转身坐入轮椅并向后靠（图4-20）	
4. 放平踏板、保暖	放平轮椅踏板，患者双脚放在踏板上	● 需要时使用毛毯等保暖
5. 整理床单位	将患者床单位整理为暂空床	
6. 推轮椅	打开车闸，推患者至目的地	● 推行中注意观察患者病情变化

续表

操作主线	操作步骤	操作要点
7. 协助下轮椅	将轮椅推至床尾，制动，翻起踏板，扶患者下轮椅，坐于床缘，脱鞋	● 防止患者摔倒
8. 安置舒适体位	协助患者安置舒适体位，整理床单位	● 注意观察病情
9. 将轮椅放回原处		
10. 洗手、记录		

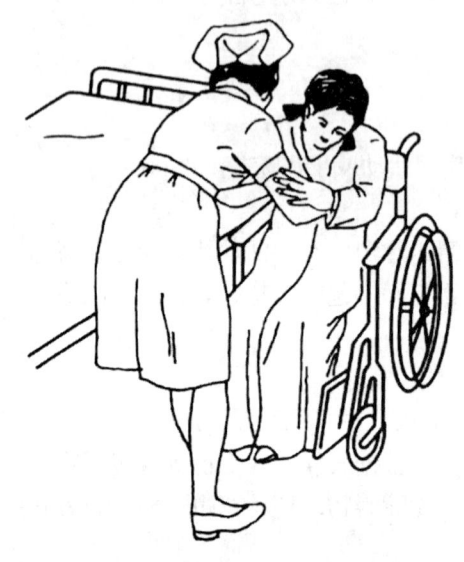

图 4-20　协助患者坐入轮椅

【注意事项】
1. 操作前护士应评估患者的活动能力，选择合适的搬运工具，注意节力。
2. 如患者需持续吸氧，应先准备好氧气袋，连接好氧气管道，防止运送过程中发生缺氧。
3. 在患者上下轮椅的过程中，一定要注意先将轮椅制动，然后将脚踏板往外翻，防止患者坐下或站起时跌倒。
4. 患者身体应坐于轮椅的正中，身体向后靠，勿前倾，手紧抓轮椅的把手，必要时可用约束带将患者约束于轮椅上。
5. 推行过程中观察患者有无头晕、面色苍白等不适，及时发现病情变化。
6. 推至上下坡路或凹凸不平地面时，应注意减慢速度；上坡（台阶）时轮椅面向斜坡，下坡（台阶）时轮椅背面向斜坡。

【健康教育】
1. 解释轮椅运送的目的、方法及注意事项。
2. 告知患者运送途中如有不适及时通知护士。

二、平车运送法

【目的】　协助患者治疗、检查及出入院等。

【评估】
1. 评估患者的年龄、病情、意识状态、活动能力及有无活动限制等。
2. 评估平车的各配件是否完好，包括床垫、车轮、刹车等。

【操作前准备】

1. 护士准备　洗手、戴口罩。

2. 患者准备　了解使用平车的目的及配合方法。

3. 用物准备　平车（车上铺好床罩，必要时准备一次性中单），根据气候准备毛毯等保暖用物。

4. 环境准备　地面干燥、无障碍物，环境宽敞，便于患者和护士移动。

【操作流程】

操作主线	操作步骤	操作要点
1. 评估、核对	检查平车，推平车至床旁，再次核对患者并解释，移开床旁桌椅	● 保证安全，确认患者，避免差错
2. 妥善固定管道	松开床尾盖被，协助患者穿好衣服，安置、固定患者身上的各种导管	● 防止管道脱落或液体反流
3. 搬运前准备	协助患者移向近平车一侧床边，调整床或平车的高度	● 使床和平车高度保持一致，便于搬运
4. 搬运患者	▲ 挪动法 （1）平车大轮端靠床头，紧贴一侧床边 （2）固定平车和床 （3）协助患者依次将上身、臀部和下肢挪向平车	● 适于病情较轻、能在床上配合活动者
	▲ 单人搬运法（图4-21） （1）平车大轮端靠床尾，与床尾呈钝角放置 （2）固定平车和床，护士两脚前后分开，屈髋屈膝 （3）护士一手自患者腋下伸至患者对侧肩部，一手自患者臀下伸至对侧臀下 （4）嘱患者双臂交叉于护士颈后 （5）护士抱起患者，转身，放于平车中央	● 适于病情允许、体重较轻、但不能挪动的患者
	▲ 双人搬运法（图4-22） （1）平车大轮端靠床尾，与床尾呈钝角放置 （2）固定平车和床 （3）协助患者双手交叉放于胸前 （4）两名护士站于同侧床边 （5）床头侧护士一手托住患者的头、颈和肩部，另一手托住患者腰部 （6）床尾侧护士一手置于患者的臀部，另一手托住患者膝部 （7）由床头侧护士发号施令，同时抬起患者，前臂用力翻转患者，使患者身体尽量靠近护士 （8）两护士步伐一致，转身，将患者放于平车中央	● 适于体重较重、不能配合活动的患者
	▲ 三人搬运法（图4-23） （1）平车大轮端靠床尾，与床尾呈钝角放置 （2）固定平车和床 （3）协助患者双手交叉放于胸前 （4）三名护士站于同侧床边 （5）床头侧护士一手托住患者的头、颈、肩部，另一手托住胸背部 （6）中间的护士一手托起患者的腰部，另一手托住臀部 （7）床尾侧护士一手托住膝部，另一手置于小腿处 （8）由床头侧护士发号施令，三人同时抬起患者，前臂用力翻转患者，使患者身体尽量靠近护士，转身，将患者放于平车上	● 适于体重超重、不能配合活动的患者

续表

操作主线	操作步骤	操作要点
4. 搬运患者	▲ 四人搬运法（图 4-24） （1）平车大轮端靠床头，紧贴一侧床边 （2）固定平车和床 （3）协助患者双手交叉放于胸前 （4）甲站于床头，托住患者头及颈肩部 （5）乙站于床尾，托住患者两腿 （6）丙和丁分别站于病床和平车两侧，紧握中单四角 （7）由甲发号施令，四人合力抬起患者，轻放患者于平车上	● 适于病情危重，颈椎、腰椎损伤的患者
5. 舒适保暖	协助患者取舒适卧位	● 根据季节使用毛毯、盖被等为患者保暖
6. 整理	整理床单位为暂空床	
7. 推平车	打开制动，推患者至目的地	

图 4-21　单人搬运法

图 4-22　双人搬运法

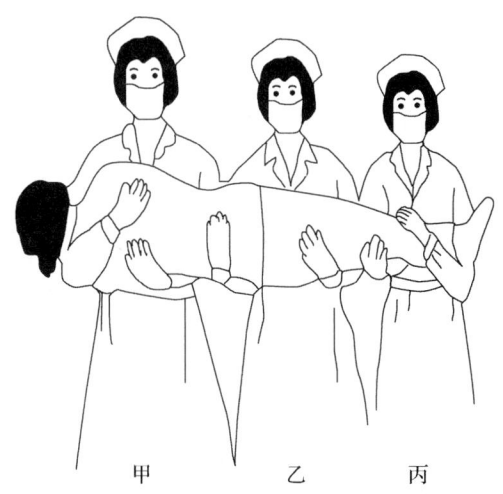

图 4-23 三人搬运法

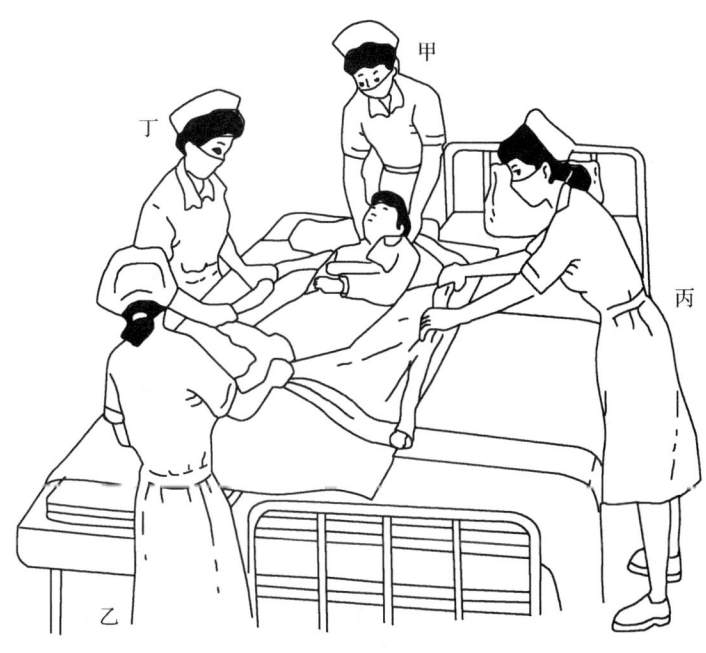

图 4-24 四人搬运法

【注意事项】

1. 操作前仔细评估患者的病情和活动能力，选择合适的搬运方法。

2. 操作过程中，尽量使患者身体靠近护士；护士屈膝屈髋，腰部挺直，尽量使用较大肌群，防止护士受伤。

3. 注意使患者卧于平车的正中央，头枕大轮端，因为在转弯及推车行进的过程中，大轮端较为平稳，颠簸少；推平车时应使小轮在前，因为转弯的时候小轮比大轮灵活；推车进出门时，不可用车撞门；推平车的速度不可过快，尤其是在下坡时，防止碰撞，推车至上下坡时，护士应使患者头部处于较高的位置，以减少患者的不适感。

4. 护士应站于患者的头侧推车，注意观察患者有无头晕、面色苍白等不适，及时发现病情变化。

5. 有输液及引流管时，注意保持通畅；搬运骨折患者时，车上垫木板，应固定好骨折部位。

【健康教育】
1. 解释平车运送的目的、方法及注意事项。
2. 告知患者运送途中如有不适及时通知护士。

第四节　出院患者的护理

出院护理是指患者经过住院期间的诊疗与护理，病情好转、稳定需转院或痊愈出院，或不愿接受治疗而自动离院时，护士对其进行的一系列出院护理工作。

出院护理的目的包括：①对患者进行出院指导，协助其尽快适应原工作与生活，重返社会，并能遵照医嘱按时接受治疗或定期复诊；②指导患者办理出院手续；③清洁、消毒和整理病室与床单位，为迎接新患者做准备。

一、患者出院方式

患者常见的出院方式包括医生提出出院、患者要求出院与病情需要转院。

1. 医生提出出院　患者经治疗与护理，疾病已痊愈或基本好转，医生认为患者可以回家休养或继续门诊治疗时，医生主动通知患者出院或患者提出出院要求，医生同意并开具出院医嘱后，患者办理出院手续；若患者因伤情或病情过重，抢救无效而死亡，医生开具"死亡"医嘱及证明，患者家属可办理出院手续。

2. 患者要求出院　患者疾病未痊愈尚需住院治疗，但因患者个人经济、家庭等原因，患者或其家属向医生提出出院要求时，患者或家属自愿、主动填写"自动出院"字据，再由医生开具"自动出院"医嘱。

3. 病情需要转院　医生评估患者的病情需转往其他医院接受诊治时，需及时告知患者及其家属，并开具出院医嘱。

二、患者出院前的护理

根据患者出院前的健康恢复情况，护士应做好下列工作。

1. 患者出院准备度的评估　出院准备度（readiness for hospital discharge）指医护人员综合患者的生理、心理与社会方面的健康状况，分析判断患者在多大程度上具备离开医院、回归社会、进一步康复的能力。出院准备度是患者对自身是否准备好出院的一种感知。出院准备度作为院内治疗与出院后自我管理的重要连接点，是出院计划的核心内容，其属性包括生理稳定性、心理能力、足够的支持以及充分的信息和知识。

评估患者的出院准备度可避免患者过早出院，减少患者出院后不良事件的发生，降低出院后并发症的发生率、再入院率与病死率。患者出院准备度评估包括以下四方面。

（1）患者生理稳定性：生理稳定性是评估患者做好出院准备最首要、最重要的内容。生理稳定性常见的评估内容包括：患者稳定的生命体征、足够的摄入量和相应的排出量、正常的排泄功能、正常的移动能力、最少的出血量、疼痛控制、恶心呕吐、正常的生理功能以及居家自我护理的能力。

（2）患者心理能力：出院准备度是患者的主观感知，患者自觉心理上已准备好面对现实，并有信心处理出院后的各类问题，有利于患者出院后健康状况的改善与维持。因此，护士应及时有效地评估患者心理适应能力、应对能力及自我效能感等，对心理准备不足的患者进行有针对性的安慰与鼓励，以减轻患者因离开医院而产生的恐惧与焦虑，增进患者康复的信心。

（3）患者可获得的支持：支持包括生理支持与社会心理支持。良好的支持系统对提升患者出院准备度有积极的意义，了解患者可获得的支持有助于患者做好出院准备。患者获得支持的来源有朋友、家人、社区、护士和其他多学科团队中的成员及志愿者服务。

（4）患者可获得的信息与知识：患者在出院前应当获得足够的知识和信息以应对出院后常见的问题，包括：患者自我护理、个人需求、医疗需求、可能发生的问题、求助的时机与对象、对未知的预期以及可获得的服务等。

> **知识链接**
>
> 出院准备服务
>
> 出院准备服务（discharge preparation service），又称为出院计划。美国医院协会（American Hospital Association，AHA）提出：出院计划是一种集中性、协调性、整合性的过程，通过医疗照顾的专业人员、患者及家属的共同合作，确保患者在出院后能获得持续性照顾。英国威尔士卫生局（National Health Service，NHS Wales）提出：出院计划由多学科小组实施，是在患者及照顾者的配合下，顺利促使患者从医院转移到照护机构的过程。
>
> AHA在出院计划指南中列出的基本内容包括：及早确定需要接受出院后延续护理的患者及家属的健康教育需求，进行健康评估；制订出院计划；实施出院计划并进行出院后随访。
>
> 出院准备服务的特性为：①时效性：入院48h内进行；②多学科团队合作；③具有成本效益；④运用社会资源；⑤患者与家属主动参与照护计划；⑥需提供有效的照顾指导。

2. 患者出院通知 当医生根据患者实际康复情况，同意患者出院并确定出院时间、开出院医嘱后，护士应根据医生开具的出院医嘱，将出院日期通知患者及家属，并协助患者做好出院准备。

3. 患者出院健康教育 护士应针对患者现状，分析患者出院后的生理、心理、社会需要，向患者或家属进行适时、恰当的健康教育，告知患者出院后在休息、饮食、用药、功能锻炼和定期复查等方面的注意事项。必要时可为患者或家属提供有关书面资料，指导患者或家属学习相关的护理知识与技能。

4. 患者的意见与建议 征求患者与家属对医院医疗、护理等各项工作的意见，以便不断提高医疗护理质量。

三、患者出院当日的护理

护士在患者出院当日，应根据出院医嘱停止相关治疗并处理各种医疗护理文件，协助患者或家属办理出院相关手续，整理病室及床单位。

1. 出院医嘱的处理

（1）执行出院医嘱

1）停止一切医嘱，用红笔注销患者所有的治疗与护理执行单，如服药单、注射单、饮食单上的相应床号、姓名、治疗内容等，注明日期并签名。

2）撤去"患者一览表"上的诊断卡及床头（尾）卡。

3）填写出院患者登记本。

4）按医嘱处方到药房领取患者出院后需继续服用的药物，交患者或家属带回，同时做好用药指导。

5）在体温单 40~42℃ 之间的相应时间栏内用红钢笔纵行填写出院时间。

（2）填写患者出院护理记录单。

（3）按要求整理病历，交病案室保存。出院病案排列顺序：住院病案首页、入院记录、病程记录、手术相关记录、出院记录或死亡记录、患者签署的各种知情同意书、会诊记录、病危（重）通知书、各种检验及检查报告、体温单、医嘱单、病重（病危）患者护理记录。

2. 出院患者用物的清理

（1）协助患者解除腕带标识。

（2）协助患者整理用物，归还寄存的物品，收回患者住院期间所借物品，并消毒处理。

（3）协助患者或家属办理出院手续，进行健康教育。

（4）患者办完手续离院时，护士根据病情用轮椅、平车或步行送患者至病区门口外或医院门口。

3. 出院患者病室与床单位的处理

（1）病室应开窗通风、换气。

（2）护士应在患者离开病室后整理床单位，避免在患者未离开病室时撤去被服，从而给患者带来心理上的不舒适感。

1）撤去病床上的污被服，放入污衣袋中，由洗衣房收回，根据出院患者疾病种类决定清洗、消毒方法。

2）用消毒液擦拭床旁桌、床旁椅及床。

3）用消毒液浸泡非一次性使用的痰盂、脸盆。

4）将床垫、床褥、枕芯、棉胎置于阳光下暴晒 6 h，或用紫外线照射消毒、臭氧机消毒，消毒完成后按要求折叠。

5）传染性病房床单位及病室，需按传染病终末消毒法进行处理。

（3）备用床处理：铺好备用床，准备迎接新患者。

4. 出院患者的延续性护理 2003 年，美国老年学会将延续性护理（continuing care）定义为：通过制订一系列的护理计划与活动，确保患者在不同健康照护场所或不同级别健康照护机构之间转移时，所接受的健康照护具有协调性、一致性和连续性。延续性护理包含了患者医疗保健信息的延续、医疗护理服务的延续以及患者与照护者关系的延续。

护士可采取出院健康教育、电话/家庭随访、开设护理专科门诊、网络平台健康教育、疾病专题讲座等形式开展程序化的教育与指导，使患者有效获得医院-社区-家庭连续性照护资源，提高患者的自我护理能力，促进其身体功能恢复。

第五节　人体力学在护理实践中的应用

人体力学原理在护理专业实践中应用甚广，科学地运用人体力学原理，可减轻护理人员自身肌肉紧张及疲劳，提高工作效率，更好地发挥维护和促进健康的职责；同时，运用人体力学原理协助患者维持正确的姿势和体位，可增进患者的舒适感，促进康复。

一、人体力学的概念与特性

（一）人体力学的概念

人体力学（body mechanics）是利用人体生理解剖学、物理学与工程科学的原理与方法，研究人在日常工作与生活中机体运动系统的结构、功能与运动规律，尽可能有效地减少骨骼、肌肉、关节等组织的疲劳与损伤，同时最大限度地提高劳动者的劳动能力与工作效率。人体力学是研究人体的生命与运动规律的新兴学科。

（二）人体力学的特性

人体运动系统由骨、关节与肌肉三部分组成，约占成人体重的60%，是人体完成各种动作和从事各项运动的器官系统。骨骼与肌肉是人体的主要运动器官，人体的力学特性也主要由这两种器官决定。全身的骨通过关节连接构成骨骼，肌肉附着于骨，且跨过关节。肌肉的收缩与舒展牵动骨，通过关节的活动能产生各种运动。在运动过程中，肌肉是运动系统的主动部分，骨和关节是运动系统的被动部分。骨、关节与肌肉在神经系统的支配和调节下协调一致，随着人的意志，共同准确地完成各种动作。

1. 骨的力学特性 骨是体内坚硬而有生命的器官，主要由骨组织构成。每块骨都有各自的形态、结构、功能与位置。由骨、关节连结起来所组成的骨骼构成了人体的支架与基本外形，并且由于其特殊的物理性质，骨承担着人体全身的重量。附着于骨的肌肉收缩或舒展时，牵动骨绕着关节运动，借助于骨杠杆的作用，人体可以形成各种活动姿势或完成不同的动作。

骨是一种复合材料结构，骨的力学性能不仅与其物质成分有关，而且与其结构密切相关。骨作为一种理想的等强度优化结构，具有较大的弹性和坚固性。在运动过程中，骨可以在特定的范围内经受各种力的作用。同时，骨具有各向异性与应力强度的方向性。各向异性是指骨在不同方向上的力学性质不同，应力强度的方向性是指由于骨的各向异性使骨对应力的反应在不同的方向上表现不相同。骨对冲击力的抵抗和持续受力能力较其他组织差，同时，骨的抗疲劳性能也较差。

2. 软骨、韧带与关节的力学特性 软骨与韧带可以组成关节及其辅助结构，在人体活动时，它们除了共同发挥缓冲作用外，各自还有其特定的作用。

关节软骨包裹在人体滑膜关节内的骨表面上，主要由液体相（如水、离子与营养物质等）与呈多孔状的固体相（包括蛋白多糖、胶原纤维与软骨细胞等）组成。关节软骨在传递载荷、缓冲压力、吸收震荡以及润滑减摩方面发挥着非常重要的作用，不仅可以使关节灵活运动，还可以减少关节磨损。软骨力学性能的保持依赖于胶原纤维的合理排列分布形成的弹性支架，结合具有亲水功能的蛋白多糖而形成局部弹性张力和渗透张力。当软骨受力时，由于张力小于压力差，使水缓慢流出；反之，因组织膨胀和渗透压使水流回组织内。关节面上的软骨可以根据力的存在情况表现出不同的状态。关节软骨在受力时会发生形变，失去力时又逐渐恢复至原有形状，这种特性称为软骨的弹性。软骨弹性特点与关节面上分布着一定规律的弹力线有关，较大的弹力经常出现在关节活动的方向上。人体脊柱各椎骨之间也有软骨存在，按同心圆多层排列的纤维软骨与髓核一起组成椎间盘，可以增加脊柱活动的弹性。人体在运动或存在其他负荷的情况下，椎间盘会发生变形。关节软骨的单向拉伸性能也是关节软骨的生物力学性能中最基本的特性之一。

韧带是连于相邻两骨之间的致密纤维结缔组织束，可呈索状、板状或膜状，通常分布于关节的周围，具有连接两骨及限制关节运动的作用，可以增强关节的稳定性。位于关节囊外的韧带称为囊外韧带，有的与囊相贴，为关节囊的局部增厚；有的不与囊相贴，分离存在。位于关节囊内的韧带称为囊内韧带，被滑膜包裹。韧带和关节囊内分布有丰富的感觉神经，一旦发生损伤，会出现明显的痛觉。人体运动系统韧带的分布与其功能密切相关。韧带分布的数量、位置与形态等方面都具有一定的规律性和生物力学特征。运动系统的韧带主要对关节起加强支撑与固定作用,其目的是防止关节在承受较大力时出现脱离,从而维持关节的整体性以及关节稳固的支点作用。

骨与骨之间借纤维结缔组织、软骨或骨相连,形成骨连接。按骨连接的不同方式,可分为直接连接和间接连接两大类。其中,间接连接又称为关节或滑膜关节,是骨连接的最高分化形式。关节的运动形式基本上是沿三个互相垂直的轴所做的运动,包括移动、屈和伸、收和展、旋转、环转。人体各个关节都具有一定的活动范围,超过这个范围,将会造成关节不同程度的损伤,影响人体的正常活动。

3. 肌肉的力学特性 人体的运动是在神经系统的参与下,协调配合各器官系统,由运动系统中骨骼肌的反射活动来实现的。肌肉不仅是运动的动力,而且对于运动中空间和时间的判断(肌觉)也具有重要的作用。人体的活动在很大程度上取决于骨骼肌的生物力学性能。

骨骼肌是横纹肌的一种,附着于骨骼上,由整齐排列的肌纤维与其周围的其他组织共同构成。每一根肌纤维内又有许多沿细胞长轴平行排列的细丝状肌原纤维,肌原纤维由粗肌丝和细肌丝共同构成。粗肌丝的主要成分为肌球蛋白,细肌丝的主要成分为肌动蛋白,并辅以原肌球蛋白和肌钙蛋白。肌球蛋白与肌动蛋白占肌纤维总蛋白的大部分,与骨骼肌的力学特性密切相关。肌纤维的主动收缩特性可以用最大力、标准化最大力、功、标准化功、收缩速度、力-速度关系与肌纤维对钙离子的敏感性来反映;肌纤维的被动力学特性主要是指骨骼肌纤维抗拉伸能力的强弱。每块骨骼肌都具有一定的形态、结构与功能,并有丰富的血管、淋巴分布,在躯体神经的支配下完成收缩或舒张,进行随意运动。肌肉的生物力学性能并不是恒定的,骨骼肌产生力量与运动的能力可能因运动单位的不完全激活、周围神经功能障碍、激素影响的丧失、兴奋-收缩耦联机制的改变或肌肉细胞收缩成分的改变而受损。

肌肉的收缩与放松都是由神经系统的协调支配而产生的,两者都是肌纤维受刺激后所产生的机械反应。肌肉收缩的方式有等长收缩、向心收缩与离心收缩。等长收缩是肌肉在对抗外力的过程中,肌肉收缩产生的作用力等于外界的阻力,肌肉的起点和止点的距离不变,肌肉长度不变;向心收缩是肌肉收缩的过程中张力保持不变,但肌肉长度缩短;离心收缩和向心收缩相反,收缩时肌肉的起点和止点相互分离,收缩过程中肌肉变长。向心收缩与离心收缩又称为等张收缩。肌肉的等长收缩与等张收缩所产生的力的性质也是不同的。肌肉等长收缩时产生的力是静态力,不产生关节运动,主要是维持人体的姿势,肌肉不做外功;肌肉等张收缩时产生的力是动态力,产生关节运动,肌肉做外功。

在人体中,骨骼肌两端附着于不同的骨骼,形成杠杆,在神经系统的支配下,引起肢体的屈曲和伸直,产生运动和力量。人体在正常条件下进行活动时,不会仅产生等长收缩或等张收缩,而是同时发生张力改变与肌肉长度改变的混合性收缩。肌肉收缩产生的肌力保证了各种活动的完成,然而肌肉的放松对活动的完成也具有重要的意义。在各种活动中,不直接参与动作完成的放松的肌肉,可以节省体内的物质与能量的消耗,保证动作准确协调完成,有利于减轻和消除疲劳。

二、常用的人体力学原理

(一)杠杆作用

杠杆(lever)是利用直杆或曲杆在外力的作用下能绕杆上某固定点转动的一种简单机械。杠杆绕着转动的点称为支点,使杠杆转动的力称为动力,杠杆的动力作用点称为力点;阻碍杠杆转动的力称为阻力,杠杆的阻力作用点称为阻力点。支点到动力作用线的垂直距离称为动力臂,支点到阻力作用线的垂直距离称为阻力臂。当动力臂大于阻力臂时,杠杆可以省力;当动力臂小于阻力臂时则费力;当支点在力点和阻力点之间时,可以改变用力的方向。

人体的运动相当复杂，骨骼、关节与肌肉构成了人体的运动基础，而杠杆模型在人体的运动中发挥着非常重要的作用。人体在运动时，骨可以在肌肉拉力的作用下，绕关节轴转动，称为骨杠杆。骨骼好比杠杆，关节是运动的支点，骨骼肌是运动的动力。根据杠杆上力点、支点和阻力点的不同位置，可以将杠杆分为三类：平衡杠杆、省力杠杆与速度杠杆。

1. 平衡杠杆（balance lever） 支点在力点与阻力点之间的杠杆称为平衡杠杆。根据阻力臂与动力臂的比值不同，肌肉拉力可能大于重力，也可能小于重力。在人体中，头颅与脊柱的连接属于平衡杠杆。当人的头部在寰枕关节上进行低头和仰头的动作时，支点位于寰枕关节的额状轴上，支点前后各有一组肌群产生作用力（F_1，F_2），头部重量为阻力（L）。当前部肌群产生的力（F_2）与阻力（L）的力矩之和与后部肌群产生的力（F_1）的力矩相等时，头部趋于平衡（图4-25）。

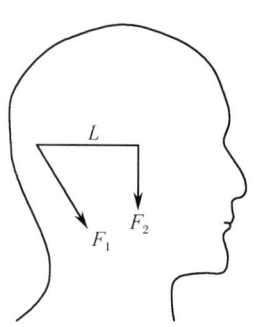 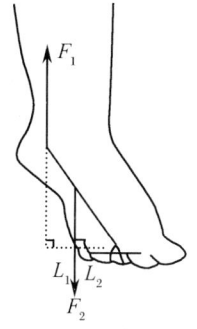

图4-25 头部平衡杠杆　　图4-26 足部省力杠杆

2. 省力杠杆（labor saving lever） 阻力点在力点与支点之间的杠杆称为省力杠杆。此类杠杆的动力臂长于阻力臂，因而使用较小的动力就能克服较大的阻力，达到节力的效果。例如，当人走路时，足尖是支点，足跟后的肌肉收缩为作用力（F），体重（L）落在两者之间的距骨上。由于动力臂较大，所以用较小的力就可以支撑体重（图4-26）。

3. 速度杠杆（speed lever） 力点在阻力点与支点之间的杠杆称为速度杠杆。此类杠杆的动力臂比阻力臂短，所以即便克服很小的阻力，也需耗费较大的动力，但它能在运动中争取时间和空间，方便工作，是人体中最常见的杠杆。例如，人用手臂举起重物时的肘关节运动，肘关节作为支点，手臂前肌群（肱二头肌）的力作用于支点与重物之间，由于臂较短，举物时需使用较大的力，但同时获得了速度优势和运动的范围。手臂后肌群（肱三头肌）的力与手中所持重物的力矩使手臂伸直，而肱二头肌的力矩使手臂向上弯曲，当两者相等时，手臂即处于平衡状态（图4-27）。

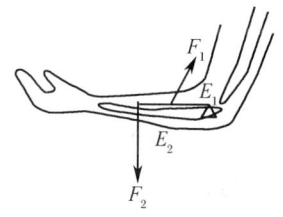

图4-27 手臂速度杠杆

（二）压力与摩擦力

1. 压力（pressure） 压力是指受力面积上承受的垂直作用力。物体所受压力与受力面积之比称为压强。对于质量相同的物体，受力面积越小，压强越大，即单位面积所承受的压力越大。例如，当人体采取侧卧位时，体重分散在头部耳侧、肩峰、肋骨、肘部、髋部、膝关节内外侧与内外踝等处，所以每部分所承受的压力相对较大；而当人体仰卧时，体重则分散在枕骨、背部、臀部、足跟处等，每部分所承受的压力相对较小。

2. 摩擦力（friction） 相互接触的两物体在接触面上发生的阻碍相对滑动的力称为摩擦力。摩擦力的方向与物体相对运动的方向相反，大小与两物体间的垂直压力和摩擦系数有关。压力越大，摩擦力越大；摩擦系数越大，摩擦力也越大。摩擦系数的大小通常与滑动面的材质、粗糙程度和相对运动的速度等有关，一般与接触面的大小无关。根据摩擦力的性质，可将摩擦力分为静摩擦力、滑动摩擦力与滚动摩擦力三种类型。

（1）静摩擦力（static friction）：两个相互接触的物体，当它们之间存在相对运动趋势时，会在接触面上产生一种阻碍相对运动趋势的力，这种力叫作静摩擦力。当力加大到物体即将开始运动时，静摩擦力达到最大值，称为最大静摩擦力。静摩擦力与使物体发生滑动趋势的力的方向相反，大小相同，并且随着力的逐渐增大而增大。例如，鞋底采用防滑材质或通过增加鞋底凹凸不平的纹路以增大鞋底的摩擦系数，使鞋底的静摩擦力增大，从而防止人在行走时发生滑倒。

（2）滑动摩擦力（sliding friction）：两个相互接触的物体，当它们做相对滑动时，会在接触面上产生阻碍物体相对运动的力，这个力就称为滑动摩擦力。滑动摩擦力与接触面相切，与物体相对运动方向相反，其大小与压力和物体表面粗糙程度有关。所受压力越大，接触面越粗糙，滑动摩擦力就越大。例如，定期为轮椅、推车等的轮子添加润滑油，可以降低接触面的摩擦系数，减少轮子转动时的阻力，便于推动。

（3）滚动摩擦力（rolling friction）：当物体滚动时受到的摩擦力称为滚动摩擦力。接触面愈软，形状变化愈大，滚动摩擦力就愈大。物体滚动时，摩擦系数最小。例如，推动带有轮子的物体比推动没有轮子的物体，所用的力要小得多。

（三）平衡与稳定

人体局部平衡是整个人体平衡中不可缺少的一部分，整个人体平衡也是通过各个局部平衡来实现的。人体越平衡稳定，肌肉付出的力就越小；反之，稳定度愈小，肌肉需要付出的力就越大，以维持身体平衡。所以，保持正确的平衡姿势，有利于减轻肌肉的紧张和疲劳。

1. 平衡与稳定的概念 为了使物体保持平衡，必须使作用于物体的一切外力相互平衡，也就是通过物体重心的各力的总和（合力）应等于零，并且不通过物体重心的各力矩的总和也等于零。人或物体的平衡与稳定，是由其重量、重心的高低、支撑面的大小与重力线和支撑面边缘之间的距离决定的。

（1）重力：物体由于地球的吸引而受到的力叫重力。

（2）重心：是指在重力场中，物体处于任何方位时所有各组成支点的重力的合力都通过的那一点，即物体各部分所受重力之合力的作用点。如果物体质量均匀分布，重心的位置与物体的形状有关；如果物体形状规则，重心将位于其几何中心。

（3）重力线：是指重力的作用线，是一条通过重心垂直于地面的线。正常人体站立时，重力线通过枢椎齿突、髋关节之后、膝关节的前方。

（4）支撑面：支撑面是由人或物体与地面接触的各支点的表面构成的，并且包括各支点之间的表面积。各支点之间的距离越大，物体的支撑面积也越大。支撑面可为站立、提重或移动提供稳定性。

2. 平衡与稳定的关系

（1）物体的重量与稳定性成正比：物体的重量越大，其稳定性越大；相反，物体的重量越小，稳定性则越小。例如，帮助年老体弱者坐椅子时要选择较重的椅子，必要时椅背靠墙放置。

（2）物体的重心高度与稳定性成反比：当物体的形状发生变化时，重心的位置也会随之变化。人体重心的位置随着四肢和躯干姿势的改变而改变。当人体直立垂臂时，重心的位置在骨盆第2骶椎前约7 cm处；当人踮脚站立或将手臂举过头顶时，重心随之升高；当人弯腰或身体下蹲时，重心随之下降。人或物体的重心越低，稳定性越大；重心越高，稳定性越小。例如，在拣拾地面物品时，应尽量采用下蹲姿势。

（3）重力线通过支撑面才能保持人或物体的稳定：垂直向下的重力与竖直向上的支持力大小相等、方向相反且作用在一条直线上，即处于平衡状态。人体只有在重力线通过支撑面时，才能保持动态平衡。如果重力线落在支撑面之外，人体重量将会产生一个破坏力矩，使人易于倾倒。

（4）支撑面的大小与稳定性成正比：支撑面积越大，人或物体越稳定；支撑面积越小，机体则需付出较大的肌肉拉力，才能保持平衡稳定。例如，双脚站立比单脚站立更加稳定。所以扩大支撑面，可以增加人或物体的稳定度。

三、人体力学在护理实践中的应用

在护理工作中，护士应遵循节力原则，最大程度地保持稳定、平衡，减少疲劳，以达到节时、省力、安全、舒适的目的。

（一）护理实践中人体力学的运用原则

1. 保持正确的站姿 护士站立时，双腿并拢，脚尖稍分开，两脚平均支撑人体的重量，手臂自然放松，双手垂直于身体两侧，或相握于腹前；抬头挺胸，颈部勿向前倾，下颌内收，双眼平视前方；双肩放松、收腹、立腰、提臀，头、颈、腰成直线，膝部放松。

2. 合理利用杠杆原理 护士在进行操作时，身体应靠近操作的物体；两手臂托持物体时，上臂下垂，两肘应紧靠身体两侧，缩短阻力臂，从而达到省力的目的（图4-28）。护士必须提取重物时，最好将重物分成相等的两部分，分别由两手提取，两臂贴近身体，避免某一部位长时间用力或远距离操作引起疲劳。当使用一只手臂提取重物时，对侧手臂应向外伸展，以保持身体平衡。

 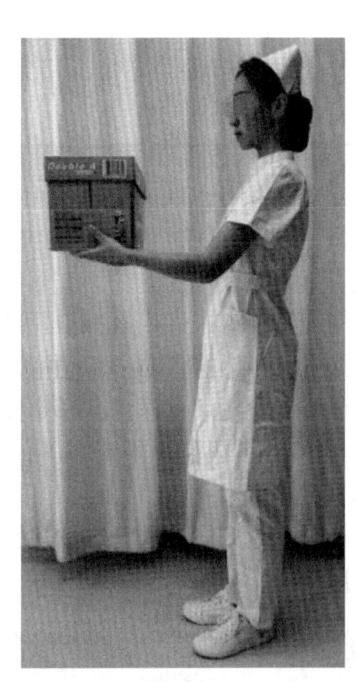

A. 正确　　　　　　　　B. 错误

图4-28　端持物品方法

3. 适当降低重心位置 护士在进行低平面的护理操作或提取位置较低的物品时，双下肢应随身体动作的方向前后或左右分开，同时屈髋、屈膝，身体采取下蹲姿势，使受力点不集中在腰部，而分散到脊柱、髋、膝关节等多个部位，降低重心，同时增加支撑面，保持身体稳定（图4-29）。例如，护士在核对患者床尾卡，观察或更换患者集尿袋、引流瓶时，应采取下蹲姿势，降低自身重心。

4. 减少身体重力线偏移 护士抱起或抬起患者进行移动或为患者进行翻身、擦浴或肌内注射等操作时，应将患者靠近自己的身体，使重力线落在支撑面内，保持身体平衡，同时缩短阻力臂，从而达到省力的目的。

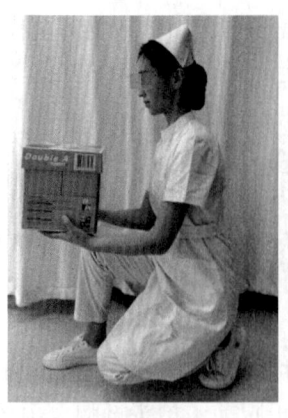
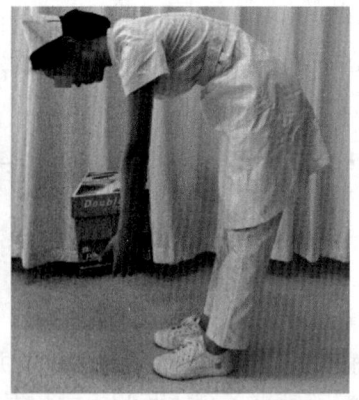

A. 正确　　　　　　　B. 错误

图 4-29　搬取物品方法

5. 维持较大支撑面　护士在操作时，应根据实际情况将双下肢前后或左右分开，扩大支撑面，增加身体平衡与稳定。例如，在铺床时，护士双下肢应前后或左右分开站立，尽量扩大支撑面（图 4-30）；在帮助患者站立或行走时，使用手杖或助行器等辅助用具来扩大患者的支撑面，加强身体的稳定性，避免患者跌倒等意外情况的发生。

6. 合理运用压力与摩擦力　压力的大小与受力面积有关，通过增大受力面积可以减小局部压力。所以，当患者取仰卧位时，可在臀部或足跟部垫气垫，以增

图 4-30　铺床姿势

加受力面积，减轻臀部或足跟局部的受力。摩擦力大小主要与压力和摩擦系数有关。护士在护理实践中，应根据实际需要正确运用摩擦力。例如，在浴室采用防滑地砖或防滑垫来增加摩擦力和稳定性，防止滑倒；搬运患者时，切忌拖、拉、拽患者，避免摩擦力损伤患者的皮肤；搬运重物时，尽可能以推代替提举动作，减小摩擦力，防止机体疲劳或损伤。

7. 尽量使用大肌群或多肌群　护士在进行护理操作时，避免只用手指进行操作，要增加全手的使用；尽量避免仅使用上肢的力量，多调用躯干部和下肢肌肉的力量，进行多肌肉配合。例如，端持物品时，应五指分开托住物品底部，并与手臂一起用力，使用多肌群用力，减轻疲劳，减少局部肌肉受损（图 4-31）。

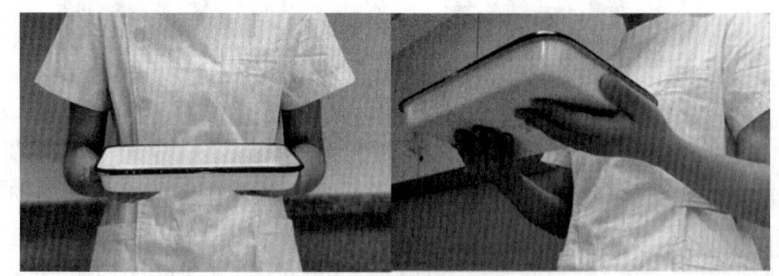

图 4-31　端持治疗盘

8. 使用最小肌力做功　搬运重物时，护士应注意平衡、有节律，要制订计划，明确物品搬运位置与方向，尽量选择直线移动，避免曲线移动，同时避免反复。例如，护士单人、双人或三人搬运患者时走最短的线路；移动物品时，站在物品的近旁，可以推动或拉动时就不用提取的方法。

(二)人体力学相关的护理职业损伤

以患者为中心的整体护理模式,在提高护理服务的同时,对护士提出了更高的要求,增加了护士的工作负荷。护理工作涉及整理床铺、帮助患者上下床、翻身、叩背排痰、搬运、频繁移动及其他大量使护士存在负荷过重、强迫姿势等的基础护理内容,严重影响着护士的身心健康。由于护理职业的特殊性,护士是职业性肌肉骨骼疾患的高发人群。

1. 职业性肌肉骨骼疾患的概念与分类 职业性肌肉骨骼疾患(work-related musculoskeletal disorders,WMSDs)又称为肌肉骨骼损伤(musculoskeletal disorders,MSDs)或职业性肌肉骨骼损伤(occupational musculoskeletal injury,OMI),是指在职业活动中因重复操作、不良姿势、静态负荷、重体力劳动和振动等不良工效学因素、不合理的劳动组织过程以及不良社会心理因素等,引起的以骨骼、肌肉、神经等系统损伤为主的一大类疾病。其主要特征是疼痛、不适和活动受限。主要表现为全身疲乏无力,下背、肩、颈、前臂和手等部位疼痛、僵硬、痉挛、麻木、感觉异常和震颤等。最常见的为下背痛、颈肩腕综合征和腕管综合征。

下背痛(low back pain,LBP)是由于重复性运动、外力、不良姿势所致的背部疼痛症状,使患者活动受限与不适,疼痛可呈放射状。根据临床症状,下背痛可分为坐骨神经痛、腰背痛、腰痛伴一侧或双侧腿痛。反复弯腰或转身、长时间保持不良站姿或坐姿等作业方式容易导致下背痛。

颈肩腕综合征(neck,shoulder,wrist syndrome)是指颈、肩、腕障碍或损伤,是由工作引起的颈部、肩部及腕部的慢性肌肉骨骼损伤。主要表现为颈、肩、腕等部位的不适、感觉过敏或麻木、疼痛、肌张力下降与活动受限等。造成颈、肩、腕损伤的主要原因包括长时间保持固定姿势,特别是不自然或不正确的姿势,例如头颈部过分前倾,头部重心向前偏移增加颈部负荷;工作台面过高使前臂和上臂抬高,肩部肌肉过度紧张;手部反复屈、伸、用力等频繁快速重复动作。

腕管综合征(carpal tunnel syndrome,CTS)是由于重复性运动、外力、不良姿势引起的腕管内正中神经受到压迫后所支配范围的感觉、运动和自主神经功能紊乱的症候群。主要表现为腕部及手掌出现疼痛、麻木或者刺痛感等。频繁劳作、长期承重、肌肉过度拉伸、使用振动工具、保持困难姿势、处于寒冷环境等都会潜在地导致腕管综合征的发生。

2. 影响因素 职业性肌肉骨骼疾患的影响因素是多方面的,概括起来可分为两大类,即职业因素与非职业因素。职业因素包括工作过程中体力负荷过重、强迫姿势作业等生物力学因素。动态负荷是指工作中的躯干动作、颈肩部及腕部运动等;静态负荷包括长时间站立,坐位工作,长时间保持弯腰动作,长时间保持颈部前倾、后仰、扭转等。非职业因素包括个人因素、社会心理因素、组织管理因素和工作环境因素等。个人因素如年龄、性别、体重指数、生活方式、腰背部疾病史与个人防护意识等;社会心理因素包括高感知的工作量、时间压力、工作控制感、社会支持、工作满意度以及医患关系、工作家庭冲突等;组织管理因素包括轮班制度与护患比例等;工作环境因素包括医院布局与护理设施等。

3. 评估方法 职业性肌肉骨骼疾患的主要评估方法包括中文版肌肉骨骼疾患问卷、快速接触检查表(quick exposure check,QEC)、病房手工搬运患者接触评估方法(assessment of exposure to manual patient handling in hospital wards,MAPO)、工作姿势分析系统(ovako working posture analysis system,OWAS)、快速全身评估(rapid entire body assessment,REBA)、患者人工搬运评估(patient handling assessment,PHA)等。

4. 诊断方法 目前,对职业性肌肉骨骼疾患的早期诊断方法分为两类:电生理诊断方法和生物化学性诊断方法。电生理诊断方法包括肌电图、磁共振、红外线热图、低频磁场技术与肌力定量化检查等;生物化学性诊断方法包括检测可能作为肌肉骨骼损伤生物标志物的构成肌肉骨骼组织蛋白、炎症反应相关蛋白、炎症前期生物分子、自身免疫和过敏性炎症过程生物分子。

5. 治疗方法 职业性肌肉骨骼疾患治疗包括：①停止工作，卧床休息，保持身体处于舒适体位，以避免病情加重或延迟恢复；②热疗法，在疼痛部位采用湿热敷或中药湿热敷，此外，还可采用红外线、物理治疗、温水浴等；③药物治疗，适当选用镇静止痛药物，如阿司匹林、布洛芬、苄达明（消炎灵）等，或具有镇定、肌肉松弛作用的地西泮、肌安松等，舒筋活血中药如脉络疏通丸、腰痛丸、红花、三七丸等；④其他还可采取封闭疗法、推拿、针灸、牵引等。

6. 预防措施 职业性肌肉骨骼疾患的预防可以从个人层面与组织层面开展。个人层面包括加强护士职业防护知识学习，提高职业防护意识；增强体育锻炼，提高个人身体素质；遵从人体工效学原理，采取良好的工作姿势等。组织层面包括营造职业防护氛围，加强护士职业防护培训，制订更加安全的护士操作规程，建立医院安全文化；开展护理工效学原理教育与培训；合理分配劳动任务，安排劳动休息制度；按照人体工效学要求，设计良好的工作场所，改善劳动条件等。

职业性肌肉骨骼疾患作为危害护士职业健康的重要工作相关疾病之一，不仅影响护士的身体健康，还影响其工作能力、降低其职业生活质量，最终导致工作效率下降，给自身以及患者护理质量与安全均带来不良影响。在临床护理实践中，要注重护士的职业性肌肉骨骼疾患，加强防范与治疗，将人体力学与工效学原理真正有效地落实到各项护理操作中，提高职业防护意识，关爱自己，关爱患者，养成良好的行为和习惯，保持自身的身体健康，提高工作效率。

> **知识链接**
>
> ### 人机工程学
>
> 人机工程学（man-machine engineering）又称工效学、人体工程学、人因工程学、人类工程学、人类工效学、人体工效学等，是管理科学中工业工程专业的一个分支，它将人、机器和环境作为一个整体系统来研究，使整个"人-机-环境"系统具有更好的性能，提高工作效率和安全性，减少失误，降低工作压力和缓解疲劳，进而提升舒适感和满足感等。
>
> 国际人机工程学学会对人机工程学的定义为："人机工程学是研究人在某种工作环境中的解剖学、生理学和心理学等方面的因素，研究人和机器及环境之间的相互作用，研究在工作、生活和休闲中怎样统一考虑工作效率、人的健康、安全和舒适等问题的学科"。
>
> 人机工程学在护理领域中的应用包括护理工作系统开发、护理机器人设计及护理设备，如老年人智能移位器、智能翻身护理床、升降式洗浴辅具设计等。

小 结

入院与出院护理是护理工作的基本内容。做好患者入院、出院护理，是将整体护理理念贯穿始终，对患者适应医院环境、配合医疗活动、巩固治疗效果、增进健康与提高生活质量具有重要意义。护士应按照程序对患者进行全面的入院与出院护理指导和服务。护士应根据患者检查、治疗等情况及患者意愿，协助患者采取、更换或保持舒适安全的体位，预防发生皮肤、肌肉和关节的并发症，并根据患者的病情、活动耐力等选择适宜的运送工具与搬运方法，保障患者安全与舒适。同时，临床护理工作中存在负荷过重、强迫姿势等问题，严重影响护士的身心健康，并且影响护理工作质量。护士应灵活运用人体力学知识，在为患者提供优质护理服务的同时，减轻自身疲劳，降低护理职业损伤的发生风险。

思考题

一、单项选择题

1. 患者，男，70岁。因肺心病发生呼吸衰竭，急诊入院。在急诊科已输液、吸氧，准备用平车送入病房。护送途中护士应注意

  A. 拔管暂停输液、吸氧   B. 暂停输液，继续吸氧

  C. 暂停吸氧，继续输液   D. 继续输液、吸氧，避免中断

  E. 暂停护送，缺氧症状好转后再送入病房

2. 刘某，因左胫骨骨折入院，现要求外出活动。护士协助患者上下轮椅时，为确保患者安全，应做到

  A. 护士站在轮椅前，固定轮椅   B. 嘱患者靠前坐

  C. 患者应将脚放在轮椅上   D. 下坡时患者面向斜坡

  E. 翻起脚踏板，扶患者下轮椅

3. 患者，男，55岁。阑尾炎术后4天，恢复良好，医生开具出院医嘱。出院护理内容不正确的是

  A. 通知患者及家属   B. 协助患者整理用物

  C. 污被服撤下、送洗   D. 介绍出院后的注意事项

  E. 停止给药

4. 患者，女，32岁。甲状腺功能亢进症手术治疗后，病情好转，准备出院。护士执行出院医嘱时，体温单上出院时间填写方式为

  A. 39~40℃相应时间栏内用红笔竖写

  B. 39~42℃相应时间栏内用红笔竖写

  C. 40~41℃相应时间栏内用蓝笔竖写

  D. 40~42℃相应时间栏内用红笔竖写

  E. 40~42℃相应时间栏内用蓝笔竖写

（以下病例为5~6题共用）

患者，女，60岁，体重约45 kg。右下肢骨折术后15天，恢复良好，医生嘱出院。患者出院时采用轮椅转运。

5. 患者出院后，护士的操作不正确的是

  A. 用黑笔注销该患者所有治疗与护理执行单

  B. 关于患者出院后需继续服用的药物做好用药指导

  C. 用消毒液擦拭患者床旁桌、床旁椅及床

  D. 协助患者整理用物，归还寄存的物品

  E. 铺好备用床，准备迎接新患者

6. 将患者转移至轮椅时，护士以下操作不当的是
   A. 将轮椅车闸拉起，椅背与床位平齐，固定于床尾
   B. 单手将患者扶于床近侧
   C. 两腿前后或左右分开，扩大支撑面
   D. 注意利用杠杆作用以节时、省力
   E. 为患者提供手杖，增加患者稳定性

(以下病例为 7～8 题共用)

患者，男，身高 180 cm，体重 80 kg。因急性阑尾炎合并穿孔，急诊在硬膜外麻醉下行阑尾切除术。

7. 患者术后第 2 天体温 38.5℃，并诉伤口疼痛难忍。建议患者采取的卧位是
   A. 仰卧屈膝位　　　　　　　　B. 右侧卧位
   C. 头高足低位　　　　　　　　D. 端坐卧位
   E. 半坐卧位

8. 患者询问采取该卧位的原因，下列解释恰当的是
   A. 可减少局部出血，有利伤口愈合
   B. 防止炎症扩散和毒素吸收，可减轻伤口疼痛
   C. 有利于减少回心血量，促进血液循环
   D. 有利于减轻肺部淤血，减少并发症
   E. 有利于扩大腹腔容量，防止炎症扩散

二、案例分析题

1. 患者，男，50 岁。因肺炎入院 2 周，现体温 36.8℃，脉搏 70 次/分，呼吸 18 次/分，血压 105/75 mmHg，复查肺功能正常。医嘱今日出院。
   请回答：
   (1) 患者出院后，病室与床单位应如何处理？
   (2) 患者出院时应做哪些指导？

2. 患者，男，50 岁。股骨头置换术后 1 天，卧床。
   请回答：
   (1) 患者的护理级别是什么？
   (2) 该级别的护理要点有哪些？

(王翠丽　张　岩)

第五章 患者的舒适与安全

导学目标

通过本章内容的学习，学生应能够：

◆ **基本目标**

1. 解释舒适、不舒适、患者安全的概念。
2. 正确陈述影响患者舒适与安全的因素。
3. 准确对患者进行舒适与安全的评估。
4. 比较评估患者舒适状态的常用测量工具。
5. 运用所学知识，根据患者舒适与安全状态做好护理，培养学生关爱患者、重视患者舒适与安全、对待患者与家属耐心细致的高尚职业品格。

◆ **发展目标**

1. 根据患者的病情，综合运用促进患者舒适的护理原则，在护理工作中采取正确的措施促进患者的舒适。
2. 根据患者的病情及需要，正确选择和科学使用各种保护具及辅助器具，保证患者安全，践行国家医疗质量安全改进目标，做患者安全的宣传者和实践者。

本章数字资源

案例 5-1

患者张某，男，62岁，诊断"胸中段食管鳞状细胞癌"，于3天前收入胸外科。入院后因环境改变、担心治疗效果等，患者整日闷闷不乐，不愿与人交流，出现焦虑、晚上不能入睡。经过积极的术前准备及精心护理，患者昨日在全身麻醉气管插管下行胸腹腔镜联合食管癌根治术，术后携带气管插管、胃肠减压管、导尿管、胸腔引流管、中心静脉导管返回病房。病房管床护士接患者置于监护室。现患者行气管插管呼吸机辅助呼吸中，神志未完全清醒，烦躁不安，多次试图自行拔掉气管插管。

请回答：
1. 入院当日影响患者舒适的因素有哪些？可运用哪些护理原则促进患者舒适？
2. 术后返回监护室后，患者存在哪些安全隐患？针对患者烦躁、不配合治疗的情况，护士可以采取哪些措施促进患者安全？
3. 如需对患者进行保护性约束，使用前需评估哪些内容？

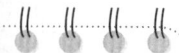

舒适与安全是人类的基本需要，涉及生理、心理、精神、社会、文化以及环境等各方面因素。个体在健康状态下，会通过自主或不自主地调节自身功能，满足机体舒适的需要。而在患病情况下，个体内部环境的稳定状态被打破，安全感消失，并会产生不舒适的感觉。

护理工作和患者的舒适与安全密切相关。许多护理措施都是为了促进患者的舒适与安全。因此，作为护理工作者，应注意观察患者是否存在安全隐患和有无不舒适的感觉，及时发现并分析影响患者舒适与安全的因素，为患者提供适当的护理措施，以满足其舒适与安全的需要。

第一节　患者的舒适

随着现代护理学科的发展，护理工作不再是单纯的技术操作，而是更注重"以人为本"的整体护理。在整个护理过程中倡导舒适护理，力求通过护理措施，使患者身心处于最佳状态，以便更好地配合治疗，减少并发症，促进机体早日康复，从而使个体在生理、心理、环境等方面达到愉快状态，提高舒适程度。

一、舒适与不舒适

（一）舒适

舒适（comfort）是个体在某种环境中保持平静、安宁、轻松、自在的状态，是一种自我满足的主观感觉。Kolcaba将舒适分为三种类型：①缓解：指某种不舒适得到控制。如使用镇痛药后疼痛减轻。②轻松自在：指处于一种轻松、安宁的状态，没有出现不舒适。如冬天在暖气房间不会感到寒冷。③超然：指某种不适存在或无法缓解时，能平静地面对它，如患者在术前知道手术后会出现疼痛，但能平静地接受手术。

舒适是患者希望通过护理得到满足的基本需要之一。由于个体在生理、心理、精神、社会、文化、环境等方面的经历和感受不同，对舒适有不同的认识和体验。一般来说，最高水平的舒适是一种身心需要均能得到满足的健康状态，表现为心情舒畅、精力充沛、情绪稳定、感到安全和完全放松。舒适是一种主观的感觉，包括四个相互关联的因素：①生理舒适：指身体上舒适的感觉。②心理、精神舒适：指人的自我意识，包括信仰、自尊、生命价值等精神需求得到满足。③社会、文化舒适：指个体、家庭和社会的相互关系融洽和谐及文化习俗适应良好。④环境舒适：指围绕个体的外在物理环境，如温度、湿度、光线、声音等使个体感觉适宜。以上四个方面的因素相互联系、相互影响，如其中某一个方面出现问题，都会影响其他方面的舒适。

（二）不舒适

不舒适（discomfort）是指个体身心不健全或有缺陷，生理、心理、精神需求不能全部满足，社会、文化适应不良，周围环境不适宜，由此产生的一种自我不满足的感觉。当基本生理需要得不到满足或身体某部位出现病理变化时，个体对舒适的感觉程度逐渐下降，甚至感到疼痛，最终以不舒适取代舒适。不舒适表现为紧张、烦躁不安、焦虑、精神不振、疲乏、失眠、消极失望、身体无力甚至疼痛，难以维持正常生活与工作。疼痛是不舒适中最严重的表现。

（三）舒适与不舒适的关系

舒适与不舒适之间没有截然的分界线。个体每时每刻都处在舒适与不舒适之间的某一点上，并不断变化着。舒适状态是指患者舒适需求被满足或未被满足的程度，是一个动态的过程。个体在疾病不同阶段，其舒适的状态不同，需要护士根据疾病特点进行有效、全面的舒适状态的测量。舒适是通过护理可产生的即刻性期望结果。若患者接受了持续的舒适护理，就会提高其舒适感，从而促进健康。

二、影响患者舒适的因素

影响患者舒适的因素很多,主要包括生理、心理、精神、社会、文化和环境因素,这些因素往往相互关联、互相影响,甚至互为因果。

（一）生理因素

1. 疾病　疾病本身会引起机体不适,如恶心、呕吐、饥饿、口渴、腹胀、咳嗽、疼痛等。其中疼痛是最常见、最严重的不舒适。

2. 个人卫生不良　患者因疾病而导致自理能力受限,无法完成必要的清洁工作,若得不到良好的护理,可导致卫生不良,常因口臭、头发及皮肤有污垢、汗臭、瘙痒等而影响舒适。

3. 姿势及体位不当　如关节过度屈曲、伸张,身体某部位长期受压或由于某些疾病造成的强迫体位,都可使患者肌肉酸痛、关节疲劳而影响舒适。

4. 活动受限　因疾病无法随意自主活动,或因使用过紧的绷带、石膏等,导致患者局部皮肤、肌肉及关节受压而影响舒适。

（二）心理、精神因素

1. 焦虑与恐惧　患者因患病心理上承受很大压力,如担心疾病的危害、感到无助、害怕手术及治疗等。

2. 自尊受损　患者经常担心被医务人员冷落,或在操作时身体隐私部位被暴露过多、缺少遮挡等,使其感到自己不被重视与尊重,自尊心受到损害。

（三）社会、文化因素

1. 缺乏支持系统　患者住院后与家人隔离或被亲朋好友忽视,缺乏亲情、家庭、经济、社会支持。

2. 角色适应不良　担心家庭、孩子或工作等,出现角色行为冲突、角色行为紊乱而使患者不能安心养病,影响疾病的康复。

3. 生活习惯改变　住院后各种生活习惯改变、作息时间紊乱等使患者感到不适。

4. 文化习俗适应不良　个体从熟悉而固定的文化模式、环境到另一个陌生的文化模式、环境时,其长时间形成的母文化与陌生文化中的态度、价值观、风俗习惯等产生冲突,造成个体产生不舒服甚至痛苦的感觉,从而影响舒适。

（四）环境因素

1. 住院环境陌生　新住院患者常因环境陌生、缺乏安全感而产生紧张和焦虑情绪。

2. 物理环境不良　如不适宜的温湿度、光线、颜色、噪声干扰、通风不良而致室内空气不洁等,都会影响患者舒适。

三、促进患者舒适的护理原则

舒适水平受到诸多因素的影响,并且影响患者的情绪状态、睡眠质量以及并发症的发生,进而影响患者的生活质量。因此在现代医学模式下,增进患者的舒适程度是护理学领域需重视的问题。护士在临床护理工作中,不仅要帮助患者解决疾病带来的痛苦,还要在病情允许的情况下,最大程度地提高患者的舒适感,缓解或消除各种不适感,进而体现"以人为本、以患者为中心"的整体护理观。

（一）预防为主,促进患者舒适

护士应熟悉影响患者舒适的因素,对其进行全面评估,做到预防在先,促进患者舒适。如保持患者身体清洁,维持适当姿势与卧位;保持良好的服务态度,尊重患者,洞察患者的心理需求;建立融洽的护患、病友关系;听取患者对治疗、护理的意见,鼓励患者积极参与护理活动;保持病室环境的整洁等。

（二）加强观察，及时去除诱因

舒适与不舒适属于自我感觉，护士除了需采用评估量表对患者的舒适状态进行有效测量外，还应通过细致的观察和科学的分析，估计患者不舒适的原因及程度。认真听取患者的主诉和家属提供的线索，细心观察患者的非语言行为，如面部表情、手势、姿势、体态及活动或移动能力、饮食、睡眠、皮肤颜色、有无出汗等，从而判断患者不舒适的程度，找出并积极去除影响舒适的诱因。

（三）加强护理，减轻患者不适

根据不同原因，有针对性地采取相应的有效措施，增进患者的舒适感。例如对腹部术后的患者给予半坐卧位或必要的支撑物以缓解切口疼痛，减轻不适，促进康复；对由于便秘导致不适的患者，可采取适当的方法进行通便，必要时行大量不保留灌肠，以解除因便秘、腹胀而导致的不适。

（四）互相信任，给予心理支持

护士与患者、家属建立相互信任的关系是心理护理的基础，有利于解除患者因心理、精神因素引起的不舒适。对心理、精神因素引起不舒适的患者，护士可采取不作评判的倾听方式，使其郁积在内心的苦闷和压抑得以宣泄；通过有效的沟通，正确指导患者调节情绪；配合家属共同做好患者的心理护理。

四、增进患者舒适的护理措施

护士要评估患者生理、心理、精神、社会、文化和环境方面的舒适状态，采取针对性、个性化的舒适护理措施，增进患者舒适。在整体护理过程中，舒适护理技术应贯穿于护理工作的始终，渗透于每个细节，并且应将护理服务的效果及患者舒适度作为评价标准。

（一）评估患者的舒适状态

护理专业人员应对患者的舒适状态进行有效评估，通过早期识别、评估患者舒适程度和分析影响患者舒适的因素，制订并实施有针对性的干预方案，解决生理、心理、精神、社会、文化和环境舒适问题，从而使舒适需求得到满足，提高患者的舒适水平。现阶段，Kolcaba 的舒适状态量表和视觉模拟评分方法是应用最广泛的舒适测量工具。

1. 舒适状态量表（general comfort questionnaire，GCQ） 由美国舒适护理专家 Kolcaba 于 1992 年在研究舒适理论的基础上研制而成。舒适状态量表是一个自评量表，包括生理、心理、社会文化和环境 4 个维度，共 30 个条目。该量表于 2004 年经朱丽霞和高凤莉两位学者翻译成中文。采用 Likert 四级评分法，即 1 表示"非常不同意"，2 表示"不同意"，3 表示"同意"，4 表示"非常同意"。所有 30 个条目得分之和即为该量表的总分，反映了被测者舒适程度的总体状态。最低分数是 30 分，最高分数是 120 分，分数越高，舒适程度越高。总分<60 分为低度舒适，总分 61~90 分为中度舒适，总分>90 分为高度舒适。

2. 视觉模拟评分方法（visual analogue scale） 患者根据自己的感受在 0~10 的模拟标尺上进行打分。最左端为 0，最右端为 10，患者指出能代表其舒适感受的一点。0 分为无任何不适；1~3 分为轻度不适感，可以忍受；4~6 分为不适感明显，也可以忍受，可能影响睡眠；7~10 分为严重不舒适，应该尽量避免。其中 4 分以上就认为患者处于不舒适的状态。该方法简便易行，应用较普遍，但只能粗略评估患者的舒适程度。

（二）提供舒适护理

1. 提供生理舒适护理 患者因为疾病往往会引起机体诸多生理不适，故减轻患者的身体症状、提高患者的舒适水平对于提高患者的生活质量具有非常重要的意义。对身体不适的患者，可针对诱因采取有效措施，如对已发生尿潴留的患者，采取适当的方法诱导排尿，必要时行导尿术，以解除膀胱高度膨胀引起的不适。

舒适卧位是指患者卧床时，感到轻松自如，身体的各个部位处于合适的位置，不当的姿势或卧位是引起不舒适的原因之一。维持患者正确的姿势和卧位，有助于提高患者的舒适感，还可以预防长期卧床造成的并发症。维持舒适卧位的作用：①增进患者的身心舒适，达到完全休息的目的。②维持正常的功能位置，避免发生关节或肌肉挛缩。③减轻症状，起到协助治疗的作用。例如，对腹部手术后的患者，在病情稳定的情况下，给予半坐卧位可以预防或缓解切口疼痛的不适，促进康复。关于疼痛的护理，详见"第六章　疼痛患者的护理"相关内容。

2. 提供心理、精神舒适护理　护士应以亲切、和蔼的态度主动与患者进行沟通交流，随时掌握其心理活动状态，鼓励患者说出内心想法，从中找出影响舒适的心理、精神因素，并提出解决方法，通过诱导式的沟通技巧帮助患者减轻焦虑与恐惧，维护自尊。

3. 提供社会、文化舒适护理　家庭社会支持、文化习俗融入程度与患者的舒适状态密切相关，护士应指导患者家属与患者共同制订疾病康复目标和计划，并指导家属做好监督与提醒工作，适当增加家属陪伴，满足其亲情的需要。同时可组织病友联谊会，进行健康教育内容的学习，及时解决疑难问题，以使患者获得良好的家庭社会支持，适应病区文化，为其创造有利于疾病康复的积极条件。

4. 提供舒适照护环境　护士应结合医院条件，尽可能地为患者创造舒适的物理环境、和谐的病区环境与安全的生物环境，以满足患者舒适需求。如提供舒适整洁的病床单位、良好的采光和通风设备、适宜的室内温湿度等。

第二节　患者的安全

安全是人类的基本需要，患者的安全是医学领域的永恒主题，也是医疗服务的最基本出发点和终极目标。医疗卫生保健服务的根本宗旨是为患者提供高质量的卫生保健服务，而卫生保健服务质量的核心是确保患者的安全。为进一步加强医疗质量安全管理，持续提升医疗质量安全管理科学化、精细化水平，构建优质高效的医疗质量管理与控制体系，根据《医疗质量管理办法》，2021年，国家卫生健康委办公厅制定并发布了《2021年国家医疗质量安全改进目标》。要求各级医疗服务机构从业人员充分提高认识，强化目标导向，提升医疗质量安全管理水平；加强组织领导，创新工作机制，推动目标持续改进；加强工作交流，营造良好氛围，培育质量安全文化。

一、患者安全的定义

患者安全（patient safty）目前尚无统一定义。美国医学研究所（Institute of Medicine，IOM）认为，患者安全是避免患者受到意外伤害，要求医疗机构通过建立规范的程序和制度，以最大限度地防止医疗差错事件的发生。美国医疗机构评审联合委员会（the Joint Committee American Health Organizations，JCAHO）定义患者安全为：在医疗服务过程中采取必要措施，避免或预防患者发生不良结果或伤害，包括预防错误、偏差及意外。WHO将患者安全定义为：将卫生保健相关的不必要伤害风险降低到可接受的最低程度。这种可接受的最低程度的风险是指在医疗保健现有的、可获得的知识、资源和情境条件下经控制所能达到的水平。

我国在2007年《中国医疗质量与患者安全》报告中阐述患者安全为患者在住院或者在医院驻留期间，免除在医疗过程中和医院环境中发生医疗或非医疗的不可容许的风险，不使患者的机体、精神受损害以至生命危险的状态，现阶段主要体现在避免和预防患者在接受医疗服务过程中受到任何损害。患者安全是几乎所有国家和地区的战略医疗保健重点，近年来，各国家和地区纷纷发布相应文件以保障在医疗卫生保健服务领域对于患者安全的保障工作。成功实施患者安全策略需要明确的政策、领导能力、推动安全改进的数据、熟练的医疗保健专业人员以及患者有效参与。

知识链接

2022年国家医疗质量安全改进目标

为进一步加强医疗质量安全管理，持续提升医疗质量安全管理科学化、精细化水平，构建优质高效的医疗质量管理与控制体系，根据《医疗质量管理办法》，国家卫生健康委员会制定了《2022年国家医疗质量安全改进目标》。

目标一　提高急性ST段抬高型心肌梗死再灌注治疗率

目标二　提高急性脑梗死再灌注治疗率

目标三　提高肿瘤治疗前临床TNM分期评估率

目标四　提高住院患者抗菌药物治疗前病原学送检率

目标五　提高静脉血栓栓塞症规范预防率

目标六　提高感染性休克集束化治疗完成率

目标七　提高医疗质量安全不良事件报告率

目标八　降低非计划重返手术室再手术率

目标九　降低住院患者静脉输液使用率

目标十　降低阴道分娩并发症发生率

摘自：国家卫生健康委员会官网

二、影响患者安全的因素

医疗服务具有专业性、复杂性、相互依赖性、不确定性和高风险性等特点，医疗机构在提供医疗服务过程中必然面临较高的风险。患者在医院接受诊断、治疗、护理的同时，常因患者自身因素、医务人员因素、医院环境及医院诊疗方面的因素而影响患者安全。

（一）患者因素

1. 生理因素

（1）年龄：年龄对于个体感知和理解周围环境的风险水平有一定影响。如儿童处于生长期，好奇心强，喜欢探索新事物，因而发生意外事件的风险较高。老年患者因生理功能的退行性改变及机体总体功能的障碍，常出现记忆力减退、视力下降、行动迟缓等改变，较易发生走错病室、错服或漏服药物及跌倒等安全问题。

（2）运动障碍：运动障碍常与患者肌无力、瘫痪、镇静药物使用等有关，是导致患者跌倒的主要原因，而运动障碍又会使得患者运动功能进一步降低，不利于患者的远期康复。如肢体瘫痪的患者常因长时间的卧床制动导致肌肉无力，日常生活自理能力下降。

（3）感觉障碍：任何一种感觉障碍均会妨碍患者辨别周围环境中现存或潜在的危险因素。例如白内障患者因视物模糊而容易撞伤、跌倒；糖尿病患者发生周围神经病变并发症后，常因下肢麻木等感觉障碍而导致发生烫伤的风险较高。

2. 心理因素　患者因疾病、患者角色适应不良及其他因素导致焦虑抑郁时，常发生自伤、自杀等行为。当患者处于情绪低落或精神紧张的状态，易发生不遵从、不配合诊疗及护理措施的行为而发生意外事件。

3. 认知因素 患者对疾病以及安全文化的认知水平受到文化水平、职业、社会关系、性格等方面的影响。缺乏基本医疗常识、安全知识等易造成患者对安全的重视程度不够及自我安全防护信念较低。医疗及护理知识匮乏的患者很难遵从治疗及护理方案，如遵医嘱按时服药、在护士指导下进行早期功能锻炼等。

（二）医务人员因素

医务人员是患者诊治及护理的直接实施者，医务人员的数量及专业素质是影响患者安全的因素之一。护士是护理措施的主要执行者，在确保患者安全的同时直接为患者提供护理方面的各项措施。护士的人力资源配备、教育培训、工作条件、专业素养等均是影响患者安全的因素。例如：人员配备充足有利于护士全面系统地监测患者病情并及时满足患者需求；护士良好的心理素质有利于对突发应急事件的处理，以降低患者因意外造成的进一步伤害及损失。而医疗机构护士人力资源配置不足、结构不科学、缺乏职业素养等均不利于患者安全。

（三）医院环境因素

医院是提供医疗服务的重要场所，作为社会公共医疗机构，需要为患者提供安全的就医环境。医院环境因素涉及医院的基础设施、设备及物品的数量及性能，也包括医院的医疗及护理水平、机构安全文化、规章制度等。安全文化是医院文化组织中的重要部分，是在长期的医疗活动实践中形成的意识规范、思维方式、价值取向，也是一种非惩罚性和全员参与的安全价值观念和安全行为准则之和，具体来说，通常是患者或者医务人员在医院期间不受到生物的、物理的、化学的、机械的、食品的、心理的以及医疗技术等各种人为不良因素的影响。例如放射线、病原微生物、噪声、粉尘、安全通道、医用气体及化学药品等。

（四）诊疗方面的因素

患者在医疗机构接受的一系列检查及治疗过程可能会对其安全有一定影响。一些特殊的检查及治疗方式在发挥对患者的诊断及治疗作用的同时，也可能为患者带来不安全的隐患。医护人员在实施诊疗及护理过程中的用药错误、操作失误等也会导致患者发生不安全事件。例如侵入性的检查、治疗可能导致患者发生感染的概率增加；长时间的手术可能对患者受压处皮肤造成压力性损伤；给药过程中由于对剂量、用法的不正确使用可能对患者造成不可挽回的伤害；输血过程中的不规范操作可能使患者面临输血不良反应和感染传播疾病的风险等。

> **知识链接**
>
> ## WHO发布《关于患者安全的10个事实》
>
> 2019年8月26日，世界卫生组织（WHO）更新了《关于患者安全的10个事实》。
>
> 事实1：每10名患者中就有1名患者在接受医疗照护时受到伤害。
>
> 事实2：由于不安全医疗照护而导致的不良事件是全球十大死亡和残疾原因之一。
>
> 事实3：在全球范围内，每10名患者中就有多达4名患者在接受医疗保健时受到伤害，其中高达80%的伤害被认为是可以预防的。
>
> 事实4：用于医疗费用总支出与治疗医院护理中受到伤害患者的费用占比为7∶1。
>
> 事实5：对患者安全领域的投资可以节省大量医疗保健费用的支出。
>
> 事实6：每年因不安全用药及用药错误而导致数百万患者受到伤害，并造成数十亿美元的经济损失。

事实 7：误诊或延迟诊断是对患者造成伤害的最常见原因之一，并影响着数百万患者。

事实 8：每 100 名住院患者中约有 10 名患者发生医源性感染。

事实 9：每年约超过 100 万患者因手术并发症的发生而死亡。

事实 10：医源性辐射暴露是一个公共卫生和患者安全问题。

摘自：世界卫生组织官网

三、患者安全的评估

患者在入院诊治过程中，医务人员需全面评估是否存在影响患者安全的因素，从而预见性地采取科学有效的措施，以最大限度地减少不安全事件的发生。从患者安全的角度，护士应实施的策略包括监测患者的临床现状、监测错误和不良事件、了解护理过程、识别和监测患者状态的变化。

（一）患者方面

1. 患者是否因年龄、感觉或功能状态、意识状态存在安全隐患。
2. 患者是否有影响安全的个体危险因素，如吸烟、嗜酒或药物滥用等不良生活方式。
3. 患者对自我安全的感知程度。
4. 患者是否了解自身身体状况及疾病相关情况。
5. 患者是否熟悉医院环境及疾病诊疗、护理方案。
6. 患者是否存在消极心理，如抑郁、自杀、焦虑、危害他人安全、妄想、治疗期望过高等。

（二）治疗方面

1. 患者所处的治疗环境是否安全，是否存在威胁患者安全的设备等。
2. 患者是否接受特殊治疗，如冷、热疗法或氧气治疗等。
3. 患者是否因为意识障碍需进行活动限制或保护性约束。
4. 患者是否使用影响精神或感觉功能的药物。
5. 患者是否积极配合医务人员的诊疗及护理。
6. 患者的护理措施是否有利于患者疾病的恢复及远期康复。

四、医院常见的患者不安全因素及防护原则

患者安全是保障健康的基础，是患者的基本权利，保障患者安全是医疗机构、医护人员的神圣职责。护士要了解医院常见的患者不安全因素，依据科学的专业知识制订防护措施，改善不同实践领域的患者安全，消除患者面临的所有可避免的风险和伤害的来源。

（一）医院常见的患者不安全因素

1. 物理性损伤 物理性损伤包括机械性、温度性、压力性及放射性损伤等。

（1）机械性损伤：医院最常见的患者机械性损伤类型是跌倒和坠床。

（2）温度性损伤：医院内常见的患者温度性损伤有热水袋、热水瓶导致的烫伤，易燃易爆物品如氧气、乙醚等液化气体导致的烧伤，各种电器如烤灯、高频电刀导致的灼伤，应用冰袋、冰枕等导致的冻伤等。

（3）压力性损伤：常见因长期受压导致的压疮，因高压氧舱治疗不当导致的气压伤，因输液不当导致的肺水肿等。

(4) 放射性损伤：常见的有放射性皮炎、皮肤溃疡等，严重者可导致死亡。

2. 化学性损伤 在医院内通常是由于药物使用不当所引起，如药物剂量过大、配伍不当甚至用错药物等。

3. 生物性损伤 包括微生物及昆虫对人体的伤害。微生物侵入机体后可诱发各种疾病，直接威胁患者的安全。昆虫如蚊、蝇、虱、蚤、蟑螂等的叮咬造成的伤害也较多见，昆虫叮咬不仅影响患者的休息和睡眠，还可导致过敏性损伤，甚至传播疾病，故应采取有力措施予以消灭和加强防范。

4. 心理性损伤 心理性损伤是由各种原因引起的情绪不稳、精神受挫所致。如患者对疾病的认识和态度、与周围人群的情感交流、医护人员对患者的行为和态度等均可影响患者的心理，甚至导致心理性损伤的发生。

（二）防护原则

世界卫生组织指出患者安全是卫生服务的基本组成成分。医疗护理服务过程中，患者安全是不容忽视的重要环节，提高患者安全需要医疗服务系统为之付出巨大努力。护士要以患者的安全为核心，将患者安全融入所有护理过程，分析医院常见的患者不安全因素，认真落实防护原则，避免对患者造成伤害。医院常见的患者不安全因素防护原则包括：①常规开展患者安全危险性评估。②采取有效措施保护患者安全。③妥善保管、规范使用各种医疗设备、仪器和器械。④制订常见安全问题的应急预案。⑤加强对患者和家属的安全教育、鼓励患者参与安全防护。⑥创建积极、开放的患者安全文化。

五、保护患者安全的措施

在患者入院期间，对患者安全需要的评估是连续的，当患者意识模糊、躁动、谵妄或行动不便时，往往伴随潜在的安全隐患，如跌倒、坠床、导管脱落等。因此在护理过程中，需要采取必要的安全保护措施避免不安全事件的发生，如保护具及辅助器的使用。

临床工作中，保护具及辅助器的使用人群包括：①小儿患者：因认知功能及自我保护能力尚未发育完善，尤其是年龄小于6岁的儿童，易发生坠床、撞伤、抓伤等意外及不配合治疗的行为。②坠床发生概率高者：如麻醉后未清醒者、意识不清、躁动不安、失明、痉挛或年老体弱者。③实施某些眼科特殊手术者：如白内障摘除术后患者。④精神病患者：如躁狂症、自我伤害者。⑤易发生压疮者：如长期卧床、极度消瘦、虚弱者。⑥皮肤瘙痒者：包括全身和局部瘙痒难忍者。

（一）保护具的使用

保护具（protective device）是指用于限制患者身体某部位活动，从而达到维护患者安全及治疗效果的器具。常用于小儿、热性惊厥、意识模糊、谵妄以及危重症患者，其主要目的是预防患者由于药物副作用、意识不清或其他原因发生跌倒、坠床、撞伤、自伤等意外事件，防止患者因意识不清及认知功能损害而妨碍治疗及护理的实施，也可用于患者术后或创面的保护。

1. 使用原则

（1）知情同意原则：在使用保护具前必须向患者和（或）家属解释使用保护具的原因、目的、方法及注意事项，取得患者和家属的同意与配合，并书面签字。

（2）短期使用原则：保护具适宜短期为确保患者的安全使用，且使用保护具要正确得当。若非必须使用，则尽可能不用。

（3）随时评价原则：对于使用保护具的患者要随时进行评估，评估内容包括：①患者及家属对保护具使用目的及方法的了解、配合程度。②患者安全、舒适，基本生命需求能够得到满足，无血液循环障碍、皮肤破损、坠床、撞伤等并发症或意外发生。③各项检查、治疗及护理措施能够顺利进行。

2. 常用保护具及使用方法

（1）床档（bedside rail restraint）：主要用于预防患者坠床。常见有以下三种。

1）多功能床档：使用时插入两侧床缘，不用时插于床尾（图 5-1）。

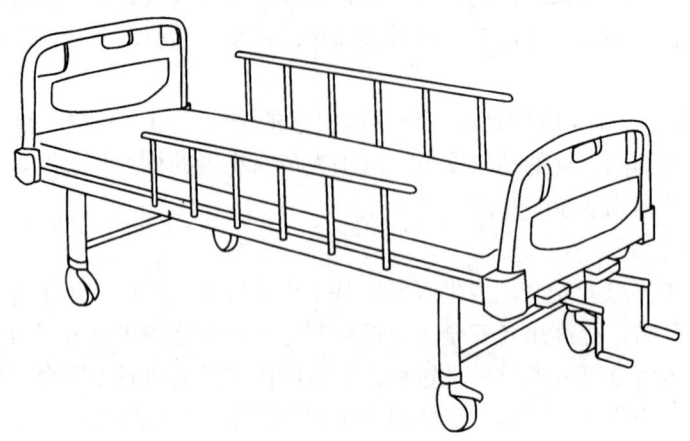

图 5-1　多功能床档

2）半自动床档：可按需求拉起床档（图 5-2）。

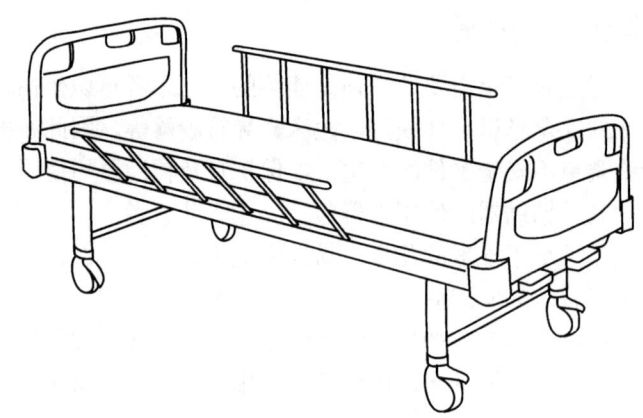

图 5-2　半自动床档

3）围栏式床档：使用时将床档稳妥固定于床的两侧。中间为可以活动的门，操作时可将门打开，平时关闭（图 5-3）。

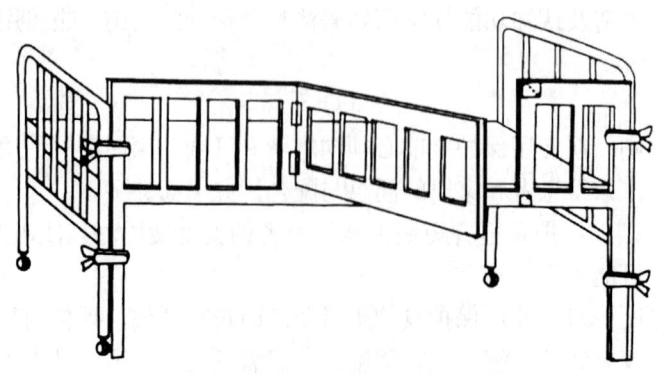

图 5-3　围栏式床档

(2)约束带（restraint）：用于限制患者身体或肢体活动，防止患者自伤或伤害他人。如保护躁动的患者，限制身体或约束失控肢体的活动，防止患者自伤、坠床或无意识拔针、拔管。

1）宽绷带：常用于固定手腕及踝部。使用时，用棉垫包裹手腕部或踝部，再用宽绷带打成双套结（图5-4），套在棉垫外，稍拉紧后将绷带系于床缘。在确保肢体不脱出的同时，以松紧度不影响血液循环为宜。

2）肩部约束带：常用于固定患者双肩以限制其坐起。肩部约束带用布制成，宽8 cm、长120 cm，制作成袖筒，袖筒上有细带。使用时，患者两侧肩部套上袖筒，腋窝垫棉垫，两袖筒上细带在胸前打结，两条宽带系于床头（图5-5）。

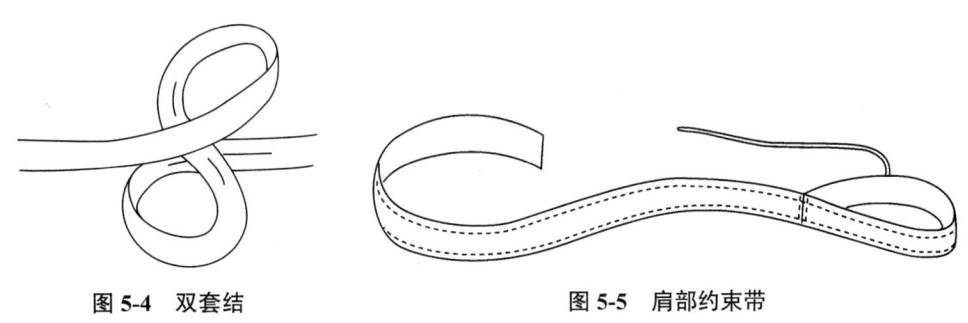

图5-4 双套结　　　　图5-5 肩部约束带

3）膝部约束带：用于固定膝部，限制患者下肢活动。带宽10 cm、长250 cm。使用时，两膝垫衬垫，将宽带下的两头带固定膝关节，将宽带两端系于床缘（图5-6）。

图5-6 膝部约束带

4）尼龙搭扣约束带：用于固定手腕、上臂、踝部及膝部。约束带由布和尼龙搭扣制成。使用时将约束带置于关节处，被约束部位垫衬垫，对合尼龙搭扣，将带子系于床缘（图5-7）。

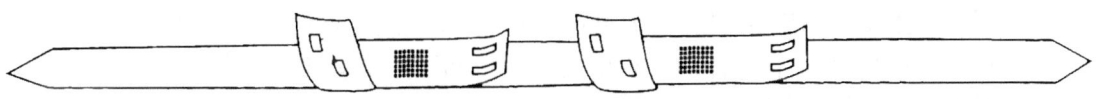

图5-7 尼龙搭扣约束带

（3）支被架：用于肢体瘫痪或极度衰弱的患者，以防盖被压迫肢体而造成不适或足下垂等并发症，也可用于暴露疗法时需要保暖的烧伤患者（图5-8）。

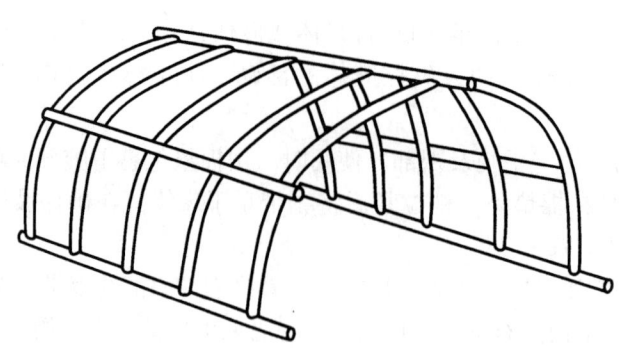

图 5-8 支被架

（4）医用充电式气垫：压力性损伤是指发生在皮肤和（或）潜在皮下软组织的局限性损伤，通常发生在骨隆突处或皮肤与医疗设备接触处。住院患者尤其是危重症患者发生压力性损伤的风险较高，而损伤的发生不仅对患者的局部皮肤造成损害，也会对疾病的康复造成不利影响。因此，长期卧床尤其是脊髓损伤患者，使用医用充电式气垫对减轻局部压力、预防压力性损伤的发生非常重要。

医用充电式气垫由多组空气单元组成压力转换型防压疮垫，每隔 5～10 min 进行交替的充气、放气，以阻断局部皮肤压力的持续时间，达到间歇性减压的目的。可单边或多边充气，减压效果好，种类多样，气囊的高度越高，则包容性和减压性越好。缺点是稳定性不足，易被划破而导致漏气。适用于压力性损伤产生风险较高的人群。

3. 注意事项

（1）严格掌握适应证：保护具的使用是在保护患者安全的前提下，且其他可替代的干预措施无效的情况下使用，不能被当作是人力、物力不足时的替代手段。因此严格掌握适应证是非常必要的，是为保证患者的治疗和护理顺利进行而采取的保护性约束。

（2）取得知情同意：保护具的使用在经过对患者的详细评估后，应向患者及家属告知相关流程及风险，征得患者或家属同意之后才能使用。

（3）严密观察不良反应：使用约束带时应注意观察皮肤情况，约束带下须垫衬垫，固定松紧适宜，并定时松解，每 2 h 松约束带一次。观察受约束部位的末梢血液循环情况，每 15 min 观察一次，发现异常及时处理。必要时进行局部按摩，促进血液循环。使用保护具时将患者肢体及各关节处于功能位，协助患者更换体位和适当进行关节活动，保证患者的安全、舒适。

（4）保持良好沟通：确保患者在使用保护具时能够随时与医务人员取得联系，以保障患者的舒适和安全，如合理安置呼叫器、安排陪护人员等。对清醒患者，应向患者告知其必要性，取得患者的配合。对昏迷或精神障碍患者，先向家属讲清必要性，在取得家属的理解和配合后使用。

（5）及时规范记录：记录保护具使用的原因、部位、种类、开始使用和解除约束的时间、使用情况、观察结果和相应的护理措施等。

（二）辅助器的使用

辅助器具品种多样，使用广泛，是为患者提供身体平衡或支持的器材。其使用目的是辅助身体存在残障，或因疾病、高龄而行动不便的患者进行活动，保障患者安全。

1. 常用辅助器及使用方法

（1）轮椅（wheel chair）：轮椅是一种常用的帮助行动困难患者代步和护理的器具，按功能可分为普通轮椅、便携式轮椅、多功能轮椅、座便轮椅、站立式轮椅、高靠背全躺或半躺的轮椅等。如果患者身体状态较好，上身可自主控制，思维清晰，但下肢功能障碍或行走吃力，可选择普通手动轮椅；如果患者身体控制能力差或是卒中、截瘫、下肢骨折人群，则需要高靠背全躺或半躺的轮椅。

（2）拐杖（crutch）：拐杖是单臂操作步行辅助器具，用于步行时的辅助支撑，主要用于短期或长期下肢活动障碍者离床活动时使用。使用拐杖最重要的是长度合适、安全稳妥，判断适宜长度的简易计算方法是使用者身高减去 40 cm。拐杖一般可分为腋杖、肘拐和手杖。在使用时，使用者双肩放松，身体挺直站立，腋窝与拐杖顶垫间相距 2~3 cm，拐杖底端应侧离足跟 15~20 cm。握紧把手时，手肘可弯曲。若拐杖选择不当或不正确使用拐杖，患者易发生跌倒、腋下手掌挫伤或因腋下受压导致神经损伤、背部肌肉劳损、酸痛等。

1）腋杖和肘拐：使用腋杖（图5-9）和肘拐（图5-10）需掌握正确的持杖和步行方法，特别是使用腋杖者，身体的负重主要是通过手握把手而不是通过腋托。腋托主要是把握方向，持杖时腋托不抵住腋窝，若长期使用腋窝支撑体重，会伤及腋窝内臂丛神经，造成二次伤害。

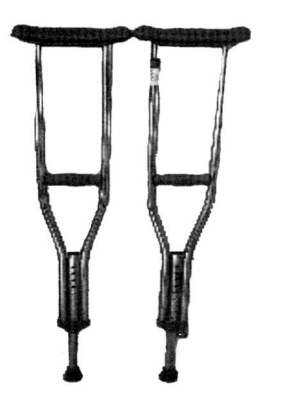
图 5-9 腋杖

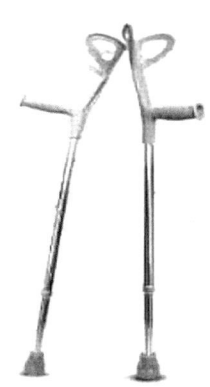
图 5-10 肘拐

2）手杖：是一种手握式辅助用具（图5-11），常用于不能完全负重的残障者或老年人。手杖应由健侧手臂用力握住。手杖长度的选择需符合以下原则：①肘部在负重时能稍微弯曲；②手柄适于抓握，弯曲部与髋部同高，手握手柄时感觉舒适。木制手杖长短固定、不能调整；金属制手杖可按照身高调整高度，常用于步态极为不稳的患者。

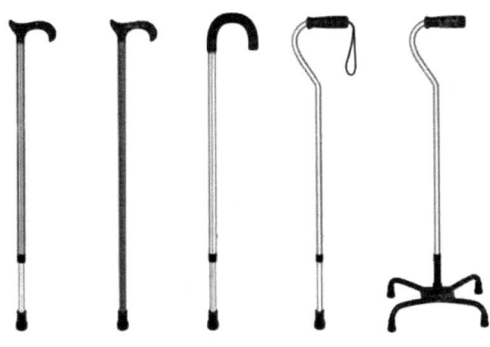
图 5-11 手杖

（3）助行器（walking aid）：助行器是辅助人体支撑体重、保持平衡和行走的器具，是双臂操作的助行器具。按结构分为框式、轮式和台式等，适用于偏瘫、骨科术后、截肢、行走困难的老年患者以及实施早期康复治疗的危重症患者。助行器的选择应符合患者当前的机体状态以及个人需求。医务人员需评估助行器的稳定性和安全性，如助行器的支脚是否全部平稳接触地面，手握的部位是否松动，脚轮转动是否灵活。使用过程中保持身体平衡，用助行器辅助前行时，助行器与患者之间的距离不宜过远，使用轮式助行器患者的前进速度不宜过快。

1)框式助行器:具有较高的稳定性,需要抬起助行器前行,主要用于上肢功能健全、下肢平衡能力较差而步行困难者,如下肢损伤或骨折不能负重者(图5-12)。

2)轮式助行器:具有很好的方向性,较易推进,不需要将助行器抬起,使用者靠推动助行器前移,适用于上肢肌力不足、无法将助行器提起者(图5-13)。

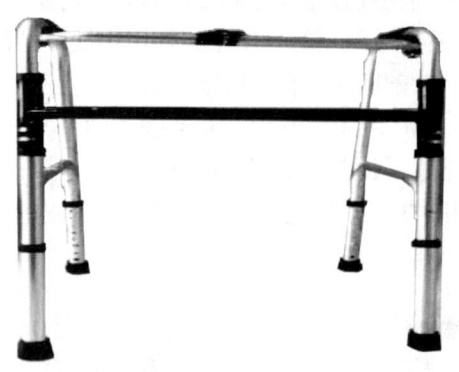
图 5-12 框式助行器

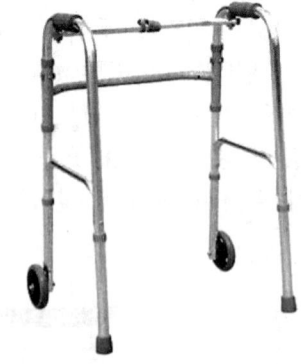
图 5-13 轮式助行器

3)台式助行器:适用于手部握力不足的患者,使用时需将手部置于平台,不需抓握(图5-14)。

2. 注意事项

(1)患者在使用拐杖时应意识清楚,身体状态良好。使用者的手臂、肩部或背部应无伤痛,活动不受限制,以免影响手臂的支撑力。

(2)调整拐杖后,将全部螺钉拧紧,橡皮底垫紧贴拐杖底端,并应经常检查,确定橡皮底垫的凹槽能产生足够的吸力和摩擦力。

(3)患者所穿鞋要合脚、防滑,衣服要宽松、合身。尽量保证患者活动场地宽敞,避免拥挤和注意力分散,同时保持地面干燥,无障碍物。

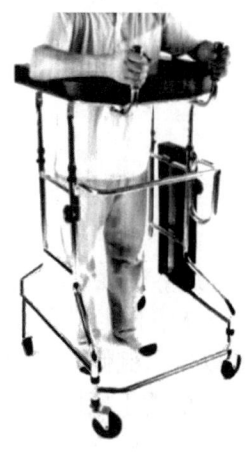
图 5-14 台式助行器

小 结

舒适与安全是人类的基本需要,护理工作和患者的舒适与安全密切相关。舒适是个体在某种环境中保持平静、安宁、轻松、自在的状态,是一种自我满足的主观感觉。影响患者舒适的因素很多,主要包括生理、心理、社会和环境因素。促进患者舒适的护理原则包括预防为主,促进患者舒适;加强观察,及时去除诱因;加强护理,减轻患者不适;互相信任,给予心理支持。患者安全是将卫生保健相关的不必要伤害风险降低到可接受的最低程度。影响患者安全的因素包括患者自身因素、医务人员因素、医院环境及医院诊疗方面的因素。作为护理工作者,应根据患者的病情及需要,准确对患者进行舒适与安全的评估,综合运用促进患者舒适的护理原则,在护理工作中采取正确的措施促进患者的舒适,正确选择和科学使用各种保护具及辅助器具,保证患者安全。

思考题

一、单项选择题

1. 王某，男，38岁，诊断尿毒症，精神萎靡，下腹部胀满。下列不影响其舒适感受的因素是
   A. 尿潴留
   B. 对疾病的诊疗及预后表现出焦虑
   C. 病室通风良好
   D. 住院1周未洗澡、更换衣物后出现皮肤瘙痒
   E. 没有家属朋友来访

2. 张某，男，26岁，诊断为破伤风，表现为牙关紧闭，四肢抽搐，角弓反张，安置于隔离室。下列采取的安全措施正确的是
   A. 用床档，防坠床
   B. 用支被架，防坠床
   C. 将压舌板直接垫于上下白齿之间防咬伤
   D. 四肢用约束带以防撞伤，为防止刺激患者，无需观察皮肤颜色和温度
   E. 室内光线充足，安静，以利护理

（以下病例为3~4题共用）
患儿，女，5岁，双脚不慎被开水烫伤。
3. 可考虑为其选用的保护具是
   A. 床档
   B. 支被架
   C. 肩部约束带
   D. 膝部约束带
   E. 踝部约束带
4. 选取该保护具的主要目的是
   A. 保暖
   B. 防止撞伤
   C. 便于治疗
   D. 防止用手抓伤
   E. 防止坠床

二、案例分析题

患者，男，60岁，退休教师，因前列腺增生住院治疗，既往有高血压病史。入院后未告知在外地工作的子女，白天由老伴陪护，晚上老伴回家照顾孙子。患者入院后睡眠差，次日早上诉头晕，感觉全身不适。
请回答：
1. 分析影响该患者舒适的因素。
2. 促进该患者舒适的护理原则有哪些？

（李昌秀）

第六章 疼痛患者的护理

导学目标

通过本章内容的学习，学生应能够：

◆ **基本目标**
1. 解释影响疼痛的因素。
2. 说明疼痛评估的方法。
3. 比较常用镇痛药物及其常见给药途径和不良反应。
4. 正确应用 WHO 推荐的三阶梯镇痛疗法。

◆ **发展目标**
1. 能选择合适的评估工具对患者的疼痛进行正确的评估，培养高度的责任心和严谨的工作作风，及时发现患者疼痛背后潜在的健康问题。
2. 能结合疼痛患者的实际情况，采取有效控制疼痛的护理措施，培养良好的沟通能力，向患者和家属提供情感支持和健康指导，体现人文关怀精神。

案例 6-1

患者，女，56 岁。"胆绞痛"反复发作，在全身麻醉下行"腹腔镜胆囊切除术"。术后当晚，值班护士巡视患者时，发现其侧卧在病床上，表情痛苦，眉头紧皱，大汗淋漓，剧烈咳嗽，腹壁穿刺口出现渗血、渗液。患者因疼痛而不停呻吟。

请回答：
1. 按疼痛的病程分类，患者的疼痛属于哪一类？
2. 针对患者的情况，可采取哪些护理措施？

疼痛（pain）是一种复杂的主观感受，与疾病的发生、发展及转归有着密切的联系，是疾病诊断、鉴别的重要指征，也是评价治疗与护理效果的重要标准之一。1995 年，美国医疗机构评审联合委员会（the Joint Committee American Health Organization，JCAHO）正式将疼痛确定为继体温、脉搏、呼吸和血压之后的第五大生命体征，疼痛正日益受到国内外广大医护人员的高度重视。帮助患者减轻或消除疼痛是护士工作的重要内容之一。

第六章 疼痛患者的护理

第一节 概　述

疼痛是导致患者生活质量降低和影响预后的主要因素，也是患者就诊的最常见原因之一。随着"免除疼痛是患者的基本权利"理念的日益普及，作为疼痛管理团队中的重要成员，护士只有掌握疼痛的相关知识，才能更好地为疼痛患者提供有效的护理措施，以达到缓解疼痛的目的。

一、疼痛的概念

2020年国际疼痛研究学会（the International Association for the Study of Pain，IASP）将疼痛定义为：一种与实际或潜在的组织损伤相关的令人不愉快的感觉和情绪情感体验，或与此相似的经历。疼痛包括双重含义，即痛觉和痛反应。痛觉是一种与"痛刺激"相关的不愉快的主观感觉，是人的主观知觉体验，受心理、性格、经验、情绪和文化背景的影响，表现为人的痛苦。痛反应是人体对疼痛刺激所产生的一系列生理病理变化和心理变化，如：面色苍白、肌紧张、血压升高、呼吸急促、烦躁不安、皱眉、咬唇、出汗、握拳、身体蜷曲、骨骼肌收缩、呻吟、哭闹、紧张、恐惧、焦虑等。

二、疼痛的原因及发生机制

（一）疼痛的原因

1. 温度刺激　身体体表接触过高或过低的温度，均会损伤组织。受损的组织释放组胺等化学物质，刺激神经末梢导致疼痛。如高温蒸气所致的烫伤、极度寒冷所致的冻伤。

2. 化学刺激　化学物质如强酸、强碱，不仅可直接刺激神经末梢，导致疼痛，还可使受损组织细胞释放化学物质，再次作用于痛觉感受器，使疼痛加剧。

3. 物理损伤　大部分物理损伤，如刀切割、针刺、碰撞、身体组织受牵拉、肌肉受压、挛缩等，均可使局部组织受损，刺激神经末梢而引起疼痛。

4. 病理改变　疾病造成的体内某些管腔堵塞，组织缺血、缺氧，空腔脏器过度扩张，平滑肌痉挛或过度收缩，局部炎性浸润等均可引起疼痛。如冠状动脉粥样硬化导致血管阻塞，血流供应不足，冠状动脉局部短暂痉挛，引起严重的心绞痛。

5. 心理因素　心理状态不佳，如情绪紧张或低落、愤怒、悲痛、恐惧等都能引起局部血管收缩或扩张而导致疼痛，如神经性疼痛常因心理因素引起。此外，疲劳、睡眠不足、用脑过度也可导致功能性头痛。

（二）疼痛的发生机制

疼痛发生的机制非常复杂，目前尚无一种学说能全面合理地解释疼痛发生的机制。有关研究认为痛觉感受器是游离的神经末梢。当各种伤害性刺激作用于机体并达到一定程度时，可引起受损部位的组织释放某些致痛物质，如钾离子、5-羟色胺、乙酰胆碱、缓激肽、组胺等，这些物质作用于痛觉感受器，将各种能量形式的伤害性刺激转换成一定编码形式的神经冲动，沿着传入神经纤维，经背根神经节传到脊髓后角或三叉神经脊束核中的有关神经元，再经由对侧的腹外侧索传至较高级的疼痛中枢——丘脑、其他脑区以及大脑皮质，引起疼痛的感觉和反应。疼痛是象征危险的信号，促使人们紧急行动，避险去害。

人体的多数组织都有痛觉感受器，由于痛觉感受器在身体各部位的分布密度不同，对疼痛刺激的反应以及敏感度也有所不同。痛觉感受器在角膜、牙髓的分布最为密集，皮肤次之，肌层内脏最为稀疏。根据其分布情况，可分为：①表层痛觉感受器：分布于皮肤、角膜及口腔的复层鳞状上皮间。由于表层痛觉感受器分布细密，所以其产生的痛觉明显、位置明确但短暂。②深层痛觉感受器：分布于牙、肌膜、关节囊、肌层、肌腱、韧带、脉管壁等处，其分布密度比表层稀疏，肌层分布更少。肌腱、肌层与筋膜的伤害性刺激会造成不同程度的深部疼痛，位置不明显。③内脏痛觉感受器：分布于内脏器官的被膜、腔壁、组织间及内脏器官组织的脉管壁上，分布密度稀疏。内脏对缺血缺氧、痉挛、机械牵拉及炎症的感受很敏感，但对烧灼、切割等刺激不敏感。

迄今为止虽然没有一种学说能全面合理地解释疼痛发生的机制，但随着科学的发展，疼痛的发生机制正不断地充实和完善，使人们逐步认识疼痛的本质。比较有代表性的关于疼痛产生的三大学说分别是特异学说、形式学说和闸门控制学说。

> **知识链接**
>
> **3种疼痛学说的核心观点**
>
> **特异学说**：德国生理学家Moritz Schiff于1858年首次提出了疼痛的特异学说，其主要观点是机体内存在一个特异的疼痛系统，痛觉感受器是一种游离的神经末梢，可将来自皮肤的痛觉信号传递到脑的痛中枢，引起疼痛。
>
> **形式学说**：主要观点是体内不存在特异性痛觉感受器，而是多种感觉从感受器发出神经冲动的时间、空间形式差异，才产生包括疼痛在内的各式感觉。1894年，Goldscheder提出刺激的强度和中枢的组合是引起疼痛的两个决定性因素。
>
> **闸门控制学说**：1965年由Melzack和Wall在特异学说、形式学说和情感学说的基础上，为疼痛控制提出的。该学说认为在脊髓后角存在一种神经调节机制，能减弱和增强从外周传向中枢神经的冲动，使神经信息冲动流在诱发痛知觉和痛反应前就受到闸门控制。该学说认为疼痛的产生取决于刺激所兴奋的传入纤维种类和中枢的功能结构特征。

三、疼痛的分类

疼痛的分类方法多种多样，下面主要介绍按疼痛的病程、性质、部位、发病机制及有无癌症进行的分类。

（一）按疼痛的病程分类

按疼痛的病程可分为急性疼痛和慢性疼痛。①急性疼痛：往往病因明确，为疾病或组织损伤所致的急性症状，疼痛性质为锐痛、快痛，严重者伴有休克、虚脱、心率增快、血压上升，患者情绪为兴奋状，有防御反应。临床上常见于手术创伤、急性炎症、心肌梗死、脏器穿孔、分娩痛等。用药物镇痛一般可以控制，在组织损伤修复后，疼痛自行消失且可自愈。②慢性疼痛：指持续或反复发作超过3个月的疼痛，是临床上较难控制的疼痛。慢性疼痛的发生发展涉及生物、心理和社会等多种因素。临床上常见于慢性腰腿痛、神经性血管疼痛、晚期癌性痛等。可发生在身体的一个或多个部位，也可伴有严重情感障碍（焦虑、愤怒、沮丧或抑郁情绪）或功能障碍（干扰日常生活和社交）。由于慢性疼痛的持续时间超过正常恢复时间，故失去了一般生理伤害性感受的警示作用。

（二）按疼痛的性质分类

按疼痛性质可分为钝痛（如酸痛、胀痛、闷痛等）、锐痛（如撕裂样痛、爆裂样痛、刺痛、灼痛、切割痛、绞痛等）和其他疼痛（如搏动样痛、压榨样痛、钻顶样痛、牵拉样痛等）。牵涉痛是指当深部组织和内脏病变时，疼痛往往可扩散到受同一或紧邻的脊髓节段所支配的皮肤区，此处皮肤区的疼痛称为牵涉痛，如心绞痛的患者疼痛常发生在心前区，但可牵涉到左肩、左臂尺侧或左颈部体表发生疼痛；阑尾炎患者早期的疼痛常发生在上腹部或脐周，再转移到右下腹；肺尖部肿瘤侵及臂丛可出现肩臂疼痛等。放射痛又称根性痛，是神经干、神经根或中枢神经病变受刺激时，疼痛不仅发生于刺激局部，且可扩展到受累感觉神经的支配区，病变与疼痛的部位不一致，如腰椎间盘突出症患者，腰椎间盘退行性改变，对脊髓神经根产生压迫性刺激，诱发邻近组织炎症性反应，除了腰痛外，还合并下肢放射痛，疼痛放射至小腿或足部。胆石症、椎管狭窄症也常见放射痛。

（三）按疼痛的部位分类

按疼痛的部位可分为躯体痛、内脏痛和心因痛。①躯体痛：常可清楚定位，按解剖定位分为皮肤痛、头痛、颌面痛、颈项痛、肩背痛、胸痛、上肢痛、腹痛、腰骶痛、骨痛、关节痛、肌肉痛等，性质多为剧痛或搏动性疼痛。②内脏痛：可发生于内脏器官，如胃肠道和胰腺，其中实质性脏器被膜病变（如肿瘤）引起的疼痛往往剧烈并定位清楚，而空腔脏器病变（如梗阻）所致疼痛多定位不清楚。内脏受到牵拉、压迫、扭转或炎症刺激引起的隐痛、胀痛或绞痛，常伴随牵涉痛或放射痛。③心因痛：由心理因素引起的疼痛称为心因痛，可分为原发性和继发性两种。原发性心因痛是单纯心理障碍引起的，患者反复多科就诊，没有阳性结果，各种镇痛方法对于缓解疼痛无效，精神药物和心理治疗可使疼痛缓解；继发性心因痛是器质性组织伤害引起的，心理障碍的出现可加重疼痛。

（四）按疼痛的发病机制分类

按疼痛发病机制即产生疼痛的病理生理学过程，可分为伤害性疼痛和神经病理性疼痛。①伤害性疼痛：当机体遭受强烈而重复的机械、热和化学刺激时，如刀割、棒击等机械性刺激，电流、高温和强酸、强碱等，伤害性感受器被激活，在细胞水平上使其功能和神经化学性质发生改变，表现为受伤部位及其周围组织对疼痛阈值降低，对伤害性刺激反应增强。伤害性疼痛又可分为躯体伤害性疼痛和内脏伤害性疼痛：躯体伤害性疼痛常因外科手术操作或肿瘤骨转移引起，表现为锐痛、搏动性疼痛，其定位常较明确；内脏伤害性疼痛常由肿瘤导致周围脏器的浸润或空腔脏器的扩张引起，表现为钝痛或绞痛。②神经病理性疼痛：IASP神经病理性疼痛特别兴趣小组（NEeuPSIG）将神经病理性疼痛（neuropathic pain, NP）定义为"躯体感觉神经系统损害或疾病所致的疼痛"。其特征性表现为触诱发痛（痛觉超敏）、阵发性电击样疼痛、针刺样疼痛、烧灼样、撕裂样或刀割样疼痛，或感觉减退、痛阈降低等。可分为中枢神经性疼痛和周围神经性疼痛。这些生理反应可能会帮助身体恢复健康，又或者促使疼痛状态继续持续下去，而持续性疼痛反过来又会加速神经系统重塑，最终发展为慢性疼痛状态。

（五）按有无癌症的疼痛分类

疼痛按有无癌症可分为癌性疼痛和非癌性疼痛。除癌症本身可引起疼痛外，癌症的治疗也可导致慢性疼痛。当肿瘤侵及胸膜、腹膜或神经，患者可出现疼痛，如骨转移、骨肿瘤所致的骨痛，肺癌侵及胸膜可致胸痛。中、晚期的癌性疼痛剧烈难忍，需用药物镇痛。世界卫生组织（WHO）新版国际疾病分类ICD-11首次将慢性癌症相关性疼痛（chronic cancer related pain, CCRP）列入国际疾病分类。CCRP是指由原发癌症本身或肿瘤转移所致的疼痛（慢性癌性疼痛）或癌症治疗引起的疼痛（慢性癌症治疗后疼痛）。而癌性爆发性疼痛是指在有效镇痛药物治疗期间，患者突然性发作的严重或剧烈痛。爆发性疼痛在癌痛患者中是常见的，其发作频繁、持续时间短、不可预测、与慢性疼痛无必然联系，治疗上较困难。大多数患者的爆发性疼痛不可预测，持续时间少于30 min，且患者对疼痛控制不满意。癌性疼痛的时程特征可描述为持续性疼痛和间歇性疼痛。间歇性疼痛又可分为可预见的活动相关性疼痛，如吞咽、走路、咳嗽、穿衣、排便或反复换药等引起的疼痛加重，和与运动或活动无关的不可预测的自发性疼痛，如与神经损伤有关的绞痛、刺痛。非癌性疼痛是指除了癌性疼痛之外的所有类型的疼痛。

四、疼痛对个体的影响

疼痛是人体最强烈的应激因素之一，是机体对有害刺激的一种保护性防御反应，可警告机体正在遭受某种伤害性刺激，提醒机体摆脱这种刺激的伤害，具有保护和防御的功能。但是剧烈的疼痛或有些慢性疼痛可使患者痛不欲生，不但会限制患者的活动、降低食欲、影响睡眠，而且会使患者丧失生的希望，导致抑郁甚至自杀行为。疼痛的影响程度与疼痛性质有关，下面主要介绍疼痛对个体的生理、心理和行为等方面产生的影响。

（一）生理反应

疼痛可以引起血压升高，心率、呼吸频率增快和代谢反应改变等生理反应。

1. 血压升高 急性疼痛伴随的血压升高是由于交感神经系统的过度兴奋所致。当身体遭遇危险时，机体会产生适应性反应，如周围血管收缩使血液从外周（皮肤、末梢）向中心（心脏、肺等）转移。

2. 心率增快 疼痛刺激可引起患者体内的内源性递质和活性物质的释放，如内源性儿茶酚胺分泌增加，使心率加快，心肌耗氧量增加，外周血管阻力增加，肾素-血管紧张素-醛固酮系统激活，引起全身血管收缩，水、钠潴留，增加心血管系统的负担。这种从周围到重要器官（大脑、心脏、肝、肾）的血液重置是为了保护机体生命支持系统。

3. 呼吸频率增快 是心脏和循环耗氧量增加的结果。疼痛引起的神经体液反应，如皮质醇和抗利尿激素导致水、钠潴留，使肺间质含水量增加，导致肺通气与血流比例异常，结果使患者发生缺氧和二氧化碳蓄积。疼痛无法缓解会导致低氧血症、呼吸浅快，这些情况会随着疼痛的有效缓解而减轻或消失。

4. 神经内分泌及代谢反应 疼痛使中枢神经系统处于兴奋状态，儿茶酚胺分泌增加，肾上腺素抑制胰岛素分泌的同时促进胰高血糖素分泌，糖原分解和糖异生作用加强，可造成机体血糖上升，呈负氮平衡。

但应该注意的是，某些在急性疼痛中出现的生理反应在慢性疼痛中有可能并未观察到，这是因为机体对于慢性疼痛的适应性增加。另外，某些药物作用也可影响患者的疼痛表现。因此，护士在观察疼痛反应时，应特别区分和观察，即使患者没有生命体征的改变，也不能认为个体不存在严重的持续的疼痛。

（二）心理反应

慢性疼痛通常会使患者产生焦虑、沮丧、烦躁、内疚、绝望甚至自杀的念头，这些情绪改变又会加重患者对疼痛的感知和体验。此外，还有相当一部分患者会出现愤怒和恐惧。

1. 注意和记忆 慢性疼痛患者常伴有认知能力的下降，注意和记忆两种认知能力受疼痛的影响较大。当个体经受疼痛刺激时，更加偏向注意与疼痛有关的刺激。而且相关研究也证实，疼痛会损害个体的记忆功能。

2. 抑郁 近年来许多研究报告了抑郁与疼痛之间的相关性，证实抑郁对疼痛的频率、持续时间、程度具有很大的影响。同时，慢性疼痛也容易导致患者出现抑郁情绪。

3. 焦虑 焦虑和急性损伤性疼痛关系密切，疼痛患者在不同程度上体验过焦虑，其典型症状包括心率加快、精神紧张、肌张力增加、出汗、恶心、眩晕、头痛以及失眠等。焦虑可以表现为重复强迫症、逃避日常事务、过度换气、休息不好、睡眠紊乱、易激惹等。通常可以从三方面来评价焦虑症状：认知和情绪方面（如恐惧、神经质、不安、激惹、紧张等）、行为方面（如少动、逃避、休息不好、语言不畅、换气过度等）、生理方面（如血压升高、气短、恶心、出汗、眩晕等）。

4. 愤怒和恐惧　当患者处于长期疼痛的困扰中，可能会对治疗失去信心和希望，导致其对医护人员或家属乱发脾气，以此宣泄愤怒情绪。护士应注意，患者的这些表现并非对他人的敌意，应鼓励患者表达疼痛时的感受及其为适应疼痛所做的努力，尊重患者对疼痛的行为反应。恐惧可以被视为另一种疼痛的过度反应状态，其中反复的应激源引起对未来疼痛的过度恐惧反应，可见于外科术后患者。

（三）行为反应

对于急性和慢性疼痛，可观察的行为反应包括语言和躯体反应。

1. 语言反应　疼痛的语言表述，是能用语言交流的患者对疼痛最为可靠的反应。因此，医务人员可依靠这些表述，如诉痛、啼哭、叫喊等，对患者的疼痛做出适当的判断。并理解患者的行为改变，鼓励患者倾诉和宣泄情感，充分表达所感受的疼痛而不鼓励患者忍耐。

2. 躯体反应　躯体反应主要表现为机体在遭受伤害时所做出的躲避、逃跑、反抗、防御性保护或攻击等整体行为，常带有强烈的情绪色彩。另外，受刺激部位大量化学物质的释放，以致患者还可能出现哭泣、呻吟、尖叫、退缩受伤的肢体、握拳、无意识地踱步或敲击、皱眉、咬嘴唇等表情。

第二节　影响疼痛的因素

个体对疼痛的感受和耐受力存在很大的差异，同样性质、强度的刺激可引起不同个体产生不同的疼痛反应。个体所能感觉到的最小疼痛称为疼痛阈（pain threshold）。个体所能忍受的疼痛强度和持续时间称为疼痛耐受力（pain tolerance）。对疼痛的感受和耐受力受个体内在因素和外在因素的影响。内在因素主要包括个体人口学特征、信仰与文化、行为作用、对疼痛的态度、以往的疼痛经验、注意力、情绪、疲乏等；外在因素主要包括环境变化、社会支持、医源性因素等。

一、内在因素

1. 人口学特征　个体对疼痛的敏感程度因年龄不同而不同。婴幼儿不如成年人对疼痛敏感，随着年龄增长，对疼痛的敏感性也随之增加，老年人对疼痛的敏感性又逐步下降。女性的疼痛阈值较低、耐受性差，当经历疼痛时，其感知更加痛苦。故应根据疼痛患者的人口学特征和个体差异采取不同的护理措施。

2. 信仰与文化　若个体生活在崇尚"忍耐"的传统文化中，可能导致患者的疼痛评估与实际疼痛状况存在差距，疼痛患者认为应该尽可能地忍耐疼痛，而不应该在家属或医务人员面前表现出痛苦的表情。个体的文化教养影响其对疼痛的反应和表达方式。医护人员应尊重并接受患者对疼痛的反应，建立良好的护患关系。更应注意通过患者的行为或生命体征来判断其疼痛程度，不可低估"微笑的"或"安静的"患者的疼痛水平。

3. 行为作用　不同的行为表现和应对策略会影响个体对疼痛的知觉和治疗的效果。适应性策略可帮助患者控制疼痛，如进行康复锻炼、分散注意力、充足的睡眠等。相反，被动应对则会导致疼痛加剧，如过分依赖别人的帮助、持续性的肌肉紧张、过激行为等，如患儿由于害怕打针而大哭、肌肉紧张，这些都可能会加剧疼痛。

4. 对疼痛的态度　个体对疼痛的态度会影响个体对疼痛的反应。如果认为疼痛容易解决，其感觉的疼痛就会轻些，如果认为疼痛是严重的身体损伤或者疾病的进行性加重，那么自身的痛苦感和功能异常的程度会大大增强。

5. 以往的疼痛经验 个体对疼痛刺激的反应会受以往类似疼痛经验的影响，如经历过手术疼痛的患者对即将再次进行的手术会产生不安的心情，会使其对痛觉格外敏感。

6. 注意力 个体对疼痛的注意程度会影响其对疼痛的感觉。当注意力高度集中于其他事物时，痛觉可以减轻甚至消失。如运动员在赛场上能够忍受严重伤害，而不感觉疼痛，是由于其注意力完全集中于比赛。

7. 情绪 情绪可影响患者对疼痛的反应，焦虑、抑郁和愤怒等负性情绪会使疼痛加剧，并彼此相互影响。而愉快的情绪则有减轻疼痛知觉的作用。

8. 疲乏 当患者十分疲乏时，对疼痛的感觉加剧而忍耐性降低。这在长期慢性疾病的患者中尤为明显，当身体得到充分休息后，痛觉减轻，反之则加剧。

二、外在因素

1. 环境变化 环境因素可影响疼痛，如噪声、温度和光线等。持续的刺激性噪声可增加肌肉的张力和应激性，加剧疼痛；舒适的环境可以改善个体的情绪，从而减轻疼痛。

2. 社会支持 当患者经历疼痛时，良好的社会支持，如家属或亲人陪伴，可以减少其孤独感和恐惧感，从而减轻疼痛。另外，鼓励和赞扬可促使患者有能力应对即将到来的疼痛并增加患者的控制感。

3. 医源性因素 许多侵入性操作或诊断检查，如静脉穿刺、腰椎穿刺等都有可能使患者产生疼痛的感觉。因此护士在执行此类操作时，应动作轻柔、熟练，尽可能减轻患者疼痛。此外，护士对疼痛的知识掌握不够或评估方法不当，可影响其对疼痛的判断与处理。

第三节　疼痛的管理

疼痛管理是指通过疼痛评估、记录、治疗和护理，以控制疼痛的全过程，包括缓解疼痛、提高生活质量和保持临终尊严。疼痛管理的目标是控制疼痛，以最小的不良反应，最大程度地缓解疼痛，是护理工作的重要内容之一。疼痛管理是一个长期、持续、动态和可行的疼痛控制的全过程。循证研究表明，护士在疼痛管理中发挥了关键性的作用，疼痛管理的工作内容包括疼痛评估、病情监测、疗效评价、健康教育及护理等。本节将从疼痛的评估、护理及镇痛效果的评价和记录三个方面重点介绍疼痛的管理。

一、疼痛的评估

疼痛评估是控制疼痛最关键的一步，治疗开始前必须对疼痛做好详尽全面的评估。疼痛评估的金标准是患者的主诉。与其他四项生命体征不同，疼痛不具备明确的客观评估依据，而且疼痛的原因和影响因素较多，个体也存在差异。护士作为观察者和倾听者，应学会运用沟通交流技巧评估和了解患者疼痛的原因、部位、程度、性质等，以此作为选择治疗和护理措施的依据，从而制订有效的疼痛干预方案。疼痛的评估应遵循常规、量化、全面和动态的原则。要做好疼痛的评估，护士必须掌握疼痛评估的时机、内容及方法。

（一）疼痛评估的时机

疼痛评估要把握正确的时机，应做到：①入院 8 h 内对患者的疼痛情况进行常规评估，24 h 内完成全面评估。②疼痛控制稳定者，每日至少进行 1 次常规评估，每 2 周进行 1 次全面评估。③疼痛控制不稳定者，如出现爆发痛、疼痛加重，或在药物剂量滴定环节应及时动态评估,如出现新发疼痛、疼痛性质或镇痛方案改变时,应进行全面评估。④应用镇痛药后,应依据给药途径及药物达峰时间进行评估。

(二)疼痛评估的内容

除患者的一般情况(性别、年龄、职业、诊断、病情等)和体格检查外,还应评估疼痛经历和病史、社会心理因素等。

1. 疼痛经历和病史 疼痛经历的评估包括疼痛的部位(疼痛发生的主要部位、牵涉痛或放射痛的部位)、程度(如使用数字评定量表,"0"代表无疼痛,"10"代表重度疼痛)、性质(如钝痛、刺痛、刀割样痛、烧灼样痛或胀痛、绞痛、搏动性痛等)、时间(发作时间、持续时间、过程、持续性还是间断性)、伴随症状、疼痛对睡眠和活动等方面的影响、加重和缓解因素、疼痛发生时的表达方式及目前处理和疗效等。疼痛病史的评估包括既往诊断、既往所患的慢性疼痛情况、既往镇痛治疗及减轻疼痛的方法等。

2. 社会心理因素 疼痛社会心理因素的评估包括患者痛苦情况、精神病史和精神状态、家属和他人的支持情况、镇痛药物滥用的危险因素、疼痛治疗不充分的危险因素等。

(三)疼痛评估的方法

1. 交谈法 护士应善于应用沟通技巧,询问患者疼痛经历、应对方式和病史,认真听取患者的主诉。在询问时,护士应避免根据自身对疼痛的理解和经验对患者的疼痛程度给予主观判断。要注意患者的语言和非语言表达,以便获得更可靠的资料。

2. 观察法 主要观察患者疼痛时的生理、行为和情绪反应。护理人员可以通过患者的面部表情、哭泣、身体动作和其他行为指标帮助观察和评估疼痛的严重程度,疼痛与活动、体位的关系。此外,疼痛发生时,患者常发出各种声音,如呻吟、喘息、尖叫、呜咽、哭泣等,应注意观察其音调的大小、快慢、节律、持续时间等。音调的变化可反映疼痛患者的痛觉行为,尤其是无语言交流能力或者智力障碍的患者不能对自己的疼痛经历进行准确、全面的自我报告,更应注意收集这方面的资料。

3. 健康评估 健康评估是收集客观资料的方法之一,护士运用视诊、触诊、叩诊、听诊等方法,检查患者疼痛的部位、局部肌肉的紧张度,测量脉搏、呼吸、血压,还可通过影像学检查结果评估疼痛发生的原因等。

4. 疼痛评估工具 可视患者的病情、年龄和认知水平选择相应的疼痛评估工具,包括单维度疼痛量表、多维度疼痛综合评估量表和神经病理性疼痛评价量表。单维度疼痛量表包括面部表情疼痛评定法、数字评分法、口述评分法、视觉模拟评分法等。多维度疼痛综合评估量表包括简明疼痛评估量表等。神经病理性疼痛评价量表包括神经病理性疼痛症状评价量表等。

(1)单维度疼痛量表

1)修订版 Wong-Baker 面部表情疼痛评估量表(Wong-Baker faces pain scale revision,FPS-R):采用图画的形式将面部表情由高兴到极其痛苦分成 6 个等级,从最左边的微笑(代表无痛)到最右边的哭泣(代表剧烈疼痛),依次表示疼痛越来越重(图 6-1)。请患者选择最能表达其疼痛程度的面部表情图。这种评估方法简单、直观、形象,适用于 3 岁以上的儿童和有认知障碍的患者。

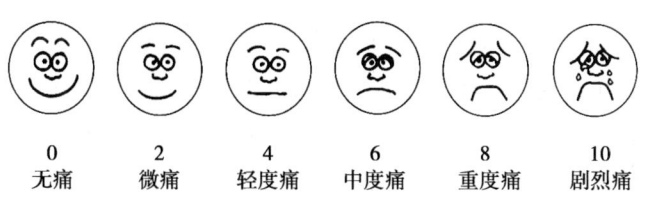

图 6-1 修订版 Wong-Baker 面部表情疼痛评估量表(FPS-R)

2）数字评定量表（numeric rating scale，NRS）：疼痛程度用数字 0~10 范围，即 11 级来描述，0 分表示无痛，数字越大，疼痛程度越重（图 6-2）。1~3 级为轻度疼痛，患者虽有痛感但能够忍受，对正常生活无明显影响；4~6 级为中度疼痛，患者疼痛明显，不能忍受，需要药物治疗，影响睡眠；7~10 级为重度疼痛，患者疼痛剧烈，需要药物治疗，严重影响睡眠，可伴有被动体位或自主神经功能紊乱。请患者根据自己过去 24 h 内最严重的疼痛程度选择相对应的数字表示。此评估方法适用于疼痛治疗前后效果测定对比。

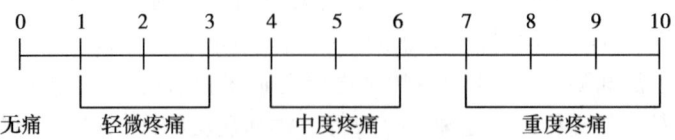

图 6-2　数字评定量表（NRS）

3）口述评定量表（verbal rating scale，VRS）：根据患者对疼痛程度的表达，将疼痛程度分为无痛、轻微疼痛、引起不适的疼痛、比较疼痛、非常疼痛、疼痛到极点。推荐 10 岁以上有一定文化程度的人群使用（图 6-3）。

0	1	2	3	4	5
无痛	轻微疼痛	引起不适的疼痛	比较疼痛	非常疼痛	疼痛到极点

图 6-3　口述评定量表（VRS）

4）视觉模拟量表（visual analogue scale，VAS）：用一条直线，不作任何划分，横线的一端注明"完全无痛"，另一端注明"疼痛到极点"，请患者根据自己对疼痛的实际感觉在直线上标记疼痛的程度（图 6-4）。这种评分法使用灵活方便，适合于任何年龄的疼痛患者，且没有特定的文化背景或性别要求，易于掌握。对于急性疼痛的患者、儿童、老年人及表达能力丧失者尤为适用。

图 6-4　视觉模拟量表（VAS）

5）WHO 的疼痛分级标准将疼痛分为 4 级，见表 6-1。

表 6-1　WHO 的疼痛分级标准

分级	临床表现
0 级	无痛
1 级（轻度疼痛）	平卧时无疼痛，翻身咳嗽时有轻度疼痛，可忍受，睡眠不受影响
2 级（中度疼痛）	静卧时痛，翻身咳嗽时加剧，不能忍受，睡眠受干扰，要求用镇痛药
3 级（重度疼痛）	静卧时疼痛剧烈，不能忍受，睡眠严重受干扰，需要用镇痛药

6）Prince-Henry 评分法：主要适用于胸腹部大手术后或气管切开插管不能说话的患者，需要在术前训练患者用手势来表达疼痛程度。此法简单、可靠，临床使用方便。可分为 5 个等级，分别赋予 0~4 分的分值以评估疼痛程度，其评分方法如下。

0 分　咳嗽时无疼痛。

1 分　咳嗽时有疼痛发生。

2分　安静时无疼痛，但深呼吸时有疼痛发生。
3分　静息状态时即有疼痛，但较轻微，可忍受。
4分　静息状态时即有剧烈疼痛，并难以忍受。

（2）多维度疼痛综合评估量表：简明疼痛评估量表（the brief pain inventory，BPI）是最常用的疼痛全面评估工具，包括对疼痛原因、性质、部位、对生活的影响等方面的评估，并采用数字分级评分法描述疼痛程度。疼痛体验是一种复杂的主观感受，单维度的评估量表不能综合测量疼痛体验的各个方面。BPI 将感觉、情感和评价三个因素分别量化，从多方面对患者的疼痛进行评价，常用于疼痛的研究。该评估量表一般需要 5~15 min 完成。

（3）神经病理性疼痛评价量表：神经病理性疼痛评价量表（neuropathic pain symptom inventory，NPSI）是一种患者自评量表，包括 10 个描述项，主要针对 5 个分析因素（烧灼痛、深部痛、阵发痛、诱发痛和感觉异常）和 2 个时间项（疼痛持续时间和发作次数）进行评价，适用于鉴别神经病理性疼痛的临床症状。NPSI 可以对神经病理性疼痛不同亚组之间的特征性表现进行分类分析，用于划分患者不同的疼痛亚型。

另外，对无语言表达能力的患者的疼痛评估，除了采用特定评估工具和方法外，建议通过多种途径进行疼痛评估，包括：直接观察、家属或护理人员的描述以及对镇痛药物和非药物治疗效果的评估等。

二、疼痛的护理

疼痛护理的目标是使患者正确对待疼痛并主动参与镇痛治疗，从而达到控制疼痛的目的。普遍认同的规律是：以 0~10 数字评分法为例，创伤后、手术后等急性疼痛，当疼痛程度≤5 时，护士可选择护理权限范围内的方法镇痛，并报告医生；当疼痛程度≥6 时，护士应报告医生，给予有效镇痛药物。癌性疼痛患者要求应用三阶梯止痛法使患者达到夜间睡眠时、白天休息时、日间适当活动时基本无痛。有效的护理措施是实现疼痛护理目标的重要保证。

（一）病因治疗的护理

1. 急性疼痛的对因护理　去除疼痛的原因，避免引起疼痛的诱因。在急性疼痛病因治疗的过程中，首先应设法减少或消除引起疼痛的原因，如外伤所致的疼痛，应先给予止血、包扎、固定等处理后再行止痛措施。

2. 慢性疼痛的对因护理　腰背痛、关节痛、头痛、糖尿病痛性神经病变等慢性疼痛的形成原因非常复杂，治疗慢性疼痛要坚持多模式镇痛和多学科联合治疗的原则。对于一些复杂且顽固的慢性疼痛，应以缓解疼痛、改善功能、提高生活质量为主要治疗目的，而非一味强调根治疼痛。

3. 癌性疼痛的对因护理　癌性疼痛是中晚期癌症患者常见的症状之一，也是影响癌症患者生活质量的主要因素，通过规范化镇痛治疗，可以提高患者的生活质量和社会参与度。每次接诊肿瘤患者时均应进行疼痛的筛查，护士应熟悉各种癌痛综合征的特点，并为患者提供相应的专科护理。

（二）药物治疗的护理

药物治疗是治疗疼痛最基本、最常用的方法，可达到消除或缓解患者痛苦、提高生活质量的目的。护士应掌握药理知识，了解患者身体状况和有关疼痛治疗的情况，遵医嘱正确给予镇痛药物。

1. 药物治疗的基本原则　采用药物治疗疼痛时可联合多种药物，并交替使用多种给药途径以达到最佳疗效。但应注意，在诊断未明确前不能随意使用药物镇痛，以免因镇痛掩盖病情造成误诊，如急腹症；另外，要明确疼痛的病因、性质、部位以及对镇痛药的反应，选择有效的镇痛药或者联合用药,力争用最少的药物、最小的剂量达到满意的治疗效果。对慢性疼痛的患者应掌握疼痛发作的规律,最好在疼痛发作前给药。用药应做到及时、准确、规范,监测镇痛效果并预防不良反应。疼痛缓解或停止时应及时停药,防止药物副作用及耐药性的产生。

2. 镇痛药物的分类 镇痛药物主要分为三类:①阿片类镇痛药,如吗啡、哌替啶、芬太尼、阿芬太尼、美沙酮(美散痛)、喷他佐辛(镇痛新)、羟氢可待酮等。②非阿片类镇痛药,如水杨酸类药物、苯胺类药物、非甾体抗炎药等。③其他辅助类药物,如激素、解痉药、维生素类药物、局部麻醉药和抗抑郁类药物等。

3. 镇痛药物的常用给药途径 给药途径以无创为主。常用给药途径包括:①口服给药法:口服是阿片类药物首选的给药途径,具有给药方便、疗效肯定、价格便宜、安全性好等优点。②直肠给药法:适用于禁食、不能吞咽、恶心及呕吐严重的患者。③经皮肤给药法:芬太尼透皮贴剂是通过透皮吸收的强阿片类药物,适用于慢性中、重度疼痛。④舌下含服给药法:一般多用于爆发性疼痛的临时处理。⑤肌内注射法:目前多用于急性疼痛时的临时给药以及癌症患者爆发痛时给药。⑥静脉给药法:静脉注射是最迅速、有效和精确的给药方式,血药浓度迅速达到峰值,用药后即刻产生镇痛作用。⑦皮下注射给药法:主要用于胃肠道功能障碍,顽固性恶心、呕吐患者和严重衰竭需要迅速控制疼痛的临终患者。⑧椎管内或脑室内置管镇痛法:目前常用的方法有硬膜外、鞘内或脑室内放置导管,可注入吗啡、激素、维生素 B_{12} 和氟哌啶合剂控制癌痛。

4. 三阶梯镇痛疗法 为进一步提高我国癌痛治疗的规范化水平,提高肿瘤患者的诊疗效果和生活质量,国家卫生健康委员会修订并形成了《癌症疼痛诊疗规范(2018年版)》。WHO 提出"让癌症患者不痛"的防治目标,对于癌性疼痛的药物治疗,目前临床上普遍采用 WHO 推荐的三阶梯镇痛疗法(three steps analgesic ladder)。其目的是逐渐升级,合理应用镇痛药,以缓解疼痛。

(1)三阶梯镇痛疗法的基本原则:包括使用口服药、按时服药、按阶梯给药、用药剂量个体化、观察药物不良反应。①使用口服药:是用于镇痛最好的给药途径,此法方便、经济,既可免除创伤性给药的不便,又能增加患者的独立性;不受人员、地点限制,便于应用,可提高生活质量;能应对各种多发性疼痛,镇痛效果满意,不良反应小,可以减少医源性感染,并将耐受性和依赖性减到最低限度。②按时服药:按医嘱所规定的间隔时间给药,这样便于患者维持恒定有效的体内药物浓度,下一次剂量应在前次给药效果消失之前给予,以维持有效血药浓度,保证疼痛连续缓解。③按阶梯给药:按照癌痛三阶梯治疗原则规定的用药程序合理使用,根据疼痛程度按照由弱到强的顺序,选择不同治疗药物,最大限度减少药物依赖的发生。④用药剂量个体化:患者对麻醉药物的敏感度个体间差异很大。每一位患者的药量因人而异,凡能使疼痛得到满意缓解的剂量就是正确的剂量,并不受所谓剂量限制,标准的推荐剂量要根据患者疼痛强度、性质,对生活质量的影响,对药物的耐受性、偏爱性、经济承受能力,个体化地选择药物和确定剂量。⑤观察药物不良反应:对使用镇痛药的患者要注意监护,密切观察其生命体征和疗效,系统处理副作用,目的是使患者获得最佳疗效,减少副作用的发生。同时要将药物的正确使用方法以及可能出现的不良反应告知患者。

(2)三阶梯镇痛疗法的内容:①第一阶梯:主要针对轻度疼痛患者。选用以阿司匹林为代表的非阿片类药物,多为非甾体抗炎药,酌情加用辅助药。该类药物为非处方药,且对轻度疼痛有肯定疗效,并能增强第二和第三阶梯用药的效果。其代表药物有阿司匹林、布洛芬、吲哚美辛、双氯芬酸钠等。②第二阶梯:主要适用于中度疼痛患者。选用以可待因为代表的弱阿片类药物,酌情加用辅助药。其代表药物有可待因、氨酚待因、布桂嗪、曲马多等。③第三阶梯:主要用于重度和剧烈癌痛患者。选用以吗啡为代表的强阿片类药物,该类药物种类多,可选剂型多，且无"天花板"效应。常采用联合用药法，酌情加用辅助药，常用的辅助药有非甾体抗炎药、抗焦虑药和抗抑郁药。只要能正确选择药物、正确时间给药、正确滴定剂量、合理选择辅助用药、预防及治疗不良反应，将使90%以上的中、重度癌痛患者免除疼痛。代表药物有盐酸吗啡、盐酸吗啡控释片（美施康定）、芬太尼透皮贴剂、美沙酮等。三阶梯镇痛药物、给药途径和主要不良反应见表6-2。

表6-2 三阶梯镇痛药物

分类	给药途径	主要不良反应
第一阶梯：非阿片类		
阿司匹林	口服	过敏、胃肠道刺激、血小板减少
乙酰氨基酚	口服	肝、肾毒性
布洛芬	口服	胃肠道刺激、血小板减少
吲哚美辛	口服	胃肠道刺激
萘普生	口服	胃肠道刺激
塞来昔布	口服	过敏、胃肠道刺激
第二阶梯：弱阿片类		
可待因	口服	便秘、呕吐
	皮下注射	头痛
羟考酮	口服	便秘、恶心、呕吐
	皮下注射或静脉推注	便秘、恶心、呕吐
氧可酮	口服	便秘、恶心
曲马多	口服	头晕、恶心、呕吐、多汗
第三阶梯：强阿片类		
吗啡	口服	便秘、呕吐
	肌内注射	低血压及昏厥、缩瞳
哌替啶	肌内注射	恶心和呕吐、呼吸抑制
美沙酮	口服	便秘、恶心、呕吐
	肌内注射	呼吸抑制、蓄积而引起镇静

5. 神经阻滞疗法 神经阻滞疗法是直接在神经末梢、神经干、神经丛、脑脊神经根、交感神经节等神经组织周围注射治疗药物或给予物理刺激，从而阻滞其冲动传导，使所支配的区域产生麻醉作用的治疗方法。神经阻滞疗法起效迅速、效果确切，但操作时必须熟悉局部解剖，了解穿刺针所要经过的组织，以及附近的血管、脏器和体腔等。常用神经阻滞有肋间、眶下、坐骨、指（趾）神经干阻滞，颈丛、臂神经丛阻滞，以及诊疗用的星状神经节和腰交感神经节阻滞等。

6. 患者自控镇痛法 患者自控镇痛技术（patient controlled analgesia，PCA）是一种新型镇痛药给药装置。患者佩带输液控制装置，当意识到疼痛时，通过按压由计算机控制的微量泵的启动键,将医生视患者病情预先设定剂量的镇痛药物注入体内,从而达到止痛目的。该方法具有用药量少、镇痛效果好等特点,实现了临床自控镇痛系统的规范化及信息化管理。PCA是术后疼痛治疗的重要手段,护士应注意评估患者病情及是否有PCA禁忌证,掌握PCA泵的使用方法和参数设定。使用前向患者和家属解释PCA泵的原理和可能出现的不良反应,做好健康宣教和观察记录工作。

（三）非药物治疗的护理

常用的非药物干预措施包括物理镇痛法、微创介入镇痛法、中医镇痛法、经皮神经电刺激疗法、手术镇痛法、心理疗法等。护士应了解常用非药物镇痛法,并对患者进行相应的指导及护理。

1. 物理镇痛的护理　物理镇痛法又称为理疗镇痛法,是指应用各种人工的物理因子作用于患病机体,引起机体的一系列生物学效应,使疼痛得以缓解。物理镇痛常可以应用冷疗法、热疗法、改变体位、按摩、电疗法（低频、中频或高频电疗法）、光疗法（红外线疗法等）、超声波疗法、冲击波疗法、磁疗法、臭氧治疗法等。护士应掌握各种物理镇痛法的适应证、禁忌证及使用注意事项。例如,未明确诊断的急性腹痛禁用热疗,以免掩盖病情真相,或者不能使用热或冷刺激放疗组织,尤其是患有周围血管病变的患者应谨慎使用冷疗法。

2. 中医镇痛的护理　常用的中医镇痛方法有内治法、外治法、推拿疗法、针灸疗法等。用针法或灸法可疏通经络,调和气血,提高疼痛患者的痛阈水平,从而起到镇痛作用。中医镇痛法常用于慢性疼痛的治疗。也有研究表明,针灸疗法联合"三阶梯"镇痛用于治疗癌痛,可有效减轻疼痛症状、缩短镇痛起效时间,延长镇痛持续时间,并且安全性好,不良反应发生率低。疼痛部位或附近有感染、严重出血性疾病或正在接受抗凝治疗、严重晕针的患者不宜使用针刺疗法。根据不同的针刺疗法,针刺局部 1~2 天内不能接触水。

3. 经皮神经电刺激疗法的护理　经皮神经电刺激疗法（transcutaneous electrical nerve stimulation, TENS）主要是通过皮肤将特定的低频脉冲电流输入人体,以起到镇痛、治疗疾病的效用。经皮神经电刺激疗法对急性、慢性和神经性疼痛均有效果。主要用于治疗各种头痛、颈椎病、肩周炎、神经痛、腰腿痛等。但该法禁用于带有心脏起搏器的患者,以免干扰起搏器的步调;同时禁用于局部感觉缺失和对电过敏的患者。

（四）疼痛的心理护理

1. 恰当地运用心理护理方法　紧张、焦虑、恐惧等不良情绪均可加重疼痛的程度。护士应以同情、安慰和鼓励的态度支持患者,帮助其减轻心理压力,保持情绪稳定、心境良好、精神放松。疼痛的心理护理主要是指在护理过程中运用心理学的知识和方法,通过语言、表情、文字、图画、电影、电视等对患者施加影响而达到治愈或减轻疼痛的目的。常用的方法包括转移注意力、松弛疗法、暗示疗法、催眠疗法、认知-行为疗法、群组心理治疗等。

（1）转移注意力：通过向患者提供愉快的刺激,可使患者的注意力转向其他人或事物上,从而减轻对疼痛刺激的感受强度,甚至增加对疼痛的耐受性。此方法最适用于持续几分钟的短促剧烈的疼痛。首先,告诉患者在某一时间段把注意力集中在某一特定事件上,当患者能够很好地控制注意力时,接下来就要指导患者进行注意力转移。转移注意力的能力对慢性疼痛患者来说非常重要。常采用的方法有：①参加活动：鼓励患者做自己喜欢的事情来转移注意力,提高疼痛阈值,减轻疼痛。可以是体育活动,也可以是音乐、玩游戏、看电视、愉快的交谈、下棋、绘画或其他娱乐活动,形成疼痛以外的专注力。对患儿来说,护士的爱抚和微笑、有趣的故事、玩具、糖果、游戏等都能有效转移他们的注意力。②音乐疗法：音乐是一种有效的分散注意力的方法,优美的旋律对降低心率、减轻焦虑和抑郁、缓解疼痛、降低血压等都有很好的效果。患者至少要听 15 min 音乐才有治疗作用。注意一般应根据患者的喜好和个性选择不同类型的音乐，如古典音乐或流行音乐。目前有专门为癌症患者设计的冥想音乐磁带，用于提高睡眠质量、缓解疼痛，保持身心舒适，效果较好。③有节律地按摩：嘱患者双眼凝视一个定点，引导患者想象物体的大小、形状、颜色等，同时在患者疼痛部位或身体某一部位做环形按摩。④深呼吸：指导患者进行有节律地深呼吸，用鼻深吸气，然后慢慢从口中呼气，反复进行。⑤指导想象：指导想象是通过对某特定事物的想象以达到特定的正向效果。使患者充分发挥自己的想象力，进入一种欣悦境界中，利用对想象的正向效果来逐渐降低患者对疼痛的关注。在做诱导性想象之前，先做规律性的深呼吸运动和渐进性的松弛运动效果更好。

（2）松弛疗法：松弛是解除身心紧张或应激的一种状态。这是一种自我调整的训练，由身体放松而引起整个身心放松，从而消除紧张的行为训练技术。治疗时，首先使患者保持一种舒适自然的坐位或卧位；然后令其依照治疗者的指令，从头到足依次放松全身肌肉，也可以用录音带播放导语指引患者；继之，患者闭目凝神，驱除杂念，平静地呼吸。冥想、瑜伽、念禅和渐进性放松运动等都属于松弛疗法。这些技术可用于非急性不适的健康或疾病任何阶段。

（3）暗示疗法：暗示疗法是指通过非批评性的暗示使患者产生认知、情感和行为改变的心理治疗技术。在非对抗的条件下，暗示者通过语言、表情、姿势以及其他符号刺激患者的第2信号系统，影响其心理与行为，使其接受暗示者的意见和观点，或者按所暗示的方式去活动。暗示疗法可以帮助疼痛患者解除焦虑不安的情绪，以减轻疼痛，或增强各种镇痛的治疗效果。如对于意志薄弱的患者，要使其增强毅力；对依赖药物止痛的患者，可用安慰剂药片（非止痛药），起暗示作用。

（4）催眠疗法：催眠镇痛是最古老的镇痛方法之一。催眠治疗慢性疼痛始于对行为和感觉的暗示，使用一些特殊的暗示语，在催眠状态中，改变患者对疼痛的体验。在暗示治疗之后，可进一步暗示患者，使之入睡，并自然清醒过来。催眠治疗通过改变患者的意识状态，最大限度地使患者放松身心，转移注意力，并根据患者个体差异给予积极的暗示，从而避免疼痛患者过多地注意疼痛。催眠疗法在疼痛管理中的适应证包括头痛、分娩痛、肠易激综合征、外科手术、牙科问题和治疗、癌性痛、与化疗相关的疼痛、烧伤痛、纤维肌痛症、背痛等方面。

（5）认知-行为治疗（cognitive-behavioral therapy，CBT）：CBT是一组通过改变思维、信念和行为来改变不良认知，达到消除不良情绪和行为的短程心理治疗方法。CBT强调建立自我控制和自我调节。认知-行为疗法的主要技术包括两方面，即认知训练和行为训练。认知训练的重点是重构患者与疼痛有关的想法，具体方法包括认识自动思维、列举认知歪曲、改变极端的信念或原则、检验假设、积极的自我对话等；行为训练的重点是教会患者使用适应性行为，具体方法包括等级任务安排、日常活动计划、困难程度和愉快程度的评估技术、积极反馈等。

（6）群组心理治疗：每小组由1名医务人员领导，负责指导小组中每个患者的用药，并鼓励他们每周1次报告自己在身体和精神上的改善情况。这种分组治疗的方法目的是帮助患者更好地适应自身的情况。在治疗中有3种主要方式，分别是支持性治疗、动态心理治疗和认知-行为治疗。另外，慢性疼痛患者参与群组治疗费用要低于个体治疗的费用，还可以减少患者到医院就诊以及向医务人员电话咨询的次数，从而减轻医疗系统的工作压力。

2. 提供社会心理支持 对疼痛患者提供社会心理支持十分重要，尤其是对癌痛患者。护士应：①告知患者及家属，对疼痛的情绪反应是正常的，而且这将作为疼痛评估和治疗的一部分；②为患者及家属提供情感支持，使他们认识到疼痛是一个需要将其感受表达出来的问题；③告知患者及家属总会有可行的办法来有效地控制疼痛；④必要时帮助患者获得治疗并提供相关信息，教会患者应对技能以缓解疼痛，增强个人控制能力。

(五)促进舒适和健康教育

1. 疼痛的舒适护理 通过护理活动促进患者身心舒适是减轻或解除疼痛的重要护理措施。尽可能地满足患者对舒适的需要,如帮助变换体位,减少压迫;做好各项清洁卫生护理;保持室内环境舒适等。此外,在进行各项治疗前给予清楚、准确的解释以减轻患者的焦虑,并将护理活动安排在药物显效时限内,确保患者所需物品伸手可及等措施,均有利于减轻疼痛。

2. 疼痛的健康教育和随访 根据实际情况为患者和主要照顾者提供疼痛相关的健康教育和随访服务。一般应包括:①说明疼痛的定义、诱因、发生机制,并告知患者与医生和护士交流疼痛的情况。②镇痛的临床作用、应用方法、注意事项及镇痛评分方法。③使患者了解自控镇痛相关知识,指导减轻或解除疼痛的自助技巧等,如翻身、咳嗽、肢体锻炼前按压镇痛泵、缓解疼痛、增加舒适度。术后指导患者进行有效咳嗽,避免剧烈咳嗽引起的疼痛,教会患者术后下床起身动作,避免因活动不当加重切口不适感。④指导患者正确用药,患者的不遵医行为来自对疼痛及疼痛治疗的误解和担忧,例如担心用麻醉性止痛药会成瘾,担心停用麻醉性止痛药会引起不适,担心药物耐受而不再起作用等。护士应恰当应用沟通技巧评估患者对疼痛治疗的态度,讲解止痛药物成瘾性、躯体依赖性和耐受性的区别,消除患者的顾虑,提高治疗依从性,从而保证疼痛治疗的顺利进行。⑤鼓励并指导患者填写疼痛日记,交代按时复诊。对需要随访服务的疼痛患者,建立随访信息并定期随访。

三、镇痛效果的评价和记录

1. 镇痛效果的评价 镇痛效果的评价是有效缓解疼痛的重要步骤,包括对疼痛程度、性质和范围的再评估及对治疗效果和治疗引起的不良反应的评价。只有对镇痛效果进行反复动态的评估,才能了解患者疼痛的程度及镇痛药是否达到镇痛的目的,为下一步合理选择治疗方案和疼痛管理提供可靠的依据。对镇痛效果评估的主要依据是患者的主诉,护士应指导患者准确描述疼痛的性质、部位、持续时间、规律。但在临床实践中,患者的情况有时会给疼痛评估带来困难,如患者存在智力障碍或表达有困难等,此时评估要注意患者的客观指征,如呼吸、发声、面部表情、眼神、行为的改变、躯体变化等,以利于医护人员准确判断。指导患者客观地向医护人员讲述其疼痛的感受,既不能夸大疼痛的程度,也不要忍痛。以下内容均可表明疼痛减轻:①一些疼痛的征象,如面色苍白、出冷汗等减轻或消失;②对疼痛的适应能力有所增强;③身体状态和功能改善,自我感觉舒适,食欲增加;④休息和睡眠的质量较好;⑤能重新建立一种行为方式,轻松地参与日常活动,与他人正常交往。镇痛效果的评价可采用百分比量表法及四级法进行量化。

(1)百分比量表法:让患者在一直线上表明疼痛减轻程度的百分数(图6-5)。

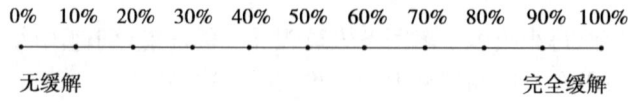

图6-5 百分比量表法

(2)四级法:①完全缓解:疼痛完全消失;②部分缓解:疼痛明显减轻,睡眠基本不受干扰,能正常生活;③轻度缓解:疼痛有些减轻,但仍感到明显疼痛,睡眠及生活仍受干扰;④无效:疼痛没有减轻。

当使用镇痛效果评价法存在困难时,可使用疼痛程度的评估工具如数字评定量表(图6-2)进行对比评价。

> **知识链接**
>
> ### 疼痛控制的标准
>
> 疼痛控制标准是指导医务工作者实施疼痛控制的准则。世界卫生组织、国际疼痛研究协会、美国疼痛学会等建立了一系列的疼痛控制标准,各个国家也结合自身国情建立了癌性和非癌性疼痛控制标准,帮助医务工作者、患者及其家属明确疼痛程度的控制目标,并指导临床实践。
>
> 癌性疼痛的控制标准:
>
> ①WHO 的癌性疼痛控制标准:即针对癌症患者要求达到夜间睡眠时、白天休息时、日间活动和工作时无疼痛。此目标虽然较明确,但在临床实践中较难实现。②癌性疼痛"3个3"控制标准:即依据 0~10 分数字评分法,评估疼痛强度<3 分;24 h 内爆发性疼痛次数<3 次;24 h 内需要药物解救的次数<3 次。有学者认为"3个3"的标准可操作性较强,有助于指导临床实践和实施疼痛管理。③癌性疼痛控制的"321方案"和"331方案":"321方案"即评估疼痛强度≤3 分;24 h 内爆发性疼痛次数≤2 次;开始治疗后 24 h 内达到上述标准。"331方案"即评估疼痛强度≤3 分;24 h 内爆发性疼痛次数≤3 次;开始治疗后 24 h 内达到上述标准。"24 h 及早镇痛"有助于增加癌痛患者治疗信心,提高肿瘤治疗依从性。
>
> 非癌性疼痛的控制标准:
>
> 目前,国内外对非癌性疼痛的管理目标还不尽一致。我国部分医疗机构建立了以医生和护士为基础的疼痛处理模式,根据美国医疗机构评审联合委员会(the Joint Committee American Health Organization,JCAHO)或国际联合委员会(Joint Commission International,JCI)疼痛管理标准制定了符合医院实际的疼痛评估管理制度。将修订版 Wong-Baker 面部表情疼痛评估量表、数字评定量表(NRS)、口述评定量表(VRS)相结合,形成了由脸谱、文字描述、数字三种标识组成的新的疼痛评估表。将疼痛控制目标制定为疼痛评分≤3 分,在术后患者疼痛控制的临床实践中取得了很好效果,提高了术后患者对疼痛控制的满意度。

2. 镇痛效果的记录 镇痛效果的记录是评价结果的量化。记录疼痛的方法大致可分为两类:即由护士完成的住院患者的护理记录和由门诊患者完成的自我疼痛管理记录。护士在护理病历中的入院评估单、护理记录单、特护记录单或疼痛护理单内记录患者的疼痛情况。记录内容包括疼痛的时间、程度、部位、性质、评估工具、镇痛方法和时间,镇痛效果如疼痛缓解程度及疼痛对睡眠和活动的影响等方面。急性疼痛的评估和记录是短期的,如术后、创伤后、产后疼痛等。而慢性疼痛的记录需要有一定的连续性,如癌痛、风湿性疼痛等。

护士在疼痛评估、记录和管理中具有重要优势及作用,因为护士与患者在一起的时间最多,往往最先了解患者各种不适症状。因此,对患者镇痛的评价首先依赖于护士的观察评估和记录。护士有责任观察镇痛效果、有无不良反应,然后根据实际情况决定是否应报告医师,保证护理工作的完整性。

小 结

疼痛可由温度刺激、化学刺激、物理损伤、病理改变和心理因素等多种原因引起，导致患者出现生理、心理和行为等不适感，给患者的工作、学习及生活带来一系列问题。影响疼痛的因素很多，内在因素包括个体人口学特征、信仰与文化、行为作用、对疼痛的态度、以往的疼痛经验、注意力、情绪等；外在因素包括环境变化、社会支持、医源性因素等。同样性质、强度的刺激可引起不同个体产生不同的疼痛反应，尽可能减少患者在疾病和治疗过程中产生的疼痛是护理工作的重点。护士在疼痛管理中起着主导、协调、实施和培训等重要作用，应加强自身专业疼痛管理能力；正确把握疼痛评估的时机，运用恰当的评估工具和评估技巧，对疼痛内容进行全面评估；同时，根据患者自身情况及病情严重程度，提供药物和非药物治疗相应的护理措施；恰当地运用心理护理方法帮助患者缓解紧张、焦虑、恐惧等不良情绪；耐心、细致地为患者提供健康教育，帮助其减轻疼痛带来的痛苦，提高舒适度，促进疼痛患者早日康复。

思考题

一、单项选择题

1. 患者，男，22岁。车祸造成多发性损伤，患者意识清醒，主诉伤口疼痛。以 0~10 数字评定量表为例，正确的护理措施是
   A. 其疼痛程度≤5时，护士可选择护理权限范围内的方法止痛，并报告医生
   B. 其疼痛程度≥5时，护士可选择护理权限范围内的方法止痛，并报告医生
   C. 其疼痛程度≥5时，护士应报告医生，给予有效止痛药物
   D. 其疼痛程度≤6时，护士可选择护理权限范围内的方法止痛，并报告医生
   E. 其疼痛程度≥6时，护士可选择护理权限范围内的方法止痛，并报告医生

2. 患者，男，42岁。晚餐进食肥肉后出现上腹部剧烈疼痛入院，诊断为"急性胰腺炎"，患者诉说腹部疼痛。针对该患者疼痛的护理措施，错误的是
   A. 注意观察疼痛的性质和特点，有无伴随症状
   B. 疼痛较重时遵医嘱给予阿片类止痛药
   C. 指导患者采用非药物止痛法缓解疼痛，如松弛疗法
   D. 协助患者采取舒适卧位，如屈膝侧卧位
   E. 为减轻患者疼痛，嘱患者尽量不翻身

（以下病例为3~4题共用）
患者，女，56岁。以晚期胰头癌收入院，上腹部出现持续剧烈疼痛并向腰背部放射。

3. 对患者疼痛的控制，按照WHO的推荐标准为
   A. 依据 0~10 分数字评定量表，使患者疼痛程度≤5分
   B. 依据 0~10 分数字评定量表，使患者疼痛程度≤6分
   C. 使患者达到日间睡眠时、夜间休息时、日间适当活动时基本无痛
   D. 使患者达到夜间睡眠时、白天休息时、日间适当活动时基本无痛

E. 使患者达到夜间睡眠时、白天休息时、日间适当活动时完全无痛

4. 对患者采用三阶梯镇痛疗法，以下基本原则错误的是

A. 以肌内注射给药为主，有助于减轻耐受性

B. 按医嘱规定时间给药，维持有效血药浓度

C. 药物选用应由弱到强，减少药物依赖的发生

D. 根据个体疼痛程度，推荐能满意镇痛的剂量

E. 密切观察不良反应，做好健康宣教工作

二、案例分析题

患者，男，56岁。结肠癌晚期，腹膜后和盆腔多发淋巴结转移，左骶髂关节转移，椎体骨质破坏。行"乙状结肠癌根治术"，在化疗8周、姑息放疗3个疗程后，出现左下肢爆发痛，静卧时疼痛剧烈，无法睡眠。服用盐酸羟考酮缓释片逐渐加量至280 mg Q8h PO 疼痛控制不佳，近2日出现排便困难。

请回答：

1. 按 WHO 的疼痛分级标准进行评估，患者的疼痛为第几级？
2. 如何护理患者的疼痛症状？

（张　琪）

第七章 休息、睡眠与活动

本章数字资源

导学目标

通过本章内容的学习，学生应能够：

◆ **基本目标**
1. 解释休息与活动的意义。
2. 分析睡眠各时相的特点。
3. 说明住院患者睡眠的特点。
4. 说明活动受限的原因及对机体的影响。
5. 应用正确的方法全面收集住院患者的睡眠及活动资料。

◆ **发展目标**
1. 综合运用促进患者睡眠的护理措施解决患者的睡眠与休息问题。
2. 综合运用促进患者活动的护理措施协助患者进行活动。
3. 运用所学知识，大力倡导合理运动、健康睡眠、关爱生命，作良好生活方式的宣教者、实践者。

案例 7-1

患者，男，63岁。因自感胸闷、憋气住院。入院诊断为"慢性阻塞性肺气肿"。表现为咳嗽和呼气困难，不能平卧，只能被迫端坐。经住院治疗 7 天后，患者症状部分缓解。今晨，患者主诉自入院以来难以入睡，睡后也容易被病房和走廊内的声响吵醒，尤其在午夜醒后很难再次入睡。患者妻子与护士提到过患者最近几天白天小睡过多。医生建议患者可下床进行适量活动，患者担心会发生呼吸困难，拒绝下床。

请回答：
1. 患者目前存在的睡眠问题是什么？
2. 引起患者睡眠问题的主要原因有哪些？
3. 护士可以采取哪些护理措施促进患者的睡眠？
4. 患者目前的活动状况对机体的主要影响有哪些？
5. 在协助患者活动中应注意哪些问题？

休息、睡眠与活动是人类最基本的生理需要,适当的休息与活动,可以消除疲劳、促进身心健康,是患者在患病期间恢复健康的基本条件之一。护士应为患者创造一个良好的休息环境,并根据具体情况协助和指导患者进行适当的活动,预防各种并发症的发生,促进患者早日康复。

第一节 患者的休息与睡眠

休息对于人体健康至关重要,有效的休息可以消除疲劳,使身体处于放松状态,恢复体力和精力,还可以缓解心理压力,使心情愉悦。休息的方式诸多,可因人而异。但休息决不意味着不活动,如可进行听音乐、做保健操、散步、打球等活动,从一种紧张的工作状态转为另一种轻松、愉快的活动,都属于休息的方式。在所有的休息方式中,睡眠是最重要的一种,通常睡眠质量的好坏直接影响休息的质量。患者在患病期间,休息尤为重要,因此,护士应了解患者休息与睡眠的需求,努力创造良好的休息环境,协助患者得到充足、有效的休息,从而利于疾病的恢复。

一、休息

休息(rest)是指在一定时间内相对减少活动,使人从生理上和心理上得到放松,消除或减轻疲劳、紧张、焦虑,处于一种良好的心理状态,以恢复精力和体力的过程。适当的休息可使人感到精力充沛、身心舒适。

(一)休息的意义

1. 休息与维护健康有关 休息是维持人类健康的必要条件,也是人体最基本的生理需要。休息不足可能会导致人体出现某些躯体和精神反应,如疲劳、困倦、注意力分散,甚至紧张、焦虑、急躁、易怒等情绪体验,长期休息不足会造成机体免疫力下降,引起各种身心疾病。因此,适当的休息可促使身体各部分放松,避免过多的能量消耗,减轻精神紧张,保持健康的体魄,使身心、工作及生活都处于最佳的健康状态。同时,休息也可以维持机体生理调节的规律性,促进机体的正常生长发育。

2. 休息与促进康复有关 个体在患病期间,良好的休息可减少机体能量的消耗,从而使体力和精力最大限度地得到恢复,同时充分的休息有利于受损组织加快修复,缩短病程,提高疗效,早日康复。如当人体处于平卧位时,肝、肾的血流量比站立时大约增加50%,可使这些器官得到充足的营养物质,利于组织的修复和器官功能的恢复。同时,休息时因新陈代谢活动减慢,全身对血液的需求量下降,心脏负荷降低,因而对于心脏疾病的恢复也是十分有利的。对患者来说,疾病本身就是一种压力,此时患者各方面表现比较脆弱,除了生理上的不适外,心理上也容易出现紧张和焦虑。因此,护士为患者建立一个良好的休息环境,对促进患者身心早日康复具有重要的意义。

(二)休息的条件

1. 生理舒适 生理舒适可以促进患者休息。在休息之前,护士应将患者身体上的各种不舒适降低到最低限度,为患者提供各种舒适服务。如控制或缓解明显的疼痛、提供舒适的卧位、维持正常的体温、协助搞好个人卫生等。

2. 心理放松 保持积极乐观的情绪,做到心理上的放松,能够减少紧张和焦虑,获得良好休息。患者住院期间,个体在社会、职业、家庭等各种角色中应尽的义务不能实现,对医院环境及医务人员感到陌生,对自身疾病预后的担忧等,导致患者常出现心理紧张和焦虑等不良心理反应。因此,护士应运用所掌握的知识和技能,及时与患者沟通,了解患者的心理问题,为患者提供完善准确的护理服务，满足患者各种需要，以减轻患者的紧张和焦虑情绪。

3. 环境适宜　护士应为患者提供一个安静、舒适的物理环境，包括适宜的空间、温度、湿度、光线、色彩、空气、声音等。如遇到危重及抢救患者，尽可能安排在单间，尽量减少环境中不良因素对患者的刺激。

4. 睡眠充足　睡眠是休息的一种重要形式。睡眠的时间和质量影响患者疾病的恢复，因此，护士应了解睡眠相关的生理知识以及促进睡眠的有效措施，帮助患者解决睡眠问题。

（三）促进患者休息的措施

1. 满足休息的条件　创造满足患者休息的环境和生理条件，降低周围环境对患者休息的干扰，使患者身心放松，得到真正的休息。

2. 安排适宜的休息时间和方式　在安排患者休息时间和方式时，做到因人而异，不同患者休息的方式不同，休息时间的长短应严格依据患者的病情而定，不能强求一致。

3. 最大限度地实现身心放松　协助患者解决遇到的问题，减少心理焦虑，使身心放松。

4. 治疗和护理集中进行　治疗和护理活动应有计划地进行，做到相对集中，减少对患者的打扰，以免影响其休息。

5. 严密观察并发症　注意观察有无并发症的发生，尤其是长期卧床会给某些患者带来各种并发症，如静脉血栓、坠积性肺炎等。因此在病情允许时，应对患者休息方式和活动量给予适当调整。

二、睡眠

睡眠（sleep）是一个周期性发生的个体对大部分刺激不作反应的相对的不活动状态，是知觉的一种特殊状态，由不同时相组成。与无意识状态不同的是，在睡眠状态中，个体可以被直接的刺激如突然的响声唤醒。睡眠与觉醒是一种交替循环的生理过程。睡眠-觉醒周期可影响和调节人体的生理功能和行为反应。在睡眠中个体的基础代谢活动下降，心率、呼吸、体温以及血压降低，与此同时，个体对外界刺激的反应也下降。一些环境刺激不会唤醒个体，但会对一些有意义的刺激作出反应，例如母亲会被自己孩子的哭声唤醒，而不会被其他孩子的哭声唤醒。睡眠是休息的一种重要形式，通过睡眠可以使个体的精力和体力得到恢复，保持良好的觉醒状态，这样个体才能精力充沛地从事劳动或生活。睡眠对于维持健康，尤其是促进疾病的康复具有重要的意义，理解睡眠的生理有助于护士更好地评估和管理患者的睡眠问题。

（一）睡眠的生理

1. 睡眠的发生机制　睡眠由睡眠中枢控制。睡眠的发生与周围神经系统、内分泌系统、心血管系统、呼吸系统以及运动系统的改变相关。睡眠中枢位于脑干尾端，研究发现，此部位各种刺激性病变可引起过度睡眠，而破坏性病变可引起睡眠减少。睡眠中枢向上传导冲动作用于大脑皮质（或称上行抑制系统），与控制觉醒状态的脑干网状结构上行激动系统的作用相拮抗，从而调节睡眠与觉醒的相互转化。

2. 睡眠的生理特点　睡眠是一种周期性现象，一般每天为一个周期。睡眠时视、听、触、嗅等感觉减退，骨骼肌反射和肌肉紧张度减弱，自主神经功能出现一系列改变，如血压降低、心率减慢、呼吸变缓、瞳孔缩小、尿量减少、代谢率下降、胃液分泌增多、唾液分泌减少、发汗增强等。

3. 睡眠的时相（sleep phase）　睡眠是一个多相的活动过程，根据睡眠发展过程中机体活动功能表现和脑电波变化，正常睡眠包括慢波睡眠（slow wave sleep, SWS）和快波睡眠（fast wave sleep, FWS）两个时相。慢波睡眠又称正相睡眠（orthodox sleep, OS）或非快速眼球运动睡眠（non rapid eye movement sleep, NREM sleep），快波睡眠又称异相睡眠或快速眼球运动睡眠（rapid eye movement sleep，REM sleep）。睡眠过程中两个时相互相交替进行。脑电图、肌电图和眼电图显示在睡眠的不同时相，脑、肌肉和眼的活动处于不同的水平。

> **知识链接**
>
> **中医睡眠研究**
>
> 在中国古代，人们很早就开始关注睡眠。三千年前的甲骨文中就有"寐"和"寝"等关于睡眠的记载。中医对睡眠疾病的认知也经历了漫长的过程。《黄帝内经·灵枢》阐述睡眠为："卫气昼行于阳，夜行于阴。阴者主夜，夜主卧，……阳气尽，阴气盛则目瞑；阴气尽而阳气盛则寤矣"。东汉张仲景在《伤寒杂病论》中阐明睡眠异常是由外感热病、百合病、虚劳等内伤所致。唐朝孙思邈在《千金要方》中提出用温胆汤治疗失眠病。明朝李时珍在《本草纲目》中专门列出治疗不眠的药物和方剂。由此可见，历代中医非常重视睡眠，主张采用合理的睡眠方法和措施来保证睡眠质量，从而达到防病治病、强身益寿的目的。

（1）慢波睡眠：在慢波睡眠中，机体耗氧量下降而脑耗氧量不变，同时，腺垂体分泌生长激素明显增多，因此，有利于促进生长和体力恢复。长期睡眠不足后，如果任其自然睡眠，则慢波睡眠尤其是深度睡眠将明显增加，以补偿前阶段的睡眠不足。NREM 睡眠（占每晚总睡眠的 75%~80%）又分为四个期，从Ⅰ期到Ⅳ期，睡眠逐步加深。

第Ⅰ期（入睡期）：为过渡期，是从清醒到入睡的过渡阶段，仅维持几分钟，是在所有睡眠时期中睡得最浅的一期，很容易被唤醒。此期生理活动速度开始减慢，生命体征与新陈代谢逐渐降低。

第Ⅱ期（浅睡期）：此期仍可听到声音，易被唤醒，生理功能活动继续变慢，肌肉逐渐放松，此期持续 10~20 min。

第Ⅲ期（中度睡眠期）：此期肌肉完全放松，生命体征下降，但仍规则，身体很少移动，难以被唤醒，此期持续 15~30 min。

第Ⅳ期（深度睡眠期）：全身松弛且无任何活动，极难被唤醒，腺垂体分泌生长激素，减少蛋白质的分解，人体组织愈合加快，此期持续 15~30 min。

（2）快波睡眠：其睡眠特点是眼球快速转动，脑电波活跃，与清醒时极为相似，是每个睡眠周期的最后一个阶段，占每晚总睡眠的 20%~25%。与慢波睡眠相比，各种感觉进一步减弱，唤醒阈提高，骨骼肌反射和肌肉紧张度进一步降低，肌肉几乎完全放松，可有间断的阵发性表现，如眼球快速转动、部分躯体抽动、血压升高、心率加快、呼吸增快且不规则等。快波睡眠与慢波睡眠同样也为正常人所必需，此期脑耗氧量增加，脑血流量增多且脑内蛋白质合成加快，而生长激素分泌减少。快波睡眠与幼儿神经系统的成熟有密切关系，可能有利于建立新的突触联系，能够促进学习记忆和精力恢复。做梦是快波睡眠的特征之一，快波睡眠对精神和情绪上的平衡尤为重要，因为充满感情色彩的梦境可以缓解精神压力，使得人们面对内心深处的事情和感受，解除意识中令人忧虑的事情。但有些疾病容易在夜间发作，如心绞痛、哮喘、阻塞性肺气肿缺氧发作等，可能与此期间断的阵发性表现有关。睡眠各阶段的变化见表 7-1。

表7-1 睡眠各阶段的变化

睡眠分期		特点	生理表现	脑电图特点
NREM期	第Ⅰ期	可被外界的声响或说话声唤醒	全身肌肉松弛,呼吸均匀,脉搏减慢	低电压α节律,频率为8~12次/秒
	第Ⅱ期	进入睡眠状态,但仍易被惊醒	全身肌肉松弛,呼吸均匀,脉搏减慢、血压、体温下降	出现快速、宽大的梭状波,频率为14~16次/秒
	第Ⅲ期	睡眠逐渐加深,须巨大声响才能被唤醒	肌肉十分松弛,呼吸均匀,心搏缓慢,血压、体温继续下降	梭状波与δ波交替出现
	第Ⅳ期	为沉睡期,很难被唤醒,可出现梦游和遗尿	全身松弛,无任何活动,脉搏、体温继续下降,呼吸缓慢均匀,体内分泌大量生长激素	缓慢而高的δ波,频率为1~2次/秒
REM期		眼肌活跃,眼球迅速转动,梦境往往在此阶段出现	心率、血压、呼吸大幅度波动,肾上腺素大量分泌。除眼肌外,全身肌肉松弛,很难被唤醒	呈不规则的低电压波形,与第Ⅰ期相似

4. 睡眠周期(sleep cycle) 正常情况下,睡眠周期是慢波睡眠与快波睡眠不断重复的形态。每一周期都含有60~120 min不等的(平均为90 min)有顺序的睡眠时相。在成人每次6~8 h的睡眠中,平均出现4~6个睡眠时相周期。

正常睡眠时,在入睡后最初的20~30 min,从入睡期进入浅睡期和中度睡眠期,再经深度睡眠期返回到中度睡眠期和浅睡期,再从浅睡期进入快波睡眠期,大约持续10 min后又进入浅睡期。每一时相所占的时间比例会随睡眠的进行而有所变化。刚入睡时,慢波睡眠的中度与深度睡眠占90 min,快波睡眠持续不超过30 min,而进入深夜,快波睡眠会延长到60 min,慢波睡眠的中度与深度睡眠时间会相应缩短,越接近睡眠后期,快波睡眠持续时间越长。睡眠周期在白天小睡时也会出现,但各期睡眠时间根据小睡的时间而定。上午小睡是后半夜睡眠的延续,快波睡眠所占比例较大;而下午小睡慢波睡眠所占比例增多,会减少晚上睡眠时慢波睡眠时间的长短。

在睡眠周期的任何一期,个体若被唤醒后再继续睡眠,将不会回到被唤醒的那一期睡眠时相中,而是从睡眠的最初状态开始。如患者在夜间的睡眠常被中断,患者将整夜无法获得深度睡眠和快波睡眠而使睡眠型态受到干扰,睡眠质量大大下降,因此,患者就不得不通过增加睡眠总时数来补充缺乏的深度睡眠和快波睡眠,以至于造成睡眠型态发生紊乱。护士为了帮助患者获得最佳睡眠,须了解睡眠的规律和特点,同时应全面评估睡眠需要及影响因素,以保证患者睡眠质量和连续性。

(二)睡眠的需要

睡眠是一种周期性的现象,通常为每天一次,并且持续一定的时间。睡眠是一个复杂的过程,最佳的睡眠既要有足够的时间,也要注意睡眠的时间应与机体的生物钟相吻合,同时在整个睡眠周期内不被任何因素干扰,使得睡眠不被打断。也就是说在整个睡眠周期中,各期应是自动一致的重复,且各睡眠阶段都应占有最恰当的比值。

如果要维持人体处于最佳的功能状态,应合理安排睡眠与活动的时间,并与人的生物钟保持一致,睡眠最好发生在昼夜性节律的最低期,因为此期能反映机体的生理和心理变化过程。

对睡眠时间的需要因人而异,健康成人每晚睡眠时间为6~8 h。总的睡眠时间随着年龄的增长而逐渐减少,儿童期最长,青春期减少,逐渐保持稳定直至老年。如果一个人身体健康、心情舒畅,熟睡5~6 h也能消除疲劳,使精力和体力得到很好的恢复。但患者会因疾病限制活动、不愿活动、药物影响、生理心理压力等诸多因素而出现睡眠时间大大延长。

(三) 睡眠的评估

1. 影响睡眠的因素

(1) 年龄因素：随着年龄增长，睡眠时间逐渐减少。各睡眠时相所占比例也随年龄变化而变化，快波睡眠的比例在婴儿期大于儿童期，在青年期和老年期逐渐降低；深度睡眠的比例随年龄增长而减少，入睡期和浅睡期的比例随年龄增长而增加。老年期睡眠特点是早睡、早醒且中途觉醒次数较多，与年龄增长、睡眠深度逐渐减小有关。

(2) 生理因素：睡眠一般发生在昼夜性节律（circadian rhythm）的最低期，与人的生物钟保持一致。如果人的睡眠不能与昼夜性节律协同一致，长时间频繁的夜间工作或航空时差，会导致生物性节律失调，产生疲劳与不适。适度的疲劳有助于入睡，但过度的疲劳会使人入睡困难，一旦生物性节律失调，通常需要 3~5 天才能恢复。内分泌的变化会影响睡眠，女性在月经期会通过增加睡眠来缓解疲劳，补充体力。绝经期的女性由于内分泌变化会引起睡眠紊乱，补充激素可以改善睡眠质量。

(3) 病理因素：身体的舒适是获得睡眠的前提条件，许多疾病及其症状会影响身体的舒适，从而影响睡眠。例如气喘、支气管炎和过敏性鼻炎者因呼吸节律改变而扰乱睡眠；普通的感冒伴随有鼻塞、咽喉痛也会导致呼吸和放松能力的减弱；高血压常引起早醒和疲乏；甲状腺功能减退者深度睡眠减少，而甲状腺功能亢进者入睡较困难。因此，入睡前须减轻或去除身体的不适，如疼痛、饥饿、腹胀、呼吸困难等。

(4) 心理因素：任何强烈的情绪，如害怕、焦虑、悲哀、愤怒、喜悦等都可能导致失眠。长期的压力会激活下丘脑-垂体-肾上腺轴，导致睡眠障碍。焦虑状态下，交感神经兴奋，血液中的去甲肾上腺素水平升高，使深度睡眠和 REM 睡眠减少，睡眠时相频繁交替，觉醒次数增多。患者因患病及住院产生的情绪变化，如对疾病的担忧、经济压力、角色转变等都可影响正常睡眠。

(5) 环境因素：多数人在熟悉的环境中（如家里）能够保持较好的睡眠，而陌生的环境会影响睡眠，在新的环境中慢波睡眠和快波睡眠的比例会发生变化，如入睡期延长，快波睡眠减少，觉醒次数增加等。睡眠的物理环境对睡眠的发动和保持有重要影响，如温度、湿度、光线、声响、空气质量等均可影响睡眠质量。此外，床的大小、稳定性和位置都能影响睡眠的质量。

(6) 药物因素：药物会影响睡眠型态。类固醇类药物和苯二氮䓬类药物常见的副作用是嗜睡和睡眠剥夺。这些药物可改变睡眠和影响日间清醒，因而会对个体造成影响。许多安眠药物可干扰深度睡眠和抑制 REM 睡眠，突然停止苯二氮䓬类安眠药会影响睡眠结构和降低睡眠质量。如长期不适当地服用助眠药物，可导致药物依赖或戒断反应，使原有的睡眠障碍更加严重。住院患者因为控制和治疗各种疾病常需服用多种药物，这些药物的联合效应可能会严重干扰睡眠。

(7) 食物因素：一些食物的摄入也会改变睡眠状况。含有较多 L-色氨酸的食物，如肉类、乳制品和豆类能缩短入睡时间而促进入睡，是一种天然的催眠剂。少量饮酒能促使放松和睡眠，加速入睡时间，但大量饮酒则可抑制脑干维持睡眠的功能，干扰睡眠的时相，使睡眠变浅。浓茶、咖啡和可乐中含有咖啡因，会使人兴奋而难以入睡，即便入睡也容易中途醒来，且可缩短总睡眠时间，故对于睡眠不良的人应限制摄入，尤其在睡前 4~5 h 应避免饮用。

(8) 寝前习惯：睡前洗热水澡、喝牛奶、阅读报纸、听音乐等习惯均有助于睡眠，而一些不健康的习惯，如饥饿、暴饮暴食、剧烈活动、过度兴奋等则会影响睡眠质量。

(9) 生活方式：长期处在紧张忙碌的工作状态，生活无规律，缺乏适当的运动和休息，或长期处于单调乏味的生活环境，缺少必要的刺激，均会影响睡眠质量。

> **知识链接**
>
> ### 世界睡眠日
>
> 为引起人们对睡眠重要性和睡眠质量的关注，国际精神卫生和神经科学基金会于2001年发起了一项全球睡眠和健康计划，并将每年的3月21日，即春季的第一天定为"世界睡眠日（World Sleep Day）"。之所以定在这一天，是因为季节变换的周期性和睡眠的昼夜交替规律都与人们的日常生活息息相关。2003年，中国睡眠研究会将"世界睡眠日"正式引入中国。
>
> 历届世界睡眠日主题：
>
> 2001年：睁开眼睛睡觉（注：不是真的瞪大眼睛入睡，而是提醒人们：要学着去熟悉、关注睡眠）
>
> 2002年：开启心灵之窗，共同关注睡眠
>
> 2003年：睡出健康来
>
> 2004年：睡眠，健康的选择
>
> 2005年：睡眠与女性
>
> 2006年：健康睡眠进社区
>
> 2007年：科学的睡眠消费
>
> 2008年：健康生活，良好睡眠
>
> 2009年：科学管理睡眠
>
> 2010年：良好睡眠，健康人生
>
> 2011年：关注中老年睡眠
>
> 2012年：健康睡眠，幸福中国
>
> 2013年：关注睡眠，关爱心脏
>
> 2014年：健康睡眠，平安出行
>
> 2015年：健康心理，良好睡眠
>
> 2016年：美好睡眠，放飞梦想
>
> 2017年：健康睡眠，远离慢病
>
> 2018年：规律作息，健康睡眠
>
> 2019年：健康睡眠，益智护脑
>
> 2020年：良好睡眠，健康中国
>
> 2021年：良好免疫源于优质睡眠
>
> 2022年：良好睡眠，健康同行
>
> 2023年：良好睡眠，健康之源

2. 常见的睡眠障碍

（1）失眠（insomnia）：是睡眠障碍中最常见的一种，可能是生理或心理疾病的信号，在女性中发生率较高。基本特征是不能获得足够的睡眠，主要表现为长期存在难以入睡（睡眠发生性）、睡眠中多醒（睡眠维持性）和（或）早醒。失眠患者常对其睡眠不满意，并且常伴有疲乏、精神不振、注意力不集中、情绪紊乱，工作和学习能力均下降，是睡眠质量或数量不能满足正常需求的一种主观体验。

根据原因不同，可将失眠分为原发性失眠与继发性失眠。原发性失眠即失眠症，根据《中国精神障碍分类与诊断标准》（第3版）（CCMD-3）对原发性失眠的诊断标准：一种以失眠为

主的对睡眠质量不满意的状况，其他心理及身体的不适均继发于失眠，如难以入睡、睡眠不深、多梦、易醒、早醒、醒后不易再睡、醒后不适感、疲乏或白天困倦。继发性失眠是由心理、生理或环境因素引起的短暂失眠。继发性失眠的常见原因有情境性因素（如家庭、工作或学业问题、时差等）、情绪因素（焦虑、抑郁、情感应激等）、疾病（如哮喘、糖尿病、心脏病、关节炎或神经系统疾病）以及药物因素（可卡因、安非他明、抗焦虑药等）等。失眠可引起焦虑、抑郁或恐惧心理，并导致精神活动效率下降，妨碍社会功能。失眠的共同特征：①患者主诉有失眠，包括难以入睡、睡眠不深、多梦、易醒、早醒、醒后不易再睡及醒后不适等；②每周至少发生3次并持续1个月以上；③由于睡眠量和（或）质的不满意，引起明显的苦恼或影响社会及职业功能；④排除由于各种精神、神经及躯体障碍等所致。

（2）睡眠呼吸暂停（sleep apneas）：是以睡眠中呼吸反复停顿为特征的一组综合征，每次停顿≥10 s，通常每小时停顿＞20次，临床上表现为时醒时睡，并伴有动脉血氧饱和度降低、低氧血症、高血压及肺动脉高压。睡眠呼吸暂停可分为中枢性睡眠呼吸暂停（central sleep apneas，CSA）、阻塞性睡眠呼吸暂停（obstructive sleep apneas，OSA）和混合性睡眠呼吸暂停三种类型。中枢性可能是与快波睡眠有关的脑干呼吸机制失调所致，见于颅脑损伤、药物中毒等；阻塞性由上呼吸道阻塞引起，发生在严重、频繁、用力地打鼾或喘息之后，还有肥胖者由于脂肪堆积于咽部、舌根部阻塞气道而引起。混合性睡眠呼吸暂停包含了中枢性和阻塞性两种睡眠呼吸暂停所具有的特征。睡眠呼吸暂停的危险因素包括肥胖、颈围增加、颅面部畸形、甲状腺功能低下及肢端肥大症等。研究显示，睡眠呼吸暂停是心血管疾病的危险因素，与高血压之间存在因果关系。

（3）睡眠过度（hypersomnia）：表现为过多的睡眠，可持续几小时或几天，难以唤醒。可发生在多种脑部疾病，如脑血管疾病、脑外伤、脑炎、第三脑室底部和蝶鞍附近脑瘤等，还可见于糖尿病、镇静剂过量等，也可见于严重的忧郁、焦虑等心理疾病，患者通过睡眠逃避日常生活的紧张和压力。脑电图表明，睡眠过度尽管延长了总睡眠时间，但睡眠周期进展和每一时相所占的比例均在正常范围内。

（4）发作性睡眠（narcolepsy）：是一种特殊的睡眠障碍，特点是控制不住的短时间的嗜睡，伴有猝倒症、睡眠瘫痪和入睡幻觉。发作时，患者可由清醒状态直接进入快波睡眠，一般睡眠程度不深，易唤醒，但醒后又入睡。常在饭后或单调无趣的情况及一天快结束时发作，一天可发作数次至数十次不等，持续时间一般为十余分钟。猝倒症是发作性睡眠最危险的并发症，常因情绪急剧变化、过度兴奋或悲伤而引起。约有70%的发作性睡眠患者会出现猝倒现象，发作时意识清醒，躯干及肢体肌张力突然降低而猝倒，会导致严重的跌伤，一般持续1~2 min；约有25%的发作性睡眠患者会有生动的、充满色彩的幻觉和幻听。发作性睡眠属于快波睡眠障碍，应选择药物治疗。护士应指导患者学会自我保护，嘱其禁止从事高空、驾车及水上作业等工作，以免发生意外。

（5）睡眠剥夺（sleep deprivation）：睡眠剥夺的主要特点为睡眠不足，指睡眠时间和时相的减少或损失。一般成年人持续觉醒15~16 h，即可称为睡眠剥夺，此时极易转为睡眠状态。睡眠剥夺在实际生活中是许多人尚未认识到的一种常见健康问题，研究发现可能有1/3或以上的人因睡眠剥夺而罹患嗜睡。其原因包括疾病（如发热、呼吸困难或疼痛）、情绪应激、药物、环境干扰（如频繁的护理）及因轮班制工作而改变睡眠时间。医护人员因经常长时间工作和轮班，尤易发生睡眠剥夺。住院患者，尤其是监护病房的患者，特别容易发生外源性和昼夜节律性睡眠紊乱从而导致睡眠剥夺。睡眠剥夺对行为速度的影响比对行为准确性的影响更为明显；对情绪的影响比对认知的影响大，并反过来对行为产生影响。逆转睡眠剥夺的唯一方式是恢复性睡眠，其时间远低于睡眠剥夺的时间。

（6）梦游（sleepwalking）：主要见于儿童，以男性多见，随着年龄增长，症状逐渐消失，提示该症系中枢神经延缓成熟所致。发作时，患者于睡眠中在床上爬动或下地走动，还到户外活动，面无表情，动作笨拙，走路不稳，喃喃自语，偶见较复杂的动作如穿衣，每次发作持续数分钟，之后又到床上睡觉，在活动过程中可含糊地回答他人提问，也可被强烈的刺激惊醒，醒后对梦游过程不能回忆。对梦游患者应采取各种防护措施，如移开室内危险物品、锁门，以免发生危险。

（7）遗尿：指5岁以上的儿童仍不能控制排尿，在白天或夜间反复出现不自主的排尿。引起遗尿的主要因素有：①遗传因素：遗尿常在同一家族中发病，其发生率为20%~50%；②睡眠机制障碍：异常的熟睡抑制了间脑排尿中枢的功能；③泌尿系统解剖或功能障碍：泌尿通路狭窄或梗阻、膀胱发育异常、尿道感染、膀胱容量及内压改变等都可引起遗尿；④控制排尿的中枢神经系统功能发育迟缓。

3. 住院患者睡眠状况的评估　护士应通过患者及家属收集有关睡眠的资料，制订适合患者的护理计划，指导和帮助其获得有效的休息与睡眠。

（1）评估重点：①患者对睡眠时间和质量的个体化需要；②睡眠障碍的症状、类型、持续时间、对身心的主要影响；③引起睡眠障碍的原因。

（2）评估方法：包括问诊、观察、量表测量和辅助检查等。通过询问睡眠特征、观察有无睡眠不足或异常睡眠行为表现，明确患者的睡眠问题。常见的主观性睡眠评估工具包括睡眠—觉醒日志、Epworth嗜睡量表、匹兹堡睡眠指数等。另一个简便的睡眠主观测量法是类似于0~10级疼痛量表的0~10级睡眠评价表。个体需要分别评定睡眠的数量和质量。测量时请患者分别以0~10中的一个数字代表其睡眠数量和质量，其中0代表最差睡眠，10代表最佳睡眠。必要时可用脑电图测量患者的睡眠情况。

（3）评估内容：①一天需要的睡眠时间及就寝时间；②午睡需要及时间；③睡眠习惯，如对食物、饮料、个人卫生、放松形式（阅读及听音乐等）、药物、陪伴、卧具、光线、声响及温度等的需要；④入睡需要时间；⑤睡眠深度；⑥是否打鼾；⑦夜间醒来的时间、次数及原因；⑧有无睡眠障碍，其严重程度、原因及对机体的影响；⑨睡眠效果；⑩睡前是否使用安眠药物及药物的种类和剂量。

4. 住院患者的睡眠特点

（1）睡眠节律改变：表现为昼夜性节律去同步化（desynchronization），指患者正常的昼夜性节律遭到破坏，睡眠与昼夜性节律不协调。

根据疾病的发展和变化，住院患者的各种诊疗活动可能会在一天内的任何时间进行。作为睡眠的重要干扰因素，诊疗活动的时间、频率、强度及影响程度与患者的睡眠有密切的关系。昼夜性节律去同步化表现为白天昏昏欲睡，夜间失眠，觉醒阈值明显下降，极易被惊醒，继而出现焦虑、沮丧、烦躁、不安等症状。当睡眠节律改变时，机体会通过"再同步"来适应新的睡眠型态，重获同步化的时间通常需要3天以上，同时会伴有倦态和不适。

（2）睡眠质量改变：影响住院患者睡眠质量的主要因素为睡眠剥夺、睡眠中断和诱发补偿现象（vulnerability to rebounds）。具体表现为：①入睡时间延长、睡眠持续时间缩短、睡眠次数增多、总睡眠时间减少、尤其是快波睡眠减少。②睡眠中断、睡眠时相转换次数增多，不能保证睡眠的连续性。睡眠中转换次数增多，会导致交感神经和副交感神经刺激的改变，尤其在快波睡眠期间容易出现致命性的心律失常。快波睡眠突然被中止会导致心室颤动，还会影响正常的呼吸功能。③慢波睡眠的第Ⅲ、Ⅳ期和快波睡眠减少时，会在下一个睡眠周期中得到补偿，尤其是慢波睡眠的第Ⅳ期优先得到补偿，同时分泌大量生长激素，以弥补由于觉醒时间增加造成的能量消耗。但快波睡眠不足时症状更为严重，患者会出现知觉与人格方面的紊乱，称为诱发补偿现象。

（四）促进住院患者睡眠的措施

1. 解除患者身体的不适　护士应采取一切有效措施，减少患者的痛苦与不适。如呼吸系统疾病的患者可以垫两个枕头或者协助采取半坐卧位（详见第四章入院与出院患者的护理第二节患者的卧位)以减轻呼吸困难。为预防气道阻塞,可嘱患者睡前服用支气管扩张药,从而减轻呼吸不畅对睡眠的影响。如患者有疼痛、恶心等一些反复发作的症状,最好安排好给药时间,使药效发挥在睡眠时间内。其他方法如协助患者解除腹胀、尿潴留,为患者做好晚间护理,如协助患者洗漱、排便,检查身体各部位引流管、牵引、敷料的情况,必要时更换敷料,帮助患者处于正确的睡眠姿势等。

2. 减轻患者的心理压力 护士要善于观察,及时发现患者的心理变化,并且与患者讨论影响睡眠的原因,以解决相关的睡眠问题。当患者感到焦虑、不安或失望时,不应强迫其入睡,分散注意力和放松的技巧有助于缓解患者对睡眠问题的担忧。缓慢地深呼吸 1 min 或 2 min 可以使人平静。肌肉规律地收缩和松弛也可减轻紧张,为休息做准备。想象、冥想以及瑜伽等也是可以选择的放松活动。

3. 创造良好的物理环境 患者休息的环境应清洁、安静、安全、舒适。睡前根据需要调节好病室内的光线、温度、湿度;保持卧具清洁、干燥,棉被厚薄适宜,枕头高度合适;减少外界环境对患者视、嗅、听、触等感觉器官的不良刺激;多人同住病室应用布帘或屏风等分隔,以创造隐秘的环境。医院环境中的噪声(如呼叫器的声音、电话铃声、监护仪的声响、关门声、护理车轮滚动的声音等)以及各种谈话声都会对患者的睡眠造成不利影响。为了给患者创造适合休息的环境,以下措施可以有效降低医院环境中的噪声,如润滑护理车轮、穿橡胶底鞋子、降低电话铃声和呼叫器音量、睡眠期间尽量减少不必要的操作、关闭病房的门、轻声说话、避免在正在休息的患者旁边说话等。

4. 合理使用药物 对于一些失眠的患者,当其他促进睡眠的方法都无效时,可应用镇静催眠药物,但须注意防止药物依赖和耐药性。

(1)苯二氮䓬类:是目前临床上最常用的镇静、催眠、抗焦虑药,如地西泮(安定)、氯氮䓬(利眠宁)、硝西泮(硝基安定)、艾司唑仑(舒乐安定)等。地西泮可明显缩短入睡时间,延长睡眠持续时间,减少觉醒次数。因其安全范围较广、副作用较小而广泛应用于失眠症的临床治疗。但长期服用可产生耐受性与依赖性,停药后会出现戒断症状,如失眠、兴奋、焦虑、感冒样症状、心动过速、呕吐、出汗、震颤、感觉障碍,甚至引起惊厥,故不宜长期服用,尽量应用最小剂量,疗程在 4 周以内。老年人应慎用,以防出现共济失调、意识模糊、反常运动、幻觉、呼吸抑制及肌无力等。

患者服药时应注意:①服药期间不宜饮酒或同时服用中枢抑制药物,否则会加重中枢抑制;②茶叶和咖啡中含有咖啡因,同时服用可发生药理拮抗作用而降低药效;③吸烟可缩短半衰期而使镇静作用减弱,吸烟越多,疗效越差。

(2)巴比妥类:如苯巴比妥(鲁米那)、异戊巴比妥、戊巴比妥等,可选择性地阻断网状结构上行激动系统,使大脑皮质兴奋性降低而达到镇静、催眠作用。与苯二氮䓬类药物相比,安全范围窄,耐受性及成瘾性强,故不作为首选药。

(3)其他类:如水合氯醛主要用于顽固性失眠或使用其他催眠药效果不佳的患者。该药通过口服或直肠给药均能被迅速吸收,但刺激性强,使用时必须稀释,口服时与水或食物同时服用可避免胃部不适,直肠炎或结肠炎的患者不可直肠给药。

唑吡坦主要用于失眠症的短期治疗。该药仅有镇静催眠作用,能缩短睡眠潜伏期,延长睡眠的第Ⅱ、Ⅲ、Ⅳ期,减少夜间清醒次数,增加总睡眠时间,提高睡眠质量,短期服用副作用较少,不会产生药物依赖性和戒断反应。下列情况禁用此药:①呼吸功能不全者;②睡眠呼吸暂停综合征;③重症肌无力患者;④哺乳期妇女;⑤与乙醇同时使用者。

5. 合理安排护理时间 执行护理措施时,应尽量减少对患者的干扰。常规的护理措施尽量安排在白天,也应避开午睡时间。当遇有特殊情况,须在睡眠期间采取某些护理措施时,应尽量间隔 90 min,以免中断正常睡眠周期。同时,由于住院患者的觉醒阈值较低,极易被惊醒，因此，护士在操作时应做到"四轻"，将噪声减至最低。

6. 健康教育 与患者一起讨论分析有关休息与睡眠的知识和问题，使其了解身心放松是保证休息与睡眠的前提条件，并明确休息与睡眠对人体的重要作用；了解睡眠紊乱的原因和避免其发生的可能方法；鼓励患者建立规律的日常生活习惯，养成良好的睡眠习惯，如白天应参加适量锻炼，晚间睡前可略活动，白天不要过多睡眠，清晨按时起床，不用脑过度。睡前不能吃得过饱、饮水不宜过多、不喝浓茶和咖啡等。

第二节　患者的活动

活动是人的基本需要，是维持人体健康的必要条件。患者在患病期间，身体常出现各种不适状态，而适当的活动有利于患者体力和精力的恢复；对于长期卧床的患者，可以通过适当活动，促进血液循环，减少并发症的发生。护士应根据患者的具体情况，指导和协助患者进行适当的活动与运动，预防并发症，以促进其早日康复。

运动的分类方法很多，根据运动方式将运动分为被动运动和主动运动；根据运动时机体耗氧情况将运动分为有氧运动和无氧运动；根据运动时肌肉收缩方式将运动分为等长运动、等张运动和等速运动。正常人可以根据身体条件、个人爱好和环境条件等因素，结合不同年龄阶段的身心发育特点来选择合适的运动方式。如婴儿期活动以学习爬、坐、走及双手握力为主；幼儿期以跑、跳等活动为主，并表现出运动的协调性；青少年期则以户外和较剧烈的活动为主；成年期身心发育成熟，社会活动增加，常选择散步、慢跑、游泳等作为活动项目；老年期身体各系统逐渐老化，活动的种类和量都明显减少，并需要提供帮助。

疾病会使个体的活动能力发生改变，这不仅直接影响机体各系统的生理功能，还会影响患者的心理状态。一个丧失活动能力的人，躯体方面会产生压力性损伤、关节僵硬、挛缩、肌张力下降、肌肉萎缩、便秘等并发症；心理方面会产生焦虑、自卑、抑郁等问题，从而影响人的日常生活能力、社交能力、自我概念等。因此，护士应从满足患者身心发展需要和疾病康复的角度来协助患者选择并进行适当的活动。

一、活动的意义

凡是具有生命的生物体均具有与生俱来的活动能力。动物要靠四处活动来觅食，植物要靠根系的活动吸收水分，人类也是如此，并且人类的活动更加丰富和全面。人们通过饮水、进食、排泄等活动来满足基本的生理需要；通过学习和工作来满足自我实现的需要；通过身体活动来维持呼吸、循环、消化、排泄及骨骼肌肉的正常功能；通过思维活动来维持个人意识和智力发展等。但当患病后，各种因素会导致患者的活动受限，影响机体各系统的功能及患者的心理状况。因此，护士应从患者的身心需要出发，满足患者活动的需要。活动对维持人类健康的意义包括以下几方面。

1. 提高心、肺功能 活动、锻炼可提高心肌泵血能力，使血液循环加速，增加血氧交换，提高心、肺循环功能。

2. 提高肌肉的强度与耐力 运动可使肌肉更加强壮，并且使肌肉的耐力（耐力指肌肉的支撑力、持久力）加强。同时运动可消耗机体内的脂肪，减轻体重。

3. 保持关节的灵活性 活动可保持关节的灵活性及灵敏性。

4. 提高骨密度 活动可促进成骨细胞的成骨过程，增加机体对钙离子的贮存及保留，从而预防骨质疏松的发生。

5. 预防便秘 活动可促进肠蠕动，有利于粪便的排出，可预防腹胀及便秘。

6. 有助于睡眠 适当及适时的运动可使身心放松，有助于正常睡眠。

7. 预防大脑功能退化 适宜的活动可以维持个体意识及智力的发展，防止大脑功能退化。

二、活动受限的原因及对机体的影响

机体的活动依赖于肌肉、骨骼、神经及血管等整体结构的完整性和协调性，由于疾病或先天性问题影响到这些结构的功能时，均会导致活动受限。活动受限（immobility）是指机体的活动能力或任何部位的活动由于某些原因而受到限制。

（一）活动受限的原因

对患者而言，由于疾病带来的疼痛与不适，以及运动系统及支配其血管、神经的结构或功能的完整性受损，均会影响正常的活动功能。活动受限的常见原因包括生理因素、心理因素和社会因素。

1. 生理因素

（1）运动、神经系统功能受损：此种损伤可造成严重的甚至永久性的活动障碍。如脑卒中、脊髓损伤等均可造成中枢神经系统和神经传导的损伤，而致身体部分和全部活动障碍。另外，肌肉的病变如肌肉萎缩、重症肌无力等可使肌肉收缩力丧失而致活动障碍。

（2）机体结构的变化：某些疾病造成的关节肿胀、纤维化、增生变形等，会不同程度地影响机体活动；由于意外造成的机体结构的破坏，如扭伤、挫伤、骨折等也会导致受伤肢体的活动受限。

（3）疼痛：剧烈的疼痛往往会限制患者的动作和活动。如类风湿关节炎患者关节的疼痛，限制了关节的活动范围；胸腹部手术后的患者，伤口疼痛限制了患者的咳嗽、深呼吸等活动。

（4）残障：肢体先天性畸形或其他残障、失明等均会造成机体活动受限。

（5）严重疾病：如严重心肺疾病引起供氧不足，机体为减轻心肺负担从而减少活动。

（6）营养状况的改变：由于疾病引起的严重营养不良或极度肥胖等也会引起活动受限。

（7）医护措施的限制：为治疗某些疾病而采取的医护措施，往往会限制患者的活动。如治疗某些疾病需要绝对卧床休息，为促进骨折的愈合需固定或牵引患肢等。

2. 心理因素

（1）情绪：当个人承受的情绪应激超过其适应范围时，就会发生情绪性活动能力下降。例如突然遭受丧子之痛的母亲，在一段时间内，会变得意志减弱而影响其活动，直到适应后才会恢复。

（2）心理障碍：有些癔症性瘫痪患者，躯体无器质性病变，神经功能也正常，但因为心理障碍或臆想某些部分躯体不能活动而造成该处肢体失去活动能力。

3. 社会因素 个人局限在狭小空间内，使其正常的社交活动受到限制，称社交制动。如传染病患者被安置在隔离单位内，限制其活动。

（二）活动受限对机体的影响

1. 对皮肤的影响 活动受限或长期卧床的患者，对皮肤最主要的影响是形成压力性损伤。详细内容见第十章患者的清洁卫生第三节皮肤的护理。

2. 对运动系统的影响 对某些患者来说，限制活动的范围和强度是必要的，但如果骨骼关节和肌肉组织长期处于活动受限的状态，会导致出现以下情况。

（1）腰背痛：长期卧床的患者，由于缺乏活动，或长时间采取不适当的被动体位或强迫体位，会影响脊柱、关节及肌肉组织的活动，患者可能出现局部疼痛、肌肉僵硬等不适。

（2）肌张力减弱和肌肉萎缩：机体活动完全受限后 48 h，即开始出现肌肉萎缩，每周肌肉张力下降 10%~15%，其原因主要是失用和代谢改变。肌肉萎缩不仅表现为肌肉形态上的变小，还包括运动功能、强度、耐力和协调性变差。

（3）骨质疏松、骨骼变形，严重时会发生病理性骨折：在生命过程中，成骨和破骨活动呈动态平衡。成骨细胞的功能依赖于活动和负重的刺激，以维持正常的成骨功能。如机体活动受限，成骨细胞缺乏刺激，即停止成骨活动，但破骨细胞仍然继续其功能。成骨和破骨功能失去平衡，骨钙严重流失，骨的结构发生改变。同时骨质内的磷和氮也流失，呈脱矿物质状态。骨质变得稀松、多孔，极易出现骨压缩或变形而导致骨折。

（4）关节僵硬、挛缩变形，出现垂足、垂腕、髋关节外旋及关节活动范围缩小：活动受限使关节长期处于某一位置，是发生关节挛缩的主要原因。垂足、垂腕及髋关节外旋是常见的关节失用挛缩的表现。挛缩早期可通过锻炼和舒张关节来纠正，但到晚期，当肌腱、韧带及关节囊发生病变时，挛缩已不可逆，只能通过手术纠正。

3. 对心血管系统的影响 长期卧床对心血管系统的影响主要表现在两方面。

（1）直立性低血压（orthostatic hypotension）：是患者从卧位到坐位或直立位时，或长时间站立出现血压突然下降超过 20 mmHg，并伴有头晕、视物模糊、乏力、恶心等表现。长期卧床的患者，第一次起床时常常会感到眩晕、心悸、虚弱无力。发生这种现象的原因一是由于长期卧床造成的肌肉无力；二是患者长期卧床导致血液循环量下降，头部供血不足，由卧位突然直立时，小动脉尚未收缩，造成血压的突然下降，导致患者出现眩晕等低血压的症状。

（2）静脉血栓形成（venous thrombosis）：静脉的一种急性非化脓性炎症，伴有继发性血管腔内血栓形成的疾病。病变主要累及四肢浅静脉或下肢深静脉。患者卧床的时间越长，发生深静脉血栓的危险性越高，特别是在肥胖、脱水、贫血及休克的卧床患者中。深静脉血栓形成的主要原因是静脉血流缓慢和血液高凝状态。长期卧床的患者由于机体活动量减少导致血容量相对不足，其中血浆的减少比血细胞减少得多，因此出现血液黏稠度增高，血液流速减慢，形成血栓的危险性增加。同时因为缺少肢体活动，引起下肢深静脉血流缓慢，影响了深静脉的血液循环，如果血液循环不良的时间超过机体组织受损的代偿时间，就会发生血管内膜受损，进一步促使血栓的形成。血栓的整体或部分可以脱落形成栓子，随血流运行，引起栓塞。最主要的危险是血栓脱落栓塞于肺部血管，导致肺动脉栓塞。

因此，对大手术后、产后或慢性疾病需长期卧床者，应鼓励患者在床上进行下肢的主动活动，并做深呼吸和咳嗽动作。术后能起床者尽早下床活动，促使小腿肌肉活动，增加下肢静脉回流。已有小腿静脉血栓形成时也应尽早处理，以防血栓向近心端延伸或脱落。

4. 对呼吸系统的影响 长期卧床对呼吸系统的影响，主要表现为限制有效通气和影响呼吸道分泌物的排出，最终导致坠积性肺炎的发生。原因是患者长期卧床，肺底部长期处于充血、淤血状态，肺部扩张受限，有效通气减少，影响氧气的正常交换，导致二氧化碳潴留，严重时会出现呼吸性酸中毒。此外，长期卧床患者大多处于衰竭状态，全身肌肉无力，呼吸肌运动能力减弱，胸廓与横膈运动受限，无力进行有效的深呼吸，加之患者无力咳嗽，不能将痰液咳出，致使呼吸道内分泌物排出困难，痰液大量堆积，并因重力作用流向肺底，如果不及时处理，将会造成肺部感染，导致坠积性肺炎。因此，对长期卧床的患者要定时翻身拍背，保持呼吸道通畅和肺正常的通气功能，以避免坠积性肺炎的发生。

5. 对消化系统的影响 由于活动量的减少和疾病的消耗，患者常出现食欲下降、厌食，摄入的营养物质减少，不能满足机体需要量，导致负氮平衡，甚至会出现严重的营养不良。长期卧床还会减慢胃肠道的蠕动，加之患者摄入的水分和纤维素减少，患者经常出现便秘，并且因腹肌和肛提肌无力而进一步加重，出现头痛、头晕、腹胀、腹痛等症状，严重时出现粪便嵌塞，使排便更加困难。

6. 对泌尿系统的影响 正常情况下，当处于站姿或坐姿时，会阴部肌肉放松，同时肌肉下压刺激排尿。长期卧床的患者，由于其排尿姿势的改变，会影响正常的排尿活动，出现排尿困难，或膀胱膨胀造成逼尿肌过度伸展，机体对膀胱胀满的感受性减弱，形成尿潴留。由于机体活动量减少，尿液中的钙磷浓度增加，因同时伴有尿潴留，进而可形成泌尿道结石。另外，由于尿潴留，正常排尿对泌尿道的冲洗作用减弱，大量细菌繁殖，致病菌可由尿道口进入，上行到膀胱、输尿管和肾，造成泌尿系统感染。

7. 对心理状态的影响 长期卧床往往会给患者带来一些社会心理方面的问题，患者常出现焦虑、恐惧、失眠、自尊的改变、愤怒、挫折感等。此外，有些制动患者容易出现情绪波动，甚至会在行为上处于敌对好斗的状态，还有一些患者会变得胆怯畏缩，或出现定向力障碍，不能辨别时间和地点。由于疾病的影响，部分患者会因身体残疾导致无法就业，面临经济困难。这些都会对患者心理产生重要影响。

三、患者活动的评估

护士在指导患者活动前，应对患者的活动及运动能力进行全面、系统的评估，为制订护理计划，科学指导患者的活动提供依据。许多病例显示，运动中发生意外死亡情况是因为在活动或运动之前，未能对运动的有关危险因素进行认真评估，而造成无法挽回的后果。护士评估的重点应明确，如包括影响患者活动的主要因素、活动受限对患者的主要影响、患者生活自理能力、患者的活动耐力，以及患者对日常生活活动、康复运动的个体化需要等。

（一）评估方法

评估活动的方法包括问诊、体格检查和辅助检查。通过询问患者的日常活动能力、活动耐力的情况及影响因素，以及对患者肌力、机体活动功能、心肺功能的体格检查，辅助实验室检查结果，综合判断患者的活动需要和活动能力。

（二）评估内容

1. 一般资料 包括年龄、身高、体重、性别、文化程度、经济状况等。

2. 心肺功能状态 活动会增加机体对氧的需要量，导致机体出现代偿性心率及呼吸加快、血压升高，给呼吸和循环系统带来压力和负担。当患者有循环系统或呼吸系统疾病时，不恰当的活动会加重原有疾病，甚至会发生心搏骤停。因此活动前应评估患者血压、心率、呼吸等指标，根据心肺功能确定活动负荷量的安全范围，并根据患者的反应及时调整活动量。

3. 骨骼肌肉状态 机体进行活动要具有健康的骨骼组织和良好的肌力。肌力是指肌肉的收缩力量，可以通过机体收缩特定肌肉群的能力来判断肌力。肌力一般分为以下6级。

0级：完全瘫痪、肌力完全丧失。

1级：可见肌肉轻微收缩但无肢体活动。

2级：肢体可移动位置但不能抬起。

3级：肢体能抬离但不能对抗阻力。

4级：能做对抗阻力的运动，但肌力减弱。

5级：肌力正常。

4. 关节功能状态 在评估关节的功能状况时，主要通过主动运动和被动运动来观察关节的活动范围是否受限和受限程度，有无关节僵硬、变形，活动时关节有无声响或疼痛不适。主动运动是让患者自己移动每个关节，做关节的屈伸收展等活动。被动运动是由护士协助活动患者的每个关节。要根据疾病和卧床对关节的具体影响进行评估，通过患者自己移动关节的主动运动和护士协助患者移动关节的被动运动，观察关节是否有肿胀、僵硬、变形，关节活动范围有无受限，活动时关节有无声响或疼痛、不适等症状。

5. 机体活动能力 通过对患者日常活动情况的评估来判断其活动能力，可通过观察患者的行走、穿衣、修饰、如厕等活动的完成情况进行综合评价。机体活动功能可分为以下5级。

0级：完全独立，可自由活动。

1级：需要使用设备或器械。

2级：需要他人的帮助、监护和教育。

3级：既需要帮助，也需要设备和器械。

4级：完全不能独立，不能参加活动。

6. 活动耐力 活动耐力（activity tolerance）是指个体对活动与运动的生理和心理耐受力。当活动的数量和强度超过耐受力时，机体会出现疲劳、心悸、胸闷、呼吸困难、头晕、四肢和腰背痛等症状。内脏、骨骼、肌肉、神经系统疾病，以及应用β受体阻滞剂、降压药等均可使机体活动耐力降低。

7. 目前的患病情况 疾病的性质和严重程度决定机体活动受限的程度。全面的评估有助于合理安排患者的活动量及活动方式，同时也满足了康复的需要。如截瘫、昏迷、骨折等患者的活动完全受限，应采取由护士协助为主的被动运动方式，并要及早预防因长期卧床对机体造成的并发症。如果为慢性病或疾病的恢复期，病情对活动的影响较小，护士应鼓励患者坚持进行主动运动，促进疾病的康复。另外，在评估患者疾病的同时，护士还要考虑到疾病治疗方案对运动的特殊要求，正确处理肢体活动与制动的关系，制订合理的护理计划。

8. 社会心理状况 心理状况对活动的完成具有重要影响。如果患者情绪低落、焦虑，对活动缺乏热情，甚至产生厌倦或恐惧心理时，会严重影响活动的进行及预期效果。因此，评估患者的心理状态，帮助患者保持愉快的心情，以及对活动的兴趣，是完成高质量活动的必要条件。另外，患者家属的态度和行为也会影响患者的心理状态，因此，护士还应教育家属给予患者充分的理解和支持，帮助患者建立广泛的社会支持系统，共同完成护理计划。

四、协助患者活动的方法

根据患者的身体状况，尤其是活动能力的不同，采取相应的护理措施，促进患者适当的活动，满足其需要，预防和减少并发症的发生。

（一）体位变换

护士应根据患者的健康状况和活动能力，给予必要的帮助促进患者床上活动。对于骨骼、神经、肌肉组织功能障碍，或过度虚弱、疲劳的长期卧床患者，护士应协助其采取合适的体位，并且应经常变换，以预防肌肉不适，防止压力性损伤的产生。同时，经常变换体位还有利于肺扩张，维持肺组织纤维的弹性，促进分泌物的排出。另外，长期卧床和缺乏活动是发生压力性损伤的重要危险因素，如果不能采取积极有效的预防措施，患者受压部位会出现血液循环障碍，引起局部组织缺血、缺氧，发生皮肤的破损和坏死。因此，护士应定时为患者更换体位，活动和按摩受压部位，避免压力性损伤的发生。

（二）呼吸运动

深呼吸能增加肺的通气量，改善肺换气。卧床患者应经常做深呼吸，预防二氧化碳潴留。对于无力做深呼吸的患者，护士应将患者的上肢向头部方向抬举或做扩胸运动；咳嗽有助于患者排出呼吸道分泌物，护士应教会患者有效的咳嗽方法（详见第九章生命体征的评估与护理第三节呼吸的评估与护理）。对于胸、腹部有伤口的患者，咳嗽时护士应用双手轻按伤口两侧，以减轻伤口的张力。

（三）排泄活动

活动受限患者由于生理和心理方面的影响，容易出现排泄困难。因此，在病情允许的情况下，应鼓励患者每天饮水2000~3000 ml，以增加尿量，预防尿潴留、尿结石和泌尿系感染。对于尿失禁的患者，应保持会阴清洁，采取适当的护理措施协助患者排尿；对于尿潴留患者，应用其他方法无效后，可采取导尿术或留置导尿；对于神经源性的尿潴留和尿失禁患者，可进行膀胱功能训练。患者还需建立良好的排便模式，预防便秘。鼓励患者摄入含水量高和高纤维素饮食，并督促患者定时排便，对已发生便秘的患者，可应用软便剂、通便药或灌肠等措施解除。

（四）日常生活活动

对于不能独立完成日常活动的患者，护士可根据患者的病情，将一些日常活动分解成多个简单动作进行训练，使患者能够逐渐自行完成，以增强患者的自尊和自信。如"坐在床上吃饭"，可分解成从仰卧位变为坐位，维持坐位的平衡，抓握餐具，使用餐具摄取食物，再将食物送入口中进行咀嚼和吞咽等一系列分解动作，护士根据患者的不同情况，逐步训练使其能独立完成。

（五）行走练习

当患病或受伤后人体活动耐力下降，或因骨骼肌肉组织及神经系统的损伤等，需在他人协助下走路或用辅助器械帮助其行走；卧床患者也会因多种原因出现行走困难，而且卧床时间越长，行走越困难。

护士应评估患者的活动耐受状况、协调性和平衡性、定位能力，确定患者需要帮助的类型。为患者提供无障碍的行走练习环境，给予患者必要的身体支持，指导其正确使用辅助器械。

（六）协助患者进行室外活动

室外活动有助于改善患者的情绪，因此应协助活动受限的患者使用拐杖、轮椅等，进行适当的室外活动。在进行室外活动时，应注意防止受凉，避免过于劳累。同时室外活动还可配合其他的机体活动，增加患者与他人沟通交流的机会，减少心理问题的发生。

（七）关节活动度练习

关节活动范围（range of motion，ROM）是指关节运动时所通过的运动弧，常以度数表示，亦称关节活动度。关节活动度练习简称为 ROM 练习，是指根据每一特定关节可活动的范围，通过应用主动或被动的练习方法维持关节正常的活动度，恢复和改善关节功能的锻炼方法。由个体独立完成的称为主动性 ROM 练习；依靠医务人员完成的称为被动性 ROM 练习。对于活动受限的患者，应根据病情尽快进行 ROM 练习，ROM 练习有助于促进机体血液循环、刺激神经末梢，预防肌肉、肌腱、韧带和关节囊挛缩，维持关节活动性，避免关节挛缩及粘连形成，恢复和改善关节功能；通过练习，还能增强心、肺功能，增加机体的耐力等。开始可由医务人员完全协助或部分协助完成，随后逐渐过渡到由患者独立完成。被动性 ROM 练习可在护士为患者进行清洁护理、翻身和更换卧位时完成，既节省时间，又可观察患者的病情变化。下面主要介绍被动性 ROM 练习的具体方法。

1. ROM 练习的目的

（1）维持关节活动度。

（2）预防关节僵硬、粘连和挛缩。

（3）促进血液循环，有利于关节营养的供给。

（4）恢复关节功能。

（5）维持肌张力。

2. ROM 练习的禁忌证

（1）急性关节炎、骨折、肌腱断裂、脱臼。

（2）有心血管疾病的患者，应慎重进行运动，防止意外发生。

（3）当患者的肌肉痉挛是由中枢神经系统受损所引起时，应在理疗师的指导下进行练习。

3. 操作方法

（1）护士运用人体力学原理，帮助患者采取自然放松姿势，面向操作者，并尽量靠近操作者。

（2）根据各关节的活动形式和范围，依次对患者的颈、肩、肘、腕、手指、髋、踝、趾关节做屈曲、伸展、过伸、外展、内收、内旋、外旋等关节活动练习：①屈曲（flection）：关节弯曲或头向前弯；②伸展（extension）：关节伸直或头向后仰；③伸展过度（过伸）（hyperextension）：超过一般的范围；④外展（abduction）：远离身体中心；⑤内收（adduction）：移向身体中心；⑥内旋（internal rotation）：旋向中心；⑦外旋（external rotation）：自中心向外旋转。并注意观察患者的身心反应。具体参见表 7-2、图 7-1。

表7-2 各关节的活动形式和范围

部位	屈曲	伸展	过伸	外展	内收	内旋	外旋
脊柱	颈段前屈 35° 腰段前屈 45°	后伸 35° 后伸 20°			左右侧屈 30°		
肩部	前屈 135°	后伸 45°		90°	左右侧屈 30°	135°	45°
肘关节	150°	0°	5°~10°		45°		
前臂						旋前 80°	旋后 100°
腕关节	掌屈 80°	背伸 70°		桡侧偏屈 50°		尺侧偏屈 35°	
手	掌指关节 90° 近侧指间关节 120° 远侧指间关节 60°~80°			拇指屈曲 50°		过伸 45° 屈曲 80° 外展 70°	
髋	150°	0°	15°	45°		40°	60°
膝	135°	0°	10°		30°		
踝关节	背屈 25°		跖屈 45°				

（3）活动关节时，操作者的手应呈环状或支架支撑关节远端的身体（图7-2）。

（4）每个关节每次做5~10次完整的ROM练习，当患者出现疼痛、疲劳、痉挛或抵抗反应时，应停止操作。

（5）运动结束后，测量生命体征，协助患者采取舒适的卧位，整理床单位。

（6）记录每日运动的项目、次数、时间以及关节活动度的变化。

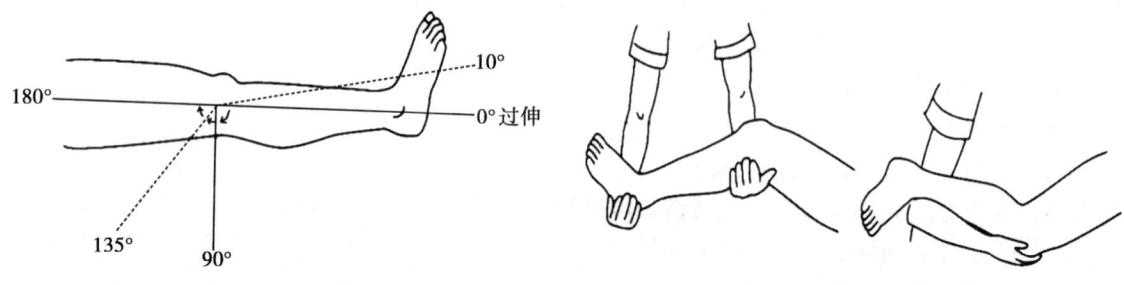

图 7-1 膝关节的活动范围　　　　图 7-2 以手呈环状或支架来支托腿部

4. 注意事项

（1）运动前要全面评估患者的疾病情况、机体活动能力、心肺功能状态、关节的现存功能，根据康复目标和患者的具体情况制订运动计划。

（2）运动前保持病室安静、空气清新、温湿度适宜，帮助患者更换宽松、舒适的衣服，以便于活动，注意保护患者的隐私。

（3）运动过程中，要注意观察患者对活动的反应及耐受性，注意观察有无关节僵硬、疼痛、痉挛及其他不良反应，出现异常情况及时报告医生给予处理。

（4）对急性关节炎、骨折、肌腱断裂、关节脱位的患者进行ROM练习时，应在临床医生和康复师的指导下完成，避免出现再次损伤。

（5）对有心脏病的患者，在ROM练习时应特别注意观察患者有无胸痛、心律、心率、血压等方面的变化，避免因剧烈活动诱发心脏病的发作。

(6) 护士应结合患者病情，向患者及家属介绍关节活动的重要性，鼓励患者积极配合锻炼，并最终达到由被动运动转变为主动运动的方式。

(7) 运动后，应及时、准确地记录运动的时间、内容、次数、关节的活动变化及患者的反应，为制订下一步护理计划提供依据。

（八）肌肉练习

1. 等长运动（isometric exercises） 指可增加肌肉张力而不改变肌肉长度的练习，因不伴有明显的关节运动，故又称静力练习。例如将膝关节完全伸直固定后，做股四头肌的收缩和松弛运动就属于等长运动。其主要优点是不引起明显的关节运动，因此在肢体被固定早期应用可以预防肌肉萎缩；也在关节内损伤、积液及炎症时应用；还可以在利用较大负荷，增强练习效果时应用。主要缺点是以增加静态肌力为主，且有关节角度的特异性，即只增强关节处于某一角度时的肌力。因此，目前提出多点（角度）等长运动练习方法，即在整个运动弧中每隔20°做一组练习（避免引起疼痛的角度），以全面增强肌肉力量。一般认为，在练习中肌肉收缩的维持时间应在6 s以上，所增加的静力负荷随患者的具体情况而定。

2. 等张运动（isotonic exercises） 是指对抗一定负荷所做的关节的活动锻炼，同时也可锻炼肌肉收缩，因伴有大幅度关节运动，又称动力运动，是最为常用的运动形式。其优点是比较符合大多数日常活动的肌肉运动方式，同时有利于改善肌肉的神经控制。练习时，可遵循大负荷、少重复次数、快速引起疲劳的原则进行，以利于发展肌肉的耐力。也可采用"渐进抗阻练习法（progressive resistance exercise, PRE）"，按逐渐增加肌肉阻力的方法进行练习。即先找出10 RM量（测定肌肉连续做10次等张运动的最大负荷量），随后循序渐进地采用10 RM的50%、75%、100%量，分为三组进行运动，每组各做10次抗阻运动，每组间隔时间一般为1 min（也可依患者的体力而定），每日练习1次，其中前两组练习实为第3组练习的准备运动，每周复测10 RM值，以调整负荷重量。

进行肌肉练习时应注意：①掌握运动量及频率，以达到肌肉适度疲劳而不出现明显疼痛为原则。每次练习后宜有适当间歇，使肌肉充分地放松和复原，一般每日或隔日练习一次。②练习效果与患者的主观努力密切相关，及时向患者展示练习效果并经常给予鼓励和赞扬，以增强其信心。③在肌力练习前后，应做充分的准备及放松运动，以免出现肌肉损伤。④若在练习中出现疼痛、不适，或伴有血压、心律、呼吸、意识、情绪的明显变化，应及时停止锻炼，并报告医生给予恰当的处理。⑤注意观察肌肉等长收缩引起的升压反应及增加心血管负荷的作用，对于高血压、冠心病或其他心血管病变的患者，慎用肌力练习，严重者禁做肌力练习。

五、健康教育

无论是对患者还是对健康人群，护士都有责任对其进行健康教育，帮助其制订有益身心的活动计划，选择适宜的运动方式。运动主要分为有氧运动、无氧运动，此外还有弹性运动及增加肌力的运动。

（一）有氧运动

有氧运动是指人体在氧气供应充足的情况下进行的体育锻炼。即在运动过程中，人体吸入的氧气与需求相等，达到生理上的平衡状态。常见的有氧运动项目有：步行、快走、慢跑、滑冰、游泳、骑自行车、打太极拳、跳健身舞、跳绳/做韵律操等。有氧运动是一种恒常运动，是持续5 min以上还有余力的运动。进行有氧运动的频率为每周3~5次或隔日一次。

（二）无氧运动

无氧运动是指在短时间内（1~2 min）肌肉在"缺氧"的状态下高速剧烈的运动。常见的无氧运动项目有：短跑、举重、投掷、跳高、跳远、拔河、俯卧撑、肌力训练等。

（三）弹性运动

弹性运动在促进身体平衡和整体美感的同时，也增加了肌肉的长度、延伸性和弹性，常见的弹性运动方式有瑜伽、韵律操等。

（四）增加肌力的运动

增加肌力的运动包括等张运动和等长运动。

因此，在条件允许的情况下，每天坚持有氧运动与其他类型活动相配合，坚持一定时间后，可以增强机体的协调性及弹性、促进肌肉的张力和强度；减轻和控制体重，促进消化功能；解除压力、增强自信、控制慢性疾病等。

小 结

休息、睡眠与活动是人类最基本的生理需要，适当的休息与活动，可以消除疲劳、促进身心健康，是患者在患病期间恢复健康的基本条件之一。护士应充分了解患者休息与睡眠的需要，对影响患者睡眠的因素及患者的睡眠状况进行准确的评估，并在此基础上为患者创造良好的休息与睡眠环境，协助患者得到充足、有效的休息，从而促进疾病的恢复。与此同时，护士应了解活动受限不仅会为患者的身体带来一系列并发症，而且会给患者带来诸多心理问题，护士应协助患者进行被动运动与主动运动，从而满足患者身心发展需要和疾病康复的需求。

思考题

一、单项选择题

1. 大量分泌生长激素，促进体力恢复，发生在睡眠的
   A. 第Ⅰ期　　　　B. 第Ⅱ期　　　　C. 第Ⅲ期
   D. 第Ⅳ期　　　　E. REM 期

2. 通过机体收缩特定肌肉群的能力判断肌力，3级肌力程度为
   A. 可见肌肉轻微收缩，但无肢体运动　　B. 可移动位置，但不能抬起
   C. 肢体能抬离床面，但不能对抗阻力　　D. 能做对抗阻力的运动，但肌力减弱
   E. 肌力正常

（以下病例为 3~4 题共用）

患者，男，52岁。半年前爱人因病去世。患者主诉入睡困难，睡眠质量差，睡中易惊醒。此情况已持续3个月，并出现头晕目眩、心悸气短、体倦乏力、急躁易怒、注意力不集中、健忘等症状，工作效率明显下降。

3. 患者可能发生了
   A. 节律移位　　　B. 睡眠剥夺　　　C. 失眠
   D. 睡眠中断　　　E. 诱发补偿

4. 此患者失眠的主要原因是
   A. 躯体因素　　　B. 环境因素　　　C. 药物因素
   D. 疾病因素　　　E. 精神因素

二、案例分析题

患者,男,65岁。教师,诊断"脑梗死"入院。住院治疗1周后,患者偏瘫、失语症状改善,现下肢无力,肢体可移动位置和抬起,不能对抗阻力,关节活动范围缩小。

请回答:
1. 患者目前下肢肌力为几级?如何评估?
2. 患者目前的状况对机体的主要影响有哪些?
3. 护士应采取哪些护理措施提高患者的活动能力?

(汪凤兰)

第八章 医疗与护理文件

本章数字资源

导学目标

通过本章内容的学习,学生应能够:

◆ **基本目标**

1. 解释医疗与护理文件记录的意义。
2. 说明医疗与护理文件记录的原则。
3. 比较长期医嘱、临时医嘱和备用医嘱的处理方法。
4. 完成体温单、病重(病危)患者护理记录、病区交班报告的书写,强化慎独精神和职业责任感。

◆ **发展目标**

将电子病历、医院信息管理系统与智慧医院建立联系,培养服务健康中国战略的专业意识和时代担当。

案例 8-1

患者,男,20岁。前天晚上和同学一起打篮球,之后在回家的路上遭遇大雨。第2天即出现乏力、寒战、高热,自测体温39.3~41℃,伴咳嗽、咳痰。服用"病毒灵"后无效,遂来医院就诊。查体:急性病容,口唇疱疹,体温39.8℃,呼吸28次/分,脉率110次/分,血压110/82 mmHg;听诊双肺湿啰音。胸部X线示双肺底大片阴影。血常规示:白细胞计数$14×10^9$/L。以"肺炎球菌肺炎"收入院。

请回答:
1. 在为患者书写病历时,应遵循哪些原则?
2. 绘制入院当日患者的体温单包含哪些内容?
3. 在病区交班报告上如何书写患者的情况?

医疗与护理文件又称"病历",是指医务人员在医疗活动过程中形成的文字、符号、图表、影像、切片等资料的总和,包括门(急)诊病历和住院病历。病历归档以后形成病案。

病历是医院和患者的重要档案资料,记录患者疾病的发生、进展和预后的全过程,也是患者在医院接受诊疗和护理期间的重要法律文件。按照病历记录形式不同,可区分为纸质病历和电子病历。电子病历是指医务人员在医疗活动过程中,使用医疗机构信息系统生成的文字、符号、图表、图形、数据、影像等数字化信息，并能实现存储、管理、传输和重现的医疗记录，是病历的一种记录形式，与纸质病历具有同等效力。医疗与护理文件是由各级医务人员共同完成的，其中一部分由护士负责记录。护理记录是护士依照护理程序对患者实施整体护理过程的文字记载，是临床护理工作重要的组成部分。因此，医疗和护理文件必须规范书写并且妥善保存。护士在医疗与护理记录的书写和保管中承担着重要的任务，必须认真负责，明确记录和保管医疗与护理文件的意义、方法和相关法律规定。

第一节　概　述

医疗与护理文件是医院重要的档案资料。护士在医疗与护理文件的记录和管理中必须明确准确记录的重要意义，做到认真、细致、负责，并遵守专业技术规范。

一、医疗与护理文件记录的意义

1. 提供实施诊疗和护理的信息　医疗与护理文件是对患者病情变化、诊疗护理以及疾病转归全过程的客观全面、及时动态的记录，有助于医护人员明确患者的病情和护理需求，以便明确诊断，制订、调整治疗方案和护理计划。护理记录中的内容，如生命体征、液体出入量、危重观察记录等，为医生了解患者的病情进展、明确疾病诊断、制订和调整治疗方案提供了重要的依据。因而，护士认真负责地完成护理文件的记录具有重要的意义。

2. 提供教学与科研资料　完整的医疗与护理文件体现了护理学理论和实践的结合，是护理教学中最实用的教学资料。一些重要的或特殊的个案还可以作为护生和临床护士进行个案分析和讨论的学习资料，是在实践中获得知识和经验的工具。同时，医疗与护理记录也可以为临床医学、护理学、流行病学、管理学等方面的医学科学研究提供重要的资料，尤其对回顾性研究具有重要的参考价值，还为流行病学研究、传染病管理等提供了统计学方面的资料，是卫生管理机构制定各种医疗卫生管理规范的重要依据。

3. 提供评价护士业务水平和医院护理质量的依据　医疗与护理记录，如护理记录单、病重（病危）患者护理记录等在一定程度上可以反映医院的医疗、护理服务质量，医院管理、学术及技术水平，既是医院护理管理的重要信息资料，又是医院等级评定、护士考核的参考资料。

4. 提供法律依据　医疗与护理文件是法律认可的证据，其记录内容反映了患者在住院期间接受治疗与护理的具体情况，在法律上可以作为医疗纠纷、保险索赔、人身伤害、犯罪刑事案件及遗嘱查验等的证明。凡涉及上述内容的诉讼案件，调查处理时都要将医疗与护理文件作为依据进行判断，以明确医院及医务人员有无法律责任或患者发生人身伤害的程度和责任。因此，医疗和护理文件的记录必须本着真实、及时、准确、全面、完整的原则记录，才能为法律提供有效的依据，并保护医务人员自身的合法权益。

二、医疗与护理文件记录的原则

准确、及时、完整、简要、清晰是书写各项医疗与护理记录的基本原则。

1. 准确　医疗与护理文件要运用医学和护理学的专业词汇和语言准确记录。记录的内容在时间、内容上保证准确无误，尤其对患者的主诉及行为、病情的客观变化等应进行详细的描述，必要时可成为重要的法律依据。记录者必须是执行者，记录的内容应该是实施后的具体时间和情况的体现，不应是事先排定的时间和内容。

2. 及时　医疗与护理记录必须及时，不能拖延或提早，更不能漏记、错记。患者的病情随时会出现变化，应随时处理并及时记录处理的过程，以保证记录的时效性。如因抢救急重症患者未能及时记录的，医护人员应当在抢救结束后6h内据实补记，并注明抢救完成时间和补记时间。

3. 完整　医疗与护理文件的记录有统一规定的内容和表格，表格中每项内容均应填写完整，包括眉栏、页码等。记录应连续，不留空白。每项记录后记录者签全名。尤其在患者出现病情恶化、拒绝接受治疗护理或有自杀倾向、意外、请假外出、并发症先兆等特殊情况时，均应详细记录并及时汇报、交接班等。

4. 简要　记录内容应尽量简明扼要，重点突出，避免笼统的叙述、含糊不清的词语以及过多的修辞，以方便医护人员快速获取所需信息。此外，护理文件均可以采用表格式，以节约书写时间，使护士有更多时间和精力为患者提供直接护理服务。

5. 清晰　医疗与护理文件的记录应按要求使用红、蓝（黑）钢笔书写。一般白班用蓝（黑）钢笔记录，夜班用红钢笔记录。字迹应清楚，字体端正。保持记录纸张和表格的整洁，不得随意涂改、剪贴和滥用简化字。病历书写过程中出现错别字时，应当用双线划在错别字上，保留原记录清楚、可辨，并注明修改时间，修改人签名。不得采用刮、粘、涂等方法掩盖或去除原来的字迹。

三、医疗与护理文件的管理

医疗与护理文件由门诊病历和住院病历两部分组成。门诊病历包括首页、副页和各种检查报告单；住院病历包括医疗记录、护理记录、检查记录和各种证明文件等。由于医疗与护理文件是医护人员临床实践的原始文件记录，对医疗、护理、教学、科研、执法等方面都至关重要，所以无论是在患者住院期间还是出院后均应妥善管理。

（一）管理要求

1. 各种医疗与护理文件均应按规定地点、规定顺序放置，记录和使用后立即放回原处。
2. 医疗与护理文件具有法律效力，应保持整洁、完整，防止污染、破损、拆散、丢失。
3. 患者及家属不得随意翻阅医疗与护理文件，不得擅自将医疗与护理文件带出病区，但在需要的情况下，可允许患者或者其委托代理人复印其客观资料的一些内容。
4. 在患者离院后，医疗与护理文件应由专门部门妥善保存。各种记录保存期限为：

（1）门（急）诊病历由医疗机构保管的，保存时间自患者最后一次就诊之日起不少于15年。

（2）住院病历保存时间自患者最后一次出院之日起不少于30年。

（3）病区交班报告本由病区保存1年，以备需要时查阅。

5. 患者本人或其代理人、死亡患者近亲属或其代理人、保险机构有权复印或复制患者的门（急）诊病历和住院病历中的体温单、医嘱单、住院志（入院记录）、手术同意书、麻醉同意书、麻醉记录、手术记录、病重（危）患者护理记录、出院记录、输血治疗知情同意书、特殊检查（特殊治疗）同意书、病理报告、检验报告等辅助检查报告单、医学影像检查资料等病历资料。
6. 依法需要封存病历时，应当在医疗机构或者其委托代理人、患者或者其代理人在场的情况下，对病历共同进行确认后封存。封存的病历资料可以是复印件，电子病历复制件可以是电子版，也可以对打印的纸质版进行复印并加盖病案管理章后封存，由医疗机构负责医疗服务质量监控的部门或者专（兼）职人员保管。

（二）病历排列顺序

门（急）诊病历原则上由患者负责保管。医疗机构建有门（急）诊病历档案室或者已建立门（急）诊电子病历的，经患者或者其法定代理人同意，其门（急）诊病历可以由医疗机构负责保管。患者住院期间，住院病历由所在病区统一保管，患者的检查检验结果和相关资料应在收到后24h内归入或者录入住院病历。患者出院后，住院病历由病案管理部门或者专（兼）职人员统一保存、管理。住院期间纸质住院病历和离院后（出院、转院、死亡）纸质病案的排列顺序见表8-1。

表8-1 纸质病历排列顺序

序号	住院期间住院病历	离院后（出院、转院、死亡）病案
1	体温单（按时间顺序倒序排列）	住院病案首页
2	医嘱单（按时间顺序倒序排列）	入院记录
3	入院记录	病程记录
4	病程记录	手术相关记录（术前讨论记录、手术同意书、麻醉同意书、麻醉术前访视记录、手术安全核查记录、手术清点记录、麻醉记录、手术记录、麻醉术后访视记录、术后病程记录）
5	手术相关记录（术前讨论记录、手术同意书、麻醉同意书、麻醉术前访视记录、手术安全核查记录、手术清点记录、麻醉记录、手术记录、麻醉术后访视记录、术后病程记录）	出院记录或死亡记录、死亡病例讨论记录
6	病重（危）患者护理记录	患者签署的各种知情同意书（输血治疗知情同意书、特殊检查或治疗同意书）
7	出院记录或死亡记录	会诊记录、病危（重）通知书
8	患者签署的各种知情同意单（输血治疗知情同意书、特殊检查或治疗同意书）	各种检查、检验报告单（病理资料、辅助检查报告单、医学影像检查资料）
9	会诊记录、病危（重）通知书	体温单（按时间顺序顺序排列）
10	各种检查、检验报告单（病理资料、辅助检查报告单、医学影像检查资料）	医嘱单（按时间顺序顺序排列）
11		病重（危）患者护理记录

住院电子病历经上级医师于患者出院审核确认后归档，归档后的电子病历采用电子数据方式保存和备份，由电子病历管理部门统一管理。必要时可打印纸质版本，打印的电子病历纸质版本应当统一规格、字体、格式等。

第二节 医疗与护理文件的书写

医疗与护理文件的书写包括绘制体温单、处理医嘱、记录病重（危）患者护理记录和书写病区交班报告等。随着医院信息化系统的推广应用，目前全国各医院医疗与护理文件记录的方式不尽相同，无论采用电子病历还是纸质病历，所遵循的原则是一致的。认真、客观地填写各类护理文件是护士必须掌握的基本技能。

一、体温单

体温单（附录8-1）主要用于记录患者的生命体征及有关情况，如出入院、手术、分娩、转科、死亡等时间，以及液体出入量、身高、体重等。体温单记录的内容十分重要，通过体温单的记录内容可以了解患者的基本状况和病情变化。体温单通常排列在住院病历的第一页，以便于随时查阅。

(一)眉栏

1. 眉栏 用蓝(黑)钢笔填写患者姓名、年龄、性别、科别、床号、入院日期、住院病历号等项目。

2. 日期 首页第1日需填写年、月、日,其余6日只写日。如在6日中遇到新的年度或月份开始,则应填写年、月、日或月、日。

3. 住院天数 自入院当日开始计数,直至出院,用阿拉伯数字填写。

4. 手术(分娩)后天数 用红钢笔填写,自手术(分娩)次日开始计数,连续书写14天。若在14天内进行第2次手术,则将第1次手术天数作为分母,第2次手术天数作为分子填写。

(二)40~42℃横线之间

用红钢笔在40~42℃横线之间相应时间格内纵向填写入院、转入、手术、分娩、出院、死亡时间,除手术不写具体时间外,其余均按24 h制,精确到分钟,如"入院于二十时三十分"。转入时间由转入科室填写。

(三)体温、脉搏、呼吸的记录

1. 体温曲线的绘制

(1)体温记录符号:口温以蓝点"●"表示,腋温以蓝叉"×"表示,肛温以蓝圈"○"表示。

(2)每小格为0.2℃,按实际测量温度值,用蓝笔绘制于体温单35~42℃之间,相邻温度用蓝色实线相连。

(3)患者体温不升时,可将"不升"二字写在35℃线以下。

(4)物理降温30 min后测量的体温以红圈"○"表示,划在物理降温前温度的同一纵格内,以红虚线与降温前的温度相连。

2. 脉搏曲线的绘制

(1)脉搏记录符号以红点"●"表示,每小格为4次/分,相邻的脉搏以红线相连。心率用红"○"表示,两次心率之间也用红直线相连。

(2)脉搏与体温重叠时,先划体温符号,再用红色笔在体温符号外划"○"。

(3)当患者有脉搏短绌表现时,心率和脉率的测量值均以红圈"○"表示,划在相应的小格内,相邻心率或脉率用红线相连,在脉率与心率之间用红笔划线填满。

3. 呼吸的记录

(1)用红钢笔以阿拉伯数字记录每分钟呼吸次数。如每日记录呼吸2次以上,应当在相应的栏目内上下交错记录,第1次呼吸应当记录在上方。

(2)使用呼吸机患者的呼吸以 ® 表示,在体温单相应时间的呼吸为30次的横线下顶格的位置,用黑笔画 ®。

(四)底栏

底栏填写的内容包括血压、入量、出量、排便、体重、身高等。用蓝(黑)钢笔填写。数据以阿拉伯数字记录,不写计量单位。

1. 血压 根据患者病情及医嘱测量并记录,新入院患者当日应当测量血压并记录。记录方式为收缩压/舒张压(如130/80),以mmHg为单位填入,如为下肢血压应当标注。

2. 入量 每24 h记录1次,将前一日24 h总入量,以ml为单位记录在相应日期栏内。

3. 出量 每24 h记录1次,将前一日24 h总出量,以ml为单位记录在相应日期栏内。

4. 排便 每24 h记录1次,记录内容为前一日的排便次数。患者未排便记"0",排便失禁以"*"表示,人工肛门以"☆"表示。灌肠后排便以"E"表示,分子记录排便次数,例如,"$\frac{1}{E}$"表示灌肠后排便一次,"$1\frac{1}{E}$"表示自行排便1次,灌肠后又排便1次。

5. 体重 以kg为单位填入。通常新入院的患者应测量并记录体重,住院患者每周应测量并记录体重1次,对于无法测量体重的卧床患者,在体重栏内填写"卧床"标识。

6. 身高　新入院患者当日应当测量身高并记录，以 cm 为单位填入。

7. 空格栏　可作为需观察增加的内容和项目，如记录管路情况等。使用 HIS 系统等医院，可在系统中建立可供选择项，在相应空格栏中予以体现。

8. 页码　用蓝（黑）钢笔逐页填写。

> **知识链接**
>
> **电子体温单的书写要求**
>
> 1. 入院方式　入院为自动生成，不需重复录入，转入、出院、死亡、分娩、手术等项目要及时录入。
>
> 2. 体温　护士在个人数字助理（personal digital assistant，PDA）或电脑上，点击或录入患者的生命体征数值，系统即能生成标准的体温单。如体温不升、错过测量时间、患者拒测，则录入"不升""检查""拒测"。体温≥38.5℃，降温后测量的体温数值要及时录入在降温格内。
>
> 3. 脉率、心率　如为心房颤动的患者，应测量心率、脉率，并选择"短绌"。如为每日间断出现（偶有）心房颤动，每页体温单仅录入首次心房颤动，其余心房颤动应描述在护理记录或病重（危）患者护理记录中，更换页码后如仍间断出现心房颤动，方法同上。
>
> 4. 呼吸　如为使用呼吸机的患者，在录入时选择"用呼吸机"。

二、医嘱单

医嘱单是医生根据患者病情需要拟订的关于患者治疗护理措施的书面嘱咐，由医护人员共同执行。医嘱单由医生直接填写并签名，护士执行医嘱时要按要求进行记录和签名。

（一）医嘱的内容

医嘱的内容包括日期、时间、床号、姓名、护理常规、护理级别、饮食、体位、药物、各种检查、治疗、术前准备以及医生护士的签名。

（二）医嘱的种类

按医嘱的有效时间和执行方法，分为长期医嘱、临时医嘱和备用医嘱三大类。

1. 长期医嘱　有效时间在 24 h 以上的医嘱称为长期医嘱，有效时间为开出时间起至医生开具停止医嘱时停止，医生注明停止时间后医嘱失效。如二级护理、低蛋白质饮食、阿司匹林 100 mg po qd。

2. 临时医嘱　有效时间在 24 h 以内，应尽量在短时间内执行，有的需立即执行，一般只执行 1 次，如硝酸甘油 5 mg 舌下含服 st；有的需在限定时间内执行，如会诊、手术、各种检查等。出院、转科、死亡等也属于临时医嘱。

3. 备用医嘱　根据执行方法不同，分为长期备用医嘱和临时备用医嘱 2 种。

（1）长期备用医嘱：指有效时间在 24 h 以上、在必要时使用的医嘱，由医生注明停止日期后方失效。如哌替啶 50 mg im. q6h prn。

（2）临时备用医嘱：仅在医生开写时起 12 h 内有效，必要时执行，过期未执行则自动失效。如艾司唑仑 2 mg po. sos。

（三）医嘱的处理方法

1. 长期医嘱的处理　医生直接开写长期医嘱在长期医嘱单（附录 8-2）上，注明日期和时间并签全名。护士将长期医嘱单上的医嘱分别转抄至各种执行单（如服药单、注射单、治疗单、饮食单等）上，转抄时须注明执行的具体时间并签全名。定期执行的长期医嘱应在执行卡上注明具体的执行时间。护士执行长期医嘱后应在长期医嘱执行单上注明执行的时间,并签全名。

2. 临时医嘱的处理 医生直接开写临时医嘱在临时医嘱单(附录8-3)上,并签全名。需立即执行的医嘱,护士执行后必须注明执行时间并签全名。有限定执行时间的临时医嘱,护士应及时转抄至临时治疗本或交班记录本上。会诊、手术、检查等各种申请单应及时送到相应科室。

3. 备用医嘱的处理

(1)长期备用医嘱:医生直接开写在长期医嘱单上,但须注明执行时间并签全名,护士每次执行后在临时医嘱单上记录执行时间并签全名。

(2)临时备用医嘱:医生直接开写在临时医嘱单上,12 h内有效。过期未执行则由护士用红钢笔在该项医嘱栏内写"未用"字样。

4. 停止医嘱的处理 医生开出停止医嘱后,护士应把相应的治疗单、服药单、注射单等执行单上的有关项目注销,并注明停止日期和时间,并在医嘱单原医嘱后,填写停止日期、时间,最后在执行者栏内签全名。

5. 重整医嘱的处理 当长期医嘱单或临时医嘱单写满时,或医嘱调整项目较多时,需重整医嘱。重整医嘱由医生进行,在原医嘱最后一行下划一长红色横线,在红线下用红钢笔写"重整医嘱"四字,再将红线以上有效的长期医嘱,按原日期、时间排列顺序抄在红线上。抄录完毕、核对无误后签上全名。当患者手术、分娩或转科后,也需重整医嘱。即在原医嘱最后一项下面划一长红横线,并在其下用红钢笔写"术后医嘱""转入医嘱"等字样,然后再由医生重新开写医嘱,红线以上的医嘱自行停止。

医生重整医嘱后,由当班护士核对无误后在整理之后的有效医嘱执行者栏内签全名。

(四)注意事项

1. 医嘱必须经医生签名后方为有效。一般情况下护士不执行口头医嘱,但在抢救或手术过程中医生提出口头医嘱时,执行护士应复诵1遍,由医生和护士双方确认无误后方可执行,事后应请医生及时补写医嘱。

2. 医嘱需每班、每日核对,每周进行大查对,查对后签名。

3. 对有疑问的医嘱,护士必须与医生核对清楚后方能执行。

4. 凡需下一班执行的临时医嘱应与下一班交接清楚,并在交班记录上注明。

5. 凡已写在医嘱单上的医嘱,不得贴盖、涂改,如未执行需要取消时,应由医生在该项医嘱的标记栏内用红笔写"取消",并在医嘱后用蓝(黑)钢笔签医生全名。

> **知识链接**
>
> **电子医嘱的书写要求**
>
> 1. 办公室护士确认医嘱后,生成医嘱。打印医嘱内容(包括患者信息、医嘱时间),并通知责任护士执行。
>
> 2. 责任护士核对医嘱后,携带PDA进行核对和医嘱执行。PDA将记录此项医嘱的执行者和执行时间。
>
> 3. 患者出院前,主管医生将患者全部医嘱打印好后交给护士。由护士打印护理病历。
>
> 4. 患者出院、死亡、手术、转科时,所有医嘱全部自动停止。
>
> 5. 若医嘱上缺少电子签名,用蓝(黑)钢笔签名。

三、护理记录单

护理记录单主要记录住院期间患者的病情变化及各项护理活动等客观资料,常用的有一般护理记录单、病重（危）患者护理记录单和手术护理记录单。

（一）一般护理记录单

一般护理记录单用于护士根据医嘱和患者病情对一般患者在住院期间的护理过程进行记录，也可以作为护理病历的一部分。

护理记录单用蓝（黑）钢笔记录，根据患者的病情确定记录的频率，对于病情稳定的二级护理和三级护理的患者，可每7天记录1次，包括生命体征的描述。对于需特殊观察的患者，需随时记录。记录的内容包括患者的姓名、科室、住院号、床号、记录日期和时间、记录者签名；病情记录栏内记录患者的病情变化、护士采取的护理措施及效果等。

（二）病重（危）患者护理记录单

病重（危）患者护理记录单（附录8-4）又称特别护理记录单，用于病情危重患者或病情发生变化、需要监护的患者。要求护士密切观察病情变化，客观记录病情变化及观察情况，记录应使用医学术语，突出专科特点（参照护理常规）。各个医院的病重（危）患者护理记录格式不尽相同，但内容和记录方法基本一致。

1. 日期和时间 要求每班应有生命体征和重点监测内容的记录，根据病情变化随时记录。

2. 意识 根据患者实际意识状态填写清醒、嗜睡、意识模糊、昏睡、浅昏迷、深昏迷、谵妄状态。

3. 生命体征、血氧饱和度 详细、准确记录，时间具体到小时、分钟。

4. 吸氧 根据实际情况填入数值，单位为升/分（L/min），并记录吸氧方式，如鼻导管、面罩等。

5. 出入量 入量项目包括：使用静脉输注的各种药物、口服的各种食物和饮料以及经鼻胃管、肠管输注的营养液等，可用有计量单位的口杯或量杯饮用并记录。固体食物应记录食物的品名、数量或重量，如米饭1中碗（约100 g）、苹果1个（约100 g）等，并按照医院常用食物含水量（表8-2）和水果含水量（表8-3）对照计算其含水量后记录下来。

表8-2 医院常用食物含水量

食物	单位	原料重量（g）	含水量（ml）	食物	单位	原料重量（g）	含水量（ml）
米饭	1中碗	100	240	藕粉	1大碗	50	210
大米粥	1大碗	50	400	鸭蛋	1个	100	72
大米粥	1小碗	25	200	馄饨	1大碗	100	350
面条	1中碗	100	250	牛奶	1大杯	250	217
馒头	1个	50	25	豆浆	1大杯	250	230
花卷	1个	50	25	蒸鸡蛋	1大碗	60	260
烧饼	1个	50	20	牛肉		100	69
油饼	1个	100	25	猪肉		100	29
豆沙包	1个	50	34	羊肉		100	59
菜包	1个	150	80	青菜		100	92
水饺	1个	10	20	大白菜		100	96
蛋糕	1块	50	25	冬瓜		100	97
饼干	1块	7	2	豆腐		100	90
煮鸡蛋	1个	40	30	带鱼		100	50

表8-3 常用水果含水量

水果	重量（g）	含水量（ml）	水果	重量（g）	含水量（ml）
西瓜	100	79	葡萄	100	65
甜瓜	100	66	桃	100	82
西红柿	100	90	杏	100	80
萝卜	100	73	柿子	100	58
李子	100	68	香蕉	100	60
樱桃	100	67	桔子	100	54
黄瓜	100	83	菠萝	100	86
苹果	100	68	柚子	100	85
梨	100	71	广柑	100	88

出量项目包括：尿、便、呕吐物、咯出物量（咯血、咳痰）、引流物、抽吸液体量、创面渗液量等。除排便记录次数外，液体以毫升（ml）为单位记录。为了记录的准确性，昏迷患者、尿失禁患者或需密切观察尿量的患者，最好留置导尿；为婴幼儿测量尿量可先测量干尿布的重量，再测量湿尿布的重量，两者之差即为尿量；对于不易收集的排出量，可依据定量液体浸润棉织物的情况进行估算。需要时，还需写明颜色、性状。24 h 出入量以小结方式记录在体温单中。

6. 皮肤情况 填写患者皮肤出现的异常情况，如出血点、破损、水肿等。

7. 管路护理 填写患者置管的情况，如静脉置管、导尿管、引流管等。

8. 病情观察及措施 简要记录护士观察患者病情的情况，各种检查、检验结果；患者的心理状况等，以及根据医嘱或者患者病情变化采取的治疗和护理措施、实施效果。手术患者应重点记录麻醉方式、手术名称、伤口出血、引流管情况、回病室时间、出入量。特殊用药要记录名称、剂量、给药速度、时间、途径。

（三）手术护理记录单

手术护理记录单是巡回护士对手术患者手术中护理情况及所用器械、敷料的记录。要遵循医疗与护理文件记录的原则，真实、准确、完整地填写，不得留有空项。

各医院的手术护理记录单虽然形式不尽相同，但记录的内容基本相同。除患者的姓名、性别、科室、住院号、床号、到达手术室时间、术前诊断、手术名称、麻醉时间、麻醉方式、手术开始时间外，还包括手术体位、皮肤准备、止血带使用、置入物、引流管、出入量、特殊物品使用位置等信息。手术中若患者病情有特殊或有意外事件发生，可在其他栏内做重点、简略叙述。手术护理记录单须严格按照内容及时间顺序填写，并由巡回护士、手术器械护士签名。

手术清点记录单（附录8-5）是巡回护士对手术患者术中所用血液、器械、敷料等的记录。要求准确填写术前、术中、关体腔前、关体腔后各种手术器械的数量，输血的血型、血液成分、血量，将体内置入物的条形码粘贴在表内。在手术结束后即时完成，并由手术器械护士、巡回护士签名。

四、病区交班报告

病区交班报告是由值班护士书写的书面交班报告，内容为值班期间病室的情况及患者的病情动态变化。通过阅读病区交班报告，接班护士可全面掌握患者情况、明确要继续观察的问题和实施的护理。

（一）书写要求

1. 在巡视和了解患者病情的基础上如实做好记录。

2. 遵循医疗与护理文件记录的原则，书写内容应全面、真实、简明、有条理、重点突出。

3. 对新入院、转入、手术、分娩患者，在诊断的右下角分别用红钢笔注明"新""转入""手术""分娩"；危重患者做红色标记"*"。

4. 书写后，注明页码并签全名。

（二）书写顺序

1. 用蓝（黑）钢笔填写眉栏各项，如病室、日期、时间、患者总数、入院、出院、转入、转出、手术、分娩、病危、死亡人数等。

2. 根据规定顺序按床号先后顺序书写报告。先写离开病室的患者（出院、转出、死亡等），再写进入病室的患者（入院、转入），最后写本班重点交班患者（手术、分娩、危重、有异常情况的患者）。

（三）书写内容

1. 离开病室的患者 包括出院、转出、死亡患者。出院者写明离开时间；转出者注明转往科室；死亡者注明抢救过程和死亡时间。

2. 进入病室的患者 包括新入院和转入的患者。应写明入院（转入）的原因、时间、主要症状、体征、既往重要病史、过敏史、存在的护理问题、给予的治疗和护理措施及效果等。

3. 手术患者

（1）术前患者：术前准备情况，包括皮肤准备、胃肠道准备、各种药物试验结果和术前用药等。

（2）术后患者：手术名称、麻醉种类、手术过程、麻醉清醒时间、回病房后的血压变化情况、伤口情况、引流情况、排尿情况及镇痛药的使用情况。

4. 产妇 应报告胎次、产式、产程、分娩时间、会阴切口及恶露情况。

5. 危重患者和有异常情况的患者 应写明主诉、生命体征、神志、病情动态、特殊抢救和治疗护理以及下一班需要重点观察和注意的情况。

6. 特殊医嘱的患者 包括一些有特殊检查和治疗护理措施的患者，应记录特殊医嘱的执行时间和准备情况，提醒下一班注意。

7. 其他 还需注意老年、小儿患者的特殊情况应交班，患者的心理状态和需要交接班者重点观察及完成的事项均应体现在交班内容中。

五、护理病历

护理病历是记录患者病情变化、发展和护理过程的记录，是护士根据收集到的资料，制订护理计划、实施护理措施、评价护理效果的记录。一份合格的护理病历要如实地反映患者的疾病变化过程和护士对患者实施护理的全过程。

（一）护理病历书写的基本要求

1. 内容应真实完整、重点突出、条理清楚，各项内容应客观记录，真实地反映病情变化和护理过程。

2. 护理病历应按规定格式，以时间顺序，用蓝（黑）钢笔书写。

3. 护理病历不可随意删改，有修改处应签名并注明日期。

4. 护理病历记录者应签全名及注明日期。

（二）护理病历记录的内容

护理病历的格式各医院不尽相同，但均应涉及一些必不可少的重要内容。

1. 患者入院评估表 用于对新入院患者进行初步的护理评估，并通过评估找出患者的健康问题，确立护理诊断。主要内容包括患者的一般资料、入院原因、目前身体状况、既往身体状况、心理社会状况、过敏史等。

2. 护理计划单 护士对患者实施护理的具体方案,内容包括护理诊断及相应的护理措施、预期目标等。医院通常会以"标准护理计划"的形式预先编制每种疾病的护理诊断及相应的护理措施、预期目标等,护士可根据患者的需要恰当选择并进行必要的补充,从而为自己负责的患者实施针对性的护理。护理计划单可以用表格的形式来记录。

3. 护理记录单 护士运用护理程序对患者实施护理措施的过程的记录,内容包括患者的护理诊断/问题、护士所采取的护理措施及实施措施后的效果等。常采用的记录格式有两种:P(problem)、I(intervention)、O(outcome)格式和 S(subjective data)、O(objective data)、A(assessment)、P(plan)、E(evaluation)格式。

4. 健康教育计划和出院指导

(1)健康教育计划:内容可涉及恢复和促进患者健康有关的各方面知识与技能。主要内容包括疾病的发生发展过程和预后、可采取的治疗护理方案、饮食与生活注意事项、疾病的预防及康复措施等。

(2)出院指导:内容为患者出院后在饮食、活动、生活、服药、随访等方面的指导。

第三节 医院信息系统的应用

一、医院信息系统的现状与发展概况

医院信息系统(hospital information system,HIS)是将信息技术应用到医院领域的产物,即利用计算机软硬件技术、网络通信技术等现代化手段,对医院及其所属各部门的人流、物流、财流进行综合管理,对在医疗活动各阶段产生的数据进行采集、储存、处理、提取、传输、汇总、加工生成各种信息,从而为医院的整体运行提供全面的、自动化的管理及各种服务的信息系统。医院信息管理系统的应用范围可包括医院管理、医疗过程管理、护理过程管理、医疗护理文件的记录和处理、患者信息管理、门急诊就诊管理等医院工作的各个方面。

医院信息系统是 20 世纪 60 年代初在美国首先开始研究和实施的,后在欧洲和日本也有大量的研究和实践。我国医院信息系统是从 20 世纪 70 年代中期由单机计算机的应用开始的,真正将网络技术应用到医院信息管理始于 20 世纪 90 年代中期。从单机管理到网络化管理,从自行开发软件到各类软件的商品化,医院信息管理日趋科学和完善,范围也涉及医院信息管理系统的各个方面,尤其在护理过程管理和医疗护理文件的记录方面,是护士应该认真学习和掌握的。

二、医院信息管理系统在护理中的应用

护理信息系统(nursing information system,NIS)是利用信息技术、计算机技术和网络通信技术,对护理管理和业务技术信息进行采集、存储、处理、传输、查询,以提高护理管理质量为目的的信息系统。NIS 是医院信息管理系统的一个重要子系统,包含医院护理工作的各个方面,通过 NIS 能够掌握护理工作状况,充分发挥各级指挥系统的功能,使护理工作得以惯性运行。如目前应用最广的医院医嘱管理系统,它可以大大提高护士处理医嘱的工作效率,并有效减少差错。

护理信息管理的内容包括护理工作量、医嘱处理、护理物品供应、护士人力安排(排班)、整体护理、护士技术档案、护理教学、护理科研、护理质量控制、差错分析等护理信息。NIS 在国外已广泛应用,近 30 年来在国内各大医院也逐渐推广。从早期的支持护士完成日常护理工作、记录护理工作任务,逐渐发展到以问题为中心,支持护士做出临床决策、远程

护理等。用计算机和网络技术处理大量复杂的护理信息对于提高护理工作的效率和科学性、准确性有重要的作用，并且对于护理专业的发展有巨大的推动作用。

小 结

医疗与护理文件的记录和保管是临床护理工作的重要内容，不仅可以为诊疗、护理、教学、科研提供信息，也可以为护理质量评价和法律提供依据。护士在进行体温单、医嘱单、护理记录单、病区交班报告、护理病历的书写时，要本着慎独精神和职业责任感，严格遵循准确、及时、完整、简要、清晰的基本原则，按照医疗和护理文件记录的规范和标准进行书写和管理。在智慧医院的发展进程中，也要探索电子病历在医院信息管理系统的应用和实践。

思考题

一、单项选择题

1. 患者，女，18岁，因功能性子宫出血入院。排在其住院病历首页的是
   A. 住院病案首页　　　　　　　　B. 体温单
   C. 医嘱单　　　　　　　　　　　D. 病重（危）患者护理记录
   E. 入院记录

2. 患者，男，74岁，因慢性支气管炎继发感染入院，医嘱中属于临时医嘱的是
   A. 内科疾病护理常规　　　　　　B. 普食
   C. 持续低流量吸氧　　　　　　　D. α-糜蛋白酶5 mg. bid.im
   E. 胸片

（以下病例为3~4题共用）
患者，男，55岁，1 h前进食后大量呕血不止，量约1500 ml，急诊入院。

3. 测得患者腋温为35.9℃，在体温单上的符号为
   A. 蓝"×"　　　B. 蓝"●"　　　C. 红"○"
   D. 红"●"　　　E. 蓝"○"

4. 记录患者出入液量时，排出量不包括
   A. 尿量　　　　B. 排便量　　　C. 呕吐物量
   D. 输血量　　　E. 咳痰量

二、案例分析题

患者，女，26岁，被汽车撞伤1 h来诊。主诉右侧胸痛难忍。门诊以"右侧气胸"收入院。医嘱：高频通气，青霉素皮试，青霉素800万单位静脉滴注qd，胸腔穿刺。
　请回答：
　（1）上述医嘱各属于何种类别？
　（2）如何处理这些医嘱？

（谢晖）

附录 8-1

体 温 单

姓名：王某　　年龄：45 岁　　性别：男　　科别：心内科　　床号：8

入院日期：2022-10-26　　住院病历号：53102614

日　期		2022-10-26					27					28					29					30					31					11-1				
住院天数		1					2					3					4					5					6					7				
手术后天数																																				
时　间		2	6	10	14	18	22	2	6	10	14	18	22	2	6	10	14	18	22	2	6	10	14	18	22	2	6	10	14	18	22	2	6	10	14	18	22
脉搏 次/分	体温 ℃																																				

（体温曲线图：入院九时四十分，体温脉搏曲线绘制区域，28日出现体温峰值约39℃）

呼吸（次/分）	18/18	20	18	20	18	18	20	22	20	18		20		18
血压（mmHg）	130/80	135/85	130/75	135/80	125/75	140/90	130/85	125/80
入量（ml）	2000	1900	0	2600	2200	2200	2000
出量（ml）	1000	1000	1200	1100	1300	1400	1400
大便（次/日）	1	0	0	1	0	1	1
体重（kg）	68	卧床					
身高（cm）	170						

附录 8-2

长期医嘱单

姓名：　　　　　科室：　　　　　床号：　　　　　住院病历号：

开始					停止				
日期	时间	医嘱	医师签名	护士签名	日期	时间	医嘱	医师签名	护士签名

附录 8-3

临时医嘱单

姓名：　　　　科室：　　　　床号：　　　　住院病历号：

日期	时间	医嘱	医师签名	执行护士签名	执行时间

附录8-4 护理记录单

科别				姓名		年龄		性别		床号			住院病历号				入院日期		诊断	
日期	时间	意识	体温 ℃	脉搏 次/分	呼吸 次/分	血压 mmHg	血氧饱和度 %	吸氧 L/min	入量		出量			皮肤情况	管路护理	病情观察及措施	护士签名
									名称	ml	名称	ml	颜色性状				

附录 8-5

手术清点记录单

科别_____ 姓名_____ 性别_____ 年龄_____ 住院病历号_____

手术日期____年____月____日 手术名称_____

输血：血型_____ 血液成分名称_____ 血量____ml

器械名称	术前清点	术中加数	关体腔前	关体腔后	器械名称	术前清点	术中加数	关体腔前	关体腔后
卵圆钳					咬骨钳				
巾钳					骨刀、凿				
持针钳					拉钩				
组织钳					刮匙				
大弯血管钳					脊柱牵开器				
弯血管钳					腹腔牵开器				
直血管钳					胸腔牵开器				
蚊式钳					有齿镊				
直角钳					无齿镊				
扁桃腺钳					刀柄				
柯克钳					手术剪				
胃钳					吸引头				
肠钳					电烧（头）				
取石钳									
胆石刮									
胆道探子					大纱垫				
肾蒂钳					小纱垫				
输尿管钳					纱布				
沙式钳					纱条				
持瓣钳					棉片				
阻断钳					棉签				
肺叶钳					阻断带				
心房钳					花生米				
心耳钳					缝针				
哈巴狗					注射器				
气管钳					针头				
剥离子					棉球				
髓核钳									

手术器械护士签名_____ 巡回护士签名_____

体内植入物条形码粘贴处:

填表说明:
1. 表格内的清点数必须用数字说明，不得用"√"表示。
2. 空格处可以填写其他手术物品。
3. 表格内的清点数目必须清晰，不得采用刮、粘、涂等方法涂改。

本表为参考表，由于不能涵盖所有手术器械，建议医院根据实际设定器械名称。

第九章 生命体征的评估与护理

本章数字资源

导学目标

通过本章内容的学习,学生应能够:

◆ **基本目标**
1. 叙述体温、脉搏、呼吸、血压的正常值、测量方法及注意事项。
2. 描述并解释异常体温(体温过高、体温过低、稽留热、弛张热、间歇热、不规则热)、异常脉搏(心动过速、心动过缓、间歇脉、脉搏短绌、洪脉、细脉、交替脉、水冲脉、奇脉)、异常呼吸(潮式呼吸、间断呼吸)、异常血压(高血压、低血压)的概念。
3. 识别异常生命体征并掌握其观察要点及护理措施。
4. 描述并解释背部叩击法、体位引流法、氧气疗法、吸痰法的概念。
5. 正确运用背部叩击法、体位引流法、氧气疗法、吸痰法,并指导患者有效咳嗽。

◆ **发展目标**
1. 综合运用所学知识,为生命体征异常的患者制订相应的护理措施,并在实施过程中关心患者,注重人文关怀。
2. 正确测量和记录体温、脉搏、呼吸、血压,且操作规范、数值准确、具有较强的沟通能力且关心患者。

生命体征(vital signs)是体温、脉搏、呼吸和血压的总称,它是机体内在活动的一种客观反映,是衡量机体身心状况的可靠指标。正常人的生命体征在一定范围内相对稳定,变化很小。但在病理状况下,其变化极其敏感。通过对生命体征的观察,护士可以了解患者疾病的发生、发展及转归,从而做出护理诊断,制订护理计划,并为疾病的预防、诊断、治疗提供依据。因此,掌握生命体征的观察和护理是临床护理工作中非常重要的内容之一。

第一节 体温的评估与护理

> **案例 9-1**
>
> 患者，女，30岁。因肺炎收治于呼吸内科。入院1周体温在39~40℃波动，日差不超过1℃。今天，护士为患者测量体温为39.2℃，脉搏104次/分，呼吸28次/分。患者意识清醒，面色潮红，口唇干裂，精神不振，食欲差。
>
> 请回答：
> 1. 患者的发热程度如何？属于何种热型？
> 2. 护士需要为患者采取哪些护理措施？

机体温度分为体核温度和体表温度。体核温度（core temperature）也称体温（body temperature），即身体内部胸腔、腹腔和中枢神经的温度，比皮肤温度高且稳定；皮肤温度也称体表温度（shell temperature），是皮肤表面的温度，低于体核温度，可随环境温度和衣着厚薄的变化而变化。生理学上的体温，系指平均体核温度。由于体核温度不易测量，所以在临床上通常用腋窝温度、口腔温度、直肠温度来代表体温。

一、正常体温与生理变化

（一）体温的形成

体温是由三大营养物质（糖、脂肪、蛋白质）氧化分解而产生。三大营养物质在体内氧化时所释放的能量有50%以上迅速转化为热能，用来维持体温，并不断散发到体外；其余不足50%的能量储存于三磷酸腺苷（ATP）内，供机体利用，最终仍转化为热能散发到体外。

（二）体温的调节

体温的相对恒定依赖于自主神经性体温调节和行为性体温调节两种方式。其中，自主神经性体温调节是在下丘脑体温调节中枢控制下，机体受内外环境温度的刺激，通过发汗、寒战等一系列生理反应，调节机体的产热和散热过程，将体温维持在相对稳定的水平。行为性体温调节是以生理性体温调节为基础，机体根据环境温度和个体对冷热的不同感觉，所产生的一种有意识的行为活动，如开窗通风、增减衣服、搓手跺脚等可随意控制的行为，从而达到调节控制体温的目的。一般所说的体温调节是指自主神经性体温调节。

（三）体温的生理变化

1. 正常体温 临床上常以口腔、直肠、腋窝等处的温度来代表体温。在三种测量方法中，直肠温度最接近于人体深部温度，而在日常工作中，采用口腔、腋下温度测量更为常见、方便。温度单位可用摄氏温度（℃）和华氏温度（℉）来表示。摄氏温度和华氏温度的换算公式为：

$$℉ = ℃ × 5/9 + 32$$
$$℃ = (℉ - 32) × 5/9$$

健康成人不同部位的正常体温范围见表9-1。

2. 生理变化 体温可随着年龄、性别、昼夜差异、药物使用及肌肉活动等的不同而出现生理性变化，但其变化的范围一般不超过0.5~1.0℃。

表9-1 成人体温平均值及正常范围

部位	平均值	正常范围
口温	37.0℃（98.6℉）	36.3～37.2℃（97.3～99.0℉）
肛温	37.5℃（99.5℉）	36.5～37.7℃（97.7～99.9℉）
腋温	36.5℃（97.7℉）	36.0～37.0℃（96.8～98.6℉）

（1）年龄：各年龄段的基础代谢水平不同，其体温也不同。儿童、青少年的体温略高于成年人；新生儿尤其是早产儿，由于体温调节功能尚未发育完善，调节功能较差，因而其体温易受环境温度的影响而变化，所以对新生儿应加强护理，做好防寒保暖措施；老年人体温略低于青壮年，与其基础代谢率较低、活动量减少有关。

（2）性别：成年女性的体温平均比男性高0.3℃，可能与女性的皮下脂肪较厚、散热相对较少有关。女性的基础体温随月经周期呈规律性的变化，排卵前体温较低，排卵日最低，排卵后至经期前体温升高，与体内孕激素水平周期性变化有关，临床上常通过连续测量基础体温了解月经周期中有无排卵和确定排卵日。因孕激素具有升高体温的作用，妊娠早期时由于孕激素水平上升，可使体温轻度升高0.2～0.3℃。

（3）昼夜差异：正常人的体温在24 h内呈周期性的变化，一般清晨2～6时最低，下午1～6时最高，体温的这种昼夜周期性波动称为昼夜节律，与下丘脑的生物钟功能有关，是机体内在的生物节律决定的。

（4）药物使用：麻醉药物可抑制体温调节中枢或影响其传入路径的活动，并能扩张皮肤血管，增加体热散失，降低机体对寒冷环境的适应能力。因此，对于麻醉手术的患者，在术中、术后应注意保暖。

（5）肌肉活动：肌肉活动时，如劳动或运动可使骨骼肌紧张并强烈收缩，产热增加，使体温升高。因此，临床上测量体温应在患者安静状态下进行，为小儿测温时应防止其哭闹。

此外，日常生活中的进食、心理紧张、情绪激动、环境温度变化等都会对体温产生影响，在测量体温时，应加以考虑。

二、异常体温的评估与护理

（一）体温过高

1. 定义 体温过高（hyperthermia）指机体体温升高超过正常范围。病理性体温过高包括发热和过热。

发热（fever）是机体在致热原的作用下，下丘脑体温调节中枢的调定点上移而引起的调节性体温升高。一般而言，当腋下温度超过37℃或口腔温度超过37.3℃，一昼夜体温上升1℃以上时可称为发热。发热可以分为感染性发热（由病原体引起）和非感染性发热（由病原体以外的各种物质引起）两类。

过热是指调定点并未发生移动，而是由于体温调节障碍（如脊髓损伤所致的体温调节中枢损伤）或散热障碍（如皮肤鱼鳞病和环境高温所致的中暑等）及产热器官功能异常（如甲状腺功能亢进）所致，体温调节机制不能将体温控制在与调定点相适应的水平上，是被动性的体温升高。

2. 临床分级 根据体温升高的程度不同，可将发热分为以下几种（以口腔温度为例）。

低热：37.3～38.0℃（99.1～100.4℉）
中度热：38.1～39.0℃（100.6～102.2℉）
高热：39.1～41.0℃（102.4～105.8℉）

超高热：超过 41℃（105.8℉以上）

3. 发热的过程及表现 发热过程一般经历以下 3 个时期。

（1）体温上升期：特点为产热大于散热。主要表现为皮肤苍白、干燥无汗、畏寒、疲乏无力。体温上升可有两种形式：一种是指体温突然升高，数小时内升至高峰，称为骤升，多见于肺炎球菌肺炎、疟疾等；另一种是体温逐渐上升，在数日内达高峰，称为渐升，多见于伤寒等。

（2）高热持续期：特点为产热和散热在较高水平上趋于平衡。主要表现为面色潮红、皮肤灼热、口唇干燥、呼吸和脉搏加快、头痛头晕、食欲不振、全身不适、软弱无力。

（3）退热期：特点为散热大于产热，体温恢复至正常水平。主要表现为皮肤温度降低、大量出汗。体温下降也有两种方式：一种是体温突然下降，在数小时内降至正常，称为骤退，多见于肺炎球菌肺炎、疟疾等，患者由于大量出汗，体液大量丧失，易出现血压下降、脉搏细速、四肢厥冷等虚脱或休克现象，护理中应加强观察；另一种是体温在数天内降至正常，称为渐退，多见于伤寒、风湿热等。

4. 常见热型 各种体温曲线的形态称为热型（fever type）。某些发热性疾病具有独特的热型，通过观察可以协助疾病诊断。但需注意，由于目前抗生素的广泛使用（包括滥用）或解热药、肾上腺皮质激素的应用（包括不适当的使用）等，使热型变得不典型。临床常见热型见图 9-1。

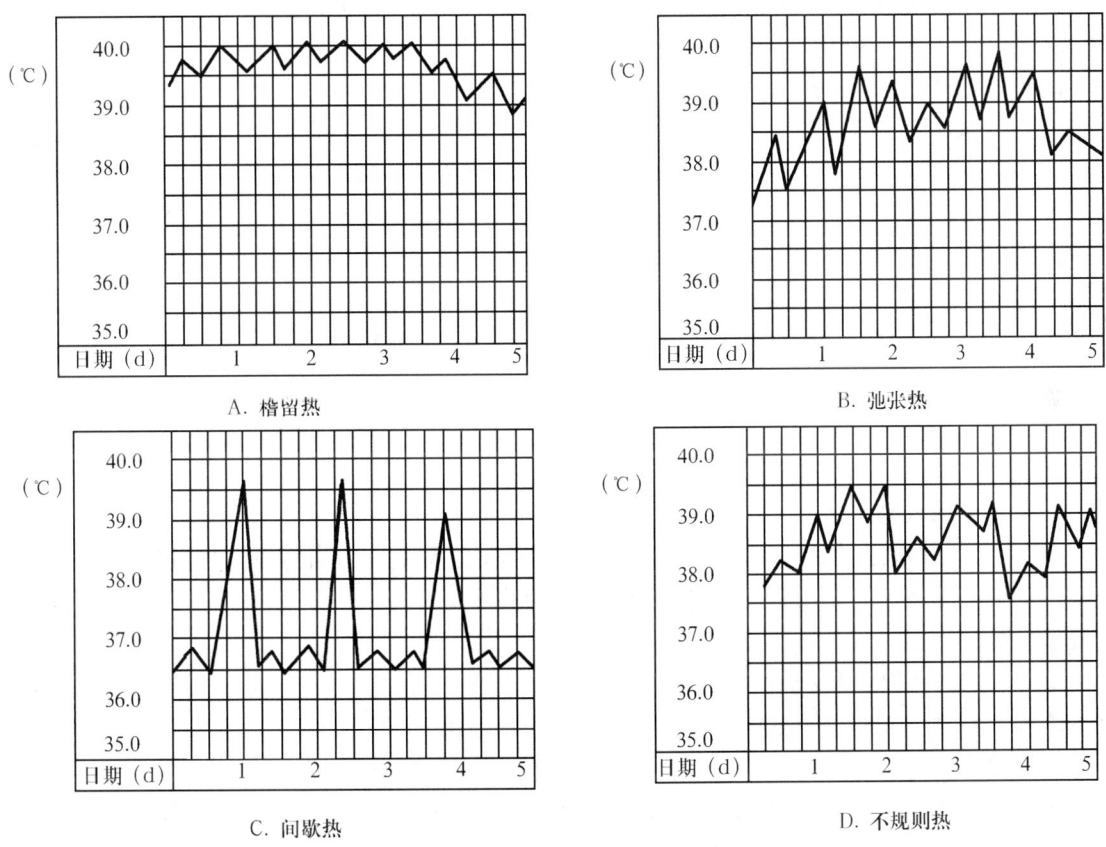

图 9-1 常见热型

（1）稽留热（constant fever）：体温持续在 39～40℃，达数天或数周，波动的幅度很小，24 h 波动范围不超过 1℃，多见于肺炎球菌肺炎、伤寒等。

（2）弛张热（remittent fever）：体温在 39℃以上，波动幅度大，24 h 内温差达 1℃以上，体温最低时仍高于正常水平，多见于败血症、风湿热、化脓性疾病等。

（3）间歇热（intermittent fever）：体温骤升至 39℃以上，持续数小时，又迅速降至正常水平或正常以下，无热期（间歇期）可持续 1 天至数天，如此高热期与无热期交替有规律地出现，多见于疟疾、急性肾盂肾炎等。

(4) 不规则热 (irregular fever): 发热无一定规律，且持续时间不定，常见于流行性感冒、癌性发热等。

5. 护理措施

(1) 加强病情观察：定时监测体温，一般每日测量4次，高热时应每4 h测量1次，待体温恢复正常3天后，改为每日1~2次。观察并记录患者的发热类型、程度和经过，以及呼吸、脉搏、血压的变化情况。注意对患者的出入液量及治疗效果的观察。

(2) 降温：遵医嘱选用物理降温或药物降温法。物理降温有局部冷疗法和全身冷疗法。体温高于39℃时，选用局部冷疗，可采用冷毛巾、化学制冷袋、冰袋，通过传导方式散热；体温高于39.5℃时，选用全身冷疗，可采用温水、乙醇拭浴方法（见"冷、热疗法"）。药物降温应按医嘱准确给药，尤其对年老体弱及心血管疾病者应防止出现虚脱或休克现象。行降温措施30 min后应测量体温，并做好记录和交班。注意：当患者处于体温上升期、出现寒战时，应给予保暖措施。

(3) 补充营养和水分：高热患者的消化吸收能力降低，而机体的分解代谢增加。因此，应给予高热量、高蛋白、高维生素、易消化的流质或半流质食物。鼓励患者少量多餐，以补充高热的消耗，提高机体的抵抗力。鼓励患者多饮水，以每日3000 ml为宜；对不能进食者，给予静脉输液或鼻饲，以补充高热消耗的大量水分，并促进毒素和代谢产物的排出。

(4) 促进舒适、预防并发症：①口腔护理：发热时由于唾液分泌减少，口腔黏膜干燥，且抵抗力下降，有利于病原体生长、繁殖，易出现口腔感染。应在晨起、餐后、睡前协助患者漱口，保持口腔清洁；对昏迷患者可采用特殊口腔护理方法，以保证患者的口腔卫生。②皮肤护理：退热期，患者往往大量出汗，应随时擦干汗液，更换衣服和床单，条件允许应洗头、洗澡以保持皮肤的清洁、干燥，但要防止其受凉；长期高热患者，需预防压力性损伤或肺炎的发生。③休息：高热患者需卧床休息，低热者可酌情减少活动，适当休息，以减少能量的消耗，有利于机体康复。同时，提供适宜的室温，保持空气流通及环境安静。

(5) 心理护理：发热的各阶段会出现不同的临床症状，导致患者出现紧张、恐惧的心理，护士应经常巡视患者，针对患者的心理反应给予耐心解释，使患者对体温的变化和伴随症状有充分的了解，以缓解其紧张情绪。

（二）体温过低

1. 定义 体温过低 (hypothermia) 是指体温低于正常范围。当身体的热量散失过多、产热减少，或体温调节中枢受损时，体温会降至正常以下。

2. 原因

(1) 体温调节中枢受损：中枢神经系统功能不良，如颅脑外伤、脊髓受损；药物中毒，如麻醉剂、镇静剂过量；重症疾病，如败血症、大出血等。

(2) 产热减少：重度营养不良、极度衰竭，使机体产热减少。

(3) 散热过多：长时间暴露在低温环境中，使机体散热过多、过快；在寒冷环境中大量饮酒，使血管过度扩张、热量散失。

3. 临床分级 以口腔温度为例。

轻度：32.1~35.0℃（89.8~95.0℉）。

中度：30.0~32.0℃（86.0~89.6℉）。

重度：<30℃（86.0℉），瞳孔散大，对光反射消失。

致死温度：23.0~25.0℃（73.4~77.0℉）。

4. 临床表现 发抖，皮肤苍白、冰冷，血压降低，心搏、呼吸减慢，躁动不安，嗜睡，意识障碍甚至出现昏迷。

5. 护理措施

（1）环境温度：保持室温在 22～24℃，室内避免冷空气对流。

（2）保温措施：给予毛毯、棉被、电热毯、热水袋、添加衣服等保暖措施。给予热饮，提高机体温度。

（3）加强监测：持续监测体温的变化，至少每小时测量 1 次，直至体温恢复至正常且稳定，注意呼吸、脉搏、血压的监测及对病情变化的观察。

（4）病因治疗：去除引起体温过低的原因，使体温恢复正常。

（5）健康教育：教会患者避免导致体温过低的因素，如营养不良、衣服穿着过少、供暖设施不足等。

三、体温的测量

（一）体温计的种类与构造

体温计种类有水银体温计、电子体温计、红外测温仪等。

1. 水银体温计（mercury thermometer） 又称玻璃体温计（glass thermometer），是最常用、最普通的体温计，分玻璃球和玻璃管两部分。玻璃球内装有水银，测试时水银遇热膨胀，升入带刻度的玻璃管中，其上升高度与受热程度成正比。球与管连接处有一狭窄部分，可防止水银自动降落，而且水银柱必须经过振荡才能下降，从而保证测试者能看到准确读数。摄氏温度计（centigrade thermometer）的刻度是 35～42℃，每 1℃之间分成 10 小格，每小格 0.1℃，在 0.5℃和 1℃的刻度处用较粗的线标记。在 37℃刻度处则以红色表示，以示醒目。

为了能准确测量各部位的温度，根据所测量部位的特点设计了 3 种体温计，即口表（oral thermometer）、肛表（rectal thermometer）和腋表（axillary thermometer），见图 9-2。不同体温计的玻璃球的大小和形状有一些差异，如口表的球部细长，腋表的球部长而扁，肛表的球部圆钝。

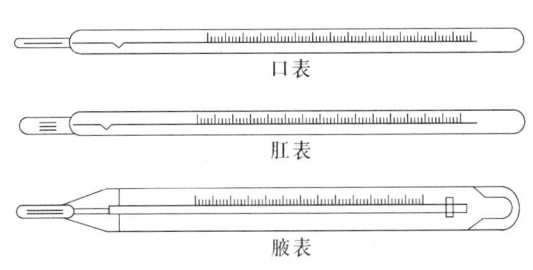

图 9-2 水银体温表

2. 电子体温计（electronic thermometer） 采用电子感温探头来测量体温，测得的温度直接由数字显示，读数直观，测温准确，灵敏度高。为适应不同需要，有笔式、奶嘴式（图 9-3）等。使用时，将探头插入塑胶护套中置于测量部位，当体温计发出蜂鸣声，再持续 3 s 后，即可读取体温值。塑胶护套为一次性使用，用毕按一次性用物处理。

A. 笔式电子体温计

B. 奶嘴式电子体温计

图 9-3 电子体温计

3. 红外测温仪 红外测温的原理是用红外透镜组成光学系统，将被测目标辐射的红外线汇集在高灵敏的红外探测器上，再对探测器输出的电信号进行放大、处理、校准成被测目标的温度值。红外测温仪具有非接触、快速测温、减少传染概率的优点，但受体表下血液循环及周围环境导热情况的影响极大。因耳道深部的温度接近人体深部温度且受影响因素少，故耳式红外测温仪（图9-4）较额式红外测温仪（图9-5）准确率高。

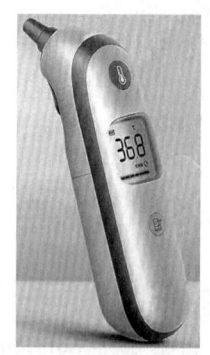 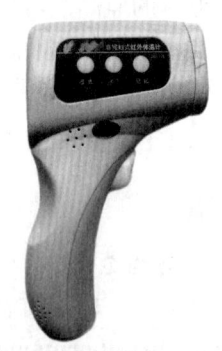

图9-4　耳式红外测温仪　　　　图9-5　额式红外测温仪

（二）体温计的消毒与检查

1. 体温计的消毒　为防止由于测量体温而引起交叉感染，体温计应"一人一用"，保证体温计的清洁，患者用过的体温计应进行消毒处理。对于传染病患者，应设专用体温计，并单独进行清洁消毒。

（1）水银体温计消毒法：用后的体温计浸于消毒液中，清洗、冲净、擦干后放于清洁容器中备用。注意口表、腋表、肛表应分别清洗和消毒。

（2）电子体温计消毒法：仅消毒电子感温探头部分，根据制作材料的性质不同，选用不同的消毒方法，如擦拭法等。

2. 体温计的检查　在使用新的水银体温计前，或定期消毒体温计后，应对体温计进行校对，以检查其准确性。方法是：①将全部体温计的水银柱甩至35℃以下；②于同一时间放入已测好的40℃以下的水内，3 min后取出检查；③若体温计之间相差0.2℃以上或水银柱有裂痕者则不合格，应取出不用；④将合格的体温计以纱布擦干，逐一放入清洁容器内备用。电子体温计应在使用前校正，以确保体温测量数据准确。

（三）体温测量法

【目的】

1. 判断体温有无异常。

2. 动态观察体温的变化，分析热型及伴随症状。

3. 协助医生作出正确的诊断，为预防、治疗和护理提供依据。

【评估】

1. 评估患者的年龄、意识、病情、心理状态及合作程度。

2. 评估患者测量体温部位（口腔黏膜、腋窝及肛门皮肤）的状况，确定其最合适的体温测量部位。

3. 评估有无影响患者体温变化的因素，若30 min内有运动、进食、冷热饮、冷热疗、洗澡或坐浴、灌肠等，应过30 min后再测量。

【操作前准备】

1. 患者准备

（1）了解体温测量的目的、方法、注意事项及配合要点。

（2）情绪稳定，体位舒适。

2. 护士准备 着装整洁，修剪指甲，洗手，戴口罩。

3. 物品准备

（1）治疗车上层：治疗盘、2个有盖容器（一为清洁容器，放置已消毒的体温计；另一放置用后的体温计）、消毒液纱布、记录单、表（有秒针）、笔、润滑剂、棉签、纸巾、一次性手套（用于测量肛温）、手消毒液。

（2）治疗车下层：生活垃圾桶、医用垃圾桶。

4. 环境准备 环境清洁、安静，光线充足，室温适宜。

【操作流程】

操作主线	操作步骤	操作要点
1. 核对	（1）携用物到患者床旁	● 操作前查对：核对患者床号、姓名、腕带
	（2）再次检查体温计的质量以及读数是否在35℃以下	● 必要时，将体温计的水银柱甩下
2. 测温		● 选用适当的方法测量体温
▲口温		● 测量方法方便
	（1）协助患者取舒适的体位	
	（2）嘱患者张口，将口表水银端斜放于舌下热窝处（图9-6）。指导患者闭口勿咬体温计，测量时间3 min	● 舌下热窝是口腔中温度最高的部位，在舌系带两侧，左右各一，由舌动脉供血
▲腋温		● 测量方法安全，用于婴儿或其他无法测量口温者
	（1）指导或协助患者取舒适的体位	
	（2）暴露患者腋窝。如果有汗，用毛巾或纸巾擦干	● 腋下有汗，可导致散热增加，影响所测体温的准确性
	（3）将腋表水银端置于腋窝中央。协助患者屈臂过胸以夹紧体温计，测量时间10 min（图9-7）	● 形成人工体腔，保证所测体温的准确性
▲肛温		● 测量方法不方便，但结果准确。多用于婴幼儿、昏迷与不合作的患者
	（1）屏风遮挡以保护患者的隐私	
	（2）协助患者取侧卧、俯卧或屈膝仰卧位，只暴露臀部	● 便于测量
	（3）润滑肛表水银端，护士一手分开患者臀部，暴露肛门；另一手将肛表旋转缓慢插入肛门3~4 cm。婴幼儿可取仰卧位，护士一手握住患儿双踝，提起双腿；另一手将已润滑的肛表插入肛门（婴儿1.25 cm，幼儿2.5 cm），握住肛表，用手掌根部和手指将双臀轻轻捏拢，固定，测量时间3 min（图9-8）	● 便于插入，避免擦伤或损伤肛门及直肠黏膜
3. 取表	取出体温计，用消毒纱布擦拭体温计	● 肛温测量完毕，则擦净肛门并协助患者穿好裤子

续表

操作主线	操作步骤	操作要点
4. 读数	手持体温计与视线平行，注意勿接触体温计水银端。转动体温计至能看清水银柱，读取体温值并告知患者	
5. 整理	（1）协助患者取舒适卧位，整理衣服。询问患者的感受及需求 （2）整理床单位，清理用物。正确消毒体温计并存放	
6. 洗手，记录	洗手后绘制体温单或录入到移动护理信息系统的终端设备	● 绘制或录入体温单时，要注明测定的部位

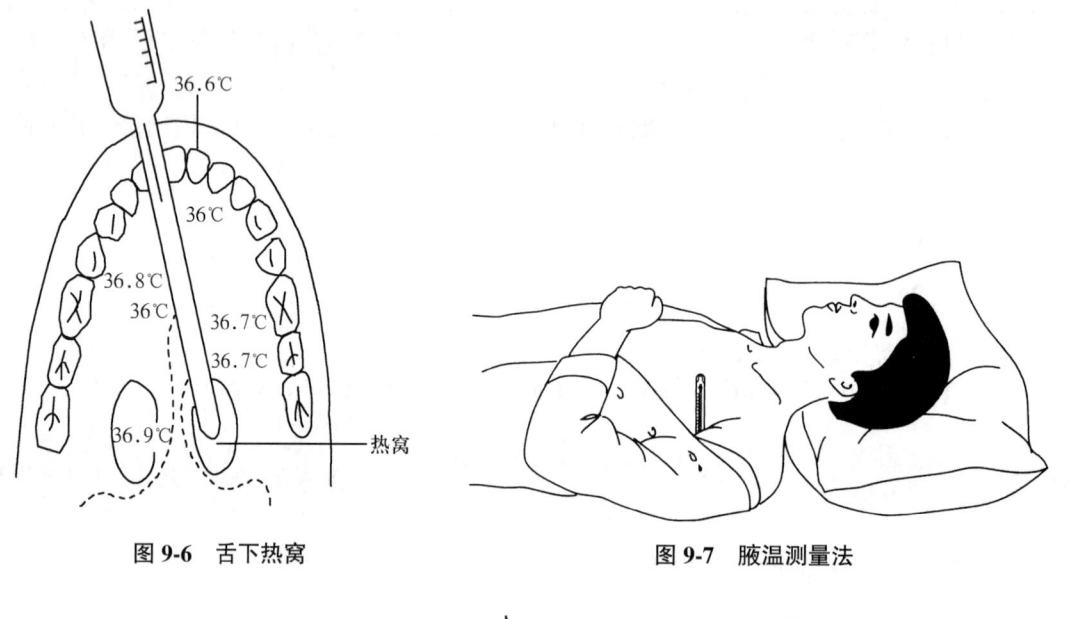

图 9-6　舌下热窝

图 9-7　腋温测量法

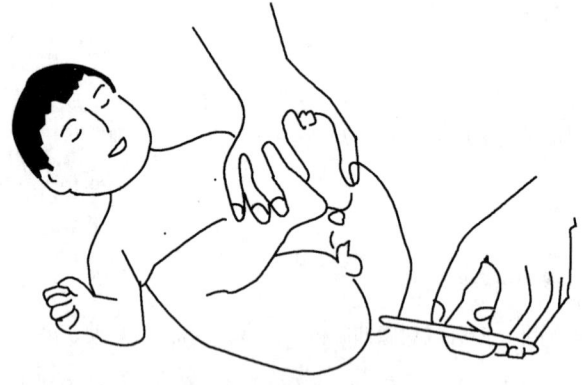

图 9-8　肛温测量法

【注意事项】

1. 口温测量法

（1）测量时嘱患者勿说话，避免咬碎体温计。如不慎咬破体温计，应：①立即清除玻璃碎屑，以免损伤唇、舌、口腔、食管、胃肠道黏膜；②口服蛋清或牛奶，以保护消化道黏膜，延缓汞的吸收。若病情允许，可食用粗纤维食物，加速汞的排出。

（2）婴幼儿、精神异常者、经口呼吸者、患口腔疾患、行口鼻手术者，不宜测量口温。

(3) 如患者曾进冷、热饮食或曾吸烟,须过 30 min 后再行测量。

2. 腋温测量法

(1) 腋下有创伤、手术、炎症,肩关节受伤或过度消瘦以至腋窝不能夹紧温度计者,禁忌腋温测量。

(2) 如腋下有汗液,应擦拭干燥、稍停片刻后再测,因腋下有汗液可影响体温测量的准确性。

3. 肛温测量法

(1) 插入肛表时勿用力,以免损伤肛门、直肠黏膜。

(2) 直肠手术、腹泻或直肠疾病患者禁肛温测量。

(3) 心肌梗死患者不宜测肛温,因肛表插入肛门会引起迷走神经兴奋,导致心动过缓。

(4) 如为躁动患者、精神病患者或婴幼儿,应设专人守护,防止意外。

4. 测量体温前后,应清点体温计的数目,检查有无破损。甩表时要用腕部的力量,不可触及其他物品,以防撞碎。切忌将体温计放入热水中清洗或在沸水中煮沸,并且消毒液的温度要在 40℃ 以下,以免引起体温计爆裂。

5. 根据病情制订测量体温的计划。

(1) 新入院患者:每日测量体温 4 次,连续测量 3 天,3 天后体温正常者改为每日测量 2 次或按当地要求。

(2) 手术患者:手术前 1 天及手术后 3 天内每日测量体温 4 次,体温恢复正常改为每日测量 2 次或按当地要求。

(3) 危重患者、高热或体温过低患者、早产儿需严密观察体温变化。采用降温措施后半小时应复测体温。

(4) 体温与病情不相符时,应重新测量。体温异常者,应观察其伴随症状、体征,并向医生汇报。

【健康教育】

1. 向患者解释体温监测的重要性,指导患者测量体温的正确方法,告诉患者测量体温过程中的注意事项,以获取准确的体温值。

2. 向患者介绍体温的正常值。如果体温过高或过低,则根据患者病情提供相关的指导。

第二节　脉搏的评估与护理

> **案例 9-2**
>
> 患者,男,40 岁。因心房颤动而入院。体检:入院时测心率 200 次/分,脉搏 100 次/分,且心律完全不规则、心率快慢不一、心音强弱不等。
>
> 请回答:
>
> 1. 请对患者的脉搏作出判断。
>
> 2. 应如何为此患者测量脉搏?测量后如何记录?

在每个心动周期中,随着心脏有节律地收缩和舒张,动脉内的压力和容积也发生周期性的变化,从而引起动脉管壁产生有节律的搏动,称为动脉脉搏(arterial pulse),简称脉搏(pulse)。

一、正常脉搏与生理变化

（一）脉搏的产生

心脏窦房结的自律细胞发出兴奋冲动，传至心脏各部，致使心脏收缩。当心脏收缩时，左心室将血射入主动脉，由于弹性贮器血管及外周阻力的作用，动脉管壁随之扩张。当心脏舒张时，动脉管壁弹性回缩。这种动脉管壁随着心脏的舒缩而出现周期性的起伏搏动形成动脉脉搏。

（二）脉搏的生理变化

检查脉搏时，需注意脉搏的速率（即脉率）、节律、强弱、波形及动脉壁的情况。

1. 脉率（pulse rate） 指每分钟脉搏的次数。正常情况下，脉率与心率一致，脉率是心率的指示，正常成人在安静状态下脉率为 60～100 次 / 分。当脉率微弱得难以测定时，应测量心率。脉率的生理性波动受多种因素影响。

（1）性别：正常成年人在安静状态下，女性脉率比男性稍快，约相差 5 次 / 分。

（2）年龄：一般新生儿、幼儿的脉率较快，随年龄增长而逐渐减慢，到老年时稍有增快（表 9-2）。

表9-2　脉率的正常范围与平均脉率

年龄	正常范围（次 / 分）	平均脉率（次 / 分）
出生～1 个月	70～170	120
1～12 个月	80～160	120
1～3 岁	80～120	100
3～6 岁	75～115	100
6～12 岁	70～110	90
12～14 岁	男 65～105　女 70～110	男 85　女 90
14～16 岁	男 60～100　女 65～105	男 80　女 85
16～18 岁	男 55～95　女 60～100	男 75　女 80
18～65 岁	60～100	72
65 岁以上	70～100	75

（3）体型：体表面积越大，脉率越慢，所以身材瘦高者常比矮胖的人脉率慢。

（4）饮食、药物：进食、使用兴奋剂、饮浓茶或咖啡可使脉率增快；禁食、使用镇静剂、洋地黄类药物可使脉率减慢。

（5）活动、情绪：休息、睡眠时脉率减慢；体力劳动后、兴奋、恐惧、紧张、愤怒时脉率增快。

2. 脉律（pulse rhythm） 指脉搏的节律，是左心室收缩状况的反映。正常人脉律均匀规则，间隔时间相等。但在正常儿童、青年和一部分成年人，可见窦性心律不齐，其特征性表现是吸气时增快，呼气时减慢，一般无临床意义。

3. 脉搏的强弱 指触诊时血液流经血管的强弱感觉。正常情况下，每搏强弱相同。脉搏的强弱取决于动脉充盈度和周围血管的阻力，既与心脏每搏输出量及脉压大小有关，也与动脉管壁的弹性有关。

4. 动脉壁的情况 指触诊时感觉到的动脉管壁的性质。正常情况下，动脉管壁光滑、柔软且富有弹性。

二、异常脉搏的评估及护理

（一）异常脉搏的评估

1. 脉率异常

（1）心动过速（tachycardia）：指成人在安静状态下脉率超过100次/分，称为心动过速或速脉。常见于发热、疼痛、血容量不足、甲状腺功能亢进、心力衰竭等患者。一般体温每升高1℃，成人脉率增加约10次/分，儿童增加约15次/分。

（2）心动过缓（bradycardia）：指成人在安静状态下脉率小于60次/分，称为心动过缓或缓脉。常见于颅内压增高、房室传导阻滞、阻塞性黄疸、甲状腺功能减退等患者。当脉率小于40次/分时，应注意有无完全性房室传导阻滞。

2. 节律异常

（1）间歇脉（intermittent pulse）：在一系列正常规则的脉搏中，出现一次提前而较弱的脉搏，其后有一次较正常延长的间歇（代偿间歇），称为间歇脉。每隔一个正常脉搏出现一次期前收缩，称为二联律；每隔两个正常脉搏出现一次期前收缩，称为三联律。可见于各种器质性心脏病如心肌病、心肌梗死等患者。正常人在精神兴奋、体位改变、过度疲劳时会偶尔出现间歇脉。发生机制是心脏异位起搏点过早发出冲动而引起。

（2）脉搏短绌（pulse deficient）：指在单位时间内脉率小于心率，称为脉搏短绌。听诊时心律完全不规则，心率快慢不一，心音强弱不等。常见于心房颤动的患者，其原因是由于心肌收缩力强弱不等，有些心输出量少的搏动可产生心音，但不能引起周围血管壁的搏动。在这种情况下，测量脉搏时，应同时计数心率。

3. 强弱异常

（1）洪脉（bounding pulse）：当心排血量增加，周围动脉阻力较小，动脉充盈度和脉压较大时，则脉搏强而有力，称为洪脉。常见于高热、甲状腺功能亢进、主动脉瓣关闭不全等患者。

（2）细脉（small pulse）：当心排血量减少，周围动脉阻力较大，动脉充盈度较低时，脉搏弱而小，扪之如细丝，称为细脉或丝脉，常见于心功能不全、休克、大出血、主动脉瓣狭窄等患者。

（3）交替脉（alternating pulses）：指节律正常，而强弱交替出现的脉搏。主要由于心室收缩强弱交替出现所致，是心肌受损的一种表现。常见于高血压性心脏病、冠状动脉粥样硬化性心脏病等患者。

（4）水冲脉（water hammer pulse）：脉搏骤起骤落，急促而有力。主要由于收缩压偏高，舒张压偏低时脉压增大所致。触诊时，如将患者手臂抬高过头并紧握其手腕掌面，就可感到急促而有力的冲击。常见于主动脉瓣关闭不全、甲状腺功能亢进等。

（5）奇脉（paradoxical pulse）：在吸气时脉搏明显减弱或消失称为奇脉。常见于心包积液或缩窄性心包炎，是心包填塞的重要体征之一。奇脉的产生主要与左心室搏出量的减少有关。正常人吸气时肺循环血容量增加，使循环血液向右心的灌注量亦相应增加，因此肺循环向左心回流的血液量无明显改变。病理状态下，吸气时肺循环血容量有所增加，但由于心脏受损，致使体循环向右心回流的血量不能相应增加，结果使肺静脉血液流入左心室的量较正常时减少，左心室搏出量减少，所以脉搏变弱甚至不能触及。

4. 动脉壁异常 动脉管壁变硬，丧失弹性，触诊时呈条索状，可见于早期动脉硬化者。严重时则动脉迂曲甚至有结节。其原因为动脉壁的胶原纤维增多，弹力纤维减少，使动脉管壁变硬，呈条索、迂曲状。

（二）异常脉搏的护理

1. 加强观察 观察脉搏的脉率、节律、强弱等，观察药物的治疗效果和不良反应，有起搏器的患者应做好相应的护理。

2. 休息与活动 指导患者增加卧床休息的时间，适量活动，以减少心肌耗氧量。必要时给予氧疗。

3. 准备急救物品和急救仪器 准备抗心律失常药物，除颤器处于完好状态。

4. 心理护理 消除患者紧张、恐惧的情绪。

5. 健康教育 指导患者进食清淡易消化的食物；勿用力排便；注意劳逸结合，规律生活，保持情绪稳定，戒烟限酒；擅于控制情绪；学会自我监测脉搏及观察药物的不良反应。指导患者服用抗心律失常药物期间，不可自行随意调整药物剂量。

三、脉搏的测量

（一）脉搏测量的部位

测量脉搏时，一般选择较表浅的动脉，最常用的是桡动脉。在某些情况下，不能检查桡动脉时，可检查颞动脉、耳前动脉、颈动脉、肱动脉、股动脉、足背动脉等（图9-9）。

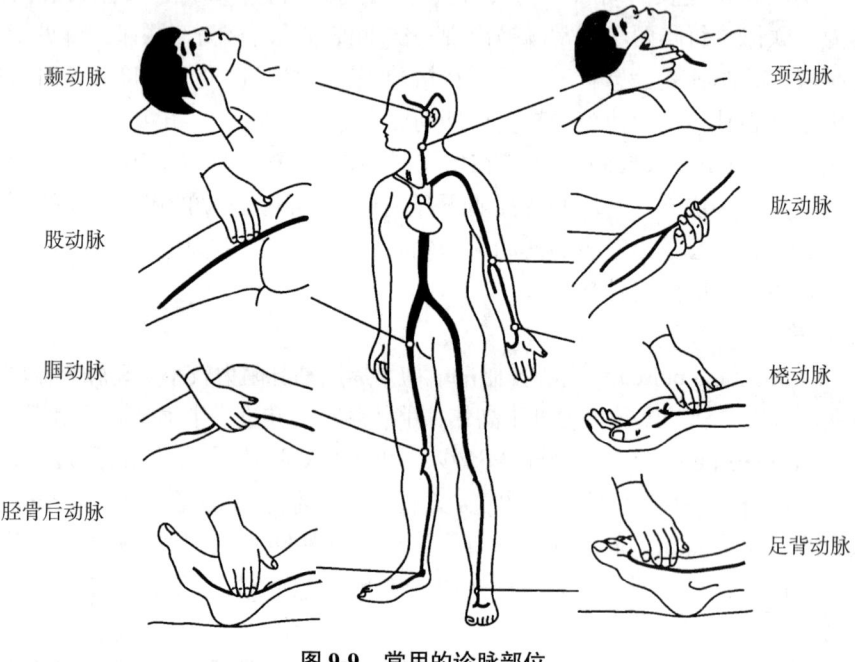

图9-9 常用的诊脉部位

（二）脉搏测量法（以桡动脉为例）

【目的】

1. 判断患者的脉搏有无异常。
2. 动态监测脉搏的变化，间接了解患者的心脏状况。
3. 协助诊断，为预防、治疗、康复护理提供依据。

【评估】

1. 患者的年龄、意识、病情、心理状态及合作程度。
2. 测量脉搏部位的皮肤情况并选择合适的测量部位。

【操作前准备】

1. 患者准备

（1）了解脉搏测量的目的、方法、注意事项及配合要点。

（2）测量前若有紧张、恐惧、剧烈运动、哭闹等，应休息20～30 min后再测量。

2. 护士准备 着装整洁，修剪指甲，洗手，戴口罩。

3. 物品准备

（1）治疗车上层：治疗盘、记录单、表（有秒针）、笔、听诊器（必要时）、手消毒液。

（2）治疗车下层：生活垃圾桶、医用垃圾桶。

4. 环境准备　环境清洁、安静，光线充足，室温适宜。

【操作流程】

操作主线	操作步骤	操作要点
1. 核对	携用物到患者床旁	● 操作前查对：核对患者床号、姓名、腕带
2. 体位	协助患者取坐位或卧位；将患者手臂放于舒适位置，手腕伸展	● 便于护士测量
3. 测量	以示指、中指、环指的指端按于桡动脉处（图9-10），按压力度适中、以能清楚触到脉搏搏动为宜	● 压力过小感觉不到动脉搏动，压力过大会阻断动脉搏动
4. 计数	（1）正常脉搏测量 30 s，乘以 2，即得出脉率	● 注意脉搏的节律及强弱等情况
	（2）脉率不齐时应测量 1 min。脉搏细弱难触诊时，应听心率 1 min	● 测得正确的心率及脉率 ● 心脏听诊部位可选择左锁骨中线内侧第 5 肋间处
	（3）若发现患者脉搏短绌，应由 2 名护士同时测量。一人测脉搏，另一人听心率，由听心率者发出"始""停"口令，两人同时测量脉搏、心率 1 min（图9-11）	● 脉搏短绌的记录方式：心率/脉率，如心率 180 次/分、脉率 70 次/分，应写成 180/70 次/分
5. 整理	（1）协助患者取舒适卧位，必要时整理衣服	
	（2）必要时整理床单位，清理用物	
6. 洗手，记录	洗手后绘制体温单或录入到移动护理信息系统的终端设备	

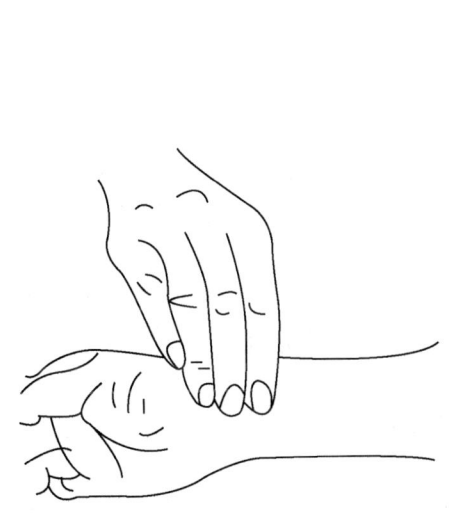

图 9-10　桡动脉测量法

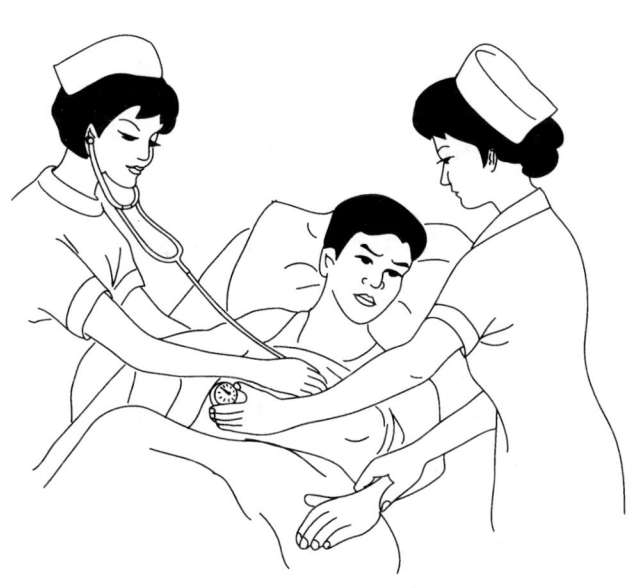

图 9-11　脉搏短绌测量法

【注意事项】

1. 注意有无影响患者脉率变化的因素。测量前,若有剧烈运动、紧张、恐惧、哭闹等,应休息 20~30 min 后测量。
2. 选择合适的脉搏测量部位,避免在偏瘫侧或局部有伤口等部位测量脉搏。
3. 不可用拇指诊脉,因为拇指小动脉的搏动易与患者的脉搏混淆。
4. 当脉搏细弱难以计数时,可用听诊器听心尖搏动,计数 1 min 心率代替脉率。异常脉搏、危重患者需测 1 min。

【健康教育】

1. 向患者解释脉搏监测的重要性并告知患者测量脉搏的注意事项。
2. 如果患者的脉搏异常,应严密观察伴随的症状、体征(包括心悸、头晕等),并及时向医生汇报。

第三节　呼吸的评估与护理

案例 9-3

患者,男,70 岁。因脑外伤而入院。体检:体温 38.6℃,脉搏 90 次/分,呼吸 18 次/分,血压 140/90 mmHg,意识不清,并有痰鸣音且无力咳出。

请回答:
1. 可采用哪项护理措施帮助该患者去除分泌物?
2. 此护理措施的目的是什么?实施时应注意哪些问题?

机体不断地从外界环境中摄取新陈代谢所需要的氧气,并排出自身产生的二氧化碳,这种机体与外界环境之间进行气体交换的过程,称为呼吸(respiration)。呼吸是机体维持正常代谢和生命活动所必需的基本功能之一。

呼吸系统由呼吸道(鼻、咽、喉、气管、支气管及其分支)和肺两部分组成。

一、正常呼吸与生理变化

(一)呼吸过程

呼吸的全过程由 3 个互相关联的环节组成,即外呼吸、气体在血液中的运输及内呼吸。

1. 外呼吸(external respiration)　也称肺呼吸,指外界环境与血液之间在肺部进行的气体交换,包括肺通气和肺换气两个过程。

肺通气指通过呼吸运动使肺与外界环境之间进行的气体交换。实现肺通气的相关结构包括呼吸道、肺泡和胸廓等。呼吸道是肺通气时气体进出肺的通道,肺泡是气体交换的场所,胸廓的节律性运动则是实现肺通气的原动力。

肺换气指肺泡与血液之间的气体交换。交换的结果是肺循环毛细血管的血液不断地从肺泡中获得氧,排出二氧化碳,使静脉血变成动脉血。

2. 气体运输(gas transport)　通过血液循环将氧由肺运送到组织细胞,同时将二氧化碳由组织细胞运送到肺。

3. 内呼吸（internal respiration） 也称组织呼吸，即组织换气，指血液与组织细胞之间的气体交换。交换方式同肺换气，交换的结果是体循环毛细血管的血液不断从组织中获取二氧化碳，释放出氧气。

（二）呼吸的生理变化

1. 正常呼吸 正常成年人平静呼吸时，呼吸频率为 16～20 次/分，节律规则，呼吸运动均匀无声且不费力（表 9-3）。男性及儿童以腹式呼吸为主，女性以胸式呼吸为主。呼吸与脉率之比为 1∶4。

2. 生理变化 呼吸受许多生理因素的影响而在一定范围内波动。

（1）年龄：年龄越小，呼吸频率越快（新生儿的呼吸频率为 30～60 次/分）。

（2）性别：同年龄的女性呼吸频率比男性稍快。

（3）运动：肌肉的活动（如剧烈的运动）可使呼吸加快。呼吸也会因说话、唱歌、哭、笑以及吞咽、排泄等动作而有所变化。休息和睡眠时呼吸减慢。

（4）情绪：强烈的情绪变化，如害怕、恐惧、愤怒、紧张等会刺激呼吸中枢，引起呼吸加快或屏气。

（5）血压：血压大幅度变动时，可以反射性地引起呼吸改变。血压升高，呼吸减慢、减弱；血压降低，呼吸加深、加快。

（6）其他：如环境温度升高和海拔增加，均会使呼吸加深、加快。

二、异常呼吸的评估与护理

（一）异常呼吸的评估

1. 频率异常

（1）呼吸过速（tachypnea）：指成人呼吸频率大于 24 次/分，也称气促（表 9-3），可见于重体力活动、发热、疼痛、贫血、甲状腺功能亢进、心功能不全等患者。

（2）呼吸过缓（bradypnea）：指成人呼吸频率少于 12 次/分，表浅但规律，也称呼吸减慢（表 9-3），可见于麻醉剂或镇静剂过量、颅内压增高等。

2. 深度异常

（1）深度呼吸：是一种深大而规则的呼吸，又称库斯莫尔呼吸（Kussmaul respiration）（表 9-3），可见于糖尿病酮症酸中毒、尿毒症酸中毒等。

（2）浅快呼吸：是一种浅表而不规则的呼吸，有时呈叹息样，可见于呼吸肌麻痹、某些肺与胸膜疾病，也可见于濒死的患者。

3. 节律异常

（1）潮式呼吸：又称陈-施呼吸（Cheyne-Stokes respiration），是一种周期性的呼吸异常，其周期为 30 s～2 min。其特点是呼吸由浅慢逐渐变为深快，然后再由深快到浅慢，之后呼吸暂停（5～20 s），再开始又一次重复，循环往复如潮水起伏式的呼吸节律（表 9-3）。潮式呼吸是由于呼吸中枢的兴奋性降低，使调节呼吸的反馈系统失常所致，只有当严重缺氧、二氧化碳积聚到一定程度时，才能刺激呼吸中枢，使呼吸恢复或加强；当体内积聚的二氧化碳呼出后，呼吸中枢又失去了有效的刺激，呼吸又再次减弱，继而暂停。潮式呼吸常表明患者呼吸衰竭、濒临死亡。多发生于中枢神经系统疾病的患者，如脑炎、脑膜炎及某些中毒状态，如糖尿病酮症酸中毒、巴比妥类药物中毒等。

（2）间断呼吸（cogwheel breathing）：又称毕奥呼吸（Biot respiration），表现为呼吸和呼吸暂停交替出现。其特点是有规律地呼吸几次后，突然停止，短暂的间隔后又开始呼吸，如此反复交替。其发生机制同潮式呼吸（表 9-3），但预后更严重，常在呼吸完全停止前发生。

表9-3 正常和异常呼吸

种类	呼吸型态	特点
正常呼吸		规则、平稳
呼吸过速		规则、快速
呼吸过缓		规则、缓慢
深度呼吸		深而大
潮式呼吸		潮水般起伏
间断呼吸		呼吸和呼吸暂停交替出现

4. 声音异常

（1）蝉鸣样（strident）呼吸：其特点是吸气时产生一种极高调的似蝉鸣样的声音，可见于喉头水肿、喉头异物等患者，因声带附近阻塞，使空气吸入发生困难所致。

（2）鼾声（stertorous）呼吸：由于气管或支气管内有较多的分泌物蓄积，呼吸时发出粗大的鼾声，多见于昏迷患者。

5. 形态异常

（1）胸式呼吸减弱，腹式呼吸增强：见于肺、胸膜或胸壁的疾病，如肺炎、胸膜炎、肋骨骨折、肋骨神经痛等产生剧烈的疼痛时，可使胸式呼吸减弱，腹式呼吸增强。

（2）腹式呼吸减弱，胸式呼吸增强：见于腹膜炎、大量腹水、肝和脾极度增大、腹腔内巨大肿瘤等，可使膈肌下降受限，引起腹式呼吸减弱，胸式呼吸增强。

6. 呼吸困难 呼吸困难（dyspnea）是临床常见的症状及体征，患者感到空气不足、呼吸费力，并有呼吸频率、节律和深浅度的异常及呼吸肌加强收缩的表现。引起呼吸困难最常见的原因是气道阻塞、肺实变、肺不张及心力衰竭等。临床上可分为：

（1）吸气性呼吸困难：其特点是患者吸气费力，吸气时间显著长于呼气。有明显的三凹征（吸气时胸骨上窝、锁骨上窝、肋间隙出现凹陷）。主要是由于上呼吸道部分梗阻，气流进入肺部不畅导致肺内负压极度增高。常见于气管异物、喉头水肿等患者。

（2）呼气性呼吸困难：其特点是患者呼气费力，呼气时间显著长于吸气。主要是由于下呼吸道部分梗阻，气流呼出不畅导致。常见于支气管哮喘、阻塞性肺气肿等患者。

（3）混合性呼吸困难：其特点是患者吸气、呼气均感到费力，呼吸频率增加。主要是由于广泛性肺部病变使呼吸面积减小，影响换气功能导致。常见于重症肺炎、重症肺结核、大量胸腔积液积气和气胸等患者。

（二）异常呼吸的护理

1. 提供舒适的环境 保持环境舒适、整洁、安静，室内空气清新、流通，湿度、温度适宜，有利于患者休息和放松。

2. 加强病情观察 观察呼吸的频率、节律、深度、声音、形态有无异常，有无咳嗽、咳痰、咯血、发绀、呼吸困难及胸痛表现。观察药物的治疗效果和不良反应。

3. 提供营养和水分 选择易于咀嚼和吞咽且营养丰富的食物,注意水分的供给,避免进食过饱,以免膈肌上升影响呼吸。

4. 给予吸氧 必要时给予氧气吸入。

5. 做好心理护理 稳定患者情绪,保持良好心态,维持良好的护患关系。

6. 提供健康教育 教会患者呼吸训练的方法,如腹式呼吸、缩唇呼吸等。戒烟限酒,减少对呼吸道黏膜的刺激,培养健康的生活方式。

三、呼吸的测量

【目的】
1. 判断呼吸有无异常。
2. 动态监测呼吸变化,了解患者呼吸功能情况。
3. 协助诊断,为预防、治疗、康复、护理提供依据。

【评估】
1. 向患者及家属解释呼吸测量的目的、方法、注意事项及配合要点。
2. 评估患者的年龄、意识、病情、治疗、用药、心理状态及合作程度。
3. 评估有无影响呼吸频率变化的因素,如剧烈运动、疼痛、情绪激动或哭闹、使用影响呼吸的药物,有无胸部手术、外伤史等。

【操作前准备】
1. 患者准备
(1) 了解呼吸测量的目的、方法、注意事项及配合要点。
(2) 测量前若有剧烈运动、疼痛、情绪激动或哭闹等,应休息 20~30 min 后再测量。

2. 护士准备 着装整洁,修剪指甲,洗手,戴口罩。

3. 物品准备
(1) 治疗车上层:治疗盘、记录单、表(有秒针)、笔、棉花(必要时)、手消毒液。
(2) 治疗车下层:生活垃圾桶、医用垃圾桶。

4. 环境准备 环境清洁、安静,光线充足,室温适宜。

【操作流程】

操作主线	操作步骤	操作要点
1. 核对	携用物到患者床旁,确认患者	● 操作前查对:核对患者床号、姓名、腕带
2. 体位	协助患者取舒适体位	● 使患者处于放松状态
3. 测量	将手放在患者的桡动脉处似诊脉状,观察患者胸部或腹部的起伏	● 男性和儿童以腹式呼吸为主,女性以胸式呼吸为主
4. 观察	观察患者呼吸频率、节律、深度、声音、形态及有无呼吸困难等。一吸一呼为一次呼吸	
5. 计数	正常呼吸患者测量 30 s,乘以 2,得出呼吸频率	● 异常呼吸患者或婴儿应测量 1 min
6. 整理	(1) 协助患者取舒适卧位,必要时整理衣服	
	(2) 必要时整理床单位,清理用物	
7. 洗手,记录	洗手后绘制体温单或录入到移动护理信息系统的终端设备	

【注意事项】

1. 测量前如有剧烈运动、情绪激动等，应休息 20～30 min 后再测量。
2. 呼吸受意识控制，测量时要分散患者注意力，在患者不知不觉的情况下测量。
3. 危重患者呼吸微弱，可将少许棉花放于患者鼻孔前，观察棉花纤维被吹动的次数，计数 1 min。

【健康教育】

1. 指导患者放松心情，并使患者具有识别异常呼吸的判断能力。
2. 向患者及家属解释呼吸监测的重要性，学会正确测量呼吸的方法。
3. 教会患者对异常呼吸进行自我护理。

四、清除呼吸道分泌物的护理技术

（一）有效咳嗽法

有效咳嗽有助于排出气管、支气管内过多的分泌物，保持呼吸道通畅。护士应指导患者掌握有效咳嗽的正确方法。患者取坐位或半坐卧位，上身前倾，屈膝，双手抱膝或在胸部和膝盖上置一枕头并用两肘夹紧，有助于膈肌上升，深吸气后屏气 3 s，然后患者腹肌用力，同时用手抓紧支撑物（脚或枕），用力做爆破性咳嗽，将痰咳出。促进有效咳嗽的主要措施如下。

1. 改变患者体位，使分泌物流入大气道内便于咳出。
2. 鼓励患者做缩唇呼吸，即鼻吸气，口缩唇呼气，引发咳嗽反射。
3. 在病情许可的情况下，增加患者活动量，有利于痰液松动。
4. 双手稳定地按压胸壁下侧提供一个坚实的力量，有助于咳嗽。

（二）背部叩击法

背部叩击法指用手叩打患者胸背部，借助振动，使分泌物松脱而易于排出体外。患者取坐位或侧卧位，操作者的手呈背隆掌空状态，即手指指腹并拢，使掌侧呈杯状，以手腕力量，从肺底自下而上、由外向内、迅速而有节律地叩击背部，同时鼓励患者咳嗽。注意叩击时不可在裸露的皮肤、肋骨上下、乳房、心脏和骨突（如脊柱、肩胛骨、胸骨）等部位叩击。

（三）体位引流法

将患者置于特殊体位，将肺与支气管所存积的分泌物，借助重力作用使其流入大气管并咳出体外，称为体位引流（postural drainage）。主要适用于呼吸功能尚好、痰量较多的支气管扩张、肺脓肿等患者。

1. 患者体位要求是患肺处于高位，其引流的支气管开口向下，便于分泌物顺体位引流而咳出。临床上应根据病变部位不同采取相应体位进行引流。
2. 根据患者情况，体位引流每日可安排 2～4 次，每次 15～30 min。对严重高血压病、心力衰竭、高龄、极度衰弱、意识不清等患者应禁忌进行体位引流。
3. 在体位引流过程中，如患者出现头晕、面色苍白、出冷汗、血压下降等，应立即停止引流。同时，应注意观察和记录引流液的色、质、量。如引流液大量涌出，应防止窒息；如引流液每日少于 30 ml，可停止引流。
4. 当痰液黏稠不易引流时，可先采用雾化吸入或给祛痰药等方法稀释痰液，以利于痰液排出。
5. 体位引流和叩击之后，随即进行深呼吸与咳嗽，以利排出松脱的分泌物。吸氧患者在进行体位引流和叩击时应停止给氧。

（四）吸痰法

吸痰法（aspiration of sputum）指利用负压作用，用导管经口、鼻腔、人工气道将呼吸道的分泌物吸出，以保持呼吸道通畅的一种方法。适用于年老体弱、新生儿、危重、麻醉未醒、气管切开等不能进行有效咳嗽的患者。

吸痰装置包括中心负压装置（中心吸引器）和电动吸引器两种，利用负压吸引的原理，连接导管吸出痰液。目前各大医院均设有中心负压装置，使用时只需接上吸痰导管，开启开关，即可吸痰，十分方便（图9-12）。电动吸引器主要由马达、偏心轮、气体过滤器、压力表、安全瓶、贮液瓶等组成，接通电源后，可使瓶内呈现负压而将痰液吸出（图9-13）。

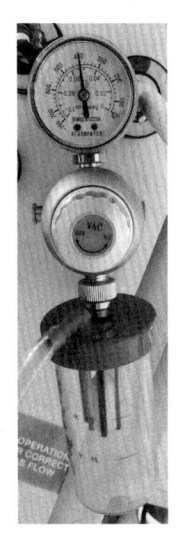

图 9-12 中心负压吸引装置

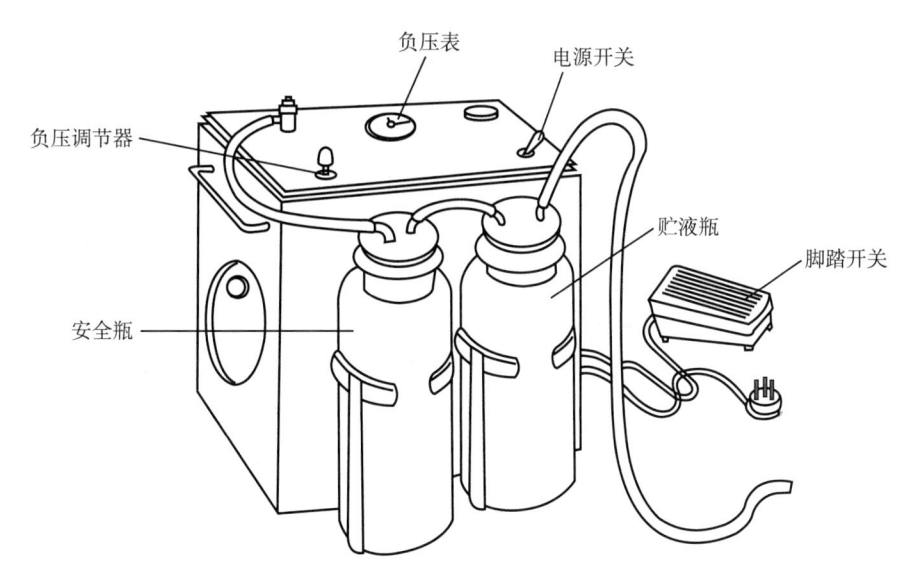

图 9-13 电动吸引器

在紧急情况下，可用 50～100 ml 注射器连接导管进行抽吸痰液；或由操作者托起患者下颌，捏住患者鼻孔并使其头后仰，口对口吸出呼吸道分泌物，解除呼吸道梗阻症状。

【目的】

1. 清除呼吸道分泌物，保持呼吸道通畅。
2. 促进呼吸功能，改善肺通气。
3. 预防肺不张、坠积性肺炎等肺部并发症。

【评估】

1. 患者的年龄、意识、病情、治疗、用药、心理状态及合作程度。
2. 患者呼吸和痰液阻塞情况，确定是否需要吸痰。
3. 患者目前的血氧饱和度。

【操作前准备】

1. 患者准备

（1）了解吸痰的目的、方法、注意事项及配合要点。

（2）体位舒适、情绪稳定。

2. 护士准备　着装整洁，修剪指甲，洗手，戴口罩。

3. 物品准备

（1）治疗车上层：治疗盘、有盖罐2只（试吸罐和冲洗罐，内盛无菌生理盐水）、型号合适的一次性无菌吸痰管数根、无菌纱布、无菌手套、弯盘。必要时备压舌板、张口器、舌钳、电插板、手电筒、听诊器、治疗巾、记录单、手消毒液。

（2）治疗车下层：生活垃圾桶、医用垃圾桶。

（3）其他物品：便携式电动吸引器或中心吸引器、试管或瓶子（无菌且干燥，固定于床边）。

4. 环境准备 环境清洁、安静，光线充足，室温适宜。

【操作流程】

操作主线	操作步骤	操作要点
1. 核对	携用物到患者床旁，确认患者	● 操作前查对：核对患者床号、姓名、腕带
2. 调压	接通电源，打开开关，检查吸引器性能及管道连接，调节负压	● 一般成人 40.0～53.3 kPa（300～400 mmHg），儿童<40.0 kPa
3. 检查	检查患者口、鼻腔，取下活动义齿	● 若口腔吸痰有困难，可由鼻腔吸引；昏迷患者可用压舌板或张口器帮助张口
4. 体位	协助患者取舒适体位，头部转向一侧，面向操作者，颌下铺治疗巾	
5. 戴手套	戴无菌手套连接吸痰管，试吸少量生理盐水	● 润滑导管前端，检查吸痰管通畅与否
6. 吸痰	一手反折吸痰导管末端，另一手将吸痰管插入患者口咽部（10～15 cm），然后放松导管末端，先吸口咽部分泌物，再吸气管内分泌物。左右旋转，向上提管，吸净痰液，每次吸痰时间<15 s	● 插管时不能有负压，以免引起气道黏膜损伤 ● 为气管切开患者吸痰时，注意无菌操作，先吸气管切开处，再吸口（鼻）部 ● 一根吸痰管只使用1次
7. 抽吸	吸痰管退出后，在冲洗罐中用生理盐水抽吸冲管	● 防止分泌物堵塞吸痰管
8. 观察	观察患者的反应，如面色、呼吸、心率、血压、SaO_2 等；痰液的色、量、黏稠度	● 动态评估患者
9. 整理	（1）拭净患者脸部分泌物，协助患者取舒适卧位，必要时整理衣服 （2）吸痰管按一次性用物处理，关闭吸引器，将吸痰的玻璃接管插入无菌干燥试管内 （3）必要时整理床单位，清理用物	
10. 洗手，记录	记录痰液的色、量、黏稠度、气味，以及患者的反应等	● 吸痰用物根据吸痰操作性质每班更换或每日更换1～2次

【注意事项】

1. 吸痰前，检查电动吸引器性能是否良好，连接是否正确。
2. 严格执行无菌操作，吸痰用物每天更换1～2次，吸痰管每次更换。气管切开者，进入气管每抽吸一次更换一根吸痰管。
3. 每次吸痰时间<15 s，以免造成缺氧。
4. 吸痰动作轻柔，插管时不可使用负压，不可反复上下提插，以减少对呼吸道黏膜的损伤。
5. 痰液黏稠时，可配合叩击胸背部或行雾化吸入后再吸痰。
6. 贮液瓶内应放少量消毒液，液体达到2/3满时应及时更换。
7. 如果患者在吸痰时，血氧饱和度明显下降，建议吸痰前高浓度给氧；建议在吸痰前的30～60 s，向儿童和成人提供100%的氧。
8. 建议成人和儿童使用的吸痰管（直径）要小于其所使用的气管插管直径的50%，婴儿则要小于70%。

【健康教育】

1. 指导清醒患者吸痰时配合的正确方法，向患者及其家属讲解呼吸道疾病的预防保健知识。

2. 指导患者呼吸道有分泌物时应及时吸出,保持气道通畅,改善呼吸,纠正缺氧。

五、氧气疗法

氧气疗法(oxygenic therapy)指通过给氧,提高动脉血氧分压(PaO_2)和动脉血氧饱和度(SaO_2),增加动脉血氧含量(CaO_2),纠正各种原因造成的缺氧状态,促进组织的新陈代谢,维持机体生命活动的一种治疗方法。

(一)缺氧分类与氧疗适应证

1. 低张性缺氧 由于吸入气体氧分压过低,外呼吸功能障碍,静脉血分流入动脉血引起。主要特点为动脉血氧分压降低,动脉血氧含量减少,组织供氧不足。常见于高山病、慢性阻塞性肺部疾病、先天性心脏病等。

2. 血液性缺氧 由于血红蛋白数量减少或性质改变,造成血氧含量降低或血红蛋白结合的氧不易释放所致。常见于贫血、一氧化碳中毒、高血红蛋白血症等。

3. 循环性缺氧 由于组织血流量减少使组织供氧量不足所致。常见于休克、心力衰竭、大动脉栓塞等。

4. 组织性缺氧 由于组织细胞利用氧异常所致。其原因为细胞损伤、组织中毒、呼吸酶合成障碍。常见于氰化物中毒、大量放射线照射等。

以上4类缺氧中,低张性缺氧的氧疗效果最好。氧疗对于心功能不全、心排血量严重下降、大量失血、严重贫血及一氧化碳中毒也有一定的治疗作用。

(二)缺氧程度判断

对缺氧程度的判断,除临床表现外,主要根据动脉血氧分压(PaO_2)和动脉血氧饱和度(SaO_2)确定(表9-4),其不足之处是不能正确地反映组织缺氧状态。混合静脉血氧分压(PvO_2)可反映组织缺氧状态。

表9-4 缺氧程度的判断

程度	发绀	呼吸困难	神志	血气分析	
				PaO_2(mmHg)	SaO_2(%)
轻度	不明显	不明显	清楚	>50	>80
中度	明显	明显	正常或烦躁	30~50	60~80
重度	显著	严重(三凹征)	昏迷或半昏迷	<30	<60

轻度低氧血症一般不需氧疗。如有呼吸困难,可给予低流量、低浓度(氧流量1~2 L/min)氧气;中度低氧血症需氧疗;重度低氧血症是氧疗的绝对适应证。血气分析是监测用氧效果的客观指标,当患者PaO_2低于50 mmHg(6.6 kpa)时,应给予吸氧。

(三)供氧装置

1. 氧气筒及氧气表装置(图9-14)

(1)氧气筒:一种圆柱形无缝钢筒,筒内可耐高压达14.7 MPa(150 kg/cm^2)的氧,容纳氧气6000 L。氧气筒的顶部有一总开关,控制氧气的进出。氧气筒颈部的侧面,有一气门与氧气表相连,是氧气自筒中输出的途径。

(2)氧气表:由压力表、减压器、流量表、湿化瓶及安全阀组成。压力表可测知氧气筒内的压力,以MPa(kg/cm^2)表示。减压器是一种弹簧自动减压装置,将来自氧气筒内的压力减至0.2~0.3 MPa(2~3 kg/cm^2),使流量平稳,保证安全。流量表用来测量每分钟氧气的流出量,流量表内有浮标,从浮标上端平面所指的刻度,可知每分钟氧气的流出量。湿化瓶内装1/3~1/2蒸馏水,通气管浸入水中,湿化瓶出口与鼻导管相连。安全阀的作用是当氧流量过大、压力过高时，安全阀内部活塞自行上推，使过多的氧气由四周小孔流出，以确保安全。

氧气浓度与流量的关系：吸氧浓度（%）= 21 + 4 × 氧流量（L/min）

2. 管道氧气装置（中心供氧装置）（图9-15） 医院氧气集中由供应站负责供给，设管道至病房、门诊、急诊等。供应站有总开关控制，各用氧单位连接流量表即可使用。此法迅速、方便。

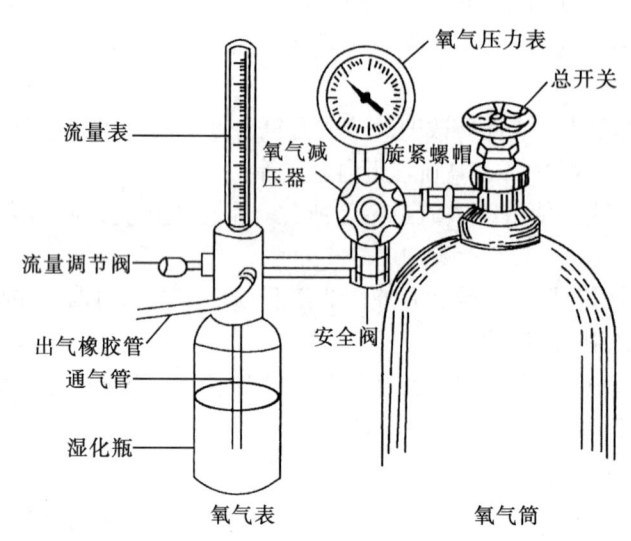

图9-14 氧气筒与氧气表装置

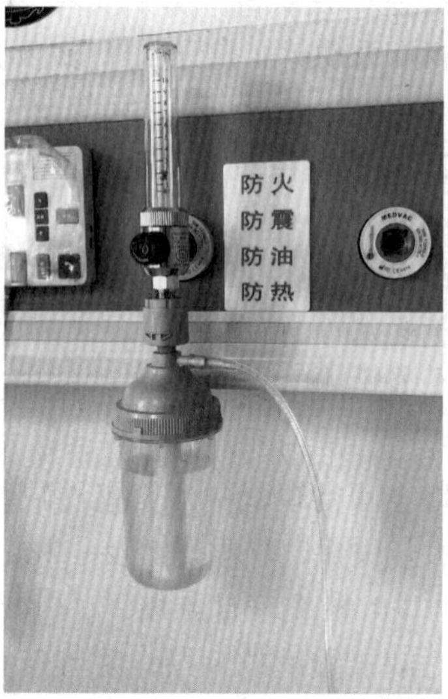

图9-15 中心管道供氧装置

（四）氧疗方法

氧疗可以纠正各种原因造成的缺氧状态，促进组织的新陈代谢，维持机体生命活动。

◆鼻氧管给氧法

鼻氧管给氧法是将双侧鼻导管插入鼻孔内约1 cm，导管环固定稳妥即可（图9-16）。此法比较简单，患者感觉比较舒适，容易接受，因而是目前临床上常用的给氧方法之一。

【目的】

1. 清除呼吸道分泌物，保持呼吸道通畅。
2. 促进呼吸功能，改善肺通气。
3. 预防并发症发生。

图9-16 鼻氧管给氧法

【评估】

1. 患者的年龄、意识、缺氧程度、治疗、用药、心理状态及合作程度。
2. 患者鼻腔有无出血、鼻黏膜有无糜烂、鼻中隔有无偏曲。

【操作前准备】

1. 患者准备

（1）了解氧疗的目的、方法、注意事项及配合要点。

（2）体位舒适、情绪稳定。

2. 护士准备 着装整洁，修剪指甲，洗手，戴口罩。

3. 物品准备

（1）治疗车上层：治疗盘、扳手（必要时）、一次性鼻导管、无菌纱布、棉签、小药杯

（内盛冷开水）、手电筒、用氧记录单、笔、标志、手消毒液。

（2）治疗车下层：生活垃圾桶、医用垃圾桶。

（3）其他物品：中心吸氧装置（氧气流量表、湿化瓶）或氧气筒及氧气压力表装置。

4. 环境准备　环境清洁、安全，光线充足，远离明火与热源。

【操作流程】

操作主线	操作步骤	操作要点
1. 核对	携用物到患者床旁，确认患者	• 操作前查对：根据医嘱严格执行查对制度，避免差错事故发生
2. 体位	协助患者取舒适体位	
3. 清洁鼻腔	用棉签蘸清水清洁鼻腔	• 检查鼻腔有无分泌物堵塞及异常
4. 装表连接	将流量表插入床头中心管道供氧装置孔内，湿化瓶盛蒸馏水或冷开水1/3～1/2满，连接好湿化瓶	• 氧气筒装表口诀：一吹（尘）、二上（表）、三紧（拧紧）、四查（检查）
5. 接管调节	连接鼻导管，根据需要调节流量，浮球上缘所对准的刻度为流量读数	• 轻度缺氧1～2 L/min，中度缺氧2～4 L/min，重度缺氧4～6 L/min，小儿1～2 L/min
6. 插管固定	鼻导管蘸水湿润并检查是否通畅；将鼻导管插入双侧鼻孔约1 cm，将导管绕过耳后，固定于下颌处，松紧适宜	• 告诉患者和家属用氧期间不可自行调节流量
7. 记录观察	记录给氧时间、氧流量、患者反应；观察缺氧症状、实验室指标、氧气装置有无漏气及是否通畅、有无出现氧疗副作用	
8. 停氧整理	先取下鼻导管，再关流量表；整理床单位，协助患者取舒适体位；取下流量表，整理用物，记录停氧时间	• 氧气筒卸表口诀：一关（总开关及流量开关）、二扶（压力表）、三松（氧气筒气门与氧气表连接处）、四卸（表）
9. 洗手，记录	洗手后记录给氧时间、氧流量、患者的反应	

【注意事项】

1. 用氧前，检查氧气装置有无漏气，是否通畅。

2. 使用氧气时，应先调节流量，后应用。停用氧气时，应先拔出导管，再关闭氧气开关。中途改变流量时，先分离鼻导管与湿化瓶连接处，调节好流量再接上。以免一旦开关出错，大量氧气进入呼吸道而损伤肺部组织。

3. 常用湿化液有冷开水、蒸馏水。急性肺水肿用20%～30%乙醇，具有降低肺泡内泡沫的表面张力，使肺泡泡沫破裂、消散，改善肺部气体交换，减轻缺氧症状的作用。

4. 严格遵守操作规程，注意用氧安全，切实做好"四防"，即防震、防火、防热、防油。搬运氧气筒时要避免倾倒撞击。氧气筒应放于阴凉处，周围严禁烟火及易燃品，距明火5 m以上，距暖气1 m以上，以防引起燃烧。氧气表及螺旋口勿涂油，也不用带油的手装卸。

5. 氧气筒内的氧勿用尽，压力表至少要保留0.5 mPa（5 kg/cm^2），以免灰尘进入筒内，再充气时引起爆炸。

6. 对未用完或已用尽的氧气筒，应分别悬挂"满"或"空"的标志，既利于及时调换，也便于急用时搬运，提高抢救速度。

7. 用氧过程中，应密切观察缺氧症状有无改善，呼吸是否通畅。

【健康教育】

1. 指导患者及家属使用氧疗的方法及注意事项。

2. 向患者及家属解释氧疗的重要性。

3. 积极宣传呼吸道疾病的预防保健知识。

◆鼻塞法

鼻塞是一种用塑料制成的球状物，将鼻塞塞入一侧鼻孔鼻前庭内可为患者供氧（图9-17）。此法刺激性小，患者较为舒适，且两侧鼻孔可交替使用。适用于长期吸氧的患者。

◆面罩法

将面罩置于患者的口鼻部供氧，氧气自下端输入，呼出的气体从面罩两侧孔排出（图9-18）。面罩给氧对气道黏膜刺激小，给氧效果好，简单易行。缺点是患者进食、咳痰时需要摘掉面罩，中断给氧。适用于张口呼吸且病情较重的患者。

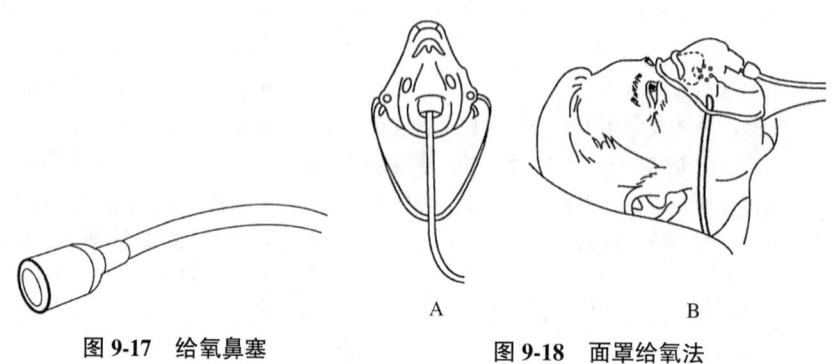

图 9-17 给氧鼻塞　　　　图 9-18 面罩给氧法

◆氧气头罩法

为患者吸氧时，将其头部置于头罩内，罩面上有多个孔，可以保持罩内一定的氧浓度、温度和湿度（图9-19）。头罩与颈部之间要保持适当的空隙，防止二氧化碳滞留及重复吸入。适用于小儿。

◆氧气枕法

氧气枕是一长方形橡胶枕，枕的一角有一橡胶管，上有调节器可调节氧流量。将氧气枕充入氧气，接上湿化瓶、导管即可使用（图9-20）。在家庭氧疗、危重患者的抢救或转运途中，氧气枕可作为临时供氧装置使用。

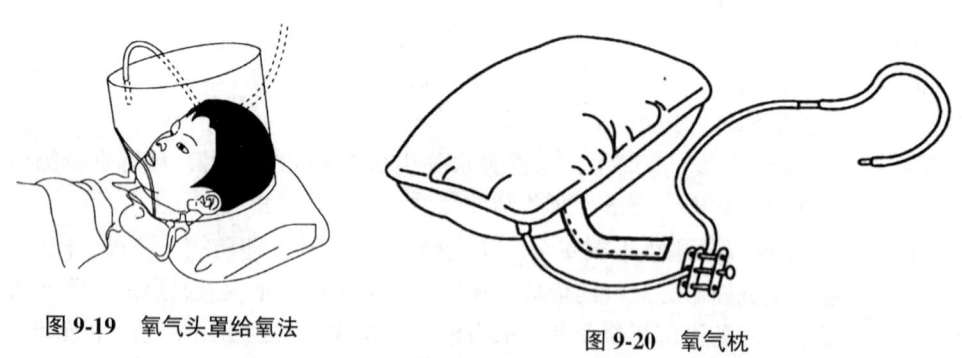

图 9-19 氧气头罩给氧法　　　　图 9-20 氧气枕

（五）家庭供氧方法

家庭氧疗一般采用小型氧气瓶、制氧器及氧气枕等方法，一些慢性呼吸系统疾病和持续低氧血症的患者可以在家中进行氧疗，对改善患者的健康状况，提高其生活质量和运动耐力有显著疗效。

1. 小型氧气瓶　小型瓶装医用氧同医院用氧一样，系天然纯氧，具有安全、小巧、经济、实用、方便等特点。有各种不同容量的氧气瓶，如 2 L、2.5 L、4 L、8 L、10 L、12 L、15 L 等，尤其适用于冠心病、肺心病、哮喘、支气管炎、肺气肿等慢性疾病患者的家庭氧疗。

2. 便携式制氧器　原理为制氧剂 A 和催化剂 B 在反应仓中与水产生化学反应制造氧气。

优点：①易操作：制氧器结构简单，易学易会；②供氧快：插上电源，按下电源开关，5 s 后就有氧气逸出，方便快捷；③纯度高：制氧纯度高，完全符合医用标准，纯度>99.0%；④易携带：制氧器小巧轻便（加水后仅 500 g），便于携带。缺点：维持时间短（一次反应制出氧气仅能维持 20 min），因此患者如需反复用氧，要不断更换制剂。

（六）氧疗监护

1. 缺氧症状 患者由烦躁不安转为安静、心率变慢、血压上升、呼吸平稳、皮肤红润温暖、发绀消失，说明缺氧症状改善。

2. 实验室检查指标 可作为氧疗监护的客观指标。主要观察氧疗后 PaO_2（正常值 12.6～13.3 kPa 或 95～100 mmHg）、$PaCO_2$（正常值 4.7～5.0 kPa 或 35～45 mmHg）、SaO_2（正常值 95%）等。

3. 氧气装置 有无漏气，管道是否通畅。

4. 氧疗的副作用和预防 当氧浓度高于 60%、持续时间超过 24 h 时，可能出现氧疗副作用。常见的副作用有以下几种。

（1）氧中毒：其特点是肺实质的改变，表现为胸骨下不适、疼痛、灼热感，继而出现呼吸增快、恶心、呕吐、烦躁、断续的干咳。预防措施：避免长时间、高浓度氧疗，经常做血气分析，动态观察氧疗的治疗效果。

（2）肺不张：吸入高浓度氧气后，肺泡内氮气被大量置换，一旦阻塞支气管，其所属肺泡内的氧气被肺循环血液迅速吸收，引起吸入性肺不张。表现为烦躁，呼吸、心率增快，血压上升，继而出现呼吸困难、发绀、昏迷。预防措施：鼓励患者做深呼吸，多咳嗽和经常改变卧位、姿势，防止分泌物阻塞。

（3）呼吸道分泌物干燥：氧气是一种干燥气体，吸入后会导致呼吸道黏膜干燥，分泌物黏稠，不易咳出，且有损伤纤毛运动。预防措施：氧气一定要先湿化再吸入，以此减轻刺激作用。

（4）晶状体后纤维组织增生：常见于暖箱中的早产儿。当暖箱中所供氧气浓度过高时，可引起婴儿视网膜血管收缩、视网膜纤维化，最后出现不可逆转的失明。预防措施：应控制氧浓度和给氧时间。

（5）呼吸抑制：常见于 II 型呼吸衰竭者（PaO_2 降低、$PaCO_2$ 增高），由于 $PaCO_2$ 长期处于高水平，呼吸中枢失去了对二氧化碳的敏感性，呼吸的调节主要依靠缺氧对外周化学感受器的刺激来维持，吸入高浓度氧，解除缺氧对呼吸的刺激作用，使呼吸中枢抑制加重，甚至呼吸停止。因此对于 II 型呼吸衰竭患者，应给予低浓度、低流量吸氧并保持呼吸通畅。

第四节　血压的评估与护理

案例 9-4

患者，女，37 岁。大学本科，会计。3 年前体检发现血压偏高，血压 150/95 mmHg。3 年来坚持药物治疗，血压控制平稳。患者体型肥胖，不喜欢活动，经常在外就餐，吸烟、饮酒。自发病以来未接受过正规的饮食指导，近 1 周来因连续加班，导致头痛加重来院就诊，诊断为高血压 1 级。医嘱：心内科护理常规；二级护理；血压监护；扩血管药物使用；低盐饮食。

请回答：
1. 请从测压装置、测压者、受检者、测压环境 4 个方面归纳应如何保证血压测量的准确性。
2. 如何对患者进行血压监测及护理？

血压（blood pressure，BP）是指血管内流动的血液对单位面积血管壁的侧压力。一般所说的血压是指体循环的动脉血压。当心室收缩时，动脉血压上升达到的最高值，称为收缩压（systolic pressure）；心室舒张末期，动脉血压下降达到的最低值称为舒张压（diastolic pressure）。收缩压与舒张压的差值称为脉搏压，简称脉压（pulse pressure）。测量血压是判断心功能与周围血管阻力的最好方法。

一、正常血压与生理变化

（一）血压的形成

在保证正常血容量的前提下，心脏射血和外周阻力是形成血压的两项基本因素。此外，动脉管壁的顺应性也能影响动脉血压。心脏射血时产生的能量一部分以动能的形式克服阻力推动血液流动，一部分以势能的形式使主动脉和大动脉管壁弹性扩张。当心室舒张时，主动脉壁弹性回缩，再将势能转化为动能来推动心舒期的血液流动，维持一定高度的舒张压。

（二）血压的生理变化

血压通常以肱动脉血压为标准，用毫米汞柱（mmHg）或千帕（kPa）作为计量单位。其换算公式为 1 mmHg=0.133 kpa，1 kpa=7.5 mmHg。安静时，正常成人的收缩压为 90～139 mmHg，舒张压为 60～89 mmHg，脉压为 30～40 mmHg。

血压可随年龄、体重、性别及其他生理状况而改变。

1. 年龄 不同年龄组人群的平均血压各不相同，见表9-5。

表9-5　各年龄组的平均血压

年龄组	平均血压（mmHg）	年龄组	平均血压（mmHg）
1个月	84/54	14～17岁	120/70
1岁	95/65	成年人	120/80
6岁	105/65	老年人	140～160/80～90
10～13岁	110/65		

2. 性别 女性在更年期前，血压低于男性；更年期后女性血压又逐渐升高，与男性差别较小。

3. 昼夜及睡眠 血压呈现明显的昼夜波动。正常情况下，夜间血压均值比白昼血压值低 10%～15%。大多数人的血压于凌晨 2～3 时最低，上午 6～10 时和下午 4～8 时各有一个高峰，晚上 8 时后血压就逐渐下降，表现为"双峰双谷"，这一现象被称为动脉血压的日节律。在老年人中，这种血压的日夜高低现象更为显著，有明显的低谷与高峰。睡眠不佳、过度劳累时血压稍有升高。

4. 部位 左右两臂血压不相等，右臂血压常高于左臂 10～20 mmHg，其原因是右侧肱动脉来自主动脉弓的第一大分支无名动脉，而左侧肱动脉来自主动脉的第三大分支左锁骨下动脉，由于能量消耗，使得右侧血压略比左侧高。下肢收缩压一般比上肢高 20～40 mmHg，其原因与股动脉管径较肱动脉粗、血流量大有关。

5. 环境 寒冷环境中，由于末梢血管收缩，血压可略有升高；在高温环境中，由于皮肤血管扩张，血压可略有下降。

6. 体型 高大、肥胖者血压较高。

7. 体位 站立位血压高于坐位血压，坐位血压高于卧位血压。但是，对于长期卧床或使用某些降压药物的患者，由卧位改为立位时，可出现眩晕、心慌、站立不稳等直立性低血压的表现。

8. 其他 运动时，心输出量增加，血压增高；愤怒、恐惧等情绪变化可使交感神经兴奋，血管收缩，血压升高。另外，吸烟、饮酒、服用药物等都可对血压产生一定影响。

二、异常血压的评估与护理

（一）异常血压的评估

1. 高血压（hypertension） 未使用降压药物的情况下，至少 3 次非同日测量血压，成人收缩压≥140 mmHg 和（或）舒张压≥90 mmHg。对于合并糖尿病的患者，建议血压控制目标值<130/80mmHg。我国采用的血压分类和标准见表9-6。根据引起高血压的原因不同，将高血压分为原发性高血压与继发性高血压两大类。95%患者的血压升高的病因不明称为原发性高血压，约 5%患者血压升高是某种疾病的一种临床表现，称继发性高血压。由于高血压病患率高，且常引起心、脑、肾等重要脏器的损害，是医学界重点防治疾病之一。

表9-6 成人血压水平分类和定义

类别	收缩压（mmHg）		舒张压（mmHg）
正常血压	120	和	<80
正常高值	120～139	和（或）	80～89
高血压：	≥140	和（或）	≥90
1级高血压(轻度)	140～159	和（或）	90～99
2级高血压(中度)	160～179	和（或）	100～109
3级高血压(重度)	≥180	和（或）	≥110
单纯收缩期高血压	≥140	和	<90

备注：患者收缩压与舒张压属于不同的级别时，应按两者中较高的分级为准。

2. 低血压（hypotension） 血压低于 90/60 mmHg。常见于休克、大出血、急性心力衰竭等患者。

3. 脉压异常

（1）脉压增大：是反映动脉弹性差的指标。脉压>40 mmHg，可见于主动脉瓣关闭不全、动脉导管未闭、甲状腺功能亢进等患者。

（2）脉压减小：脉压<30 mmHg，可见于心包积液、主动脉瓣狭窄、心力衰竭等患者。

（二）异常血压的护理

1. 环境良好 提供通风良好、适宜的温度和湿度、合理照明、整洁、安静、舒适的环境。

2. 减少钠盐的摄入 膳食中约 80%的钠盐来自烹调用盐和各种腌制品，所以应减少烹调用盐，每人每日食盐量以不超过 6 g 为宜。

3. 健康饮食 选择富含全谷物、水果、蔬菜、多元不饱和脂肪和乳制品的饮食，必要时补充叶酸制剂；减少食用油摄入，少吃或不吃肥肉和动物内脏；减轻体重，将 BMI 尽可能控制在<24 kg/m^2。

4. 规律生活 良好的生活习惯是维持正常血压、保持健康的重要条件。如保证足够的睡眠、注意保暖、避免冷热刺激、养成定时排便的习惯等。

5. 控制情绪 情绪激动、精神紧张、焦虑、烦躁等都是诱发高血压的精神因素。因此，高血压患者应减轻精神压力，在日常工作中引入正念或冥想，保持心态平衡。

6. 规律运动 运动有利于减轻体重和改善胰岛素抵抗，提高心血管调节适应能力，稳定血压水平。鼓励患者采用每周 5～7 天，每次持续 30 min 左右中等强度的运动，如散步、慢跑、游泳、骑行、打太极拳等，应注意量力而行，循序渐进。

7. 加强监测 对需密切观察血压者，应做到"四定"，即定时间、定部位、定体位、定血压计。合理用药，注意药物治疗效果和不良反应的监测。观察有无并发症的发生。

8. 健康教育 教会患者测量和判断异常血压的方法。生活有度、作息有时、修身养性、合理营养、戒烟限酒。

三、血压的测量

（一）血压计的工作原理

1. 收缩压的判断 血压计的工作原理是向缠缚于测量部位的袖带加压，使动脉完全闭塞。然后缓缓放气，当袖带内的压力与心脏收缩压相等时，血液将通过袖带，便能听到血液流过的声响，此时对应的血压值称为收缩压。

2. 舒张压的判断 测量出收缩压后，继续放气，当袖带内压力低于心脏收缩压，但高于心脏舒张压期间，心脏每收缩一次，均可听到一次声音；当袖带内压力降低到等于或稍低于舒张压时，血流恢复通畅，伴随心搏所发出的声音便突然变弱或消失，此时血压计所指的刻度即为舒张压。

（二）血压计的种类与构造

1. 血压计的种类 血压计与听诊器常作为一般测量血压的器械。临床常用的有水银血压计、无液血压计和电子血压计（图9-21）。

A. 水银血压计　　　　B. 无液血压计　　　　C. 电子血压计

图 9-21　血压计的种类

（1）水银血压计（mercury manometer）：又称汞柱式血压计，由玻璃管、标尺、水银槽三部分组成，目前临床上多采用此种血压计。在血压计盒盖内固定一根玻璃管，管面上标有双刻度（标尺）0~300 mmHg（0~40 kPa），玻璃管上端盖以金属帽与大气相通，玻璃管下端和水银槽（贮有水银60 g）相通。水银血压计的优点是测得数值可靠，但较笨重且玻璃管容易破裂。

（2）无液血压计（aneroid manometer）：又称弹簧式血压计，它有一袖带（同水银血压计）与有刻度的圆盘表相连接，表上的指针指示血压数值。其优点是携带方便，但欠准确。

（3）电子血压计（electronic manometer）：袖带内有一换能器，有自动采样电脑控制数字运算及自动放气程序。在数秒内可得到收缩压、舒张压、脉搏数值。其优点是操作方便，不用听诊器，省略放气系统，可排除听觉不灵敏、噪声干扰等造成的误差，但准确性较差。

2. 血压计的构造 血压计由加压气球和压力活门、袖带组成。

（1）加压气球和压力活门：加压气球可向袖带气囊充气；压力活门可调节压力大小。全自动电子血压计没有加压气球和压力活门，有一个按钮来启动加压过程。

第九章　生命体征的评估与护理

（2）袖带：由内层长方形扁平的橡胶气囊和外层布套组成。选用大小合适的气囊袖带，气囊至少应包裹80%上臂。大多数成年人的臂围在25～35 cm，可使用气囊长22～26 cm、宽12 cm的标准规格袖带（目前国内商品水银柱血压计气囊的规格：长22 cm，宽12 cm）。儿童应使用小规格气囊袖带；肥胖者或臂围大者应使用大规格气囊袖带。因袖带太窄，须加大力量才能阻断动脉血流，导致测得数值偏高；若袖带太宽，大段血管受阻，导致测得数值偏低。袖带上有两根橡胶管，一根与加压气球相连，另一根与压力表相通。

（三）血压测量法（以上肢血压测量法为例）

【目的】
1. 判断血压有无异常。
2. 监测血压的动态变化，间接了解循环系统的功能情况。
3. 协助诊断，为预防、治疗、康复、护理提供依据。

【评估】
1. 评估患者的年龄、意识、病情、治疗、用药、心理状态及合作程度。
2. 评估患者的肢体功能和皮肤情况，选择测量血压的合适部位。

【操作前准备】

1. 患者准备

（1）了解血压测量的目的、方法、注意事项及配合要点。
（2）测量前30 min避免吸烟、摄入咖啡因、运动。排空膀胱。静坐、放松3～5 min后再测量。
（3）根据患者的年龄及测量血压的部位，选用袖带规格合适的血压计。
（4）无论是患者还是测量工作人员，测量前、测量时以及两次测量之间都应避免交谈。

2. 护士准备　着装整洁，修剪指甲，洗手，戴口罩。

3. 物品准备　治疗盘、袖带规格合适的血压计、听诊器、记录单、表（有秒针）、笔、手消毒液。

4. 环境准备　环境清洁、安静，光线充足，室温适宜。

【操作流程】

操作主线	操作步骤	操作要点
1. 核对	携用物到患者床旁，确认患者	● 操作前查对：核对患者床号、姓名、腕带
2. 体位	手臂位置（肱动脉）与心脏同一水平，坐位平第4肋；卧位时平腋中线	● 若肱动脉高于心脏水平，测得的血压偏低；反之，则偏高
3. 手臂	充分暴露患者上臂，手掌向上，肘部伸直。如果患者衣服过紧，则脱下袖子	● 衣袖过紧会影响血流，影响血压测量值的准确性
4. 血压计	打开血压计盒盖，垂直放置平稳。开启水银槽开关，水银柱处于"0"位	● 避免倾倒
5. 缠袖带	驱净袖带内空气，平整地缠绕于上臂，使袖带气袋中部置于上臂中部。袖带下缘距肘窝2～3 cm。袖带松紧度：以能放入1指为宜（图9-22）	● 根据被测者手臂周长选择大小合适的袖带。袖带过紧会导致测得的血压值偏低，袖带过松会导致测得的血压值偏高
6. 充气	一手固定听诊器胸件于肘窝肱动脉搏动最明显处（图9-23），另一手握加压气球，关闭气门后注气至肱动脉搏动消失再上升20～30 mmHg	● 胸件勿塞入袖带内，以免局部受压较大和听诊时出现干扰声 ● 肱动脉搏动消失表示袖带内压力大于心脏收缩压，血流受阻 ● 充气不可过猛、过快，以免水银溢出和患者不适 ● 充气不足或充气过度都会影响测量结果

操作主线	操作步骤	操作要点
7. 放气	打开气门，以 4 mmHg/s 的速度缓慢放气。两眼平视观察水银柱缓慢下降，同时听取肱动脉声音的变化	• 放气太快，未注意听诊间隔，会导致血压值不准确；放气太慢，使静脉充血，会导致舒张压值偏高
8. 判断	听到第一个清晰的搏动音出现时水银柱所指的刻度，即为收缩压。继续缓慢放气，听到搏动音突然低钝或消失时水银柱所指的刻度，即为舒张压	• 眼睛视线保持于水银柱弯月面同一水平，WHO 规定，以动脉消失音为舒张压（血压听不清或异常应重测。重测时，待水银柱降至"0"点，稍等片刻后再测量）
9. 整理	（1）协助患者取舒适卧位，必要时整理衣服	
	（2）必要时整理床单位，排尽血压计袖带内余气，关紧压力活门。右倾血压计 45°，使水银全部流入水银槽，关闭水银槽开关，盖上血压计盒盖	• 避免玻璃管破裂，水银溢出
10. 洗手，记录	所测的血压值以分数形式表示：收缩压 / 舒张压 mmHg（kpa），按当地要求在体温单上绘制呼吸频率或在护理记录单上记录	• 当变音与消失音有差异时，两读数都应记录：收缩压 / 变音 / 消失音 mmHg，如 120/80/60 mmHg

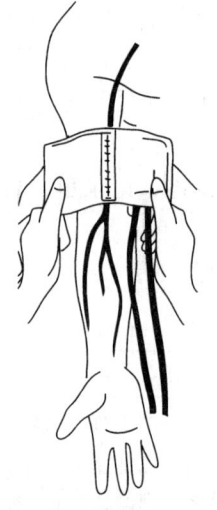 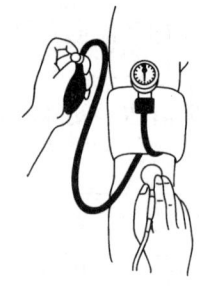

图 9-22 袖带与手臂位置　　图 9-23 听诊器放置部位（肱动脉搏动最明显处）

【注意事项】

1. 血压计要定期检查和校正，测量血压前，需检查血压计的玻璃管有无裂缝，水银有无漏出，加压气球和橡胶管有无漏气，以及气门阀和听诊器的质量。根据患者的年龄及测量血压的部位，选用袖带规格合适的血压计。

2. 测量前 30 min 避免吸烟、摄入咖啡因、运动，排空膀胱。静坐、放松 3~5 min 后再测量。无论是患者还是测量工作人员，测量前、测量时以及两次测量之间都应避免交谈。

3. 对需要密切观察血压的患者，应定时间、定部位、定体位、定血压计，有助于测量的准确性和对照的可比性。

4. 发现血压听不清或血压异常时，应间隔 1~2 min 后重新测量。重测时，应驱尽袖带内的气体，待水银柱降至"0"位，稍等片刻后再测量。必要时进行双侧对照。

5. 如果患者接受静脉治疗，应避免用有静脉套管或静脉输液的肢体测量血压。

6. 对偏瘫患者、乳腺癌根治术后患者，应在健侧手臂上测量。上肢烧伤或有其他情况不宜使用上肢者，或者要进行上下肢测量对比以了解病情者，可测量下肢血压。测量腘动脉血压时，患者取俯卧位、侧卧位或平卧位，将袖带缠在大腿下端近腘窝处。测下肢血压时袖带要宽。

7.《2020 ISH 国际高血压实践指南》对血压测量的要求：每次就诊时连续测量 3 次，每次间隔 1 min。计算最后 2 次测量的平均值。如果第 1 次测量的血压值<130/85 mmHg，则不需要再进行测量。2～3 次诊室血压测量均≥140/90 mmHg，提示为高血压。使用经过验证的自动上臂式血压计，袖带大小应适合患者本人。首诊时应测量双臂血压，以血压读数较高的一侧作为测量上臂。

【健康教育】

1. 向患者解释血压监测的重要性，并告知患者测量血压的注意事项。

2. 如果患者的血压异常，应严密观察伴随的症状和体征，包括血压过高时有无头晕、头痛、面色潮红、流鼻血、恶心、呕吐、胸闷、心悸及肢体麻木等；血压过低时有无脉搏细弱或脉律不齐、心悸、头晕等，并及时向医生汇报。

3. 告知患者引起高血压的危险因素，包括肥胖、高盐、高胆固醇饮食、吸烟和缺少运动等。

4. 对于口服降压药的患者，评估其对用药的目的及重要性的了解情况，并告诉他们保持血压平稳及遵医嘱规范用药的重要性。

小 结

生命体征不仅是机体内在活动的客观反映，更是衡量机体身心状况的可靠指标。在临床工作中，护士通过认真细致地监测患者的生命体征，可为疾病的诊断、治疗、护理和预防并发症提供重要的临床依据，从而对患者病情变化进行全面系统的评估并做出综合判断，以便及时采取有效的措施进行救治。因此，学生应掌握生命体征的测量、观察及护理，并具备良好的护患沟通能力和慎独精神，操作规范，数值准确，关心患者，成为护理技能与人文精神并重的新时代护理工作者。

思考题

一、单项选择题

1. 患者，男，55 岁。持续昏迷，护士观察到其痰液黏稠致呼吸困难。以下护士的处理不妥的是

　　A. 氧气吸入　　　　　　　　　　B. 用力叩击胸壁脊柱，以利排痰
　　C. 必要时用吸引器吸痰　　　　　D. 帮助患者多翻身
　　E. 超声雾化吸入

2. 患者，女，60 岁。烦躁不安，面色苍白，体检：血压 90/60 mmHg，脉搏呈丝状脉。患者可能的诊断是

　　A. 休克　　　　　　　　　　　　B. 甲状腺功能亢进
　　C. 缩窄性心包炎　　　　　　　　D. 脑血管意外
　　E. 肺气肿

(以下病例为 3~4 题共用)

患者，女，40 岁。持续高热 5 天，精神萎靡，每晨 9 am. 测得口腔温度 39.2℃ 左右，下午 4 pm. 测得口腔温度 39.8℃ 左右。

3. 患者的热型为
   A. 稽留热　　　　　B. 弛张热　　　　　C. 间歇热
   D. 不规则热　　　　E. 异常热

4. 对患者的护理措施，不妥的是
   A. 测体温 Q4h　　　B. 卧床休息　　　　C. 保持病室安静
   D. 鼓励患者多饮水　E. 禁忌开门窗

二、案例分析题

患者，女，50 岁。住院第 5 天下午，排便后出现呼吸困难加重，有提肩呼吸且不能平卧，口唇发绀。P 126 次/分，R 26 次/分，BP 156/78 mmHg。立即报告医生，抽动脉血行血气分析，结果示 pH 7.34，PaO_2 40 mmHg，$PaCO_2$ 54 mmHg，SaO_2 65%。患者家属请求尽快采取措施，减轻患者呼吸困难的症状。

请回答：
1. 患者缺氧的程度。
2. 患者使用氧疗时应如何进行监护？
3. 如何做好用氧安全？

（曾丹）

第十章 患者的清洁卫生

导学目标

通过本章内容的学习，学生应能够：

◆ **基本目标**
1. 说出口腔护理常用的漱口溶液及其作用。
2. 描述压力性损伤的定义、分期及临床表现。
3. 列举压力性损伤的原因、好发部位及高危人群。
4. 熟练规范完成特殊口腔护理、床上擦浴、床上洗头、会阴部清洁等护理操作。

◆ **发展目标**
1. 针对患者的不同病情及自理能力，对患者进行各种清洁卫生的健康教育。
2. 根据患者的不同病情，选用合适的压力性损伤风险评估表。
3. 应用所学知识，在为患者实施清洁卫生的同时，培养护士的职业素养和人文关怀，做一名技术精湛、有温度、有情怀的护士。

本章数字资源

清洁卫生是指能促进个体生理和心理健康的清洁措施，是维持和获得健康的重要保证。清洁可清除微生物及污垢，防止细菌繁殖，促进血液循环，有利于体内废物排泄，并使人感到愉快、舒适。健康人具有保持身体清洁的能力，但当患病时，对清洁的需要会更加明显。由于疾病的影响，患者自我照顾能力降低，往往无法满足自身清洁的需要。护士应正确评估患者的健康状况，与患者共同探讨，找出适合患者病情的清洁方法并给予帮助，预防感染及并发症的发生。患者的清洁卫生包括口腔、头发、皮肤、会阴部的护理，以及晨晚间护理等。

第一节 口腔的护理

案例 10-1

患者，男，60岁。因"高热、昏迷10天"收入院。诊断：大叶性肺炎。医嘱：头孢西丁钠 1 g iv drip tid。近日发现患者口腔黏膜破溃，创面上附着白色膜状物，拭去膜状物可见创面轻微出血。

请回答：
1. 如何对该患者进行口腔评估？
2. 根据评估结果，护士应为该患者选择何种漱口溶液？
3. 如何为患者实施口腔护理？护理要点有哪些？

口腔由颊、硬腭、软腭及舌所组成，口腔内覆盖由鳞状上皮细胞构成的黏膜，并且含有牙齿和唾液腺等组织。口腔具有说话、辅助呼吸、咀嚼食物、水解多糖类及分泌唾液等重要功能。

口腔由于其特殊的生理结构和特点，常是病原微生物侵入人体的主要途径之一，因为口腔内的温度、湿度和食物残渣适宜微生物的生长繁殖。正常人的口腔内存有一定数量的致病菌和非致病菌。处于健康状态时，机体抵抗力强，唾液中溶解酶具有杀菌作用，以及饮水、进食、刷牙和漱口等活动，可对细菌起到一定的清除作用，因此一般不发病。当患病时，由于机体抵抗力降低，饮水、进食减少，为细菌在口腔内迅速繁殖创造了条件，常可引起口腔的局部炎症、溃疡，还可致口臭，影响人与人之间的正常交往，影响食欲及消化功能，并可导致其他并发症的发生。有些患者长期应用激素和抗生素，易发生真菌感染。因此，采取有效的方法保持和促进口腔的清洁卫生十分重要。

一、口腔的评估

（一）全身状况与自理能力
评估患者的自主活动能力和口腔清洁自理能力，了解患者的合作程度和心理状态。

（二）口腔情况
1. 评估口唇的色泽、湿润度，有无粗糙、干燥、裂口、出血及痂皮等。
2. 评估口腔黏膜的颜色和完整性，有无炎症、疱疹、擦破，有无溃疡面。
3. 评估牙龈的颜色，有无出血、萎缩及肿胀等。
4. 评估牙齿的数量，有无义齿、龋齿、空洞、牙垢、牙结石等。
5. 评估舌的颜色、湿润度，有无溃疡、肿胀、舌苔的颜色及厚薄等。
6. 评估腭部、腭垂、扁桃体的颜色，是否肿胀，有无分泌物等。
7. 评估口腔的气味，有无氨臭味、烂苹果味等。

（三）口腔卫生知识及清洁方法
1. 评估患者对口腔卫生重要性的认识程度及对预防口腔疾病知识的了解程度。
2. 评估患者对清洁口腔的正确方法的认识及掌握程度，如刷牙的方法、有效的清洁次数、口腔清洁用具的选择。

（四）义齿的情况
对于佩戴义齿的患者，应评估义齿的情况及佩戴情况。取下义齿前，先观察其是否配戴合适,有无连接过紧,说话时是否容易滑下。取下义齿后,观察义齿的内套,有无结石、牙斑、食物残渣等,检查牙齿表面有无破损或碎裂。

二、口腔的清洁与护理

（一）口腔卫生的指导

告知患者保持口腔卫生的重要性,指导患者养成良好的口腔卫生习惯,刷牙后不应进食对牙齿有刺激性或腐蚀性的食物,通过口腔健康教育,使患者了解合理饮食、戒烟等与保持口腔健康的关系。

1. 清洁用具的选择 应尽量选用外形较小的牙刷,不使用已磨损和硬毛的牙刷,应每隔3个月更换一次。牙膏应不具有腐蚀性,药物牙膏一般能抑制细菌的生长,起到预防龋齿和治疗牙齿过敏的作用,可根据需要选用。

2. 刷牙方法 正确的刷牙方法是上下颤动刷牙法。将刷毛面放于牙齿及牙龈沟上,刷毛与牙齿呈45°夹角,刷毛进入牙龈沟和相邻牙缝内,快速环形震颤（图10-1）,每次只刷2~3颗牙,刷完一处再刷邻近部位,前排牙齿的内面可用牙刷毛面的顶端环形震颤刷洗;刷上下咬合面时,牙刷可横向来回刷洗,刷完牙齿后,再由内向外横向刷洗舌面。还有一种方法是上下竖刷法,从齿龈到牙齿末端纵向刷洗,刷洗干净牙齿的内、外咬合面,再刷舌面。每次刷牙时间不少于3 min。最后漱口,直到口腔完全清洁为止。

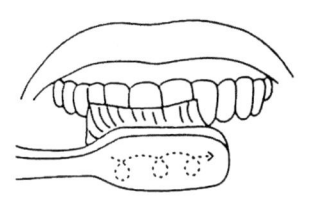
A. 牙齿外表面的刷牙方法

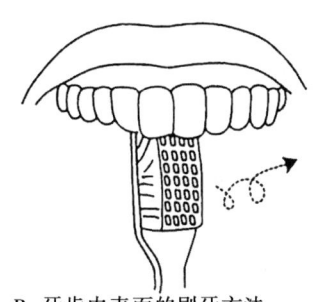
B. 牙齿内表面的刷牙方法

图10-1 正确刷牙法

3. 牙线剔牙法 尼龙线、丝线、涤纶线均可作为牙线材料。取牙线40 cm,两段绕于两手中指,指间留14~17 cm牙线,两手拇指、示指配合动作控制牙线。用拉锯式轻轻将牙线越过相邻牙接触点,压入牙缝,然后用力弹出,每个牙缝反复数次即可（图10-2）。

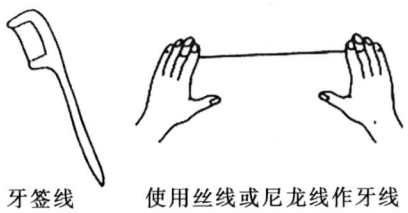

牙签线　　　使用丝线或尼龙线作牙线

A. 用拉锯式轻轻将牙线越过相邻牙接触点

B. 将牙线压入牙缝

C. 将线用力弹出,每个牙缝反复数次

图10-2 牙线剔牙法

（二）义齿的清洁与护理

使用义齿者，白天要持续配戴，这样可增强牙齿的咀嚼功能，同时也能保证谈话时具有良好的口腔外观。晚上将义齿摘下，可减轻义齿对软组织和骨质的压力。卸下的义齿浸泡在冷水中，以防遗失或损坏。操作前洗净双手，帮助患者先取出上面的义齿，后取出下面的义齿，放置于容器内，用冷开水冲洗刷净，待患者漱口后戴上义齿或将义齿浸泡于清水中备用。浸泡义齿的清水应每日更换。义齿不可浸泡在乙醇或热水中，以免变色、变形和老化。每餐餐后也应清洗义齿，每天至少清洁舌头和口腔黏膜1次，并按摩牙龈部。昏迷患者的活动义齿应取下，并浸于清水中保存。

> **知识链接**
>
> **正畸牙刷**
>
> 正畸牙刷是专门为矫牙患者设计的牙刷，能有效清洁牙齿、矫正器托槽以及钢丝上残留的食物残渣，去除牙菌斑，使正畸中的患者更好地保护口腔和牙齿的健康，对于舌侧隐形矫正器也有很好的清洁作用。正畸牙刷和普通牙刷最大的差别在于刷头，正畸牙刷的刷头会顺着牙刷长轴做成"U"字或"V"字型，可以很好地清洁到牙齿表面以及牙齿矫正器。同时，正畸牙刷的刷毛都是软毛，可以保证在刷牙的时候不伤到牙龈，使口腔清洁更全面。
>
> ——摘自：杜胜男，吕宗凯，杨映阳，等. 正畸牙刷联合牙周洁治控制正畸患者牙龈炎的研究［J］. 医学信息，2016，29（11）：80-81. DOI：10.3969/j.issn.1006-1959.2016.11.049.

（三）特殊口腔护理

对于高热、昏迷、禁食、鼻饲、口腔疾患或危重等生活不能自理的患者，一般每日进行 2~3 次特殊口腔护理，若病情需要，可酌情增加次数。根据患者的口腔 pH 值、药物的药理作用，为患者合理选用漱口溶液（表10-1）。

表10-1 常用漱口溶液的浓度、作用及适用范围

溶液名称	浓度	作用	适用范围
生理盐水	0.9%	清洁口腔	用于预防感染
过氧化氢溶液	1%~3%	遇有机物时，放出新生氧，抗菌除臭	用于口腔感染有溃烂或坏死组织
复方硼酸溶液（朵贝尔溶液）		轻度抑菌、除臭	用于口腔 pH 值中性时的咽炎、扁桃体炎等
碳酸氢钠溶液	1%~4%	碱性药剂	用于口腔真菌感染
呋喃西林溶液	0.02%	清洁口腔，广谱抗菌	用于口腔、咽喉部感染
氯己定（洗必泰）	0.02%	清洁口腔，广谱抗菌	用于口腔、咽喉部感染
醋酸溶液	0.1%	酸性药液，抑菌	用于铜绿假单胞菌感染

【目的】

1. 保持口腔的清洁、湿润，使患者舒适，预防口腔感染等并发症。
2. 防止口臭、牙垢，促进食欲，保持口腔正常功能。
3. 观察口腔黏膜和舌苔的变化，有无特殊的口腔气味，提供病情的动态信息，如肝功能不全患者出现肝臭，常是肝昏迷的先兆等。

【评估】
1. 评估患者的年龄、意识及病情，了解有无高热、昏迷、禁食、鼻饲等。
2. 评估患者的口腔状况，包括口腔卫生状况，有无异味，有无活动义齿，有无溃疡、出血，有无长期应用激素或抗生素引起的真菌感染等。

【操作前准备】
1. **患者准备**　了解口腔护理的目的、方法、注意事项和配合要点。
2. **环境准备**　清洁安静，光线充足。
3. **护士准备**　衣帽整洁，洗手，戴口罩。
4. **用物准备**
（1）治疗车上层：治疗盘、口腔护理包（内有治疗碗、无菌棉球、弯血管钳、镊子、压舌板）、弯盘、吸水管、杯子（内盛漱口溶液）、治疗巾、手电筒、手消毒液，需要时备张口器，酌情准备口腔外用药。
（2）治疗车下层：生活垃圾桶、医用垃圾桶。

【操作流程】

操作主线	操作步骤	操作要点
1. 核对	（1）核对治疗单、医嘱单	
	（2）携用物至床旁，核对患者床号、姓名及腕带	
2. 告知	告知口腔护理的目的及配合方法	
3. 评估	使用手电筒观察患者的口腔情况。昏迷患者可用开口器协助张口	• 使用张口器的方法：先置入压舌板，再打开张口器，将张口器放于患者臼齿之间 • 取出张口器的方法：先关闭张口器，置入压舌板，再取出张口器 • 如有活动义齿，应取下并用清水刷洗 • 牙关紧闭者不可用暴力使其张口，以免造成损伤
4. 摆体位	（1）协助患者取侧卧位或仰卧位，头偏向一侧，面向护士	• 必要时加床档
	（2）铺治疗巾于颌下，将弯盘置于口角旁	
5. 清点棉球	倒漱口液，湿润并清点棉球	• 分离棉球，数量明确，湿度适宜，防止患者误吸
6. 润唇	用棉球湿润上下唇	• 防止口唇干裂者张口不适
7. 漱口	协助清醒患者用吸管吸水漱口，嘱患者勿吞咽漱口液	• 昏迷患者禁忌漱口，以防误吸
8. 擦洗	用弯止血钳夹取棉球，按顺序擦洗口腔，每次夹取1个棉球（图10-3）	• 棉球应包裹止血钳尖端，防止触及口腔黏膜和牙龈 • 防止棉球脱落、遗留在口腔内引起窒息
	（1）牙外侧面：使用压舌板撑开左侧面颊，擦洗左上牙外侧面及牙龈，然后擦洗左下牙外侧面及牙龈。同法擦洗右侧	• 擦洗顺序：由内到外，由上到下 • 牙侧面擦洗方法：纵向擦洗，由臼齿至门牙
	（2）牙内侧面和咬合面：嘱患者张口，纵向擦洗左上内侧面、左上咬合面、左下内侧面、左下咬合面	• 擦洗顺序：由内到外，由上到下，由左到右

续表

操作主线	操作步骤	操作要点
8. 擦洗	（3）颊部：擦洗左侧颊部，同法擦洗右侧	• 擦洗方法：弧形擦洗
	（4）擦洗硬腭、舌面、舌下面	• 擦洗方法：硬腭、舌面"Z"字形横向擦洗 • 勿触及咽部，以免引起患者恶心
9. 再次清点棉球	清点棉球数量，确保与操作前准备的棉球数量相符	• 防止棉球遗留在口腔内
10. 再次漱口	协助清醒患者用吸水管吸水漱口，将漱口液吐至弯盘，用纸巾擦净口唇	• 昏迷患者禁忌漱口，以防误吸
11. 再次评估口腔	用手电筒照射，观察口腔情况	• 观察口腔是否清洁，有无溃疡、损伤、出血 • 如有口腔溃疡或出血，遵医嘱涂药
12. 润唇	如果口唇干燥，可涂液状石蜡或润唇膏	
13. 整理	（1）撤去弯盘及治疗巾 （2）整理用物和床单位 （3）协助患者取舒适卧位	
14. 健康指导	告知患者注意事项并进行健康指导	
15. 洗手，记录	洗手，摘口罩，记录口腔情况及护理效果	

【注意事项】

1. 擦洗时应正确使用压舌板，动作轻稳，防止损伤患者口腔黏膜及牙龈。尤其是有凝血功能障碍的患者更应注意，勿触及咽部，以免引起恶心。

2. 擦洗时须用血管钳夹紧棉球，每次一个棉球，擦洗前后清点棉球数量，防止棉球遗留在口腔内。

3. 如果患者有活动义齿，应取下并放于贴有标签的冷水杯中，禁用热水或消毒液浸泡。

4. 昏迷患者禁忌漱口，棉球不可过湿，以防患者将溶液吸入呼吸道。需用张口器时，应从臼齿处放入。

图 10-3 特殊口腔护理

5. 传染病患者的用物按消毒隔离原则处理。

【健康教育】

1. 向患者讲解保持口腔卫生的重要性。
2. 介绍口腔护理的相关知识，并根据患者存在的问题进行有针对性的指导。

知识链接

负压冲洗法

近年来，负压冲洗式刷牙被推荐作为预防呼吸机相关性肺炎的集束化护理措施之一。操作时需要两名护士协同操作，评估气管插管位置，确认导管气囊的压力为 25～30 cmH$_2$O。协助患者取半卧位，头偏向一侧，将负压冲洗式牙刷底端连接吸痰装置上的负压引流管，侧端连接 50 ml 生理盐水注射器，用牙刷刷毛蘸牙膏在牙齿内、外及咬合面上下前后轻刷，每个位置至少刷 5 次。先把气管插管移至近侧清洁远侧，同样方法清洁近侧，再用刷头的背面清洁颊面、舌面和硬腭，最后操作者用连接刷柄的注射器推注生理盐水冲洗，同时用拇指按住牙刷柄的负压孔，吸净冲洗液和牙膏泡沫。该方法操作简便，能刷洗牙缝，彻底清洁口腔同时吸除口腔内的痰液，减少患者张口次数，同时也可减少护理人员的工作强度，提高患者的舒适度和生活质量。

——摘自：石凤姣，谭哲红，胡昱琼，等．含漱液联合负压冲洗式刷牙预防呼吸机相关性肺炎的研究［J］．中华急危重症护理杂志，2020，1（05）：398-401.

第二节　头发的护理

案例 10-2

患者，女，72 岁。因肋骨骨折卧床治疗 1 周。现患者头发已打结成团，头皮屑较多，护士为其提供床上洗头。

请回答：
1. 如何对该患者进行头发评估？
2. 为该患者实施床上洗头操作时，护理要点有哪些？

头发的清洁、整齐是人们日常清洁卫生的一项重要内容。经常梳理和清洗头发，可及时清除头皮屑及灰尘，使头发清洁、易梳理。同时，经常梳头和按摩头皮还可促进头皮血液循环，增进上皮细胞的营养，促进头发生长，预防感染。清洁、整齐、外观美丽的头发与健康、自尊及自信密切相关。对于病情较重、日常生活自理能力下降、头发自理受限的患者，护士应协助患者进行头发护理。

一、头发的评估

（一）头发及其周围皮肤情况

观察毛发的分布、浓密程度、长度、颜色、脆性、韧性及卫生情况等；注意毛发有无光泽、发质是否粗糙、尾端有无分叉，头皮是否油腻，有无瘙痒、抓痕、擦伤等情况。

（二）头发护理知识与自理能力

评估患者及家属对头发清洁及护理知识的了解程度，以及患者的自理能力等。

二、头发的清洁与护理

（一）床上梳头法（combing in bed）

【目的】
1. 保持头发整齐、清洁，增进美观，促进舒适及维持自尊。
2. 去除头皮屑及污物，保持头发清洁，减少感染的机会。

3. 按摩头皮，刺激头部血液循环，促进头发的生长和代谢。

【评估】

1. 评估患者的病情、自理能力、梳头习惯、心理反应及合作程度。
2. 评估患者头发的分布、浓密度、长度及卫生情况等。

【操作前准备】

1. 患者准备 根据病情允许，取平卧位、半坐卧位或坐位。

2. 环境准备 宽敞，明亮，整洁。

3. 护士准备 衣帽整洁，洗手，戴口罩。

4. 用物准备 治疗盘、治疗巾、梳子（可由患者自备）、30%乙醇、纸袋或弯盘、手消毒液。

【操作流程】

操作主线	操作步骤	操作要点
1. 核对	核对患者床号、姓名及腕带	
2. 告知	告知梳头的目的、配合方法	
3. 评估	评估头发情况	● 以准备合适的梳子
4. 摆体位	取平卧、半坐卧位或坐位，铺治疗巾。平卧位时，铺治疗巾于枕头上；半坐卧位或坐位时，铺治疗巾于肩上	● 必要时加床档
5. 梳头	（1）将头发从中间梳向两边	● 避免过度牵拉，使患者不适
	（2）梳理右侧：左手握住一股头发，右手由发根梳至发梢。同法梳理左侧	● 如头发纠集成团，用30%乙醇湿润后，再慢慢梳理 ● 梳理过程中，可用指腹按摩头皮，促进头皮血液循环
	（3）根据患者喜好将长发编辫或扎成束	● 发辫不可扎得太紧，以免阻碍血液循环或产生疼痛不适
	（4）将脱落的头发置于纸袋或弯盘中，撤下治疗巾	● 观察颈、耳、眼、面部是否有脱落的头发，及时清除，以免刺激皮肤
6. 整理	（1）整理用物和床单位 （2）协助患者取舒适卧位 （3）洗手，必要时记录	● 必要时记录患者情况

【注意事项】

1. 动作应轻柔，避免强行梳拉使患者不适。头发梳理过程中，可用指腹按摩头皮，促进头部的血液循环。
2. 依次梳遍全部头发，梳理发型尽可能符合患者喜好。

【健康教育】

告知患者经常梳理头发的重要性及掌握正确梳理头发的方法，促进头部血液循环和头发代谢生长，保持头发整齐和清洁。

（二）**床上洗头**（shampooing in bed）

长期卧床的患者应每周洗发1次。遇有头虱的患者，须经过灭虱处理后再将头发洗净。

【目的】

1. 去除头皮屑及污物，保持头发整齐、清洁，减少感染。
2. 按摩头皮，刺激头部血液循环，促进头发的生长和代谢。
3. 增进患者舒适，促进身心健康。

【评估】

1. 评估患者的病情及治疗情况。
2. 评估患者的头发卫生情况,观察有无头皮损伤等情况。

【操作前准备】

1. 患者准备　按需要给予便盆,协助患者排二便。

2. 环境准备　移开床旁桌椅,关好门窗,调节好室温。

3. 护士准备　衣帽整洁,洗手,戴口罩。

4. 用物准备

(1)治疗车上层:治疗盘、橡胶单、浴巾、毛巾、眼罩或纱布、别针、棉球 2 只(以不吸水棉花为宜)、洗头车或洗头盆(图 10-4)、水壶(内盛 40～45℃热水或按患者习惯)、量杯、洗发液、梳子、弯盘、手消毒液,必要时备吹风机。

(2)治疗车下层:清洁水桶、污水桶。

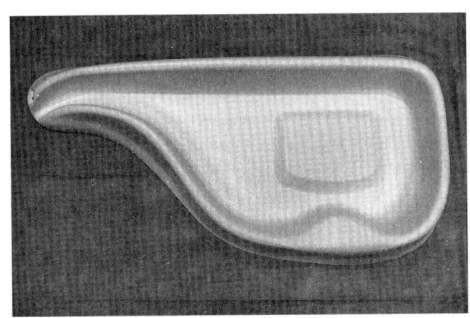

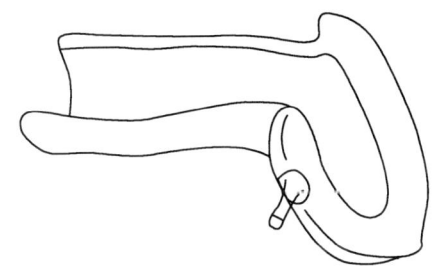

图 10-4　洗头盆

【操作流程】

操作主线	操作步骤	操作要点
1. 核对	核对患者床号、姓名及腕带	
2. 告知	告知洗头的目的及配合方法	
3. 评估	(1)头部皮肤、头发的情况	● 有无头部皮肤破损、皮肤病、头皮屑 ● 准备合适的洗护用品
	(2)患者心理	● 患者配合
	(3)关闭门窗,测室温、水温	● 病室温度适宜,水温 40～45℃
4. 摆体位	(1)洗头盆床上洗头法:取仰卧位,上半身斜向床边,枕垫于患者肩下。置洗头盆于患者后颈下,使患者颈部枕于洗头盆边突起处,头部置于水槽中,洗头盆下端接污水桶	● 防止水倒流,保护床单、枕头、衣服不被沾湿
	(2)洗头车床上洗头法:取仰卧位,上半身斜向床边,头部枕于洗头车的头托上,将接水盘置于患者头下(图 10-5)	

续表

操作主线	操作步骤	操作要点
5. 洗头	（1）用棉球或耳塞塞好双耳，用纱布或眼罩遮盖双眼	● 防止水流入眼部、耳部
	（2）松开头发，温水充分浸湿头发	● 水温适宜，患者舒适
	（3）取适量洗发液，均匀涂抹于头发，反复揉搓发际至脑后部，按摩揉搓头发，用指腹轻轻按摩头皮	● 揉搓力度适中，避免指甲搔抓损伤头皮
	（4）温水冲洗干净头发	● 避免污水误入眼部、耳部
	（5）解下浴巾，擦去头发水分，取下耳部棉球或耳塞、眼部纱布或眼罩	● 及时擦干，避免受凉
	（6）用毛巾包裹头发，擦干面部	
6. 整理	（1）开窗通风 （2）整理用物和床单位 （3）协助患者取舒适卧位	● 保证良好的室内环境
7. 健康指导	告知患者注意事项并进行健康指导	
8. 洗手，记录	洗手，摘口罩，记录洗头情况及护理效果	

【注意事项】

1. 操作时动作轻稳，保证患者安全，正确应用节力原则。
2. 控制室温，注意保暖。
3. 操作时要注意保护被褥，衣服不被打湿，勿使水流入患者的眼、耳内，揉搓力量适中。
4. 掌握水温，避免直接将水浇至头皮，造成烫伤。洗发后及时擦干头发以防患者着凉。
5. 衰弱患者不宜洗发。洗发时注意观察患者的面色、脉搏、呼吸，有异常时停止操作。

【健康教育】

向患者讲解清洁头发的方法，告知患者经常洗头可促进头部血液循环和头发生长，使患者保持良好的自身形象，促进疾病的恢复。

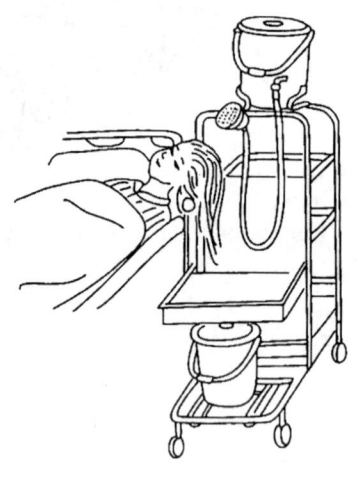

图 10-5 洗头车洗头法

第三节 皮肤的护理

案例 10-3

患者，女性，75 岁。脑卒中后长期卧床，体型消瘦，今日因骶尾部皮肤破损而入院。入院后检查：破损处组织发黑，有脓性分泌物与臭味，最深处可见骶骨骨面，损伤面积为 5 cm×6 cm。

请回答：

1. 目前患者最主要的护理问题是什么？
2. 该患者的压力性损伤目前处于哪期？护士应给予该患者哪些护理措施？

皮肤与其附属物构成皮肤系统。皮肤是身体最大的器官,包括表皮、真皮和皮下组织3层。还有由表皮衍生而来的附属器,如毛发、皮脂腺、汗腺和指(趾)甲等。皮肤具有保护机体、调节体温、吸收、分泌、排泄及感觉等功能。

完整的皮肤具有天然的屏障作用,可避免微生物入侵。皮肤的新陈代谢迅速,其代谢产物如皮脂、汗液及表皮碎屑等,与外界细菌结合形成污垢,黏附于皮肤表面,如不及时清除,可刺激皮肤降低抵抗力,以致破坏其屏障作用,成为细菌入侵的门户,造成各种感染。皮肤的清洁与护理有助于维持身体的完整性,给人体带来舒适,预防感染,防止发生压力性损伤及其他并发症,同时还可维护患者的自我形象,促进康复。

一、皮肤的评估

(一)颜色

皮肤颜色与种族和遗传有关,受毛细血管、血红蛋白含量、皮肤厚度、皮下脂肪含量和皮肤色素含量等因素影响。临床上常见的异常皮肤颜色包括以下几种。

1. 苍白(paleness) 常见于休克或贫血患者,由于血红蛋白减少所致。

2. 发绀(cyanosis) 皮肤黏膜呈青紫色,主要为单位容积血液中还原血红蛋白量增高所致。发绀常见于口唇、耳郭、面颊、肢端等部位。

3. 发红(redness) 由于毛细血管扩张充血,血流加速和增多及红细胞含量增多所致。生理情况下见于运动、饮酒后。疾病情况下见于发热性疾病,如大叶性肺炎、肺结核、猩红热等。

4. 黄疸(jaundice) 皮肤、黏膜发黄,由于血中胆红素浓度增高所致,见于胆道阻塞等疾病。

5. 色素沉着(pigmentation) 由于基底层的黑色素增多,而致部分或全身皮肤色素加深。如果这些部位的色素明显加深,或者其他部位(如口腔黏膜)也出现了色素沉着,则具有诊断意义。

(二)温度

皮肤的温度主要取决于真皮层的血流量,可提示有无感染和循环障碍。如全身发热、局部有炎症时,血流量增加,则局部皮肤温度可升高;皮肤发红、发热如休克、末梢循环不良时,由于末梢循环差,微循环障碍,则皮肤温度可降低,常表现为四肢湿冷。另外,皮肤温度的变化还可受室温的影响。

(三)湿度

用手触摸检查患者皮肤的潮湿或干燥,如患者的皮肤较潮湿,应检查是否由于患者出汗过多或穿着不透气衣服所致,应及时擦干汗液或更换衣服;如患者的皮肤较干燥,应酌情涂抹保护皮肤的润肤霜。

(四)皮肤弹性

检查皮肤弹性时可从前臂内侧提起一小片皮肤再放松,如果皮肤很快复原,表明皮肤的弹性良好。一般老年人或脱水患者的皮肤有皱纹,提起少量皮肤再放松时,皮肤复原较慢。

(五)完整性

检查皮肤有无破损,有无斑点、丘疹、水疱和硬结等。

二、皮肤的清洁与护理

保持皮肤清洁可满足患者生理、心理和社会需要,减少感染机会,促进舒适,维持自尊及自我形象,并有利于建立良好的护患关系。护士在为患者进行皮肤清洁时,应遵循"为患者提供私密的空间,保证患者安全,注意保暖"的原则。

（一）淋浴法（shower bath）

适用于全身情况较好，能自行完成沐浴过程的患者。

【目的】

1. 清洁皮肤，促进患者生理和心理上的舒适，满足患者对清洁和舒适的需要，增进健康。
2. 促进皮肤的血液循环，增进皮肤的排泄功能，增强皮肤对外界的敏感性，预防皮肤感染和压力性损伤等并发症。
3. 放松肌肉，增加患者活动的机会。

【评估】

评估患者的年龄、意识、病情、自理能力、皮肤有无发红或破损等异常情况，同时向患者解释淋浴法的目的和方法。

【操作前准备】

1. **患者准备** 病情稳定，有较好的自理能力。
2. **环境准备** 调节室温在 24~25℃以上，水温调至 40~45℃。
3. **护士准备** 衣帽整洁，洗手，戴口罩。
4. **用物准备** 浴皂 1 块、浴巾 1 条、毛巾 2 条、清洁衣裤 1 套、拖鞋 1 双。

【操作流程】

操作主线	操作步骤	操作要点
1. 核对	核对患者床号、姓名及腕带	
2. 告知	告知患者、家属淋浴的目的、配合方法	
3. 评估	（1）评估病情、皮肤、肢体活动情况、自理能力，确定沐浴时间、沐浴方式，选择沐浴用品	● 饱餐后或饥饿时不宜沐浴 ● 严重的高血压、心脏病、肢体活动障碍患者，以及高龄患者沐浴时谨防意外发生 ● 老年患者尽量避免使用肥皂或含有乙醇及香精的沐浴露，以免引起皮肤干燥、瘙痒等不适感
	（2）关闭门窗，遮挡屏风。调节室温、水温	● 室温调节至 24±2℃，水温调节至 40~45℃ ● 防止患者受凉或烫伤
4. 沐浴	（1）携带用物，送患者入浴室	● 穿防滑拖鞋，避免跌倒
	（2）告知患者安全事项	● 说明信号铃的使用方法 ● 浴室或浴盆内设安全栏杆、扶手、防滑垫，患者穿防滑拖鞋，预防滑倒。必要时可备浴室座椅 ● 浴室不插门，可在门外挂牌示意 ● 注意患者入浴时间，时间过久护士要予以询问，防止发生晕厥、滑跌等意外 ● 如患者需帮助沐浴，护士应进入浴室，协助患者脱衣、淋浴、穿衣等
	（3）淋浴后，观察患者的一般情况	
5. 整理	（1）开窗通风 （2）协助患者穿衣 （3）整理用物及床单位	● 保证良好的室内环境 ● 患者舒适，避免受凉
6. 健康指导	告知患者注意事项并进行健康指导	
7. 洗手，记录	洗手，摘口罩，必要时记录淋浴的情况	

【注意事项】

1. 饭后 1 h 方能进行淋浴，以免影响消化。

2. 淋浴过程中防止患者受凉、晕厥、烫伤、跌倒等情况的发生。
3. 传染病患者的淋浴应根据病情,按隔离原则进行。
4. 若遇患者发生晕厥,应停止淋浴,迅速到位进行救治和护理。

【健康教育】
1. 指导患者经常检查皮肤卫生情况,确定洗浴频率和方法。
2. 指导患者淋浴时预防意外跌倒和晕厥的方法。

(二)床上擦浴法(bed bath)
适用于病情较重、长期卧床、活动受限、生活不能自理的患者。

【目的】
1. 清洁皮肤,满足患者对清洁和舒适的需要。
2. 促进皮肤的血液循环,增进皮肤的排泄功能,增强皮肤对外界的敏感性,预防皮肤感染和压力性损伤等并发症的发生。
3. 观察和了解患者的一般情况,与患者建立良好的护患关系。

【评估】
1. 评估患者的年龄、意识、病情、自理能力。
2. 评估患者的皮肤有无发红破损以及伤口、引流管等情况。
3. 向患者解释床上擦浴的目的、方法、注意事项及配合要点。

【操作前准备】
1. **患者准备**　了解床上擦浴的目的、方法、注意事项和配合要点。
2. **环境准备**　调节室温至 24~25℃,拉上窗帘或使用屏风遮挡。
3. **护士准备**　衣帽整洁,洗手,戴口罩。
4. **用物准备**
(1)治疗车上层:大毛巾、浴巾、浴液或浴皂、小剪刀、梳子、小毛巾 2 条、50% 乙醇、手消毒液、清洁衣裤、清洁被服。
(2)治疗车下层:脸盆 2 个、水桶 2 只(1 只盛热水,水温 40~45℃;另 1 只盛污水)。
(3)其他物品:根据需要备屏风、便盆等。

【操作流程】

操作主线	操作步骤	操作要点
1. 核对	携用物至床旁,核对患者床号、姓名及腕带	
2. 告知	告知床上擦浴的目的及配合方法	● 目的明确,患者配合
3. 评估	(1)评估皮肤、肢体活动情况、自理能力	● 有无皮肤破损、皮肤病,肢体活动情况
	(2)患者心理	● 患者配合
	(3)关闭门窗,遮挡屏风,调节室温	● 保护隐私,避免受凉 ● 病室温度适宜(24~25℃)
4. 摆体位	(1)根据病情放平床头及床尾支架,松开床尾盖被	● 必要时加床档
	(2)将患者身体移向床边,尽量靠近护士	● 注意节力原则
5. 擦洗面部、颈部	(1)铺浴巾于患者胸前被子上端	● 避免枕头、被子潮湿
	(2)将拧干的湿毛巾包在手上,依次擦洗近侧眼部(由内眦向外眦)、额部、颊部、鼻部、人中、耳后、下颌、颈部。同法擦洗远侧	● 毛巾湿度适宜,避免滴水 ● 注意擦净耳后、耳郭、颈部皮肤皱褶处

续表

操作主线	操作步骤	操作要点
6. 擦洗胸腹部	（1）脱去上衣：先健侧后患侧，先近侧后远侧	● 便于操作，避免患侧关节过度活动
	（2）铺浴巾于胸腹部，擦洗胸部、腹部	● 避免被褥潮湿 ● 胸部擦洗：乳房环形擦洗 ● 腹部擦洗：以脐为中心，顺结肠走向擦洗
7. 擦洗上肢	铺浴巾于近侧上肢，依次擦洗：颈侧、肩部、腋窝、上臂、前臂、手。同法擦洗远侧	● 擦洗顺序：先外侧后内侧 ● 注意擦净腋窝、乳房下等皮肤皱褶处 ● 擦洗过程中应根据情况及时更换热水，以免受凉，随时观察病情变化
8. 擦洗背部	（1）协助患者侧卧背向护士	● 注意患者保暖和安全
	（2）依次擦洗：后颈部、背部、臀部	● 观察皮肤有无异常，擦洗后可使用50%乙醇按摩骨隆突处（肩胛肘部、骶尾部、髋部）
	（3）协助患者穿好清洁的上衣，更换热水	● 穿衣顺序：先患侧后健侧，先远侧后近侧
9. 擦洗下肢	（1）患者平卧，协助患者脱裤，铺浴巾于需擦洗部位	● 注意患者保暖 ● 擦洗顺序：先外侧后内侧
	（2）擦洗近侧下肢，依次擦洗：大腿、膝关节、小腿、踝部。洗净后彻底擦干。同法擦洗远侧下肢	● 注意擦净腹股沟、腘窝等皮肤皱褶处
10. 擦洗双足	（1）双足分开，下垫大毛巾，盆放置于大毛巾上	● 避免弄湿被褥
	（2）分次擦洗双足	
11. 擦洗会阴部	（1）更换热水、盆、毛巾	● 擦洗阴茎时环形擦洗
	（2）男性会阴：依次擦洗大腿内侧、阴阜、阴茎头部、阴茎下部、阴囊、肛门	
	女性会阴：依次擦洗阴阜、大阴唇、大小阴唇之间、小阴唇、尿道口、阴道口、肛门	
	（3）协助患者更换清洁裤子	
12. 整理	（1）开窗通风，撤去屏风	● 保证良好的室内环境
	（2）整理用物和床单位	
	（3）协助患者取舒适卧位	
	（4）必要时梳发、剪指甲，更换床单	
13. 健康指导	告知患者注意事项并进行健康指导	
14. 洗手，记录	洗手，摘口罩，记录擦浴的情况及护理效果	

【注意事项】

1. 操作时动作敏捷、轻柔，注意应用节力原则。

2. 操作时要关心体贴患者，保护患者的自尊，减少翻动次数和暴露，防止患者受凉。

3. 擦洗过程中注意观察患者的病情变化及皮肤情况，若患者出现寒战、面色苍白等情况，应立即停止擦洗，给予适当处理。

4. 一般床上擦洗应在 30 min 内完成，避免患者疲劳。

5. 擦洗过程中，注意保护伤口和引流管，避免伤口受压，引流管打折或扭曲。

【健康教育】

向患者及家属解释皮肤护理的意义、方法及床上擦浴时的注意事项，教会并指导患者经常观察皮肤，预防感染和压力性损伤等并发症的发生。

（三）背部按摩法

背部按摩通常于患者洗浴后进行，可促进背部皮肤的血液循环，有利于护士观察患者皮肤有无破损迹象。行背部按摩前应了解患者的病情，确定有无背部按摩的禁忌证，对做过背部手术或肋骨骨折患者禁止进行背部按摩。

【目的】

1. 促进皮肤血液循环，预防压力性损伤等并发症的发生。
2. 观察患者的一般情况，皮肤有无破损。
3. 满足患者的身心需要，增进护患关系。

【评估】

1. 评估患者的年龄、意识、病情、自理能力。
2. 评估患者的背部皮肤情况等。

【操作前准备】

1. **患者准备**　了解背部按摩的目的、方法、注意事项及配合要点。
2. **环境准备**　调节室温在 24～25℃，拉上窗帘或使用屏风遮挡。
3. **护士准备**　衣帽整洁，洗手，戴口罩。
4. **用物准备**

（1）治疗车上层：大毛巾、浴巾、浴液或浴皂、小剪刀、梳子、按摩膏、小毛巾 2 条、手消毒液、垫巾、清洁衣裤、清洁被服。

（2）治疗车下层：脸盆 2 个。

（3）其他物品：根据需要备屏风、便盆等。

【操作流程】

操作主线	操作步骤	操作要点
1. 核对	携用物至床旁，核对患者床号、姓名及腕带	
2. 告知	告知背部按摩法的目的及配合方法	● 目的明确，患者配合
3. 评估	（1）评估患者病情	● 生命体征是否平稳 ● 患者的自理能力
	（2）评估患者的心理	● 患者的配合程度、心理需求
	（3）评估患者的合作程度	● 年龄、知识及沟通能力 ● 对行背部按摩法的接受程度
	（4）评估背部情况	● 背部皮肤有无皮疹、破损、皮肤病
	（5）评估环境	● 安静、整洁、温湿度适宜 ● 私密度良好，必要时用帷幔及屏风遮挡
4. 摆体位	关闭门窗，遮挡屏风。协助患者取俯卧位或侧卧位，背向操作者	● 保护患者隐私 ● 必要时加床档
5. 按摩背部	（1）将盛有水的脸盆置于床旁桌或椅上	
	（2）协助患者脱衣，暴露患者背部、肩部、上肢及臀部，将身体其他部位用盖被盖好。浴巾纵向铺于患者背上	● 脱衣顺序：先健侧后患侧，先近侧后远侧 ● 减少不必要的身体暴露 ● 防止床单、被褥潮湿

续表

操作主线	操作步骤	操作要点
5. 按摩背部	（3）将小毛巾包裹于手上，依次擦洗患者的颈部、肩部、背部及臀部	• 擦洗时稍有力度 • 注意擦净腋窝皮肤皱褶处
	（4）按摩步骤及方法： 两手掌蘸少许按摩膏，用手掌大、小鱼际按摩。由肩部开始沿脊柱两侧向下按摩至骶尾部，再按摩至髂嵴部位。如此有节律地按摩数次	• 按摩方式：环形按摩 • 按摩肩胛部位时应用力稍轻 • 按摩持续至少 3 min
	（5）用拇指指腹蘸按摩油/膏/乳，由颈部、肩部沿脊柱两侧按摩至骶尾部，再继续向上按摩至颈部	• 促进肌肉组织放松 • 促进血液循环
	（6）用手掌大、小鱼际蘸按摩油/膏/乳按摩其他受压处	• 力度由轻至重，再由重至轻
	（7）背部轻叩 3 min	• 扣背时手掌呈空心状，勿用手掌拍背
	（8）撤去浴巾，协助患者穿衣	• 穿衣顺序：先患侧后健侧，先远侧后近侧
6. 整理	（1）开窗通风、撤去屏风 （2）整理用物和床单位 （3）患者取舒适卧位	• 保证良好的室内环境
7. 健康指导	告知患者注意事项并进行健康指导	
8. 洗手，记录	洗手，摘口罩，记录按摩的情况及护理效果	

【注意事项】

1. 操作过程中，注意监测患者生命体征，如有异常立即停止操作。
2. 操作时应遵循人体力学原则，注意省时节力。
3. 按摩力度适中，避免用力过大造成皮肤损伤。

【健康教育】

1. 向患者及家属讲解背部按摩对预防压力性损伤的重要性。
2. 指导患者经常自行检查皮肤，于卧位或坐位时采用减压方法，对受压处皮肤进行合理按摩并有计划适度地活动全身。
3. 教育患者保持皮肤及床褥清洁卫生，鼓励患者及家属积极参与自我护理。

三、压力性损伤的预防与护理

压力性损伤（pressure injury），原称压疮、压力性溃疡。2019 年发布的《压力性损伤的预防和治疗：临床实践指南》将压力性损伤定义为：由压力或压力联合剪切力导致的皮肤和（或）皮下组织的局部损伤，通常位于骨隆突处，但也可能与医疗器械或其他物体有关。新的概念强调了压力性损伤可能与医疗器械相关，压力性损伤的发生不仅局限于体表皮肤，也可能发生在黏膜上、黏膜内或黏膜下。黏膜（呼吸道、胃肠道和泌尿生殖道黏膜）压力性损伤主要与医疗器械有关。

医疗器械相关压力性损伤：是指由于使用用于诊断或治疗的医疗器械而导致的压力性损伤，损伤部位形状通常与医疗器械形状一致。发生于皮肤的这一类损伤可以根据压力性损伤分期系统进行分期。

黏膜压力性损伤：由于使用医疗器械导致相应部位（呼吸道、胃肠道和泌尿生殖道）黏膜出现的压力性损伤。目前还没有公认的黏膜压力性损伤分类系统。

压力性损伤本身不是原发病，大多是由于其他原发病未经很好地护理而造成的损伤，具有发病率高、病程发展快、难以治愈及治愈后易复发的特点。压力性损伤一旦发生，不仅给患者带来痛苦，加重病情，延长康复的时间，严重时可因继发感染引起败血症而危及生命。因此，必须加强护理，减少压力性损伤的发生。

（一）压力性损伤发生的原因

1. 力学因素

（1）垂直压力（pressure）：对局部组织的持续性垂直压力是引起压力性损伤的最重要原因。当外界压力大于局部组织内微血管血压时，局部循环便会受到阻碍，使得细胞处于缺氧状态。如果缺氧状态持续2~4 h，细胞就会死亡而造成肌肉、皮下组织和皮肤溃烂，即可引起压力性损伤。

（2）剪切力（shearing force）：是由两层组织相邻表面间的滑行而产生的进行性相对移动所引起的，与体位有密切关系。当患者取半坐卧位、身体下滑时，皮肤和表层组织由于摩擦力作用仍停留在原位，两层组织发生相对移位产生剪切力（图10-6）。毛细血管拉长、扭曲、断裂，形成血栓和真皮损害，进而发生深部坏死。

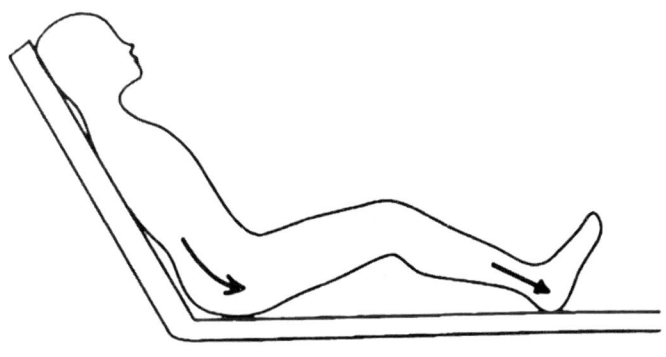

图 10-6　剪切力形成图

（3）摩擦力（friction）：摩擦力是由一个物体在另一个物体表面做相对运动时产生的。摩擦力作用于皮肤，易损伤皮肤的角质层。患者在床上或轮椅上移动时，皮肤可受到床单或轮椅垫表面的逆行阻力摩擦。搬运患者时的拖拉动作也会产生摩擦力而使患者皮肤受到损伤。皮肤擦伤后，受潮湿、污染而发生压力性损伤。

2. 活动受限　活动受限是发生压力性损伤的一个重要因素，许多研究表明，活动障碍是发生压力性损伤的独立危险因素。正常人皮肤经受一定的压力时，会有不适的感觉，从而采取措施缓解或避免压力；但有麻痹、极度无力、活动障碍者，即使能感觉到压力，也无法独立改变体位来缓解压力。既往有压力性损伤史或压力性疼痛点的患者，无法自行翻身，而采取强迫性体位，也可能造成局部长期受压。

3. 意识状态改变或感觉障碍　意识模糊、神志不清的患者意识不到改变体位的需要，皮肤损伤的危险性增加。皮肤感觉功能障碍可使人体对痛觉、不舒适的症状不敏感，未能及时移动身体缓解压力。糖尿病、脊髓损伤等患者可发生感觉神经病变，容易发生压力性损伤。2019版《压力性损伤的预防和治疗：临床实践指南》强调要加强对糖尿病患者发生压力性损伤的预防。

4. 营养不良或皮肤水肿　营养状况是影响压力性损伤形成的一个重要因素。长期营养不良，肌肉萎缩，皮下脂肪变薄，皮肤与骨骼间的充填组织减少，都会导致压力性损伤发生的危险性增加。机体脱水时皮肤弹性变差，在压力或摩擦力的作用下容易变形，而水肿的皮肤由于其弹性、顺应性下降，更容易受到损伤，同时组织水肿使毛细血管与细胞间距离增加，氧和代谢产物在组织细胞的溶解和运送速度减慢，皮肤出现营养不良而容易发生压力性损伤。

5. 局部潮湿或排泄物的刺激 二便失禁、伤口渗液增多、出汗等使皮肤潮湿，皮肤角质层抵御能力下降，细菌繁殖，皮肤容易发生破损和感染。2019版《压力性损伤的预防和治疗：临床实践指南》提出，可考虑使用皮下湿度/水肿测量装置作为常规临床皮肤评估的辅助办法。

6. 体温升高 体温升高，机体新陈代谢增快，细胞对氧的需求增加。加之局部组织受压，使已有组织缺氧更加严重。此外，高热常引起大量出汗。因此，伴有高热的严重感染患者，当其组织受压时，更易于发生压力性损伤。

7. 应用矫形器械 石膏固定和牵引限制了患者身体或肢体的运动，特别是石膏固定后对肢体产生压力，粗糙的表面摩擦皮肤，使患者容易发生压力性损伤。若矫形器械固定过紧或肢体有水肿，容易使肢体血液循环受阻，从而发生压力性损伤。

（二）压力性损伤的风险评估

1. 风险因素 护士可采用压力性损伤危险因素评估工具评估患者形成压力性损伤的高危因素，常用的工具量表有Braden评估表、Norton评估表和Waterlow评估表。

（1）Braden评估表（表10-2）：由美国的Braden和Bergstrom博士于1987年编制，包括"感觉、潮湿、活动力、移动力、营养、摩擦力和剪切力"6个可能造成压力性损伤的高危因素，每项评分1~4分，总分范围为6~23分，分值越低，表示发生压力性损伤的危险性越高。其中，<12分为高度危险，12~14分为中度危险，15~18分为轻度危险。Braden量表适用于内外科、骨科以及老年长期卧床的住院患者压力性损伤的护理风险预测，能有效提高压力性损伤的预防效果，是目前使用最广、最为理想的压力性损伤评估量表。

表10-2 Braden评估表

项目	1分	2分	3分	4分
感觉：对压力相关不适的感受能力	完全受限	非常受限	轻度受限	未受限
潮湿：皮肤暴露于潮湿环境的程度	持续潮湿	潮湿	有时潮湿	很少潮湿
活动力：身体活动程度	限制卧床	可以坐椅子	偶尔行走	经常行走
移动力：改变和控制体位的能力	完全无法移动	严重受限	轻度受限	未受限
营养：日常食物摄取状态	非常差	可能不足够	足够	非常好
摩擦力和剪切力	有问题	有潜在问题	无明显问题	—

（2）Norton评估表（表10-3）：由法国学者Norton于1964年研制，后经过两次修订形成现今常用的Norton评估表，包括身体状况、精神状态、活动能力、灵活程度、失禁情况5个项目，每项评分1~4分，总分范围为5~20分。分值越低，表示发生压力性损伤的危险性越高。其中，≤14分提示易发生压力性损伤，≤12分为高度风险，≤8分为极度危险。与其他量表相比，该量表在病房的使用效果并不理想，其预测能力较差，一般不作为病房使用的首选，但在手术中应用尚佳。

表10-3 Norton评估表

项目	1分	2分	3分	4分
身体状况	极差	不好	一般	良好
精神状态	昏迷	不合逻辑	无动于衷	思维敏捷
活动能力	卧床	坐轮椅	需协助	可以走动
灵活程度	不能活动	非常受限	轻微受限	行动自如
失禁情况	二便失禁	经常失禁	偶有失禁	无失禁

（3）Waterlow评估表（表10-4）：由英国一所医院于1984年在Norton评估表基础上研制而成，包括性别、年龄、体重指数、皮肤类型、二便情况、运动能力、食欲、神经功能障碍、组织营养不良、手术、药物治疗11个项目。总分47分，其中，<14分为轻危，15~19分为高危，>20分为极高危。Waterlow评估表比Norton评估表的评估内容更加全面，预测效果也得到很多研究者的验证，特别是在老年长期卧床患者中有很好的应用效果。

表10-4 Waterlow评估表

体重指数（BMI）		皮肤类型		性别和年龄		营养状况评估工具			
中等 BMI=20~24.9	0	健康	0	男	1	A—近期体重下降		B—体重下降评分	
超过中等 BMI=25~29.9	1	薄如纸	1	女	2	是—B		0.5~5 kg	=1
肥胖 BMI>30	2	干燥	1	14~49岁	1	否—C		5~10 kg	=2
低于中等 BMI<20	3	水肿	1	50~64岁	2	不确定—C		10~15 kg	=3
		潮湿	1	65~74岁	3	（记2分）		>15 kg	=4
		颜色异常	2	75~80岁	4			不确定	=2
		破溃	3	>81岁	5	C—进食少或食欲差		营养筛查总分>2分，应给予营养评估/干预	
						否	=0		
						是	=1		
二便情况		运动能力		组织营养不良		神经功能障碍			
完全失控/导尿	0	完全	0	恶液质	8	糖尿病/多发性硬化症/心脑血管疾病			4~6
尿失禁	1	躁动不安	1	多器官衰竭	8	感觉受限			4~6
便失禁	2	冷漠的	2	单器官衰竭	5	半身不遂/截瘫			4~6
二便失禁	3	限制的	3	外周血管病	5	手术			
		迟钝	4	贫血 （Hb<8 g/dl）	2	外科/腰以下/脊柱手术			5
		固定	5	吸烟	1	手术时间>2 h			5
						手术时间>6 h			8
				药物治疗					
				大剂量类固醇/细胞毒性药/抗生素					4

评分结果：<14分为轻危，15~19分为高危，>20分为极高危。

2. 高危人群 易发生压力性损伤的高危人群包括：重症患者、脊髓损伤患者、姑息治疗患者、肥胖患者、新生儿和儿童、社区、老年护理和康复机构的患者及手术室患者。此外，在往返于医疗机构途中的患者（如在救护车或在急诊室等待入院的患者）处于长时间不动的状态，可能有较高的压力性损伤风险。因此，应定时观察高危人群受压部位皮肤的情况，做好记录，同时采取预防措施。

3. 易患部位 压力性损伤多发生在缺乏脂肪组织保护、无肌肉包裹或肌层较薄的骨隆突处及受压部位。根据卧位不同，受压点不同，好发部位也不同（图10-7）。

（1）仰卧位：好发于枕骨粗隆、肩胛部、肘部、脊椎体隆突处、骶尾部、足跟。

（2）侧卧位：好发于耳部、肩峰、肘部、髋部、膝关节的内外侧、内外踝。

（3）俯卧位：好发于耳、颊部、肩部、女性乳房、男性生殖器、髂嵴、膝部、脚趾。

（4）坐位：好发于坐骨结节。

应用压力性损伤风险评估工具时，需根据患者的具体情况进行动态评估，并及时修正，实施重点预防。

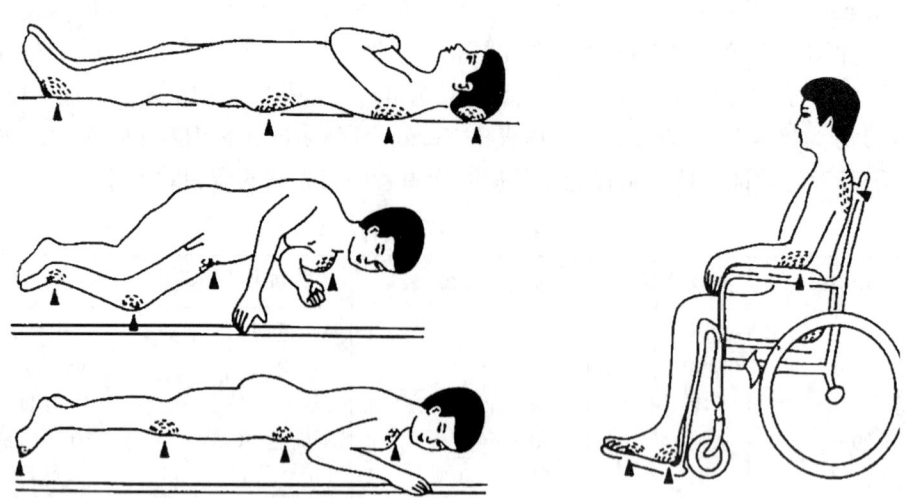

图10-7 压力性损伤的好发部位

（三）压力性损伤的分期与临床表现

1. 1期压力性损伤（图10-8） 指压时红斑不会消失（非苍白性发红），局部组织表皮完整，出现非苍白性发红，深肤色人群可能会出现不同的表现。指压皮肤变白红斑（即指压局部发红，解除压力后变白）或皮肤感觉、皮肤温度或硬度的变化比观察到的皮肤改变更先出现。此期的颜色变化不包括紫色或褐红色变色，出现这些颜色变化提示可能存在深部组织损伤。

2. 2期压力性损伤（图10-9） 部分皮层缺失伴随真皮层暴露。伤口床有活性、呈粉红色或红色、湿润，也可表现为完整的或破裂的血清性水疱，但不会暴露脂肪层和更深的组织。不存在肉芽组织、腐肉和焦痂。骨盆皮肤微环境破坏和受到剪切力以及足跟皮肤受剪切力通常会导致该期压力性损伤。该期应与潮湿相关的皮肤损伤（MASD）如尿失禁性皮炎（IAD）、擦伤性皮炎（ITD）、医用胶粘剂相关的皮肤损伤（MARSI）或创伤性伤口（皮肤撕裂、烧伤擦伤）相鉴别。

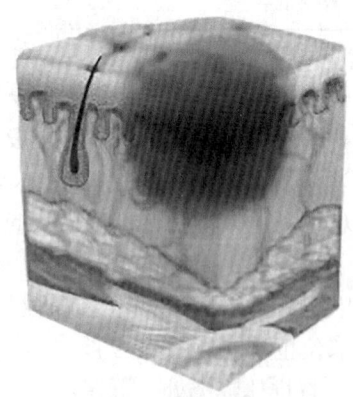 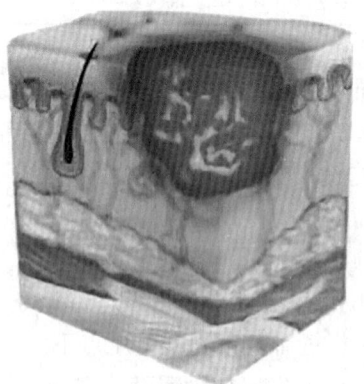

图10-8 1期压力性损伤　　图10-9 2期压力性损伤

3. 3期压力性损伤（图10-10） 全层皮肤缺损，溃疡面可呈现皮下脂肪组织和肉芽组织，伤口边缘会有卷边（上皮内卷）现象。腐肉和（或）焦痂可能存在。深度根据解剖位置而异，皮下脂肪较多的部位可能会呈现较深的创面。潜行和窦道也可能存在，但不暴露筋膜、肌肉、肌腱、韧带、软骨和骨头。如果腐肉或坏死组织掩盖了组织缺损的程度，则为不可分期压力性损伤。

4. 4期压力性损伤（图10-11） 全层皮肤和组织的缺失，溃疡面暴露，可见或可直接触及筋膜、肌肉、肌腱、韧带、软骨。伤口床可见腐肉或焦痂。创口边缘内卷，潜行，窦道经常可见。深度根据解剖位置而异。如果腐肉或坏死组织掩盖了组织缺损的程度，则为不可分期压力性损伤。

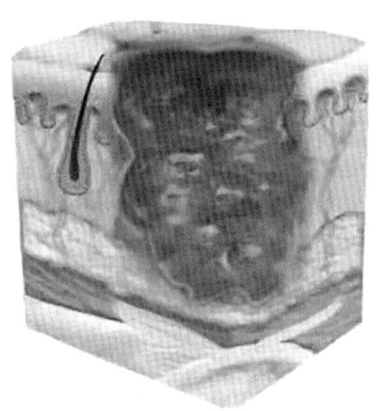 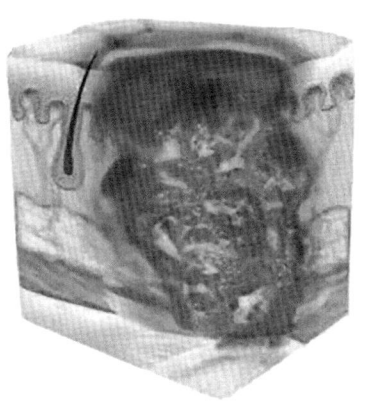

图10-10　3期压力性损伤　　　　　图10-11　4期压力性损伤

5. 不可分期压力性损伤（图10-12） 全层皮肤组织缺失，溃疡的创面床完全被坏死组织或（和）焦痂（黄色、灰色、黑色、灰绿色或棕褐色）所覆盖。只有彻底清除坏死组织和焦痂，暴露出创面基底部，才能确定压力性损伤的深度和分期。

6. 深部组织损伤（图10-13） 深度未知，由于压力或剪切力造成皮下软组织损伤，在完整但褪色的皮肤上出现局部紫色或黑紫色，或形成充血性水疱。与周围组织相比，该区域的组织可先出现疼痛、硬结、糜烂、松软、潮湿、皮温升高或降低。此期压力性损伤发生于肤色较深的个体时难以鉴别。可进一步发展成薄的焦痂，即使接受最佳治疗，也可能会迅速发展成深层组织的溃疡。

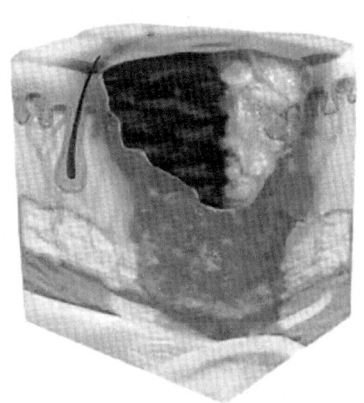 

图10-12　不可分期压力性损伤　　　　图10-13　深部组织损伤

（四）压力性损伤的预防措施

预防压力性损伤的关键在于及早发现和消除危险因素，护士在工作中要做到"七勤"，即勤观察、勤翻身、勤按摩、勤擦洗、勤整理、勤更换、勤交班。

1. 避免局部组织长期受压

（1）定时更换体位，减少对局部组织的压力。有压力性损伤风险的患者定时更换体位，能有效减轻局部组织所受压力。侧卧时采用30°侧卧位，且保持患者床头尽可能平放，必须抬高床头时（如预防呼吸机相关性肺炎），保持30°或更低的高度。经常翻身是最简单而有效的解除压力的方法，翻身的间隔时间视病情及受压处皮肤情况而定，一般每隔2 h翻身一次。对于昏迷或长期卧床的患者尤其应注意，必要时每小时翻身一次，建立床头翻身记录卡（表10-5），翻身后记录时间、体位及皮肤情况。有条件的医院可使用电动翻身床、气垫床、水床等。

表10-5　翻身记录卡

姓名		床号	
日期/时间	卧位	皮肤情况及备注	执行者

（2）保护骨隆突处和支持身体空隙处。对易发生压力性损伤的患者，可在身体空隙处垫软垫、海绵垫等，使支撑体重的面积加大，同时用软枕、海绵垫等架空骨隆突处，从而降低骨隆突部位皮肤所受到的压力。对于足跟有压力性损伤风险和（或）有1期、2期压力性损伤的患者，使用专门设计的足跟悬挂装置、枕头或泡沫垫悬置足跟；对于足跟有3期或更严重的压力性损伤的患者，只建议使用专门设计的足跟悬挂装置抬高足跟。在可行的情况下，对足跟有压力性损伤高风险的患者尽早使用预防性敷料，需强调的是，该措施只是预防足跟压力性损伤的辅助方法，应用时仍需抬高患者足跟，每天评估足跟处皮肤。

（3）正确使用石膏、绷带及夹板固定。对使用石膏、绷带、夹板、牵引等固定的患者，衬垫应平整、柔软、松紧适宜，同时要仔细观察局部皮肤变化和肢端皮肤变化情况，及时观察患者反应，适当给予调节。

2. 避免摩擦力和剪切力　摩擦易损害皮肤的角质层，所以应防止患者身体下滑。平卧位如需抬高床头，一般不应高于30°。患者取半坐卧位时，注意防止身体下滑。协助患者翻身、更换床单及衣服时，避免拖、拉、推、拽的动作，应将患者抬离床面后再挪动位置，以免形成摩擦力而损伤皮肤。保持床单、被褥清洁、平整、无碎屑，避免皮肤与床单、衣服皱折处、碎屑产生摩擦。使用便盆时应协助患者抬高臀部，不可硬塞、硬拉，必要时在便盆边缘垫软纸或布垫，不可使用有裂损的便盆，以免擦伤皮肤。

3. 保护皮肤，避免潮湿及其他不良刺激　避免用肥皂、含乙醇的用品清洁皮肤，以免引起皮肤干燥或使皮肤残留碱性残余物。对二便失禁的患者，应及时擦洗，及时更换床单，局部皮肤涂抹凡士林软膏。不可让患者直接卧于橡胶单或塑料单上，小儿要经常更换尿布。床铺保持清洁、干燥、平整、无碎屑。

4. 促进局部血液循环　对长期卧床的患者经常检查受压部位皮肤，每日进行全范围关节运动，维持关节的活动性和肌肉张力，促进肢体的血液循环，减少压力性损伤的发生。对于受压部位或因受压而出现反应性充血的皮肤组织不主张按摩。因为如皮肤受压时间短，变换体位后一般可在30~40 min内恢复，不会使软组织损伤形成压力性损伤；用力按摩可能导致患者皮肤承受的剪切力增加，进而导致压力性损伤发生率增加，而轻柔的按摩对压力性损伤的作用尚有待进一步研究。如果持续发红，则表明软组织已受损伤，此时按摩将导致更严重的损伤。

5. 改善机体营养状况　营养不良是导致压力性损伤的内因之一，直接影响压力性损伤创面的愈合。因此，对易发生压力性损伤的患者，应进行全面营养评估以及制订个性化的营养护理计划。在病情允许的情况下，应给予高蛋白质、高热量、高维生素的饮食，保持正氮平衡。维生素C及微量元素锌在伤口的愈合中起着重要的作用，对于易发生压力性损伤者应给予补充。同时，还应监测患者的摄入与排出，保持机体营养的动态平衡。

6. 健康教育　向患者及家属介绍压力性损伤发生、发展及治疗护理的一般知识，如经常变换卧位的重要性等。指导学会预防压力性损伤的方法，如定时翻身，经常自行检查皮肤，保持身体及床铺的清洁卫生，避免盲目按摩，利用简便可行的方法（如软枕）减轻皮肤受压程度等，使患者及家属获得预防压力性损伤的知识和技能，积极配合，参与护理活动。指导患者及家属一旦发现皮肤出现异常，应及时就诊。

（五）压力性损伤的治疗与护理

1. 1期压力性损伤　此期护理的关键在于去除危险因素，避免压力性损伤进展，因而主要的措施是减压护理，可用皮肤保护膜、水胶体敷料或泡沫类敷料保护受损处，避免摩擦，减轻局部压力。

2. 2期压力性损伤　此期治疗和护理重点在于保护创面，预防感染。除继续应用上述措施避免损伤继续发展之外，还须保护已受损皮肤，促进创面愈合。

（1）水疱处理：小水疱（直径<2 cm）可注意保护，防止破裂，可用水胶体敷料，促进水疱自行吸收；大水疱（直径>2 cm）应用无菌注射器抽出疱内液体，用无菌纱布挤压干净疱液，早期保留疱皮，用透明贴或溃疡贴等水胶体敷料贴敷。

（2）渗液较少的创面：应用生理盐水清洗创面及创周皮肤后，用水胶体敷料、泡沫敷料等贴敷。

（3）渗液量较大的创面：可采用藻酸盐敷料、泡沫敷料等，以促进渗液的吸收。此期根据渗液情况确定换药间隔时间。

3. 3期和4期压力性损伤　治疗护理原则为解除压迫，控制感染，去除坏死组织和促进肉芽组织生长。主要措施包括局部伤口的护理以及积极的全身支持措施，如增进营养、治疗原发病或给予抗感染、促进伤口愈合的药物以及减轻皮肤（尤其是伤口部位皮肤）的受压等。局部伤口护理的措施包括以下几种。

（1）清洁伤口：可用的溶液包括无菌生理盐水、过氧化氢等溶液。清洁伤口时，动作要轻柔，避免损伤新生肉芽组织，杀菌溶液冲洗后还应用无菌生理盐水冲洗，减少对肉芽组织的刺激。

（2）换药和包扎：准确评估创面，根据不同创面采取清创、引流等方法，可根据伤口情况选用藻酸盐、水凝胶类、泡沫类敷料等。

（3）其他：近年来，封闭负压引流法因其简便、省力、耗材少、治疗效果好等优点而在临床压力性损伤治疗中得到较广泛的应用。大面积压力性损伤或久治不愈者，可考虑手术清除坏死组织，行皮瓣移植，以促使伤口愈合。

4. 不可分期压力性损伤　待明确压力性损伤深度和分期后再采取相应的治疗和护理。足跟部有稳定的干痂，可作为人体的自然覆盖而不必去除，伤口处理与3期、4期压力性损伤方法相同。

5. 深部组织损伤　可用泡沫敷料等减压产品保护受损组织，严密观察受损组织的变化，根据变化情况采取对应措施。

此外，积极的全身支持治疗，如增强营养、治疗原发病或给予促进伤口愈合的药物等，也对促进压力性损伤的愈合有重要意义。

知识链接

集束化护理措施预防住院患者压力性损伤

全国护理质量促进联盟在循证的基础上，对压力性损伤推荐采用集束化护理措施，具体措施如下：

1. 识别有风险的患者，使用压力性损伤风险评估量表进行评估。
2. 每班评估患者皮肤，尤其是受压区域。
3. 变换体位，至少每2h翻身一次。
4. 做好失禁和潮湿管理：①使用弱酸性或中性清洗液；②保持皮肤清洁、干燥；③如患者存在失禁，使用皮肤保护剂预防潮湿相关皮损。
5. 对于有风险的患者使用减压或压力再分布器材。
6. 加强营养管理：①个体化营养支持；②定期监测营养指标。

第四节　会阴部的护理

案例 10-4

患者，女，25岁。经阴道分娩后第3天，会阴侧切口红肿。护士遵医嘱为其进行会阴部的清洁。

请回答：
1. 为该患者实施会阴部清洁的目的是什么？
2. 为该患者实施会阴部清洁时，护理要点有哪些？

会阴部护理（perineal care）包括清洁会阴部位及其周围皮肤。会阴部因其特殊的生理结构有许多孔道，成为病原微生物侵入人体的主要途径。此外，会阴部温暖、潮湿、通风较差，为致病菌的滋生创造了有利条件；同时，因会阴部阴毛生长较密，易于致病菌繁殖。当个体患病时，机体抵抗力减弱，且因长期卧床而致会阴部空气流通不畅，易导致感染发生。所以，会阴部清洁护理对预防感染及增进患者舒适十分必要，特别是对于生殖系统及泌尿系统炎症、二便失禁、留置导尿、产后及会阴部术后患者尤为重要。

一、会阴部的评估

（一）患者病情评估

评估患者尿液有无异味、浓稠、颜色改变，排尿有无灼热、疼痛等不适症状，有无二便失禁、留置导尿、泌尿生殖系统炎症或手术等情况。

（二）自理能力评估

评估患者日常会阴部清洁情况，根据患者自理能力确定患者自行完成还是需要他人协助完成，以及需要他人协助的程度。

（三）会阴部卫生状况评估

观察患者会阴部有无感染症状、皮肤有无破损、有无异味及分泌物情况。

（四）会阴部卫生知识的了解程度及技能评估

评估患者对会阴部清洁卫生重要性的认识程度，会阴部清洁方法是否正确。

二、会阴部的清洁与护理

对于泌尿生殖系统感染、二便失禁、会阴部分泌物过多或尿液浓度过高导致皮肤刺激或破损、留置导尿、产后及各种会阴部术后的患者，护士应协助其进行会阴部清洁护理，以保持会阴部清洁，促进舒适，从而预防和减少生殖系统、泌尿系统的逆行感染。因会阴部各个孔道彼此接近，故操作时应防止发生交叉感染。

（一）便盆使用法

当患者不能到厕所排尿、排便，需在床上方便时，正确使用便盆对于患者的生活与舒适起着重要作用。

【目的】

协助患者排尿，促进患者舒适，同时便于观察尿量的多少以及尿液的颜色、性状。

【评估】

1. 评估患者的病情及自理能力、配合程度。
2. 评估便盆有无破损、裂痕，便盆是否干燥。
3. 病房周围环境，注意保暖，保护患者隐私。

【操作前准备】

1. **患者准备** 患者病情稳定，患者已了解便盆的使用方法。
2. **环境准备** 拉上窗帘或使用屏风遮挡，减少暴露。
3. **护士准备** 衣帽整洁，洗手，戴口罩。
4. **用物准备** 便盆、卫生纸、屏风、手消毒液、一次性中单。

【操作流程】

操作主线	操作步骤	操作要点
1. 核对	核对患者床号、姓名及腕带	
2. 告知	告知便盆使用法的目的及配合方法	● 目的明确，患者配合
3. 评估	（1）评估患者病情	● 患者有无腹痛、腹胀、腹部未愈合的伤口 ● 评估患者的自理能力
	（2）评估患者心理	● 患者的配合程度、心理需求
	（3）评估臀部、肛周、会阴情况	● 会阴部、肛周及臀部皮肤有无皮疹、破损
	（4）评估环境，调节室温	● 安静、整洁 ● 室温 24～26℃ ● 私密度良好，必要时用帷幔及屏风遮挡
4. 摆体位	关闭门窗，遮挡屏风，协助患者取平卧位或半卧位	● 病情允许时，可抬高床头，减少背部疲劳
5. 便盆的使用	（1）铺一次性中单于患者臀下	● 保护床单位，防止排泄物污染
	（2）松开盖被，协助患者脱裤、屈膝	● 注意保护患者隐私 ● 尽量减少暴露，注意保暖
	（3）协助患者将便盆置于患者臀下（图10-14）	● 放置便盆的方法：一手托起患者腰及骶尾部，另一手将便盆置于臀下 ● 女患者可将卫生纸折成长方形放于耻骨联合上方，以防尿液溅出污染被褥 ● 为男患者递便盆时，应同时递给尿壶，禁用掉瓷便盆，以免损伤皮肤

续表

操作主线	操作步骤	操作要点
5. 便盆的使用	（4）检查患者是否坐于便盆中央	• 必要时在便盆边缘垫软纸或布类，以免擦伤皮肤 • 将卫生纸、呼叫器放在患者易取处
	（5）患者排便，护士在门外等候片刻	• 对于危重患者，护士应守护床旁，随时观察患者的病情变化
	（6）患者排便完毕，放平床头，一手托起腰及骶尾部抬起臀部，擦净肛门及臀部	• 必要时洗净肛门及臀部
	（7）协助患者取出便盆	• 取出便盆的方法：一手托起患者的腰及骶尾部，另一手取出便盆 • 将便盆布遮于便盆上，放于床下
	（8）观察患者臀部、肛周、会阴部皮肤，协助患者穿裤	• 观察皮肤是否完整，是否有肛周出血 • 穿衣顺序：先患侧后健侧，先远侧后近侧
	（9）观察排泄物性状、颜色、量及异常情况	• 如有异常及时通知医师，必要时留取标本送检
	（10）协助患者洗手	
6. 整理	（1）开窗通风、撤去屏风 （2）整理用物和床单位 （3）协助患者取舒适卧位	• 保证良好的室内环境
7. 健康指导	告知患者注意事项并进行健康指导	
8. 洗手，记录	洗手，摘口罩，必要时记录患者排泄物的性状、颜色、量及异常情况	• 及时倒掉排泄物，按照消毒技术规范洗净便盆

【注意事项】

1. 尊重并保护患者隐私。
2. 便盆应清洁，不可使用破损便盆，防止皮肤损伤。
3. 金属便盆使用前需倒入少量热水加温，尤其是气候寒冷时，避免太凉引起患者不适。

【健康教育】

指导患者及家属正确使用便盆，切忌硬塞或硬拉便盆，以免损伤患者骶尾部皮肤。

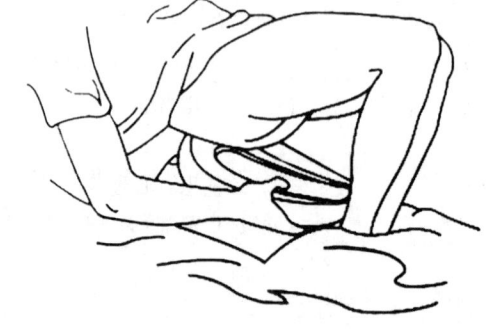

图 10-14 便盆的用法

（二）会阴部清洁法

会阴部清洁是会阴部护理的重要内容，对生殖系统及尿道炎症、二便失禁、皮肤受刺激或破损、分泌物过多或尿液浓度过高、有留置导尿管、产后及会阴部手术后会阴的清洁尤为重要。

【目的】

1. 保持会阴部清洁、舒适，预防和减少感染。
2. 为导尿术、留取中段尿标本和会阴部手术做准备。
3. 防止皮肤破损，促进伤口愈合。

【评估】

1. 评估患者的年龄、病情、意识、心理状态、配合程度、有无失禁或留置导尿管以及患者会阴部清洁程度、皮肤黏膜情况，有无伤口、流血及流液情况。

2. 向患者及家属解释会阴部护理的目的、方法、注意事项及配合要点。

【操作前准备】

1. 患者准备

（1）了解会阴部护理的目的、方法、注意事项及配合要点。

（2）患者取仰卧位，双腿屈膝外展。

2. 环境准备　拉上窗帘或使用屏风遮挡，操作时予以遮挡，减少暴露。

3. 护士准备　衣帽整洁，修剪指甲，洗手，戴口罩。

4. 用物准备

（1）治疗车上层：清洁棉球、弯盘、无菌溶液、无菌纱布、大量杯、镊子、一次性手套、一次性中单、毛巾、浴巾、浴毯、卫生纸、手消毒液和水壶（内盛温水，温度与体温相近，以不超过40℃为宜）。

（2）治疗车下层：便盆和便盆巾、生活垃圾桶、医用垃圾桶。

【操作流程】

操作主线	操作步骤	操作要点
1. 核对	核对患者的床号、姓名及腕带	
2. 告知	告知会阴部清洁的目的及配合方法	
3. 评估	（1）评估患者病情	● 生命体征稳定 ● 患者的自理能力
	（2）评估患者的心理	● 患者配合 ● 患者对行会阴部清洁的接受程度
	（3）评估会阴情况	● 会阴局部皮肤黏膜完整性、清洁情况
	（4）评估环境，调节室温	● 安静、整洁 ● 室温 24~26℃ ● 必要时用帷幔、屏风遮挡
4. 摆体位	（1）关闭门窗，遮挡屏风。协助患者取屈膝仰卧位，两腿外展	● 保护患者隐私 ● 注意保暖
	（2）脱去患者远侧裤子，盖在近侧的腿上，远侧腿和上身用盖被盖好，两腿略外展	● 脱衣顺序：先健侧后患侧
	（3）铺一次性中单，露出会阴部	● 防止被褥潮湿
	（4）将便盆置于患者臀下，弯盘置于便盆旁	● 正确放置便盆，避免划伤皮肤
	（5）戴一次性手套	
5. 会阴部清洁	如果患者能自理，则传递清洁毛巾给患者自己擦洗会阴部，每次擦洗后，用温水洗净毛巾，反复擦洗，直至擦净。如果患者不能自理或留置导尿管，则由护士用清洁棉球为患者擦洗。具体方法如下：	
▲男性	（1）操作者手持镊子夹取清洁棉球进行擦洗，依次为大腿内侧、阴阜、阴茎、阴囊 （2）戴手套的手取无菌纱布裹住阴茎，将包皮向后推暴露尿道口，自尿道口向外、向后旋转擦洗尿道口、龟头及冠状沟 （3）擦洗肛周和肛门 （4）将污棉球、纱布置于弯盘内，然后倒入医用垃圾桶，脱下手套	● 擦洗阴茎的方法：自上而下，环形擦洗 ● 包皮和冠状沟易留有污垢，应注意擦洗干净 ● 每擦洗一处需更换清洁棉球 ● 根据清洁程度，可重复擦洗

续表

操作主线	操作步骤	操作要点
▲女性	● 擦洗法： （1）操作者手持镊子夹取清洁棉球，初步消毒大腿内侧、阴阜、大阴唇 （2）戴手套的手分开大阴唇，擦洗小阴唇、尿道口和阴道口 （3）擦洗肛周和肛门 （4）将污棉球置于弯盘内，然后倒入医用垃圾桶，脱下手套 ● 冲洗法： （1）一手持装有温水的水壶，另一手持大镊子夹清洁棉球，边冲水边擦洗会阴部，顺序同擦洗法 （2）冲洗后，将会阴部彻底擦干	● 擦洗顺序：自上而下，由外到内 ● 每擦洗一处需更换清洁棉球
6. 整理	（1）擦干各部位 （2）撤去便盆，协助患者穿好衣裤 （3）打开门窗，撤去屏风 （4）整理用物和床单位 （5）协助患者取舒适卧位	● 观察会阴部的清洁情况 ● 穿衣顺序：先患侧、后健侧 ● 保证良好的室内环境
7. 健康指导	告知患者注意事项并进行健康指导	
8. 洗手，记录	洗手，摘口罩，记录会阴部异常情况及护理效果	

【注意事项】
1. 尊重患者，取得患者合作。
2. 注意保护患者隐私。
3. 注意观察会阴部有无异味，有无其他异常情况。

【健康教育】
1. 教会患者检查会阴部卫生情况，及时做好清洁护理，预防感染。
2. 指导患者掌握会阴部清洁方法。

第五节　患者晨晚间护理

根据病情需要，为危重、昏迷、瘫痪、高热、大手术后或年老体弱的患者于晨间及晚间所进行的生活护理，称为晨晚间护理。

一、晨间护理

晨间护理（morning care）一般在清晨诊疗工作前完成，是基础护理的一项重要内容，特别是针对病重、自理能力丧失或减弱的患者，使患者保持清洁，预防并发症，促使其身心舒适。

（一）目的
1. 使患者清洁、舒适，预防压力性损伤及肺炎等并发症，保持病室的整洁。
2. 观察和了解病情，为诊断、治疗和护理计划的制订提供依据。

3. 进行心理护理及卫生宣传，促进患者身心健康，建立良好的护患关系。

（二）内容

1. 对于能离床活动、病情较轻的患者，鼓励其自行洗漱，增强疾病康复的信心。

2. 对于病情较重、不能离床活动的患者，如危重、高热、昏迷、瘫痪、大手术后或年老体弱者，护士应协助其完成晨间护理。

（1）协助患者排便，帮助其刷牙、漱口，严重者给予特殊口腔护理，洗脸、洗手、梳头、翻身，检查皮肤受压情况，擦洗背部，进行背部皮肤护理。

（2）整理床单位，必要时更换衣服、被套、大单。

（3）观察病情，了解睡眠情况及有无病情变化。

（4）进行心理护理，给予必要的卫生指导。

（5）酌情开窗通风。

二、晚间护理

晚间护理（evening care）一般在晚上睡前完成，可为患者创造良好的睡眠条件，促进患者舒适入睡，同时还能了解患者的病情变化，鼓励其树立战胜疾病的信心。

（一）目的

1. 使患者清洁、舒适、易于入睡。

2. 保持病房内安静、清洁，为患者创造良好的睡眠环境。

3. 观察和了解病情变化。

（二）内容

1. 协助患者刷牙、漱口，严重者给予特殊口腔护理，洗脸、洗手。

2. 协助患者翻身，检查皮肤受压情况，用热水擦洗背部、臀部，观察有无压力性损伤早期现象。

3. 为患者洗脚，为女患者清洁会阴部，根据情况更换衣服、床单，整理好床铺，协助排便。

4. 保持病室安静，减少噪声，酌情关闭门窗，关大灯，开地灯，根据情况增减毛毯或盖被，协助患者取舒适体位，创造良好的睡眠环境。

5. 经常巡视病房，了解患者睡眠情况，对于睡眠不佳的患者应按失眠护理，同时观察病情并酌情处理。

小 结

清洁是满足人的身心舒适和基本健康需要的方法之一，主要包括口腔、头发、皮肤、会阴部的清洁。护士根据患者的病情和自理能力准确评估，给予有效清洁护理，对于预防并发症、促进患者康复发挥着较大的作用。为危重及自理能力不同程度低下的患者实施口腔护理时强调有效评估及规范操作；床上擦浴及背部按摩时确保擦洗顺序、按摩手法的正确；会阴部清洁时需注意不同性别患者的擦洗方法，同时做好隐私保护，体现人文关怀精神。其中压力性损伤的评估和预防是本章的难点，要做到准确评估，预防压力性损伤的发生，每项操作后均给予个性化健康指导，促进患者身心健康，不断提升护理服务质量。

思考题

一、单项选择题

1. 患者，女，17岁。因患急性暴发型红斑狼疮，肾、心、肺等多脏器受累，已经应用抗生素配合激素治疗5周余。护士在为患者实施口腔护理时应密切观察

   A. 有无口臭 B. 舌苔变化 C. 口腔是否湿润
   D. 口腔有无真菌感染 E. 口唇是否干燥

2. 患者，女，20岁。因肱骨干骨折入院。护士在为其梳理头发时，发现头发已纠结成团，可选择用于梳理的合适溶液是

   A. 温开水 B. 生理盐水 C. 30%乙醇
   D. 75%乙醇 E. 油剂

（以下病例为3～4题共用）

患者，男，75岁。因脑卒中致右侧肢体瘫痪，神志清楚，体质瘦弱，二便失禁。近日发现其骶尾部皮肤呈紫红色，皮下可触及硬结，有水疱且水疱表面剥脱，创面红润，无脓液。

3. 判断该患者压力性损伤的分期为

   A. 1期 B. 2期 C. 3期
   D. 4期 E. 可疑深部组织损伤

4. 为预防压力性损伤的发生，最重要的护理措施是

   A. 受压处垫气圈 B. 鼓励肢体锻炼
   C. 保持左侧卧位 D. 每2h翻身一次
   E. 观察皮肤有无破损

二、案例分析题

患者钱某腰部以下截瘫，长期坐轮椅致双侧坐骨结节处皮肤出现约2 cm×2 cm的暗红色斑块，压之不褪色，侧卧30 min后，斑块不能褪去。

请回答：

1. 该患者的压力性损伤处于发展阶段的第几期？
2. 为防止患者的压力性损伤进展，可采取的护理措施有哪些？

（李育玲）

第十一章 冷、热疗法

导学目标

通过本章内容的学习，学生应能够：

◆ **基本目标**

1. 解释冷、热疗法的概念。
2. 描述冷、热效应及其影响因素。
3. 说明冷、热疗法的禁忌证及其注意事项。
4. 比较各种冷、热疗法的目的和方法。
5. 根据患者病情正确选择并规范执行各种冷、热疗法。

◆ **发展目标**

1. 将冷、热疗法与生命体征中"体温的评估与护理"建立联系。
2. 综合运用所学知识和技术，正确选择并实施冷、热疗法。
3. 培养规范操作意识和爱伤情怀，避免冷、热疗法实施过程中可能造成的患者安全问题。

本章数字资源

疾病状态下，患者因正常生理功能受影响而难以对外界温度变化做出良好的生理调适，或需借助冷、热疗法加速疾病进程、促进组织愈合或缓解疾病所致的不适感觉。冷、热疗法通过使用比人体温度低或高的物理因子作用于皮肤或黏膜表面，通过能量转移和影响神经活动发挥改变体温、止血、止痛、消炎等作用，从而达到治疗疾病的目的。

冷、热疗法应用简便安全、易于掌握，是临床常用的护理技术。但冷、热疗法的效果及患者对冷和热的耐受性受诸多因素影响，使用不当也可能对患者身体造成伤害。因此，护士应具备相关的专业知识，熟练掌握并依据不同情景运用适当的冷、热疗技术，及时有效地评估患者局部及全身对冷或热的反应，以确保患者获得安全的疗效，促进患者舒适。

案例 11-1

患儿，男，11岁。2天前因受凉出现发热、咳嗽、咳痰、胸闷、肢体酸痛。入院查体：体温39.2℃，脉搏98次/分，呼吸26次/分，血压104/63 mmHg。急性面容，痛苦表情，咽部充血，双肺呼吸音粗。结合实验室检查，诊断为"支原体肺炎"。

请回答：
1. 针对该患者的高热问题，护士可实施哪些物理降温措施？
2. 应用冷疗法时，机体会产生哪些生理效应？
3. 哪些因素会影响冷疗法的效果？

第一节 概 述

作为冷、热疗法的主要实施人员,护士通过学习冷、热疗法的概念、产生效应的生理机制和常见的冷、热效应类型,有助于深入理解执行各种冷、热疗法的目的、禁忌证与注意事项,确保患者安全,维持患者于最佳的健康状态。

一、冷、热疗法的概念

冷、热疗法(cold and heat therapy)是指利用低于或高于体温的物质作用于人体表面,通过皮肤内神经末梢传导至大脑皮质,反射性地引起皮肤及内脏器官的血管收缩或扩张,从而改变机体各系统体液循环和基础代谢率,达到局部或全身治疗的目的。

皮肤感受器分别接受冷、热等刺激而产生神经冲动,并使神经冲动沿脑神经和脊神经传至大脑,以形成相应的感觉。温度觉包括冷觉和热觉,起源于两种不同范围的温度感受器,冷觉感受器在皮肤温度低于30℃时发放冲动,温觉感受器在超过30℃时发放冲动。温度感受器在皮肤内呈点状分布,冷点的数量超过热点的数倍,故人体对冷刺激的反应较热刺激反应更为敏感。

任何形式的刺激只要达到一定强度(如极冷或极热)而成为伤害性刺激时,都能引起疼痛。此外,冷、热疗法也能缓解疼痛,如冷疗法可减慢神经纤维传导速度,降低神经末梢兴奋性,提高痛阈,减轻疼痛。由于冷、热会引起不同的生理变化,若使用不慎则可能造成患者温度性损伤。因此护士在应用冷、热疗法时,应严格遵守操作规程,及时、准确评估冷、热效应,确保患者安全。

二、冷、热疗法的效应

应用冷、热疗法时,机体会产生相应的效应,包括生理效应、继发效应和远隔效应。

(一)生理效应

应用冷、热疗法,可使机体产生不同的生理效应(表11-1)。

表11-1 冷、热疗法的生理效应

系统	指标	冷疗法	热疗法
细胞/组织代谢反应	基础代谢率	减少	增加
	耗氧量	减少	增加
循环系统反应	局部血管	收缩	扩张
	毛细血管通透性	降低	增加
	血液黏稠度	增加	降低
	淋巴回流	减少	增加
	心脏负担	减少	增加
神经系统反应	神经冲动传导速度	降低	增强
肌肉反应	结缔组织伸展性	减少	增加
	肌肉收缩力	降低	增强
体温	局部或全身温度	降低	升高

（二）继发效应

继发效应（secondary effect）又称反弹现象（rebound phenomenon），指用冷或用热超过一定时间后，机体会产生与生理效应相反的作用。如用热 20～30 min 时，血管达到最大扩张程度，若超过 30～45 min，机体为减少局部过度丧失热量而使组织充血并收缩血管；同样，当持续用冷时间超过 30～60 min，血管反而开始扩张，以避免长时间用冷引起组织损伤。继发效应是机体的一种防御机制。为避免继发效应抵消生理效应，在实施冷、热疗法时应控制使用时间，以 20～30 min 为宜。如需反复使用，须给予 1 h 左右的复原时间。

（三）远隔效应

远隔效应（distant effect）又称交感性反应（consensual response），指机体某一部位用冷或用热时，除该部位出现血管收缩或扩张反应外，还会通过神经反射引起相邻或更远部位出现相同反应。如热敷右下肢，左右下肢均出现血管扩张反应；或颈后用冷，同时会引发鼻黏膜血管的收缩反应。但交感性反应不如局部直接反应强烈或快速，反应持续时间也相对较短。

三、影响冷、热疗法效果的因素

1. 方式 根据导热介质不同，将冷、热疗法分为干法和湿法（表11-2）。由于水的渗透性优于空气，在同样温度条件下，湿冷、湿热法的效果优于干冷、干热法。但在实际临床应用中，应根据各种冷、热疗法的特点选择适当的治疗方式。

表11-2 干、湿冷热法的种类与优缺点

类型	分类	举例	优点	缺点
干法	干冷	冰帽 冰袋	不会浸软皮肤 患者更易耐受	无法深入组织层
	干热	热水袋 红外线灯	不会浸软皮肤 患者更易耐受 皮肤烫伤危险性较小 不受蒸发影响，温度保持较久	无法深入组织层 易导致皮肤干燥 出汗导致体液丢失增加
湿法	湿冷	冷湿敷 温水/乙醇擦浴	深入组织层，穿透力较强 减少皮肤干燥 敷布或液体与身体表面贴合较好	长时间使用易导致皮肤浸软 受蒸发影响，温度不易维持
	湿热	热湿敷 热水坐浴 温水浸泡	深入组织层，穿透力较强 减少皮肤干燥 敷布或液体与身体表面贴合较好 湿热可减少出汗导致的液体丢失	长时间使用易导致皮肤浸软 受蒸发影响，温度不易维持 导致皮肤烫伤的风险性较大

2. 部位 身体不同部位的冷、热效应受皮肤感受器分布、皮肤厚度及血液循环等因素影响。如阴囊部皮肤因冷觉感受器少于温觉感受器而对冷刺激不敏感；与之相反，手掌皮肤则冷觉感受器分布普遍；体表皮肤角质层越薄，冷、热治疗效果越好，如上肢内侧、腹股沟、颈部等部位；血液循环好的部位能增强冷、热效应，如大血管分布的颈部、腋下、腹股沟等部位。

3. 面积 应用面积与冷、热生理效应成正比，与患者的耐受性成反比。应用面积越大、冷、热治疗效果越好，但同时应注意患者的耐受性越差，且除局部反应外还易引起全身反应，如血压、心输出量、心率等改变。

4. 温度 皮肤温度感受器不直接感受外界温度，而是受内外环境引起的皮肤温度变化所刺激。因此，用冷或热的温度与体表温度相差越大，机体对刺激反应越大，反之则越小。人体对于冷和热的感受可区分不同等级,即冰冷、冷、凉、适中、温、热、灼热,分别由不同类型感受器所分辨,包括冷感受器、温热感受器以及两种亚型的痛感受器(冷痛和热痛感受器)。冰冷或灼热状态下,冷痛纤维末梢或热痛纤维末梢兴奋,引起疼痛。

5. 时间 随着冷、热治疗时间的延长,皮肤对冷或热的敏感性下降,耐受性增加。使用冷、热疗法的时间以 20~30 min 为宜。避免用冷或用热持续时间过长,产生继发效应而抵消生理效应,甚至造成危险。

6. 个体差异 冷、热疗法的效果受年龄、性别、胖瘦、身体状况、环境等个体因素影响。如老年人体温调节中枢功能减退、对温度刺激不敏感,而婴幼儿体温调节中枢发育尚未成熟、体温调节能力差,故以上两类人群均为冷、热疗法的高危人群。感觉障碍、昏迷或身体虚弱者,对冷、热及疼痛刺激的反应降低,因此使用冷、热疗法时易受到伤害,须特别小心。此外,女性对冷、热刺激更敏感;相比肥胖者,瘦弱者脂肪层较薄,发生损伤的风险更高;居住于寒冷地区者对冷耐受性高,也相对更怕热;居住于热带地区者则反之。

第二节 冷疗法与热疗法

案例 11-2

患儿,男,9 岁。入院诊断"扁桃体腺样体肥大合并阻塞性睡眠呼吸暂停",静脉吸入复合麻醉下行双侧扁桃体及腺样体切除术治疗,手术顺利,术后颈部双侧放置冰袋。手术次日,患儿主诉胸前区疼痛,右侧卧位,拒绝坐立,体温达 38.9℃,经查术后并发大叶性肺炎。

请回答:
1. 患儿切除双侧扁桃体及腺样体后,在颈部放置冰袋的主要目的是什么?
2. 局部冰袋降温时应注意什么?为什么?
3. 患儿术后并发大叶性肺炎导致体温升高,此时护士可采用哪些降温措施?

冷、热疗法在临床护理实践中应用非常广泛,所包含的方式亦较多。根据作用部位和面积不同,可分为局部冷、热疗法和全身冷、热疗法;根据使用目的和作用介质不同,可分为干冷、热疗法和湿冷、热疗法。护士在临床护理工作中应熟悉各种冷、热疗法的特点、操作要点和注意事项,确保安全有效地使用冷、热疗法。

一、冷疗法

冷疗法(cold therapy)是使低于人体温度的物质作用于机体的局部或全身,以达到消炎、止痛、止血及降温目的的方法。冷疗法分为局部冷疗法(如冰帽、冰袋、冷湿敷等)和全身冷疗法(如温水或乙醇拭浴等)。

(一)目的

1. 减轻疼痛 止痛是冷疗法的重要治疗作用之一。冷疗通过抑制神经末梢及细胞的敏感性而提高疼痛阈值,降低神经冲动传导速度,减少疼痛感;抑制细胞的代谢活动;使血管收缩,血管通透性降低,减少渗出,缓解肿胀压迫神经末梢所致疼痛。常用于牙痛、烫伤及急性损伤初期等。

2. 抑制炎性反应 在冷刺激作用下,细胞需氧量会显著降低,因此可大幅减缓受伤组织的新陈代谢率,减低损伤组织对氧和其他营养物质的需要;低温可减少炎症反应因子的产生,进而减轻炎症反应。此外，局部降温可以减少白细胞的黏附，继而减少白细胞和血管内皮细胞的相互作用。常用于炎症早期、关节置换术后等。

3. 减轻出血和肿胀 冷疗可使血管收缩，血液黏稠度增加，血流速度减慢，促进凝血；同时冷疗还可降低毛细血管通透性，减少血管与组织间体液与物质的交换，从而减轻局部组织出血和充血肿胀。常用于鼻出血、拔牙、局部软组织损伤初期、扁桃体切除术后等。

4. 降低体温 冷疗可通过物理作用将体内的热量经传导散出，从而降低体温。常用于高热、中暑患者。此外，重症颅脑损伤、心脏手术及心肺复苏后患者，可通过人工物理方法降低全身体温或局部脑温，进而降低脑细胞氧耗量，促进脑功能恢复。

（二）禁忌证

1. 慢性炎症或深部化脓性病灶 冷疗可使局部血管收缩，血流量减少，阻碍炎症吸收。

2. 局部血液循环障碍 冷疗可进一步加重局部血液循环障碍，导致局部组织缺血缺氧，从而发生变性坏死。如休克、全身微循环障碍、糖尿病、水肿、雷诺氏综合征等。

3. 开放性损伤 冷疗可致血液循环不良，加重组织损伤而影响伤口愈合。特别是大范围组织损伤应禁用冷疗。

4. 对冷过敏 对冷过敏者用冷后可出现红斑、荨麻疹、关节疼痛和肌肉痉挛等症状。

5. 冷疗的禁忌部位

（1）枕后、耳郭、阴囊处：因皮肤薄、血液循环量少，冷疗易引起冻伤。

（2）心前区：冷疗易引起反射性心率减慢、心律不齐。

（3）腹部：冷疗易引起腹泻。

（4）足底：冷疗可致反射性末梢血管收缩而影响散热，或引起一过性冠状动脉收缩。

6. 慎用冷疗法的情况 感觉异常、昏迷、心脏病、年老体弱、婴幼儿、关节疼痛等。

（三）常用冷疗方法

冰袋的使用

【目的】

降温，止血，消炎，镇痛。

【评估】

1. 评估患者的年龄、病情、体温、意识状态及配合程度。

2. 评估患者的局部皮肤状况（颜色、温度、疼痛程度、有无破损、肿胀、血液循环不良、肌肉痉挛等情况）。

【操作前准备】

1. 患者准备 了解使用冰袋的目的、部位、过程和注意事项，配合操作。

2. 护士准备 衣帽整洁，洗手，戴口罩。

3. 物品准备

（1）治疗车上层：治疗盘内备冰袋（图11-1）、布套、毛巾。治疗盘外：若为传统橡胶冰袋，需备碎冰块、盆、适量冷水、勺；手消毒液。

（2）治疗车下层：生活垃圾桶、医用垃圾桶。

4. 环境准备 酌情关闭门窗，保持合适室温，避免对流风直吹患者。

 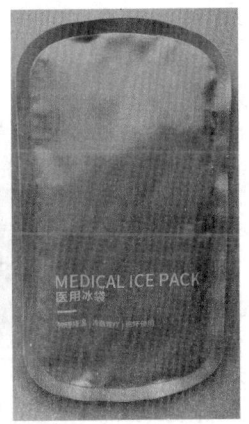

图 11-1 冰袋

【操作流程】

操作主线	操作步骤	操作要点
1. 准备冰袋		
▲ 传统橡胶冰袋	（1）将碎冰块放入盆中，用冷水冲去棱角	● 将冰块锐角融化，减轻患者不适
	（2）将冰块装入冰袋1/2~2/3满，排出袋内空气，夹紧冰袋口	● 稍放平冰袋，轻轻挤压袋身驱除空气；空气可加快冰块融化，降低冷疗效果
	（3）用干毛巾擦干冰袋口，倒提冰袋，检查无漏水，装入布套	● 布套可吸收冷凝水，同时避免冰袋直接接触皮肤而增加冻伤风险
▲ 重复使用型凝胶冰袋	使用前放入冰箱内（-15℃）冷藏2~4 h，使用时从冰箱中取出	
2. 核对	（1）携用物至床旁；核对患者姓名、床号、腕带	● 确认患者
	（2）再次检查冰袋是否夹紧，有无漏水	● 保护皮肤，以免皮肤浸润
3. 放置冰袋	（1）放置位置 1）高热降温：置冰袋于前额、头顶部或体表大血管处，如颈部两侧、腋下、腹股沟等 2）扁桃体摘除术后：置冰袋于颈前颌下	
	（2）放置时间：不超过30 min；若重复使用，应间隔30~60 min	● 防止产生继发效应 ● 冰块融化则随时更换 ● 若用于降温，30 min后测量体温，监测体温变化
4. 观察效果与反应	（1）将呼叫器置于患者易取用处 （2）使用期间，观察冰袋使用的效果与不良反应	● 若局部皮肤出现发紫、麻木感，应及时停用
5. 用后处理	（1）移去冰袋，协助患者取舒适卧位，整理患者衣物及床单位	
	（2）冰袋处置 1）橡胶冰袋：排空冰袋后将其倒挂晾干，保存于阴凉处 2）重复使用型凝胶冰袋：用消毒液擦拭后放入冰箱内备用 （3）布套洗净备用	● 避免日晒，晾干后可吹入少量空气或撒少量滑石粉，以免发生粘连
6. 洗手，记录		● 记录开始使用时间和结束时间、使用效果、患者反应等

【注意事项】

1. 随时观察冰袋冷疗效果及反应。如局部皮肤苍白、青紫或有麻木感，须立即停止使用，防止冻伤。如布套浸湿应及时更换，保持布袋干燥。

2. 冰袋如置于前额，可将冰袋悬吊在支架上，以减轻局部压力，避免影响血液循环。

3. 若为高热降温，使用冰袋 30 min 后需再次测体温，记录在体温单上。体温降至 39℃以下时，应停用冰袋。

【健康教育】
1. 向患者及家属说明使用冰袋的目的、使用方法、配合要点及注意事项。
2. 解释冰袋使用过程中的正常感觉及反应，并告知若有不适，需及时通知护士。

冰帽的使用

【目的】
头部降温，防治脑水肿，降低脑细胞耗氧量。

【评估】
1. 评估患者的年龄、病情、体温、意识状态及配合程度。
2. 评估患者的头部情况，有无皮肤破损或伤口等。

【操作前准备】
1. 患者准备 患者或家属了解使用冰帽的目的、部位、过程和注意事项，配合操作。
2. 护士准备 衣帽整洁，洗手，戴口罩。
3. 物品准备
（1）治疗车上层：冰帽（图 11-2）、肛表、手消毒液。如使用传统的橡胶冰帽，则需另备海绵垫、冰块、盆、适量冷水和勺子。
（2）治疗车下层：生活垃圾桶、医用垃圾桶。

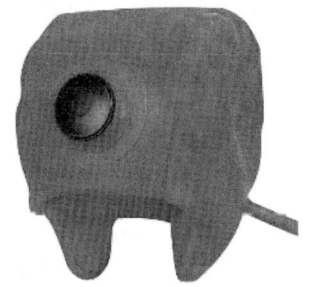

图 11-2　冰帽

4. 环境准备　酌情关闭门窗，保持合适室温。

【操作流程】

操作主线	操作步骤	操作要点
1. 准备冰帽	同冰袋法	
2. 核对	携用物至床旁，核对患者姓名、床号及腕带	● 再次确认患者
3. 放置冰帽	（1）放置位置：头部枕于冰帽内，后颈部、双耳郭处垫海绵垫，排水管放于水桶内	● 防止冻伤枕后、耳郭
	（2）放置时间：依患者病情而定，每 30 min 测量一次肛温，维持肛温在 33℃左右	● 肛温不可低于 30℃，避免心室颤动等并发症 ● 及时添加冰块，确保降温效果
4. 观察效果与反应	（1）将呼叫器置于患者易取用处 （2）使用期间，观察冰帽使用的效果及不良反应	● 使用冰帽期间密切观察患者生命体征、意识状况、皮肤色泽等

续表

操作主线	操作步骤	操作要点
5. 用后处理	（1）撤去冰帽，协助患者取舒适卧位，整理患者衣物及床单位 （2）用物处理同冰袋法	
6. 洗手，记录		• 记录开始使用时间和结束时间、使用效果、患者反应等

【注意事项】
1. 定时观察患者反应及皮肤色泽，防止耳郭、枕后冻伤。
2. 冰帽内冰块融化后，应及时更换。
3. 治疗过程中，保持肛温在33℃左右，不低于30℃，监测心率及心律的变化，以防心室颤动等的发生。

【健康教育】
1. 向患者及家属说明使用冰帽的目的、使用方法、配合要点及注意事项。
2. 解释冰帽使用过程中的正常感觉及反应，并告知若有不适，需及时通知护士。

知识链接

冰帽与化疗所致脱发

冷却头皮（scalp cooling）近年来备受研究人员和医护人员关注，而冰帽作为一个可用于冷却头皮的装置，在减少恶性肿瘤（如乳腺癌、妇科肿瘤等）化疗所致脱发方面的作用在国内外多项研究中得以证实。2017年，*JAMA*杂志发表了一篇名为"Scalp Cooling to Prevent Chemotherapy-Induced Alopecia: The Time Has Come"的文章。文中介绍了两项关于乳腺癌患者早期使用冰帽进行头皮降温以减少化疗导致脱发的研究，研究结果显示，使用冰帽不仅可以减少脱发风险，而且患者的生活质量也可得到一定程度的提升。

头部降温减少化疗所致脱发的原理为持续头颈部冷疗可使头皮血管收缩、血流速度减慢，减少毛囊细胞代谢以及其对化疗药物的摄取，使进入毛乳头即毛细血管网的药物浓度降低。

目前，头皮冷却法已被美国国家综合癌症网络（National Comprehensive Cancer Network，NCCN）中的乳腺癌指南列入化疗所致脱发的预防方法。

——摘自：Hershman DL. Scalp Cooling to Prevent Chemotherapy-Induced Alopecia: The Time Has Come [J]. *JAMA*, 2017, 317 (6): 587-588.

冷湿敷法

【目的】
止血，抑制炎性反应，减轻疼痛及肿胀，高热患者头部降温。

【评估】
1. 评估患者的年龄、病情、体温、意识状态及配合程度。
2. 评估患者的局部皮肤情况、活动能力。

【操作前准备】

1. 患者准备 了解冷湿敷的目的、部位、过程和注意事项，配合操作。

2. 护士准备 衣帽整洁，洗手，戴口罩。

3. 物品准备

（1）治疗车上层：治疗盘内备敷布2块、凡士林、棉签、纱布、一次性治疗巾、无菌手套（若为开放伤口）、干毛巾；治疗盘外备水盆（盛适量冰水）、手消毒液。

（2）治疗车下层：生活垃圾桶、医用垃圾桶。

4. 环境准备 酌情关闭门窗，保持合适室温，必要时隔帘或屏风遮挡。

【操作流程】

操作主线	操作步骤	操作要点
1. 核对	携用物至床旁；核对患者姓名、床号、腕带	● 再次确认患者
2. 患者准备	（1）指导或协助患者取适当卧位	
	（2）暴露患处，下垫一次性治疗巾	● 避免衣物及床褥浸湿
	（3）患处涂凡士林后加盖纱布	● 避免冻伤
3. 执行冷湿敷	（1）将敷布置于冰水中浸透，拧至半干，展开敷布覆盖于患处	● 敷布拧至不滴水为宜 ● 若患处为开放性伤口，应按无菌技术执行
	（2）放置时间：15～20 min为宜，每3～5 min更换一次	● 以防产生继发效应
4. 观察效果与反应	使用期间，观察冷湿敷的效果及不良反应	● 冷湿敷期间密切观察患者生命体征、意识状况、皮肤色泽等
5. 用后处理	（1）擦干冷湿敷部位，擦净凡士林 （2）协助患者取舒适卧位，整理床单位，推治疗车离开病室，处理用物	
6. 洗手，记录		● 记录开始时间和结束时间、使用效果、患者反应等

【注意事项】

1. 定时观察皮肤颜色改变及患者反应，防止冻伤。
2. 若为开放性伤口，应按无菌技术执行。
3. 用于降温时，冷湿敷30 min后需再次测量体温，并将体温值记录在体温单上。

【健康教育】

1. 向患者及家属说明冷湿敷的目的、使用方法、配合要点及注意事项。
2. 解释冷湿敷过程中的正常感觉及反应，并告知若有不适，需及时通知护士。

温水/乙醇拭浴法

【目的】

为高热患者降温。

【评估】

1. 评估患者的年龄、病情、意识状态及配合程度。乙醇拭浴前需评估有无乙醇过敏史。
2. 评估患者的体温、皮肤状况及活动能力。

【操作前准备】

1. 患者准备

（1）了解温水或乙醇拭浴的目的、部位、过程和注意事项，配合操作。

（2）排尿、排便，取舒适体位。

2. 护士准备　衣帽整洁，洗手，戴口罩。

3. 物品准备

（1）治疗车上层：治疗盘内备小毛巾、大浴巾、热水袋及套、冰袋及套、水温计；治疗盘外备水盆（盛适量32～34℃温水，或30℃、25%～35%乙醇200～300 ml）、清洁衣裤（必要时）、手消毒液。

（2）治疗车下层：生活垃圾桶、医用垃圾桶。

4. 环境准备　酌情关闭门窗，保持合适室温，必要时隔帘或屏风遮挡。

【操作流程】

操作主线	操作步骤	操作要点
1. 核对	携用物至床旁；核对患者姓名、床号、腕带	● 确认患者
2. 松盖被、脱衣	松开盖被，协助患者脱上衣，取适当体位	● 隔帘或屏风遮挡，保护患者隐私
3. 置冰袋、热水袋	在患者头部放置冰袋，足底放置热水袋	● 冰袋利于降温，同时减少头部充血导致的头痛；热水袋促进下肢血管扩张，从而减轻头部充血，促进患者舒适
4. 执行拭浴	（1）拍拭方式：将大浴巾垫于擦拭部位下方，浸湿小毛巾，拧至半干，缠成手套状（图11-3），以离心方向、轻拍方式拭浴，拭毕，用大浴巾擦干皮肤	● 避免床单浸湿 ● 水温计置于温水中，保持适当冷度 ● 以轻拍方式进行，避免摩擦生热
	（2）拍拭顺序	● 先拍拭近侧，再拍拭远侧
	1）双上肢：取平卧位。颈外侧→肩→上臂外侧→前臂外侧→手背；侧胸→腋窝→上臂内侧→前臂内侧→手掌；同法拍拭另一侧	● 被拍拭一侧应尽量暴露，以利于散热 ● 腋窝、肘窝、腹股沟、腘窝等体表大血管流经处，应适当延长时间，以促进散热
	2）背腰部：取侧卧位。颈下肩部→背部→臀部。协助穿上衣	
	3）双下肢：取平卧位，褪去裤子。外侧：髂骨→下肢外侧→足背；内侧：腹股沟→下肢内侧→内踝；后侧：臀下→大腿后侧→腘窝→足跟；同法拍拭另一侧	
	（3）拍拭时间：每侧（四肢、背腰部）3 min，全程15～20 min为宜	● 防止产生继发效应
5. 观察效果与反应	使用期间，观察效果及不良反应	● 拭浴过程中密切观察患者生命体征、意识状况、有无寒战等不良反应
6. 操作后处理	（1）撤热水袋，根据需要更换干净衣裤 （2）协助患者取舒适卧位 （3）整理床单位，推治疗车离开病室，处理用物	
7. 洗手，记录		● 记录使用开始时间和结束时间、使用效果、患者反应等

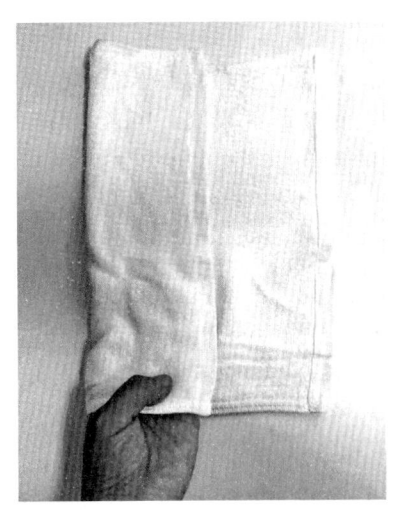 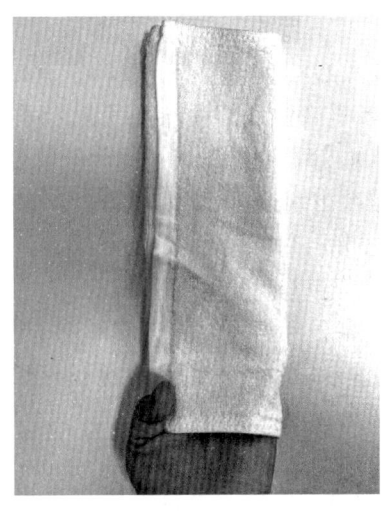 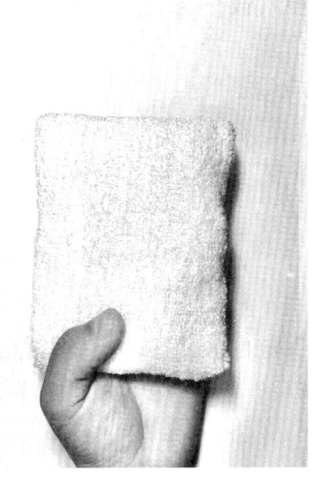

图 11-3 小毛巾手套状折叠法

【注意事项】

1. 婴幼儿及血液病高热患者禁用乙醇拭浴。
2. 拍拭顺序合理，每次只暴露需拍拭的部位，以防受凉，并保护患者的隐私。
3. 腋窝、肘窝、腹股沟、腘窝等体表大血管丰富处，应适当延长拍拭时间以促进散热；心前区、腹部、后颈及足底为拭浴的禁忌部位。
4. 随时观察患者反应及局部情况，如出现寒战、面色苍白、脉搏及呼吸异常时，应立即停止，并及时与医生联系。
5. 拭浴后 30 min 需再次测量体温，当体温低于 39℃时取下冰袋，并将体温值记录在体温单上。

【健康教育】

1. 向患者及家属说明温水/乙醇拭浴的目的、使用方法、配合要点及注意事项。
2. 解释温水/乙醇拭浴过程中的正常感觉及反应，并告知若有不适，需及时通知护士。

其他冷疗法

1. 一次性化学制冷袋 也称一次性速冷冰袋，冰袋内含两种化学制剂，制冷原理为两种化学制剂混合后迅速发生反应并产生制冷效果。一次性化学制冷袋无需冷藏、冷冻等预冷处理，使用和保管方便，且制冷效果安全、温和；袋体柔软，有助于增加与皮肤的接触面积，避免了传统冰袋因冰块坚硬而造成的不适感。此外，一次性使用可避免交叉感染。使用方法：只需按包装指示找到冰袋内的液体袋并用力捏破，上下抖动数次使两种化学制剂充分混合，用布套或毛巾包裹冰袋后即可敷于患处。

2. 加压冷疗法 关节（如膝关节、肩关节）术后早期往往伴随肿胀、炎症反应、疼痛及失血等问题。加压联合冷疗在减少血流量和减轻疼痛方面可产生协同作用，相比传统冷疗具有更优效果。与普通冷疗相比，加压冷疗通过加压作用将冷疗范围从 8 mm 延伸至 4 cm，冷疗范围可及关节腔内。此外，可保持 10～15℃恒温，最大限度发挥冷疗的病理生理作用。加压冷疗装置由冰桶、连接管、冰囊、电动泵组成。冰桶内装入水和冰块，冰囊置于患肢局部并妥善固定，冰桶与冰囊通过连接管连接，接通电源后，电动泵产生脉冲压调节冰囊内压力，从而对局部组织产生间歇性压迫作用，冰水 24 h 循环使用以维持冰囊内壁温度。

3. 亚低温疗法 亚低温治疗的原理是利用具有中枢神经系统抑制作用的药物，使患者进入睡眠状态，再配合物理降温减少脑耗氧量和能量代谢，从而降低脑损伤患者的颅内压。临床广泛应用于颅脑损伤、缺血性脑卒中、心脏外科体外循环术中的脑保护、各种高热状态（中枢性高热病、高热惊厥、脑炎）等。目前国际上将低温划分为：轻度低温（33～35℃）、中度低温（28～32℃）、深低温（17～27℃）、超深低温（4～16℃），其中前两者属亚低温，临床应用最为普遍。为颅脑损伤患者实施亚低温治疗推荐使用可控电子调温式水毯，患者头戴冰帽，在颈部、腋下、股动脉等大血管处放置冰袋（用毛巾包裹），使肛温控制在33～35℃。根据患者病情决定治疗时间，一般至少维持3～5天。

二、热疗法

热疗法（heat therapy）是使高于人体体温的物质作用于机体的局部或全身，以达到消炎、促进血液循环、解痉和舒适目的的方法。热疗法包括干热疗法（如热水袋、红外线灯）和湿热疗法（如热湿敷、热水坐浴、温水浸泡）。

（一）目的

1. 缓解疼痛 热疗可降低感觉神经的兴奋性，提高痛阈；促进血液循环，加速炎性渗出物吸收，促进组胺等致痛物质排出。消除水肿，以解除对局部神经末梢的压力从而减轻疼痛；增加松弛肌肉和结缔组织的伸展性，减轻因肌肉痉挛、关节强直僵硬所造成的疼痛。常用于胃肠痉挛、肾绞痛、腰肌劳损等。

2. 促进炎症消退和局限 热疗可促进血液循环，加速组织中毒素、废物的排出。同时，白细胞数量增多，吞噬功能和新陈代谢增加，使机体抵抗力和修复能力增强。因而在炎症早期用热，可促进炎性渗出物的吸收和消散，如眼睑炎（麦粒肿）；炎症后期用热，可促进白细胞释放蛋白溶解酶，促进炎症局限，如乳腺炎等。

3. 减轻深部组织充血 热疗使体表血管扩张，血流量增加，因而深部组织血流量减少，减轻深部组织充血。

4. 保暖 热疗可使皮肤血管扩张，改善血液循环，使患者感到温暖舒适。可用于危重、早产儿、年老体弱及末梢循环不良患者。

（二）禁忌证

1. 未明确诊断的急性腹痛 热疗能缓解疼痛，易掩盖病情真相而贻误诊断及治疗。

2. 面部危险三角区的感染 该区域血管丰富，面部静脉血管内无静脉瓣，且与颅内海绵窦相通。热疗可使该处血流量增多，导致细菌及毒素进入血液循环，促使炎症扩散，造成颅内感染和败血症。

3. 各种出血性疾病、脏器出血 因热疗使局部血管扩张，增加脏器的血流量及血管的通透性，可加重出血倾向。

4. 软组织损伤或扭伤早期（48 h 内） 热疗可促进血液循环，加重皮下出血、肿胀及疼痛。

5. 其他

（1）心、肝、肾功能不全者：大面积热疗可使皮肤血管扩张，内脏器官的血液供应进一步减少，加重病情。

（2）皮肤湿疹：热疗可加重皮肤受损，也可增加痒感而导致不适。

（3）急性炎症：热疗可使局部温度升高，利于细菌繁殖及分泌物增多，加重病情。如牙龈炎、中耳炎、结膜炎等。

（4）金属移植物部位：因金属是热的良导体，用热易造成烫伤。

（5）孕妇：热疗可使胎儿生长受影响。

（6）睾丸：热疗可抑制精子发育并破坏精子。

6. 慎用热疗者 麻痹或感觉异常者、老年人及婴幼儿。

> **知识链接**
>
> **热疗发展史中的诺贝尔医学奖**
>
> 人类很早就认识到热疗对疾病的治疗作用。奥地利神经及精神学家Julius Wagner Jauregg（1857.03—1940.09）通过系统研究，发现通过人为引起机体发热，可治疗精神疾病。
>
> 19世纪，晚期梅毒患者神经系统受梅毒螺旋体侵犯所导致的麻痹性痴呆无药可治，死亡率极高。精神科医生们发现，一些麻痹性痴呆的患者在高热后可使症状得以显著改善。Jauregg在前期研究基础上，给一些麻痹性痴呆患者接种疟疾（一种相对无害的疟疾类型）患者的血液，造成其疟疾感染而诱发高热，用以治疗神经梅毒。1890年，Jauregg正式提出治疗麻痹性痴呆的"高热疗法"。由于疗效显著，此方法成为当时治疗中枢神经系统梅毒感染的重要疗法，治愈了多例患者。
>
> 1927年，Jauregg因此获诺贝尔生理学或医学奖。
>
> ——摘自：蒋华良. 药物研发与诺贝尔奖——2015年度诺贝尔生理学或医学奖解读[J]. 中国科学：生命科学，2015，45（11）：1156-1159.

（三）常用热疗法

热水袋的使用

【目的】

保暖，解痉，镇痛，促进炎症过程。

【评估】

1. 评估患者的年龄、病情、体温、意识状态及配合程度。
2. 评估患者的局部皮肤状况、活动能力。

【操作前准备】

1. 患者准备 了解使用热水袋的目的、部位、过程和注意事项，配合操作。

2. 护士准备 衣帽整洁，洗手，戴口罩。

3. 物品准备

（1）治疗车上层：治疗盘内备热水袋及布套、水温计、毛巾；治疗盘外备水盆（盛适量60~70℃热水）、手消毒液。

（2）治疗车下层：生活垃圾桶、医用垃圾桶。

4. 环境准备 清洁、安静，保持合适室温。

【操作流程】

操作主线	操作步骤	操作要点
1. 备热水袋	（1）检查热水袋无破损，放平热水袋，取下塞子；一手持袋口边缘，一手灌水（图11-4A）；边灌边提高热水袋，灌至1/2~2/3满	● 热水袋灌水过多，则膨胀变硬，会减小有效接触面积，降低患者舒适感 ● 若为意识不清、感觉迟钝、末梢循环不良、婴幼儿等患者，水温应低于50℃
	（2）缓慢放平热水袋，排出袋内气体，拧紧塞子，用毛巾擦干热水袋口	● 袋内空气会影响热水袋与皮肤的贴合，加速水温下降，影响热疗效果
	（3）倒提热水袋，检查无漏水（图11-4B）， （4）将热水袋装入布套（图11-4C）	● 避免热水袋直接接触皮肤，布套可减缓热传导

续表

操作主线	操作步骤	操作要点
2. 核对	携用物至床旁，核对患者姓名、床号、腕带	• 再次确认患者
3. 放置热水袋	（1）将热水袋置于所需部位 （2）放置时间：不超过 30 min，若需长期使用，应间隔 30~60 min	• 袋口朝外，减少烫伤风险 • 防止产生继发效应
4. 观察效果与反应	（1）呼叫器置于患者易取用处 （2）使用期间，观察使用热水袋的效果及不良反应	• 若局部皮肤出现发红、发热、疼痛、水疱等，应及时停用
5. 用后处理	（1）移去热水袋，协助患者取舒适卧位 （2）整理患者衣物及床单位 （3）排空热水袋后将其倒挂晾干，布套洗净备用 （4）吹气、拧紧塞子，保存于阴凉处备用	• 避免日晒，晾干后可吹入少量空气或撒少量滑石粉，以免发生粘连
6. 洗手，记录		• 记录开始使用时间和结束时间、使用效果、患者反应等

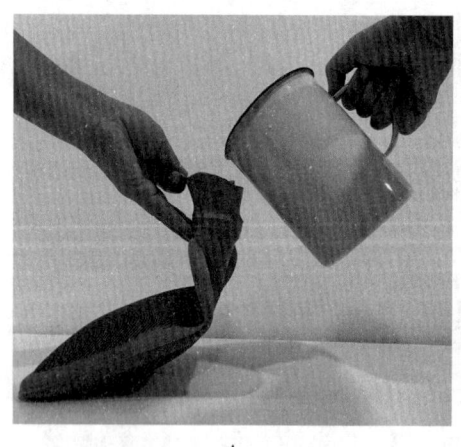  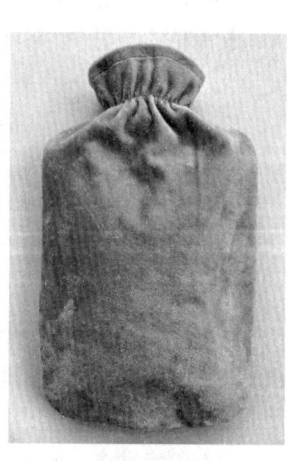

A　　　　　　　　　B　　　　　　　　C

图 11-4　备热水袋的方法

【注意事项】

1. 若为成人患者，水温为 60~70℃。婴幼儿、老人、感觉迟钝、昏迷、循环不良者，则水温应低于 50℃，并在热水袋布套外再包大毛巾，或置于两层盖被之间，以防烫伤。

2. 加强巡视，严格执行床边交接班。观察用热部位反应及倾听患者主诉，如诉疼痛、或局部皮肤潮红，应立即停用，以防烫伤。

3. 用于炎症部位热敷时，热水袋灌水至 1/3 满，以免局部压力过大，引起疼痛。

【健康教育】

1. 向患者及家属说明使用热水袋的目的、使用方法、配合要点及注意事项。

2. 解释热水袋使用过程中的正常感觉及反应，并告知若有不适，需及时通知护士。

红外线灯或烤灯的使用

【目的】

消肿，解痉，镇痛，促进创面干燥。

【评估】

1. 患者的年龄、病情、体温、意识状态及配合程度。
2. 患者的局部皮肤状况、活动能力。

【操作前准备】

1. 患者准备

（1）了解使用红外线灯或烤灯的目的、部位、过程和注意事项，配合操作。

（2）暴露患处，取舒适体位。

2. 护士准备　衣帽整洁，洗手，戴口罩。

3. 物品准备（以红外线灯为例）　红外线灯（图11-5），必要时备眼罩或纱布、手消毒液。

4. 环境准备　酌情关闭门窗，保持合适室温，必要时用隔帘或屏风遮挡。

图 11-5　红外线灯

【操作流程】

操作主线	操作步骤	操作要点
1. 核对	携用物至床旁，核对患者姓名、床号、腕带	● 再次确认患者
2. 患处准备	（1）暴露患处，取舒适体位	● 维护患者隐私 ● 覆盖身体其他部位以保暖
	（2）清洁、擦干局部皮肤	
3. 使用红外线灯	（1）调节灯距，选择功率	● 保持30~50 cm距离为宜，避免过高或过低 ● 根据不同治疗部位，选择合适的功率：如手、足等小部位用250 W；胸、腹、腰、背等部位用500~1000 W
	（2）照射：将红外线灯对准患处上方或侧方	● 前胸、面颈部照射时，应戴有色眼镜或覆盖纱布，以保护眼睛
	（3）时间：20~30 min	● 防止产生继发效应
4. 观察效果及不良反应	观察：使用期间，观察效果及不良反应；将呼叫器置于患者易取用处	● 若局部皮肤出现发红、发热、疼痛、水疱等，应及时停用
5. 用后处理	（1）移去红外线灯 （2）协助患者取舒适卧位 （3）整理患者衣物及床单位 （4）擦拭干净红外线灯	
6. 洗手，记录		● 记录使用开始时间和结束时间、使用效果、患者反应等

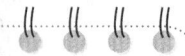

【注意事项】

1. 当照射面颈部、前胸部时，应注意保护眼睛。因眼内含较多液体，对红外线吸收较强，直接照射时，若强度过大可引起白内障。

2. 一般不用红外线治疗感觉障碍的局部，如需要治疗，必须严格控制照射剂量，认真观察，防止烫伤。

3. 用红外线治疗皮肤植皮、瘢痕区时需慎重。动脉阻塞性病变不宜用红外线治疗。

4. 急性外伤后 24～48 h 内一般不用红外线治疗损伤部位，以免加剧肿痛、渗出。

5. 照射过程中，随时观察局部皮肤反应。若出现皮肤紫红色、疼痛、心悸、头晕等，应立即停止照射。

【健康教育】

1. 向患者及家属说明使用红外线灯或烤灯的目的、使用方法、配合要点及注意事项。

2. 解释红外线灯或烤灯使用过程中的正常感觉及反应，并告知若有不适，需及时通知护士。

热湿敷法

【目的】

消炎，解痉，镇痛，消肿。

【评估】

1. 评估患者的年龄、病情、体温、意识状态及配合程度。

2. 评估患者的局部皮肤状况、活动能力。

【操作前准备】

1. 患者准备

（1）了解热湿敷的目的、部位、过程和注意事项，配合操作。

（2）暴露患处，取舒适体位。

2. 护士准备　衣帽整洁，洗手，戴口罩。

3. 物品准备

（1）治疗车上层：治疗盘内备敷布 2 块、一次性治疗巾、凡士林、棉签、纱布、水温计、无菌手套（若为开放伤口）、干毛巾，局部有伤口时备换药用物；治疗盘外备水盆（盛适量 50～60℃热水）、手消毒液。

（2）治疗车下层：生活垃圾桶、医用垃圾桶。

4. 环境准备　酌情关闭门窗，保持合适室温，必要时用隔帘或屏风遮挡。

【操作流程】

操作主线	操作步骤	操作要点
1. 核对	携用物至床旁，核对患者姓名、床号、腕带	● 确认患者
2. 患处准备	（1）暴露患处，下垫一次性治疗巾	● 避免衣物及床褥浸湿
	（2）受敷部位涂凡士林后加盖纱布	● 减轻烫伤风险
3. 执行热湿敷	（1）置敷布于热水中浸透，拧至半干，展开敷布，折叠后覆盖于患处	● 将敷布拧至不滴水为宜 ● 若为开放性伤口，按无菌技术执行
	（2）时间：15～20 min 为宜，每 3～5 min 更换一次敷布	● 以防产生继发效应
4. 观察效果及不良反应	热湿敷期间，观察效果及不良反应	● 热湿敷期间密切观察患者生命体征、意识状况、皮肤色泽等

续表

操作主线	操作步骤	操作要点
5. 操作后处理	（1）擦净热湿敷部位 （2）协助患者取舒适卧位 （3）整理床单位，推治疗车离开病室，处理用物	
6. 洗手，记录		• 记录开始使用时间和结束时间、使用效果、患者反应等

【注意事项】
1. 热水温度宜在 50~60℃，如患者热敷部位不禁忌压力，可将热水袋置于敷布上，再以大毛巾覆盖，用以维持温度。
2. 如患者感到烫热，可揭开敷布一角散热；若为面部湿热敷者，热敷后 30 min 方能外出，以防感冒。
3. 若患处为开放性伤口，应按无菌技术执行。

【健康教育】
1. 向患者及家属说明热湿敷的目的、使用方法、配合要点及注意事项。
2. 解释热湿敷过程中的正常感觉及反应，并告知若有不适，需及时通知护士。

热水坐浴法

【目的】
消炎，解痉，镇痛，消肿。

【评估】
1. 评估患者的年龄、病情、体温、意识状态及配合程度。
2. 评估患者的局部皮肤状况、活动能力。

【操作前准备】
1. 患者准备
（1）了解热水坐浴的目的、部位、过程和注意事项，配合操作。
（2）坐浴前排尿、排便，清洗双手和局部皮肤。
2. 护士准备　衣帽整洁，洗手，戴口罩。
3. 物品准备
（1）治疗车上层：治疗盘内备药液、无菌纱布、水温计、毛巾；局部有伤口时备换药用物；治疗盘外备坐浴椅、消毒坐浴盆、热水瓶、手消毒液。
（2）治疗车下层：生活垃圾桶、医用垃圾桶。
4. 环境准备　酌情关闭门窗，保持合适室温，必要时隔帘或屏风遮挡。

【操作流程】

操作主线	操作步骤	操作要点
1. 核对	携用物至床旁，核对患者姓名、床号、腕带	• 确认患者 • 必要时用围帘遮挡，保护患者隐私
2. 药液准备	遵医嘱配制药液，调节温度至 40~45℃，倒入坐浴盆内至 1/2 满，置坐浴盆于坐浴椅上	• 根据医嘱配制溶液 • 高锰酸钾溶液浓度 1:5000，浓度过低消毒效果欠佳，浓度过高会灼伤局部组织黏膜皮肤

续表

操作主线	操作步骤	操作要点
3. 执行热水坐浴	（1）方式：协助患者脱裤至膝部，取坐姿；嘱患者用纱布蘸取药液清洗外阴部；适应水温后，将臀部完全坐入浴盆	• 臀部须完全浸入水中 • 浴巾遮盖患者大腿部保暖
	（2）时间：15~20 min 为宜	• 以防产生继发效应 • 随时调节水温，避免患者受凉
4. 观察效果及不良反应	热水坐浴期间，观察效果及不良反应	• 热水坐浴期间密切观察患者生命体征、意识状况、皮肤色泽等 • 防止患者跌倒
5. 操作后处理	（1）擦干臀部，协助患者穿裤，取舒适体位 （2）整理床单位，推治疗车离开病室，处理用物	
6. 洗手，记录		• 记录开始使用时间和结束时间、使用效果、患者反应等

【注意事项】
1. 盆腔急性炎症、女性经期、妊娠后期、产后2周内及阴道出血者禁忌坐浴，以免引起感染。
2. 若坐浴部位有伤口，须备无菌坐浴盆和溶液，按无菌技术执行。
3. 坐浴前排尿、排便，避免因热水刺激肛门、会阴部而引起排尿、排便反射。
4. 坐浴过程中密切观察患者反应，如患者出现面色苍白、脉搏加快、眩晕、软弱无力等，应立即停止坐浴。

【健康教育】
1. 向患者及家属说明热水坐浴的目的、使用方法、配合要点及注意事项。
2. 解释热水坐浴过程中的正常感觉及反应，并告知若有不适，需及时通知护士。

温水浸泡法

【目的】
消炎，镇痛，清洁，消毒创口。

【评估】
1. 评估患者的年龄、病情、体温、意识状态及配合程度。
2. 评估患者的局部皮肤状况、活动能力。

【操作前准备】

1. 患者准备
（1）了解温水浸泡的目的、部位、过程和注意事项，配合操作。
（2）暴露患处，取舒适体位。

2. 护士准备　衣帽整洁，洗手，戴口罩。

3. 物品准备
（1）治疗车上层：治疗盘内备药液、纱布、长镊、水温计，局部有伤口时备换药用物；治疗盘外备浸泡盆（根据浸泡部位选择）、热水瓶、手消毒液。
（2）治疗车下层：生活垃圾桶、医用垃圾桶。

4. 环境准备　酌情关闭门窗，保持合适室温，必要时用隔帘或屏风遮挡。

【操作流程】

操作主线	操作步骤	操作要点
1. 核对	携用物至床旁，核对患者姓名、床号、腕带	● 确认患者
2. 药液准备	遵医嘱配制药液，调节温度至 40～45℃，倒入浸泡盆至 1/2 满	● 根据医嘱配制溶液
3. 执行温水浸泡	(1) 暴露要浸泡的肢体，将肢体缓慢放入浸泡盆，必要时用长镊夹取纱布轻擦创面	● 逐步适应水温
	(2) 时间：不超过 30 min	● 以防产生继发效应 ● 随时调节水温，避免患者受凉
4. 观察效果及不良反应	温水浸泡期间，观察效果及不良反应	● 温水浸泡期间密切观察患者生命体征、意识状况、皮肤色泽等
5. 操作后处理	(1) 擦干肢体，协助患者取舒适体位 (2) 整理床单位，推治疗车离开病室，处理用物	
6. 洗手，记录		● 记录开始使用时间和结束时间、使用效果、患者反应等

【注意事项】
1. 浸泡过程中如需添加热水，应先移出肢体，以防烫伤。
2. 浸泡肢体有伤口时，浸泡盆和浸泡液需无菌，按无菌技术执行。
3. 观察患者局部皮肤，倾听患者主诉，随时调节水温。

【健康教育】
1. 向患者及家属说明温水浸泡的目的、使用方法、配合要点及注意事项。
2. 解释温水浸泡过程中的正常感觉及反应，并告知若有不适，需及时通知护士。

其他热疗法

1. 化学加热袋 内盛两种化学物质。两种化学物质充分混合后发生化学反应而产热，初期温度较低，以后逐渐加热并有一高峰期，温度可达 70℃以上，最高可达 76℃，平均温度为 56℃，可持续使用 2 h 左右。使用方法与热水袋相同，须加布套使用，必要时可加双层布包裹使用，注意防止烫伤。小儿、老年人、昏迷、感觉麻痹者等不宜使用。

2. 体外高频热疗 又称深部热疗，是近年来用以治疗肿瘤的方法，利用物理能量加热人体全身或局部，使肿瘤组织温度上升到有效治疗温度，并维持一定时间，以达到既能使肿瘤细胞凋亡，又不致损伤正常组织的一种方法。由于肿瘤组织在高温作用下散热困难，热量易聚焦，形成巨大的储热库，与正常组织有 5～10℃的温差。正常细胞可以长时间耐受 42.5～43.5℃高热，从而杀死肿瘤细胞，而使正常细胞不受影响，不会引起诸如骨髓抑制、脱发等不良反应。

小 结

冷、热疗法是临床广泛应用的护理技术。常用的冷疗法包括冰帽和冰袋的使用、冷湿敷法、温水/乙醇拭浴法；常用的热疗法包括热水袋的使用、烤灯/红外线灯的使用、热湿敷法、热水坐浴法、温水浸泡法等。护士在临床工作中,需在严谨评估患者病情的基础上,结合冷、热疗法的应用目的和禁忌证,从整体角度选择最佳方法。在实施冷、热疗法过程中,须严格遵守操作规程,明确操作要点,并随时观察应用效果及不良反应,以确保冷、热疗法安全、有效。同时,护士应尊重并关爱患者,加强护患沟通,保护患者隐私,以充分发扬爱伤观念,体现护理人文精神。

思考题

一、单项选择题

1. 患者王某,女性,因急性上呼吸道感染入院,体温39.6℃,护士遵医嘱予以温水拭浴。执行拭浴过程中,下列错误的是
   A. 采用轻拍方式进行拭浴　　　　　B. 将冰袋置于患者头部
   C. 将热水袋置于患者足底　　　　　D. 擦至大血管处延长停留时间
   E. 温水拭浴降温效果佳,不需30 min后测量体温

2. 患者赵某,因鼻黏膜出血使用冰敷,1 h后发现鼻黏膜的微血管反而有扩张现象,此现象称为
   A. 温度的适应现象　　　B. 继发效应　　　C. 生理效应
   D. 交感性反应　　　　　E. 用冷的禁忌

(以下病例为3~4题共用)
患者林某,男性,痔疮手术后行热水坐浴。请问:

3. 为患者林某行热水坐浴的目的,不包括
   A. 保持肛门局部清洁　　　　　　　B. 缓解肛门局部疼痛
   C. 加快局部血液循环　　　　　　　D. 促进患者肠道蠕动
   E. 减轻炎症和水肿

4. 指导患者林某行热水坐浴时,以下措施不恰当的是
   A. 水温保持在40~45℃　　　　　　B. 仅肛门部位完全浸入水中
   C. 坐浴时间15~20 min　　　　　　D. 坐浴后用无菌技术处理伤口
   E. 使臀部移开浴盆后再中途添加热水

二、案例分析题

患儿,男,5岁1个月,以"发热伴皮疹2天"为代主述急诊入院。查体:体温38.9℃,脉搏124次/分,呼吸30次/分,体重12.5 kg。双手、足、臀部及口部散在红色斑疹、丘疹、疱疹。患儿神志清楚,精神稍差,饮食、睡眠欠佳。

请回答:
1. 针对患儿发热的情况,护士可采取哪些降温措施?
2. 采用降温处理时,应注意冷疗的禁忌部位有哪些?
3. 物理降温过程中,为确保患儿安全,护士应从哪些方面对患儿家属进行健康教育?

(李　佳)

第十二章 饮食与营养

本章数字资源

导学目标

通过本章内容的学习,学生应能够:

◆ **基本目标**

1. 解释基本饮食、治疗饮食、试验饮食、要素饮食和鼻饲法的概念。
2. 说明鼻饲法的适应证、禁忌证和注意事项。
3. 比较肠内营养与肠外营养的异同点。
4. 应用饮食与营养相关知识,对患者进行饮食护理。

◆ **发展目标**

综合运用营养状况评估法正确评估患者的营养状况,对患者实施饮食与营养护理,关爱患者,提升人文关怀素养并增强职业认同感。

案例 12-1

患者,男,57岁。主诉排暗红色便1周入院。患者1周前无明显诱因解暗红色便,1~2次/日,成形软便,粪便量不多。无恶心、反酸、嗳气,无腹痛、腹胀及里急后重感,无头晕、乏力、心悸、气短、发热及体重减轻。患者自发病以来,食欲正常,精神尚可。既往有高血压病史7年,目前服用"络活喜"1片/日,血压控制平稳,否认糖尿病、冠心病、脑卒中、血脂异常等病史。否认慢性消化性疾病病史,平日主食以面食为主,喜食牛羊肉类,口味重,水果摄入主要为应季水果,不喜欢饮牛奶,喜饮碳酸饮料,不饮酒,不吸烟,规律运动。家庭经济收入稳定,家庭关系良好。体格检查后进一步完善血常规、尿常规、粪便隐血试验检查与腹部彩超检查,最后行胃镜、纤维结肠镜检查,明确诊断为结肠息肉。经结肠镜予高频电切术治疗,患者病情好转出院。

请回答:
1. 该患者的哪些饮食习惯不利于健康?
2. 医院饮食包括哪几种?
3. 该患者进行粪便隐血试验前的饮食有哪些注意事项?
4. 术后该患者的营养状况应如何评估?
5. 如果患者术后在进食中出现呕吐,应如何护理?

饮食与营养（diet and nutrition）是维持机体正常生理功能、生长发育和新陈代谢等生命活动的基本条件。饮食是人类最基本的生理需要之一，是营养的来源。营养是指机体通过摄取食物，经过消化、吸收和代谢，利用食物中对身体有益的物质构建组织器官、满足生理功能和体力活动需要的生物学过程。均衡的饮食和全面的营养能够保证机体正常的生长发育、组织更新，维持机体各种生理活动、提高机体抵抗力和免疫力，还能在预防保健、增进健康、促进康复、延缓疾病发展和衰老等方面起重要作用。因此，护士应具备一定的饮食与营养知识，以便能正确评估患者的营养状况，指导患者制订并实施合理的饮食计划，为患者提供行之有效的护理措施，满足患者的营养需要，促进患者的健康。

第一节　营养与健康

生命的基本特征是新陈代谢，个体为了维持生命，促进生长、发育和完成各种生理功能，必须不断摄取某些物质，这些必须摄取的物质就是营养素。人体需要的营养素有 6 大类，即蛋白质、脂类、糖类、矿物质、维生素和水，构成机体组织，供给机体能量，满足机体生理活动的需要。蛋白质、脂类和糖类因为机体需要量多，在膳食中占的比重大，被称为"宏量营养素"，同时其可通过体内代谢释放能量，亦被称为"产能营养素"。矿物质和维生素因机体需要量较少，在膳食中所占的比重小，被称为"微量营养素"。

一、人体对营养的需要

来自食物的营养素种类繁多。饮食与营养不当可引起疾病，人们患病时常常伴有不同程度的代谢变化和营养不良。合理调配饮食、加强营养、补充额外损失的营养素，可以辅助治疗疾病，促进患者康复。

（一）热能

热能（heat energy）是一切生物维持生命和生长发育及从事各种活动所必需的能量，由食物内的化学潜能转化而来。国际通用的能量单位是焦耳（J）、千焦耳（KJ）或兆焦耳（MJ），1 J 是指用 1 牛顿的力把 1 kg 物体移动 1 m 的距离所消耗的能量。营养学领域常使用的能量单位是卡（cal）和千卡（kcal）。能量单位换算关系为：1 KJ=0.239 kcal，1 kcal=4.184 KJ。根据中国营养学会的推荐标准，我国成年男子的热能供给量为 9.41 ~ 12.55 MJ/d，成年女子为 7.53 ~ 10.04 MJ/d。

1. 热能来源　人体的主要热能来源于糖类，其次是脂肪、蛋白质，三者的产热量分别为：糖类 4 kcal/g，脂肪 9 kcal/g，蛋白质 4 kcal/g。为了保证人体正常的功能，三大热能营养素应按适当比例进行搭配，一般蛋白质所供应的热能应占总热能的 10% ~ 15%，脂肪占 20% ~ 30%，糖类占 50% ~ 65%。

2. 人体热能需要量的决定因素　人体对热能的需要量受年龄、性别、生理特点及劳动强度等因素的影响。

（1）基础代谢（basal metabolism）：又称基础能量消耗（basic energy expenditure，BEE），是指维持机体最基本的生命活动所需要的能量消耗，占人体总能量消耗的 60% ~ 70%。世界卫生组织对基础代谢的定义为：人体经过 10 ~ 12 h 空腹和良好的睡眠、清醒仰卧、恒温条件下（一般为 22 ~ 26℃），无任何身体活动和紧张的思维活动，全身肌肉放松时的能量消耗。基础代谢的水平用基础代谢率（basal metabolic rate，BMR）来表示，是指人体处于基础代谢状态下，每小时每千克体重（或每平方米体表面积）的能量消耗，其常用单位为 KJ/（kg·h）或 kcal/（kg·h）。

在相同年龄、性别、体重的正常成人中，85%的人其基础代谢率在正常平均值的±10%以内。影响基础代谢率的因素主要包括：①体型和体质：基础代谢率与体表面积的大小成正比，体表面积越大，向外环境散热越快，基础代谢能量消耗也越高。体重相同的两个人，瘦高者的基础代谢率比矮胖者高。②年龄：生长期儿童基础代谢率最高，青春期又是一个代谢率较高的时期，但成年后代谢率随年龄增长缓慢下降，更年期后下降更多，且能量消耗减少。③性别：男性瘦体质量所占比例一般高于女性，其基础代谢能量消耗比女性高5%~10%。孕妇和乳母的基础代谢能量消耗也较高。④病理状况：甲状腺素、肾上腺素和去甲肾上腺素等分泌异常、应激状态（发热、创伤、失眠及精神心理紧张）时，代谢能力增强，直接或间接影响人体的基础代谢消耗。长期热能摄入不足、营养不良者的基础代谢率较低。禁食10天后，基础代谢率可降低25%。体温每升高1℃，基础代谢率约增加13%。高热时，基础代谢率可增加20%~30%。

（2）食物的特殊动力作用（specific dynamic action，SDA）：又称食物的热效应，是指机体由于摄取食物而引起体内能量消耗增加的现象，即指摄食过程中，机体对食物进行消化、吸收、代谢转化过程而消耗的能量。食物热效应的高低与食物营养成分、进食量和进食速度有关。食物中不同产能营养素的食物热效应不同，其中蛋白质的食物热效应最大，为本身产能量的20%~30%，而脂肪和糖类分别为0~5%与5%~10%。摄食量越多，能量消耗也越多；进食快者比进食慢者食物热效应高。

（3）体力活动：随着人体活动量的增加，其能量消耗也将大幅度增加。不同的身体活动水平是导致人体能量需要量不同的主要因素，人体可通过调整身体活动水平来控制能量消耗、保持能量平衡和维持健康。世界卫生组织将职业劳动强度分为轻、中、重三个等级。中国营养学会专家委员会将中国人群成人身体活动强度也分为三级。能量消耗的多少除了与劳动强度相关外，还与劳动持续时间及劳动熟练程度等因素有关。因此，同一工种的个体之间能量消耗也会有很大的差异。

（4）生长发育：婴幼儿、儿童、青少年、孕期、哺乳期等特殊阶段的能量消耗也会增加。婴幼儿、儿童、青少年阶段生长发育额外的能量消耗，主要指机体生长发育中合成新组织所需的能量，如出生后1~3月龄，能量需要量约占总能量需要量的35%；2岁时的能量需要量约为总能量需要量的3%；青少年时期的能量需要量为总能量需要量的1%~2%。孕期额外能量消耗的增加主要包括胎儿生长发育和孕妇子宫、乳房与胎盘的发育及母体脂肪的储存以及这些组织的自身代谢等。

（二）营养素

营养素（nutrient）是指为维持机体繁殖、生长发育和生存等一切生命活动和过程，需要从外界环境中摄取的物质。人体需要的营养素有40余种，分为蛋白质、脂类、糖类、矿物质、维生素和水6大类。

1. 蛋白质（protein） 机体细胞、组织和器官的重要组成部分，机体所有重要的组成部分都需要蛋白质的参与。蛋白质是一切生命的物质基础，而一切生命的表现形式，本质上都是蛋白质功能的体现，没有蛋白质就没有生命。

（1）分类：自然界存在的氨基酸有300余种，但构成人体蛋白质的氨基酸有20种。根据营养功能可分为3类，分别是必需氨基酸、非必需氨基酸和条件必需氨基酸。必需氨基酸指人体不能合成或合成速度远不能满足机体需要，必须从食物中直接获取的氨基酸。对成人而言，必需氨基酸有9种，即赖氨酸、色氨酸、苯丙氨酸、甲硫氨酸、苏氨酸、异亮氨酸、亮氨酸、缬氨酸和组氨酸。另外，组氨酸为婴幼儿所必需。非必需氨基酸是指人体可以自身合成，不一定需要从食物供给的氨基酸。条件必需氨基酸是指某些氨基酸在正常情况下能够体内合成，为非必需氨基酸；但在某些特定条件下，由于合成能力有限或需要量增加，不能满足机体需要，必须从食物中获取，变为必需氨基酸，如谷氨酰胺和精氨酸，正常情况下是非必需氨基酸，但是在创伤或患病期间谷氨酰胺为必需氨基酸；肠道代谢功能异常或严重生理应激条件下，精氨酸也成为必需氨基酸。

（2）作用：蛋白质的作用有5大方面，包括：①人体组织的构成成分，人体任何组织和器官都以蛋白质作为重要的组成成分；②构成体内各种重要的生理活性物质，调节生理功能，如构成酶、激素、抗体和转运体等；③供给热能；④体内其他含氮物质的合成原料；⑤维持血浆渗透压。

（3）供给热能：理论上成人每天摄入约30 g蛋白质就可以满足零氮平衡，但从安全性和消化吸收等其他因素考虑，成人按0.98 g/(kg·d)摄入蛋白质为宜，取整数后为1 g/(kg·d)。中国营养学会推荐成人蛋白质的摄入量为：男性65 g/d，女性55 g/d。蛋白质缺乏在成人和儿童中都有发生，但处于生长阶段的儿童更为敏感。蛋白质不足，可以引起营养不良，表现为体重下降、皮肤脂肪消失、抵抗力降低，儿童可出现生长停滞，严重者可全身水肿或严重消瘦，伴有多种生理功能紊乱，甚至危及生命。

（4）食物来源：蛋白质广泛存在于动植物食物中。动物性蛋白质质量好、利用率高，但同时含有饱和脂肪酸和胆固醇，而植物性蛋白质利用率较低。动物性蛋白质主要来源于肉类、鱼类、蛋类、奶类，植物性蛋白质主要来源于豆制品。日常生活中，应注意做到各类蛋白质互补，适当进行荤素搭配。

2. 脂类（lipid） 包括脂肪和类脂，是一类化学结构相似或完全不同的有机化合物。人体脂类总量占体重的10%~20%。脂肪又称甘油三酯，是体内重要的储能和供能物质，约占体内脂类总量的95%。类脂种类很多，主要包括磷脂、糖脂和固醇类等，约占全身脂类总量的5%。在营养上最重要的是脂肪酸，脂肪酸是由碳、氢、氧3种元素组成的一类化合物，是中性脂肪、磷脂和糖脂的主要成分。

（1）分类：脂肪酸按其碳链长度可分为长链脂肪酸、短链脂肪酸、极长链脂肪酸。按饱和程度可以分为饱和脂肪酸和不饱和脂肪酸。按空间结构可分为顺式脂肪酸和反式脂肪酸。

（2）作用：体内脂肪的主要生理功能包括：①储存和提供能量：当人体摄入能量过多、不能被利用时，就转变为脂肪而储存起来；②保温及润滑作用：皮下脂肪组织可以起到隔热保温的作用，维持体温正常和恒定，脂肪组织在体内对器官还有支撑和衬垫作用，可保护内部器官免受外力伤害及减少器官间的摩擦；③节约蛋白质作用：充足的脂肪可保护体内蛋白质不被用来作为能源物质，而使其有效地发挥其他生理功能；④机体构成成分：细胞膜中含有大量脂类，是细胞维持正常结构和功能的重要成分；⑤脂肪组织内分泌功能：现已发现的由脂肪组织所分泌的因子有瘦素、肿瘤坏死因子α、白细胞介素-6、白细胞介素-8、雌激素、胰岛素样生长因子-1、IGF结合蛋白3、脂联素及抵抗素等。食物中脂肪的作用包括增加饱腹感、改善食物的感官性状、提供脂溶性维生素。

（3）供给量：中国营养学会推荐成人脂肪摄入量应占总能量的20%~30%。饮食中脂肪供给量因饮食习惯和季节有一定的差异。脂肪摄入过多，可导致肥胖症、心血管疾病、高血压和某些癌症发病率的升高。

（4）食物来源：植物油、动物性脂肪和坚果类食品的脂肪含量较高，谷类食品中的脂肪含量较少。磷脂含量较多的食物有蛋黄、肝、大豆、麦胚和花生等。

第十二章 饮食与营养

> **知识链接**
>
> ### 膳食纤维
>
> 膳食纤维是指能抗人体小肠消化吸收，而在人体大肠内部分或全部发酵的可食用的植物性成分、糖类及其相类似物质的总和，包括多糖、寡糖、木质素以及相关的植物物质，被称为"第七大营养素"。
>
> 根据膳食纤维在水中的溶解性不同，可分为水溶性膳食纤维和水不溶性膳食纤维。①水溶性膳食纤维：是指不被人体内源性消化酶消化，但可溶于温水或热水，且其水溶液又能被4倍体积的乙醇沉淀的膳食纤维，主要是指植物细胞内的贮存物质、分泌物、胶质和部分微生物多糖，如果胶、瓜尔豆胶、黄原胶、卡拉胶、结冻胶、阿拉伯胶、琼脂、半乳甘露聚糖、葡聚糖、海藻酸和真菌多糖等。水溶性膳食纤维对人体中胆固醇、血糖值、血压、体脂肪等的调节有很大的影响，主要发挥代谢功能。②水不溶性膳食纤维：是指不被人体内源性消化酶消化且不溶于热水的膳食纤维，主要为细胞壁的组成成分，包括纤维素、部分半纤维素、木质素、植物蜡、原果胶和动物性的完聚糖及甲壳质等。谷物麸皮和很多蔬菜都是不溶性纤维的来源。水不溶性膳食纤维主要可增加粪便体积，促进肠道产生机械蠕动的效果，促进排便，避免粪便长期积存在体内并在微生物作用下进行不良发酵而产生有毒有害物质被人体吸收。国内外已经研究开发的6大类膳食纤维，包括谷物膳食纤维、豆类膳食纤维、果蔬膳食纤维、微生物多糖膳食纤维、其他天然类膳食纤维、合成和半合成膳食纤维。

3. 糖类（carbohydrate） 糖类是由碳、氢、氧3种元素组成的有机化合物，广泛存在于动植物中，包括构成结构的骨架物质，如膳食纤维、果胶、黏多糖和几丁质，以及为能量代谢提供原料的物质，如淀粉、糊精和糖原等。糖类是人类膳食能量的主要来源，对人类营养有着重要作用。

（1）分类：根据化学结构和生理作用不同，将糖类分为糖、寡糖、多糖。①糖包括单糖、双糖和糖醇。食物中最常见的单糖是葡萄糖和果糖。②寡糖又称低聚糖，目前已知的几种重要的功能性低聚糖有低聚果糖、异麦芽低聚糖、海藻糖、低聚木糖及大豆低聚糖等。③多糖与单糖和低聚糖不同，一般不溶于水，无甜味，不形成结晶，无还原性，在酶或酸的作用下，可水解成单糖残基数不等的片段，最后成为单糖，主要包括淀粉和膳食纤维。

（2）作用：糖类的主要生理功能包括：①供给热量：糖类是人类最经济和最主要的能量来源；②构成组织结构及生理活性物质：每个细胞内都含有糖类物质，主要以糖脂、糖蛋白和蛋白多糖的形式存在，分布于细胞膜、细胞器膜、细胞质以及细胞间质中；③血糖调节作用：糖类的含量、类型和摄入总量是影响血糖的主要因素；④节约蛋白质的作用：当膳食中糖类供应不足时，机体为了满足自身对葡萄糖的需要，则通过糖异生作用产生葡萄糖，主要动用体内蛋白质，当摄入足够糖类时，则不需要动用蛋白质来供能；⑤膳食纤维的特殊生理功能：包括促进排便，增加饱腹感，降低血清胆固醇，降低餐后血糖及防止热量摄入过多，吸附某些化学物质。

（3）供给量：经2017年中国营养学会修订，我国成人的糖类平均需要量为每天120 g，可接受范围为总能量的50%～65%；膳食纤维的适宜摄入量为25～30 g/d。

（4）食物来源：糖类主要来源于谷类、薯类和根茎类食物，其次还有各种食用糖。此外，蔬菜水果中含有少量单糖，同时含有丰富的膳食纤维。

4. 矿物质（mineral） 又称无机盐。人体组织中含有自然界各种元素，目前在地壳中发现的 92 种天然元素在人体内几乎都能检测到，其元素的种类和含量与其生存的地理环境表层元素的组成及膳食摄入量有关。除了组成有机化合物的碳、氢、氧、氮外，其余的元素均称为矿物质，亦称无机盐或灰分。1996 年世界卫生组织公布的 21 种元素被认为是构成人体组织、参与机体代谢、维持生理功能所必需的矿物质元素，共分为 3 类。其中，铁、铜、锌、硒、铬、碘、钴和钼被认为是必需微量元素；锰、硅、镍、硼、钒为可能必需微量元素；氟、铅、镉、汞、砷、铝、锡和锂为具有潜在毒性、但低剂量可能具有功能作用的微量元素。基本资料见表 12-1。

表12-1 人体所需的各种矿物质的生理功能、每日摄入量、缺乏的影响及食物来源

矿物质	生理功能	每日摄入量	缺乏的影响	食物来源
钙（Ca）	（1）骨骼和牙齿的主要构成成分 （2）维持神经肌肉的正常兴奋性 （3）参与调节和维持细胞功能、体液酸碱平衡 （4）参与血液凝固、激素分泌	成人 800 mg；孕妇、乳母 800～1000 mg	（1）婴幼儿及儿童发育迟缓、骨软化、骨骼变形，严重者发生佝偻病 （2）易患龋齿 （3）成人骨质软化、老年人骨质疏松 （4）神经、肌肉应激性差	奶及奶制品、虾皮、鱼、海带、坚果类、豆类、绿色蔬菜
磷（P）	（1）构成骨骼和牙齿的成分 （2）参与能量代谢 （3）构成细胞成分 （4）组成细胞内第二信使 （5）酶的重要组成成分 （6）调节细胞因子活性 （7）调节酸碱平衡	钙磷比值维持在 2∶1 之间为宜，不宜低于 0.5。一般成人膳食磷为 720 mg	（1）低磷血症 （2）非骨组织的钙化	广泛存在于各种食物中，瘦肉、禽、蛋、鱼、坚果、海带、豆类等均是磷的良好来源
铁（Fe）	（1）参与体内氧的运送和组织呼吸过程 （2）维持正常的造血功能 （3）参与其他重要功能，如维持正常的免疫功能	男性 12 mg；女性 20 mg；孕妇 20～29 mg；乳母 24 mg	缺铁性贫血	动物肝、动物全血、肉蛋类、豆类、绿色蔬菜
碘（I）	主要参与甲状腺素的合成	成人：120 μg；孕妇：230 μg；乳母：240 μg	（1）甲状腺肿大 （2）胎儿与婴幼儿出现发育迟缓、智力低下；严重者发生呆小症	海带、海藻、鱼虾及贝类食品
锌（Zn）	（1）金属酶的组成成分或酶的激活剂 （2）促进生长发育 （3）促进机体免疫功能 （4）维持细胞膜结构	男性 12.5 mg；女性 7.5 mg；孕妇 9.5 mg；乳母 12 mg	（1）生长发育迟缓、性成熟受抑制 （2）厌食、味觉异常及异食癖 （3）伤口愈合不良	贝壳类海产品、红色肉类及其内脏均为锌的良好来源，蛋类、豆类、谷类胚芽、燕麦、花生等也富含锌

5. 维生素（vitamin） 维生素是维持机体生命活动过程所必需的一类微量的低分子有机

化合物。维生素的种类很多，化学结构各不相同，在生理上既不是构成各种组织的主要原料，也不是体内的能量来源，但却在机体物质和能量代谢过程中发挥着重要作用。根据维生素的溶解性不同可以分为两大类，即脂溶性维生素和水溶性维生素。脂溶性维生素指不溶于水而溶于脂肪及有机溶剂的维生素，包括维生素 A、维生素 D、维生素 E、维生素 K，在食物中常与脂类共存，其吸收与肠道中的脂类密切相关，易存储于体内，而不易排出体外。水溶性维生素是指可溶于水的维生素，包括 B 族维生素（维生素 B_1、维生素 B_2、维生素 PP、维生素 B_6、叶酸、维生素 B_{12}、泛酸、生物素等）和维生素 C。水溶性维生素在体内较易自尿中排出，但维生素 B_{12} 例外，它甚至比维生素 K 更易于储存在体内。大多数水溶性维生素以辅酶形式参与机体的物质与能量代谢，详见表 12-2。

表12-2 人体所需的各种维生素的生理功能、每日摄入量、缺乏的影响及食物来源

维生素	生理功能	每日摄入量	缺乏的影响	食物来源
维生素 A	(1) 构成视觉细胞内感光物质的成分 (2) 细胞生长和分化 (3) 维持上皮组织细胞的健康 (4) 参与免疫功能 (5) 抗氧化作用 (6) 抑制肿瘤生长	男性 800 μgRAE[①]； 女性 700 μgRAE； 孕妇 700~770 μgRAE； 乳母 1300 μgRAE	(1) 夜盲症、干燥综合征，甚至失明 (2) 上皮干燥、角化及增生，食欲降低，易感染 (3) 呼吸道感染增加	各种动物肝、鱼肝油、鱼卵、全奶、奶油、禽蛋等
维生素 D	(1) 促进小肠对钙、磷的吸收 (3) 促进骨骼生长与钙化 (4) 调节血钙平衡 (5) 促进皮肤新陈代谢	10 μg	(1) 佝偻病 (2) 骨质软化症 (3) 骨质疏松症 (4) 手足痉挛症	海水鱼、肝、蛋黄等动物性食品及鱼肝油制剂
维生素 E	(1) 抗氧化作用 (2) 预防衰老 (3) 与动物的生殖功能和精子生成有关 (4) 调节血小板的黏附力和聚集作用	成人 14 mg α-TE[②]， 乳母 17 mg α-TE	可出现视网膜退行性病变、溶血性贫血、肌无力、神经退行性病变、小脑共济失调	植物油、谷类、坚果类、绿叶蔬菜类
维生素 K	合成凝血因子，促进血液凝固	成人 80 μg； 乳母 85 μg	出血倾向、出血性疾病	肠内细菌合成；绿色蔬菜、内脏、肉类与奶类
维生素 B_1	(1) 构成辅酶 TPP (2) 参与糖代谢过程，影响某些氨基酸与脂肪的代谢 (3) 调节神经系统功能	男性 1.4 mg； 女性 1.2 mg； 孕妇 1.2~1.5 mg； 乳母 1.5 mg	脚气病	动物内脏、肉类、豆类、花生、未过分精细加工的谷类
维生素 B_2	(1) 构成体内多种辅酶，参与人体内多种生物氧化过程 (2) 促进生长、维持健康 (3) 保持皮肤和黏膜完整性	男性 1.4 mg； 女性 1.2 mg； 孕妇 1.2~1.5 mg； 乳母 1.5 mg	舌炎、口角炎、唇炎、眼睑炎、鼻侧脂溢性皮炎、阴囊炎等	动物内脏、禽蛋类、奶类、豆类、花生、新鲜绿叶蔬菜等

续表

维生素	生理功能	每日摄入量	缺乏的影响	食物来源
维生素PP	（1）影响造血过程，促进铁吸收和血细胞的生成 （2）维持皮肤的正常功能和消化腺的分泌 （3）提高中枢神经系统的兴奋性和心血管系统、网状内皮系统与内分泌系统功能	男性 15 mg； 女性 12 mg； 孕妇 12 mg； 乳母 15 mg	烟酸缺乏症	动物肝和肾、牛奶、鸡蛋、糠麸及新鲜蔬菜
维生素B_6	构成多种辅酶，参与物质代谢	14~49岁 1.4 mg； 孕妇 2.2 mg； 乳母 1.7 mg	脂溢性皮炎、失眠、易激惹等，婴儿还可能出现生长发育不良、抑郁等	畜禽肉及其内脏、鱼类等
叶酸	（1）参与遗传物质和蛋白质的代谢 （2）影响动物繁殖性能 （3）影响动物胰腺的分泌 （4）促进动物的生长 （5）提高机体免疫力	成人 400 µgDFE/d[③]； 孕妇 600 µgDFE/d； 乳母 550 µgDFE/d	（1）神经管畸形 （2）巨幼细胞贫血 （3）叶酸与唇腭裂	绿叶植物，如菠菜、甜菜、硬花甘蓝等；动物性食品（肝、肾、蛋黄等）、水果（柑橘、猕猴桃等）和酵母
维生素B_{12}	（1）作为甲基转移酶的辅因子，参与蛋氨酸、胸腺嘧啶等的合成 （2）保护叶酸在细胞内的转移和贮存	成人 2.4 µg； 孕妇 2.9 µg； 乳母 3.2 µg	恶性贫血	动物内脏、发酵豆制品、新鲜绿叶蔬菜
维生素C	（1）促进抗体形成 （2）促进铁的吸收 （3）促进四氢叶酸形成 （4）维持疏基酶的活性 （5）解毒 （6）预防癌症 （7）清除自由基	成人 100 mg； 孕妇 100~115 mg； 乳母 150 mg	（1）坏血病 （2）伤口不易愈合 （3）骨钙化不良	新鲜蔬菜、水果，如韭菜、菠菜、柿子椒、橘柑类、猕猴桃等

注：表中营养素供给量采用中国营养学会2013版《中国居民膳食营养素参考摄入量》18~49岁成年居民参考摄入量。

①1 µg 视黄醇当量（RAE）= 膳食或补充剂来源全反式视黄醇（µg）+1/2 补充剂纯品全反式 β-胡萝卜素（µg）+1/12 膳食全反式 β-胡萝卜素（µg）

②膳食总 α 生育酚当量（α-TE，mg）= 1 × α 生育酚（mg）+0.5 × β 生育酚（mg）+0.1 × γ 生育酚（mg）+0.02 × δ 生育酚（mg）+0.3 × α 三烯生育酚（mg）

③膳食叶酸当量（DFE，µg）= 天然食物来源叶酸（µg）+1.7 × 合成叶酸（µg）

6. 水（water） 被称为人类生命的源泉，是维持生命的重要物质。水是人体正常代谢所必需的物质，正常情况下人体每天要通过皮肤、内脏、肺以及肾排出约 1.5 L 的水，以保证毒素从体内排出。

（1）生理功能及作用：①构成人体组织：水是构成人体组织的重要成分，分布在身体各种组织中，血液、泪液、汗液及各种消化液的含水量在 90% 以上；②调节体温：产热营养素在水的帮助下进行生化反应产生热量；溶解并运送营养素和代谢产物，水是各种水溶性营养素和代谢物质的溶剂，代谢产物和废物通过水才能被运送和排出体外；③维持消化、吸收功能：胃肠道内的食物必须依靠消化液才能进行消化吸收，而消化液中水的含量约为90%；④润滑作用：在人体关节、胸腹腔和胃肠道等部位均存在一定量的水分，对关节、器官、组织和肌肉起缓冲和润滑的保护作用；⑤直接参与体内氧化还原反应。

（2）供给量：一般成人每天需要的水量为2000~3000 ml，且因季节、气候、劳动强度和饮食情况而不同。

（3）主要来源：主要是饮用水、饮料等，其次是食物中所含的水分。

> **知识链接**
>
> **膳食营养参考摄入量**
>
> 膳食营养参考摄入量（dietary reference intakes，DRIs）指一组每日平均膳食营养素摄入量的参考值，包括以下4项指标。
>
> 1. 平均需要量（estimated average requirement，EAR）是指满足某一特定性别、年龄及生理状况群体中50%个体需要量的摄入水平。这一摄入水平不能满足群体中另外50%个体对该营养素的需要。EAR是制定推荐摄入量的基础。
>
> 2. 推荐摄入量（recommended nutrient intakes，RNI）是指满足某一特定性别、年龄及生理状况群体中97%~98%个体需要量的摄入水平。长期摄入RNI水平，可以满足人体对该营养素的需要，保持健康和维持组织中有适当的储备。
>
> 3. 适宜摄入量（adequate intakes，AI）是指通过观察或实验获得的健康人群对某种营养素的摄入量。AI主要作用是作为个体营养素摄入量的目标，同时用作限制过多摄入的标准。当健康个体摄入量达到适宜摄入量（AI）时，出现营养缺乏的危险性很小，如长期摄入超过适宜摄入量（AI），则有可能产生毒副作用。
>
> 4. 可耐受最高摄入量（tolerable upper intake levels，UL）是平均每日可以摄入营养素的最高限量，这个量对一般人群中几乎所有的个体不会产生不利于健康的作用。

二、营养对人体健康的重要性

食物是人类赖以生存的物质基础，合理的饮食及平衡的营养是维持健康的基本条件之一，是保健防病工作中最基本、最重要的环节。不合理的饮食不利于健康。

（一）合理饮食对健康的作用

1. 促进生长发育 营养素是维持生命活动的重要物质基础，对人体的发育起着决定性作用。人体细胞的主要成分是蛋白质，新的细胞组织的形成、繁殖、增大都离不开蛋白质。其他营养素也是影响生长发育的重要因素。婴幼儿时期和儿童时期是大脑发育最快的时期，需要充足的营养物质供应，营养物质供应不足将会影响大脑的发育。

2. 构成机体组织 蛋白质是构成机体的重要成分；糖类参与构成神经组织；脂类参与构成细胞膜；维生素参与合成酶和辅酶；钙、磷是构成骨骼的主要成分。

3. 提供能量 糖类、蛋白质、脂肪在体内氧化可提供能量，供给机体进行各种生命活动。

4. 调节机体功能 神经系统、内分泌系统及各种酶类共同调节人体的活动，这些调节系统也是由各种营养素构成的。适量的蛋白质及矿物质中的各种离子对维持机体内环境的稳定具有重要的调节作用。营养素也是维持人体正常免疫功能的物质基础，合理营养能够提高人体的抵抗力，达到防病的目的。

（二）不合理饮食对健康的影响

某些营养素过多、过少或饮食不当都可能损害健康，并影响某些疾病的发生与发展。

1. 营养缺乏 也称营养不足。摄食不足、需要量增加、损失过多或体内利用过程障碍均可造成营养不良。营养不良会引起贫血、免疫力低下、身体发育迟缓等一系列问题。饮食单一会因某种营养素缺乏造成营养缺乏性疾病，如佝偻病、烟酸缺乏症、夜盲症等。

2. 营养过剩 机体摄入能量远超过机体消耗的能量，造成能量储备。过多的能量往往是以脂肪的形式储存在机体的皮下组织、内脏器官的周围以及腹部网膜上，过多的脂肪还会妨碍其他营养素如蛋白质、钙、铁等的吸收。营养过剩可造成某些疾病，如心脑血管疾病、肥胖等。过多摄入某些营养素，又不能及时在体内代谢排出，就有可能引起中毒，例如脂溶性维生素A、维生素D、维生素E及维生素K不易排出体外，摄入过多就会造成中毒，过多的蛋白质摄入会增加肝、肾代谢负担并阻碍铁的吸收。

3. 饮食不当 其他情况，如食物处理不当、食物放置过久、生熟食品交叉污染、暴饮暴食、饮食不卫生或食入有毒食物等，均可引起食源性疾病，如经食品感染的肠道传染病（如痢疾）、人畜共患病（如口蹄疫）、寄生虫病（如旋毛虫病）、食物中毒、与食物有关的变态反应性疾病等。

（三）中国居民平衡膳食宝塔

中国居民平衡膳食宝塔是根据中国居民膳食指南，结合中国居民的膳食结构特点设计的。它把平衡膳食的原则转化为各类食物的重量，并以直观的宝塔形式表现出来，便于人们理解和在日常生活中应用。《中国居民膳食指南研究报告（2021）》强调植物性食物为主的膳食结构，优化动物性食物消费结构，保证膳食能量来源和营养素充足，进一步控制油、盐的摄入，控制糖摄入，减少含糖饮料消费。根据《中国居民膳食指南（2022）》，平衡膳食宝塔共分5层，包含人们每天摄入的主要食物种类：底层是谷类食物，谷类在我国可以分为禾谷类（包括稻类、麦类等）、杂豆类以及薯类；水果蔬菜位于第二层，水果、蔬菜是一类能量较低的食物，能够提供丰富的矿物质、维生素、水分和膳食纤维；鱼、禽、肉、蛋类等动物性食物位于第三层，主要为人体提供所需的蛋白质、脂肪、矿物质、维生素A以及B族维生素；奶类、大豆及坚果类食物位于第四层；第五层，也是塔顶层，是烹调用油和食盐。每层推荐摄入量详见图12-1。

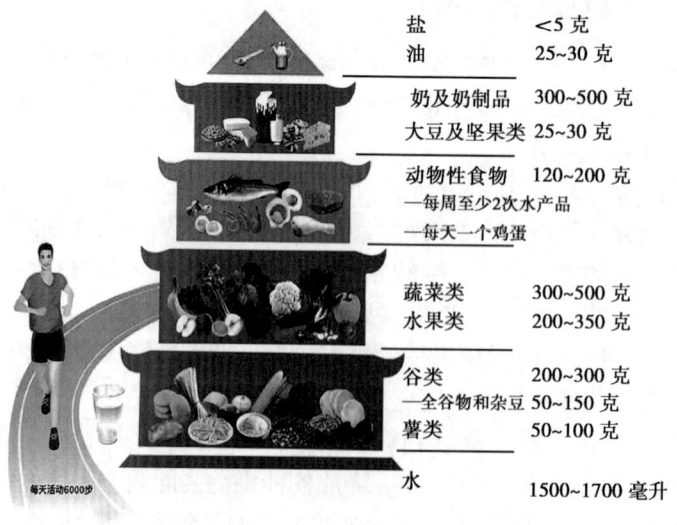

图12-1 中国居民平衡膳食宝塔（2022）

第二节 医院饮食

为了满足患者不同病情的需要，根据食物的质地和烹调加工方法的不同，医院饮食可分为基本饮食、治疗饮食和试验饮食。

一、基本饮食

基本饮食（basic diet）适用于一般患者，包括普通饮食、软质饮食、半流质饮食和流质饮食。医院基本饮食的适用范围、饮食原则和用法见表12-3。

表12-3 医院基本饮食的适用范围、饮食原则和用法

饮食种类	适用范围	饮食原则	用法
普通饮食（general diet）	咀嚼及消化功能正常、体温正常；无特殊膳食要求，不需要限制任何营养素的住院或恢复期的患者	以平衡膳食和接近正常膳食为原则；美观可口；易消化、无刺激性的食物；一般食物都可采用，但是油煎、胀气食物及强烈调味品应限制	一日三餐合理分配，每日总热能为2200~2600 kcal，蛋白质70~90 g，能量分配比例为早餐25%~30%，午餐40%，晚餐30%~35%
软质饮食（soft diet）	咀嚼不便；低热；消化不良或吸收能力差；手术恢复期；老年人和婴幼儿患者	膳食构成应符合平衡膳食，食物碎、烂、软，易消化，少油炸，少油腻，少用粗纤维蔬菜和强烈刺激的调味品，可选择发酵类面食、软饭、面条、切碎的菜和肉等	每日总热量为2200~2400 kcal，每日3~4餐，蛋白质60~80 g
半流质饮食（semi-liquid diet）	食欲差；发热；咀嚼及吞咽不便；口腔及消化道疾病；手术后恢复期患者	符合平衡膳食原则，能量供给适宜，各种食物应细、软、碎，易咀嚼，易吞咽和消化，少食多餐，可选择稀饭、细面条、蛋花汤等	每日总热量为150~2000 kcal，每日5~6餐，蛋白质50~70 g
流质饮食（liquid diet）	食欲差；高热；咀嚼及吞咽极度困难；急性消化道疾病；体质重度虚弱；术后第一次进食的患者	保证一定能量和营养素供给，食物呈流体状态，易吞咽、易消化、无刺激性，可选择乳类、米汤、菜汁、果汁等	每日总热量为836~1195 kcal，每日6~7餐，蛋白质40~50 g

二、治疗饮食

治疗饮食（therapeutic diet）是指根据不同的病理与生理状况，调整患者膳食的营养成分及性状，治疗或辅助治疗疾病，促进患者康复的膳食。医院常用治疗饮食的适用范围、饮食原则及方法见表12-4。

表12-4 治疗饮食的适用范围、饮食原则及方法

饮食种类	适用范围	饮食原则及方法
高热量饮食	用于热量消耗较高的患者，如甲状腺功能亢进、结核、大面积烧伤、产妇等	基本饮食基础上加餐2次，可进食牛奶、豆浆、鸡蛋、藕粉、蛋糕等，每日供给热量约3000 kcal/d

续表

饮食种类	适用范围	饮食原则及方法
高蛋白饮食	甲状腺功能亢进、结核病、肾病综合征、低蛋白血症、孕妇及乳母等	基本饮食基础上增加蛋白质的摄入，尤其是优质蛋白。供给量按每日1.5~2 g/kg计算，总量不超过120 g。总热量为2500~3000 kcal
低蛋白饮食	肾疾病如急性肾炎、尿毒症、肾病综合征患者等，肝性脑病各期的患者	成人蛋白质摄入每日不超过40 g，视情况可减少至20~30 g，肾功能不全者应多摄入动物性蛋白，忌用豆制品。肝功能衰竭患者应以植物性蛋白为主，增加膳食纤维摄入量，以减少氨类的吸收或增加其排出
低脂肪饮食	急慢性肝炎、肝硬化、脂肪肝、胆囊疾病、胰腺炎、高脂血症、冠心病等患者	成人脂肪总量每天少于50 g，胆囊、胰腺疾病患者少于40 g。尤其应限制动物脂肪的摄入。可选择谷类、非油炸的瘦肉、禽肉、鱼肉、蔬菜水果等，忌食肥肉、全脂乳及其制品、蛋黄、花生、松子等
低胆固醇饮食	动脉硬化、高胆固醇血症、冠心病、高血压等患者	胆固醇摄入量每日少于300 mg，禁用或少用含胆固醇高的食物，如动物内脏、脑、饱和脂肪、蛋黄、鱼子等
低盐饮食	急慢性肾炎、肝硬化腹水、重度高血压、心脏病、先兆子痫、水钠潴留等患者	每日食盐量少于2 g，不含食物内自然存在的含钠量，忌用一切腌制食物，如咸菜、咸肉、香肠等
无盐低钠饮食	同低盐饮食，但一般用于水肿较重患者	无盐饮食，除了食物内自然含钠量外，不放食盐烹调；低钠饮食，除了无盐外，还需调控摄入食物中自然存在的含钠量，每日应少于0.5 g；无盐或低钠饮食均禁用腌制食品，禁用含钠食物和药物
高纤维素饮食	便秘、肥胖症、高脂血症、糖尿病等患者	摄入含纤维素多的食物，如芹菜、韭菜、粗粮、豆类等
少渣饮食	伤寒、肠炎、腹泻、食管静脉曲张、肛门疾患、咽喉部及消化道手术患者	饮食中应少含食物纤维，不用强刺激调味品及坚硬、带碎骨的食物，所有食物都要切细、剁碎、煮烂
低嘌呤饮食	痛风、无症状高尿酸血症、尿酸性结石患者	一般限制嘌呤含量者可以选用嘌呤含量低于150 mg/100 g的食物，中等限制嘌呤含量者可用嘌呤含量为25~150 mg/100 g，严格限制嘌呤者宜用嘌呤含量低于25 mg/100 g的食物，与正常人相比，能量摄入量应减少10%~20%

三、试验饮食

试验饮食（test diet）是指在特定时间内，通过调整饮食内容来协助疾病诊断和保证检查结果正确性的一种饮食。医院常用试验饮食的适用范围、饮食原则及方法见表12-5。

表12-5 试验饮食的适用范围、饮食原则及方法

饮食种类	适用范围	饮食原则及方法
潜血试验饮食	协助诊断有无消化道出血	试验前3天，禁食各种动物血、肉类、禽类、鱼类、蛋黄、绿叶蔬菜等含铁丰富的食物及含铁剂药物。可以进食乳类、豆制品、菜花、大白菜、土豆、粉丝、马铃薯等

续表

饮食种类	适用范围	饮食原则及方法
胆囊造影饮食	检查胆囊、胆管、肝胆管有无疾病	（1）造影前一日午餐进高脂肪饮食，使胆囊收缩、胆汁排空，有助于造影剂进入胆囊。造影前一日晚餐进无脂肪、低蛋白、高糖类、清淡的饮食，以减少胆汁分泌。晚餐后口服造影剂，禁食、禁水至次日上午 （2）造影检查当日，禁食早餐，第一次摄 X 线片，如果胆囊显影良好，再让患者进食高脂肪餐，临床上常用油煎荷包蛋 2 只，脂肪量不低于 50 g，待 30 min 后第二次摄 X 线片，观察胆囊的收缩情况
甲状腺 I^{131} 试验饮食	协助检查甲状腺功能	试验期为 2 周，试验期间停用含碘丰富的食物和药物，如海产品、碘制剂、甲状腺激素、抗甲状腺药物等；试验期间禁用碘剂做局部皮肤消毒
葡萄糖耐量试验饮食	用于评价个体血糖调节能力，判断有无糖代谢异常	试验前 3 日，每日进食糖类不可少于 150 g，试验前晚餐后禁食，禁饮茶水或咖啡等含糖饮料。试验日取葡萄糖 75 g 溶于 250~300 ml 水中，嘱患者 5 min 内服下，或者嘱患者食用一个 100 g 的馒头，服糖后 30 min、60 min、120 min 和 180 min 各抽取血标本 1 次，检测血糖水平
肌酐试验饮食	用于协助检查、测定肾小球的滤过功能	试验期为 3 天，试验期间禁食肉类、禽类、鱼类、忌饮茶和咖啡，全日主食在 300 g 以内，限制蛋白质的摄入（蛋白质供给量少于 40 g/d）；蔬菜、水果、植物油不限，若热量不足可添加藕粉或含糖的点心等，第 3 天测尿肌酐清除率及血肌酐含量
尿浓缩功能试验饮食	用于检查肾小管的浓缩功能	试验期 1 天，控制全天饮食中的水分，总量在 500~600 ml。可进食含水分少的食物，如米饭、馒头、面包、炒鸡蛋、土豆、豆腐干等，烹调时尽量不加水或少加水；避免食用过甜、过咸或含水量高的食物；蛋白质供给量为 1 g/（kg·d）

第三节 营养状况的评估

营养状况评估是健康评估的重要组成部分。通过与患者及其家属的密切接触，护士可以及时正确地监测患者的营养状况，评估膳食组成，了解和掌握患者现存的或潜在的营养问题，对护士选择恰当的治疗与护理方案、改善患者的营养状况及促进患者康复具有重要的指导意义。

一、影响因素的评估

影响饮食与营养的因素有身体因素、心理因素和社会因素等。

（一）身体因素

1. 生理因素

（1）年龄：人在生长发育过程中的不同阶段对热能和营养素的需要量有所不同，对食物的偏好也不同。婴幼儿生长速度快，需要高蛋白、高矿物质、高维生素及高热量饮食。幼儿及学龄前儿童应该确保摄入足够的脂肪酸，以满足大脑及神经系统的发育。青少年生长发育速度较快，需要摄入足够的蛋白质、维生素和矿物质（如钙、铁）等。老年人新陈代谢减慢，每日所需热量减少，但对钙的需求增加。不同年龄患者对食物质地的选择、饮食喜好也有差异，婴幼儿咀嚼及消化功能尚未完善，老年人咀嚼及消化功能较成年人弱，应给予他们质地柔软且易消化的食物。

（2）活动量：各种活动是能量代谢的主要因素，活动强度、工作性质、工作条件不同，热能消耗也不同。活动量大的个体对热能及营养素的需求大于活动量小的个体。

（3）身高及体重：身高及体重综合反映了机体蛋白质、热能及矿物质的摄入、利用和储存情况，在一定程度上也反映了机体肌肉、内脏的发育和潜在的能力。

（4）特殊生理状况：一般处于妊娠期、哺乳期的女性对营养的需求显著增加，同时会有饮食习惯的改变。妊娠期女性摄入营养素的比例应均衡，中国营养学会建议妊娠期膳食能量需要量（estimated energy requirement, EER）在妊娠早期不需增加，在妊娠中、晚期必须增加能量和各种营养素的摄入，适当增加蛋白质、铁、碘、叶酸的摄入量，在孕期的后3个月尤其需要增加钙的摄入量。哺乳期女性在每日饮食基础上需要再增加500 kcal热量，对蛋白质等物质的需要量增加到65 g/d，同时应注意钙、碘、锌、维生素B及维生素C的摄入。

2. 病理因素

（1）疾病及药物的影响：许多疾病可影响患者对饮食及营养的摄取、消化、吸收及代谢。如果某种原因引起患者味觉、嗅觉异常，可能也会影响食欲，导致患者营养摄入不足；高代谢性疾病如发热、烧伤、甲状腺功能亢进等以及慢性消耗性疾病，导致机体对热量的需求增加；伤口愈合、感染后、肾病综合征等患者对蛋白质的需求增加。患病后用药也会影响患者的饮食及营养。如胰岛素、类固醇类药物可增进食欲；非肠溶性红霉素、氯贝丁酯等可降低食欲；长期服用苯妥英钠可干扰叶酸和维生素C的吸收，利尿剂及抗酸剂容易造成矿物质缺乏，从而影响营养素的吸收。

（2）饮食过敏：某些人对特定的食物，如牛奶、海产品等过敏，一旦摄入这些食物，会出现腹泻、腹痛、哮喘等过敏反应，影响营养的摄入和吸收。

（二）心理因素

一般情况下，不良的情绪，如焦虑、抑郁、恐惧、悲哀等不良情绪可引起交感神经兴奋，抑制胃肠蠕动及消化液的分泌，使食欲降低，引起进食减少、偏食、厌食等。而愉快、轻松的心理状态会促进食欲。因为愉快、轻松的心理状态可以使副交感神经兴奋，增加胃肠蠕动和消化液分泌，从而增进食欲。

（三）社会因素

经济状况会直接影响人们的购买力，影响人们对食物的选择，从而影响其营养状况。每个人都有自己的饮食习惯，而饮食习惯会受民族、社会背景、文化习俗、地理位置和生活方式等的影响，而不同民族的人会有不同的饮食禁忌。饮食习惯不佳或有不良嗜好者，可造成某些营养素的摄入量过多或过少，导致营养不平衡，如东北人喜食酸菜，其中含有较多的亚硝酸盐类物质，易发生消化系统肿瘤。同时，进食的环境、食具的洁净以及食物的色、香、味等都可以影响人们对食物的选择和摄入。另外，正确理解和掌握营养知识，有助于人们摄入均衡的饮食和营养。

二、营养状况的评估

营养状况的评估除了通过病史采集的方法，明确患者的用餐情况、摄入种类及摄入量、食欲、有无食物过敏史、有无服用影响食欲的药物、有无口腔疾患及其他相关疾病影响饮食状况外，还可以采用体格检查法、生化指标及免疫功能的评估和营养风险评估表进行。

（一）体格检查法

依据患者的外貌、皮肤、毛发、指甲、骨骼和肌肉等方面的评估，结合患者年龄、身高、体重、皮褶厚度等确定患者的营养状况。

1. 体格检查 检查患者的外貌、皮肤、毛发、指甲、骨骼和肌肉等，可初步确定患者的营养状况（表12-6）。

表12-6 不同营养状况的身体征象

项目	营养良好	营养不良
外貌	发育良好、有活力	消瘦、缺乏兴趣、倦怠、疲劳
皮肤	皮肤有光泽、弹性好	皮肤无光泽、干燥、弹性差、过度角化
毛发	浓密、有光泽	毛发稀疏、缺乏自然光泽、变细、易断
指甲	粉色、坚实	粗糙、无光泽、易断裂
口唇	柔润、无裂口	肿胀、口角裂、口角炎症等
肌肉和骨骼	肌肉结实、皮下脂肪丰满而有弹性、骨骼无畸形	肌肉松弛无力、皮下脂肪菲薄、肋间隙、锁骨上窝凹陷、肩胛骨和髂骨嶙峋突出

2. 人体测量 可以通过测量患者身高、体重、皮褶厚度等以确定其营养状况。

（1）测量身高、体重：身高、体重是综合反映生长发育及营养状况的最重要的指标。测量一定时期内体重的增减是评估营养状况最常用的方法。测得患者的身高、体重，然后按公式计算出标准体重，成人的标准体重可用以下公式粗略计算：男性的标准体重（kg）= 身高（cm）－105，女性的标准体重（kg）= 身高（cm）－105－2.5，最后计算实测体重占标准体重的百分数，其公式为：[（实测体重－标准体重）/ 标准体重] ×100%。

正常体重的范围是标准体重 ±10% 以内，超过标准体重的 10%~20% 为超重（overweight），超过标准体重20% 以上为肥胖（obesity）；低于标准体重10%~20% 为消瘦，低于标准体重20% 以上为明显消瘦。

由于体重受身高的影响较大，常用体重指数（body mass index，BMI）衡量体重是否正常，计算方法为：BMI= 体重（kg）/ [身高（m）]^2。按照世界卫生组织（WHO）标准，成人 BMI 18.5~24.9 为正常，25~29.9 为超重，30 及以上为肥胖。按照亚洲标准，成人 BMI 18.5~23.9 为正常，24~27.9 为超重，28 及以上为肥胖。

（2）测量皮褶厚度：皮褶厚度又称皮下脂肪厚度，可反映体内的脂肪量，与营养状况的关系密切，可作为评估营养状况的参考。常用测量部位有肱三头肌、肩胛下部和腹部，成人以肱三头肌皮褶厚度测量最常用。测量时患者取立位，两上肢自然下垂，护士站于其后，以拇指和示指在肩峰至尺骨鹰嘴连接中点的上方 2 cm 处捏起皮褶，捏起点两边的皮肤须对称，然后用重量压力为 10 g/mm^2 的皮褶计测量，于夹住后 3 s 内读数，一般取 3 次测量的均值。正常参考值：男性12.5 mm，女性16.5 mm。肩胛下即在左肩胛下角下方 2 cm 处测量，腹部即在距离脐左侧 1 cm 处测量。

（3）测量上臂围、上臂肌围：上臂围是测量上臂中点位置周长，可反映臂部肌肉的发达程度。上臂围包括皮下脂肪在内，也可反映能量摄取情况。我国男性上臂围平均为 27.5 cm。测量值低于正常参考值的 90% 时，需要考虑存在营养不良，80%~89% 为轻度营养不良，60%~79% 为中度营养不良，60% 以下为严重营养不良。上臂肌围是评价总体蛋白质储存较可靠的指标。上臂肌围的计算公式为：上臂肌围 = 上臂围 －3.14× 三头肌部皮褶厚度。国际标准：男性为 25.3 cm，女性为 23.2 cm。测定值＞90% 标准值为营养正常，80%~90% 为轻度肌蛋白消耗，60%~79% 为中度肌蛋白消耗，60% 以下为严重肌蛋白消耗。

（二）生化指标及免疫功能的评估

生化检验可以测定人体内各种营养素水平，是评价人体营养状况较客观的资料，可以早期发现亚临床营养不足。免疫功能测定可了解人体的免疫功能状况，间接反映机体营养状况。生化指标检测常用方法有测量血、尿中某些营养素或排泄物中代谢产物的含量，生化及实验室检查主要包括检测血液中的血浆蛋白（白蛋白、前白蛋白、转铁蛋白、视黄醇结合蛋白、纤维结合蛋白）、氮平衡试验、肌酐身高指数、肌酐体重指数、肌酐身高比、血浆氨基酸谱测定。免疫功能测定主要测量总淋巴细胞计数、皮肤迟发性超敏反应等。

（三）常用营养风险评估表

欧洲临床营养和代谢学会将营养风险（nutrition risk）定义为现存的或潜在的与营养因素相关的、可导致患者出现不利临床结局的风险。营养风险主要关注营养方面的因素引起不良临床结局的风险，而不是只出现营养不良的风险。常用的营养风险筛查和营养不良筛查评估表主要有营养风险筛查2002、营养不良通用筛查工具、营养不良筛查工具、主观整体评估表等。临床上最常用的是主观整体评估表。营养评估应该在患者入院后48 h内由营养护士、营养师或医师实施。

1. 营养风险筛查2002（nutritional risk screening 2002，NRS2002） 适用对象为一般成年住院患者，包括肿瘤患者。该筛查方法建立在循证医学基础上，简便易行。包括3个部分评分的综合，即：疾病严重程度评分、营养受损评分、年龄评分，年龄如果在70岁以上加1分。如果总评分≥3分（或者胸腔积液、腹水、水肿且血清白蛋白<35 g/L），说明营养风险存在，而不是说明营养不良。营养风险的存在提示需要制订营养支持计划，但并不是实施营养支持的指征，是否需要营养支持应该进一步进行营养评估。总评分<3分者，每周复查营养风险。

知识链接

营养风险筛查2002

一、疾病严重程度评分

□0分：营养需要量正常
□1分：营养需要量轻度增加
□2分：营养需要量中度增加
□3分：营养需要量重度增加

1分：髋部骨折□ 慢性疾病有并发症□ COPD□ 血液透析□ 一般恶性肿瘤患者□
2分：腹部大手术□ 脑卒中□ 中度肺炎□ 血液恶性肿瘤□
3分：颅脑损伤□ 骨髓移植□ 大于APACHE10分的ICU患者□

二、营养受损评分

□0分：营养状况正常
□1分：营养状况轻度增加
□2分：营养状况中度受损
□3分：营养状况重度受损

1.人体测量：身高____cm，实际体重____kg，BMI____kg/m² （<18.5，3分）
因严重胸腔积液、腹水、水肿等得不到准确BMI值时用血清白蛋白替代____g/L（<30 g/L，3分）
2.近3个月体重是否下降？（是，否）；若是，体重下降____kg
体重下降>5%
□3个月内（1分）
□2个月内（2分）
□1个月内（3分）

3. 过去1周内进食量是否减少？（是，否）
如果是，较以前减少
□ 25%~50%（1分） □ 50%~75%（2分） □ 75%~100%（3分）

三、年龄评分
□ 超过70岁（1分） □ 不超过70岁（0分）

2. 营养不良通用筛查工具（malnutrition universal screening tool，MUST） 适用于不同医疗机构的营养不良风险筛查，主要用于蛋白质热量营养不良及其发生风险的筛查。此工具由英国肠外肠内营养协会多学科营养不良咨询小组开发，整合了体重指数、体重变化和疾病对进食状态的影响3个部分，通过3个部分的评分得出总分，将患者分为低风险、中风险、高风险3个营养风险状态。

3. 营养不良筛查工具（malnutrition screening tool，MST） 筛查体重及其下降程度、食欲下降2项内容，筛查结果为有风险与无风险。0~1分，提示无营养不良风险；2分以上，提示有营养不良风险。

4. 主观整体评估表（subjective globe assessment，SGA） 是目前临床营养状况评估的"金标准"，其信效度已经得到充分检验。评估的内容包括详细的病史与身体评估的参数。病史主要强调5个方面：体重改变、进食改变、现存的消化道症状、活动能力改变、患者疾病状态下的代谢需求。身体评估主要包括3个方面：皮下脂肪的丢失、肌肉的消耗、水肿（踝部、骶部、腹水）。每个指标分为A、B、C三个等级，A代表营养良好，B代表轻、中度营养不良，C代表严重营养不良。8个项目中至少5项属于B或C级者，可分别定为中度或重度营养不良（表12-7）。除了上述的SGA，还有患者主观整体评估（patient generated subjective global assessment，PG-SGA）、微型营养评估（mini nutritional assessment，MNA）等，通过营养评估发现患者有无营养不良并判断其严重程度。

表12-7 主观整体评估表（SGA）

指标	A级	B级	C级
近期（2周）体重改变	无/升高	减少<5%	减少>5%
饮食改变	无	减少	不进食/低能量流质
胃肠道症状	无/食欲不减	轻微恶心、呕吐	严重恶心（持续2周）、呕吐
活动能力改变	无/减退	能下床活动	卧床
应激反应	无/轻度	中度	高度
肌肉消耗	无	轻度	重度
三头肌皮褶厚度	正常	轻度减少	重度减少
踝部水肿	无	轻度	重度

第四节　患者饮食的护理

护士应根据对患者营养状况的全面评估，结合疾病的特点，为患者制订有针对性的营养计划，并根据计划对患者采取相应的饮食护理措施，科学合理的饮食护理是满足患者生理需要、实施整体护理的重要环节。

一、一般饮食的护理

患者入院后，医生根据患者的病情开出饮食医嘱，确定患者所需的饮食种类。护士根据医嘱填写入院饮食通知单，送交营养室，同时在患者的床尾或床头上注明，作为分发食物的依据。因病情需要更改饮食时，需由医生开出医嘱。护士按医嘱填写饮食更改单或饮食停止单，送交营养室，由营养室做出相应处理。患者饮食的护理包括进食前、进食时和进食后的护理。

1. 进食前护理

（1）饮食指导：由于饮食习惯不同、缺乏营养知识，患者可能对于医院的某些饮食不理解或难以接受。住院患者的饮食由医生根据病情确定，因此应对患者说明医院饮食的目的、食物种类，以及进餐的时间、次数、量，禁忌选用的食物等，使患者主动配合，纠正不正确的饮食习惯或饮食行为。护士应根据患者所需要的饮食进行解释和指导，在色、香、味不违背疾病治疗原则的前提下，应尽量符合患者的饮食习惯，需限制的食物可用一些患者容易接受的食物代替，使患者适应饮食习惯的改变。

（2）环境准备：患者进食的环境应以清洁、空气清新、气氛轻松愉快为原则。①整理床单位，收拾床旁桌椅及床上不需要的物品，去除不良气味，避免不良视觉印象，如饭前半小时开窗通风，病室温、湿度适宜，移去便器。②进食前暂停非紧急治疗、检查和护理操作。③同病室有危重患者时应以屏风遮挡，病情允许可集体进餐，促进食欲。

（3）患者准备：在进食前，护士应协助患者做相应的准备工作。①去除或减轻不舒适因素，疼痛患者于饭前半小时遵医嘱给止痛剂，辅料包扎过紧或过松者给予适当调整；因特定卧位引起疲劳时，应帮助患者更换卧位或对相应部位给予按摩；为高热患者给予降温。②督促或协助患者洗手、漱口或口腔护理。条件允许时，可让家人陪伴进餐。③协助患者采取舒适的进食姿势，如病情允许，可协助患者下床进食；不能下床进食者，应协助其取坐位或半坐位，放好跨床桌，并擦拭干净；卧床患者协助取侧卧位或仰卧位（头偏向一侧），并给予适当支托。④铺巾，将治疗巾或餐巾围于患者胸前，防止衣服和被单被污染。

（4）工作人员准备：衣帽整洁，戴好帽子、口罩，洗手，做好查对。

2. 进食时护理

（1）分发食物：护士洗净双手，衣帽整洁。根据饮食单上的饮食要求，督促并协助配餐员及时将饭菜准确无误地发给每位患者。

（2）鼓励进食：患者进食期间，护士应巡视观察患者进食情况，同时协助或者鼓励患者进餐。①检查治疗饮食和试验饮食的实施情况，适时给予督促，来访者带来的食物需经护士检查，符合疾病治疗原则的方可食用。②不能自行进食的患者，护士应给予喂食。进食时患者采取坐位或半坐位。对俯卧或平卧的患者，将其头部转向一侧，以免食物呛入气管。喂食时应根据患者的进食习惯，按照进食的次序与方法耐心喂食。进流质饮食者，可用吸管进食。③视力障碍者，如双目失明或双眼被遮盖的患者，护士在喂食前应告知患者食物名称以增加其兴趣，促进消化液分泌；要求自己进食者，可设置时钟平面图放置食物，告知方位及食物名称，利于按顺序摄取，如6点处放置主食，12点处放汤，9点处和3点处放菜。④对禁食或限制饮食者，应告知患者原因，以取得合作，同时在床尾卡上标记，做好交接班。⑤对于需要增加饮水量者，应向患者解释大量饮水的目的及重要性。督促患者在白天饮入一天总水量的3/4，以免夜间饮水多，增加排尿次数而影响睡眠。患者无法一次性大量饮水时，可少量多次饮水，并注意改变液体种类，以保证液体的摄入。⑥对限制饮水者，应向患者及家属说明限水的目的及限水量，以取得合作，并且应在患者床边设限水标志。

（3）特殊问题的处理：在巡视患者时应及时处理进食过程中出现的特殊问题。进食过程中可能会出现恶心、呕吐、呛咳等问题，一旦出现，要及时协助处理。①恶心：若患者在进食过程中出现恶心，可嘱其暂停进食，并做深呼吸，以缓解症状。②呕吐：如果患者在进食过程中发生呕吐，应及时给予帮助。首先将患者头偏向一侧，防止呕吐物进入气管内发生窒息；给患者提供盛装呕吐物的容器，尽快清除呕吐物并及时更换被污染的被服等。观察呕吐物的性质、颜色、量和气味等，并做好记录。协助患者漱口或给予口腔护理，以去除口腔异味。开窗通风，以去除病室内不良气味，减少对患者的刺激。询问患者是否愿意继续进食，对不愿继续进食者，可帮助其保存好剩下的食物，待其愿意进食时再给予。③呛咳：若患者在进食过程中发生呛咳，应帮患者拍背；如果有异物进入咽喉部，应及时采用海姆立克急救法，使异物排出，防止发生窒息。

3. 进食后护理 及时撤除餐具，清理食物残渣，督促或协助患者洗手、漱口或进行口腔护理，整理床单位；根据需要做好护理记录，评价患者进食的种类、数量是否达到营养要求，及时将患者的意见反馈给营养室；对暂时禁食和延迟进食的患者做好交接班。

二、特殊饮食的护理

病情危重、消化道功能障碍、不能经口或不愿经口进食的患者，为保证其营养素的摄取、消化、吸收，维持细胞代谢，保持组织器官的结构与功能，促进康复，临床上常根据患者的不同情况采取不同的特殊饮食护理。根据进食途径不同，特殊饮食护理分为胃肠内营养和胃肠外营养。

1. 胃肠内营养（enteral nutrition，EN） 是采用经口服或管饲等方式经胃肠道提供能量及营养素的支持方式。根据供给方式分为口服和管饲。管饲是将导管插入胃肠道，给患者提供必需的食物、营养液、水及药物的方法，是临床中提供或补充营养的非常重要的方法之一，根据导管插入的途径可分为口胃管、鼻胃管、鼻肠管、胃造瘘管和空肠造口管。当给患者通过导管注入营养液时，可以应用注射器将管饲液注入导管，也可应用肠内营养泵注入。根据所提供营养食物的组成成分，可分为要素饮食、非要素饮食和组件膳食。其中，非要素饮食主要包括匀浆饮食和整蛋白为氮源的非要素饮食，匀浆饮食采用天然食物经捣碎并搅拌后制成，整蛋白为氮源的非要素饮食包括含牛奶配方、不含乳糖配方、含膳食纤维配方；组件膳食亦称不完全膳食，用以补充或强化完全膳食，以弥补完全膳食在适应个体差异方面的欠缺，可分为蛋白质组件、脂肪组件、糖类组件、维生素组件和矿物质组件。以下主要介绍要素饮食。

要素饮食（elemental diet）是一种化学精制食物，含有人体所必需的易于消化的营养成分，由纯营养素按配方人工混合而成的粉状物，溶于水后即成为液体或稳定的脂肪悬浮液。主要包括游离氨基酸、单糖、主要脂肪酸、维生素、无机盐和微量元素。主要特点是不含有纤维素，无需经过消化过程即可直接被肠道吸收和利用，为人体提供热能和营养。

（1）目的：要素饮食在临床营养治疗中可保证危重患者的能量及氨基酸等营养素的摄入，促进伤口愈合，改善患者营养状况，以达到治疗及辅助治疗的目的。

（2）适应证及禁忌证：适应证为严重烧伤及创伤等超高代谢、消化道瘘、手术前后需营养支持、非感染性严重腹泻、消化吸收不良、营养不良等患者。禁忌证包括新生儿及婴幼儿，顽固性腹泻、肠梗阻、腹膜炎及消化道出血者。消化道瘘和短肠综合征患者应该先采用几天全胃肠外营养，然后再逐渐过渡到要素饮食。糖尿病和胰腺疾病患者应慎用。

（3）分类：根据治疗用途可分为营养治疗和特殊治疗两大类。营养治疗的要素饮食要包含游离氨基酸、单糖、重要脂肪酸、维生素、无机盐类和微量元素等。特殊治疗用要素饮食主要针对不同疾病患者，增减相应营养素以达到治疗目的的一些特殊种类要素饮食，主要包括适用于肝功能损害的高支链氨基酸、低芳香族氨基酸要素饮食，适用于肾衰竭的以必需氨基酸为主的要素饮食以及适用于苯丙酮尿症的低苯丙氨酸要素饮食等。

（4）用法：根据患者的病情需要，将粉末状要素饮食按照比例添加水，配制成适宜浓度和剂量的要素饮食后，可通过口服、鼻饲、经胃或空肠造瘘口滴注的方法供给患者。①口服法。口服剂量为每次50 ml，逐渐增至100 ml，可根据患者病情每日口服6～10次，一般要素饮食的口味欠佳，口服患者不易耐受，故临床较少应用。②胃管滴注法主要有3种方式。第一种方式为分次注入：将配制好的要素饮食或现制品用注射器通过鼻胃管或造瘘口等注入胃内，每次250～400 ml，每日4～6次。主要用于非危重、经鼻胃管或造瘘管行胃内营养患者。优点是操作方便，费用低；缺点是较易引起恶心、呕吐、腹胀、腹泻等胃肠道症状。第二种方式为间歇滴注：将配制好的要素饮食或现制品放入有盖吊瓶内，经输液管缓慢滴注，每次400～500 ml，每次输注持续时间30～60 min，每日4～6次，适用于大多数患者。第三种方式为连续滴注：装置与间歇滴注相同，在12～24 h内持续滴入要素饮食，或用肠内营养泵保持恒定滴速，多用于经空肠喂养的危重患者。

（5）并发症：在患者应用过程中，可因为营养制剂选择不当，配制时浓度、剂量不合理，营养液被污染或护理不当等因素引起各种并发症。①机械性并发症：与营养管的硬度、插入位置等有关，主要有鼻咽部和食管黏膜损伤、管道阻塞。②感染性并发症：如果营养液误吸可导致吸入性肺炎，如果肠道造瘘患者的营养管滑入腹腔，可导致急性腹膜炎。③代谢并发症：有的患者可出现高血糖和高钠、氮质血症等代谢性并发症，长期使用要素饮食后突然停用时容易发生低血糖。④胃肠道并发症：患者可能发生恶心、呕吐、腹痛、腹胀、腹泻、便秘等胃肠道反应。

（6）注意事项：①每一种要素饮食的营养成分、浓度、用量、滴入的速度等，应根据患者的病情，由医生、责任护士及营养师达成共识而定。原则上应由"低、少、慢"开始，逐渐增加，待患者耐受后再稳定配餐标准、用量及速度。②配制要素饮食时，应严格遵守无菌操作的原则。所有配制用具均需消毒灭菌后使用。③尽量新鲜配制，如需存放，要在4℃以下冰箱内冷藏，并保证在24 h内用完，防止食物污染或变质。④要素饮食适合口服的温度一般为37℃，经鼻饲及造瘘口注入温度为41～42℃。过冷可引起胃肠道痉挛、腹痛或腹泻，过热可能会烫伤胃肠道黏膜，滴注时可在输液管远端放置热水袋保持温度，防止腹胀、腹泻。⑤要素饮食滴注前后都应用温开水冲净管腔，防止食物滞留管腔内发生腐败变质。⑥应用过程中应加强巡视观察，如出现恶心、呕吐、腹痛、腹泻等消化道症状，应查清原因，根据情况调整浓度、温度或速度，反应严重者应暂停滴入。⑦应用要素饮食期间需要定期记录患者体重，并观察尿量、排便次数及形状，检查血糖、尿糖、血尿素氮、电解质、肝功能等指标，做好营养评估。⑧突然停止输入要素饮食液，患者会出现心悸、出汗、脉速、乏力等低血糖症状。因此，要加强巡视，密切观察，防止管道堵塞或连接处脱开，导致溶液突然停止输入。停用要素饮食时需要逐渐减量，骤停容易引起低血糖反应。⑨临床护士要加强与医师和营养师的联系，及时调整饮食，处理不良反应或并发症。

2. 胃肠外营养（parenteral nutrition，PN） 是按照患者的需要，通过周围静脉或中心静脉输入患者所需要的全部能量及营养素，包括氨基酸、脂肪、各种维生素、电解质和微量元素的一种营养支持方法。

(1) 目的：用于由于各种原因引起的不能从胃肠道摄入营养、胃肠道需要充分休息、消化道吸收障碍以及存在超高代谢的患者。

(2) 分类：根据补充营养的量不同，胃肠外营养可分为部分胃肠外营养（partial parenteral nutrition，PPN）和全胃肠外营养（total parenteral nutrition，TPN）。根据输注途径不同，可以分为周围静脉营养和中心静脉营养。周围静脉营养（peripheral parenteral nutrition，PPN）是指将营养物质由外周静脉输入的方法。中心静脉营养（central parenteral nutrition，CPN）又称完全静脉营养，是指将全部营养素通过大静脉输入的方法。短期、部分营养支持或中心静脉置管困难时，可采用周围静脉营养；长期、全量补充营养时宜采用中心静脉营养。

(3) 用法：胃肠外营养的输注方法主要有全营养混合液输注及单瓶输注两种。全营养混合液输注是在无菌条件下，将患者每日所需的营养物质按次序混合输入由聚合材料制成的输液袋或玻璃容器后，再输注到患者体内的方法。这种方法热氮比例平衡、多种营养素同时进入患者体内而增加节氮效果，同时可以简化输液过程，也可减少污染，并减少代谢性并发症的发生。单瓶输注是在无条件进行全营养混合液输注时，可单瓶输注。此方法由于各种营养素非同步进入患者体内，可造成营养素的浪费，也易发生代谢性并发症。

(4) 禁忌证：①胃肠道功能正常，能获得足够营养者；②估计应用时间不超过5天者。③伴有严重循环、呼吸功能衰竭，严重水、电解质、酸碱平衡紊乱，凝血功能异常及休克者。

(5) 并发症：在患者应用胃肠外营养的过程中可能会发生机械性、感染性和代谢性并发症。①机械性并发症：在中心静脉置管时，可因患者体位不当、穿刺方向不正确等引起气胸、出血、血栓形成等。②感染性并发症：如果置管时无菌操作不严格、营养液污染以及导管长期留置，可引起穿刺部位感染、导管性脓毒症等，长期肠外营养也可发生肠源性感染。③代谢性并发症：营养过度（使用过多的葡萄糖、脂肪或热量）和再喂养综合征（给予原有营养不良者快速喂养）可导致各种代谢性并发症。高血糖和高渗性非酮性昏迷较常见；外源性胰岛素用量过大或高浓度葡萄糖输入时，促使机体持续释放胰岛素，若突然停输葡萄糖可出现低血糖；葡萄糖超负荷引起肝脂肪变性，导致肝功能异常；经周围静脉肠外营养支持时容易发生血栓性静脉炎。

(6) 注意事项：①配制营养液时，应严格遵守无菌技术操作。②配制好的营养液尽量及时输注，如果不能及时输注，需要储存于4℃冰箱内备用，若存储超过24 h，则不宜使用。③输液管及输液袋每12～24 h更换一次，导管进入静脉处的敷料每24 h应更换一次。更换时，应严格无菌操作，注意观察局部皮肤有无异常征象。④输液过程中，勤观察、及时调节输液速度。开始时应缓慢，逐渐增加滴速，保持输液速度均匀。一般成人首日输液速度60 ml/h，次日80 ml/h，第三日100 ml/h。输液浓度也应由较低浓度开始，逐渐增加。输液速度和浓度可根据患者年龄及耐受情况加以调节。⑤输液过程中要防止液体中断或导管脱出，防止发生空气栓塞。⑥等渗或稍高渗溶液可经周围静脉输入，高渗溶液应从中心静脉输入，明确标识。静脉营养导管严禁输入其他液体、药物及血液，也不可在此处采集血标本或测中心静脉压。⑦使用前及使用过程中要对患者进行严密的实验室监测，每日记录出入量，观察血常规、电解质、血糖、氧分压、血浆蛋白、尿糖、酮体及尿生化等情况，根据患者体内代谢的动态变化及时调整营养液配方。停用胃肠外营养时应在2～3天内逐渐减量。⑧密切观察患者的临床表现，注意有无并发症的发生。如果发现异常情况应及时与医生联系。

三、与饮食有关的护理技术

（一）鼻饲法

鼻饲法（nasogastric gavage）是将导管经鼻腔插入胃内，从管内灌注流质食物、水分和药物的方法。

【目的】
　　对于不能经口进食的患者，用鼻胃管供给食物和药物，以保证患者摄取足够营养和热量。适应范围包括：①不能经口进食的患者，如昏迷、破伤风患者、口腔疾患及口腔手术后的患者；②病情危重的患者；③其他患者，如早产儿、拒绝进食者。

【评估】
1. 评估患者的年龄、意识状态、病情、治疗情况、进食情况和营养状况。
2. 评估患者的鼻腔黏膜情况和鼻腔的通畅情况。
3. 评估患者的心理状态及配合程度。

【操作前准备】
1. 患者准备　了解鼻饲饮食的目的、操作过程及注意事项，愿意配合。
2. 护士准备　着装整洁，洗手、戴口罩。
3. 用物准备
（1）治疗车上层：
　　1）插管时需要准备：鼻饲包（内备：治疗碗、镊子、止血钳、压舌板、纱布、胃管、50 ml 注射器、治疗巾）、石蜡油、棉签、胶布、别针、夹子或橡胶圈、手电筒、听诊器、温度计、量杯、弯盘、鼻饲饮食（38~40℃）、温开水适量（也可取患者饮水壶内的水），按需要准备漱口或口腔护理用物、手消毒液、必要时备手套。
　　2）拔管时准备：治疗盘内有纱布、松节油、棉签、手套等。
（2）治疗车下层：医用垃圾桶、生活垃圾桶。
4. 环境准备　环境清洁、安静、舒适、无异味，注意保护患者的隐私。

【操作流程】

操作主线	操作步骤	操作要点
▲ 插管鼻饲		
1. 核对并解释	携用物至患者床旁，核对患者床号、姓名、腕带等，并向患者解释操作的目的、方法及配合要求	• 操作前查对：根据医嘱严格执行查对制度，避免差错事故的发生
2. 摆体位	有义齿者取下义齿，不能取坐位的患者可取仰卧位，头偏向操作护士侧或右侧卧位，昏迷者取去枕仰卧位，头向后仰	• 取下义齿，防止脱落、误咽 • 坐位有利于减轻患者咽反射，利于胃管插入 • 根据解剖原理，右侧卧位利于胃管插入 • 头向后仰有利于昏迷患者的胃管插入
3. 保护床单位	将治疗巾铺于患者颌下及胸前，将弯盘置于治疗巾上	• 取下义齿，防止插管时脱落、误咽
4. 清洁鼻腔	观察鼻腔情况，选择健康的一侧鼻腔进行插管，用棉签蘸清水或生理盐水清洁鼻腔	• 鼻腔通畅便于插管 • 鼻腔分泌物较多时，可用干棉签清洁
5. 量长标记	检查胃管是否通畅，测量胃管插入的长度，并标记	• 插管长度：体表测量鼻尖到耳垂再到胸骨剑突或前额发际至胸骨剑突的距离 • 一般成人插入长度为 45~55 cm，具体长度应根据体表测量的结果确定
6. 润滑胃管	将少许石蜡油倒于纱布上，或用石蜡油棉球润滑胃管前端	• 润滑胃管前端以减少插管阻力

续表

操作主线	操作步骤	操作要点
7. 插胃管	（1）一手持纱布托住胃管，另一手持镊子夹住胃管，沿一侧鼻孔缓缓插入；或戴无菌手套夹持胃管前端，沿选定的鼻腔轻轻插入胃管 （2）当胃管插至咽喉部（约10~15 cm）时，根据患者具体情况进行插管 1）清醒患者：嘱患者做吞咽动作，逐渐将胃管插入至指定长度 2）昏迷患者：胃管插至咽喉部时，左手将患者头托起，使下颌靠近胸骨柄，以增大咽部通道的弧度，提高插管成功率，缓缓插入胃管至指定长度（图12-2）	● 插管时动作轻柔，以免造成鼻腔损伤 ● 插入不畅时，应该检查口腔，观察胃管是否盘在口咽部，或将胃管抽出少许，再小心插入，不可强行插入，以免损伤黏膜 ● 插管中如果患者出现恶心、呕吐，可暂停插管，并嘱患者做深呼吸 ● 如果胃管误入气管，应立即拔出胃管，休息片刻后再重新插管
8. 确认入胃	用以下一种或多种方法确认胃管是否在胃内： （1）在胃管末端连接喂食器并回抽。如果能抽吸出胃液，说明胃管在胃内 （2）如果没有胃液抽出 1）将胃管末端置于水中，嘱患者深呼吸。如无气泡逸出，说明胃管没有进入气管 2）置听诊器于患者胃部，快速经胃管向胃内注入10 ml空气。如能听到气过水声，说明胃管已到胃内	● 按顺序确认胃管是否在胃内
9. 固定胃管	确定胃管在胃内后，用胶布固定胃管于鼻翼及面颊部	● 防止胃管移动或滑出
10. 灌注食物	（1）确认胃管位置：连接注射器于胃管末端，抽吸见有胃液抽出，再注入少量温开水	● 每次灌注食物前应抽吸胃液以确定胃管在胃内，并确认胃管通畅 ● 注入温开水至少10 ml，润滑管腔
	（2）注液：缓慢注入鼻饲液或药液	● 注入过程中，应询问患者感受，以调整注入速度 ● 每次鼻饲量不超过200 ml，两次间隔超过2 h ● 注入鼻饲液的温度以38~40℃为宜 ● 每次抽吸鼻饲液时，应先反折胃管末端，避免灌入空气，引起腹胀
	（3）冲管：鼻饲完毕，再次注入少量温开水	● 冲净胃管，避免鼻饲饮食黏附于管壁发酵变质
11. 处理胃管末端	将胃管末端盖紧，或用纱布包好反折，再用橡皮圈或夹子夹紧，用别针固定于患者衣领处	● 防止食物反流 ● 防止胃管脱落
12. 清洁整理	协助患者清洁口腔、鼻孔；整理床单位；嘱患者维持原卧位20~30 min；洗净鼻饲用的注射器，放于治疗盘内，用纱布盖好备用	● 维持原卧位有助于防止呕吐 ● 鼻饲用物每日消毒1次

续表

操作主线	操作步骤	操作要点
13. 洗手、记录	（1）洗手、记录插胃管时间、鼻饲时间、患者反应和鼻饲种类、量 （2）观察、记录鼻饲时及鼻饲后患者的反应，包括有无呛咳、呼吸困难、恶心、呕吐、腹胀或腹痛等	
▲ 拔胃管		
1. 拔管前准备	将治疗盘置于患者颌下，夹紧胃管末端，轻轻揭去固定的胶布	● 夹紧胃管，以免拔管时管内液体反流
2. 拔出胃管	用纱布包裹近鼻孔处的胃管，嘱患者深呼吸，在患者呼气时拔管，边拔边用纱布擦胃管，到咽喉处快速拔出	● 到咽喉处快速拔出，以免管内残留液体滴入气管
3. 清洁面部	清洁患者口鼻、面部，擦去粘膏痕迹，协助患者漱口，采取舒适卧位	● 可用松节油擦净胶布痕迹
4. 整理记录	撤去所有用物，整理床单位，洗手、记录拔管时间及患者反应	

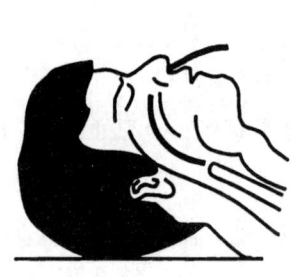

图 12-2　昏迷患者插胃管法

【注意事项】

1. 插胃管前，护患之间应进行有效沟通，向患者解释鼻饲的目的及配合方法，以取得患者及家属的理解与配合。

2. 插管时动作应轻柔，避免损伤食管黏膜，尤其是通过食管 3 个狭窄部位（环状软骨水平处、平气管分叉处、食管通过膈肌处）时。

3. 插入胃管至 10～15 cm 时，约到患者咽喉部，若为清醒患者，嘱其做吞咽动作；对于昏迷患者，则用左手托起患者头部，使下颌靠近胸骨柄，以利插管。

4. 插管过程中如患者出现剧烈恶心、呕吐，可暂停插入，嘱患者做深呼吸，以分散患者注意力，缓解其紧张情绪；如患者出现呛咳、呼吸困难、发绀等，表示胃管误入气管，应立即拔出，休息片刻后再重新插入；插管不畅时，应检查口腔，观察胃管是否盘踞在口中，如确认盘踞在口中，待拔出后，休息片刻再重新插入。

5. 每次灌注鼻饲饮食前都要确定胃管是否在胃内及胃管是否通畅。鼻饲完毕，再次注入少量温开水，冲净胃管，避免鼻饲饮食黏附于管壁发酵变质。

6. 鼻饲液温度应保持在 38～40℃，避免过冷或过热；新鲜果汁与奶液应分别注入，防止产生凝块；药片应研碎溶解后再注入。

7. 每次鼻饲的量不应超过 200 ml，间隔时间不少于 2 h。

8. 长期鼻饲者应每天进行2次口腔护理，并定期更换胃管。普通胃管应每周更换1次，于晚间末次喂食后拔出，次日晨从另外一侧的鼻腔重新插入。硅胶胃管每月更换1次。

9. 食管及胃底静脉曲张、食管梗阻、严重的鼻腔疾病（如鼻息肉、鼻出血、鼻咽癌、严重鼻腔炎症、鼻中隔偏曲等）等患者禁忌使用鼻饲法。

【健康教育】

1. 向患者说明饮食的目的、操作过程，减轻患者焦虑。
2. 向患者讲解鼻饲液的温度、时间、量、胃管的冲洗及应采取的卧位等。
3. 向患者介绍胃管留置的注意事项及更换胃管的知识。
4. 告诉患者若鼻饲后有不适，应及时告知医护人员。

（二）肠内营养泵的使用

肠内营养泵是一种肠内营养输注系统，是通过鼻胃管或鼻肠管连接泵管及其附件，以微电脑精确控制输注的速度、剂量、温度、输注总量等的一套完整、封闭、安全、方便的系统。

【目的】

通过输入肠内营养液，为禁食患者补充营养及水分，保持其电解质平衡；减少食物对吻合口的刺激，以利于吻合口愈合，预防并发症。适应范围主要包括不能经口进食的患者，如食管癌手术后的患者；胃肠道疾病患者，如吸收不良综合征、高位肠瘘、上消化道大手术后患者；术前或术后需补充营养的患者。

【评估】

1. 评估患者的年龄、意识状态、病情、治疗情况、进食情况和营养状况。
2. 评估患者鼻腔的通畅情况。
3. 评估患者的心理状态及配合程度。

【操作前准备】

1. 患者准备 了解肠内营养泵使用的目的、操作过程及注意事项，愿意配合，鼻腔通畅。

2. 护士准备 着装整洁，洗手、戴口罩，了解操作目的，熟悉操作流程。

3. 用物准备

（1）治疗车上层：插管用物同鼻饲法，肠内营养液、温开水、50 ml注射器、输注管、输液架、肠内营养泵、恒温器、肠内营养标志牌、巡视卡。

（2）治疗车下层：医用垃圾桶、生活垃圾桶。

4. 环境准备 环境清洁、安静、舒适、无异味，注意保护患者的隐私。

【操作流程】

操作主线	操作步骤	操作要点
1. 核对并解释	（1）备齐用物，携至患者床旁，双人床边核对	● 操作前查对：根据医嘱严格执行查对制度，避免差错事故的发生
	（2）向患者解释操作的目的、方法及配合要求	
2. 摆体位	协助患者取半卧位	
3. 挂液、排气	将肠内营养液与输注管连接后挂于输液架上进行排气，挂上肠内营养液的标志牌	● 防止与输液袋相混淆
4. 安装营养泵	将肠内营养泵固定于输液架上，插上电源，并将恒温器插上电源	● 使用肠内营养泵前需要提前检查是否运行正常
5. 安装输注管	打开泵门，将输注管装入肠内营养泵的管路槽内，关闭泵门	

续表

操作主线	操作步骤	操作要点
6. 安置恒温器	将恒温器夹在输注管上,用治疗巾包裹恒温器,防止烫伤患者	• 将恒温器固定于茂菲滴管下方 • 将温度调整到 38～40℃
7. 确认胃管或造瘘管位置	输注前先确认患者胃管或者造瘘管位置,注入 30 ml 温开水冲管	• 注意冲管采用脉冲式
8. 连接胃管或造瘘管	将输注管与胃管或造瘘管连接	
9. 调节参数	设置参数,调节输注的量和速度	• 设置喂养管和冲洗袋管的预灌参数、喂养模式、喂养运行参数、营养袋冲洗参数,速度应由低到高 • 连续输注过程中每 4 h 冲管 1 次 • 及时排除引起肠内营养泵报警的原因
10. 整理、记录、处理	(1) 输注完成后应注入 30 ml 温开水,冲洗管道	• 冲净胃管或肠管,避免鼻饲饮食黏附于管壁发酵变质
	(2) 肠内营养管末端或胃管末端用纱布包裹固定;用别针妥善固定在适当位置	
	(3) 协助患者整理床单位。记录患者输注肠内营养液的量和速度,患者输注的胃肠道反应及消化吸收情况	
	(4) 关机,打开泵门,取下营养泵管,切断电源	
	(5) 处理用物	• 按照医疗废物处理原则处理

【注意事项】

1. 做好心理护理,以消除患者对胃肠内营养的畏惧心理。
2. 及时发现和预防导管性并发症的发生,预防管道移位、脱落和阻塞等,保持管道通畅。
3. 用治疗巾包裹恒温器,防止烫伤患者,将温度调整到 38～40℃。
4. 连续输注时每 4 h 冲管 1 次,营养泵管每 24 h 更换 1 次。
5. 经输注管给药时需要注意酸性药品不应与肠内营养制剂同时输注;固体药物应充分溶解后再经导管给予;给予药物前后均应用 30 ml 温开水冲洗导管。
6. 营养泵与输液泵尽量明显分开放置,粘贴管路标识,防止管路混淆。
7. 经常评估患者的营养状况,定期检查全血细胞计数及血生化情况。

【健康教育】

1. 嘱患者不要用力拉扯营养泵管和胃管或造瘘管,不要使其管道受压或打折。
2. 嘱患者如有任何不适,应及时告知医护人员。

小 结

合理营养是维持人体健康的重要物质基础,营养素是人体营养的来源,人体需要的营养素有 6 大类,即蛋白质、脂类、糖类、矿物质、维生素和水。由于患者营养状况和疾病不同,所需营养素也有差别,为适应不同患者和病情的需要,医院饮食可分为基本饮食、治疗饮食和试验饮食。护士进行饮食护理时，应先对患者的营养状况进行评估，影响患者饮食与营养的因素有身体因素、心理因素和社会因素等。营养状况可采用体格检查法、生化指标、免疫功能和营养风险进行评估。护士除了对患者进行一般饮食的护理，还要掌握特殊饮食的护理。根据进食途径不同，特殊饮食分为胃肠内营养和胃肠外营养，常用的技术包括鼻饲法和肠内营养泵的使用。

思考题

一、单项选择题

1. 患者，男，50岁，高脂血症。护士宜为患者提供的饮食是
   A. 低盐饮食　　B. 低蛋白饮食　　C. 低脂肪饮食
   D. 低糖饮食　　E. 低纤维素饮食

2. 患者，女，56岁，因怀疑上消化道出血入院，需做隐血试验。患者试验前3天可进食的是
   A. 猪肝　　　B. 猪血　　　C. 豆制品　　　D. 菠菜　　　E. 牛肉丸

（以下病例为3~4题共用）

患者，男，48岁，因外伤致昏迷，需长期鼻饲。护士为患者进行鼻饲。

3. 为患者插管过程中，当胃管插入15 cm时应该
   A. 使患者的头后仰
   B. 嘱患者做吞咽动作
   C. 将患者头部托起，使下颌靠近胸骨柄
   D. 将患者置于平卧位，头偏向护士一侧
   E. 加快插管动作，使管顺利插入

4. 下列有关鼻饲管留置期间的护理错误的是
   A. 每日做口腔护理　　　　　　　B. 每次喂食间隔时间不少于2 h
   C. 灌流质前后注入少量温开水　　D. 每日晚上拔出胃管，次晨换管插入
   E. 鼻饲用物每日消毒1次

二、案例分析题

患者，男，65岁。因"双下肢水肿1年余，反复全身水肿1个月"入院。起病以来无尿频、尿急、尿痛、排尿困难和肉眼血尿等，平素容易感冒。体格检查：T 37.0℃，P 88次/分，R 23次/分，BP 152/90 mmHg，身高173 cm，体重50 kg，慢性病容，双下肢凹陷性水肿，皮肤萎黄，偶尔见未消退皮疹，眼睑轻度水肿。结合实验室检查结果，诊断为肾病综合征。

请回答：
1. 如何评估该患者的营养状况？
2. 医院饮食有几种？该患者适用于哪种饮食？
3. 患者进食时，应提供哪些饮食护理？

（张　华）

第十三章 排 泄

本章数字资源

导学目标

通过本章内容的学习，学生应能够：

◆ **基本目标**

1. 解释多尿、少尿、无尿、膀胱刺激征、尿潴留、尿失禁、导尿术、便秘、腹泻、排便失禁、灌肠法、肛管排气法的概念。

2. 说明与排尿、排便有关的生理过程；影响排尿、排便的因素；导致排尿、排便异常的原因和护理措施。

3. 比较导尿法与留置导尿法的区别；大量不保留灌肠法、小量不保留灌肠法、保留灌肠法的区别。

4. 熟练、规范地完成导尿法、留置导尿法、膀胱冲洗法、大量不保留灌肠法、小量不保留灌肠法、保留灌肠法、肛管排气法等操作技术。

5. 应用恰当有效的护理措施对排尿异常和排便异常的患者进行护理；能与患者进行良好的沟通并给予恰当的健康教育。

◆ **发展目标**

1. 综合运用排尿、排便有关的解剖和生理知识以及恰当的护理措施解决排尿异常、排便异常患者的护理问题。

2. 将导尿法、留置导尿法、膀胱冲洗法、大量不保留灌肠法、小量不保留灌肠法、保留灌肠法、肛管排气法等技术与解决排尿异常、排便异常建立联系。

3. 在患者的排尿与排便护理操作过程中，能以严肃认真的态度，注意保护患者的隐私，做好保暖措施，动作轻柔规范，体现良好的护理职业道德和人文关怀理念。

排泄是机体将新陈代谢所产生的废物排出体外的生理活动过程，是人体的基本生理需要之一，也是维持生命活动的必要条件之一。人体通过皮肤、呼吸道、消化道及泌尿道排泄代谢废物，其中消化道和泌尿道是主要的排泄途径。许多因素可以直接或间接地影响人体的排泄活动和形态，影响正常的排尿及排便功能，导致机体出现健康问题。因此，护士应掌握有关排尿及排便的护理知识和技术，为患者提供全面的护理支持和帮助，以维持患者正常的排泄功能，满足基本的生理需要，使其获得最佳的健康状态。

案例 13-1

患者，女，28岁。经会阴部侧切分娩一男婴后8h未排尿。主诉下腹部胀痛难忍，有尿意，但排尿困难。患者烦躁不安，表情痛苦，情绪紧张。查体：耻骨联合上方膨隆，可触及一囊性包块，叩诊呈实音，有压痛。

请回答：
1. 该患者是否可以诊断为无尿？为什么？
2. 该患者出现了什么问题？应如何护理？
3. 若为该患者导尿，有哪些注意事项？

第一节 排尿的评估与护理

人体泌尿系统产生的尿液可将机体代谢的最终产物、有毒物质、过剩盐类和药物排出体外，同时调节水、电解质及酸碱平衡，维持人体内环境的相对稳定。当机体排尿功能受损时，个体身心健康将会受到影响。因此，护士应了解排尿的生理过程，掌握正常和异常排尿状况的评估，在临床护理工作中要密切观察患者的排尿状况，了解患者的身心需要，为排尿异常患者提供适宜的护理措施，解决患者存在的排尿问题，促进其身心健康。

一、排尿的生理过程

（一）泌尿系统的结构与功能

泌尿系统由肾、输尿管、膀胱及尿道4部分组成。

1. 肾 成对的实质性器官，位于腹膜后脊柱两侧，左右各1个，右肾略低于左肾，左肾上极平第11胸椎，下极与第2腰椎下缘齐平；右肾上方与肝相邻，上极平第12胸椎，下极平第3腰椎。肾由肾单位、肾小球旁器、肾间质、血管和神经组成。肾的实质由肾单位组成，每个肾有80万~110万个肾单位，每个肾单位包括肾小球和肾小管两部分。血液通过肾小球的滤过作用生成原尿，再通过肾小管和集合管的重吸收和分泌作用产生终尿，由肾盂排向输尿管。肾的主要生理功能：①产生尿液，排泄人体代谢的终末产物（如尿素、肌酐、尿酸等含氮物质）、过剩盐类、有毒物质和药物；②调节水、电解质及酸碱平衡，从而维持人体内环境的相对稳定；③肾还有内分泌功能，如合成和分泌促红细胞生成素、前列腺素、激肽类物质等。

2. 输尿管 一对连接肾和膀胱的细长肌性管道，左右各一，成人输尿管全长20~30 cm。有3个狭窄，分别位于起始部、跨骨盆入口处和穿膀胱壁处。输尿管的狭窄处常嵌顿结石。输尿管的主要生理功能是通过输尿管平滑肌每分钟1~5次的蠕动刺激和重力作用，不断地将无菌尿液由肾输送至膀胱。

3. 膀胱 贮存尿液的有伸展性的囊状肌性器官，位于小骨盆内、耻骨联合的后方。其形状、大小、位置均随尿液充盈的程度而发生变化。当膀胱空虚时，其顶部不超过耻骨联合上缘；当膀胱充盈时，膀胱体与顶部上升，高出耻骨联合以上。此时腹膜也随之上移，膀胱前壁与腹前壁相贴，可在耻骨上进行膀胱的腹膜外手术或进行耻骨上膀胱穿刺。膀胱的肌层由3层纵横交错的平滑肌组成，称为膀胱逼尿肌，收缩时可协助排尿，舒张时有利于贮存尿液。膀胱的主要生理功能是贮存和排出尿液。一般膀胱内储存的尿液达300~500 ml时才会产生尿意。

4. 尿道 尿液排出至体外的通道，起自膀胱尿道内口，末端直接开口于体表处称尿道外口。尿道内口周围有平滑肌环绕，形成膀胱括约肌（内括约肌），尿道穿过尿生殖膈处有横纹肌环绕，形成尿道括约肌（外括约肌），可随意志控制尿道的开闭。临床上将尿道穿过尿生殖膈的部分称为前尿道，未穿过尿生殖膈的部分称为后尿道。男、女性尿道差别很大，各有特点。成年男性尿道长18~20 cm，有2个弯曲及3个狭窄部位。2个弯曲为耻骨下弯和耻骨前弯，其中耻骨下弯恒定无变化，而耻骨前弯则随阴茎位置不同而变化，如将阴茎上提60°，耻骨前弯即可消失。3个狭窄部位为尿道内口、膜部和尿道外口。成年女性尿道长4~5 cm，较男性尿道短、宽、直，富有扩张性。尿道外口位于阴蒂下方，与阴道口、肛门相邻，比男性更容易发生尿道感染。老年女性尿道外口回缩，导尿时易误插入阴道。尿道的主要生理功能是将尿液从膀胱排出体外。男性尿道还与生殖系统有密切关系。

（二）排尿的生理

肾生成尿液是一个连续不断的过程，而排尿则是间歇进行的。只有当膀胱内的尿液贮存达到一定量时，才能引起排尿反射，使尿液排出体外。

膀胱受副交感神经紧张性冲动的影响处于轻度收缩状态，其内压经常保持在10 cmH$_2$O。由于膀胱平滑肌具有较大的伸展性，故在尿量开始增加时，膀胱内压并无明显升高。肾生成尿液，膀胱扩张，当膀胱内尿量充盈（成人达400~500 ml，儿童50~200 ml）时，膀胱内压力上升超过10 cmH$_2$O，使膀胱壁的牵张感受器受压力的刺激而兴奋，冲动沿盆神经传入脊髓的排尿反射初级中枢（S$_2$~S$_4$），同时，冲动也通过脊髓上传到达脑干和大脑皮质的排尿反射高级中枢，产生尿意。如果尿量增加至700 ml，膀胱内压随之升高至35 cmH$_2$O时，膀胱逼尿肌便出现节律性收缩，但此时还可有意识地控制排尿。当膀胱内压达70 cmH$_2$O以上时，便出现明显的痛感，产生强烈的尿意。如果环境条件允许，产生排尿反射，使盆神经兴奋，阴部神经抑制，膀胱逼尿肌收缩，内、外括约肌舒张，促使尿液排出体外；如果环境不适宜，则阴部神经兴奋，外括约肌仍收缩，排尿反射将受到抑制，从而阻止排尿。在排尿时，腹肌、膈肌、尿道海绵体肌的收缩均有助于尿液的排出。小儿大脑发育不完善，对初级排尿中枢的控制能力较弱，所以小儿排尿次数多，且易发生夜间遗尿现象。

二、排尿的评估

（一）排尿状态的评估

1. 排尿次数 排尿次数受多方面因素的影响。正常成人日间排尿3~5次，夜间排尿0~1次。

2. 尿量 尿量是反映肾功能的重要指标之一，也受多方面因素影响。正常情况下每次排尿量为200~400 ml，每24 h排出尿量1000~2000 ml，平均1500 ml左右。

3. 尿液的性状

（1）颜色：尿液中含有尿胆原和尿色素，正常新鲜尿液呈淡黄色或深黄色。当尿液浓缩时，可见量少、色深。尿液颜色可因某些食物或药物的影响而发生改变，如进食大量胡萝卜或服用核黄素时，尿液的颜色呈深黄色。某些疾病会引起尿液颜色的异常：①血尿：一般认为新鲜尿液离心后，尿沉渣每高倍镜视野红细胞≥3个，表示尿液中红细胞异常增多，称为血尿。血尿颜色的深浅与尿液中所含红细胞数量多少有关，血尿轻者尿色正常，仅显微镜下红细胞增多，称为镜下血尿；尿液中含红细胞量多时呈洗肉水色、浓茶色或红色，称为肉眼血尿，常见于急性肾小球肾炎、泌尿系统肿瘤、结石、结核及感染等。②血红蛋白尿：大量红细胞在血管内被破坏，血红蛋白经肾排出形成血红蛋白尿，呈酱油色或浓茶色，见于溶血反应、恶性疟疾和阵发性睡眠性血红蛋白尿。③胆红素尿：尿液中含有胆红素时呈黄褐色或深黄色，振荡尿液后泡沫呈黄色，见于阻塞性黄疸和肝细胞性黄疸。④乳糜尿：因尿液中含淋巴液，排出的尿液呈乳白色，见于丝虫病。

（2）透明度：正常新鲜尿液澄清、透明，放置后可出现絮状沉淀物，后者是由黏蛋白、核蛋白、盐类及上皮细胞凝结而成，但加热、加酸或加碱后尿盐溶解，混浊消失，尿液即可澄清。泌尿系统感染的患者，由于尿液中含有大量脓细胞、红细胞、上皮细胞、细菌或炎性渗出物，尿液呈白色絮状混浊，此种尿液在加热、加酸或加碱后混浊度不改变。肾脏疾病患者容易出现蛋白尿，尿液澄清，振荡时可产生较多的泡沫且不易消失。

（3）酸碱度：正常人尿液呈弱酸性，一般尿液pH值为4.5~7.5，平均为6。尿液的酸碱性改变可受疾病或药物影响，如严重呕吐患者的尿液可呈强碱性，酸中毒患者的尿液可呈强酸性。进食大量蔬菜后尿液可呈碱性；进食大量肉类后尿液可呈酸性。

（4）比重：尿比重的高低主要取决于肾的浓缩功能，一般尿比重与尿量成反比。成人正常尿液的比重为1.015~1.025。当肾功能出现严重障碍时，尿比重常为1.010左右。

（5）气味：正常新鲜尿液无明显氨臭味，久置后尿液中尿素分解释放出氨，故有氨臭味。如新鲜尿液有氨臭味，应考虑泌尿道感染；糖尿病伴酮症酸中毒时，尿液呈烂苹果味；有机磷农药中毒者，尿液有大蒜臭味。

（二）排尿影响因素的评估

1. 疾病因素 神经系统的损伤和病变，使排尿反射的神经传导和排尿的意识控制障碍，出现尿失禁。肾的病变使尿液生成障碍，出现少尿或无尿。泌尿系统的肿瘤、结石或狭窄也可导致排尿障碍，出现尿潴留。骨盆底部的肌肉张力、腹肌对排尿都有直接或间接的影响，易导致尿失禁或尿潴留。老年男性因前列腺肥大压迫尿道，可出现排尿困难。

2. 治疗及检查 外科手术、外伤均可导致机体失血、失液，若补液不足，机体处于脱水状态，尿量会减少。手术中使用麻醉剂可干扰排尿反射，改变患者的排尿形态，导致尿潴留。因外科手术或外伤使输尿管、膀胱、尿道肌肉损伤而失去正常功能，不能控制排尿，发生尿潴留或尿失禁。有些药物可直接影响排尿，如利尿剂会阻碍肾小管的重吸收，增加尿量；胆碱能药物可引发逼尿肌收缩，促使排尿；止痛剂、镇静剂会影响神经传导而干扰排尿。某些诊断性检查前要求患者禁食、禁水，使体液减少而影响尿量。一些检查可能造成尿道损伤、水肿，导致排尿形态的改变。

3. 液体与饮食摄入 如果其他影响体液的因素不变，液体的摄入量将直接影响尿量和排尿的频率，排尿量和排尿次数与液体的摄入量应成正比。摄入液体的种类也影响排尿，如咖啡、茶、酒类有利尿作用。有些食物的摄入也会影响排尿，如含水量多的水果、蔬菜等可增加液体摄入量，使尿量增多。摄入含盐量较高的饮料或食物则会造成水钠潴留，使尿量减少。

4. 心理因素 当个体处于过度紧张、焦虑状态时，会影响会阴部肌肉和膀胱括约肌的张力，影响其收缩或放松，出现尿频、尿急、尿失禁，有时会抑制排尿而出现尿潴留。排尿还受暗示的影响，任何听觉、视觉或其他身体感觉的刺激均可诱发排尿，如有的人听见流水声就想排尿等。

5. 环境因素 排尿须在一定的隐蔽环境中进行，如果环境不适宜，会产生很多压力，而影响排尿。例如住院患者在床上排尿时，应注意保护患者隐私，避免因环境改变而影响排尿。

6. 个人习惯 大多数人会形成一些排尿的习惯，如晨起、睡前须排尿；排尿姿势也会影响排尿的完成，有些人习惯坐马桶，有些人须蹲姿才能排尿，故手术后卧床不起的患者常有排尿方面的问题。此外，排尿的时间是否充裕及环境是否合适也会影响排尿。儿童期的排尿训练对成年后的排尿形态也有影响。

7. 气候变化 气候在一定程度上也会影响排尿，如夏季炎热，身体出汗量大，体内水分减少，血浆晶体渗透压升高，可引起抗利尿激素分泌增多，促进肾的重吸收，导致尿液浓缩和尿量减少；冬季寒冷，身体外周血管收缩，循环血量增加，体内水分相对增加，反射性地抑制抗利尿激素的分泌，而使尿量增加。

8. 其他因素 妇女在妊娠时，可因子宫增大压迫膀胱致使排尿次数增多。在月经周期中排尿形态也有改变，行经前，大多数妇女有液体潴留、尿量减少的现象，行经开始，尿量增加。老年人因膀胱肌肉张力减弱，出现尿频。婴儿因大脑发育不完善，其排尿由反射作用产生，不受意识控制，2~3岁后才能自我控制。

（三）常见的异常排尿

正常情况下，排尿受意识控制，无痛苦，无障碍，可自主随意进行。当排尿形态发生变化时，常提示泌尿系统或相关系统发生病变。

1. 多尿（polyuria） 24 h尿量超过2500 ml称为多尿，正常情况下见于大量饮水或妊娠；病理情况下多由于内分泌代谢障碍或肾小管浓缩功能不全引起，常见于糖尿病、尿崩症、急性肾功能不全（多尿期）等患者。

2. 少尿（oliguria） 24 h尿量少于400 ml或1 h尿量少于17 ml称为少尿，见于发热、液体摄入过少及心脏、肾、肝功能衰竭、休克患者。

3. 无尿（anuria）或尿闭（urodialysis） 24 h尿量少于100 ml或12 h无尿，称为无尿或尿闭，见于严重休克、肾炎晚期、急性肾衰竭患者的无尿期、药物中毒等患者。

4. 膀胱刺激征 主要表现为尿频、尿急、尿痛。

（1）尿频（frequent micturition）：指单位时间内排尿次数增多，是由于膀胱炎症或机械性刺激引起，严重时几分钟排尿一次，每次尿量很少，仅几毫升。

（2）尿急（urgent micturition）：指患者突然有强烈尿意，不能控制需立即排尿，是由于膀胱三角或后尿道的刺激，造成排尿反射活动特别强烈，常与尿频同时存在。

（3）尿痛（dysuria）：指排尿时膀胱区及尿道产生疼痛，可发生在排尿初期、中期、末期或排尿后。疼痛呈烧灼感，与膀胱、尿道或前列腺感染有关。有膀胱刺激征时常伴有血尿。男性多发生于尿道远端，女性发生于整个尿道。

5. 尿潴留（retention of urine） 指尿液大量存留在膀胱内而不能自主排出。当出现尿潴留时，膀胱容积可增至3000~4000 ml，膀胱高度膨胀可至脐部。患者感觉下腹胀痛，排尿困难。体检可见耻骨上膨隆，扪及囊样包块，叩诊呈实音，有压痛。常见原因有：

（1）机械性梗阻：参与排尿的神经及肌肉功能正常，但膀胱颈部或尿道有梗阻性病变。①膀胱颈梗阻：如前列腺增生、肿瘤、膀胱内结石、血块、子宫肌瘤等膀胱颈邻近器官病变。②尿道梗阻：如炎症或损伤后的尿道狭窄，尿道结石、结核、肿瘤等。

（2）动力性梗阻：膀胱、尿道无器质性梗阻病变，尿潴留是由于各种原因造成控制排尿的中枢或周围神经受损害，导致膀胱逼尿肌无力或尿道括约肌痉挛，排尿功能障碍引起。常见的原因有：①神经系统病变：如颅脑或脊髓肿瘤、脑炎等可引起控制排尿的周围神经损害；②手术因素：如麻醉、中枢神经手术或骨盆手术导致控制排尿的骨盆神经损伤或功能障碍；③药物作用：如抗胆碱药、抗抑郁药、抗组胺药和阿片制剂等；④精神因素等：如精神紧张、不习惯排尿环境或排尿方式等。

6. 尿失禁（incontinence of urine） 指排尿失去意识控制或不受意识控制，尿液不自主地流出。根据尿失禁的原因可分为以下4类。

（1）真性尿失禁：又称完全性尿失禁，膀胱失去控制排尿能力，一直处于空虚状态。引起的原因主要有：①脊髓初级排尿中枢与大脑皮质之间联系中断，使排尿反射活动失去大脑皮质的控制，致膀胱逼尿肌无抑制性收缩。如昏迷、截瘫患者。②因疾病因素造成支配括约肌的神经损伤，手术、分娩造成括约肌损伤，致尿道括约肌损伤或麻痹，多见于妇科手术、产伤造成的膀胱阴道瘘。

（2）假性尿失禁：又称充溢性尿失禁，指由于各种原因使膀胱排尿出口梗阻或膀胱逼尿肌失去正常张力，膀胱功能完全失代偿，引起尿液潴留，膀胱过度充盈，压力增高，当膀胱内压力超过尿道阻力时，引起尿液不断溢出。引起的原因主要有：①脊髓初级排尿中枢活动受抑制，引起神经性排尿功能障碍，常由于创伤、感染、肿瘤等引起。②膀胱下尿路梗阻，如前列腺增生、膀胱颈梗阻、尿道狭窄等。查体常有膀胱充盈，神经系统有脊髓病变或周围神经炎的体征，排尿后膀胱残余尿量常增加。

（3）急迫性尿失禁：由于膀胱局部炎症、出口梗阻的刺激，使患者反复地低容量不自主排尿，常伴有尿频和尿急；或由于大脑皮质对脊髓排尿中枢的抑制减弱，引起膀胱逼尿肌不自主收缩或反射亢进，使膀胱收缩不受限制。主要原因包括：①膀胱局部炎症或激惹致膀胱功能失调，如下尿路感染、前列腺增生症及子宫脱垂等。②中枢神经系统疾病：如脑血管意外、脑瘤及帕金森病等。

（4）压力性尿失禁：膀胱逼尿肌功能正常，但由于尿道括约肌张力减低或骨盆底部尿道周围肌肉和韧带松弛，导致尿道阻力下降，患者平时尚能控制排尿，但当腹内压突然增高，如咳嗽、打喷嚏、大笑、运动等时，使膀胱内压超过尿道阻力，少量尿液不自主地流出。引起的原因主要有：膀胱括约肌张力减低、骨盆底部肌肉及韧带松弛。主要见于女性，特别是多次分娩或产伤者。也常见于根治性前列腺切除术的患者，因该手术可能会损伤尿道外括约肌。这类尿失禁多在直立体位时发生。

三、排尿异常的护理

（一）尿潴留患者的护理

1. 心理护理 焦虑、紧张是尿潴留患者的主要心理特点。护士应与患者加强沟通，建立良好的护患关系，及时发现和评估患者尿潴留的原因，安慰患者，及时采取有效的护理措施，解除患者的痛苦，消除其焦虑和紧张情绪。

2. 提供有助于患者自主排尿的护理措施

（1）隐蔽的排尿环境：关闭门窗，屏风遮挡，请无关人员回避。适当调整治疗和护理时间，使患者安心排尿。

（2）调整体位和姿势：协助卧床患者取适当体位，如抬高床头或扶卧床患者坐起，尽可能使患者以习惯姿势排尿。对需绝对卧床休息或某些手术患者，应事先有计划地训练床上排尿，以免因不适应排尿姿势的改变而导致尿潴留。

（3）诱导排尿：利用条件反射，让患者听流水声或用温水冲洗会阴。也可采用热敷或按摩耻骨联合区及大腿内侧，可放松肌肉，促进排尿。

（4）膀胱按压法：如患者病情允许，可用手从膀胱底部向下、向会阴部按压，协助排尿。切记不可强力按压，以免损伤膀胱。按压排空膀胱后，嘱患者好好休息，多喝水。

（5）中医疗法：可用针灸或理疗仪刺激中极、曲骨、三阴交穴或艾灸关元、中极穴等方法，刺激排尿。

3. 导尿法 经上述处理仍不能解除尿潴留时，可采用导尿术。

（二）尿失禁患者的护理

1. 心理护理 尿失禁患者常常表现为自卑、丧失自尊、苦闷、忧郁等心理特点。他们对自己不能自主控制排尿而感到无能为力、无地自容。期望得到他人的帮助和理解，同时尿失禁也给生活带来许多不便，如床单、被褥的污染，房间有异味等。护士应尊重并理解患者，设法消除房间及患者身上的异味，给予适当的安慰、开导和鼓励，使其树立恢复健康的信心，积极配合治疗和护理。

2. 皮肤护理 为避免皮肤受到刺激和破损，应加强皮肤的保护。床上应铺护理垫，经常用温水清洗会阴部皮肤，勤换衣裤、床单。也可使用尿垫、尿不湿等，以保持局部皮肤的清洁干燥。根据皮肤情况定时按摩受压部位，防止压疮的发生。

3. 外部引流 可酌情应用接尿装置引流尿液，定时观察并更换。女患者可用女式尿壶紧贴外阴部接取尿液；男患者可用尿壶接尿，也可用阴茎套连接集尿袋，接取尿液。但此方法不宜长时间使用，应每天定时取下阴茎套和尿壶，清洗会阴部和阴茎，将局部暴露于空气中。

4. 重建正常的排尿功能

（1）排尿反射的训练：安排排尿时间表。定时使用便器，建立规律的排尿习惯，初始时白天每隔1~2 h使用便器1次，夜间每隔4 h使用便器1次。以后间隔时间逐渐延长，以促进排尿功能的恢复。使用便器时用手按压膀胱，协助排尿，注意用力要适度。

（2）保证摄入一定量的液体：无病情禁忌，如肾衰竭、心肺疾患，应指导患者每日白天摄入液体量在2000~3000 ml。一定的液体量可以增加对膀胱的刺激，促进排尿反射的恢复，还可预防泌尿系统的感染。入睡前限制饮水，减少夜间尿量，以免影响患者休息。

（3）骨盆底肌的锻炼：可以增强患者控制排尿的能力。训练时让患者取立、坐或卧位，试做排尿（排便）动作，先慢慢收紧盆底肌肉，再缓缓放松，每次10 s左右，连续10次，每日进行数次。以不感觉疲乏为宜。病情许可时，可做抬腿运动或下床走动，增强腹部肌肉的力量。

5. 导尿术 对长期尿失禁的患者，可行导尿术留置导尿，避免尿液浸渍皮肤，发生皮肤破溃。并根据患者情况定时夹闭和放尿，锻炼膀胱壁肌肉张力，重建膀胱储存尿液的功能。

四、与排尿有关的护理技术

（一）导尿术

导尿术（catheterization）是在严格无菌操作下，将导尿管经尿道插入膀胱引流尿液的技术。导尿术容易引起医源性感染，如在导尿过程中因操作不当造成尿道黏膜的损伤、导尿物品被污染、操作过程违反无菌原则均可导致泌尿系统的感染。因此，为患者导尿时必须严格遵守无菌技术操作原则及操作规程。

【目的】

1. 为尿潴留患者引流出尿液以解除痛苦。

2. 协助临床诊断，如留取尿培养标本进行细菌培养、测定膀胱容量、压力及残余尿量等以检查膀胱功能，进行膀胱或尿道造影时注入造影剂等。

3. 为膀胱肿瘤患者注入化疗药物，进行膀胱内灌注化疗。

【评估】

1. 评估患者的性别、年龄、病情、临床诊断、心理状态、意识状态、合作程度及生活自理能力。

2. 评估患者的排尿状态、膀胱充盈程度、会阴部皮肤黏膜情况及清洁程度、自理能力。

【操作前准备】

1. 患者准备

（1）了解导尿的目的、方法及配合要点。

（2）清洁外阴，做好导尿的准备。若患者无自理能力，应协助其清洁外阴。

2. 护士准备 修剪指甲，洗手、戴口罩，着装整洁。

3. 用物准备

（1）治疗车上层：一次性导尿包（内含初步消毒包：弯盘、无菌手套、塑料镊子、纱布、聚维酮碘消毒棉球；再次消毒及导尿用物有：无菌手套、孔巾、弯盘、方盘、气囊导尿管、无菌集尿袋、导管夹子、塑料镊子2把、润滑油棉球、聚维酮碘消毒棉球、内装无菌液体的

10 ml 注射器、塑料标本瓶、脱脂纱布数块、外包治疗巾)。治疗盘外备一次性垫巾、弯盘、手消毒液。

导尿管的种类:单腔导尿管(用于一次性导尿)、双腔导尿管(用于留置导尿)、三腔导尿管(用于膀胱冲洗或向膀胱内给药)3 种(图 13-1)。其中,双腔导尿管和三腔导尿管均有一个气囊,以达到将导尿管头端固定在膀胱内防止脱落的目的。应根据患者的情况选择导尿管的种类和大小。

图 13-1 导尿管的种类

(2)治疗车下层:生活垃圾桶、医用垃圾桶、便盆及便盆巾。

4. 环境准备 用屏风或挂帘遮挡;酌情关闭门窗,调节室温;采光充足。

【操作流程】

操作主线	操作步骤	操作要点
1. 核对	携用物至患者床旁,核对患者床号、姓名、腕带	● 确认患者
2. 摆体位	(1)松开床尾盖被,帮助患者脱去对侧裤腿,盖在近侧腿部,对侧腿用盖被遮盖	● 防止受凉
	(2)协助患者取屈膝仰卧位,两腿略外展,暴露外阴	● 方便护士操作
3. 铺垫巾	将一次性垫巾垫于患者臀下,将弯盘置于近外阴处	● 保护床单不被污染
4. 打开外包装	(1)消毒双手,核对检查并打开导尿包外包装 (2)取出并打开初步消毒包 (3)将消毒液棉球倒入方盘内	● 保证操作的无菌性,预防感染的发生
▲ 女患者导尿术		
5. 初步消毒	(1)操作者一手戴上手套,另一手持镊子夹取聚维酮碘消毒棉球,初步消毒阴阜、大阴唇 (2)戴手套的手分开大阴唇,消毒小阴唇和尿道口;将污棉球置弯盘内 (3)消毒完毕,脱下手套置于弯盘内,将弯盘及方盘移至床尾处	● 每个棉球限用一次 ● 消毒顺序是由外向内、自上而下
6. 打开导尿包	用手消毒液消毒双手后,将导尿包放在患者两腿之间,按无菌技术操作原则打开治疗巾	● 嘱患者勿活动肢体,保持安置的体位,避免无菌区域被污染

续表

操作主线	操作步骤	操作要点
7. 戴无菌手套，铺孔巾	取出无菌手套，按无菌技术操作原则戴好无菌手套，取出孔巾，铺在患者的外阴处并暴露会阴部	● 孔巾和治疗巾内层形成一连续无菌区，扩大无菌区域，利于无菌操作，避免污染
8. 整理用物，润滑尿管	(1) 按操作顺序整理好用物，取出导尿管，用润滑油棉球润滑导尿管前段并置于方盘内 (2) 将导尿管和集尿袋的引流管连接，取出聚维酮碘消毒棉球放于弯盘内	● 方便操作 ● 润滑尿管可减轻尿管对黏膜的刺激和插管时的阻力
9. 再次消毒	(1) 将弯盘置于外阴处，一手分开并固定小阴唇，该手固定不动，以防污染尿道口 (2) 另一手持镊子夹取消毒棉球，分别消毒尿道口、两侧小阴唇、尿道口 (3) 将污棉球、弯盘、镊子放于弯盘内并移至床尾	● 再次消毒顺序是内→外→内，自上而下。每个棉球限用一次，避免已消毒的部位再被污染 ● 消毒尿道口时稍停片刻，充分发挥消毒液的消毒效果
10. 导尿	(1) 将方盘置于孔巾口旁，嘱患者张口呼吸 (2) 用另一镊子夹持导尿管对准尿道口（图13-2）轻轻插入尿道 4~6 cm，见尿液流出再插入 1~2 cm (3) 松开固定小阴唇的手并下移固定导尿管，使尿液引入集尿袋内	● 张口呼吸可使患者肌肉和尿道括约肌松弛，有助于插管 ● 插管时，动作要轻柔，避免损伤尿道黏膜
▲ 男患者导尿术		
5. 初步消毒	(1) 操作者一手戴上手套，另一手持镊子夹取聚维酮碘消毒棉球进行初步消毒，依次为阴阜、阴茎、阴囊 (2) 戴手套的手取无菌纱布裹住阴茎，将包皮向后推暴露尿道口，自尿道口向外、向后旋转擦拭尿道口、龟头及冠状沟 (3) 将污棉球、纱布置于弯盘内，消毒完毕将一无菌方纱布置于阴茎下，将方盘、弯盘丢弃至医用垃圾桶，摘下手套	● 每个棉球限用 1 次 ● 自阴茎根部向尿道口消毒 ● 包皮和冠状沟易藏污垢，应注意仔细擦拭，预防感染
6. 打开导尿包	用手消毒液消毒双手后，将导尿包放在患者两腿之间，按无菌技术操作原则打开治疗巾	● 嘱患者勿活动肢体，保持安置的体位，避免无菌区域污染
7. 戴无菌手套，铺孔巾	取出无菌手套，按无菌技术操作原则戴好无菌手套，取出孔巾，铺在患者的外阴处并暴露阴茎	● 孔巾和治疗巾内层形成一连续无菌区，扩大无菌区域，利于无菌操作，避免污染
8. 整理用物，润滑尿管	按操作顺序整理好用物，取出导尿管，用润滑油棉球润滑导尿管前段，根据需要将导尿管和集尿袋的引流管连接，放于方盘内，取聚维酮碘消毒棉球放于弯盘内	● 方便操作 ● 避免尿液污染环境
9. 再次消毒	(1) 将弯盘移至近外阴处，一手用纱布包住阴茎将包皮向后推，暴露尿道口，该手固定不动，以防污染尿道口 (2) 另一手持镊子夹消毒棉球再次消毒尿道口、龟头及冠状沟 (3) 将污棉球、镊子放于弯盘内并移至床尾	● 由内向外，每个棉球限用 1 次，避免已消毒的部位再被污染

续表

操作主线	操作步骤	操作要点
10. 导尿	(1) 一手继续持无菌纱布固定阴茎并提起,使之与腹壁成60°角,将方盘置于孔巾口旁,嘱患者张口呼吸 (2) 用另一镊子夹持导尿管对准尿道口轻轻插入尿道20~22 cm(成人)或直至见尿液流出,再插入1~2 cm(图13-3) (3) 松开固定阴茎的手并下移固定导尿管,使尿液引入集尿袋内	• 使耻骨前弯消失,利于插管 • 插管时,动作要轻柔,男性尿道有3个狭窄,切忌用力过快、过猛而损伤尿道黏膜
11. 放尿	将尿液引流入集尿袋内至合适量后夹管	• 注意观察患者的反应并询问其感觉
12. 留取标本	若需做尿培养,用无菌标本瓶接取中段尿液5 ml,盖好瓶盖,放置合适处	• 避免碰洒或污染尿标本
13. 操作后处理	(1) 导尿完毕,轻轻拔出导尿管,撤下孔巾,擦净外阴,收拾导尿用物,撤出患者臀下的一次性垫巾并弃于医用垃圾桶内 (2) 脱去手套,用手消毒液消毒双手,协助患者穿好裤子。整理床单位,提供健康教育 (3) 清理用物,测量尿量,尿标本贴标签后送检 (4) 消毒双手,记录	• 使患者舒适 • 保护患者隐私 • 标本及时送检,避免污染 • 记录导尿的时间、导出尿量、患者的情况及反应

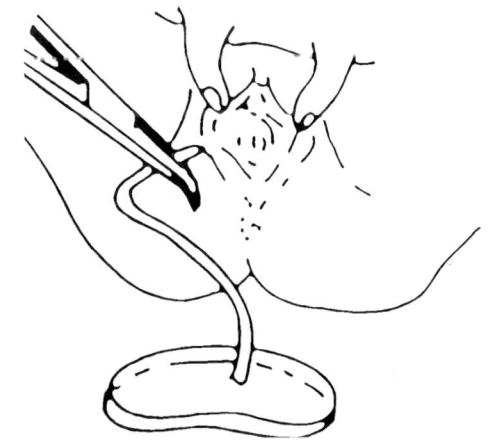

图 13-2 女患者导尿法

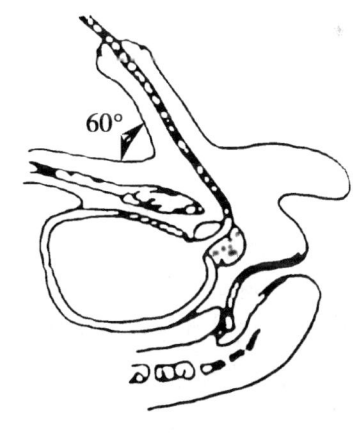

图 13-3 男患者导尿法

【注意事项】

1. 用物必须严格消毒灭菌,并严格按照无菌操作技术原则。
2. 在操作过程中注意保护患者的隐私,并采取保暖措施防止患者着凉。
3. 老年女性尿道口回缩,插管时应仔细辨认,如误入阴道,应更换无菌尿管后重新插入。
4. 插管时动作要轻柔、缓慢。若遇阻力,应嘱患者休息片刻,张口呼吸后再缓慢插入。切勿强行插入,以免损伤尿道黏膜。

5. 对膀胱高度膨胀且极度衰弱者，第一次放尿不得超过1000 ml。若放尿速度过快、过多，腹腔内压突然下降，血液大量滞留在腹腔内，可导致血压下降而引起虚脱，还可引起膀胱黏膜急剧充血，发生血尿。

6. 在导尿过程中，护士应注意询问患者感觉，观察其面色、呼吸等情况，如患者出现面色苍白、呼吸急促、血压下降、血尿、剧烈腹痛等，应立即停止导尿，报告医生及时处理。

7. 为避免损伤和导致泌尿系统的感染，必须掌握女性和男性尿道的解剖特点。

【健康教育】

1. 向患者说明导尿的目的、意义和注意事项。
2. 教会患者如何配合操作，减少污染。
3. 介绍相关疾病的知识。

知识链接

导尿术的发展历史

李时珍《本草纲目》草部第18卷"王瓜"条引晋葛洪《肘后方》曰："小便不通，土瓜根捣汁，入少水解之，筒吹入下部"。这是目前所能见到的最早的关于导尿术应用的中医文献，尽管文中"吹入下部"并未言明是吹入前阴，但据后文"前后吹之取通"，可以确定其"下部"实即前阴（尿道口），而筒正是导尿工具。该法用导管将黏稠的液体吹入尿道，借助液体的扩张作用，使液体倒灌进入膀胱，进而在膀胱与尿道之间构成一个液体通道，引出尿液，从而达到导尿的目的。尽管文献中并未说明作为导尿工具的"筒"究竟为何物，也未说明应插入尿道多深，并且这种方法在操作上也存在不少困难，成功率有限，但它足以证明当时的医家已确实在临床上应用了导尿术。

南北朝时期，陈延之的著作中再次引述了这种导尿术，据《医心方》卷12以及《杂病广要》"关格"所引："小品疗小便不通及关格方：取生土瓜根，捣取汁以少水解之筒中，吹内下部即通。"可见这一方法一直被医家所沿用。

（二）留置导尿术

留置导尿术（retention catheterization）是在导尿后将导尿管保留在膀胱内以引流尿液的方法。

【目的】

1. 为尿失禁、昏迷、会阴部有伤口等不宜自行排尿的患者引流尿液，保持外阴部干燥、清洁，以及为尿失禁患者进行膀胱功能训练。
2. 盆腔手术前留置导尿管，使术中膀胱保持空虚，以防手术中误伤膀胱，同时防止术中尿液污染手术野。
3. 某些泌尿系统疾病手术后留置导尿管，可减轻手术切口的张力，便于引流和冲洗，有利于切口愈合。
4. 某些大手术后或大面积烧伤患者，以及抢救休克或危重患者时，采取留置导尿以便于通过测量尿量及尿比重，观察病情变化。

【评估】

1. 评估患者的年龄、病情、临床诊断、治疗状况、意识状态、合作情况。
2. 评估患者的心理状态、对留置导尿术的目的、方法、注意事项、配合要点等的认知状况。
3. 评估患者的膀胱充盈程度、会阴部皮肤黏膜情况、清洁程度和自理能力。

【操作前准备】

1. 患者准备 了解留置导尿术的目的、过程、注意事项及配合方法，学会活动时防止尿管脱落的方法。

2. 护士准备 修剪指甲，洗手、戴口罩，着装整洁。

3. 用物准备 除导尿用物外，另备无菌导尿管（双气囊导尿管16～18号）、尿管标识、安全别针、胶布。

4. 环境准备 用屏风或挂帘遮挡，酌情关闭门窗，调节室温，采光充足。

【操作流程】

操作主线	操作步骤	操作要点
1. 核对	携用物至患者床旁，核对患者床号、姓名、腕带	● 确认患者
2. 消毒、导尿	同导尿术初步消毒、再次消毒会阴部及尿道口，插入导尿管	● 严格按无菌操作进行，防止泌尿系统感染
3. 固定	（1）见尿液后再插入7～10 cm （2）松开固定小阴唇或阴茎的手并下移固定导尿管 （3）气囊口连接注射器，根据导尿管上注明的气囊容积向气囊注入等量的无菌溶液（图13-4） （4）轻拉导尿管有阻力感，即证实导尿管固定于膀胱内	● 因导尿管前端有一气囊，当向气囊注入一定量的液体后，气囊膨大可将导尿管头端固定于膀胱内，防止尿管滑脱
4. 固定集尿袋	撤下孔巾，擦净外阴，用安全别针将集尿袋的引流管固定在床单上，集尿袋固定于床沿下（图13-5），开放导尿管	● 集尿袋妥善地固定在低于膀胱的高度 ● 安全别针固定要稳妥，既避免伤害患者，又不能使引流管滑脱 ● 引流管要留出足够的长度，防止因翻身牵拉，使尿管脱出 ● 防止尿液逆流造成泌尿系统感染
5. 操作后处理	（1）整理导尿用物，撤出患者臂下的一次性垫巾并弃于医用垃圾桶内，摘去手套 （2）协助患者穿好裤子，取舒适卧位，整理床单位，健康教育 （3）洗手，记录 （4）在尿管上贴上尿管标识，将尿管二次固定于患者大腿上	● 使患者舒适 ● 保护患者隐私 ● 记录留置导尿管的时间、患者的反应等 ● 做好管道标识 ● 做好固定，防止尿管滑脱

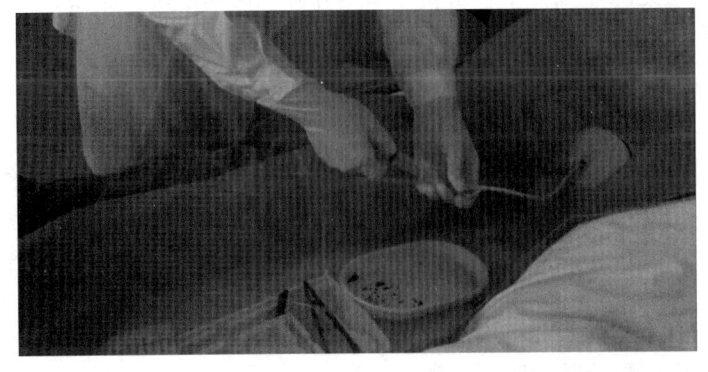
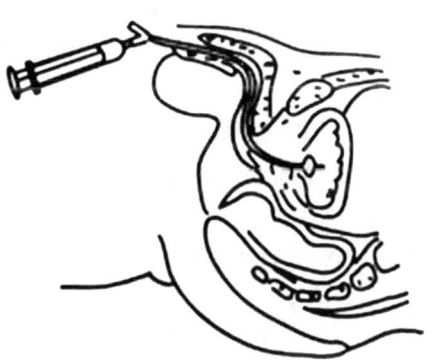

图13-4　气囊导尿管固定法

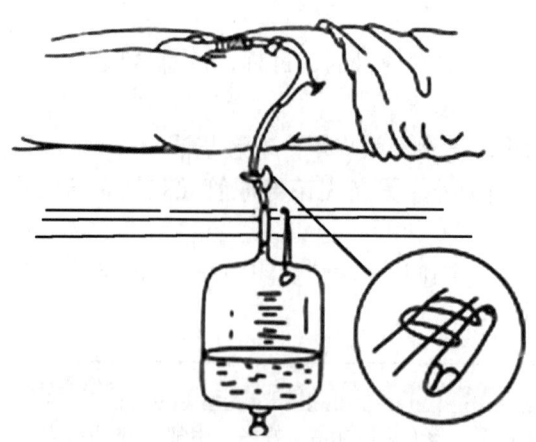

图 13-5 集尿袋固定法

【注意事项】

1. 向患者及其家属解释留置导尿术的目的和护理方法，使其认识到预防泌尿系统感染的重要性。

2. 保持引流通畅，引流管应放置妥当，避免受压、扭曲、堵塞等造成引流不畅，以致观察、判断病情失误等。

3. 气囊导尿管固定时要注意不能过度牵拉尿管，以防膨胀的气囊卡在尿道内口，压迫膀胱壁或尿道，导致黏膜组织的损伤。

4. 防止逆行感染：①保持尿道口清洁，女性患者用消毒棉球擦拭外阴及尿道口，男性患者用消毒棉球擦拭尿道口、龟头及包皮，每日1~2次。②通常集尿袋每周更换1~2次，若有尿液性状、颜色改变，需及时更换。及时排空集尿袋内尿液，并记录尿量，集尿袋及引流管位置应低于耻骨联合，以免逆行感染。③根据导尿管的材质，一般每1~4周更换导尿管1次。④指导患者多饮水，病情允许条件下，应每日摄入2000 ml以上水分，以达到自然冲洗尿路的目的。注意患者的主诉并观察尿液情况，若发现尿液混浊、沉淀、有结晶时，应进行膀胱冲洗，每周检查尿常规1次。⑤训练膀胱反射功能，拔管前采用间歇性夹闭导尿管方式，每3~4 h开放1次，使膀胱定时充盈和排空，促进膀胱功能的恢复。⑥患者离床活动时，导尿管及集尿袋应妥善安置。

【健康教育】

1. 向患者说明导尿的目的、意义、注意事项及配合方法，鼓励其主动参与护理。

2. 教会患者如何配合操作，减少污染。

3. 介绍疾病相关的知识。说明摄取足够的水分和进行适当的活动对预防泌尿系统感染的重要性。

4. 向患者说明需保持引流通畅，避免因导管受压、扭曲、堵塞等导致泌尿系统的感染。

5. 离床活动时，应防止尿管脱出。集尿袋不能高于膀胱高度并避免挤压，防止尿液逆流，导致感染。

6. 告诉患者每天要进行1~2次会阴护理，以保持外阴清洁。

（三）膀胱冲洗法

膀胱冲洗法（bladder irrigation）是利用三通的导尿管，将无菌溶液灌入到膀胱内，再用虹吸原理将灌入的液体引流出来的方法。

【目的】

1. 对留置导尿的患者，保持尿液引流通畅。

2. 清洁膀胱，清除膀胱内的血凝块、黏液及细菌等，预防感染。

3. 治疗某些膀胱疾病，如膀胱炎、膀胱肿瘤。

【评估】

1. 评估患者的年龄、病情、临床诊断、治疗状况、意识状态、合作情况。
2. 评估患者的心理状态及对膀胱冲洗法的目的、方法、注意事项、配合要点等的认知状况。

【操作前准备】

1. 患者准备 了解膀胱冲洗法的目的、过程、注意事项及配合操作的方法。

2. 护士准备 修剪指甲、洗手、戴口罩，着装整洁。

3. 用物准备

（1）治疗车上层：按导尿法准备的导尿用物（使用三腔导尿管），遵医嘱准备冲洗液、无菌膀胱冲洗器、消毒液、无菌棉签、医嘱执行本、手消毒液。

（2）治疗车下层：便盆及便盆巾、生活垃圾桶、医用垃圾桶。

（3）其他：根据医嘱准备的药液，常用冲洗溶液有生理盐水、0.02% 呋喃西林溶液等。灌入溶液的温度为 38～40℃。

4. 环境准备 酌情用屏风或挂帘遮挡。

【操作流程】

操作主线	操作步骤	操作要点
1. 核对	携用物至患者床旁，核对患者床号、姓名、腕带	• 确认患者
2. 导尿、固定	按留置导尿法安置并固定导尿管	
3. 排空膀胱	开放导尿管并排空膀胱	• 便于冲洗液顺利滴入膀胱。有利于药液与膀胱壁充分接触，并保持有效浓度，达到冲洗的目的
4. 准备冲洗膀胱	（1）连接冲洗液体与无菌膀胱冲洗器，将冲洗液倒挂于输液架上，排气后关闭导管 （2）夹闭引流管，打开三腔导尿管侧腔无菌帽，消毒侧腔管口，将膀胱冲洗器与导尿管侧腔连接（图13-6）	• 膀胱冲洗装置类似静脉输液导管，其末端与三腔导尿管的侧腔连接，三腔导尿管的直腔连接引流管
5. 冲洗膀胱	（1）关闭引流管，开放冲洗管，使溶液滴入膀胱，调节滴速。待患者有尿意或滴入溶液 200～300 ml 后，关闭冲洗管，放开引流管，将冲洗液全部引流出来后，再关闭引流管 （2）按需要如此反复冲洗	• 瓶内液面距床面约 60 cm，以便产生一定的压力，使液体能够顺利滴入膀胱 • 滴速一般为 60～80 滴/分，滴速不宜过快，以免引起患者强烈尿意，迫使冲洗液从导尿管侧溢出尿道外 • 若患者出现不适或有出血情况，立即停止冲洗，并与医生联系 • 在冲洗过程中，询问患者感受，观察患者的反应及引流液性状
6. 冲洗后处理	（1）冲洗完毕，取下冲洗管，消毒导尿管口和引流接头并连接 （2）清洁外阴部，固定好导尿管 （3）协助患者取舒适卧位，整理床单位，清理物品 （4）洗手，记录	• 减少外阴部细菌的数量 • 记录冲洗液名称、冲洗量、引流量、引流液性质、冲洗过程中患者的反应等

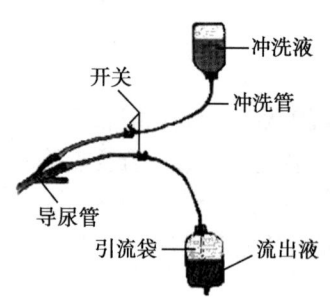

图 13-6 膀胱冲洗法

【注意事项】

1. 严格无菌操作，防止泌尿系统感染。
2. 滴入药物治疗时，应在膀胱内停留 30 min 后再引出，以保证药物与膀胱黏膜的充分接触。
3. 每天冲洗 2~4 次，每次冲洗量 500~1000 ml。
4. 滴速一般为 60~80 滴/分，滴速不宜过快，以免引起患者强烈尿意，导致冲洗液从导尿管侧溢出。
5. 避免用力回抽造成黏膜损伤。若引流的液体量少于灌入的液体量，应考虑是否有血块或脓液阻塞，可增加冲洗次数或更换导尿管。
6. 冲洗时嘱患者深呼吸，尽量放松，以减轻疼痛。冲洗过程中密切观察患者反应及冲洗液性状。如患者出现腹痛、腹胀、膀胱剧烈收缩等情形，应暂停冲洗；如冲洗液引出有异常，或冲洗后出血较多、血压下降，应立即报告医生进行处理，并准确、详细记录冲洗量、引出量、引出液性状及颜色、患者的不适及处理。

【健康教育】

1. 向患者说明膀胱冲洗法的目的、意义、注意事项及配合方法，鼓励其主动参与护理。
2. 教会患者如何配合操作，减少污染。
3. 介绍疾病相关的知识，说明摄取足够的水分对预防泌尿道感染的重要性。

第二节 排便的评估与护理

案例 13-2

患者，男，69 岁。做胃大部切除术后 5 天。现在患者主诉腹胀、腹痛，5 天未排便。查体：触诊腹部较硬实且紧张，肛诊可触及粪块。

请回答：
1. 正常成人每天排便次数是多少？哪些因素可以影响排便？
2. 该患者出现了什么问题？应如何护理？
3. 若为患者灌肠，应采用哪种灌肠方式？有哪些注意事项？

食物经过胃和小肠的消化吸收后，残渣贮存于大肠内，其中一部分水分被大肠吸收，其余经细菌发酵和腐败作用后形成粪便。通常情况下，粪便的性状可以反映整个消化系统的功能状况。正常情况下，人的排便是受意识的控制，自然、无痛苦、无障碍的一个过程。护士通过对患者排便活动和对粪便的观察，可以及时发现和鉴别消化道疾患，有助于诊断、治疗和护理。

一、排便的生理过程

（一）大肠的解剖

人体参与排便运动的主要器官是大肠。大肠全长 1.5 m，起自回肠末端，止于肛门，分盲肠、结肠、直肠和肛管 4 个部分。

1. 盲肠 为大肠与小肠的衔接部分，内有回盲瓣，起括约肌的作用，既可控制回肠内容物进入盲肠的速度，又可防止大肠内容物逆流。

2. 结肠 分升结肠、横结肠、降结肠和乙状结肠，围绕在小肠周围。

3. 直肠 全长约 16 cm，上续乙状结肠，下移行于肛管。从矢状面上看，有两个弯曲，骶曲和会阴曲。骶曲是直肠在骶尾骨前面下降形成的凸向后方的弯曲，会阴曲是直肠绕过尾骨尖形成的凸向前方的弯曲。

4. 肛管 上续直肠，下止肛门，长约 4 cm，由肛门内外括约肌包绕。肛门内括约肌为平滑肌，有协助排便的作用；肛门外括约肌为骨骼肌，是控制排便的重要肌束。

（二）大肠的生理功能

人类的大肠内没有重要的消化活动，其主要功能有：①吸收水分、电解质和无机盐，参与机体对水、电解质平衡的调节；②吸收由结肠内微生物合成的维生素 B 复合物和维生素 K；③形成并暂时储存粪便，以及将粪便排出体外。

（三）大肠的运动形式

大肠的运动少而慢，对刺激的反应也较迟缓，这些特点符合大肠的生理功能。大肠的运动形式有以下几种。

1. 袋状往返运动 在空腹和安静时最常见的一种非推进性运动形式。主要由环形肌无规律收缩引起，使结肠袋中内容物向前、后两个方向作短距离移动，并不向前推进，有助于促进水和无机盐的吸收。

2. 分节和多袋推进运动 餐后或副交感神经兴奋时较多见的运动形式。由环形肌有规律地收缩，使一个结肠袋或多个结肠袋的内容物向前推移。

3. 蠕动 一种推进运动，由一些稳定的收缩波完成，波前面的肌肉舒张，波后面的肌肉则保持收缩状态，使肠管闭合排空。蠕动对肠道排泄起重要的作用。

4. 集团蠕动 一种进行很快且前进距离很长的强烈蠕动，起源于横结肠，可将大肠内一部分内容物从横结肠推至乙状结肠或直肠。此蠕动每天发生 3～4 次，常见于餐后或胃内有大量食物充盈时，最常见于早餐后的 60 min 内。它由两种反射刺激引起，即胃-结肠反射和十二指肠-结肠反射。该反射对肠道排泄有重要意义，可利用此反射来训练排便习惯。

（四）排便过程

粪便从大肠内排出的过程称为排便。正常人的直肠腔内通常无粪便。当肠蠕动将粪便推入直肠腔时，刺激直肠壁内的感受器，冲动经盆神经和腹下神经传至脊髓腰骶段的初级排便中枢，同时上传到大脑皮质引起便意和排便反射，通过盆神经传出冲动，使降结肠、乙状结肠和直肠收缩，肛门内括约肌不自主地舒张，同时，阴部神经冲动减少，肛提肌收缩，肛门外括约肌舒张，使粪便排出体外。此外，通过支配腹肌和膈肌的神经兴奋，使腹肌、膈肌收缩，腹内压增加，可促进粪便排出。

排便活动受大脑皮质的控制，意识可以加强或抑制排便。正常人的直肠对粪便的压力刺激有一定的阈值，达到此阈值时即可产生便意。因此，个体通过一定时间的排便训练后，便可自主地控制排便。若经常有意识遏制便意，会使直肠逐渐失去对粪便压力刺激的敏感性，加之粪便在大肠内停留过久，水分被过度吸收，导致粪便干结，造成排便困难，这是产生便秘最常见的原因之一。

二、排便的评估

（一）排便状态的评估

1. 排便次数　排便次数因人而异。成人每日排便1~3次，婴儿的排便次数较多，每日可达3~5次。成人每日排便次数超过3次或每周少于3次，应视为排便异常，如腹泻、便秘等。

2. 排便量　每日排便量与膳食的种类、数量、摄入的液体量、排便次数及消化器官的功能有关。正常成人每天排便量为100~300 g，婴儿每次排便量较少。进食低纤维、高蛋白等精细食物者粪便量少而细腻，进食大量蔬菜、水果等粗粮者粪便量较多。当消化器官功能紊乱时，也会出现排便量的改变，如肠道梗阻、腹泻等。

3. 粪便的性状

（1）形状与软硬度：正常的粪便柔软、成形、不粘连。栗子样便常见于便秘患者；扁条形或带状粪便常见于直肠、肛门狭窄或部分肠梗阻患者；稀便不成形或水样便常见于消化不良或急性肠炎患者。

（2）颜色：正常成人的粪便呈黄褐色或棕黄色，婴儿粪便呈黄色或金黄色。粪便颜色会受到食物或者药物的影响，如食用大量绿叶蔬菜，粪便可呈暗绿色；摄入动物血或铁剂，粪便可呈无光样黑色。在消化系统有病理变化的情况下，如柏油样粪便提示上消化道出血；暗红色粪便提示下消化道出血；白陶土色粪便提示胆道阻塞；果酱样便提示阿米巴痢疾或肠套叠；排便后有鲜血滴出提示直肠息肉、痔疮或肛裂出血；白色"米泔水"样便提示霍乱、副霍乱。

（3）气味：正常粪便因含蛋白质分解产物而有臭味，摄入食物的种类和肠道疾病可影响粪便的气味，气味强度可由腐败菌的活动性及动物蛋白的量而定。肉食者气味重，素食者气味轻。严重腹泻者，因未消化的蛋白质与腐败菌作用，粪便呈碱性恶臭味；消化不良者、婴儿因糖类未充分消化或吸收脂肪酸产生气体，粪便呈酸臭味；上消化道出血的柏油样便呈腥臭味；直肠溃疡或肠癌者粪便呈腐臭味。

（4）内容物：正常粪便由食物残渣、细菌、部分白细胞、上皮细胞、水分及肠道分泌物构成。粪便中混入大量肉眼可见的黏液常见于肠道炎症患者；伴有血液者常见于痢疾、肠套叠患者，脓血便则常见于痢疾、肛门周围脓肿及直肠癌患者；肠道寄生虫感染粪便可见寄生虫体、虫体节片等。

（二）排便影响因素的评估

1. 生理因素

（1）年龄：年龄可影响人对排便的控制。婴幼儿因神经肌肉系统发育不健全，不能控制排便。老年人随着年龄的增加，腹壁肌肉张力降低，胃肠蠕动减慢，肠道排泄控制能力减弱，常常出现便秘。

（2）排便习惯：生活中许多人有自己固定的排便姿势、排便时间、使用某种固定的便器、排便时从事某种活动，如阅读等，当这些习惯发生改变时，正常排便就会受到影响。

2. 心理因素　心理因素是影响排便的重要因素。精神抑郁时，身体活动减少，肠蠕动减慢而导致便秘；焦虑、恐惧和愤怒，可导致迷走神经兴奋，肠蠕动增加，消化吸收不良而导致腹泻。

3. 社会文化因素　社会文化因素可影响个人的排便观念和习惯。排便是个人隐私的观念已被大多数社会文化所接受，当个体因排便问题需暴露隐私时，个体就会压抑排便的需要而造成排便功能异常。

4. 饮食与活动

（1）食物与液体摄入：足量的水分和均衡的饮食是维持正常排便的重要因素。富含纤维素的食物可增加粪便容积，刺激肠蠕动，加速食糜通过肠道，减少水分在大肠的再吸收，使粪便柔软易排出。每日摄入足量液体，可以液化肠内容物，使食物能顺利通过肠道。如果摄食量过少，食物中缺乏纤维素或摄入液体量不足等，会无法产生足够的粪便容积和液化食糜，食糜通过回肠速度减慢、时间延长，水分的再吸收增加，导致粪便变硬、排便减少而引起排便困难或便秘。

（2）活动：适当的运动可维持肌肉的张力，刺激肠道蠕动，有助于正常排便；各种原因导致的长期卧床或缺少运动，可因肌肉张力减退而导致排便困难或便秘。

5. 与疾病有关的因素

（1）疾病：肠道本身的病变或身体其他系统的病变可影响粪便的性状，从而影响排便的难易度和次数，如大肠癌、结肠炎可使排便次数增加；脊髓损伤、脑卒中可导致排便失禁；骶尾部、外阴部有伤口，可因疼痛而影响排便的正常进行。

（2）药物：直肠蠕动受药物影响较大。如缓泻剂可软化粪便，刺激肠蠕动，促进排便；但过量使用泻药可使肠道水分吸收减少，肠蠕动加剧，导致肠道激惹，引起严重的腹泻；长期使用缓泻剂可降低肠道感受器的敏感性，导致慢性便秘；长时间服用抗生素，可干扰肠道正常菌群而导致腹泻；镇静剂、止痛药可减慢肠蠕动，减弱肠活动而导致便秘。

（3）治疗与检查：某些治疗和检查可影响个体的排便活动。例如腹部、肛门手术，会因肠道平滑肌的暂时麻痹或伤口疼痛而造成排便困难；对胃肠道行诊断性检查进行灌肠或服用钡剂，也可影响正常排便。

（三）常见的异常排便

1. 便秘（constipation） 是指正常的排便形态改变，排便次数减少，排出过干、过硬的粪便，且排便不畅、困难。便秘可表现为：腹痛、腹胀、消化不良、乏力、食欲缺乏、头痛等全身症状，检查触诊腹部较硬实且紧张，有时可触及包块，肛诊可触及粪块。引起便秘的原因有：排便习惯不良，饮食结构不合理，食物中含纤维素少或饮水量不足，长期卧床或活动减少，某些药物不合理的使用，某些器质性病变，中枢神经系统功能障碍，排便时间受限制，精神紧张，各类直肠肛门手术，滥用缓泻剂、栓剂、灌肠等。

2. 粪便嵌塞（fecal impaction） 指粪便持久滞留堆积在直肠内，水分被过度吸收，粪便坚硬不能排出。常见于慢性便秘的患者。粪便嵌塞可表现为：患者有强烈便意，腹部胀痛，直肠肛门疼痛，肛门处有少量液体渗出，但不能排出粪便。引起粪便嵌塞的原因是：便秘未及时解除，粪便长时间滞留在直肠内，水分被持续吸收而乙状结肠排下的粪便又不断加入，最终使粪块变得又大又硬而不能排出，发生粪便嵌塞。

3. 腹泻（diarrhea） 指正常排便形态改变，排便次数增加，排出松散稀薄的粪便或水样便。腹泻时肠蠕动增加，肠黏膜吸收水分功能发生障碍，胃肠内容物迅速通过胃肠道，水分不能在肠道内被及时吸收。又因肠黏膜受刺激，肠液分泌增加，进一步使粪便的水分增加。因此，当粪便到达直肠时仍然呈液体状态，并排出体外，形成腹泻。腹泻可表现为：腹痛、肠鸣、肠痉挛、恶心、呕吐、乏力、有急于排便的需要和难以控制的感觉。短时的腹泻可以帮助机体排出刺激物质和有害物质，是一种保护性反应。持续严重的腹泻可使机体内的大量水分和胃肠液丢失，导致水、电解质和酸碱平衡紊乱。又因机体无法吸收营养物质，长期腹泻将导致机体的营养不良。引起腹泻的原因有：进食不洁食物，使用泻剂不当，胃肠道自身疾患，情绪紧张焦虑，某些内分泌疾病，如甲状腺功能亢进等。

4. 排便失禁（fecal incontinence） 指肛门括约肌不受意识的控制而不自主地排便。可表现为：患者不自主地排出粪便。引起的原因有：神经肌肉系统的病变或损伤，如瘫痪、胃肠道疾患、精神障碍、情绪失调等。

5. 肠胀气（flatulence） 指胃肠道内有过量气体积聚，不能排出。一般情况下，胃肠道内的气体只有 150 ml 左右。胃内的气体可通过口腔嗳出，肠道内的气体部分在小肠被吸收，其余可通过肛门排出，不会产生不适。肠胀气可表现为：腹部膨隆、腹胀、痉挛性疼痛、呃逆、肛门排气过多，叩诊呈鼓音。当肠胀气压迫膈肌和胸腔时，可出现气急和呼吸困难。引起肠胀气的原因有：食入产气性食物过多，吞入大量空气，肠蠕动减少，肠道梗阻，肠道手术后等。

三、排便异常的护理

（一）便秘患者的护理

1. 提供适当的排便环境 为患者提供隐蔽的环境及充分的排便时间。如拉床帘或屏风遮挡，避开查房、治疗护理和进餐时间，以消除患者的紧张情绪，利于排便。

2. 采取适当的排便姿势 卧床患者床上排便时，病情允许时可采取坐姿或摇高床头，利用重力作用增加腹内压促进排便。若病情没有限制，应让患者下床上厕所排便。对于需手术患者，且术后需绝对卧床者，应在手术前有计划地训练床上排便。

3. 腹部环形按摩 排便时用手沿结肠解剖位置自右向左环形按摩，力度适中，每次不少于 30 圈，可促使降结肠的内容物向下移动，并可增加腹内压，增强胃肠蠕动能力，促进排便。用指端轻压肛门后端也可促进排便。

4. 口服缓泻药物 缓泻剂可使粪便中的水分含量增加，加快肠蠕动，加速肠内容物的运行，从而起到导泻的作用。但使用缓泻剂时应根据患者的特点及病情选用。对于老年人、儿童应选择作用缓和的泻剂，慢性便秘的患者可选用蓖麻油、番泻叶、酚酞（果导）、大黄等接触性泻剂。

使用缓泻剂可暂时解除便秘，但长期使用或滥用又常成为慢性便秘的主要原因。其机制是服用缓泻剂后结肠内容物被彻底排空，随后几天无足量粪便刺激不能正常排便，没有排便又再次使用缓泻剂，如此反复，其结果是使结肠的正常排便反射失去作用，反射减少造成结肠扩张弛缓，这样结肠就只对缓泻剂、栓剂、灌肠等强烈刺激做出反应，产生对缓泻剂的生理依赖，失去正常排便的功能，导致慢性便秘。

5. 简易通便剂 常用的有开塞露、甘油栓等。其作用机制是软化粪便，润滑肠壁，刺激肠蠕动促进排便。

6. 灌肠 以上方法均无效时，遵医嘱给予灌肠。

7. 健康教育 帮助患者及家属正确认识维持正常排便习惯的意义和获得有关排便的知识。健康教育的内容包括：

（1）重建正常的排便习惯：指导患者选择一个适合自身排便的时间，理想的排便时间是晨起或餐后 2 h 内，每天固定时间排便，即使无便意，亦可稍等，以形成条件反射；排便时应全心全意，不宜分散注意力，如不应看手机、看书等；不随意使用缓泻剂及灌肠等方法。

（2）合理膳食：多摄取可促进排便的食物和饮料。多食蔬菜、水果、豆类、粗粮等高纤维食物，如芹菜、香蕉等；少食辛辣刺激食物；多饮水，病情允许时每日液体摄入量应不少于 2000 ml，尤其是每日晨起饮一杯温开水，可促进肠蠕动，刺激排便反射。此外，可食用一些具有润肠通便作用的食物，如黑芝麻、蜂蜜、香蕉、梅子汁等。

（3）适当运动：鼓励患者参加力所能及的运动，按个人需要制订规律的活动计划并协助患者进行，如散步、做操、打太极拳等，对长期卧床患者应勤翻身。还应指导患者进行增强腹肌和盆底部肌肉的运动，以增加肠蠕动和肌张力，促进排便。

（二）粪便嵌塞患者的护理

1. 早期可使用栓剂、口服缓泻剂来润肠通便。必要时先行油类保留灌肠，2～3 h 后再做清洁灌肠。

2. 晚期人工取便，通常在清洁灌肠无效后遵医嘱执行。护士戴手套，将涂润滑剂的示指慢慢插入患者直肠内，触到粪块后小心将其破碎并取出。操作时动作应轻柔，避免损伤直肠黏膜，刺激迷走神经，操作中患者若有心悸、头晕，应立即停止。心脏病、脊椎受损者须慎重使用。

3. 指导患者及家属了解排便的知识和过程，了解合理膳食及良好的排便习惯对机体排泄的重要性。

（三）腹泻患者的护理

1. 去除病因 去除导致腹泻的原因，若为肠道感染，遵医嘱给予抗生素治疗。

2. 卧床休息 可减少肠蠕动，对不能自理的患者应及时给予便盆，消除焦虑不安的情绪，使之达到身心充分休息的目的。同时，注意保暖。

3. 饮食护理 酌情给予清淡的流质或半流质食物，避免油腻、辛辣、高纤维食物。严重腹泻时可暂禁食。鼓励患者饮水，少量多次，可酌情给予淡盐水。

4. 维持水和电解质平衡 遵医嘱给予口服补液盐或静脉输液，必要时给予止泻剂，防止水和电解质的紊乱。

5. 皮肤护理 维持肛周皮肤完整性，特别是婴幼儿、老人、身体衰弱者，每次便后用软纸轻擦肛门，温水清洗，并在肛门周围涂油膏保护皮肤。

6. 密切观察病情 评估排便形态，观察粪便的性质、量、次数，做好相应记录，必要时留取标本送检。同时应注意观察患者有无水和电解质紊乱。病情危重者，还需注意生命体征的变化。

7. 心理护理 主动关心患者，提供舒适护理，及时协助更换衣裤、床单、被套和清洗沐浴。将便盆清洗干净后置于易取处，方便患者取用。

8. 健康教育 向患者讲解有关腹泻的知识，指导患者注意饮食卫生，养成良好的卫生习惯。

9. 隔离护理 如疑为传染病，则按传染病隔离原则护理。

（四）排便失禁患者的护理

1. 心理护理 排便失禁的患者常感到自卑和忧郁，期望得到理解和帮助。护士应尊重和理解患者，维护其尊严，给予心理安慰与支持，帮助其树立信心，配合治疗和护理。

2. 皮肤护理 及时更换污湿的衣裤和被单，保持床褥、衣服清洁；每次便后用温水清洗肛门周围及臀部皮肤，必要时，在肛门周围涂搽软膏以保护皮肤，避免破损感染，在床上铺一次性垫巾，保持局部皮肤清洁干燥。注意观察骶尾部皮肤变化，定时按摩受压部位，预防压疮的发生。

3. 重建控制排便的能力 评估患者排便时间，掌握规律，定时给予便器，促使患者按时自行排便；也可与医生协调定时应用导泻栓剂或灌肠，以刺激定时排便，训练排便反射。指导患者进行肛门括约肌及盆底部肌肉收缩锻炼：即患者取立、坐或平卧位，试做排便动作，先慢慢收缩肌肉，然后再慢慢放松，每次 10 s 左右，连续 10 次，每次锻炼 20~30 min，每日数次，以患者感觉不疲乏为宜。

4. 提供舒适的环境 及时更换污湿的衣裤被单，定时开窗通风，除去不良气味，保持室内空气清新。

（五）肠胀气患者的护理

1. 指导患者养成良好的饮食习惯（细嚼慢咽，避免吞入大量空气）；避免摄取产气多的食物及饮料，积极治疗肠道疾病。

2. 鼓励患者适当活动，如下床散步。卧床患者可进行床上活动或变换体位，促进肠蠕动，减轻肠胀气。

3. 轻微胀气时，可行腹部热敷或腹部按摩、针刺疗法。严重胀气时，遵医嘱给予药物治疗或肛管排气。

四、与排便有关的护理技术

(一)口服溶液清洁肠道法

1. 电解质等渗溶液清洁肠道法　电解质等渗清肠口服液口服后几乎不吸收,不分解,可有效增加肠道体液成分,从而软化粪便,刺激肠蠕动,加速排便,达到清洗肠道的目的。适用于直肠、结肠检查和手术前肠道准备。常用溶液有复方聚乙二醇电解质散等。

(1) 配制方法(每 1000 ml):取药品 1 盒,内含 A、B、C 各 1 小包,将各包药粉一并倒入带有刻度的杯(瓶)中,加温开水至 1000 ml,搅拌使完全溶解。

(2) 服用方法:①大肠手术前:患者手术前日午餐后禁食,可以饮水,午餐 3 h 后开始给药。②大肠内镜检查前:检查当日给药,当日早餐禁食,可以饮水,预定检查时间 4 h 前给药;检查前日给药,前日晚餐后禁食,可以饮水,晚餐后 1 h 给药,患者前日的早餐、午餐应进食残渣少的食物,晚餐进流质饮食。

(3) 用量:3000 ~ 4000 ml,首次服用 600 ~ 1000 ml,每隔 10 ~ 15 min 服用 1 次,每次 250 ml,直至服完或排出水样清便,总给药量不能超过 4 L。

(4) 观察:口服清洁肠道溶液后护士应观察患者的一般情况:①排便次数、粪便性质:先为软便,后为水样便,待排出液为清水样时即说明已达到清洁肠道的目的。②服药后症状:服药后约 1 h,肠道蠕动加快,部分患者会出现恶心、腹胀,若症状严重,可延长间隔时间或暂停给药,直至症状消失后再恢复用药,如出现腹痛、休克、过敏样症状等副作用,应停止服药,立即接受治疗。③排便后感觉:无腹痛,无直肠下坠感。如口服溶液清洁肠道效果差,应在术前晚、术日晨清洁灌肠。注意及时做好记录。

2. 高渗溶液清洁肠道法　高渗溶液进入肠道,在肠道内形成高渗环境,使肠道内水分大量增加,从而软化粪便,并刺激肠蠕动,加速排便,以达到清洁肠道的目的。适用于直肠、结肠检查和手术前肠道准备。

(1) 甘露醇法:患者术前 3 日进半流质饮食,术前 1 日进流质饮食,手术前日下午 14:00 ~ 16:00 口服甘露醇溶液 1500 ml(20% 甘露醇 500 ml+5% 葡萄糖 1000 ml 混匀)。一般服用后 15 ~ 20 min 即反复自行排便。

(2) 硫酸镁法:患者术前 3 日进半流质饮食,每晚口服 50% 硫酸镁 10 ~ 30 ml。手术前 1 日进流质饮食,术前 1 日下午 14:00 ~ 16:00,口服 25% 硫酸镁 200 ml(50% 硫酸镁 100 ml+5% 葡萄糖盐水 100 ml),然后再口服温开水 1000 ml。一般服后 15 ~ 30 min,即可反复自行排便。

(二)简易通便法

通过经济简便而有效的措施,帮助患者解除便秘。适用于老人、体弱和久病卧床便秘者。

1. 开塞露法　由甘油或山梨酸制成,装在塑料容器内。使用时将封口端剪去,先挤出少许液体润滑开口处,患者取左侧卧位,放松肛门外括约肌,将开塞露的前端轻轻插入肛门后再将药液全部挤入直肠内,保留 5 ~ 10 min 后排便。

2. 甘油栓法　由甘油和明胶制成的栓剂。使用时戴手套,捏住甘油栓底部轻轻插入肛门至直肠内,抵住肛门处轻轻按摩,保留 5 ~ 10 min 排便。

3. 肥皂栓法　将普通肥皂削成圆锥形(底部直径约 1 cm,长 3 ~ 4 cm),使用时戴手套,将肥皂栓蘸热水软化后轻轻插入肛门。注意有肛门黏膜溃疡、肛裂及肛门剧烈疼痛者,不宜使用肥皂栓法通便。

(三)灌肠法

灌肠法(enema)是将一定量的溶液通过肛管,由肛门经直肠灌入结肠,清除粪便和积气、清洁肠道;或由肠道输入药物,达到确定诊断和进行治疗的目的。根据灌肠的目的不同分为不保留灌肠和保留灌肠；不保留灌肠根据灌注量的不同分为大量不保留灌肠、小量不保留灌肠，如果为了达到清洁肠道目的，反复进行大量不保留灌肠，则为清洁灌肠。

大量不保留灌肠

【目的】
1. 清除粪便和积气，解除便秘、肠胀气。
2. 稀释或清除肠道内的有害物质，减轻中毒。
3. 为高热患者降温。
4. 清洁肠道，为肠道手术、检查、分娩做准备。

【评估】
1. 评估患者的年龄、意识状态、病情、临床诊断、排便情况、对灌肠的理解程度及合作程度。
2. 评估患者肛门括约肌的控制能力、肛门部位的皮肤和黏膜情况。

【操作前准备】
1. 患者准备 了解大量不保留灌肠的目的、方法、注意事项及配合要点，灌肠前排尿、排便。

2. 护士准备 修剪指甲、洗手、戴口罩，着装整洁。

3. 用物准备

（1）治疗车上层

1）灌肠用物：一次性灌肠袋，肛管（18~22号）、弯盘、止血钳、液状石蜡、棉签、纸巾、水温计、一次性垫巾、一次性手套、手消毒液。

2）灌肠溶液：常用灌肠溶液有0.9%氯化钠溶液和0.1%~0.2%肥皂水。溶液量及温度：成人每次用量为500~1000 ml，老年人用量为500~800 ml，小儿用量为200~500 ml；一般患者灌肠溶液的温度为39~41℃，降温时温度为28~32℃，中暑患者用4℃。

（2）治疗车下层：便器及便器巾、生活垃圾桶、医用垃圾桶。

（3）其他物品：输液架、毛毯、屏风。

4. 环境准备 屏风或拉帘遮挡；酌情关闭门窗，调节室温；采光充足。

【操作流程】

操作主线	操作步骤	操作要点
1. 核对	携用物至患者床旁，核对患者床号、姓名、腕带及灌肠溶液	● 确认患者 ● 正确选用灌肠溶液，掌握溶液的温度、浓度和量。肝性脑病患者禁用肥皂液灌肠；充血性心力衰竭和水钠潴留患者禁用生理盐水灌肠；急腹症、消化道出血、妊娠、严重心血管疾病等患者禁忌灌肠
2. 准备体位	协助患者取左侧卧位，双膝屈曲，褪裤至膝部，臀部移至床沿	● 该姿势可使降结肠、乙状结肠处于下方，利用重力作用使灌肠液顺利流入降结肠和乙状结肠 ● 不能自我控制排便的患者可取仰卧位，臀下垫便盆
3. 及时盖被，暴露臀部，消毒双手		● 保暖，保护患者隐私，使其放松
4. 垫巾	将一次性垫巾铺于患者臀下，暴露肛门，将弯盘置于患者臀部旁边，纸巾置于垫巾上	

续表

操作主线	操作步骤	操作要点
5. 准备灌肠装置	检查一次性灌肠袋包并打开，取出灌肠袋，关闭引流管上的开关，将灌肠液倒入灌肠袋内，测量温度，将灌肠袋挂于输液架上，筒内液面高于肛门 40~60 cm（图13-7A）	● 保持一定灌注压力和速度，若灌肠袋过高，压力过大，液体流入速度过快，不易保留，而且易造成肠道损伤。伤寒患者灌肠时灌肠袋内液面不得高于肛门 30 cm，液体量不得超过 500 ml
6. 润管、排气	戴手套润滑肛管前端，排尽管内气体，关闭开关	● 防止气体进入直肠
7. 插管	一手用纸巾分开臀部，暴露肛门，嘱患者深呼吸，另一手将肛管轻轻插入直肠 7~10 cm（图13-7B）。固定肛管	● 使患者放松，便于插入肛管 ● 顺应肠道解剖，勿用力，以防损伤肠黏膜。如插入受阻，可退出少许，旋转后缓缓插入。小儿插入深度为 4~7 cm
8. 灌液	打开开关，使液体缓缓流入	
9. 观察	灌入液体过程中，密切观察筒内液面下降速度和患者的情况	● 如液面下降过慢或停止，多由于肛管前端孔道被阻塞，可移动肛管或挤捏肛管，使堵塞管孔的粪便脱落 ● 若患者感觉腹胀或有便意，可嘱其张口深呼吸，放松腹部肌肉，并降低灌肠袋的高度以减慢流速或暂停片刻，以便转移患者的注意力，减轻腹压，同时减少灌入溶液的压力 ● 若患者出现脉速、面色苍白、大汗、剧烈腹痛、心慌气促，此时可能发生肠道剧烈痉挛或出血，应立即停止灌肠，与医生联系，给予及时处理
10. 拔管	待灌肠液即将流尽时夹管，用纸巾包裹肛管轻轻拔出，弃于医用垃圾桶内。擦净肛门，脱下手套，消毒双手	● 避免拔管时空气进入肠道及灌肠液和粪便随管流出
11. 保留灌肠液	协助患者取舒适的卧位，嘱其尽量保留 5~10 min 后再排便	● 使灌肠液在肠中有足够的作用时间，以利于粪便充分软化容易排出 ● 降温灌肠时液体要保留 30 min，排便后 30 min 测量体温并记录
12. 协助排便	对不能下床的患者，给予便盆，将纸巾、呼叫器放于易取处。帮助能下床的患者到厕所排便	
13. 操作后处理	（1）整理用物：排便后及时取出便盆，擦净肛门，协助患者穿好裤子，整理床单位，开窗通风 （2）采集标本：观察粪便性状，必要时留取标本送检 （3）按相关要求处理用物 （4）洗手，记录	● 保持病房的整洁，去除异味 ● 防止病原微生物传播 ● 在体温单粪便栏目处记录灌肠结果，如灌肠后排便一次为 1/E，灌肠后未排便记为 0/E ● 记录灌肠时间、灌肠液的种类、量、患者的反应

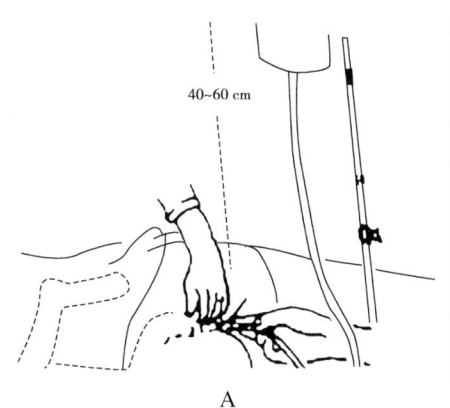
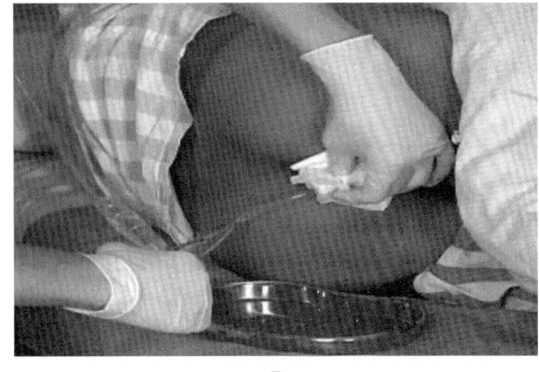

图 13-7 大量不保留灌肠法

【注意事项】

1. 插管前评估肛门有无痔疮、肛裂，插管时动作轻柔，注意患者反应。
2. 灌肠过程中若患者有腹胀或便意时，嘱患者深呼吸，以减轻不适。
3. 掌握溶液的浓度、温度、速度、压力和溶液量。伤寒患者灌肠时液量不得超过 500 ml，压力要低，液面距肛门不得超过 30 cm。
4. 如为降温灌肠，保留 30 min 后再排便，便后 30 min 再测量体温并记录。
5. 肝昏迷患者禁用肥皂水灌肠，以减少氨的产生和吸收。充血性心力衰竭和水钠潴留患者禁用生理盐水灌肠；孕妇、急腹症、消化道出血、严重心血管疾病等患者禁忌灌肠。
6. 灌肠过程中密切观察患者反应，发现脉搏加快，面色苍白，出冷汗或患者主诉剧烈腹痛、心悸时，应立即停止灌肠，报告医生给予及时处理。

【健康教育】

1. 向患者说明维持正常排便习惯的重要性。
2. 指导患者保持健康的生活习惯，以维持正常排便功能。
3. 指导患者掌握灌肠时的配合方法。

小量不保留灌肠

【目的】

1. 软化粪便，解除便秘，主要用于孕妇及危重、年老体弱、小儿患者等解除便秘。
2. 排出肠道气体，减轻腹胀，为腹部及盆腔等手术后肠胀气患者排除肠道积存气体。

【评估】

1. 评估患者年龄、病情、临床诊断、意识状态、排便情况、对灌肠的理解程度及合作程度。
2. 评估患者肛门部位的皮肤和黏膜情况。

【操作前准备】

1. 患者准备 了解小量不保留灌肠的目的、方法、注意事项及配合要点，灌肠前需排尿。

2. 护士准备 修剪指甲、洗手、戴口罩，着装整洁。

3. 用物准备

（1）灌肠盘：注洗器、量杯或小容量灌肠袋、肛管（14~16 号）、温开水 5~10 ml、弯盘、止血钳、液状石蜡、棉签、纸巾、水温计、一次性垫巾、一次性手套、手消毒液。

（2）灌肠溶液：常用灌肠溶液包括：①"1、2、3 肠溶液"（50%硫酸镁 30 ml、甘油 60 ml、温开水 90 ml）；②油剂（甘油 50 ml 与温开水按 1∶1 比例）；③植物油 120~180 ml。溶液温度 39~41℃。

（3）其他物品：按需备毛毯、屏风、便器及便器巾、生活垃圾桶、医用垃圾桶。

4. 环境准备 屏风或拉帘遮挡，酌情关闭门窗，调节室温，采光充足。

【操作流程】

操作主线	操作步骤	操作要点
1. 核对	携用物至患者床旁，核对患者床号、姓名、腕带及灌肠溶液	● 确认患者
2. 准备体位	协助患者取左侧卧位，双腿屈膝，褪裤至膝部，臀部移至床沿。臀下垫一次性垫巾	● 利用重力作用使灌肠溶液顺利流入乙状结肠
3. 连接、润滑肛管	测量灌肠液温度，将弯盘置于臀边，戴手套，用注洗器抽吸灌肠液，连接肛管，润滑肛管前段，排气，夹管	● 减少插管时的阻力和对黏膜的刺激
4. 插管	左手用纸巾分开臀部，暴露肛门，嘱患者深呼吸，右手将肛管从肛门轻轻插入 7～10 cm（图 13-8）	● 使患者放松，便于插入肛管
5. 注入灌肠液	固定肛管，松开止血钳，缓缓注入溶液，注毕夹管，取下注洗器再吸取溶液，松夹后再行灌注。如此反复直至灌肠溶液全部注入完毕	● 注入速度不得过快、过猛，以免刺激肠黏膜，引起排便反射 ● 如用小容量灌肠筒，液面距肛门不能超过 30 cm ● 注意观察患者反应
6. 拔管	用止血钳夹闭肛管尾端或反折肛管尾端，用纸巾包住肛管轻轻拔出，放入弯盘内	
7. 保留灌肠液	擦净肛门，脱手套，协助患者取舒适卧位。嘱其尽量保留溶液 10～20 min 再排便	● 充分软化粪便，利于排便
8. 协助排便	对不能下床的患者，给予便盆，将纸巾、呼叫器放于易取处。扶助能下床的患者上厕所排便	
9. 操作后处理	（1）整理床单位，清理用物	
	（2）洗手，记录	● 在体温单排便栏目处记录灌肠结果，如灌肠后排便一次为 1/E，灌肠后未排便记为 0/E ● 记录灌肠时间，灌肠液的种类、量，患者的反应

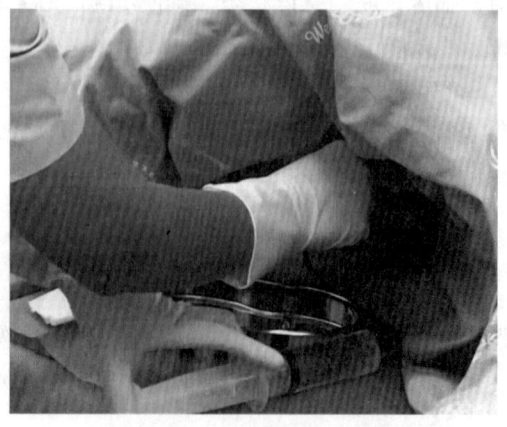

图 13-8 小量不保留灌肠

【注意事项】
1. 正确选用灌肠液，掌握灌肠液的温度、浓度和量。
2. 灌入速度不得过快，以免刺激肠黏膜，引起排便反射。压力应低，若为小容量灌肠袋，袋内液面距肛门的距离应小于 30 cm。
3. 每次抽吸灌肠液时，应反折肛管，以防空气进入肠道，造成腹胀。

【健康教育】
1. 向患者说明维持正常排便习惯的重要性。
2. 指导患者保持健康的生活习惯，以维持正常排便功能。
3. 指导患者掌握灌肠时的配合方法。

保留灌肠

保留灌肠是将药液通过肛管经直肠灌入到结肠内，通过肠黏膜吸收达到治疗疾病的目的。

【目的】
1. 镇静、催眠。
2. 治疗肠道感染。

【评估】
1. 评估患者的年龄、病情、临床诊断、意识状态、排便情况、对灌肠的理解程度及合作程度。
2. 评估患者肛门部位的皮肤和黏膜情况。

【操作前准备】
1. 患者准备　了解保留灌肠的目的、方法、注意事项及配合要点，灌肠前排空二便。
2. 护士准备　修剪指甲、洗手、戴口罩，着装整洁。
3. 用物准备
（1）同小量不保留灌肠，肛管（20号以下），小垫枕，橡胶单，治疗巾。
（2）灌肠溶液：镇静、催眠常用10%水合氯醛，剂量遵医嘱加等量温开水或等渗盐水；治疗肠道感染常用2%小檗碱、0.5%～1%新霉素及其他抗生素等，剂量遵医嘱。药量不超过 200 ml，温度 38℃。
（3）其他物品：按需备毛毯、屏风、便器及便器巾、生活垃圾桶、医用垃圾桶。
4. 环境准备　屏风或拉帘遮挡，酌情关闭门窗，调节室温，采光充足。

【操作流程】

操作主线	操作步骤	操作要点
1. 核对	携用物至患者床旁，核对患者床号、姓名、腕带及灌肠溶液	● 确认患者 ● 保留灌肠以晚上睡眠前进行为宜，因为此时活动减少，药液易于保留吸收
2. 准备体位	根据病情选择不同的卧位	● 慢性细菌性痢疾，病变部位多在直肠或乙状结肠，取左侧卧位。阿米巴痢疾病变多在回盲部，取右侧卧位，以提高疗效
3. 抬高臀部	将小垫枕、橡胶单和治疗巾垫于臀下，使臀部抬高约 10 cm	● 抬高臀部以防止药液溢出
4. 插管	戴手套，润滑肛管前段，排气后轻轻插入肛门 15～20 cm，缓慢注入药液	

续表

操作主线	操作步骤	操作要点
5. 拔管	药液注入完毕，再注入温开水 5~10 ml，抬高肛管尾端，使管内溶液全部注完，拔出肛管，擦净肛门，脱手套，消毒双手，嘱患者尽量保留药液 1 h 以上	• 使药液充分被吸收，达到治疗目的 • 注意观察患者反应
6. 操作后处理	（1）整理床单位，清理用物	
	（2）洗手，记录	• 记录灌肠时间，灌肠液的种类、量，患者的反应

【注意事项】

1. 护士在灌肠前了解操作目的和病变部位，以便确定患者的卧位和插管的深度。

2. 为提高疗效，保留灌肠在晚间睡前为宜，因为活动少，便于药物保留。灌肠前嘱患者先排尿、排便，肛管要细，插入要深，液量要少，流速宜慢，使药液保留时间越长越好，有利于肠黏膜的吸收。

3. 排便失禁及肛门、直肠、结肠手术后患者不宜做保留灌肠。

【健康教育】

向患者说明有关疾病的知识和保留灌肠的方法，使患者正确配合。

知识链接

灌肠法的发展历史

我国对灌肠疗法非常重视。东汉时张仲景的《伤寒杂病论》中有记载"阳明病，自汗出。若发汗，小便自利者，此为津液内竭，虽鞕，不可攻之。当须自欲大便，宜蜜煎导而通之，若土瓜根及大猪胆汁，皆可为导。"指出：发高烧的病症，粪便好几天不解积存在大肠内，就将蜜柱剂、土瓜根、猪胆汁从肛门里塞进直肠，不久便可以把粪便导出。在此书的"猪胆汁方"一文中又明确指出："大猪胆一枚，泻汁和陈醋少许，以灌谷道（肛门）内，如一食顷，当大便，出宿食恶物甚效。"而怎样"灌谷道"呢？张仲景又写道："以小竹管……内入谷道中。"这里便提到了应用竹管进行灌肠。东晋时葛洪的《肘后备急方》中说"治大便不通，土瓜根捣汁。筒吹入肛门中，取通。"表明不仅用管进行灌肠，同时还需通过对筒吹气，用加压的办法使药物顺利进入直肠，以达到通便的目的。

肛管排气法

肛管排气法是将肛管从肛门插入直肠，以排出肠腔内积气的方法。

【目的】

排出肠腔积气，减轻腹胀。

【评估】

1. 评估患者的年龄、意识状态、病情、临床诊断、腹胀情况、对肛管排气的理解程度及合作程度。

2. 评估患者肛门部位的皮肤和黏膜情况。

【操作前准备】

1. 患者准备 了解肛管排气法的目的、方法、注意事项及配合要点。

2. 护士准备 着装整洁、修剪指甲、洗手、戴口罩。

3. 用物准备 治疗盘内备肛管（26号左右），玻璃接管，橡胶管，玻璃瓶（内盛3/4水），瓶口系带，润滑油，棉签，弯盘，一次性手套、纸巾，胶布条（1 cm×15 cm），别针，手消毒液，生活垃圾桶，医用垃圾桶。

4. 环境准备 屏风或拉帘遮挡，关闭门窗，调节室温，采光充足。

【操作流程】

操作主线	操作步骤	操作要点
1. 核对	携用物至患者床旁，核对患者床号、姓名、腕带	● 确认患者
2. 准备体位	协助患者取左侧卧位，暴露肛门，注意及时遮盖	● 此体位有利于肠腔内气体排出 ● 保暖，维护患者自尊
3. 连接排气装置	将玻璃瓶系于床边，橡胶管一端插入玻璃瓶液面下，另一端与肛管相连	● 防止空气进入直肠内，以免加重腹胀 ● 观察气体排出的情况
4. 插管	戴手套，润滑肛管，嘱患者张口呼吸，将肛管轻轻插入直肠15～18 cm，用胶布将肛管固定于臀部，橡胶管留出足够长度用别针固定在床单上（图13-9）	● 减少肛管对直肠的刺激 ● 便于患者翻身
5. 观察	观察排气情况，如排气不畅，帮助患者更换体位或按摩腹部	● 若有气体排出，可见瓶内液面下有气泡逸出 ● 变换体位或按摩腹部可以促进排气
6. 拔管	保留肛管不超过20 min，拔出肛管，擦净肛门，脱下手套	● 长时间留置肛管，会降低肛门括约肌的反应，甚至导致肛门括约肌永久性松弛 ● 需要时，2～3 h后再行肛管排气
7. 操作后处理	（1）协助患者取舒适的体位，并询问腹胀有无减轻 （2）整理床单位，清理用物 （3）洗手，记录	● 记录排气时间及效果，患者的反应

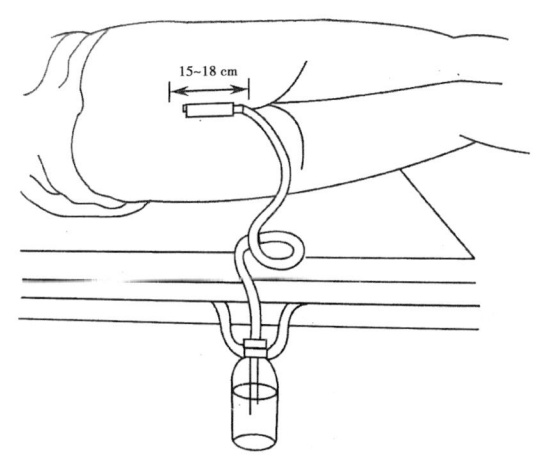

图13-9 肛管排气法

【注意事项】

1. 注意遮挡，保护患者隐私。
2. 保留肛管一般不超过 20 min，长时间留置肛管，会减少肛门括约肌的反应，甚至导致括约肌永久性松弛。如有必要可间隔 2~3 h 后再重复插管排气。

【健康教育】

1. 向患者说明避免腹胀的方法，如正确选择饮食、增加活动等。
2. 指导患者保持健康的生活习惯。
3. 向患者说明肛管排气的目的和意义。

小 结

排泄包括排尿和排便，是人体的基本生理需要和维持生命的必要条件之一。许多因素可直接或间接影响人体的排泄活动和形态，常见的异常排泄包括尿潴留、尿失禁、便秘、腹泻、排便失禁、肠胀气等。护士需要掌握相关的护理评估知识，熟练运用护理程序，规范准确地为患者提供排泄护理。导尿时，务必严格遵守无菌操作技术原则，为老年女性患者插导尿管时应仔细辨认尿道口以免误插入阴道，气囊导尿管固定时要注意防止膨胀的气囊卡在尿道内口以免压迫膀胱壁或尿道。灌肠时，务必明确灌肠目的，选择正确的灌肠方法，准确、安全执行灌肠技术，确保灌肠效果。在为患者提供各种导尿及灌肠护理技术过程中，还要与患者进行良好的沟通、提供恰当的健康教育，以严肃认真的态度保护患者的隐私，动作轻柔规范并做好保暖措施，体现良好的护理职业道德和人文关怀理念。

思考题

一、单项选择题

1. 患者，男，70 岁，主诉咳嗽时不自主排尿。患者此种现象为
   A. 假性尿失禁　　　　　B. 真性尿失禁　　　　　C. 压力性尿失禁
   D. 充溢性尿失禁　　　　E. 急迫性尿失禁

2. 患者，男，38 岁，诊断：慢性阿米巴痢疾。医嘱：0.5% 甲硝唑注射液 180 ml，保留灌肠。下列护理措施错误的是
   A. 在晚间睡眠前灌入　　B. 灌肠前患者先排便
   C. 灌肠时患者左侧卧位　D. 灌入药液量少于 200 ml
   E. 灌入后保留 1 h 以上

（以下病例为 3~4 题共用）

患者，女，56 岁，拟准备进行剖腹探查术，术前医生要求护士为患者灌肠以清洁肠道。

3. 灌肠筒内的液面距离肛门
   A. 10~20 cm　　　　　B. 20~30 cm　　　　　C. 30~40 cm
   D. 40~60 cm　　　　　E. 60~70 cm

4. 当液体灌入 300 ml 时，患者感觉有便意，护士应
   A. 停止灌肠　　　　　B. 旋转肛管　　　　　C. 降低灌肠筒的高度
   D. 嘱患者闭口呼吸　　E. 协助患者平卧

二、案例分析题

患者，女，31岁，诊断为"子宫肌瘤"，定于今晨在硬膜外麻醉下行子宫肌瘤切除术，术前需留置导尿管。

请回答：

1. 给予该患者留置导尿的目的是什么？
2. 对于留置导尿患者，护士应采取哪些护理措施防止逆行感染？

（刘　齐）

第十四章 给 药

本章数字资源

导学目标

通过本章内容的学习,学生应能够:
◆ **基本目标**
1. 解释给药原则、注射原则,各种注射方法的目的、常用部位及注意事项,破伤风抗毒素脱敏注射的原理和方法。
2. 举例说明静脉注射失败的原因、青霉素过敏性休克的临床表现。
3. 比较各种注射法的目的、定位方法及操作要点,各种雾化装置的特点及操作要点,各种局部给药的目的及操作要点,常用药物皮试液的配制浓度、注入剂量及结果判断。
4. 根据药物特点合理保存药物;采用正确的方法进行药液抽吸、配制并完成各种注射。

◆ **发展目标**
1. 综合运用所学知识配合医生解决临床复杂问题,如为药物过敏性休克患者实施抢救。
2. 将所学理论知识与临床实践建立联系,培养临床思维能力。
3. 在给药过程中培养慎独、爱伤精神,尊重患者感受,保护患者隐私。
4. 不断提升思辨能力与创新能力,具备笃学不倦、审思明辨、勤思勤学的科学创新精神。

给药(administering medication)即药物治疗,是临床最常用的一种治疗方法。在临床护理工作中,护士是各种药物治疗的直接执行者,也是用药过程的监护者。合理、准确、安全、有效地给药,对患者获得最佳的治疗效果至关重要。因此,护士必须了解相关的药理学知识,熟练掌握正确的给药方法和技术,正确评估患者用药后的疗效与反应,指导患者合理用药,使药物治疗达到最佳效果。

第一节　给药的基本知识

案例 14-1

消化科护士小李，今日交班前负责病区内口服药、注射药、外用药药物清点及管理。同时，作为责任护士，要为所负责的6位患者发放当日的口服药，其中有片剂、水剂、油剂。

请回答：
1. 护士小李在管理病区药物时，应注意哪些环节？
2. 为患者发放药物时，应遵循哪些给药原则？
3. 护士在给药过程中的职责有哪些？

为了合理、安全、有效地用药，护士在执行药物疗法的过程中，不仅要了解药物的药理学知识，还要熟悉药物的领取与保管方法，明确给药的时间与途径，严格遵守给药原则，对患者实施全面安全的给药护理，防止或减少药物不良反应的发生。

一、药物的种类、领取和保管

（一）药物的种类

常用药物根据给药的不同途径可分为以下几种。

1. 内服药　分为固体剂型和液体剂型，固体剂型如片剂、丸剂、散剂、胶囊等，液体剂型如口服液、酊剂和合剂等。

2. 外用药　包括膏剂、擦剂、洗剂、滴剂、粉剂、栓剂、膜剂等。

3. 注射药　包括水溶液、油溶液、混悬液、粉末针剂等。

4. 新剂型　胰岛素泵、植入慢溶药、粘贴敷片等。

（二）药物的领取

药物的领取必须凭医生的处方进行。门诊患者通常按医生处方在门诊药房自行领取；住院患者药物的领取方法各医院的规定不一，大致包括以下两种。

1. 病区药柜　病区药柜备有一定数量的常用药物，由专人负责管理，定期清点药品存量，根据消耗量到医院中心药房领取和补充。患者使用的贵重药物和特殊药物凭医生的处方领取；剧毒药和麻醉药（如吗啡、盐酸哌替啶等），病区内有固定数量，使用后凭医生的处方和空安瓿领取补充。

2. 中心药房　医院内设有中心药房，中心药房的人员负责摆药，专人送药到病区，或病区护士到中心药房核对并取回，按时给患者服用。目前大多数医院采用联网管理，病区与中心药房等部门网络相通，患者用药从医生给出医嘱到医嘱处理、药物计价、药品消耗、结算等均由专人负责，通过计算机处理。这样既可方便患者，减少护士的工作量，又能提高管理效率。

（三）药物的保管

1. 药柜放置　药柜应放在通风、干燥、光线明亮处，避免阳光直射，保持整洁，由专人负责，定期检查药物质量及有效期，以确保药物安全。

2. 分类放置　药物应按内服、外用、注射、剧毒等分类放置。按药物有效期的先后顺序排列和使用,以防失效。贵重药、麻醉药、剧毒药应有明显标记,加锁保管,专人负责,使用专本登记,并严格执行交班制度。

3. 标签明显　药瓶上贴有明显标签:内服药标签为蓝色边、外用药为红色边、剧毒药和麻醉药为黑色边。或者特殊药物另加标签,如剧毒药加贴圆形黑底"毒"字标签,麻醉药加贴圆形白底蓝色"麻"字标签,精神类药物标签的颜色由绿色和白色组成等。标签要字迹清楚,标签上应标明药名(中、英文对照)、浓度、剂量。无标签、标签模糊、字迹不清的药物禁止使用。

4. 定期检查　药物要定期检查,如超过有效期或有变色、沉淀、混浊、异味、潮解、霉变等现象,或标签脱落、辨认不清,均不可使用。

5. 妥善保存　根据药物的性质妥善保存。

(1)易挥发、潮解或风化的药物:应装瓶、盖紧瓶盖,密封保存,置于阴凉干燥处,如乙醇、过氧乙酸、碘酊、糖衣片、酵母片等。

(2)易氧化和遇光易变质的药物:应装在棕色密盖瓶内或用黑纸遮光的纸盒内,放于阴凉处避光保存,如维生素C、氨茶碱、盐酸肾上腺素等。需持续用药的药物,使用时也应遮光或避光,如肾上腺素类、硝普钠等。

(3)易被热破坏的某些生物制品和药品:应根据其性质和对贮藏条件的要求,置于干燥阴凉处(约20℃)或冷藏于2~10℃环境中保存,如蛋白制剂、疫苗、益生菌、干扰素等。

(4)易燃、易爆的药物:应单独存放,密闭瓶盖置于阴凉处,并远离明火,如乙醇、乙醚、环氧乙烷等。

(5)易过期的药物:应按有效期先后,有计划地使用,避免因药物过期造成浪费,如各种抗生素、胰岛素等。

(6)中药:应存放在干燥、阴凉、防虫处。芳香性药物应置于密封的器皿中保存。

(7)专用药物:患者个人专用的贵重或特殊药物应单独存放,并注明床号、姓名。

> **知识链接**
>
> **自动化智能药柜**
>
> 自动化智能药柜(automated dispensing cabinet/automated dispensing machine)是一种用于医院的由计算机控制的药品存储设备或柜子。智能药柜能在床旁(point of care)附近存储和发放药品,并能对药品的分发进行控制和追溯。其系统由控制软件与硬件构成,控制软件通过医院内网与医院信息系统(hospital information system,HIS)对接,获得患者、药品、医嘱等信息,硬件由受控柜门、受控抽屉等部分构成。当医生下达医嘱,药剂师审核后,医嘱自动传输到智能药柜中,护士登录药柜,按提示为患者取药,智能药柜会将取药结果记录并上传HIS系统。
>
> 智能药柜具有以下优势:
>
> 1. 保证药品存储安全　智能药柜平时处于锁闭状态,人员必须使用指纹或密码登录后才能打开药柜。
>
> 2. 降低用药错误　智能药柜规范了药品配送和使用流程,实现信息自动传输,减少中间环节,填充和取药时进行提示,在药品流通的全过程进行智能化的管理。
>
> 3. 提高效率　药剂师能通过智能化提示和全程监控,提高发药和管理效率,尤其是在毒麻药管理上能节约大量时间。护士可以直接在病区获得药品,无需往返药房取药,无需承担病区药品管理工作,从而节约大量时间和精力。

4. 追溯 智能药柜能记录所有操作，所有数据全部存储在服务器上，管理人员能通过系统查询所有操作生成多种报表，出现问题后可进行追溯。

——摘自：张凇，佟菲，王雪儿，等．自动化智能药柜临床使用的管理与实践．北方药学，2019，16（7）：155-157．

二、给药原则

给药原则是一切用药的总则，在执行药疗时必须严格遵守。

（一）根据医嘱准确给药

给药需有医嘱作为法律依据，护士必须严格执行医嘱。同时，护士对医嘱有监督的义务，对于有疑问或错误的医嘱要及时与医生沟通、核对清楚，切忌盲目执行，也不可擅自更改医嘱。在紧急情况下，如抢救和手术过程中可接受医生口头医嘱，但必须复述医嘱内容，双方核对无误后方可执行，并及时记录医嘱内容和执行时间，在最短时间内督促医生补写医嘱。

（二）严格执行查对制度

护士在执行药疗时，应首先认真检查药物的质量，对疑有变质或已超过有效期的药物，应立即停止使用。要将准确的药物（right drug），按准确的剂量（right dose），用准确的途径（right route），在准确的时间（right time）内给予准确的患者（right client），即给药的"五个准确"。因此，在执行药疗时，护士应做好"三查七对"。

三查：指操作前、操作中、操作后查（查七对的内容）。

七对：对床号、姓名、药名、浓度、剂量、用法、时间。

要严格检查药物的有效期和质量，对已过有效期、变质或疑有变质的药物应禁止使用。此外，也要了解患者的药物过敏史并注意用药后的反应，并做好记录。

（三）安全正确给药

1. 准确掌握给药次数、时间和方法，以维持有效血药浓度和发挥最大药效，同时注意药物的特性和个体的生理状况。

2. 药物备好后应及时发放使用，避免放置过久引起药物污染或药效降低。

3. 与患者有效沟通，给药前应评估患者的病情、治疗方案、过敏史和所用的药物，向患者解释，以取得其合作，并给予相应的用药指导。

4. 对易发生过敏反应的药物，使用前应了解患者过敏史，按要求做过敏试验，结果阴性方可使用。

5. 当有两种或两种以上的药物联合使用时，应核查有无配伍禁忌。

6. 当使用临床试验用药时，应了解试验用药的作用及不良反应，征得患者同意后方可应用。用药过程中，必须密切观察疗效及不良反应，同时做好有关记录。

（四）密切观察用药反应

给药后应密切观察药物的疗效和不良反应，尤其对易引起过敏反应或毒副作用较大的药物，更应注意观察，必要时做好记录。在给药过程中，护士还应观察患者对药物治疗的依赖程度、情绪反应，有无药物依赖、滥用或不遵医嘱等，然后根据患者具体的心理、行为反应，采取相应的心理护理和行为指导。

三、给药途径

依据药物的性质、剂型、机体组织对药物的吸收情况和治疗需要等，选择不同的给药途径。常用的给药途径有消化道给药（口服给药、舌下给药、直肠给药）、注射给药（皮内注射、皮下注射、肌内注射、静脉注射、动脉注射）、呼吸道吸入给药、皮肤黏膜给药等。除动、静脉注射药液可直接进入血液循环外，其他给药途径均有一个吸收过程，吸收速度由快至慢依次为：气雾吸入＞舌下含服＞直肠给药＞肌内注射＞皮下注射＞口服给药＞皮肤给药。

四、给药的次数与时间

给药的次数与时间以药物的半衰期为依据，以能维持有效的血药浓度，发挥最大药效，又不引起毒性反应为最佳选择，尤其是抗生素类药物更应注意维持药物在血中的有效浓度。同时还要考虑药物的特性和人体生理状况，如肝、肾功能不良者，可适当调整给药时间，给药间隔时间短，易致蓄积中毒，间隔时间长则不能维持有效血药浓度。临床工作中常用外文缩写表示给药的次数与间隔时间（表14-1）。

表14-1 医院常用外文缩写和中文译意

缩写	拉丁文/英文	中文译意
qd	quaque die / every day	每日1次
bid	bis in die / twice a day	每日2次
tid	ter indie/ three times a day	每日3次
qid	quater indie / four times a day	每日4次
qh	quaque hora / every hour	每小时1次
q2h	quaque secundo hora / every 2 hours	每2h1次
q4h	quaque quarta hora / every 4 hours	每4h1次
q6h	quaque sexta hora / every 6 hours	每6h1次
qm	quaque mane / every morning	每晨1次
qn	quaque nocte / every night	每晚1次
qod	quaque omni die / every other day	隔日1次
ac	ante cibum / before meals	饭前
pc	post cibum / after meals	饭后
hs	hora somni / at bed time	临睡前
am	ante meridiem / before noon	上午
pm	post meridiem / afternoon	下午
st	statim / immediately	立即
DC	/ discontinue	停止
prn	pro re nata / as necessary	需要时（长期）
sos	si opus sit / one dose if necessary	需要时（限用一次，12h内有效）
12n	/ 12 clock at noon	中午12时
12mn	/ midnight	午夜
R，Rp	recipe / prescription	处方/请取
ID	injectio intradermica/intradermic（injection）	皮内注射
H	injectio hypodermica / hypodermic（injection）	皮下注射
IM/im	injectio muscularis /intramuscular（injection）	肌内注射
IV/iv	injectio venosa / intravenous（injection）	静脉注射
ivgtt/ivdrip	injectio venosa gutta / intravenous drip	静脉滴注

续表

缩写	拉丁文/英文	中文译意
OD	oculus dexter / right eye	右眼
OS	oculus sinister / left eye	左眼
OU	oculus unitus / both eyes	双眼
AD	auris dextra / right ear	右耳
AS	auris sinistra / left ear	左耳
AU	arues unitas / both ears	双耳
gtt	gutta / drip	滴
g	/gram	克
ml	/ milliliter	毫升
aa	ana / ofeach	各
ad	ad / up to	加至
po	per os / oral medication	口服
tab	taballa / tablet	片剂
comp	compositus / compound	复方
pil	pilula / pill	丸剂
lot	lotio / lotion	洗剂
mist	mistura / mixture	合剂
tr	tincture / tincture	酊剂
pulv	pulvis / powder	粉剂/散剂
ext	extractum / extract	浸膏
cap	capsula / capsule	胶囊
sup	suppositorium / suppository	栓剂
syr	syrupus / syrup	糖浆剂
ung	unguentum / ointment	软膏剂
inj	injectio / injection	注射剂

五、影响药物作用的因素

每种药物都有各自的药理作用及特点。同时，药物疗效也会受机体因素（如患者的年龄、性别、心理行为、病理状态等）和药物因素（如剂量、剂型、给药途径与时间、联合用药等）的影响而出现不同程度的差异。为了保证每位患者在用药过程中都能达到最佳的治疗效果和最小的不良反应，护士必须掌握影响药物作用的各种因素，以便及时采取恰当的护理措施。

（一）药物因素

1. 药物剂量 药物剂量大小与效应强弱之间呈一定关系，药物必须达到一定的剂量才能产生效应。在一定范围内，药物剂量增加，其药效相应增强；剂量减小，药效减弱。当剂量超过一定限度时，药效不会再增强，反而会导致药物毒性作用增强。在使用安全范围小的药物时，如洋地黄类药物，护士应特别注意监测其中毒反应，如胃肠道反应、心律失常、视物模糊、黄绿视、头痛、失眠、眩晕及高钾血症等。有些药物在静脉使用时要特别控制静脉输液时

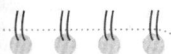

的速度，如氯化钾溶液输注速度过快会造成单位时间内进入体内的药量过大，引起毒性反应。

2. 药物剂型　同一药物的不同剂型由于吸收量与速度不同，其发挥药效的快慢和强弱也不同。如口服给药时，液体制剂比固体制剂吸收快；肌内注射时，水溶液比混悬液、油剂吸收快，因而作用发生也较快。

3. 给药途径　不同的给药途径能影响药效的强弱，甚至个别药物会出现质的差别。如硫酸镁口服给药产生缓泻和利胆作用，肌内注射则产生抗惊厥和降压作用。应根据患者的具体情况，选择恰当的给药途径，以充分发挥药物的治疗作用，减少不良反应的发生。

4. 给药的时间与次数　给药的次数与间隔时间取决于药物的半衰期及人体的生理节律，应根据患者的具体情况，以维持药物在血中的有效浓度和发挥最大药效为最佳选择。用药时间要综合考虑药物性质及其吸收情况、对消化道的刺激性、需要药物作用的时间等因素。临床常用给药时间安排，见表14-2。

表14-2　医院常用给药时间安排

给药时间	安排	给药时间	安排
qm	6 am	q2h	6 am，8 am，10 am，12 n，2 pm …
qd	8 am	q3h	6 am，9 am，12 n，3 pm，6 pm …
bid	8 am，4 pm	q4h	8 am，12 n，4 pm，8 pm，12 mn …
tid	8 am，12 n，4 pm	q6h	8 am，2 pm，8 pm，2 am
qid	8 am，12 n，4 pm，8 pm	qn	8 pm

5. 联合用药　联合用药是指为了达到治疗目的而采取的两种或两种以上药物同时或先后应用。联合用药可发生药物之间或机体与药物之间的相互作用，导致药物的吸收、分布、生物转化、排泄及作用效应等各方面的相互干扰，从而改变药物的效应和毒性。若联合用药使原有的药物效应增强，称为协同作用；若联合用药使原有的效应减弱，称为拮抗作用。合理的联合用药可以增强疗效，减少毒性作用。如异烟肼和乙胺丁醇合用能增强抗结核作用，乙胺丁醇还可延缓异烟肼耐药性的产生。不合理的联合用药会降低疗效，增加毒性，应予以注意。如庆大霉素若与依他尼酸和呋塞米配伍，可致永久性耳聋；若与阿米卡星、链霉素配伍，可导致肾功能损害、神经性耳聋等。又如维生素C若与磺胺类药物合用，会使药效降低；静脉滴注青霉素的患者不能同时口服琥乙红霉素片，因为后者可干扰青霉素的杀菌效能。因此，药物的相互作用已成为合理用药内容的组成部分，护士应根据用药情况，从药效学、药动学及机体情况等方面分析，判断联合用药是否合理，并指导患者安全用药。临床静脉滴注药物时，注射剂在混合使用或大量稀释时易产生化学或物理改变，因此要遵守"常见药物配伍禁忌"的规定。

6. 药物耐受性和依赖性　在连续用药后产生的药物反应性降低称为耐受性。连续用药后会引起机体对药物的依赖性，如已产生了躯体性依赖，一旦停药会产生戒断现象，即成瘾性，如吗啡、哌替啶等麻醉剂长期或反复使用后产生成瘾性，即出现依赖性。

（二）机体因素

1. 生理方面

（1）年龄与体重：一般来说，药物用量与体重成正比。但儿童和老人对药物的反应与成人不同，除体重因素外，还与生长发育和机体的功能状态有关。儿童的各种生理功能及调节机制尚未发育完善，与成人的差别较大，对药物的反应比较敏感。如小儿对影响水电解质代谢和酸碱平衡的药物较为敏感，使用利尿药后容易出现严重的血钾和血钠降低。老年人随年龄增长,各组织器官及其功能出现生理性衰退,尤其是肝、肾功能的减退也会影响药物的代谢、排泄,因而对药物的耐受性降低;老年人血液循环慢且血流量减少,对药物的吸收较年轻人要慢。因此,儿童和老年人的用药剂量应以成人剂量为参考酌情减量。此外,老年人的用药依从性相对较差,应注意督促其遵医嘱用药。

(2)性别:不同性别对药物的反应除性激素外一般无明显的差别。但女性在月经期、妊娠期、分娩期和哺乳期时用药要特别注意。如月经期慎用或禁用泻药、抗凝药和刺激性药物,以免引起盆腔充血、月经过多;妊娠期特别注意有些药物可以通过胎盘进入胎儿体内引起中毒或造成胎儿畸形;分娩期使用镇静药要注意用药时机,避免吗啡等镇静药对新生儿呼吸产生抑制作用;哺乳期用药要考虑有些药物可通过乳汁排泄,进入婴儿体内影响发育或引起中毒。

(3)个体差异:因人体体质不同,对药物可存在高敏性与耐受性,前者指个体对药物作用特别敏感,应用小剂量即能产生毒性反应;后者指机体对药物的反应性降低,可耐受较大剂量而不产生中毒症状。

2. 病理方面 疾病可影响机体对药物的敏感性,也可改变药物的体内过程,从而影响药物的效应。在病理因素中,应特别注意肝、肾功能受损程度。当肝功能不良时,肝药酶活性降低,使药物代谢速度变慢,药物的药理反应和不良反应增强,甚至引起药物蓄积中毒,加重肝功能损害。如地西泮(安定)的正常半衰期为46.6 h,肝硬化可使该药半衰期延长达105.6 h。因此,如地西泮、苯巴比妥、洋地黄毒苷等主要在肝内代谢的药物要注意减量,慎用或禁用。同样,肾功能减退时,主要经肾排泄的药物消除变慢、药物在体内蓄积,使药物作用增强,甚至产生毒性反应。因此,某些主要经肾消除的药物如氨基糖苷类抗生素、头孢唑啉等应减少剂量或适当延长给药间隔时间,避免引起蓄积中毒。

3. 心理行为方面 心理行为因素在一定程度上可影响药物疗效,其中以患者的情绪、治疗态度、对药物的信赖程度、对药物使用的配合程度、医护人员的语言及暗示作用尤为重要。

(1)患者服药的动机与认知因素:患者对服药的动机和给药计划的认知差异,决定着给药的成败。例如,同样是糖尿病患者,有些人会很注意按时服药,而有些人则常会忘记服药,这取决于患者对服药的需要与个体的价值观。患者以往的用药经验常会影响患者对目前计划的接受与否。如当某人服用了某种药物产生了不良反应时,他很可能不太愿意服用另外的药物。

(2)患者对治疗的态度:患者对治疗计划的信任和态度在给药过程中起着至关重要的作用,受护士的态度影响。如果护士在给药中经常表达出对患者不适的关心及坚信所给药物的疗效,常可改善患者对药物疗法的反应,增强患者对药物疗效的信任,增强药物的作用。例如,对于一个正在接受止痛剂治疗的患者,如果护士告诉他:"这个药可解除你的不适,待会儿我会再来看你,看看你的感受如何。"这样,常可使患者获得较佳的止痛效果。

(3)患者是否有药物依赖:患者对药物的依赖与误用,可能涉及患者心理、社会与个体的因素。即使患者对护士所提到的问题回答都是"是",也很难下定论说此患者就是依赖药物。下面是提供给护士的一些评估内容:①有无药物依赖的身体征象,如有无注射针孔、瞳孔放大等?②患者是否承受许多身体或心理压力?是否有用药物来应对压力的经历?③患者是否曾经有滥用或误用药物的病史?④若未及时给药,患者是否会显得很焦虑或激动不安?

因此,医护人员在给药过程中,应从社会和心理角度了解患者的心理需求,恰当运用沟通技巧,在药物治疗的同时给患者以情感上的满足和心理上的安慰,同时做好药物相关知识的介绍,以取得患者的信任和配合,使药物更好地发挥药效。

（三）饮食因素

1. 饮食能促进药物吸收，增强疗效 如酸性食物可增加铁剂的溶解度，促进铁吸收；高脂饮食可促进脂溶性维生素 A、维生素 D、维生素 E 的吸收，所以这三种维生素宜饭后服用，以增强疗效。粗纤维食物可促进肠蠕动，增强驱虫剂的疗效。

2. 饮食能干扰药物吸收，降低疗效 如补钙时不宜同食菠菜，因菠菜中含有大量草酸，草酸与钙结合成草酸钙而影响钙的吸收；服铁剂时不能与茶水、高脂饮食同时服用，因茶叶中的鞣酸可与铁形成铁盐妨碍铁的吸收，而脂肪抑制胃酸分泌，也会影响铁的吸收。

3. 饮食能改变尿液的 pH 值而影响疗效 荤食如鱼、肉等在体内代谢产生酸性物质，素食如豆制品、蔬菜等在体内产生碳酸氢盐，它们排出时会影响尿液的 pH 值，从而影响药物疗效。如氨苄西林在酸性尿液中杀菌力强，为增强疗效，宜多进荤食，使尿液呈酸性，增强抗菌作用；而氨基糖苷类、头孢菌素和磺胺类药物在碱性尿液中疗效增强，因此应多进素食，以碱化尿液，增加疗效。

六、护士在给药过程中的职责

药物治疗是一个连续的过程，其中需要医生、药剂师、护士与患者的共同合作。其中给药护理是这一过程中的重要环节。护士在给药过程中承担着以下几方面的职责。

1. 有责任了解药物的相关知识，包括药物的用法、给药途径、安全剂量、副作用、毒性反应、配伍禁忌等。
2. 正确运用给药技能，保证安全、准确地给药。
3. 用药前评估患者的身心状态、药物史、过敏史、配合程度等情况，评估用药期间的身心反应及其他情况。
4. 对有疑问的医嘱应"质疑"，拒绝提供不安全的药物。
5. 指导患者安全用药。
6. 记录患者用药期间的反应并及时向医生提供准确信息。
7. 维护用药者的权利，确保其安全与舒适。
8. 参与药物的保管、贮存。

第二节　口服给药法

案例 14-2

患者，女，75岁。因淋雨着凉，出现咳嗽、咳痰、发热。查胸片提示肺部感染。遵医嘱给予口服给药：甲磺酸左氧氟沙星片（利复星）0.2 g po bid；止咳糖浆 10 ml po tid；乙酰氨基酚缓释片 1 片 po sos。

请回答：
1. 护士应如何护理患者服药？
2. 在护理患者服药时，应对患者进行哪些健康教育？

第十四章 给 药

口服给药（administering oral medications）指药物经口服后，被胃肠道吸收进入血液循环，从而产生局部或全身的疗效，达到防治和诊断疾病的给药方法，是临床上最常用、方便、经济、安全、适用范围广的给药方法。然而，由于口服给药吸收较慢且不规则，药效容易受胃内容物的影响，药物产生效应的时间较长，因此不适用于急救、意识不清、呕吐不止、禁食等患者。

【目的】

协助患者遵照医嘱安全、正确地服药，以达到预防疾病、维持正常生理功能、协助诊断、减轻症状、治疗疾病的目的。

【评估】

1. 评估患者的年龄、治疗情况、用药史及过敏史。
2. 评估患者的病情，包括意识状态及吞咽能力，有无口腔、食管疾患，有无恶心、呕吐。
3. 评估患者心理社会因素及对用药计划的态度、是否配合服药、对药物的相关知识了解程度。
4. 如口服降糖药、降压药、洋地黄类药，服药前应先分别评估患者的血糖、血压、脉率/心率及其节律。

【操作前准备】

1. 患者准备　了解服药目的、方法、注意事项和配合要点，取舒适体位。

2. 护士准备　衣帽整齐，修剪指甲，洗手，戴口罩。

3. 药物及用物准备

（1）药物准备：患者所需口服药物由中心药房负责准备，药剂师负责摆药、核对，并将服药车上锁，通过特殊药物输送轨道或专门外勤人员将服药车送至病区，或病区护士到中心药房核对并取回服药车。

（2）用物准备：服药本/口服药执行单、发药车/发药盘、药杯、药匙（必要时准备量杯、滴管、研钵、湿纱布、包药纸）、饮水管、水壶（内盛温开水）等。

4. 环境准备　环境清洁、安静、光线充足。

【操作流程】

操作主线	操作步骤	操作要点
1. 核对、检查药物	（1）根据服药本/口服药执行单核对所需药物是否齐全、是否在有效期内、是否足量	● 严格执行查对制度
	（2）准备摆药，查对所需用物并放于适宜位置	● 对照服药本/口服药执行单按顺序摆药
2. 准备药物	（1）按床号、姓名、药名、浓度、剂量、方法、时间进行配药（如中心药房使用自动摆药机已分配好药品，可省略取药步骤）	● 先配固体药、后配水剂 ● 含服药、夜间药单独放置 ● 注意用药起始时间
	（2）取药：依据药物不同剂型采取不同的取药方法	
▲固体药 （片剂、胶囊）	1）用药匙取出所需药量，放入药杯。同时服用多种药片可放入同一药杯	
	2）婴幼儿、鼻饲、消化道出血等不能直接服用固体药片的患者，应用研钵将药片研磨成粉	● 粉剂、含化片用纸包好放入药杯

335

续表

操作主线	操作步骤	操作要点
▲液体药（水剂、油剂）	1）检查药物性质	● 若有变质，应立即更换
	2）摇匀药液	● 避免溶质沉淀而影响给药浓度
	3）打开瓶盖，将瓶盖内面朝上放置	● 保持瓶盖内面清洁
	4）用量杯量取，一手持量杯，拇指置于所需刻度，使其与视线平齐；另一手持药瓶，标签朝向掌心，倒药液至所需刻度处	● 量杯刻度与药液水平面同高，保证药量准确 ● 标签朝向掌心，防止药液沾污标签
	5）将药液倒入药杯	● 不同的药液应分别倒入不同的药杯
	6）油剂药液不足 1 ml 时，用滴管吸取，滴入事先倒入少量温开水的药杯内。若药液不易稀释，可将药液滴于饼干或面包上，嘱患者及时服下	● 1 ml 以 15 滴计算，滴药时滴管倾斜 45°，使药量准确
	7）患者同时服用几种液体药剂时，应分别滴入几个药杯内	● 防止药物之间发生拮抗反应，降低药效
	8）用湿纱布擦净瓶口，将药瓶放回药柜原处，以便下次取用	
	9）更换药液品种时，洗净量杯，以免更换药液时发生化学变化	
	（3）备药完毕，应请另一位护士核对	● 严格执行查对制度，确保正确无误
3. 核对患者	（1）在规定时间内，备好温开水，送药至患者床前	● 按规定时间发药，确保药物有效浓度 ● 发药前评估患者，如因特殊检查或手术需禁食者暂不发，要做好交接班
	（2）查对：查对患者床号、姓名、药名、浓度、剂量、服药时间、服药方法	● 让患者说出自己全名、年龄，反向识别信息 ● 意识不清的患者，由两位护士共同核对患者信息 ● 依据服药本／口服药执行单核对药物，准确无误后才能发药
4. 发药	（1）解释：解释用药目的及注意事项等	● 如患者提出疑问，应重新核对确保无误后再发药
	（2）协助患者取舒适体位	
	（3）提供温开水，协助患者服药，并确认患者服下	● 对危重及不能自行服药的患者应喂药；鼻饲患者须将药物碾碎，用水溶解后，从胃管注入，再用少量温开水冲净胃管

续表

操作主线	操作步骤	操作要点
5. 整理记录	（1）再次核对患者及药物信息	
	（2）协助患者取舒适体位，整理床单位，交代注意事项	● 耐心询问患者的感受及需求，并给予满足
	（3）清洗消毒药杯后备用，清洁药车	
	（4）洗手、记录	● 观察药物疗效，若有异常，及时与医生联系，酌情处理；记录药物名称、浓度、剂量、服药的时间及药物疗效、副作用等
6. 观察用药反应	观察患者服药效果及不良反应，必要时记录	

【注意事项】

1. 严格执行查对制度和无菌操作原则，防止发生差错。

2. 需吞服的药物通常用 40～60℃温开水送服，禁用茶水服药。

3. 婴幼儿、鼻饲或上消化道出血患者所用的固体药，发药前应将药片研碎。

4. 应根据药物剂型采用不同的取药方法。同时，在配药过程中如发现瓶签不清、变质可疑的药物，不可使用。

5. 如患者服用麻醉药、抗肿瘤药、催眠药等，应注意仔细观察用药反应。

6. 如患者发生意识改变或吞咽困难，应报告医生，必要时更改给药途径。禁忌给昏迷患者口服药液，以免误吸入呼吸道。

7. 如患者呕吐，应在呕吐间歇期给药。剧烈呕吐者不宜口服给药，应通知医生更改给药途径。

8. 发药后，应随时观察患者服药效果及不良反应。如有严重不良反应，应暂时停药并及时与医生联系，酌情处理。

9. 增加或停用某种药物时，应及时告知患者。

【健康教育】

1. 对牙齿有腐蚀作用的药物，如酸类和铁剂，应用吸水管，吸服后漱口，以保护牙齿。

2. 健胃药、增进食欲的药物宜在饭前服，以刺激舌的味觉感受器，使胃液大量分泌，增进食欲；助消化药或对胃黏膜有刺激性的药物宜在饭后服；催眠药在睡前服；驱虫药宜在空腹或半空腹时服用。

3. 缓释片、肠溶片、胶囊吞服时不可嚼碎；舌下含片应置于舌下或两颊黏膜与牙齿之间待其溶化。

4. 抗生素及磺胺类药物应准时服用，以保证有效的血药浓度。

5. 服用对呼吸道黏膜有安抚作用的药物后，不宜立即饮水，以免冲淡药液，降低药效；同时服用多种药物时，应最后服用，如止咳糖浆。

6. 服用磺胺类药物和发汗类药物后应多饮水。磺胺类药物经肾排出，尿少时易析出结晶，堵塞肾小管。服用发汗类药物后多饮水，以充分发汗，增强药物疗效。

7. 服用强心苷类药物时，需加强对心率及心律的监测，脉率低于 60 次/分或节律不齐时应暂停服用，并告知医生。

8. 有配伍禁忌的药物不能同时或在短时间内先后服用。如胃蛋白酶忌与碳酸氢钠等碱性药物同时服用。

第三节 注射给药法

案例 14-3

患者，男，56 岁。因"多饮、多尿、消瘦伴头晕 2 个月余，近 1 周头晕、心慌乏力"就诊，临床以"糖尿病"收入院。入院评估：T 36.3 ℃，P 70 次/分，R 17 次/分，BP 115/65 mmHg，现意识清醒、心悸、全身无力，空腹血糖 13.6 mmol/L，入院后给予相关检查，确诊为 1 型糖尿病。医嘱：门冬胰岛素注射液 6 U H qd。

请回答：
1. 为该患者进行药物注射时应选择何种注射方法？
2. 如果你是执行护士，在为该患者注射时需注意哪些问题？

注射给药法（administering injection）是将无菌溶液注入体内，达到预防和治疗疾病的目的。常用注射给药法包括皮内注射法、皮下注射法、肌内注射法、静脉注射法、动脉注射法等，适用于需药物快速发生作用而不能经口服等其他给药途径的患者。注射给药法的优点是血药浓度升高快、药物起效迅速、药量准确。缺点是药物不良反应出现迅速，处理相对困难；同时会产生疼痛并对组织造成一定程度的损伤。因此，护士应全面掌握各种注射给药的原则、方法和操作规程，确保安全注射。

一、注射的原则

注射原则是注射给药法的总则，是实施各种注射法必须严格遵守的原则。

（一）严格执行查对制度

1. 严格遵守"三查七对"，确保准确给药。
2. 检查药物质量，确保药物无过期、混浊、沉淀、变色、结块，瓶身及瓶体无裂痕，瓶口无松动等现象。
3. 若同时注射多种药物，应注意无药物配伍禁忌。

（二）严格遵守无菌操作原则

1. 环境清洁，宽敞明亮，无人打扫和走动，符合无菌操作的基本要求。
2. 注射前操作者需修剪指甲、洗手、戴口罩，衣帽整洁，必要时戴手套。
3. 注射器内壁、活塞轴、乳头、针梗、针尖及针栓内壁必须保持无菌。
4. 注射部位皮肤按要求常规消毒。方法一：取无菌干棉签蘸 0.5% 聚维酮碘或安尔碘，以注射点为中心向外呈螺旋形消毒，直径在 5 cm 以上，另取棉签重复消毒 1 次，无需脱碘，待消毒液干后方可注射。方法二：取无菌干棉签蘸 2% 碘酊消毒 1 次，直径在 5 cm 以上，待干后另取无菌干棉签蘸 75% 乙醇分别消毒脱碘 2 次，范围大于碘酊消毒的面积，均以注射点为中心向外呈螺旋形涂擦，待消毒液干后方可注射。

（三）严格执行消毒隔离制度

1. 做到一人一套注射物品，包括注射器、止血带、垫枕等。

2. 注射所用物品严格按消毒隔离制度处理，不得随意丢弃，避免交叉感染。

（四）选择合适的注射器和针头

1. 根据注射药物的量、性质（黏稠度和刺激性的强弱）、注射部位和患者的个体情况选择合适的注射器和针头。

2. 一次性注射器应在有效期内且包装密封完整。注射器应完整、无裂缝、不漏气，针头锐利、无锈、无钩、无弯曲，注射器和针头衔接紧密。

（五）注射药液现用现配

药液应现用现配，按规定时间临时抽取，及时注射，以防药物效价降低或被污染。

（六）选择合适的注射部位

1. 注射部位应避开神经和血管（动、静脉注射除外）。

2. 不可在有炎症、损伤、感染、硬结、瘢痕及患皮肤病处注射。

3. 对需长期进行注射的患者应有计划更换注射部位。

（七）注射前排尽空气

注射前必须排尽注射器内的空气，尤其是静脉注射，以防气体进入血管引起栓塞；排气时应防止浪费药液。

（八）注射前检查回血

进针后，注射药液前应抽动活塞，检查有无回血。静脉注射和动脉注射必须见回血后方可注入药液。皮下注射和肌内注射检查无回血方可注射；若有回血，须拔出针头后重新进针。

（九）掌握合适的进针角度和深度

1. 根据各种注射方法，掌握不同的进针角度和深度。

2. 进针时不可将针梗全部刺入皮肤内，以防不慎发生断针。一旦发生断针，一手按压局部皮肤，另一手持血管钳迅速将断针拔出。

（十）掌握无痛注射技术

1. 可通过转移注意力或放松训练等心理护理方法解除患者的思想顾虑。

2. 取合适的体位，使注射局部组织放松，易于进针。

3. 注射时做到"两快一慢伴匀速"，即：进针快、拔针快，推药液速度缓慢并匀速。为不合作的儿童注射时，为避免断针，则应做到"三快"，即进针快、拔针快、推药快。

4. 注射刺激性强的药物时，针头宜长，且进针要深。

5. 同时注射多种药液时，一般应先注射刺激性较弱的药物，再注射刺激性较强的药物，且推药速度宜更慢。

二、注射前的准备

（一）注射器和针头

（1）结构：注射器由乳头、针筒、活塞（活塞体、活塞轴、活塞柄）构成。针头由针尖、针梗和针栓构成（图14-1）。

（2）规格及主要用途：注射器规格有1 ml、2 ml、2.5 ml、5 ml、10 ml、20 ml、50 ml等多种；常用针头型号为4½、5、5½、6、6½、7、8、9号等数种。各种注射法常用的注射器规格和针头型号见表14-3。

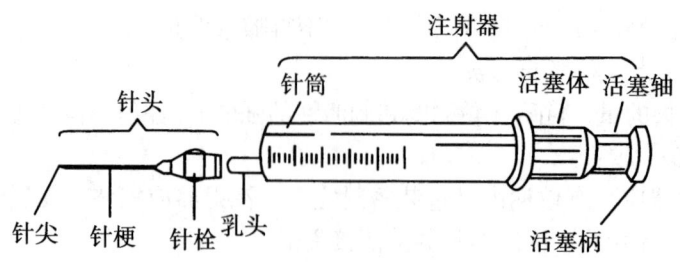

图 14-1 注射器和针头的构造

表 14-3 各种注射法常用的注射器规格和针头型号

注射法	注射器规格	针头型号
皮内注射	1 ml	4½ 号
皮下注射	2 ml、2.5 ml	5~6 号
肌内注射	2 ml、2.5 ml、5 ml	6~7 号
静脉注射	5 ml、10 ml、20 ml、50 ml	6~9 号

（3）注射器的使用方法：使用一次性注射器时，应先检查包装的有效期及密封性，然后打开包装，加固注射器与针头连接处，取出注射器，然后抽动活塞，确认注射器和针头完好方可使用。操作中注意保持针梗、针尖、活塞、乳头的无菌状态。

（二）药液抽吸法

【目的】

自安瓿或密封瓶内抽吸药液，为注射做准备。

【评估】

1. 检查药液的名称、质量（颜色、澄清度等）、产品批号和有效期。
2. 确定规格合适的一次性注射器及针头，检查其生产日期、有效期及包装的完整性。

【操作前准备】

1. 护士准备　衣帽整洁，修剪指甲，洗手，戴口罩。

2. 物品准备

（1）治疗车上层：医嘱单/电脑注射单、注射盘、无菌治疗巾、玻璃或塑料安瓿装药液、密封瓶装药液、砂轮、无菌方纱、开瓶器（必要时）、消毒液（0.5% 聚维酮碘或安尔碘、2% 碘酊和 75% 乙醇等）、无菌棉签、弯盘、一次性注射器和针头、手消毒剂。

（2）治疗车下层：生活垃圾桶、医用垃圾桶、锐器盒/箱。

3. 环境准备　环境清洁、安静、宽敞、明亮，定期消毒。

【操作流程】

操作主线	操作步骤	操作要点
1. 核对药物	（1）遵医嘱备药	● 操作前查对：根据医嘱严格执行查对制度，避免差错事故发生
	（2）检查药名、浓度、剂量、有效期及药物质量	
2. 铺无菌盘	（1）检查并核对无菌包名称、灭菌日期、有效期、灭菌标识，无潮湿、无破损	● 无菌物品灭菌完全并确保在有效期内
	（2）打开无菌包，用无菌技术取 1 块治疗巾置于治疗盘内并铺盘	● 按无菌技术打开无菌包

续表

操作主线	操作步骤	操作要点
3. 抽吸药液		
▲ 自安瓿内抽吸药液	（1）将安瓿尖端的药液轻弹至体部 （2）在安瓿颈部用砂轮划一锯痕，若安瓿颈部有蓝色标记，则无需划痕 （3）用75%乙醇棉签消毒颈部后，垫无菌方纱折断安瓿	● 用无菌方纱包裹安瓿颈，可在折断玻璃时保护手指以免受伤
	（4）选择规格合适的一次性注射器及针头。检查其生产日期、有效期及包装的完整性。打开包装并取下注射器的针头帽	
	（5）将针尖置于安瓿内药液液面下，针尖斜面向下，手持活塞柄抽动活塞，将药液吸出（图14-2）	● 针头不可触及安瓿外口，针尖斜面向下，易于药物吸取 ● 手不可触及注射器活塞体部，以免药液污染
▲ 自密封瓶内抽吸药液	（1）用开瓶器去除铝盖的中心部，由瓶塞中心向外消毒瓶塞顶部及周围，待干	
	（2）选择规格合适的一次性注射器及针头，检查其生产日期、有效期及包装的完整性，打开包装并取下注射器的针头帽	
	（3）用注射器抽吸与药液等量的空气注入瓶内（图14-3A）	● 增加密封瓶内压力，利于抽吸药液
	（4）然后倒转药瓶，使针尖在药液液面下，吸药（图14-3B）	
	（5）抽吸到准确的药量后，，使针尖斜面在液面上，固定针栓，拔出针头（图14-3C）	
4. 排尽空气	手持注射器，使针头朝上，轻拉活塞，必要时轻弹注射器空筒，使气泡集中在注射器乳头口，向上轻推活塞，驱出气泡	● 无论注射器乳头在正中位还是偏向一边，都将注射器乳头向上或适当倾斜，使气泡集中在乳头根部出口处，以利于驱出空气
5. 保持无菌	采用单手重新盖帽技术，套上塑料针头帽或安瓿/密封瓶以防污染针头，保留安瓿/密封瓶，以便再次核对	● 防止锐器伤
6. 再次核对	再次核对医嘱，检查药名、剂量无误后，将备好药液的注射器置于注射盘无菌治疗巾内备用	

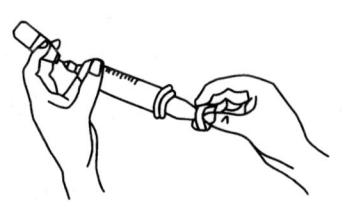
A. 小安瓿

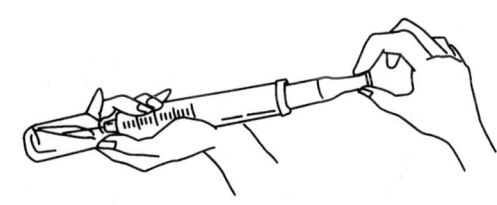
B. 大安瓿

图14-2 自安瓿内抽吸药液法

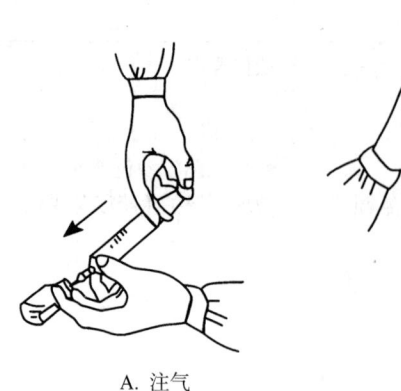
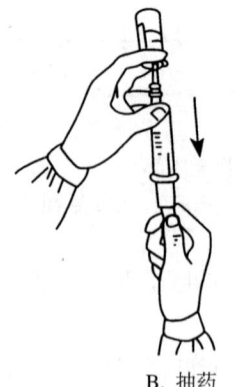

A. 注气　　　　　　　　B. 抽药　　　　　　　　C. 拔针

图14-3　自密封瓶内抽吸药液法

【注意事项】

1. 严格执行无菌操作原则和查对制度。
2. 检查药液的质量、产品批号和有效期。不可使用混浊、变色、有沉淀的药液。
3. 折断安瓿前，尤其是使用砂轮后，务必消毒安瓿颈，以减少微粒污染。
4. 抽吸药液过程中注意手不可触及活塞体部，以免污染空筒内壁和药液，也不可污染针头。
5. 药液抽吸完毕后，针头向上轻拉活塞，使针头中药液流入注射器，排尽注射器内空气，避免药液浪费，套上空安瓿、空药瓶或单手回套针帽保护针头，然后放入无菌容器或无菌治疗巾中备用。
6. 注意避免双手回套针帽，防止锐器伤的发生。
7. 药液需现用现配，避免药液污染或药效降低。
8. 遵医嘱抽取准确的药量后，空安瓿或密封瓶不可立即丢弃，以备进针前及拔针后再次查对使用。

三、常用注射法

（一）皮内注射法

皮内注射法（intradermal injection，ID）是将少量药液注入表皮与真皮之间的方法。

【目的】

1. 用于药物过敏试验，观察有无药物过敏反应的发生。
2. 用于预防接种。
3. 用于局部麻醉的起始步骤。

【评估】

1. 评估患者的意识状态、病情、治疗情况、用药史、过敏史。
2. 评估患者的心理状态、对用药的认知及合作程度。
3. 评估患者注射部位的皮肤状况。

【操作前准备】

1. 患者准备

（1）解释操作目的及方法，以取得患者的同意与合作。询问"三史"，即：用药史、过敏史、家族史。以青霉素给药为例，如患者有青霉素过敏史，则停止青霉素药物过敏试验并通知医生。

（2）告知患者药物的治疗作用、副作用及注意事项。

（3）青霉素过敏试验前，应询问患者是否感到饥饿、有无头晕、是否需排尿或排便。

2. 护士准备　衣帽整洁，修剪指甲，洗手，戴口罩，戴手套。

3. 物品准备

（1）治疗车上层：医嘱单或掌上电脑（personal digital assistant，PDA）、托盘（注射盘）、无菌治疗巾、医嘱用药、砂轮、无菌方纱或开瓶器（必要时）、75% 乙醇、无菌棉签、弯盘、1 ml 注射器（配 4½ 号针头）及 5 ml 注射器（配 6～7 号针头）、药物过敏试验急救盒（内有 0.1% 盐酸肾上腺素等）、手消毒剂。

（2）治疗车下层：生活垃圾桶、医用垃圾桶、锐器盒 / 箱。

（3）其他：氧气装置、吸痰装置。必要时签药物过敏试验知情同意书。

4. 环境准备
环境安静、整洁、宽敞、明亮，光线充足。氧气装置及吸痰装置性能完好，放置距离可就近取用。

【操作流程】

以青霉素药物过敏试验为例。

操作主线	操作步骤	操作要点
1. 配制皮试液	（1）根据医嘱单或注射单核对药名，检查药物的有效期、质量及产品批号	● 准确核对医嘱，正确执行医嘱
	（2）除去青霉素密封瓶铝盖中心部分，常规消毒瓶塞，待干	● 消毒规范，注意无菌操作
	（3）根据青霉素皮试液的浓度要求配制皮试液	● 准确计算皮试液浓度
2. "一查"	（1）携用物至患者床边	● 操作前查对
	（2）给药前由两名护士核对，确认患者的床号、姓名、住院号及药名等	
	（3）核实患者无青霉素过敏史、家族史且不宜空腹	● 询问"三史"
3. 选择部位	选择合适的注射部位，常选择前臂掌侧下段	● 过敏试验宜选皮肤较薄，色素、毛发较少，易于注射和辨别试验结果的部位，常选用前臂掌侧下段 ● 预防接种常选用上臂三角肌下缘，局部麻醉则选择需麻醉处
4. 消毒皮肤	用 75% 乙醇棉签消毒注射部位，以注射点为圆心向外旋转，消毒 1 次，范围直径大于 5 cm，待干	● 对乙醇过敏的患者用生理盐水或其他无颜色的皮肤消毒剂
5. "二查"	再次核对患者及药名，检查注射器内无气泡，取下针头帽	● 操作中查对
6. 进针	（1）用非优势手握住患者前臂，绷紧其掌侧皮肤	● 注意进针角度不宜过大，以免刺入皮下组织层，影响结果判断
	（2）用优势手持注射器，针尖斜面向上，与皮肤呈 5° 将针尖斜面全部刺入皮内（图 14-4），然后放平注射器	● 将针尖斜面完全刺入皮内
7. 固定	用非优势手的拇指固定针栓	● 固定好注射器针栓部分，避免针头斜面脱出
8. 推药	勿回抽。缓慢推注皮试液 0.1 ml（含 50 U 青霉素），使局部皮肤隆起形成一皮丘	● 注入药量要准确

续表

操作主线	操作步骤	操作要点
9. 拔针	（1）用优势手迅速拔出针头，勿按压针眼	• 拔针后勿按揉注射部位
	（2）勿回套针头帽。不分离针头与注射器，整套立即放进锐器盒，或将针头放进锐器盒，注射器空桶放入医用垃圾桶	• 避免锐器伤
10. "三查"	再次核对患者床号、姓名及药名等	• 操作后查对
11. 观察	床边观察患者，无药物过敏反应方可离开	• 嘱患者不可揉擦皮丘，不可离开病房，如有不适，立即通知医生或护士 • 20 min 后观察局部反应，并注意局部及全身不良反应的发生
12. 整理	（1）患者 1）协助患者取舒适卧位，必要时整理衣服 2）询问患者的感受及需求	• 所用物品按消毒隔离原则处理，分类放置
	（2）物品/环境 1）整理床单位 2）将急救盒放在床旁桌上，直至试验结果为阴性 3）清理用物	• 规范整理物品
	（3）护士 洗手、脱口罩、脱手套	
	（4）观察、记录 1）在医嘱单或注射单上签名，表示该皮试已执行 2）记录过敏试验的执行时间 3）皮内注射结束后 20 min 返回病房判断皮试结果，并按要求记录 4）严密观察并记录患者对青霉素过敏试验的反应	• 药物过敏试验结果记录在病例上，阴性用蓝色或黑色笔标记"−"，表明可以注射该药物；阳性用红色笔标记"+"，表明不可以注射该药物

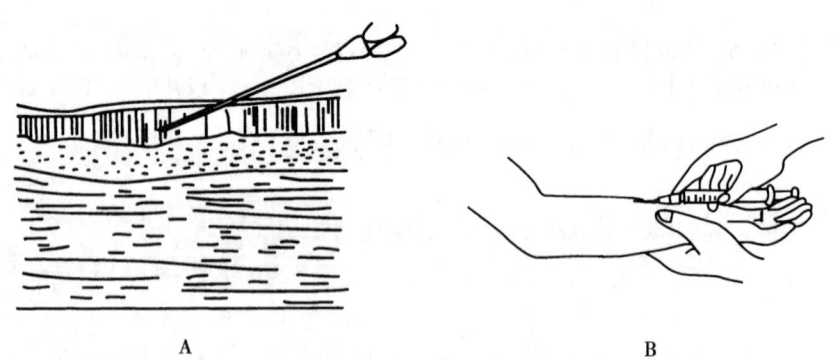

图 14-4　皮内注射法

【注意事项】

1. 严格执行查对制度和无菌操作原则。
2. 做好药物过敏试验前的准备，询问用药史、过敏史、家族史。如果患者曾对该药物（青霉素）过敏，则不可做此药物的皮内试验，并通知医生。
3. 患者不宜空腹。禁食或急诊患者应在输液中或输液后进行过敏试验。

4. 为患者做药物过敏试验前，要做好急救的药品及物品等准备，以防发生意外。

5. 皮试液现用现配，且浓度及剂量必须准确。凡初次用药、停药3天后再用，或应用中更换药物批号，都必须重新做皮试。

6. 给药前必须由两名护士床边核对，并采用两种以上的方法确认患者（核对手腕带和床头卡等），中午或晚上不宜进行青霉素皮内试验，除非有充足的可参与抢救的医护人员。

7. 选择合适的注射部位，避免在有炎症、皮肤受损、瘢痕或血管处进针。

8. 忌用碘酊消毒注射部位，以免影响试验结果观察。如果患者对乙醇过敏，可选用0.9%氯化钠注射液清洁局部皮肤。

9. 注射完毕，避免回套针头帽，以防针刺伤。

10. 协助体质虚弱或情绪紧张的患者平卧，以防晕针。

11. 如果对皮试结果有怀疑，应在对侧前臂掌侧皮内注射0.9%氯化钠注射液0.1 ml以进行对照试验。

12. 告知患者及其家属皮试结果。如果结果为阳性，将结果记录在患者门诊病历上，并告知该患者，避免使用青霉素。

13. 对门诊患者，应确保患者及其家属了解过敏反应的症状、体征及必要的急救措施，并提供急救电话。

【健康教育】

1. 注射后，提醒患者不可离开病房，20 min后观察结果，在此期间如有不适，立即通知医生或护士。

2. 拔针后指导患者不可揉擦注射部位，以免影响结果判断。

（二）皮下注射法

皮下注射法（subcutaneous injection/hypodermic injection，H）是将少量药液注入到皮下组织的方法。

【目的】

1. 用于药物需迅速达到药效、不能或不宜经口服给药时。

2. 用于预防接种。

3. 用于局部给药，如局部麻醉。

【评估】

1. 评估患者的意识状态、病情、治疗情况、用药史及所用药物的药理作用。

2. 评估患者的心理状态、肢体活动能力、对用药的认知及合作程度。

3. 评估患者注射部位的皮肤及皮下组织状况。

【操作前准备】

1. 患者准备

（1）解释操作目的及方法，以取得患者的同意与合作。

（2）告知患者药物的作用、副作用及注意事项。

2. 护士准备 衣帽整洁，修剪指甲，洗手，戴口罩，戴手套。

3. 物品准备

（1）治疗车上层：医嘱单、托盘（注射盘）、无菌治疗巾、医嘱用药、砂轮、无菌方纱或开瓶器（必要时）、消毒液（2%碘酊、75%乙醇或0.5%聚维酮碘）、无菌棉签、弯盘、1~2 ml注射器（配4½~6号针头）、手消毒剂。

（2）治疗车下层：生活垃圾桶、医用垃圾桶、锐器盒/箱。

4. 环境准备 环境清洁、安静、宽敞、明亮、定期消毒。

【操作流程】

操作主线	操作步骤	操作要点
1. 抽吸药液	（1）根据医嘱单或注射单核对药名，检查药物的有效期及质量	• 严格执行查对制度和无菌操作原则
	（2）从安瓿或密封瓶中抽吸准确剂量的药液	• 确保药量准确
	（3）套上塑料针头帽	• 避免锐器伤
	（4）再次核对医嘱单或注射单，检查药名、剂量无误后，将备好药液的注射器置于注射盘治疗巾内	• 准确核对
2. "一查"	（1）携用物到患者床边	• 操作前查对
	（2）给药前由两名护士核对，确认患者的床号、姓名、住院号及药名等	
3. 选择部位	（1）选择适当的注射部位。如需长期注射，应交替更换注射部位	• 皮下注射通常选择血管和神经分布少、组织松弛状态良好、方便操作的部位，如上臂三角肌下缘、上臂外侧、腹壁、大腿前侧、大腿外侧等（图14-5）
	（2）根据所选择的注射部位，协助患者采取舒适的体位并指导患者放松 1）上臂（三角肌下缘）：坐位或站位 2）两侧腹壁：坐位或仰卧位 3）大腿前侧：坐在床上或椅子上	• 舒适的体位可使患者放松，减轻疼痛
4. 消毒皮肤	常规消毒注射部位，以注射点为圆心向外旋转，消毒2次，消毒范围直径大于5 cm，待干	• 注射胰岛素时禁用碘剂消毒皮肤，选择75%乙醇
5. "二查"	再次核对患者及药名，检查注射器内无气泡，取下针头帽	• 操作中查对
6. 进针、固定	一手绷紧皮肤，另一手持注射器，针尖斜面向上，与皮肤呈30°~40°（图14-6），快速刺入皮下，深度为针梗的1/2~2/3，固定针栓。如果选择腹壁注射，应捏起皮肤，距离脐至少两横指宽以避开脐静脉，以90°进针	• 注意进针角度不宜过大，以免刺入肌肉组织层
7. 回抽、推药	缓慢抽动活塞，无回血则缓慢推注药液，并观察患者的反应	• 抽动活塞无回血后才可以注射，以免将药液注射到血管
8. 拔针	（1）注射完毕，快速拔针并用干棉签按压针刺处至不出血为止	• 注意"两快一慢"无痛注射技术
	（2）勿回套针头帽。不分离针头与注射器，整套立即放进锐器盒，或将针头放进锐器盒，注射器空桶放入医用垃圾桶	• 避免锐器伤

续表

操作主线	操作步骤	操作要点
9. "三查"	再次核对患者床号、姓名及药名等	● 操作后查对
10. 整理	（1）患者 1）协助患者取舒适卧位，必要时整理衣服 2）询问患者的感受及需求 （2）物品/环境 1）整理床单位 2）合理清理用物 （3）护士 洗手、脱口罩、脱手套 （4）观察、记录 1）在医嘱单或注射单上签名，表示本次注射已执行 2）观察药物疗效及副作用	 ● 所用物品按消毒隔离原则处理，分类放置 ● 记录注射时间，药物名称、浓度、剂量，及患者的反应

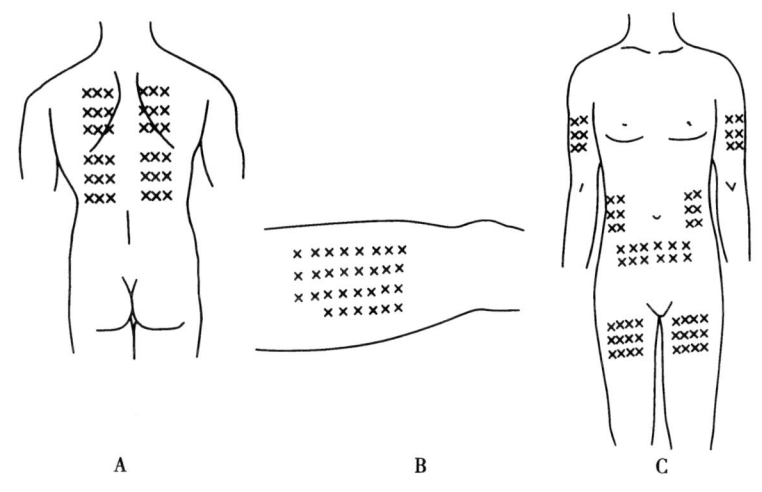

图 14-5　皮下注射常用部位

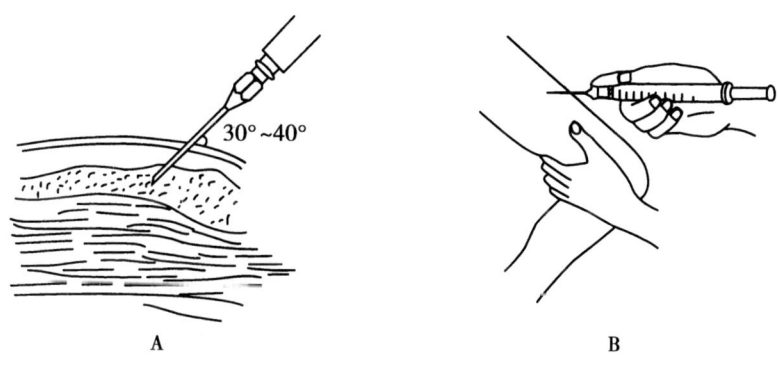

图 14-6　皮下注射法

【注意事项】

1. 严格执行查对制度和无菌操作原则。
2. 给药前必须由两名护士床边核对，并采用两种以上的方法确认患者（核对手腕带和床头卡等）。
3. 选择合适的注射部位，避免在有硬结、炎症、皮肤受损或瘢痕处进针。
4. 注射胰岛素时禁用碘剂消毒皮肤，以免碘和胰岛素相互作用降低胰岛素的治疗效果。
5. 如患者需长期皮下注射，应有计划更换注射部位。必要时，指导患者注射后局部按摩或热敷，以防局部硬结的产生。但注射胰岛素后禁用这些方法，以免药效提早产生，对血糖控制产生不良影响。注射肝素后亦禁用这些方法，以免发生皮下出血。
6. 如皮下注射胰岛素，注射前应准备好食物，注射后勿立即进行剧烈运动，告知糖尿病患者低血糖反应的表现，预防低血糖反应的发生。
7. 根据患者的营养状况选择适当的进针深度及部位。对过于消瘦的患者，护士可捏起局部皮肤，进针角度不宜超过45°，以免将药物注射到肌肉组织层；对于特殊药物，如低分子肝素钙注射液，应在腹壁捏起局部皮肤，以90°进针注射。
8. 注射完毕，避免回套针头帽，以防锐器伤。
9. 注射完毕，应确保注射部位不出血才可离开患者。
10. 胰岛素依赖型患者应学会自行注射，护士应教会患者胰岛素的基本药理知识、无菌技术的操作原则、注射部位的选择、更换注射部位的方法、注射技术、低血糖反应的表现及处理。

【健康教育】

1. 提醒患者注射普通胰岛素后15～30 min内进食，或者遵医嘱、按药品说明书的要求安排进食。告知糖尿病患者皮下注射胰岛素后低血糖反应的表现，且注射后勿立即进行剧烈运动。
2. 对长期皮下注射的患者，可指导患者注射后局部按摩或热敷。但注射胰岛素及肝素后禁用此法。
3. 告知患者如有不适，应立即通知医生或护士。
4. 指导患者呼叫器的用法，并放于易取处。

知识链接

胰岛素注射笔

胰岛素注射笔因其长相颇似写字用的笔而得名，其构造包括笔帽、笔芯架、笔身，其中笔身由剂量显示窗、剂量选择环和注射推键等部分组成。使用前要进行排气，首先取下护针帽，调节刻度到"2"，排除气体，至针尖有一滴药液滴出为宜。排好气后，选择注射部位，垂直进针，按下注射推键，药液推完后，停留10 s，使药液全部进入皮下组织，用无菌干棉签按压，快速拔针。注意：由于胰岛素注射笔针头的设计比较细短，因此进针的角度是90°，这样才能将药液注射到皮下组织层。胰岛素注射笔的发明减少了注射部位不良反应的发生，也在一定程度上减轻了注射时的疼痛。

第十四章 给 药

> **知识链接**
>
> ### 无针注射
>
> 无针注射（needle-free injection/needleless injection）又称射流注射，是利用压力射流原理来完成药液的皮下注射，即通过无针注射器内部的压力装置产生的瞬间压力，推动药管中的药液经过一个极细的喷口，形成高压射流，高速穿透人体表皮到达皮下组织。优势：射流速度快，对神经刺激较小，可减轻注射过程中的疼痛感；避免了因长期注射形成局部硬结；减轻患者对注射的恐惧心理；避免职业暴露的风险。劣势：无针注射器较有针注射器价格昂贵。

（三）肌内注射法

肌内注射法（intramuscular injection，IM）是将一定量的药液注入肌肉组织的方法。肌内注射一般选择肌肉较为丰厚，且距离大血管、大神经较远的部位，常用的注射部位为臀大肌，其次为臀中肌、臀小肌、股外侧肌及上臂三角肌。

1. 臀大肌注射定位法 臀大肌略呈四边形，起自髂后上棘与尾骨尖之间，肌纤维平行向外下方至股骨上部。坐骨神经是人体最粗大的神经，起自腰骶部脊髓，自梨状肌下孔出骨盆至臀部，被盖在臀大肌的深处，约在坐骨结节与大转子之间中点处下降至股部。注射时应注意坐骨神经的体表投影：自坐骨结节与大转子尖之间中点向下至腘窝；坐骨神经到腘窝后，分为胫神经和腓总神经，支配小腿及足全部肌肉以及除隐神经支配区以外的小腿与足皮肤感觉。因此，注射时应避免损伤坐骨神经。臀大肌注射定位方法有以下两种。

（1）十字法：以臀裂顶点向左或右侧划一水平线，然后从髂嵴最高点作一垂直线，将臀部分为4个象限，选择外上象限并避开内角（髂后上棘和股骨大转子外侧缘连线与外上象限形成的夹角），剩余的部位即为安全注射区域（图14-7A）。

（2）连线法：将髂前上棘和尾骨相连，并将这条连线均分为三等份，外上1/3处为注射部位（图14-7B）。

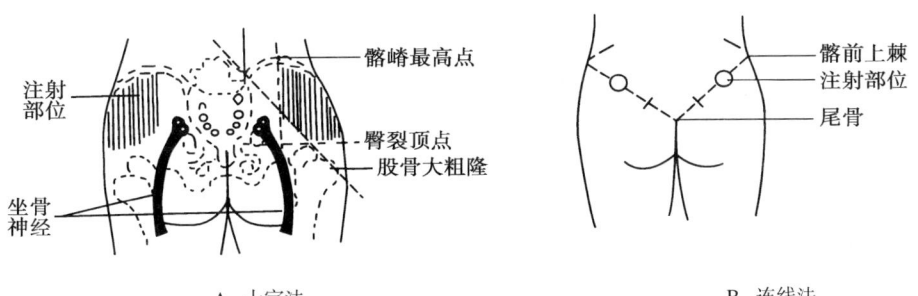

A. 十字法　　　　　　　　　　　　　　　B. 连线法

图 14-7　臀大肌注射定位法

2. 臀中肌、臀小肌注射定位法 此处血管、神经较少，脂肪组织较薄，因此使用日趋广泛。定位方法有以下两种。

（1）三角形法：以示指尖和中指尖分别置于髂前上棘和髂嵴下缘处，髂嵴、示指、中指构成的三角区域即为注射部位，此种定位方法称为三角形法或构角法（图14-8）。

(2) 三横指法：将示指放于髂前上棘外侧，示指、中指、环指三横指并拢，小指与环指之间形成一个区域即为注射部位，此种定位方法称为三横指法。注意三横指以患者的手指宽度为标准，且三横指的方向与大腿平行。

3. 股外侧肌注射定位法 为大腿中段外侧，成人可取髋关节下 10 cm 至膝关节上 10 cm，宽度大约为 7.5 cm。此注射部位面积较大、大血管通过较少、神经干分布稀疏，适用于反复多次注射者（图 14-9）。

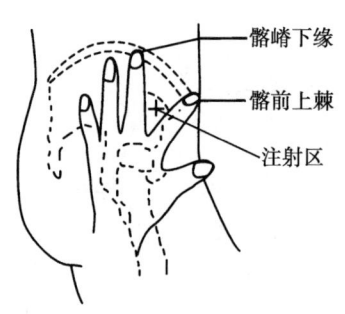

图 14-8 臀中肌、臀小肌注射定位法

4. 上臂三角肌注射定位法 为上臂外侧，肩峰下 2～3 横指处。此处肌肉分布较薄，一般只作小剂量注射（图 14-10）。

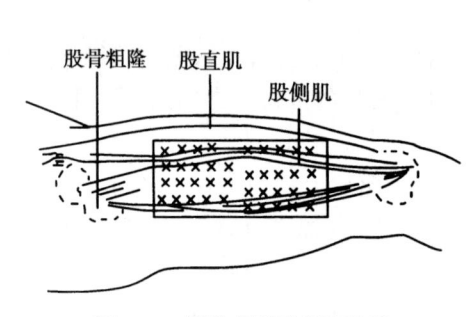

图 14-9 股外侧肌注射定位法

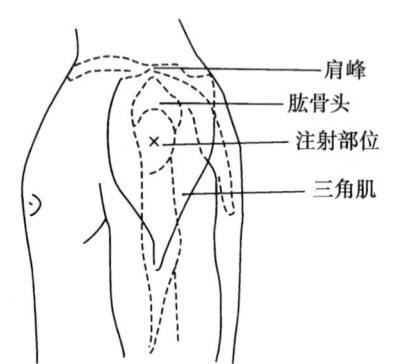

图 14-10 上臂三角肌注射定位法

【目的】
用于不宜口服或静脉注射的药物，且要求比皮下注射发挥更快药效时。

【评估】
1. 评估患者的意识状态、病情、治疗情况、用药史及所用药物的药理作用。
2. 评估患者的心理状态、肢体活动能力，对用药的认知及合作程度。
3. 评估患者注射部位的皮肤及肌肉组织状况。

【操作前准备】
1. 患者准备
（1）解释操作目的及方法，以取得患者的同意与合作。
（2）告知患者药物的作用、副作用及注意事项。
2. 护士准备 衣帽整洁，修剪指甲，洗手，戴口罩，戴手套。
3. 物品准备
（1）治疗车上层：医嘱单、托盘（注射盘）、无菌治疗巾、医嘱用药、砂轮、无菌方纱或开瓶器（必要时）、消毒液（2% 碘酊、75% 乙醇或 0.5% 聚维酮碘）、无菌棉签、弯盘、2～5 ml 注射器（配 6～7 号针头）、手消毒剂。
（2）治疗车下层：生活垃圾桶、医用垃圾桶、锐器盒/箱。
4. 环境准备
（1）环境清洁、安静、宽敞、明亮。
（2）关好门窗、拉上窗帘或使用屏风遮挡，以保护患者的隐私。

【操作流程】

操作主线	操作步骤	操作要点
1. 抽吸药液	（1）根据医嘱单或注射单核对药名，检查药物的有效期及质量	• 严格执行查对制度和无菌操作原则
	（2）从安瓿或密封瓶中抽吸准确剂量的药液	• 准确抽取药量
	（3）套上塑料针头帽	• 避免污染针头
	（4）再次核对医嘱单或注射单，检查药名、剂量无误后，将备好药液的注射器置于注射盘治疗巾内	• 准确核对
2. "一查"	（1）携用物到患者床边	• 操作前查对
	（2）给药前由两名护士核对，确认患者的床号、姓名、住院号及药名等	• 严格执行查对制度
	（3）告知患者药物的作用及副作用（必要时）、减轻疼痛的配合技巧及注意事项	
3. 选择部位	（1）选择适当的注射部位	
	（2）根据注射部位协助患者采取舒适的体位：坐位、侧卧、仰卧或俯卧位。指导患者放松肌肉	• 舒适的体位可以使患者肌肉放松，从而减轻疼痛
	（3）运用体表解剖标志法定位	• 定位准确
4. 消毒皮肤	常规消毒注射部位，以注射点为圆心向外旋转，消毒2次，消毒范围直径大于5 cm，待干	• 掌握正确的消毒方法
5. "二查"	再次核对患者及药名，检查注射器内无气泡，取下针头帽	• 操作中查对
6. 进针、固定	一手绷紧局部皮肤，另一手持注射器以90°将针头快速刺入肌内（露出针梗0.5~1 cm），并固定针栓（图14-11）	• 注意针梗不能完全刺入皮肤，以防断针
7. 回抽、推药	缓慢抽动活塞，无回血则缓慢推注药液，并观察患者的反应	• 抽动活塞无回血后，方可注射
8. 拔针	（1）注射完毕，快速拔针并用干棉签按压针刺处至不出血为止	• 注意"两快一慢"无痛注射技术
	（2）勿回套针头帽。不分离针头与注射器，整套立即放入锐器盒	• 避免锐器伤
9. "三查"	再次核对患者床号、姓名及药名	• 操作后查对：床号、姓名、药名、浓度、剂量、方法及时间
10. 整理	（1）患者 1）协助患者取舒适卧位，必要时整理衣服 2）询问患者的感受及需求	
	（2）物品/环境 1）整理床单位，撤屏风或打开窗帘 2）合理清理用物	• 所用物品按消毒隔离原则处理，分类放置

续表

操作主线	操作步骤	操作要点
10. 整理	（3）护士 洗手、脱口罩、脱手套	
	（4）观察、记录 1）在医嘱单或注射单上签名，表示本次注射已执行 2）观察药物疗效及副作用	• 记录注射时间、药物名称、浓度、剂量及患者的反应

【注意事项】

1. 严格执行查对制度和无菌操作原则。

2. 给药前须由两名护士床边核对，并采用两种以上的方法确认患者（核对手腕带和床头卡等）。

3. 选择合适的注射部位，避免在瘢痕、硬结、感染、皮肤受损部位注射，避免损伤神经，尤其臀大肌注射时勿损伤坐骨神经。

4. 进针角度、深度合适，确保药液注入肌内而非动静脉血管内；避免刺到骨骼，尤其对于消瘦者；避免针梗和针栓处断裂，防断针。

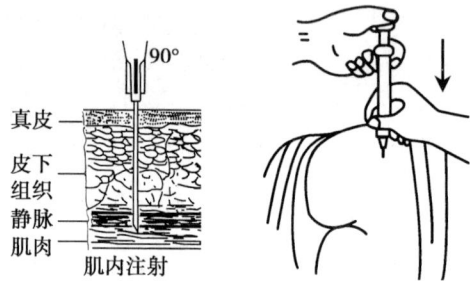

图 14-11　肌内注射法

5. 对于 2 岁以下婴幼儿不宜选用臀大肌注射，因其臀大肌尚未发育完善，坐骨神经走向尚不固定，无法用十字法或连线法进行准确定位，因此，最好选用臀中肌、臀小肌注射，以免损伤坐骨神经。

6. 如果患者需长期肌内注射，应交替更换注射部位并选用细长的针头，指导患者注射后局部按摩或热敷，以防产生局部硬结。

7. 进针时切勿将针梗全部刺入，以防针头折断难以取出。一旦注射时发生针头折断，先稳定患者情绪，并嘱患者原位不动，护士一手固定局部组织，另一手持无菌止血钳（或徒手）迅速将断端取出。如断端难以找到，应速请外科医生处理。

8. 进针后回抽注射器，无回血方可注射。如果发现注射器内有回血，说明针头刺入了血管，一旦发生这种情况，不可将药液注入血管内，应停止注射，拔出针头，更换新针头，另选部位重新注射。

9. 应采用减轻患者疼痛的注射技术　①协助患者取舒适的体位，鼓励患者放松局部肌肉；②注射中与患者沟通，分散其注意力；③如果药物刺激性较强，抽吸药液后更换新的细长针头注射，且进针要深；④需待消毒皮肤的消毒液干后方可进针，防止消毒液随针头进入组织；⑤采用快速进针法；⑥缓慢、均匀推注药液并稳固注射器；⑦注射完毕快速拔针。

10. 如果患者需同时注射多种药物，应注意药物配伍禁忌。

11. 注射完毕，避免回套针头帽。不分离针头与注射器，整套立即放入锐器箱，以防针刺伤。应确保注射部位不出血后，方可离开。

【健康教育】

1. 注射时，指导患者采取适当的体位并放松肌肉。
2. 如果局部发生硬结，指导患者使用热敷等方法。
3. 告知患者如有不适，应立即通知医生或护士。
4. 指导患者呼叫器的用法，并放于易取处。

（四）静脉注射法

静脉注射法（intravenous injection，IV）是将一定量的药液经静脉注入体内的方法。常用的静脉包括：①四肢浅静脉：上肢常用肘部浅静脉（贵要静脉、正中静脉、头静脉），手背、足背静脉以及腕部、踝部静脉（图14-12）。②头皮静脉：小儿头皮静脉极为丰富，分支甚多，互相沟通交错成网且表浅易见，不易滑动，故小儿多采用头皮静脉注射法，但需经患儿家长的同意。选择注射部位时，应注意与头皮动脉相鉴别。③股静脉位于股三角区，在髂前上棘和耻骨结节之间划一连线，其中点为股动脉，股动脉内侧 0.5 cm 处为股静脉。

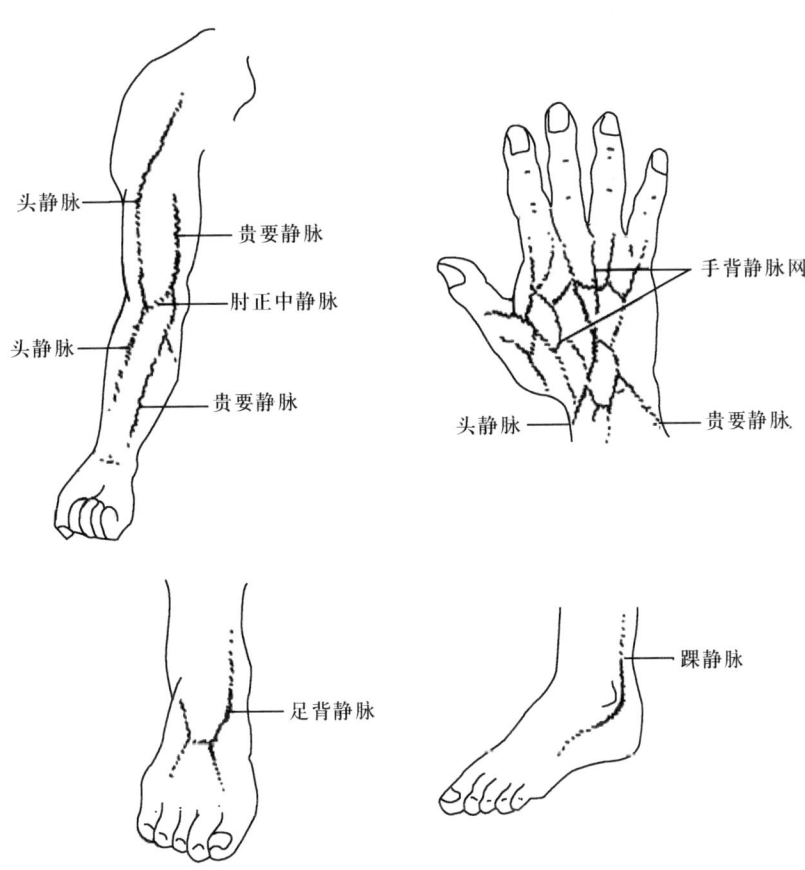

图 14-12　四肢浅静脉

【目的】
1. 用于需迅速发挥药效，但不宜口服、皮下或肌内注射时。
2. 用于注射浓度高、量多、刺激性较强的药物而不宜采取其他注射方法时。
3. 做诊断性检查时，可通过静脉注入造影剂，为肝、肾、胆囊等进行造影。
4. 静脉营养治疗。

【评估】
1. 评估患者的意识状态、病情、治疗情况、用药史、药物过敏史，以及所用药物的药理作用。
2. 评估患者的心理状态、肢体活动能力，对给药计划的了解、认知及合作程度。
3. 评估患者穿刺部位的皮肤状况、静脉充盈度及管壁弹性。

【操作前准备】
1. 患者准备
（1）解释操作目的及方法，以取得患者的同意与合作。
（2）告知患者药物的作用、副作用及用药注意事项。

2. 护士准备 衣帽整洁，修剪指甲，洗手，戴口罩，戴手套。如使用化疗药物，应遵循职业防护原则。

3. 物品准备

（1）治疗车上层：医嘱单或 PDA、托盘（注射盘）、无菌治疗巾、医嘱用药、砂轮、无菌方纱或开瓶器（必要时）、消毒液（2% 碘酊、75% 乙醇或 0.5% 聚维酮碘）、无菌棉签、弯盘、垫枕、止血带、规格合适的注射器及 6～9 号针头或头皮针、输液贴、手消毒剂。

（2）治疗车下层：生活垃圾桶、医用垃圾桶、锐器盒/箱。

4. 环境准备

（1）环境清洁、安静、宽敞、明亮，定期消毒。

（2）如使用化疗药物，应在安全的环境下准备，并遵循职业防护原则。

（3）必要时，关好门窗、拉上窗帘或使用屏风遮挡，以保护患者的隐私。

【操作流程】

操作主线	操作步骤	操作要点
1. 抽吸药液	（1）根据医嘱单或注射单核对药名，检查药物的有效期及质量	● 严格执行查对制度和无菌操作原则
	（2）从安瓿或密封瓶中抽吸准确剂量的药液	● 准确抽取药量
	（3）套上塑料针头帽	● 避免污染针头
	（4）再次核对医嘱单或注射单，检查药名、剂量无误后，将备好药液的注射器置于注射盘治疗巾内	● 准确核对
2. "一查"	（1）携用物到患者床边	
	（2）给药前由两名护士核对，确认患者的床号、姓名、住院号及药名等	● 操作前查对
3. 选择部位	（1）协助患者采取舒适的体位	
	（2）选择合适的静脉	
	（3）必要时在所选择的静脉穿刺部位下垫小枕	
4. 静脉注射		
▲ 四肢浅静脉注射	（1）消毒皮肤：第 1 次消毒后嘱患者握拳，于穿刺部位的上方（近心端）约 6 cm 处扎紧止血带，再进行第 2 次消毒	● 选择粗直、弹性好、易于固定的静脉，避开关节和静脉瓣；对需长期注射者应由远心端向近心端选择静脉
	（2）排尽空气：二次核对，排尽空气	● 操作中查对
	（3）进针穿刺：左手拇指绷紧静脉下端皮肤，使其固定，右手持注射器，针尖斜面向上，与皮肤呈 20º 刺入，入皮后刺入静脉，见回血，证实针头已入静脉，可再顺静脉进针少许（图 14-13A）	● 注射有强烈刺激性的药物时，先抽取无菌生理盐水，注射成功后，先注入少量生理盐水，证实针头在血管内，再换上装有刺激性药液的注射器（不更换针头）
	（4）"两松"固定：松开止血带，嘱患者松拳，固定针头	● 避免针头滑出血管外
	（5）推注药液：缓慢注入药液（图 14-13B），注药过程中要试抽回血，以确定针头是否留在静脉内	● 根据患者年龄、病情、药物性质，掌握推注药液速度，随时听取患者的主诉，密切观察局部注射部位情况及病情变化
	（6）拔针按压：置干棉签于穿刺点旁，迅速拔出针头，局部按压片刻，按压至不出血为止	● 按压不出血方可离开

续表

操作主线	操作步骤	操作要点
▲小儿头皮静脉注射	（1）安置体位：患儿取仰卧或侧卧位	
	（2）消毒皮肤：常规消毒，且消毒左手示指和中指	● 注意无菌操作原则
	（3）排尽空气：二次核对，排尽空气	● 防止将空气注入血管内
	（4）穿刺注射：助手固定患儿头部，操作者用左手拇指、示指固定静脉的两端，右手持头皮针，与皮肤呈15°~20°，沿静脉向心方向刺入。见回血后推药少许，如无异常，用胶布固定针头，缓慢推注药液	● 小儿头皮静脉极为丰富，分支甚多，互相沟通交错成网且表浅易见，不易滑动，故小儿多采用头皮静脉注射法。选择注射部位时，应注意与头皮动脉相鉴别
	（5）拔针按压：置干棉签于穿刺点旁，迅速拔出针头，局部按压片刻	● 勿回套针头帽。不分离针头与注射器，整套立即放入锐器盒
▲股静脉注射	（1）安置体位：协助患者取仰卧位，下肢伸直，略外展外旋	
	（2）消毒皮肤：常规消毒	● 正确消毒皮肤
	（3）排尽空气：二次核对，排尽空气	
	（4）穿刺注射：左手示指和中指于腹股沟中、内1/3交界处扪及股动脉搏动，并加以固定，右手持注射器，在股动脉内侧0.5 cm处，针头与皮肤呈90°或45°刺入，回抽见暗红色血，提示已进入股静脉，固定针头，注入药液	● 注意准确定位
	（5）拔针按压：迅速拔出针头，局部用无菌方纱加压止血3~5 min，确认无出血，用输液贴固定	● 勿回套针头帽，以防针刺伤
5. "三查"	再次核对患者床号、姓名及药名	● 操作后查对
6. 整理	（1）患者 1）协助患者取舒适卧位，必要时整理衣服 2）询问患者的感受及需求	
	（2）物品／环境 1）整理床单位，撤屏风或打开窗帘 2）合理清理用物	● 所用物品按消毒隔离原则处理，分类放置
	（3）护士 洗手、脱口罩、脱手套	
	（4）观察、记录 1）在医嘱单或注射单上签名，表示本次注射已执行 2）观察药物疗效及副作用	● 记录注射时间，药物名称、浓度、剂量，以及患者的反应

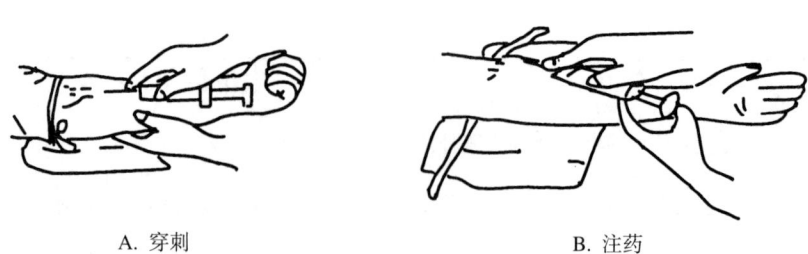

A. 穿刺　　　　　　　　　　　　　　B. 注药

图 14-13　静脉注射法

【注意事项】

1. 严格执行查对制度和无菌操作原则。

2. 药物应现配现用。确保药物与溶液兼容且无药物配伍禁忌。

3. 给药前必须由两名护士床旁核对或采用 PDA 核对仪,并采用两种以上的方法确认患者(核对手腕带和床头卡等)。

4. 选择合适的静脉穿刺部位,避免在皮肤受损、瘢痕处进针,避开关节和静脉瓣或静脉分叉处。

5. 确定针头在静脉内方可推注药液。一旦出现穿刺局部血肿,立即拔出针头,按压局部,另选其他静脉重新穿刺。

6. 根据患者的年龄、病情及药物性质,掌握合适的药液推注速度。

(1) 婴幼儿的静脉较小且脆,老年患者的静脉比年轻患者的静脉脆性大,因此推注速度过快易导致药液渗出。

(2) 心肺功能不全患者的推注速度宜慢。

(3) 特殊药物如毛花苷 C、氨茶碱等,应稀释后再静脉注射,且推注速度宜慢。

(4) 对一些特殊药物或危重患者需严格控制时间、速度时,建议使用微量注射泵。

7. 对组织刺激性大的药物,如化疗药,一定要用生理盐水确认针头在静脉内方可推药,以免药液外溢导致组织坏死。缓慢且均匀地推注药液并严密观察局部有无肿胀,确保药液进入静脉内而非进入外周组织。

8. 静脉注射完毕,避免回套针头帽。不分离针头与注射器,将整套立即放入锐器箱,以防针刺伤。离开患者时,应确保静脉穿刺部位不出血。对有凝血功能障碍的患者要延长按压时间。

【健康教育】

1. 告知有凝血功能障碍的患者,拔针后要延长局部按压时间至不出血为止。

2. 告知患者如有不适,应立即通知医生或护士。

3. 指导患者呼叫器的用法,并放于易取处。

【静脉注射失败的常见原因】

1. 针头未刺入血管内　针头刺入过浅,未进入静脉,未见回血,注入药物局部隆起,患者主诉疼痛(图 14-14A)。

2. 针头未完全进入血管内　针尖斜面一半在血管内,一半在血管外,回血断断续续,注药时药液溢出至皮下,局部皮肤隆起,患者主诉疼痛(图 14-14B)。

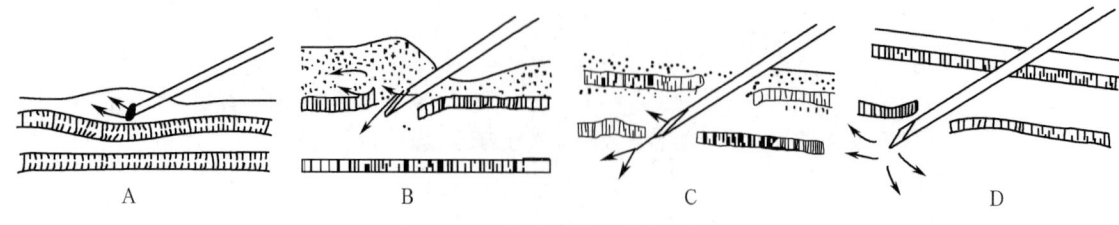

图 14-14　静脉穿刺失败常见原因

3. 针头刺破对侧血管壁 针头刺入过深，针尖斜面部分穿破对侧血管壁，抽吸有回血，药物注入深部组织，局部无隆起，患者主诉有痛感（图14-14C）。

4. 针头穿透对侧血管壁 针头刺入过深，穿透对侧血管壁，抽吸无回血，注入药物无隆起，患者主诉有痛感（图14-14D）。

【特殊患者的静脉穿刺方法】

1. 肥胖患者 肥胖者皮下脂肪较厚，静脉位置比较深，难以辨认。可先扎上止血带，使静脉充盈，摸清其走向，常规消毒皮肤后由静脉上方进针，进针角度稍加大（30°~40°）。

2. 水肿患者 可沿静脉解剖走向，用手按揉局部，以暂时驱散皮下水分，使血管充分显露后再行穿刺。

3. 老年患者 老年人因皮下脂肪少而静脉易滑动且脆性增加而易被穿破。注射时，可用手指分别固定穿刺静脉的上下两端，再行穿刺。

4. 脱水者 脱水患者的静脉充盈不良，难以穿刺。可行局部热敷或按摩，使血管充盈后再行穿刺。

（五）动脉注射法

动脉注射法（arterial injection）是自动脉注射无菌药液的方法。

【目的】

1. 用于抢救危重症患者时将药液加压注入动脉。
2. 进行某些特殊检查，如血气分析、脑血管造影等。
3. 可经动脉注射抗癌药物进行局部化疗。

【评估】

1. 评估患者的意识状态、病情、治疗情况、用药史、药物过敏史，以及所用药物的药理作用。
2. 评估患者的心理状态、肢体活动能力，对给药计划的了解、认知及合作程度。
3. 评估患者穿刺部位的皮肤及血管状况。

【操作前准备】

1. 患者准备

（1）解释操作目的及方法，以取得患者的同意与合作。

（2）告知患者药物的作用、副作用及用药注意事项。

2. 护士准备

（1）着装整洁。

（2）核对医嘱。

（3）修剪指甲，洗手，戴口罩，戴手套。

（4）如使用化疗药物，应遵循职业防护原则。

3. 物品准备

（1）治疗车上层：医嘱单或PDA、托盘（注射盘）、无菌治疗巾、医嘱用药、砂轮、无菌方纱或开瓶器（必要时）、消毒液（2%碘酊、75%乙醇或0.5%聚维酮碘）、无菌棉签、弯盘、垫枕、止血带、规格合适的注射器及6~9号针头或头皮针、输液贴、速干手消毒剂。

（2）治疗车下层：生活垃圾桶、医用垃圾桶、锐器盒/箱。

4. 环境准备

（1）环境清洁、安静、宽敞、明亮，定期消毒。

（2）如使用化疗药物，应在安全的环境下准备，并遵循职业防护原则。

【操作流程】

操作主线	操作步骤	操作要点
1. 抽吸药液	（1）根据医嘱单或注射单核对药名，检查药物的有效期及质量	• 严格执行查对制度和无菌操作原则
	（2）从安瓿或密封瓶中抽吸准确剂量的药液	• 准确抽取药量
	（3）套上塑料针头帽	• 避免污染针头
	（4）再次核对医嘱单或注射单，检查药名、剂量无误后，将备好药液的注射器置于注射盘无菌治疗巾内	• 准确核对
2. "一查"	（1）携用物到患者床边	• 操作前查对
	（2）给药前由两名护士核对，确认患者的床号、姓名、住院号及药名等	
3. 选择部位	（1）协助患者采取舒适的体位	
	（2）选择合适的动脉 1）常用股动脉和桡动脉，也可选用颈总动脉、锁骨下动脉 2）新生儿采用股动脉易伤及髋关节，故多选用桡动脉	
	（3）充分暴露注射部位	
4. 消毒皮肤	常规消毒皮肤，待干，戴无菌手套，铺无菌治疗巾	• 正确消毒皮肤
5. "二查"，排尽空气	二次核对，排尽空气	• 操作中查对
6. 进针穿刺	以左手示指和中指扪及动脉搏动，并加以固定，右手持注射器，在两指间90°刺入或与皮肤呈45°刺入，有鲜红色血液涌入注射器时，固定针头，注入药液	• 注意进针不宜过深，以免穿透血管壁
7. 拔针按压	注射完毕，迅速拔出针头，局部用无菌方纱加压止血至少5～10 min，确认无出血后，用胶布固定	• 按压至不出血，方可离开
8. "三查"	再次核对患者床号、姓名及药名等	• 操作后查对
9. 整理		
	（1）患者 1）协助患者取舒适卧位，必要时整理衣服 2）询问患者的感受及需求	
	（2）物品/环境 1）整理床单位，撤屏风或打开窗帘 2）合理清理用物	• 所用物品按消毒隔离原则处理，分类放置
	（3）护士 洗手、脱口罩、脱手套	
	（4）观察、记录 1）在医嘱单或注射单上签名，表示本次注射已执行 2）观察药物疗效及副作用	• 记录注射时间，药物名称、浓度、剂量，以及患者的反应

【注意事项】
1. 有出血倾向者慎用此法,血液病患者禁用。
2. 操作完毕后,应注意继续观察有无出血情况。

【健康教育】
1. 向患者说明动脉注射的目的、方法、注意事项和配合要点。
2. 告知有凝血功能障碍的患者,拔针后要延长局部按压时间至不出血为止。
3. 告知患者如有不适,应立即通知医生或护士。
4. 指导患者呼叫器的用法,并放于易取处。

第四节　药物过敏试验法

案例 14-4

患者,男,27岁。诊断:急性上呼吸道感染。医嘱:青霉素皮肤过敏试验。护士为患者进行皮试 2 min 后,患者出现面色苍白、胸闷、气促、呼吸困难、抽搐等症状,测血压 70/40 mmHg,脉搏 130 次/分、细速。

请回答:
1. 该患者出现了什么问题?
2. 如果你是当班护士,发现问题后应如何处理?

药物过敏反应是异常的免疫反应,它的发生与所用药物的药理作用和剂量无关。药物过敏反应发生于少数人,表现为不同程度的过敏反应症状,严重者甚至发生过敏性休克,危及生命。因此,护士应了解药物过敏的过程、临床表现和处理原则。

一、青霉素过敏试验

青霉素是临床上常用的抗生素之一,具有疗效高、毒性低的特点,但易引起过敏反应,其发生率为 3%～6%,多发生于多次接受青霉素治疗者,偶见于初次用药者。对青霉素过敏的人接触本药后,无论何种给药途径、任何剂量、任何制剂(钾盐、钠盐、长效、半合成青霉素等)、任何给药时间均可发生过敏反应。因此,使用本药之前必须进行过敏试验。

(一)青霉素皮内试验法

【目的】
通过青霉素过敏试验,确定患者对青霉素是否过敏,以作为临床应用青霉素治疗的依据。

【评估】
1. 评估患者的意识状态、病情、治疗情况、用药史、药物过敏史和家族史。
2. 评估患者的心理状态、对给药计划的了解、认知及合作程度。
3. 评估患者穿刺部位的皮肤状况,患者是否已进食,空腹时不宜进行青霉素过敏试验。

【操作前准备】

1. 患者准备

（1）解释操作目的及方法，以取得患者的同意与合作。询问"三史"，即用药史、过敏史、家族史。如有青霉素过敏史，则停止该项试验并通知医生。

（2）告知患者青霉素的作用、副作用及青霉素过敏试验的注意事项。

（3）询问患者是否感到饥饿、有无头晕、是否需排尿或排便。

2. 护士准备　衣帽整洁，修剪指甲，洗手，戴口罩，戴手套。

3. 物品准备

（1）治疗车上层：医嘱单或PDA、托盘（注射盘）、无菌治疗巾；医嘱用药［青霉素80万单位（粉剂），玻璃或塑料安瓿装或密封瓶装无菌生理盐水］；砂轮、无菌纱布或开瓶器（必要时）、75%乙醇、无菌棉签、弯盘、1 ml注射器（配4½号针头）及5 ml注射器（配6～7号针头）、0.1%盐酸肾上腺素、手消毒剂；必要时签青霉素皮试知情同意书。

（2）治疗车下层：生活垃圾桶、医用垃圾桶、锐器盒/箱。

4. 环境准备　环境清洁、安静、宽敞、明亮，定期消毒。氧气装置、吸痰装置性能完好并可就近取用。

【操作流程】

1. 皮试液的配制　皮试液以每1 ml含青霉素500 U的皮内试验液为标准，注入剂量为0.1 ml（含50U）。根据医嘱单或注射单核对药名，检查青霉素的有效期、质量及产品批号。临床青霉素的制剂有40万U、80万U、160万U、400万U。下面以青霉素80万U配制成每ml含青霉素500 U的皮试液为例，具体方法如表14-4所列。

表14-4　青霉素皮内试验液的配制方法

青霉素	无菌生理盐水（ml）	药液浓度（U/ml）	要点与说明
80万U	4	20万	● 用5 ml注射器，6～7号针头
取上液0.1 ml	0.9	2万	● 换用1 ml注射器
取上液0.1 ml	0.9	2000	● 每次配制时均需将溶液混匀
取上液0.2 ml	0.6	500	● 配制完毕换4½注射器针头

2. 试验方法　首先评估患者"三史"，确定无青霉素过敏史后，于患者前臂掌侧下段皮内注射青霉素皮试液0.1 ml（含50 U），20 min后观察试验结果，进行试验结果的判断并记录试验结果。

3. 皮内试验结果判断

阴性：皮丘无改变，周围无红肿，患者无自觉症状。

阳性：局部皮丘隆起，出现红晕、硬块，直径大于1 cm，或红晕周围有伪足，伴局部痒感；严重时可有头晕、心悸、恶心，甚至发生过敏性休克。

皮试结果阳性者不可使用青霉素，同时要在病历、医嘱单、床头卡和注射单上加以注明，并将结果告知患者及家属。

【注意事项】

1. 皮内试验前详细询问患者的用药史、过敏史和家族史。有过敏史者禁止做皮内试验。

2. 凡首次用药，停药3天后再用者，以及更换药物批号时，均须按常规做过敏试验。

3. 皮试液应现用现配。青霉素溶液极不稳定，常温下易分解，故不宜放置过久，以免效价降低和导致过敏原增加。

4. 青霉素过敏试验或注射前均应做好急救的准备工作（备好盐酸肾上腺素、注射器和止血带等）。

5. 严密观察患者，首次注射后须观察 30 min，注意局部和全身反应的发生，倾听患者主诉。

6. 试验结果阳性者禁止使用青霉素，同时报告医生，在医嘱单、病历、床头卡上醒目地注明青霉素过敏试验阳性反应，并告知患者及其家属。

（二）青霉素过敏性休克及其处理

1. 青霉素过敏反应的发生机制 青霉素过敏反应系抗原和抗体在致敏细胞上相互作用所引起。青霉素本身不具有抗原性，但其降解产物青霉稀酸、青霉噻唑酸可作为半抗原与组织蛋白、多糖或多肽类结合而发挥全抗原的作用，全抗原可刺激机体产生 IgE 抗体，IgE 能吸附在组织的肥大细胞和嗜碱性粒细胞表面，使机体呈致敏状态，当再次接触相同的变应原时，变应原与肥大细胞和嗜碱性粒细胞表面的 IgE 特异性结合，所形成的变应原-IgE 复合物能触发细胞膜上的生化反应，导致细胞破裂，释放一系列生物活性介质，如组胺、白三烯、前列腺素、激肽等，引起毛细血管扩张、血管壁通透性增强、平滑肌收缩和腺体分泌增多，从而出现一系列临床症状，可表现为喉头水肿、荨麻疹、哮喘、呼吸困难，严重时可引起窒息、血压下降甚至过敏性休克。

2. 过敏反应的临床表现 青霉素可引起各种类型的变态反应（Ⅰ型、Ⅱ型、Ⅲ型、Ⅳ型），以皮肤过敏反应和血清病型反应较多见。过敏性休克虽少见，但病情发展迅猛，常因抢救不及时而死于呼吸困难和循环衰竭。

（1）过敏性休克：是青霉素最严重的过敏反应，多发生于用药后 20 min 内，可出现以下症状：①呼吸道阻塞症状：可表现为胸闷、气促、呼吸困难、发绀、窒息等，由喉头水肿、支气管痉挛、肺水肿引起；②循环衰竭症状：可表现为面色苍白、出冷汗、脉细弱、血压下降等，与周围血管扩张导致有效循环血量不足有关；③中枢神经系统症状：可表现为头晕眼花、意识丧失、抽搐等，与脑组织缺氧有关；④皮肤或胃肠道症状：可表现为恶心、腹痛等胃肠道症状，以及皮肤发痒、荨麻疹等皮肤症状。

（2）血清病型反应：一般于用药后 7～12 天内发生，临床表现和血清病相似，有发热、关节肿痛、皮肤发痒、荨麻疹、全身淋巴结肿大、腹痛等。

（3）各器官或组织的过敏反应：皮肤过敏反应主要有皮疹（荨麻疹），严重者可发生剥脱性皮炎；呼吸道过敏反应可引起哮喘或促使原有的哮喘发作；消化系统过敏反应可引起过敏性紫癜，以腹痛和便血为主要症状。上述症状可单独出现，也可同时存在，常以呼吸道症状或皮肤瘙痒最早出现，故须注意倾听患者的主诉。

3. 过敏性休克的急救措施 对过敏性休克的处理必须迅速及时，分秒必争，就地抢救。

（1）立即停药并报告医生，协助患者采取平卧位，头偏向一侧，也可采取休克体位（即中凹卧位），注意保暖，尽快建立静脉通路。

（2）遵医嘱立即皮下注射 0.1% 盐酸肾上腺素 0.5～1 ml，患儿酌减。如症状不缓解，可每隔半小时皮下或静脉注射盐酸肾上腺素 0.5 ml，直至脱离危险期。此药是抢救过敏性休克的首选药物，具有收缩血管、增加血管外周阻力、兴奋心肌、提升血压、迅速解除气管痉挛和水肿等作用。

（3）给予吸氧，改善缺氧症状。

（4）根据医嘱立即给地塞米松 5～10 mg 静脉注射，或用氢化可的松 200 mg 加 5% 或 10% 葡萄糖液 500 ml 静脉滴注。应用抗组胺类药物，如肌内注射盐酸异丙嗪 25～50 mg 或苯海拉明 40 mg。

（5）根据病情给予升压药物，如多巴胺、间羟胺等。

（6）当呼吸受抑制时，应立即进行开放呼吸道，简易呼吸器辅助呼吸，并肌内注射尼可刹米或洛贝林等呼吸兴奋剂。喉头水肿导致窒息时，应立即进行气管插管或人工呼吸等急救措施。

(7) 若发生呼吸、心搏骤停，立刻进行复苏抢救。

(8) 密切观察病情，详细记录患者体温、脉搏、呼吸、血压、尿量和神志等病情变化，为采取进一步措施提供依据。

二、头孢菌素类药物过敏试验

头孢菌素类又称为先锋霉素，包括一代、二代、三代和四代先锋霉素，是临床上广泛使用的一类抗生素，高效、低毒、广谱。因其可致过敏反应，故用药前需做药物过敏试验。

(一) 头孢菌素皮内试验法

1. 皮试液的配制 以先锋霉素Ⅵ为例，皮试液以先锋霉素 500 μg/ml 的生理盐水溶液为标准。具体配制方法如表 14-5 所列。

表14-5 先锋霉素Ⅵ皮内试验液的配制方法

先锋霉素Ⅵ	无菌生理盐水（ml）	每毫升药液先锋霉素Ⅵ含量	要点与说明
0.5 g	2	250 mg	● 用 5 ml 注射器，6~7 号针头
取上液 0.2 ml	0.8	50 mg	● 换用 1 ml 注射器
取上液 0.1 ml	0.9	5 mg	● 每次配制时均需将溶液混匀
取上液 0.1 ml	0.9	500 μg	● 配制完毕换 4½ 针头

2. 试验方法 首先评估患者"三史"，确定无毒霉素过敏史后，于患者前臂掌侧下段皮内注射先锋霉素Ⅵ皮试液 0.1 ml（含 50 μg），20 min 后观察试验结果，进行试验结果的判断。

3. 结果判断 同青霉素。

【注意事项】

1. 头孢菌素类药物皮内试验前详细询问"三史"，即用药史、过敏史、家族史。

2. 凡初次用药、停药 3 天后再用，以及更换批号时，均需重新做过敏试验。

3. 观察用药后的反应，首次用药后需观察 30 min，注意局部和全身反应，倾听患者的主诉，如有过敏反应的发生，应立即停药并通知医生，处理方法同青霉素药物过敏反应。

4. 头孢菌素类药物间可有交叉过敏现象，故使用某一种头孢菌素有过敏现象者，一般不可再使用其他头孢菌素类药物。

5. 试验结果阳性者禁止使用头孢菌素类药物，同时报告医生，在医嘱单、病历、床头卡上醒目地注明头孢菌素过敏试验阳性反应，并告知患者及其家属。

三、破伤风抗毒素过敏试验

破伤风抗毒素（tetanus antitoxin，TAT）用于有破伤风危险的外伤伤员的被动免疫或对已发病患者进行特异性治疗。TAT 是用破伤风类毒素免疫马血浆后，经物理、化学方法精制而成，是一种特异性抗体，能中和患者体液中的破伤风毒素。TAT 对于人体是异型蛋白质，具有抗原性，注射后可引起过敏反应。因此，在用药前须做过敏试验。

(一) TAT 皮内试验法

1. 皮试液的配制 取每支 1 ml 含 1500 U 的破伤风抗毒素药液 0.1 ml，加生理盐水稀释到 1 ml 即可。

2. 试验方法 皮内注射破伤风抗毒素皮试液 0.1 ml（含 15 IU），观察 20 min 后判断试验结果。

3. 结果判断

阴性：局部无红肿，无异常全身反应。

阳性：局部皮丘红肿、硬结大于 1.5 cm，红晕超过 4 cm，有时出现伪足、痒感。全身过敏反应与青霉素过敏反应相同，以血清病型反应多见。

若皮试结果为阴性，可把所需剂量一次注射完；若皮试结果为阳性，须采用脱敏注射法。

（二）TAT 脱敏注射法

TAT 是一种特异性抗体，没有可以替代的药物。因此，皮试结果即使为阳性，也需采用脱敏注射法进行治疗，即采用小剂量、短时间内连续多次注射的方法。其机制是小剂量变应原进入体内致使生物活性物质的释放量少，不致引起临床症状，短时间内多次注射，可逐渐消耗体内已形成的 IgE，最终可以全部注入所需药量而不致发病。但这种脱敏是暂时的，经过一段时间后，IgE 可再产生而重建致敏状态。因此，以后如再用 TAT，仍需做皮内试验。

注射时，按表 14-6 所列，每隔 20 min 肌内注射 TAT 一次，直至完成总剂量注射（TAT 1500 U）。

表14-6　破伤风抗毒素脱敏注射法

次数	TAT（ml）	无菌生理盐水（ml）	注射途径
1	0.1	0.9	肌内注射
2	0.2	0.8	肌内注射
3	0.3	0.7	肌内注射
4	余量	稀释至 1 ml	肌内注射

【注意事项】

1. 在脱敏注射过程中，需密切观察患者反应。
2. 如发现患者有气促、发绀、荨麻疹及过敏性休克时，应立即停止注射，并迅速处理。
3. 如反应轻微，可待消退后酌情将剂量减少，增加注射次数，顺利注入所需的全量。

第五节　吸入给药法

案例 14-5

患者，男，55 岁。既往患有哮喘 2 年，慢性支气管炎 5 年余，未规律服药，近期咳嗽、咳痰、喘憋症状进行性加重。入院后，遵医嘱给予硫酸沙丁胺醇雾化吸入溶液 1 ml+布地奈德混悬液 2 ml+ 生理盐水 2ml，雾化吸入，bid。

请回答：

1. 护士应选择何种仪器为患者完成雾化给药？
2. 雾化给药时的护理要点有哪些？
3. 患者之所以未规律服药，原因是害怕药物中含有激素，长期服用对身体有害；另一个原因是对治疗哮喘的药物装置不太会用，感觉用药后没有效果。作为护士，应如何指导患者出院后正确用药？

吸入给药法（inhalation administration）是利用雾化装置使药液分散成细小的雾滴，悬浮在气体中经口或鼻吸入呼吸系统，从而达到局部或全身治疗的目的。吸入给药起效快、用量小、不良反应轻。临床上常用的方法有超声雾化吸入法、氧气雾化吸入法、空气压缩雾化吸入法和手压式雾化器雾化吸入法等。

一、超声雾化吸入法

超声雾化吸入法（ultrasonic nebulization inhalation）是应用超声波声能，将药液变成细微的气雾，再由呼吸道吸入，以达到改善呼吸道通气功能和防治呼吸道疾病等目的的方法。超声波雾化吸入的特点为雾量大小可以调节；雾滴小而均匀（直径<5 μm），患者感觉温暖舒适（雾化器电子部分产热，对雾化液起轻度加温的作用）；治疗效果好（药液可被吸入到终末细支气管和肺泡）。

超声雾化吸入器的构造：由4部分组成（图14-15）。①超声波发生器：通电后可输出高频电能，其面板上有电源和雾量调节开关，指示灯及定时器；②水槽与晶体换能器：水槽内盛冷蒸馏水，其底部有一晶体换能器，接收发生器输出的高频电能，并将其转化为超声波声能；③雾化罐与透声膜：雾化罐内盛药液，其底部为一半透明的透声膜，声能可透过此膜与罐内药液作用，产生雾滴喷出；④螺纹管和口含嘴（或面罩）。

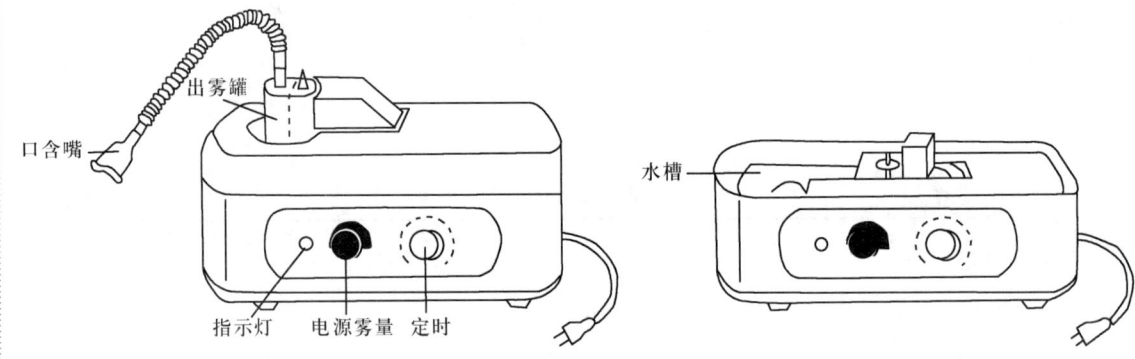

图 14-15 超声雾化吸入器

超声雾化吸入器的作用原理：超声波发生器通电后输出的高频电能通过水槽底部晶体换能器转换为超声波声能，声能震动并透过雾化罐底部的透声膜作用于罐内的药液，使药液表面张力破坏而成为细微雾滴，通过导管在患者深吸气时进入呼吸道。

【目的】

1. 湿化气道 减轻呼吸道黏膜水肿，稀释痰液，帮助祛痰。常用于呼吸道湿化不足、痰液黏稠、气道不畅者，也可作为气管切开术后常规治疗手段。

2. 控制感染 消除炎症，控制呼吸道感染。常用于咽喉炎、支气管扩张、肺炎、肺脓肿、肺结核等患者。

3. 改善通气 解除支气管痉挛，保持呼吸道通畅。常用于支气管哮喘等患者。

【评估】

1. 评估患者的年龄、治疗情况、用药史、过敏史。

2. 评估患者意识状态和病情，包括呼吸道是否通畅、有无支气管痉挛、面部及口腔黏膜有无感染和溃疡等。

3. 评估患者的心理状态、上肢活动度、对用药的认知及配合程度。

【操作前准备】

1. 患者准备

（1）了解超声雾化吸入法的目的、方法、注意事项及配合要点。

（2）采取坐位、半坐卧位或侧卧位，利用重力作用使膈肌下降，增加肺的活动度，提高雾化效果。

2. 护士准备 衣帽整洁，修剪指甲，洗手，戴口罩。

3. 物品准备

（1）治疗车上层

1）超声雾化吸入器 1 套。

2）水温计、弯盘、冷蒸馏水、生理盐水、纸巾。

3）药液：按医嘱准备，用生理盐水稀释药液至 30～50 ml。常用的药物有：①平喘药：布地奈德、异丙托溴铵、沙丁胺醇；②祛痰药：氨溴索。

（2）治疗车下层：生活垃圾桶、医用垃圾桶、锐器盒。

4. 环境准备 环境清洁、安静，光线、温湿度适宜。

【操作流程】

操作主线	操作步骤	操作要点
1. 检查、准备设备	（1）检查雾化罐，确保无松动、脱落等异常情况	● 确保完好状态
	（2）连接雾化罐主件与附件	
	（3）水槽内加冷蒸馏水，水量视不同类型的雾化器而定，要求浸没雾化罐底部的透声膜	● 水槽和雾化罐内切忌加温水或热水，水槽内无水时，不可开机，以免损坏仪器
2. 核对、加药	遵医嘱双人核对药液有效期及信息，无误后，将稀释好的药液倒入雾化罐内，检查无漏水后，将雾化罐放入水槽，盖紧水槽盖	● 水槽底部的晶体换能器和雾化罐底部的透声膜薄而质脆，易破碎，操作中注意不要损坏
3. 核对信息	携用物至患者床旁，核对患者床号、姓名、药物名称、浓度、剂量、方法、时间	● 让患者说出自己姓名、年龄，反向识别信息
		● 对意识不清的患者，由两位医护人员共同核对患者信息
4. 开始雾化	（1）安置体位：协助患者取合适卧位	
	（2）调节雾量：接通电源，打开电源开关（指示灯亮），调整定时开关至所需时间，打开雾化开关，调节雾量	● 一般每次 15～20 min ● 大档雾量 3 L/min，中档雾量 2 L/min，小档雾量 1 L/min
	（3）二次核对	● 操作中核对
	（4）雾化吸入：将口含嘴放入患者口中（也可用面罩），指导患者做闭口深呼吸，直至药液吸完为止	● 水槽内须保持有足够的冷水，如发现水温超过 50° 或水量不足，应关机，更换或加入冷蒸馏水
5. 结束雾化	（1）治疗完毕，再次核对患者信息，取下口含嘴	● 操作后核对
	（2）关雾化开关，再关电源开关	● 连续使用雾化器时，中间需间隔 30 min
6. 操作后处理	（1）协助患者擦干面部，清洁口腔，取舒适卧位，整理床单位	● 协助患者翻身、叩背，指导有效排痰 ● 耐心询问患者感受及需求，并给予满足
	（2）消毒、清理用物	● 放掉水槽内的水，擦干水槽 ● 将口含嘴、雾化罐、螺纹管浸泡于消毒液内 1 h，再洗净晾干备用
	（3）洗手，记录	● 记录雾化开始与持续时间，患者的反应及效果

【注意事项】

1. 严格执行查对、消毒隔离制度，以防差错事故及交叉感染的发生。

2. 护士熟悉雾化器性能，水槽内应保持足够的水量（虽有缺水保护装置，但不可在缺水状态下长时间开机），水温不宜超过 50°，连续使用需间隔 30 min。

3. 水槽底部的晶体换能器和雾化罐底部的透声膜薄而质脆，在操作及清洗过程中，动作要轻，防止损坏。

4. 观察患者痰液排出是否困难，若因黏稠的分泌物经湿化后膨胀致痰液不易咳出时，应予以拍背以协助痰液排出，必要时吸痰。

5. 治疗过程中需加入药液时，不必关机，直接从盖上小孔内添加即可；若要加水入水槽，必须关机操作。

【健康教育】

1. 向患者介绍超声雾化吸入器的作用原理并教会其正确的使用方法。

2. 教会患者深呼吸的方法及用深呼吸配合雾化的方法。

3. 如雾化药液中含有糖皮质激素类药，在雾化后指导患者充分漱口。

二、氧气雾化吸入法

氧气雾化吸入法（oxygen nebulization inhalation）是利用一定压力的氧气产生高速气流，使药液形成雾状，随吸气进入呼吸道，以控制呼吸道感染和改善肺通气功能的方法。临床上常用于咽喉炎、支气管炎、支气管扩张、支气管哮喘、肺炎、肺脓肿、肺结核等患者。

目前临床上使用的氧气雾化器有数种，也称射流式氧气雾化器（图 14-16），其基本构造和作用原理大致相同。其工作原理是利用高速氧气气流通过毛细管管口时在管口附近产生的压力，将药液由邻近的小管吸出，所吸出的药液又被毛细管口高速气流撞击成细小的雾滴，呈雾状喷出，随患者吸气而进入呼吸道。

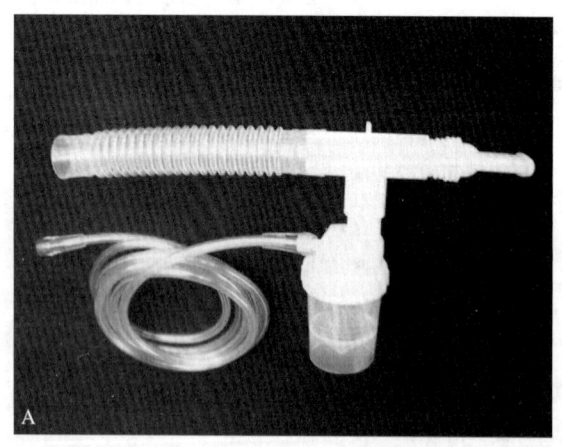
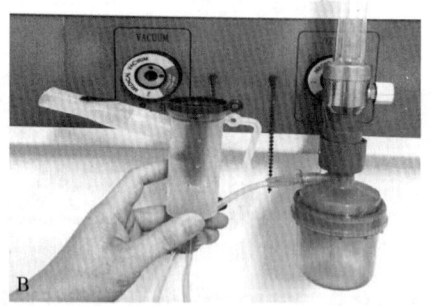

图 14-16 射流式氧气雾化器

【目的】

同"超声雾化吸入法"。

【评估】

同"超声雾化吸入法"。

【操作前准备】

1. **患者准备** 同"超声雾化吸入法"。

2. **护士准备** 衣帽整洁，修剪指甲，洗手，戴口罩。

3. 物品准备

（1）治疗车上层

1）氧气雾化吸入器 1 套。

2）氧气装置 1 套（不用湿化瓶）、弯盘、药液（遵医嘱准备）、适量的生理盐水、治疗巾、电源插座等。

（2）治疗车下层：生活垃圾桶、医用垃圾桶、锐器盒。

4. 环境准备 环境清洁、安静，光线、温湿度适宜。

【操作流程】

操作主线	操作步骤	操作要点
1. 检查、准备设备	（1）检查雾化器各部件，确保无松动、脱落等异常情况	● 确保完好状态
	（2）连接雾化器、口含嘴（面罩）、氧气管	
2. 核对、加药	遵医嘱双人核对药液有效期及信息，无误后，将药液注入雾化器的药杯内	
3. 核对信息	携用物至患者床旁，核对患者床号、姓名、药物名称、浓度、剂量、方法、时间	● 让患者说出自己姓名、年龄，反向识别信息
		● 对意识不清的患者，由两位医护人员共同核对患者信息
4. 开始雾化	（1）安置体位：协助患者取合适卧位，将治疗巾铺于患者颌下	
	（2）连接：将雾化器的接气口连接于氧气筒或中心吸氧装置的输氧管上	● 氧气湿化瓶内勿放水，以免液体进入雾化吸入器内使药液稀释
	（3）调节氧流量	● 一般为 6~8 L/min
	（4）二次核对	● 操作中核对
	（5）指导患者手持雾化器，将口含嘴放入口中，紧闭口唇深吸气，用鼻呼气，如此反复，直至药液吸完为止	● 深吸气，使药液充分到达细支气管和肺内，可提高治疗效果
5. 结束雾化	（1）治疗完毕，再次核对患者信息，取下口含嘴	● 操作后核对
	（2）关闭氧气开关	
6. 操作后处理	（1）协助患者擦干面部，清洁口腔，取舒适卧位，整理床单位	● 协助患者翻身、叩背，指导有效排痰
		● 耐心询问患者感受及需求，并给予满足
	（2）清理用物	● 按规定消毒处理用物以备用
	（3）洗手，记录	● 记录雾化开始与持续时间，患者的反应及效果

【注意事项】

1. 正确使用供氧装置，注意用氧安全，室内应避免火源。

2. 氧气湿化瓶内勿盛水，以免液体进入雾化器内使药液稀释影响疗效。

3. 注意观察患者痰液排出情况，如痰液仍未咳出，可予以拍背、吸痰等方法协助排痰。

【健康教育】

同"超声雾化吸入法"。

三、空气压缩雾化吸入法

空气压缩雾化吸入法（compression atomized inhalation）是利用压缩空气将药液变成细微的气雾（直径 3 μm 以下），使药物直接被吸入呼吸道的治疗方法。

压缩雾化吸入器装置构造：由 3 部分组成（图 14-17）。①空气压缩机：通电后可将空气压缩。其面板上有电源开关、过滤器及导管接口；②喷雾器：其下端有空气导管接口与压缩机相连，上端可安装进气活瓣（如使用面罩，则不用安装进气活瓣），中间部分为药皿，用以盛放药液；③口含器：带有呼气活瓣。

压缩雾化吸入器作用原理：空气压缩机通电后输出的电能将空气压缩，压缩空气作用于喷雾器内的药液，使药液表面张力破坏而形成细微雾滴，通过口含器随患者的呼吸进入呼吸道。

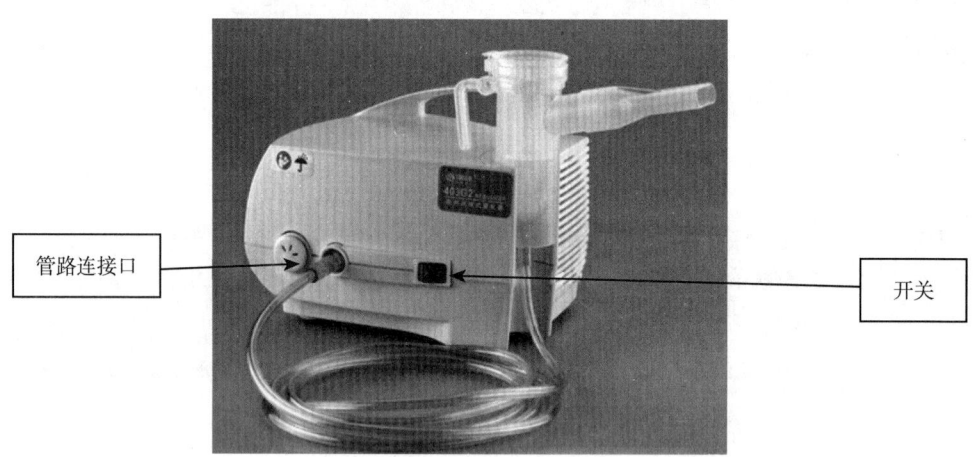

图 14-17 空气压缩雾化器

【目的】

同"超声雾化吸入法"。

【评估】

同"超声雾化吸入法"。

【操作前准备】

1. 患者准备 同"超声雾化吸入法"。

2. 护士准备 衣帽整洁，修剪指甲，洗手，戴口罩。

3. 物品准备

（1）治疗车上层

1）空气压缩机、喷雾器、口含器或面罩。

2）弯盘、药液（遵医嘱准备）、纱布、治疗巾、电源插座等。

（2）治疗车下层：生活垃圾桶、医用垃圾桶、锐器盒。

4. 环境准备 环境清洁、安静，光线、温湿度适宜。

【操作流程】

操作主线	操作步骤	操作要点
1. 检查、准备设备	（1）检查空气压缩机各部件，确保无松动、脱落等异常情况，开机检测	• 确保完好状态
	（2）连接雾化器和压缩机	
2. 核对、加药	遵医嘱双人核对药液有效期及信息，无误后，将药液注入喷雾器内	
3. 核对信息	携用物至患者床旁，核对患者床号、姓名、药物名称、浓度、剂量、方法、时间	• 让患者说出自己姓名、年龄，反向识别信息 • 对意识不清的患者，由两位医护人员共同核对患者信息
4. 开始雾化	（1）安置体位：协助患者取合适卧位，将治疗巾铺于患者颌下	
	（2）妥善放置空气压缩机	
	（3）打开电源开关，观察药液出雾情况	
	（4）二次核对	• 操作中核对
	（5）指导患者手持喷雾器，将口含器放入口中，紧闭口唇深吸气，用鼻呼气，如此反复，直至药液吸完为止	• 深吸气，使药液充分到达细支气管和肺内，可提高治疗效果
5. 结束雾化	（1）治疗完毕，再次核对患者信息，取下口含器	• 操作后核对
	（2）关闭电源开关	
6. 操作后处理	（1）协助患者擦干面部，清洁口腔，取舒适卧位，整理床单位	• 协助患者翻身、叩背，指导有效排痰 • 耐心询问患者感受及需求，并给予满足
	（2）清理用物	• 将喷雾器各部件拧开，连同口含器（或面罩）在消毒液内浸泡1h，再洗净晾干备用
	（3）洗手，记录	• 记录雾化开始与持续时间，患者的反应及效果

【注意事项】

1. 使用前检查电源电压是否与压缩机吻合。

2. 将压缩机放置在平坦、稳定的平面上，勿放于地毯或粗糙的表面上，以免堵塞通风口，操作时切勿覆盖压缩机表面。

3. 治疗过程中密切观察患者的病情变化，如出现不适可做适当休息或平静呼吸；如有痰液，嘱患者咳出，不可咽下。

4. 定期检查压缩机的空气过滤器内芯，喷雾器要定期清洗，发现喷嘴堵塞时，应反复清洗或更换。

【健康教育】

1. 向患者及家属介绍雾化吸入的相关知识，指导其正确地吸入药物，使药液充分到达呼吸道深部，更好地发挥疗效。
2. 雾化后指导患者正确咳嗽，以促进痰液的排出，减轻呼吸道感染。
3. 指导患者和家属了解有关预防呼吸道疾病发生的相关知识。

四、手压式雾化器雾化吸入法

手压式雾化器雾化吸入法是利用拇指按压雾化器顶部，使药液从喷嘴喷出，形成细微雾滴，作用于口腔及咽部气管、支气管黏膜而被其吸收的治疗方法。

【目的】

主要通过吸入拟肾上腺素类药、氨茶碱或沙丁胺醇等支气管解痉药，改善通气功能，适用于支气管哮喘、喘息性支气管炎的对症治疗。

【评估】

同超声雾化吸入法。

【操作前准备】

1. **患者准备**　同超声雾化吸入法。
2. **护士准备**　衣帽整洁，修剪指甲，洗手，戴口罩。
3. **物品准备**　按医嘱准备手压式雾化吸入器（内含药液）。
4. **环境准备**　环境清洁、安静，光线、温湿度适宜。

【操作流程】

操作主线	操作步骤	操作要点
1. 检查、准备药物	检查雾化器是否完好、药液是否在有效期内	● 确保药液在有效期内
2. 核对信息	携用物至患者床旁，核对患者床号、姓名、药物名称、浓度、剂量、方法、时间	● 让患者说出自己的姓名、年龄，反向识别信息
3. 开始雾化用药	（1）安置体位：协助患者取舒适体位	● 建议患者取端坐位或站位
	（2）摇匀药液：取下雾化器保护盖，充分摇匀药液（图14-18A）	
	（3）二次核对	● 操作中核对
	（4）将雾化器倒置，指导患者将接口端放入口中，平静呼吸	
	（5）指导患者，吸气开始时，按压气雾瓶顶部（图14-18B），使之喷药，然后深吸气，吸气末尽可能延长屏气时间，再呼气	● 深吸气，使药液充分到达细支气管和肺内，可提高治疗效果 ● 屏气时间以患者不出现不适为准
	（6）按照治疗要求，可反复1~2次	
4. 结束雾化	再次核对患者及药物信息，结束雾化	● 操作后核对
5. 操作后处理	（1）协助患者清洁口腔，取舒适卧位，整理床单位	● 耐心询问患者感受及需求，并给予满足
	（2）清理用物	● 喷雾接口端用温水清洗、擦干
	（3）洗手，记录	● 记录雾化时间，患者的反应及效果

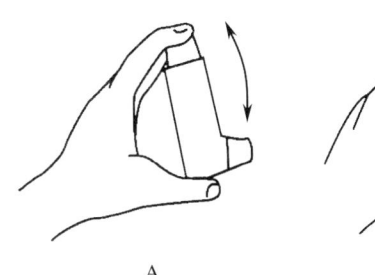

图 14-18 手压式雾化器的用法

【注意事项】

1. 喷雾器使用后宜放在阴凉处（30℃以下）保存，塑料外壳可用温水清洁。

2. 药液随着深吸气的动作经口腔吸入，尽可能延长屏气时间（最好能坚持 10 s 左右），以患者不出现不适为准，然后呼气。

3. 每次按压 1～2 次即可，两次使用时间间隔不少于 3～4 h。当疗效不满意时，不能随意增加或减少喷药次数和每次喷用量，防止用药过量。

【健康教育】

1. 指导患者或家属正确使用手压式雾化吸入器给药方法。

2. 教会患者评价疗效，当疗效不满意时，不随意增加或减少用量或缩短用药时间间隔，以免加重不良反应。

3. 帮助患者分析并解释引起呼吸道痉挛的原因和诱因，指导其选择适宜的运动，预防呼吸道感染。

知识链接

干粉吸入器的使用方法

干粉吸入器（dry powder inhaler）是继定量吸入器之后研制的一种新型吸入装置。内含药物粉剂，不含抛射剂，它利用患者的吸气气流带动药粉进入气道内，沉积在下呼吸道的药物占 10%～30%，略高于定量吸入器，能够配合吸气的患者都适用，一般用于 4 岁以上的患者。常用的有都保装置和准纳器。

1. 都保装置（turbuhaler） 储存剂量型涡流式干粉吸入器。具体使用方法：①旋转并拔出瓶盖，确保红色旋柄在下方。②拿直都保，握住底部红色部分和中间部分，向某一方向旋转到底，再向反方向旋转到底，既完成一次装药。在此过程中，可听到"咔哒"一声。③先呼气（勿对口含嘴呼气），将口含嘴含于口中，双唇包住口含嘴，用力伸长吸气，然后将口含嘴从嘴部移开，继续屏气 5 s 后恢复正常呼吸。

2. 准纳器 具体使用方法：①一手握住准纳器外壳，另一手拇指向外推动准纳器的滑动杆，直至发出咔嗒声，表明已做好吸药的准备。②握住准纳器并远离口部，在保证平稳呼吸的前提下，尽量呼气。③将口含嘴放入口中，深长、平稳地吸气，将药物吸入口中，屏气约 10 s。④拿出准纳器，缓慢恢复呼气，关闭准纳器（听到咔哒声表明关闭）。

第六节 局部给药法

案例 14-6

患者，男，20岁。与同伴打篮球时，突然出现右侧腰部疼痛难忍，伴有恶心、呕吐。速到医院就诊，诊断为右侧输尿管结石。为缓解患者疼痛症状，遵医嘱给予双氯芬酸钠栓剂 50 mg，塞肛。患者取药后，到卫生间，取出一粒栓剂（50 mg），草草塞入肛门后便起身离开了。

请回答：
1. 患者在用药过程中存在哪些问题？
2. 直肠栓剂插入法给药时，护士应对患者进行哪些健康教育？

除了前面介绍的主要给药途径外，根据某些特殊治疗的需要，还有一些局部给药的方法。局部给药不但可使病变部位药物浓度较高，还可以大大节约药物，并减少全身副作用。有关局部给药的方法在各专科还将详细学习，此处只做简单介绍。

一、滴入法

（一）滴眼药法

【目的】
1. 将药液滴入结膜囊，达到消炎、杀菌、麻醉、缩瞳、散瞳的作用。
2. 做某些眼部疾病诊断的辅助检查。

【评估】
1. 评估患者的眼部疾患情况、用药史及过敏史。
2. 评估患者心理、社会因素及对用药计划的态度、是否配合治疗，对药物相关知识的了解程度。

【操作前准备】
1. **患者准备** 了解用药目的、方法、注意事项和配合要点，取舒适体位。
2. **护士准备** 衣帽整洁，修剪指甲，洗手，戴口罩。
3. **物品准备** 弯盘、消毒棉签或棉球、滴管或无菌眼药滴瓶、玻棒、医嘱用药。
4. **环境准备** 环境清洁、安静，光线、温湿度适宜。

【操作流程】

操作主线	操作步骤	操作要点
1. 检查准备用物	检查用物，遵医嘱双人核对药液信息及是否在有效期内	● 确保药物准确
2. 核对信息	携用物至患者床旁，核对患者床号、姓名、药物名称、浓度、剂量、方法、时间	● 让患者说出自己的姓名、年龄，反向识别信息

续表

操作主线	操作步骤	操作要点
3. 开始滴药	(1) 安置体位：协助患者取舒适体位	● 建议患者取坐位或仰卧位
	(2) 用棉签或棉球擦净眼部分泌物，患者头稍后仰，眼向上看	
	(3) 二次核对	● 操作中核对
	(4) 一手将患者下眼睑轻轻向下方牵拉，另一手持滴管或滴瓶，手掌根部轻轻置于患者前额上，滴管距眼睑 2~3 cm，将药液滴入下穹隆的结膜囊内 1~2 滴	● 滴药时勿触及眼睑、睫毛和手指，以免污染 ● 滴药时勿压迫眼球 ● 滴药过程中与患者沟通，关注患者的感受和反应
	(5) 用手指将上眼睑轻轻提起，使药液在结膜囊内分布均匀	
	(6) 用干棉球擦干流出的药液，嘱患者闭眼 1~2 min	
4. 操作后处理	(1) 再次核对患者及药液信息	● 操作后核对
	(2) 协助患者取舒适卧位，整理床单位	● 耐心询问患者感受及需求，并给予满足
	(3) 整理用物	
	(4) 洗手，记录	● 记录滴药时间，患者的反应及效果

【注意事项】

1. 用药前须仔细查对瓶签、姓名及左、右眼，检查药物有无变色、沉淀，注意玻棒有无破损，检查无误后方可用药。

2. 为每个患者用眼药前，均需进行严格的手部消毒。

3. 滴药时滴管应呈 45°斜向，距眼睑 2~3 cm，勿将滴管触及睫毛或睑缘，防止污染滴管和药液。

4. 角膜对刺激较为敏感，因此，不宜将药液直接滴在角膜面上，而应滴入眼下穹隆内。

5. 沉淀性药物应振荡均匀后再滴入。

6. 操作时应轻巧，勿对眼球加压。

7. 数种药物同用时，必须稍有间隔，不可同时滴入。

8. 滴药水与涂眼膏同用，应先滴药水，后涂眼膏。

【健康教育】

1. 嘱患者在滴入药物后，闭眼 1~2 min。

2. 教会患者自行操作的方法。

(二) 滴耳药法

【目的】

1. 将药液滴入耳道，可用于消炎、治疗耳部疾病。

2. 软化耵聍，清洁耳道。

【评估】

1. 评估患者耳部疾患情况、用药史及过敏史。
2. 评估患者心理、社会因素及对用药计划的态度、是否配合治疗，对药物相关知识的了解程度。

【操作前准备】

1. 患者准备　了解用药目的、方法、注意事项和配合要点，取舒适体位。
2. 护士准备　衣帽整洁，修剪指甲，洗手，戴口罩。
3. 物品准备　弯盘、棉花及耳科专用棉签、滴管、医嘱用药。
4. 环境准备　环境清洁、安静，光线、温湿度适宜。

【操作流程】

操作主线	操作步骤	操作要点
1. 检查准备用物	检查用物，遵医嘱双人核对药液信息及是否在有效期内	● 确保药物准确
2. 核对信息	携用物至患者床旁，核对患者床号、姓名、药物名称、浓度、剂量、方法、时间	● 让患者说出自己的姓名、年龄，反向识别信息
3. 开始滴药	（1）安置体位：协助患者取患耳部朝上体位	
	（2）用耳科专用棉签清洁外耳道	● 滴药前必须将外耳道脓液洗净
		● 确保滴耳药的充分吸收和最佳疗效
	（3）二次核对	● 操作中核对
	（4）轻拉耳郭使外耳道变直，将药液顺耳道后壁滴入2~3滴	● 滴管头不可触及耳部，避免药液污染
		● 滴药过程中与患者沟通，关注患者的感受和反应
	（5）轻压耳屏数下，并保持原位2~3 min	
	（6）用消毒棉球轻塞外耳道口	
4. 操作后处理	（1）再次核对患者及药液信息	● 操作后核对
	（2）协助患者取舒适卧位，整理床单位	● 耐心询问患者感受及需求，并给予满足
	（3）整理用物	
	（4）洗手，记录	● 记录滴药时间，患者的反应及效果

【注意事项】

1. 操作前应用干棉签擦净外耳道分泌物，必要时可用3%过氧化氢溶液反复清洗，并以棉签拭干，以利于药物发挥作用。
2. 滴管勿触及外耳道，避免污染滴管和药液。
3. 药液的温度以接近体温为宜，以免刺激迷路引起眩晕、恶心等不适反应。
4. 滴药时需将外耳道按一定方向拉直，成人患者将其外耳向后上方牵引，3岁以下小儿向后下方牵引。
5. 患者头偏向一侧，患耳在上。如双耳均须滴药，在滴完一侧后停留数分钟，再滴另外一侧。
6. 如滴耵聍软化液，应事先告知患者滴入药液量要多，滴药后可能有耳塞、闷胀感，以免患者不安。

【健康教育】
1. 嘱患者在滴入药物后，保持此体位 3～4 min，以免药液外流。
2. 教会患者自行操作的方法。

（三）滴鼻药法

【目的】
1. 保持鼻腔润滑，防止干燥结痂。
2. 保持鼻腔引流通畅，达到治疗目的。

【评估】
1. 评估患者鼻部疾患情况、用药史及过敏史。
2. 评估患者心理、社会因素及对用药计划的态度、是否配合治疗，对药物相关知识的了解程度。

【操作前准备】
1. **患者准备** 了解用药目的、方法、注意事项和配合要点，取舒适体位。
2. **护士准备** 衣帽整洁，修剪指甲，洗手，戴口罩。
3. **物品准备** 弯盘、清洁棉球或纸巾少许、滴管、医嘱用药。
4. **环境准备** 环境清洁、安静，光线、温湿度适宜。

【操作流程】

操作主线	操作步骤	操作要点
1. 检查准备用物	检查用物，遵医嘱双人核对药液信息及是否在有效期内	● 确保药物准确
2. 核对信息	携用物至患者床旁，核对患者床号、姓名、药物名称、浓度、剂量、方法、时间	● 让患者说出自己的姓名、年龄，反向识别信息
3. 开始滴药	（1）安置体位：协助患者取坐位或仰卧位，头后仰	● 滴药前协助患者将鼻涕轻轻擤出 ● 头尽量后仰，使鼻部低于口和咽喉部位
	（2）二次核对	● 操作中核对
	（3）将药液滴入鼻腔内，用棉球轻轻按压下鼻翼，使药液均匀分布在鼻黏膜上	● 滴药过程中关注患者的反应及感受
	（4）保持原位 2～3 min	
	（5）用棉球或纸巾擦去外流的药液	
4. 操作后处理	（1）再次核对患者及药液信息	● 操作后核对
	（2）协助患者取舒适卧位，整理床单位	● 耐心询问患者感受及需求，并给予满足
	（3）整理用物	
	（4）洗手，记录	● 记录滴药时间，患者的反应及效果

【注意事项】
1. 为使患者头部充分外展，可将头部仰置于床边，或颈下垫以枕头。
2. 滴管勿接触患者鼻孔，避免污染滴管和药液；滴管及药瓶应专用，以防交叉感染。
3. 滴药后交替按压鼻翼，使药液与鼻黏膜广泛接触，以便于药物的吸收，增强治疗效果。
4. 滴药后嘱患者勿擤鼻；药物可能经鼻道流至口、咽部后方，引起患者不适，嘱患者及时将口腔内的药物吐出。

5. 需要同时滴几种药物时，应先滴入减轻鼻充血的药液，使鼻腔黏膜收缩后再滴入其他药液。

6. 鼻黏膜血管收缩剂不宜连用 3 天以上，防止出现反跳性黏膜充血加剧。

【健康教育】

1. 将药液滴入鼻腔内，用棉球轻轻按压下鼻翼，使药液均匀分布在鼻黏膜上。
2. 嘱患者在滴入药物后，保持此体位 2~3 min，以免药液外流。
3. 教会患者自行操作的方法。

二、插入法

常用药物为栓剂，包括直肠栓剂（rectal suppository）和阴道栓剂（vaginal suppository）。栓剂是药物与一定的基质混合制成的供插入人体不同腔道的一种固体制剂，其熔点为 37℃ 左右，插入体腔后缓慢融化而产生药效。

（一）直肠栓剂插入法

【目的】

1. 直肠插入甘油栓，软化粪便，以利排出。
2. 栓剂中有效成分被直肠黏膜吸收，而达到全身治疗作用，如解热镇痛栓剂。

【评估】

1. 评估患者的患病情况、用药史及过敏史。
2. 评估患者心理、社会因素及对用药计划的态度、是否配合治疗，对药物相关知识的了解程度。

【操作前准备】

1. **患者准备**　了解用药目的、方法、注意事项和配合要点，取舒适体位。
2. **护士准备**　衣帽整洁，修剪指甲，洗手，戴口罩。
3. **物品准备**　直肠栓剂，指套或手套，卫生纸。
4. **环境准备**　需要时用屏风或围帘遮挡患者。

【操作流程】

操作主线	操作步骤	操作要点
1. 检查准备用物	检查用物，遵医嘱双人核对药液信息及是否在有效期内	● 确保药物准确
2. 核对信息	携用物至患者床旁，核对患者床号、姓名、药物名称、浓度、剂量、方法、时间	● 让患者说出自己的姓名、年龄，反向识别信息
3. 开始给药	（1）嘱患者先排空二便，协助患者取侧卧位，膝部弯曲，暴露肛门	● 注意保护患者隐私
	（2）二次核对	● 操作中核对
	（3）戴上指套或手套取出药物	● 避免污染手指
	（4）嘱患者张口深呼吸，尽量放松	● 使肛门括约肌松弛
	（5）将栓剂插入肛门，并用示指将栓剂延直肠壁朝脐部方向送入 6~7 cm（图 14-19）	● 必须插至肛门内括约肌以上，并确定栓剂靠在直肠黏膜上；若插入粪块，则不起作用
		● 插入过程中，关注患者的反应及感受

续表

操作主线	操作步骤	操作要点
3. 开始给药	（6）置入栓剂后，保持侧卧位15 min，若栓剂滑脱出肛门外，应予重新插入	● 防止栓剂滑脱或融化后渗出肛门外 ● 确保用药效果
4. 操作后处理	（1）再次核对患者及药液信息	● 操作后核对
	（2）协助患者穿裤子，取舒适卧位，整理床单位	● 不能下床者将便器、卫生纸、呼叫器放于患者易取处 ● 耐心询问患者感受及需求，并给予满足
	（3）整理用物	
	（4）洗手，记录	● 记录给药时间，患者的反应及效果

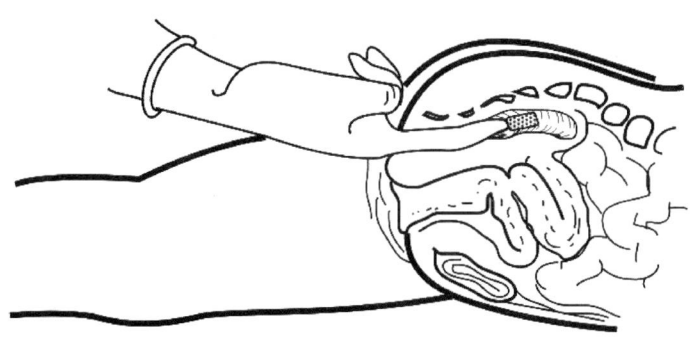

图14-19 直肠栓剂给药法

【注意事项】

1. 当直肠栓剂受气候（如夏季）的影响硬度发生改变（变软）时，应用前宜将其置于冰水或冰箱中10~20 min，待其基质变硬后再使用。

2. 使用直肠栓剂前，嘱患者先排空二便，注意保护患者隐私。

3. 指导患者放松及配合的方法，采取提高用药效果的措施。栓剂塞入肛门后1~2 h内尽量不要排便（刺激性泻药除外）。因为栓剂在直肠的停留时间越长，吸收越完全。

4. 密切观察患者用药后的反应，给予对症护理。

【健康教育】

1. 嘱患者在置入药物后，保持侧卧位至少15 min。

2. 除甘油栓等软化粪便的药物，建议用药后2 h再排便。

3. 教会患者自行操作的方法。

（二）阴道栓剂插入法

【目的】

自阴道插入栓剂，以起到局部治疗的作用，如插入消炎、抗菌药物治疗阴道炎。

【评估】

1. 评估患者的患病情况、用药史及过敏史。

2. 评估患者心理、社会因素及对用药计划的态度、是否配合治疗，对药物相关知识的了解程度。

【操作前准备】

1. 患者准备 了解用药目的、方法、注意事项，掌握配合和放松方法，取舒适体位。

2. 护士准备 衣帽整洁，修剪指甲，洗手，戴口罩。

3. 物品准备 阴道栓剂，栓剂置入器或手套，橡胶单，治疗巾，卫生棉垫。
4. 环境准备 需要时用屏风或围帘遮挡患者。

【操作流程】

操作主线	操作步骤	操作要点
1. 检查准备用物	检查用物，遵医嘱双人核对药液信息及是否在有效期内	● 确保药物准确
2. 核对信息	携用物至患者床旁，核对患者床号、姓名、药物名称、浓度、剂量、方法、时间	● 让患者说出自己的姓名、年龄，反向识别信息
3. 开始给药	(1) 安置体位：协助患者取屈膝仰卧位，双腿分开，暴露会阴部	● 注意保护患者隐私 ● 注意保暖
	(2) 铺巾：铺橡胶单及治疗巾于会阴下	
	(3) 二次核对	● 操作中核对
	(4) 一手戴上手套或指套取出栓剂	● 避免污染手指
	(5) 嘱患者张口深呼吸，尽量放松	
	(6) 利用置入器或戴上手套，将栓剂沿阴道下后方送入 5 cm，达阴道穹	● 成年女性阴道长约 10 cm，故必须置入 5 cm 以上深度，以防滑出 ● 插入过程中，关注患者的反应及感受
	(7) 置入栓剂后，保持平卧位 15 min，以利药物扩散至整个阴道组织，利于药物吸收	● 防止栓剂滑脱或融化后渗出阴道外 ● 确保用药效果
4. 操作后处理	(1) 再次核对患者及药液信息	● 操作后核对
	(2) 取出治疗巾及橡胶单，为避免药物或阴道渗出物弄污内裤，可以使用卫生棉垫	
	(3) 协助患者穿裤子，取舒适卧位，整理床单位	● 耐心询问患者感受及需求，并给予满足
	(4) 洗手，记录	● 记录给药时间，患者的反应及效果

【注意事项】
1. 注意保护患者隐私。
2. 指导患者放松及配合的方法，采取提高用药效果的措施。
3. 准确判断阴道口，必须置入足够深度。
4. 密切观察患者用药后的反应，给予对症护理。

【健康教育】
1. 嘱患者在置入药物后，保持平卧位至少 15 min。
2. 栓剂应该尽量在夜晚使用，除了吸收效果更好之外，也可避免栓剂滑出体外，使栓剂达到应有的药效。
3. 指导患者在治疗期间避免性生活。
4. 使用栓剂之前，要戴上指套或者一次性手套进行操作，因为手指接触的地方多，其上残留的细菌成分也比较多，佩戴手套可避免二次感染。
5. 教会患者自行操作的方法。

三、皮肤给药法

【目的】

将药物直接涂于皮肤，起到局部治疗的作用。常用的皮肤外用药物剂型有乳剂、油剂、软膏、粉剂、气雾剂等。

【评估】

1. 评估患者的患病情况、用药史及过敏史。
2. 评估患者心理、社会因素及对用药计划的态度、是否配合治疗，对药物相关知识的了解程度。

【操作前准备】

1. 患者准备 了解用药目的和注意事项，清洁局部皮肤。
2. 护士准备 衣帽整洁，修剪指甲，洗手，戴口罩。
3. 物品准备 皮肤用药、棉签、弯盘，需要时准备清洁皮肤用物。
4. 环境准备 环境清洁、安静，光线、温湿度适宜，需要时用屏风或围帘遮挡患者。

【操作流程】

1. 涂擦药物前先用温水与中性肥皂清洁皮肤，如有皮炎则仅用清水清洁。
2. 根据药物剂型的不同，采用相应的护理方法。

（1）溶液剂：一般为非挥发性药物的水溶液，如3%硼酸溶液、依沙吖啶溶液，有清洁、收敛、消炎等作用。主要用于急性皮炎伴有大量渗液或脓液者。方法如下：用塑料布或橡胶单垫于患处下面，用钳子夹持蘸湿药液的棉球洗抹患处，至清洁后用干棉球抹干。亦可用湿敷法给药。

（2）糊剂：为含有多量粉末的半固体制剂，如氧化锌糊、甲紫糊等，有保护受损皮肤、吸收渗液和消炎等作用。适用于亚急性皮炎，有少量渗液或轻度糜烂者。用法：用棉签将药糊直接涂于患处，药糊不宜涂得太厚，亦可将糊剂涂在纱布上，然后贴在受损皮肤处，外加包扎。

（3）软膏：为药物与适宜基质均匀混合制成有适当稠度的半固体外用制剂，如硼酸软膏、硫酸软膏等，具有保护、润滑和软化痂皮等作用。一般用于慢性增厚性皮损。方法：用搽药棒或棉签将软膏涂于患处，不必过厚，如为角化过度的皮损，应略加摩擦。除用于溃疡或大片糜烂受损皮肤外，一般不需包扎。

（4）乳膏剂：指药物溶液或分散于乳状液型基质中形成的均匀的半固体外用制剂。分霜剂（如樟脑霜）和脂剂（如尿素脂）两种，具有止痒、保护、消除轻度炎症的作用。方法：乳膏剂使用前，最好用干净的湿布湿润皮肤，擦干，然后用棉签将乳膏剂涂于患处，禁用于渗出较多的急性皮炎。

（5）酊剂和醑剂：不挥发性药物的乙醇溶液为酊剂，如碘酊；挥发性药物的乙醇溶液为醑剂，如樟脑醑。两者均具有杀菌、消毒、止痒等作用。适用于慢性皮炎苔藓样变。方法：用棉签蘸药涂于患处，注意因药物有刺激性，不宜用于有糜烂面的急性皮炎、黏膜以及眼、口的周围。

（6）粉剂：为一种或数种药物的极细粉均匀混合制成的干燥粉末样制剂，如滑石粉、雅子粉等，能起到干燥、保护皮肤的作用。适用于急性或亚急性皮炎而无糜烂渗液的受损皮肤。方法：将药粉均匀地扑撒在受损皮肤处。注意粉剂多次应用后常有粉块形成，可用生理盐水湿润后除去。用药后注意观察局部皮肤反应并了解患者的主观感觉（如痒感是否减轻或消除），动态地评价用药效果。

【注意事项】
1. 用药后观察局部皮肤反应情况，尤其注意对小儿和老年患者的观察。
2. 了解患者对局部用药处的主观感觉，并有针对性地做好解释工作。
3. 动态地评价用药效果，并实施提高用药效果的措施。

【健康教育】
1. 说明用药的目的，在了解患者对用药顾虑的基础上进行有针对性的解释。
2. 强调相应剂型用药的注意事项。

四、舌下含服法

药物通过舌下口腔黏膜丰富的毛细血管吸收后，直接进入体循环，可避免胃肠刺激、吸收不全和首过消除作用，而且生效快。如目前常用的硝酸甘油剂，舌下含服一般 2～5 min 即可发挥作用，用药后患者心前区压迫感或疼痛感可减轻或消除。

舌下含服用药时，指导患者将此类药物放在舌下，药物可快速溶解，通过舌下黏膜吸收而发挥速效作用。如口腔干燥时可饮水湿润口腔，有利于药物溶解吸收。应注意不可嚼碎吞下，否则会影响药效；也不可把药含在口中，因为舌表面的舌苔和角质层很难吸收药物。

小 结

药物治疗包括口服给药法、注射给药法、吸入给药法以及其他途径给药法，是治疗疾病的重要手段之一。但药物种类繁多、给药方式多样、药物反应复杂，如何准确、有效地为患者实施药物治疗，使药物达到最佳效果，进而减轻患者病痛，是衡量护士工作能力的重要指标。护士在为患者用药前，应严格遵守"三查七对"原则，确保用药准确性。口服给药时，护士应指导患者正确的服药方法，做好服药的健康教育工作。注射给药时，护士应遵循注射原则，明确区分皮内、皮下、肌内、静脉给药的注射部位、注射方法，最大限度减轻患者痛苦。雾化吸入时，护士应熟悉不同雾化装置的工作原理，教会患者正确的吸入方法。经阴道、肛门插入给药时，护士应保护患者隐私，动作轻柔，尊重患者意愿。学生在学习本章节内容时，在掌握各种给药方法的同时，也要运用"以人为中心，以护理程序为框架"的模式，将护理专业的基础理论、知识和技能有机地贯穿于学习、实践的始终。在未来的临床工作中，履行护理人员"促进健康、预防疾病、恢复健康和减轻痛苦"的重要职责。

思考题

一、单项选择题

1. 为患者王某静脉注射 10% 葡萄糖酸钙 10 ml，推注时，患者诉说疼痛，推注有阻力，局部肿胀，回抽无血，提示

  A. 针头滑出静脉   B. 针头部分阻塞
  C. 针头斜面紧贴血管壁   D. 静脉有痉挛
  E. 针头斜面一部分穿透下面血管壁

2. 患者女，1 岁，因支气管肺炎入院，T 39.7℃，P 122 次/分，R 25 次/分。医嘱：青霉

素 40 万 U im qid, Vit C po 0.2 g tid, 止咳糖浆 5 ml po tid。青霉素皮试阴性后, 肌内注射应选择的部位是

  A. 臀大肌   B. 臀中肌、臀小肌

  C. 上臂三角肌   D. 股外侧肌

  E. 三角肌下缘

3. 患者张某, 需口服磺胺类药, 护士嘱其服药期间需多喝水的目的是

  A. 减轻胃肠道刺激   B. 增强药物疗效

  C. 维持血液 pH 值   D. 避免损害造血系统

  E. 增加药物溶解度, 避免结晶析出

4. 患者刘某, 因慢性充血性心力衰竭住院。医嘱: 地高辛 0.25 mg, po, qd。护士发药时应特别注意

  A. 嘱患者服药后多喝水   B. 待患者服下后再离开

  C. 给药前应测量脉率   D. 服药后不宜多喝水

  E. 应将药物研碎再喂服

(以下病例为 5~6 题共用)

患者张某, 77 岁, 冠心病近 15 年, 糖尿病 6 年, 由于血糖控制不住, 于今日开始注射胰岛素。上午 11 时注射胰岛素后出现心悸、恶心、大汗, 在家服用糖水后症状仍不见缓解, 半小时后出现头痛、抽搐, 被家人送医院就诊。医嘱: 50% 葡萄糖 40 ml, 静脉注射。

5. 有关该患者穿刺部位的选择, 最佳的是

  A. 手背静脉   B. 足背静脉

  C. 股静脉   D. 肘正中静脉

  E. 颈外静脉

6. 以下针对该患者静脉穿刺的有效方法是

  A. 消毒手指, 摸清血管后进行穿刺

  B. 按静脉的走行用手指压迫, 静脉暴露后穿刺

  C. 用手指将穿刺点的血管上下端固定后, 从上面直接穿刺

  D. 用手指按压局部, 静脉暴露后进行穿刺

  E. 局部按摩, 待血管扩张后, 进行穿刺

(以下病例为 7~8 题共用)

患者李某, 66 岁, 因急性肺炎, 痰液黏稠不易咳出。为帮助患者祛痰, 给予氧气雾化吸入。

7. 护士的下列操作中, 错误的是

  A. 注意用氧安全, 避免火源   B. 雾化时不接湿化罐

  C. 氧气流量为 6~8 L/min   D. 湿化瓶中加入蒸馏水

  E. 氧流量调节好后, 观察出雾量, 再指导患者使用

8. 护士指导该患者雾化吸入的方法, 以下不正确的是

  A. 指导患者取舒适的体位

  B. 指导患者将口含嘴放入口中, 紧闭口唇包住口含嘴

  C. 指导患者用鼻吸气, 用口呼气

  D. 雾化吸入 15~20 min, 直到吸完药液

  E. 雾化吸入后指导患者充分漱口

二、案例分析题

1. 患者王某，80岁，退休工人。由于天气转凉，出现打喷嚏、咳嗽、流鼻涕的症状。患者有高血压、糖尿病病史20余年，服药不规律。

请回答：

（1）针对患者现在的情况，选用哪种给药途径最为合适？

（2）护士应如何为患者做服药健康指导？

2. 李某，45岁，青霉素过敏试验阴性，遵医嘱肌内注射青霉素20万单位。在首次注射15 min后，突然感到胸闷、气急，同时面色苍白、出冷汗、全身麻木、抽搐、肌肉无力等，脉搏116次/分，血压70/50 mmHg。

请回答：

（1）该患者可能发生了什么问题？

（2）值班护士应如何处理？

（许丽杰　张全志）

第十五章 静脉输液与输血

本章数字资源

导学目标

通过本章内容的学习，学生应能够：

◆ **基本目标**

1. 解释静脉输液和静脉输血的概念、目的和原理。
2. 陈述静脉输液与输血的原则和补钾原则。
3. 比较静脉输液常用溶液和常用血液制品的种类及作用。
4. 说出静脉输液、静脉输血和成分输血的操作注意事项。
5. 列举静脉输液的常见故障与排除方法。
6. 计算静脉输液的速度和时间。
7. 理解ABO血型系统和Rh血型系统、血型鉴定及交叉配血的临床意义。
8. 解释临床常见输液反应和输血反应的原因。
9. 陈述输全血与输成分血的优缺点。
10. 按照规范完成静脉输液和静脉输血的基本操作过程。

◆ **发展目标**

1. 综合运用所学的知识，准确识别临床常见静脉输液和静脉输血的不良反应。
2. 采取适当的护理措施，预防和处理各种输液反应和输血反应。
3. 通过案例相结合的静脉输液和输血实践培训，熟练掌握无菌技术操作原则和查对制度，关心患者，学会换位思考，树立爱伤观念，提高护理职业素养。

静脉输液与输血是临床上用于纠正机体水、电解质及酸碱平衡失调，恢复内循环稳定并维持机体正常生理功能的重要治疗措施。正常情况下，机体处于平衡稳定的状态，但在疾病、外伤等情况下，水、电解质及酸碱平衡出现失调。通过静脉输液和输血，可以迅速有效地补充机体丢失的体液和电解质，补充血容量，改善微循环，维持正常的血压，达到治疗疾病的目的。而在输液、输血过程中也可能出现一些不良反应，给患者造成不同程度的损伤。因此，护士必须熟练掌握及准确运用静脉输液与输血的知识和技能，并密切观察患者的反应，以确保安全有效地进行输液与输血治疗，从而治疗疾病和挽救患者生命。

第一节 静脉输液

案例 15-1

患者，男，60岁。因"急性支气管炎"步行入院。既往体健，无过敏史。查体：神志清楚，精神不振，体温39℃，医嘱予"NS 250 ml+青霉素400万 U，iv drip qd"。半小时后护士查房发现患者出现剧烈咳嗽、咳粉红色泡沫样痰、呼吸急促、大汗淋漓。

请回答：
1. 该患者出现了何种输液反应？
2. 作为护士，应如何预防这种输液反应？
3. 查房护士发现患者出现问题后，应如何进行紧急处理？

静脉输液（intravenous infusion）是将一定量无菌溶液或药物直接通过静脉注入血液循环系统的治疗方法。依据穿刺部位的不同，静脉输液可分为外周静脉输液和中心静脉输液。护士的职责是遵医嘱建立静脉通道、监测静脉输液的过程、静脉输液结束的处理。另外，护士也应掌握静脉输液的目的、药物的类型和作用、预期效果、可能发生的输液反应及处理方法。

一、静脉输液的原理与目的

（一）静脉输液的原理

静脉输液是利用大气压和液体静压原理，将无菌液体、电解质、药物等通过静脉输入人体的方法。静脉输液需满足的先决条件是大气压和液体静压形成的输液系统内压高于人体静脉压。

（二）静脉输液的目的

1. 补充人体所需的水分、电解质，以维持水和电解质平衡。用于各种原因引起的脱水、酸碱平衡失调，如腹泻、剧烈呕吐、大手术后的患者。
2. 供给营养，以促进组织修复，维持正氮平衡。常用于慢性消耗性疾病、胃肠道吸收障碍及不能经口进食的患者。
3. 输入药物以治疗疾病。如输入脱水剂降低颅内压、输入抗生素控制感染等。
4. 增加循环血量，以改善微循环及维持血压。可用于大出血、休克等需抢救的患者。

知识链接

静脉输液治疗的发展历史

1628年，英国医生哈维首次发现了血液循环，认识到血液的运输作用，从而奠定了静脉输液的基础。

1656年，英国医生克里斯朵夫和罗伯特用羽毛管针头，将药物注入狗的静脉，这是历史上首例使药物通过静脉进入血流的行为。

1662年，德国一名叫约翰的医师，首次将药物注入人体，但患者由于发生感染而未被救活。

1832年，欧洲的一次瘟疫流行，苏格兰医生托马斯成功地将盐类物质输入人体。成功地奠定了静脉输液治疗模式。

19世纪后半叶，英国医生李斯特创立了无菌的理论和方法，法国巴斯德借助显微镜发现微生物感染，佛洛伦斯发现热源，使静脉输液安全得到保证。

1900年，科学家发现人体血液的分型，研制出了更安全的静脉注射液体，如葡萄糖、生理盐水、碳水化合物、钾、钠。

20世纪50年代，一次性输液物品诞生。1957年，一次性头皮针产生。在此前，输液工具为羽毛卷片、动物静脉、动物膀胱、塑料橡胶制品及注射器针头。

1970年，德国BD公司发明了第一代静脉留置针。

1972年，美国成立静脉输液学会（Infusion Nurses Society，INS）。

1999年，中华护理学会静脉输液治疗专业委员会（Infusion Therapy Committee of Chinese Nursing Association）在北京成立。

2014年，我国发布中华人民共和国卫生行业标准：静脉治疗护理操作规范 WS/T 433—2013，进一步规范我国静脉输液治疗操作。

二、静脉输液的常用溶液与作用

（一）晶体溶液

晶体溶液（crystalloid solution）的特点是：分子量小、血管存留时间短、黏度低、可快速输入，多用于维持细胞内外水分平衡、有效纠正水和电解质平衡失调。常用的晶体溶液有以下4种。

1. 葡萄糖溶液 可补充水分和葡萄糖。葡萄糖在体内迅速被氧化生成二氧化碳和水，释放出热量。每克葡萄糖可产生0.6 ml水，并提供16.7 kJ（4 kcal）热量。因此，葡萄糖溶液主要用于补充水分和热量。临床上有多种浓度的葡萄糖溶液，其中最常用的浓度为5%和10%。

2. 等渗电解质溶液 可补充水分和电解质，维持体液和渗透压平衡。人体体液丢失时往往伴有电解质紊乱，血浆容量与血液中钠离子水平密切相关，缺钠时，血容量往往也降低。因此，补充液体时应兼顾水与电解质的平衡。临床上常用的等渗电解质溶液有0.9%氯化钠溶液、林格溶液（Ringer's solution）、5%葡萄糖氯化钠溶液、平衡盐溶液等。

3. 碱性溶液 碱性溶液是指在常温下pH值大于7或者氢氧根离子浓度大于氢离子浓度指数的溶液。可用于治疗酸中毒、调节酸碱平衡。常用的碱性溶液有以下几种。

（1）碳酸氢钠（$NaHCO_3$）溶液：$NaHCO_3$进入人体后，分解成钠离子和碳酸氢根离子，碳酸氢根离子可以与体液中剩余的氢离子结合生成碳酸，最终以二氧化碳和水的形式排出体外。此外，$NaHCO_3$还可以直接提升血中二氧化碳结合力。其优点是补碱迅速，且不易加重乳酸血症。需注意的是，$NaHCO_3$在中和酸以后生成的碳酸（H_2CO_3），必须以二氧化碳（CO_2）的形式经肺呼出。因此，对呼吸功能不全的患者不宜使用。临床常用的碳酸氢钠溶液的浓度为5%和1.4%。

（2）乳酸钠溶液：乳酸钠进入人体后，可分解为钠离子和乳酸根离子，钠离子在血中与碳酸氢根离子结合形成碳酸氢钠。乳酸根离子可与氢离子生成乳酸。但值得注意的是，在某些情况下，如休克、肝功能不全患者或新生儿对乳酸的利用能力相对较差，易加重乳酸血症，故不宜使用。临床上常用的乳酸钠溶液的浓度为11.2%和1.84%。

4. 高渗溶液 利尿脱水，可在短时间内提高血浆渗透压，回收组织水分进入血管，消除水肿,同时降低颅内压,改善中枢神经系统的功能。临床上常用的高渗溶液有 20% 甘露醇、25% 山梨醇和 25%~50% 葡萄糖溶液。

(二)胶体溶液

胶体溶液(colloidal solution)的特点是:分子量大,血管内存留时间长,能有效维持血浆胶体渗透压,扩充血容量,改善微循环。常用的胶体溶液包括以下几种。

1. 右旋糖酐溶液 为水溶性多糖类高分子聚合物,常用的有中分子和低分子右旋糖酐两种。中分子右旋糖酐(平均相对分子量为 7.5 万左右)可提高血浆胶体渗透压和扩充血容量;低分子右旋糖酐(平均相对分子量为 4 万左右)可降低血液黏稠度,减少红细胞聚集,改善血液循环和提高组织灌注量,预防血栓形成。

2. 代血浆 效果与低分子右旋糖酐类似,扩容效果好,进入血液循环后可显著增加循环血量和心输出量,体内停留时间较右旋糖酐长,且过敏反应少,急性大出血时可与全血共用。常用代血浆有羟乙基淀粉、明胶多肽注射液、聚乙烯吡咯酮等。

3. 血液制品 输入后能提高胶体渗透压,扩大和增加循环血容量,补充蛋白质和抗体,有助于组织修复和提高机体免疫力。常用的血液制品有 5% 白蛋白和血浆蛋白等。

(三)静脉高营养液

静脉高营养液是指能通过静脉输注的高营养液体,可提供热量、补充蛋白质,维持正氮平衡,并补充各种维生素和矿物质。主要成分包括复方氨基酸、脂肪酸、维生素、高浓度葡萄糖或右旋糖酐、电解质、微量元素等。临床上常用的静脉高营养液有复方氨基酸、脂肪乳等。

三、常用输液部位

输液时应根据患者的年龄、神志、体位、病情、局部皮肤状况、病程长短、药物性质、输液时间、静脉情况或即将选择的手术部位等情况来选择穿刺的部位。常用的输液部位包括以下几种。

(一)外周静脉

常用的外周静脉包括外周浅静脉、头皮静脉和颈外静脉。

1. 外周浅静脉 外周浅静脉是指分布于皮下的肢体末端的静脉。静脉分类及特点如下:①指端静脉:在其他静脉无法穿刺的情况下,可选用指端静脉,但此静脉容易渗漏。②手背静脉网:手背静脉作为首选静脉进行穿刺,对于年纪较大的患者,因皮肤松弛、皮下组织疏松,穿刺时不容易固定。③前臂头静脉:是最佳静脉输液通路,因其较粗大,可稀释高渗性和刺激性溶液,输液速度快,但该静脉穿刺时易滚动,应注意绷紧皮肤。④贵要静脉:直、短、静脉瓣较少,但不方便患者活动。⑤肘正中静脉:粗、直、方便患者活动,但静脉瓣较多。⑥前臂正中静脉:一般可见但不宜触摸,而且靠近神经,穿刺时会感到疼痛,因此该部位不作为穿刺首选。因而上肢穿刺常用的浅静脉有头静脉、肘正中静脉、贵要静脉、手背静脉网。手背静脉网是成年患者输液时的首选部位;肘正中静脉、贵要静脉和头静脉常用来采集血标本、静脉推注药液或作为经外周置入中心静脉导管(peripherally inserted central catheter, PICC)或中等长度导管(midline catheter, MC)的穿刺部位。

下肢穿刺常用的浅静脉有大隐静脉、小隐静脉和足背静脉网等,但下肢的浅静脉不作为成人静脉输液时的首选部位,因为下肢静脉与上肢静脉相比,有较多静脉瓣且血液回流速度较慢,容易形成血栓性静脉炎。小儿穿刺常用足背静脉,以便于输液部位的固定。

2. 头皮静脉 头皮静脉分布较广,互相沟通交错成网,且表浅易见,不易滑动,便于固定。由于穿刺部位在头部,肢体活动不受限,便于躯干的保暖,因此适用于婴幼儿,但要征得患儿家长的同意。常用的头皮静脉有颞浅静脉、额静脉、耳后静脉及枕静脉。

3. 颈外静脉 颈部最大的浅静脉,由耳后静脉、枕静脉和面后静脉后支汇合而成。起自下颌角后方垂直下降，穿越胸锁乳突肌后缘，于锁骨上方穿越深筋膜，最后汇入锁骨下静脉，因其表浅且位置较固定，便于穿刺。

（二）中心静脉

锁骨下静脉、股静脉和颈内静脉常用于中心静脉置管，可用于周围静脉穿刺困难又需长期输液的患者。中心静脉的位置距离右心房较近且管腔粗大，血流量多且血流速度快。因此，高浓度或刺激性较强的药物能够迅速被稀释进入心脏，从而减轻对血管壁的刺激。需要持续输液、静脉高营养及外科手术患者可选择此部位。

1. 锁骨下静脉 自第1肋外侧缘，续于腋静脉，位于锁骨后下方，向内至胸锁关节后方与颈内静脉汇合成无名静脉，左右无名静脉汇合成上腔静脉入右心房。此静脉管径粗大，虽然不表浅，但常处于充盈状态，周围有结缔组织固定，血管不易塌陷，比较容易穿刺。但由于胸膜顶高于锁骨，进针角度和方向不准确时易穿破胸膜导致气胸，又因吸气时胸腔呈负压状态，锁骨下静脉穿刺还易造成空气栓塞，故不适于初学者穿刺，有条件可以使用超声机引导穿刺，避免气胸的发生。

2. 股静脉 上段位于股三角内，股三角的上界为腹股沟韧带，外侧界为缝匠肌的内侧缘，内侧界为长收肌的外侧缘，前壁为阔筋膜，后壁凹陷，由髂腰肌与耻骨肌及其筋膜组成。股三角内神经、动脉、静脉三者的排列位置是：外侧为股神经，股动脉居中，内侧为股静脉。体表定位：在髂前上棘和耻骨结节之间划一联线，其中点为股动脉，股动脉内侧 0.5 cm 处为股静脉。股静脉走行直、管腔粗大、位置固定，穿刺成功率高。但导管难以固定，且易于感染。

3. 颈内静脉 颈内静脉起始于颅底的颈静脉孔，为颅内乙状窦直接向下的延续。颈内静脉在颈动脉鞘内位于颈内-颈总动脉的前外侧，在颈内-颈总动脉与颈内静脉之间的后方有迷走神经下行。颈内静脉穿刺和置管是临床诊断和治疗途径之一，除了静脉输液，也可用于测量中心静脉压。由于右侧颈内静脉较粗，与头臂静脉、上腔静脉三者几乎成一直线，所以，颈内静脉穿刺和置管术宜选在右侧进行。

四、常用静脉输液法

按照输入的液体是否与大气相通，将静脉输液法分为开放式静脉输液法和密闭式静脉输液法；按照进入血管通路装置末端所到达的位置，又可将静脉输液法分为外周静脉输液法和中心静脉输液法。

开放式静脉输液法是将溶液倒入开放式输液器吊瓶内进行输液的方法。此方法的优点是能灵活更换液体种类及数量，并可随时添加药物。然而，采用开放式静脉输液法时药液易被污染，故目前临床上较少应用。密闭式静脉输液法是将无菌输液器插入原装密闭输液瓶（或袋）中进行输液的方法，污染机会少，故目前临床广泛应用。

外周静脉输液法是指导管末端位于外周静脉的输液方法，一般用于药物刺激性较低、短期输液，常见的血管通路装置有头皮针、外周静脉留置针、中等长度导管。中心静脉输液法是指导管末端位于中心静脉的输液方法，可用于药物刺激性大、中长期输液，常见的血管通路有 PICC、输液港，经颈内静脉、锁骨下静脉、股静脉置入中心静脉导管。

（一）密闭式外周静脉输液法

【目的】

同"静脉输液的目的"。

【评估】

1. 评估患者的年龄、意识、病情、心肺功能、肾功能、用药史、过敏史、输液不良反应史及营养状况。

2. 评估患者对静脉输液的认知情况、心理状态及配合程度。

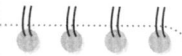

3. 评估患者静脉穿刺部位的皮肤、血管状况及肢体活动度。

【操作前准备】

1. 患者准备

（1）了解静脉输液的目的、方法、效果及副作用、注意事项及配合要点。

（2）输液前按需排尿或排便。

（3）取舒适体位。

2. 环境准备　环境整洁、安静、光线充足、空间宽敞，符合无菌操作、职业防护的要求。

3. 护士准备　衣帽整洁，修剪指甲，洗手，戴口罩，必要时戴手套。

4. 用物准备

（1）治疗车上层：注射盘用物1套、弯盘、药物及液体（按医嘱准备）、止血带、加药用注射器及针头、胶布（或输液敷贴）、小垫枕、一次性治疗巾、砂轮、输液器（自带头皮针）、输液卡或输液记录单、手消毒液、开瓶器和瓶套（玻璃瓶液体时备用）。静脉留置针输液法需另备无菌静脉留置针（自带肝素帽或无针输液接头）、无菌透明敷贴，封管时准备封管液（无菌生理盐水或稀释肝素溶液）。

（2）治疗车下层：生活垃圾桶、医用垃圾桶、锐器盒/箱、弯盘。

（3）其他物品：输液架。必要时备棉垫、纸盒、绷带、输液泵。

【操作流程】

操作主线	操作步骤	操作要点
（一）头皮针静脉输液法		
1. 核对并检查药物	（1）核对患者床号、姓名、药名、浓度、剂量、有效期、给药时间和给药方法	• 根据医嘱严格执行查对制度，避免医疗差错的发生
	（2）检查药液的质量	• 检查药液瓶盖和瓶身是否密闭完整。将输液瓶倒置，对光检查药液有无混浊、沉淀及絮状物等
2. 填写并粘贴输液贴	根据医嘱填写输液卡内容，并将填好的输液贴倒贴于输液瓶上	• 注意输液贴勿覆盖原有的液体信息 • 若是机打的输液贴，应进行核对
3. 加药	（1）开启输液瓶瓶口处的拉环或铝盖，并常规消毒	• 消毒范围至瓶口颈部
	（2）遵医嘱加药	• 药物应合理分配
	（3）根据病情需要有计划地安排输液顺序	• 注意药物之间的配伍禁忌
4. 插输液器	检查输液器质量，取出输液器，关闭调节器，将输液器的插头插入瓶塞直至插头根部	• 检查输液器是否过期，包装有无破损 • 插入时注意无菌操作
5. 操作前核对	携用物到患者床边，核对患者床头卡信息（床号、姓名、住院号）及手腕带，再次洗手	• 操作前双人核对：保证将正确的药物给予正确的患者，避免差错事故的发生
6. 排气	（1）将输液瓶挂于输液架上	• 高度适中，保证液体压力超过静脉压，使液体顺利进入静脉，避免回血

续表

操作主线	操作步骤	操作要点
6. 排气	（2）倒置（图15-1）或挤压（图15-2）茂菲滴管，使输液瓶内的液体流出。当茂菲滴管内的液面达到滴管1/2~2/3满时，打开调节器，使液平面缓慢下降，直至排尽输液管内的空气	• 首次排气，输液前排尽输液管内的空气，防止发生空气栓塞 • 当茂菲滴管下端的输液管内有小气泡不易排出时，可以轻弹输液管，将气泡弹至茂菲滴管内
	（3）将输液管末端挂在输液架上	• 注意保持输液装置无菌
7. 选择穿刺部位	将小垫枕置于穿刺侧肢体下，铺治疗巾，在穿刺点上方6~8 cm处扎止血带，选择穿刺血管，松开止血带	• 选择粗、直、弹性好的血管及适宜穿刺的部位 • 注意使止血带的尾端向上 • 止血带的松紧度以能阻断静脉血流而不阻断动脉血流为宜 • 如果静脉充盈不良，可以采取下列方法：按摩血管；嘱患者反复握拳、松拳几次；用手指轻拍血管等
8. 消毒皮肤	常规消毒穿刺部位的皮肤1次，消毒范围大于5 cm，待干，备胶布	• 保证穿刺点及周围皮肤的无菌状态，防止感染
9. 操作中核对	核对患者床号、姓名、住院号、药液的药名、浓度、剂量、有效期、给药时间和给药方法	• 操作中双人核对，避免医疗差错的发生
10. 静脉穿刺	（1）再次扎止血带，再次常规消毒静脉穿刺部位、待干	• 使静脉充盈
	（2）嘱患者握拳	
	（3）取下针帽，再次排气，直至排尽头皮针内的空气	• 确认茂菲滴管下端输液管内无气泡 • 二次排气，注意排液于弯盘内
	（4）以15°~30°角度刺入静脉。见回血后，将针头与皮肤平行再进入少许	• 沿静脉走行进针，防止刺破血管 • 见回血后再进针少许，可以使针头斜面全部进入血管内
11. 固定	用右手拇指固定好针柄，松开止血带，嘱患者松拳，打开调节器。待液体滴入通畅、患者无不适后，用输液敷贴（或胶布）固定针柄，然后固定针眼部位，最后将针头附近的输液管环绕后固定（图15-3）。必要时用夹板固定关节	• 固定可防止由于患者活动导致针头刺破血管或滑出血管外 • 覆盖穿刺部位以防污染 • 将输液管环绕后固定可以防止牵拉输液针头
12. 调节滴速	根据患者年龄、病情及药液的性质调节输液滴速	• 通常情况下，成人40~60 gtt/min，儿童20~40 gtt/min
13. 操作后核对	核对患者的床号、姓名、住院号、药物名称、浓度、剂量、有效期、给药时间和给药方法	• 操作后核对，避免医疗差错的发生
14. 操作后处理	（1）安置体位，撤去治疗巾、止血带和小垫枕，协助患者取舒适体位	• 注意患者的保暖
	（2）将呼叫器放于患者易取处	
	（3）健康宣教	• 患者不能随意调节滴速，有不适及时呼叫护士

操作主线	操作步骤	操作要点
14. 操作后处理	（4）整理用物，洗手，脱口罩	
	（5）记录	● 在输液卡或输液记录单上记录输液开始的时间及药液的名称、剂量、滴速，并签全名
▲ 更换液体	如果多瓶液体连续输入，则在上一瓶液体输尽前开始准备下一瓶液体： （1）核对患者床号、姓名、住院号，核对输液瓶上的输液标签与输液卡，确保无误	● 持续输液时应及时更换输液瓶，以防空气进入导致空气栓塞 ● 更换输液瓶时，注意严格无菌操作，防止污染，根据不同的药液、患者年龄等调节滴速
	（2）静脉输液瓶/袋的开启方式：取开拉环/开启铝盖，并常规消毒	
	（3）拔出上一瓶内的输液插头，迅速插入下一瓶内，确认滴管中的高度至 1/2 满	● 对持续输液超过 24 h 者，应每日更换输液器，更换时应严格无菌操作
	（4）检查滴管液面高度是否合适、输液管中有无气泡，待输液通畅后根据新药液调节滴数	
▲ 输液结束后的处理	（1）拔针：确认全部液体输入完毕后，关闭输液器，轻揭输液敷贴（或胶布），用无菌干棉签轻压穿刺点上方，快速拔针	● 输液完毕后及时拔针，以防空气进入导致空气栓塞
	（2）局部按压 1～2 min（至无出血为止）	● 拔针时勿用力按压局部，以免引起疼痛，按压部位应稍靠皮肤穿刺点以压迫静脉进针点，防止皮下出血
	（3）处理输液器 方法一：将整套输液器直接放入锐器箱 方法二：将输液器的插头剪下，和头皮针一起放入锐器盒中，其余放入医用垃圾桶	
	（4）协助患者适当活动穿刺肢体，并协助取舒适体位	
	（5）健康宣教	
	（6）整理床单位，清理用物	
	（7）洗手，做好记录	● 记录输液结束的时间，液体和药物滴入的总量，患者有无输液反应

（二）**静脉留置针输液法**：可保护静脉，减少因反复穿刺造成的痛苦和血管损伤。适用于中、短期的静脉输液治疗，一般可留置 72～96 h

操作主线	操作步骤	操作要点
1. 同头皮针静脉输液法的步骤 1～6	同头皮针静脉输液法的步骤 1～6，排尽输液管及头皮针内的空气	同头皮针静脉输液法的步骤 1～6
2. 连接留置针与输液器	（1）打开静脉留置针（自带肝素帽或无针输液接头）外包装	● 打开外包装前检查有效期及有无破损，针头斜面有无倒钩，外套管边缘是否粗糙

续表

操作主线	操作步骤	操作要点
2. 连接留置针与输液器	（2）手持外包装连接留置针与输液器：将头皮针针梗全部刺入肝素帽（图15-4A）或将输液器接头与留置针的无针接头连接（图15-4B）	
3. 排气	打开调节器，将留置针套管内的气体排于弯盘中，关闭调节器，将留置针放回留置针盒内	
4. 选择穿刺部位	将小垫枕置于穿刺肢体下，铺治疗巾，在穿刺点上方8~10 cm处扎止血带	• 留置针穿刺首选前臂静脉 • 注意使止血带的尾端向上 • 止血带的松紧度以能阻断静脉血流而不阻断动脉血流为宜 • 如果静脉充盈不良，可以采取下列方法：按摩血管；嘱患者反复握拳、松拳数次；用手指轻拍血管等
5. 消毒皮肤	常规消毒穿刺部位的皮肤，消毒直径大于8 cm，待干，备胶布及透明敷贴，并写上日期和时间	• 保证穿刺点及周围皮肤的无菌状态，防止感染 • 标记日期和时间，为更换留置针时机提供依据
6. 操作中核对	核对患者的床号、姓名、住院号，药物名称、浓度、剂量、有效期、给药时间和给药方法	• 操作中核对，避免差错事故的发生
7. 静脉穿刺	（1）取下留置针针套，旋转松动外套管（转动针芯）	• 防止外套管与针芯粘连
	（2）一手拇指与示指夹住留置针两翼，再次排气于弯盘中	
	（3）进针：嘱患者握拳，绷紧皮肤，固定静脉，另一手持留置针，在血管的上方，使针头与皮肤呈15°~30°进针（图15-5A）。见回血后压低角度（放平针翼），顺静脉走行再继续进针0.2 cm	• 固定静脉便于穿刺，并可减轻患者的疼痛
	（4）送外套管：一手持留置针接口，另一手后撤针芯约0.5 cm，持针座将针芯与外套管一起送入静脉内（图15-5B）	• 避免针芯刺破血管 • 确保外套管在静脉内 • 避免将外套管带出
	（5）撤针芯：一手固定两翼，另一手迅速将针芯抽出放于锐器盒中	• 将针芯放入锐器盒中，防止针刺伤
8. 固定	（1）松开止血带，打开调节器，嘱患者松拳	• 使静脉恢复通畅
	（2）用无菌透明敷贴对留置针管进行密闭式固定，注明置管日期和时间的胶布固定留置针尾端，再用胶布固定输液管（图15-6）	• 以穿刺点为中心固定，要求零张力固定，牢固、美观 • 无菌透明敷贴可避免留置期间穿刺点及周围被污染，便于观察穿刺点有无异常
9. 调节滴速	根据患者的年龄、病情及药物性质调节滴速	• 通常情况下，成人40~60 gtt/min，儿童20~40 gtt/min
10. 操作后核对	核对患者的床号、姓名、住院号，药物名称、浓度、剂量、有效期、给药时间和给药方法	• 操作后核对，避免医疗差错的发生

续表

操作主线	操作步骤	操作要点
11. 操作后处理	（1）安置体位，撤去治疗巾，取出止血带和小垫枕，整理床单位，协助患者取舒适体位	
	（2）将呼叫器放于患者易取处	
	（3）健康宣教	
	（4）整理用物，洗手	
	（5）记录	● 在输液卡或输液记录单上记录输液的时间，滴入药液的种类、滴速，并签全名
▲ 封管	输液完毕，需要封管： （1）关闭输液管调节器，分离输液管和留置针：将头皮针从肝素帽上拔出，或将输液器与无针输液接头分离	● 封管可以保证静脉管道的通畅，并可以将残留的刺激性药液冲入血流，避免刺激局部血管
	（2）常规消毒留置针的肝素帽或无针输液接头	● 注意无菌操作
	（3）用注射器向留置针内注入封管液：将针头插入肝素帽，或将针头取下，将注射器与无针输液接头连接	● 进行脉冲式冲管和正压封管 ● 对于成人，可用不含防腐剂的0.9%氯化钠溶液封管，每次用3~5 ml，每隔6~8 h重复冲管1次
	（4）封管后拔出注射器	● 对于新生儿和儿童，可用不含防腐剂的0.9%氯化钠溶液或每毫升含肝素0.5~10 U/ml的生理盐水封管，每次用2~5 ml
▲ 再次输液的处理	（1）常规消毒留置针的肝素帽或无针输液接头	● 注意无菌操作
	（2）将输液器与留置针连接，完成输液	
▲ 输液结束后拔留置针的处理	（1）确认全部液体输入结束，关闭调节器	● 输液结束后及时拔针，以防空气进入导致空气栓塞
	（2）揭开胶布及无菌透明敷贴	● 揭去透明敷贴时要求零角度，以免损伤皮肤
	（3）用无菌干棉签或无菌棉球轻压穿刺点上方，快速拔出留置针	● 拔针时勿用力按压局部，以免引起疼痛
	（4）局部按压至无再出血为止	● 按压部位应稍靠皮肤穿刺点，以压迫静脉进针点，防止皮下出血
	（5）处理输液器 方法一：将整套输液器直接放入锐器箱 方法二：将输液器的插头剪下，与留置针一起放入锐器盒中，其余放入医用垃圾桶	
	（6）协助患者适当活动穿刺肢体，并协助取舒适体位	
	（7）整理床单位，清理用物	
	（8）洗手，做好记录	● 记录输液结束的时间，液体和药物滴入的总量，患者有无输液反应

第十五章 静脉输液与输血

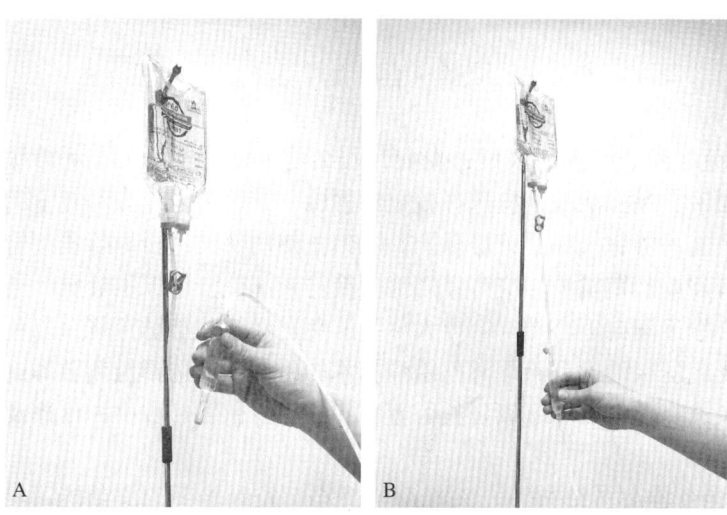

图 15-1 静脉输液的倒置茂菲滴管排气法

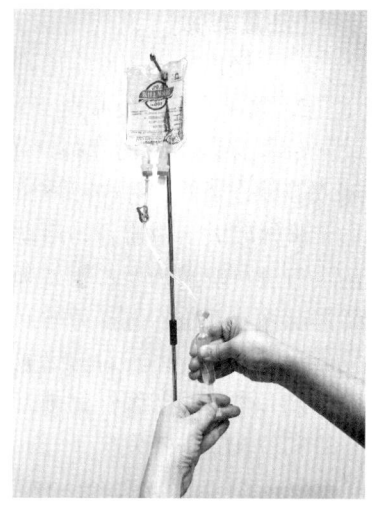

图 15-2 静脉输液的挤压茂菲滴管排气法

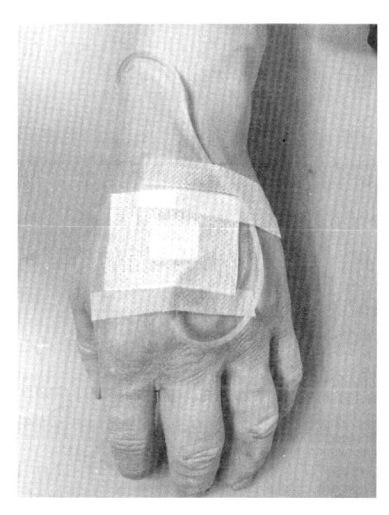

图 15-3 头皮针静脉输液固定法

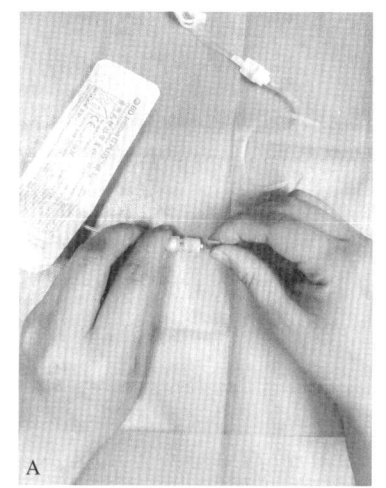

图 15-4 留置针与输液器连接法

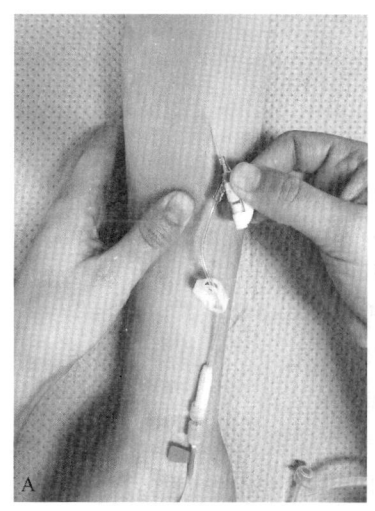
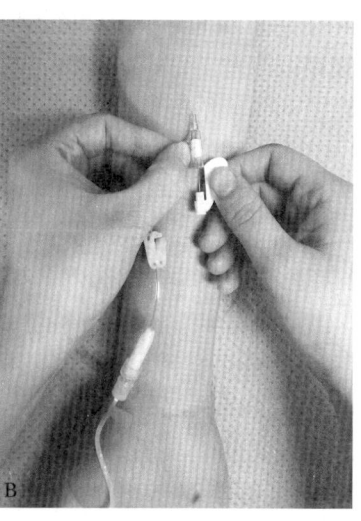

图 15-5 静脉留置针进针法

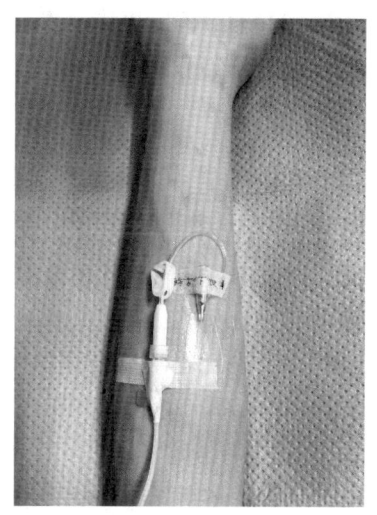

图 15-6 静脉留置针固定法

【注意事项】

1. 严格执行无菌操作原则、查对制度、安全注射原则和消毒隔离制度。

2. 遵守静脉输液原则

（1）穿刺静脉的选择：①避免在皮肤受损、瘢痕、炎症、硬结处进针，避开关节和静脉瓣或静脉分叉处。对高渗溶液、血液、黏稠溶液，应选择较粗的静脉。②因为老年人和儿童的血管脆性较大，应避开易活动或凸起的静脉，如手背静脉网。③禁止使用血液透析导管或瘘管的端口进行输液治疗。④如果患者需要长期输液，应有计划地更换输液部位，以保护静脉。通常静脉输液部位的选择遵循从远心端逐渐向近心端。⑤成人尽量避免选择下肢静脉穿刺，以免发生深静脉血栓。⑥对偏瘫或接受乳房根治术和腋下淋巴结清扫术的患者，应选择健侧肢体进行穿刺。⑦静脉留置针穿刺时建议选择前臂静脉，以延长留置时间，减少留置过程中的疼痛及导管移位和堵管的发生。

（2）穿刺针的选择：在满足治疗需要的前提下，选择型号最小、长度最短的穿刺针。对于抢救患者，应选择较粗直的静脉及大号针头，便于抢救时用药。考虑输液药物的性质和治疗时长，合理选择外周静脉导管、中等长度导管、PICC 导管、输液港等不同输液工具。

（3）药液的输注顺序：通常遵循"先晶后胶""先盐后糖""宁酸勿碱"的原则。

（4）补钾"四不宜"原则：①不宜过浓（补钾浓度不超过 40 mmol/L）；②不宜过快（速度不超过 20~40 mmol/h）；③不宜过多（限制补钾总量：依据血钾水平，补钾量为 60~80 mmol/d，以每克氯化钾相当于 13.4 mmol 钾计算，约需补充氯化钾 4.5~6 g/d）；④不宜过早（见尿后补钾：一般尿量超过 40 ml/h 或 500 ml/d 方可补钾）。

（5）药液的配制：药液应现配现用。注意药物与溶液的兼容性及有无药物配伍禁忌。对于输注前后需要冲管的药物，应采用手动冲管，不可采用静脉滴注的方式冲管。

（6）进针前排尽空气：静脉输液前应排尽输液管及针头内的空气。当输液袋/瓶的药液滴空或输液完毕，应立即更换输液瓶或拔针，以防空气栓塞。

（7）滴速的调节：需结合患者治疗时间、药物性质和使用要求确定输液速度。①对有心、肺、肾疾病的患者，老年患者，婴幼儿以及输注高渗、含钾溶液的患者，要适当减慢输液速度。②对严重脱水但心肺功能良好的患者可适当加快输液速度。③20% 甘露醇是一种高渗性脱水剂，常用于脑水肿的治疗，250 ml 液体一般要求在 20~30 min 内滴完。④特殊药物如胰岛素、硝普钠、多巴胺等，建议使用输液泵控制滴速。

（8）冲管：确保药物注入静脉而非外周组织，尤其是刺激性大的药物，应确认针尖斜面全部刺入静脉内再输入药液。注射化疗药物前后要用生理盐水冲管。

（9）输液器的更换：连续输液时应每 24 h 更换一次输液器，预防感染发生。

3. 输液过程中要密切巡视，观察以下情况。

（1）输液针头有无脱出、堵塞或移位，输液管有无被牵拉、受压、变形，输液是否通畅，输液管或针头有无漏液。

（2）有无药液渗出或外渗，局部皮肤有无疼痛或肿胀。药液渗出指非腐蚀性的药液进入静脉管腔以外的组织，药物外渗指腐蚀性的药液进入静脉管腔以外的周围组织。出现上述情况时，应立即停止在原部位输液，抬高患肢，及时通知医生，对症处理。观察并记录渗出或外渗区域的皮肤颜色、温度、感觉等变化及关节和患肢远端血运情况。

（3）有无输液反应，如患者出现发热、心悸、持续性咳嗽等情况，应立即停止输液，更换药液及输液器，并通知医生，给予对症处理，并保留剩余药液及输液器，必要时送检。

4. 若采用静脉留置针输液法，应注意静脉留置针的留置时间一般为 72~96 h；如输注刺激性药物（如化疗药物），其留置时间不超过 24 h，且输液前后应用生理盐水冲管。

【健康教育】

1. 向患者说明静脉用药的目的及药物性质。

2. 向患者说明输液速度取决于年龄、病情及药物性质，嘱患者不可自行调节输液滴速，以免发生意外。

3. 向患者介绍常见输液反应的症状及防治方法，告知患者一旦出现输液反应，应及时使用呼叫器。

4. 对于需要长期输液的患者，护士应做好患者的心理护理，消除其焦虑和厌烦情绪。

（二）中心静脉输液法

中心静脉输液法使用的血管通路包括经颈内静脉穿刺中心静脉导管、经锁骨下静脉穿刺中心静脉导管、经股静脉穿刺中心静脉导管、静脉输液港及经外周置入中心静脉导管。临床上，前4种密闭式中心静脉输液通路的置入操作多由医生完成，护士的主要职责是术中配合以及置管后的输液及护理，而PICC的操作多由专科护士独立完成。

五、静脉输液滴速的调节

在输液过程中，每毫升溶液的滴数称为该输液器的输液系数（drop coefficient），单位为gtt/ml。目前常用静脉输液器的输液系数有10、15、20三种。静脉输液的速度和时间可按下列公式计算。

1. 已知每分钟滴数与输液总量，计算输液所需的时间。

$$输液时间（h）= \frac{液体总量（ml）\times 输液系数（gtt/ml）}{每分钟滴数 \times 60（min）}$$

例如：患者需输入3000 ml液体，每分钟滴数为50滴，所用输液器的输液系数为15，请问需用多长时间输完？

$$输液时间（h）= \frac{3000 \times 15}{50 \times 60} = 15\ h$$

2. 已知输入液体总量与计划所用的输液时间，计算每分钟滴数。

$$每分钟滴数 = \frac{液体总量（ml）\times 输液系数（gtt/ml）}{输液时间（min）}$$

例如：某患者需输液体1500 ml，计划10 h输完。已知所用输液器的输液系数为20，求每分钟滴数。

$$每分钟滴数 = \frac{1500 \times 20}{10 \times 60} = 50\ 滴$$

六、静脉输液的常见故障与排除方法

（一）药液不滴

1. 针头脱出血管外 液体进入皮下组织，表现为穿刺点周围肿胀伴有疼痛。处理方法：立即拔出针头，另选血管重新穿刺。

2. 针头斜面紧贴血管壁 液体难以顺利滴入血管。处理方法：调整针头位置或适当改变体位，直到输液通畅为止。

3. 针头堵塞 一手捏住茂菲滴管下端输液管，另一手轻轻挤压靠近针头端的输液管，若感觉有阻力，松手又无回血，则表示针头可能已经堵塞。处理方法：更换针头，重新选择静脉穿刺。切忌强行挤压导管或用溶液冲洗针头，以免血凝块进入静脉造成肺栓塞。

4. 压力过低 由于输液瓶（袋）位置过低或患者肢体抬举过高或患者周围循环不良所致。处理方法：适当抬高输液瓶（袋）或放低肢体位置。

5. 静脉痉挛 穿刺肢体暴露在冷的环境中，时间过长或输入的液体温度过低所致。处理方法：局部热敷以缓解痉挛。

6. 输液管弯折或受压 由于输液管弯折或受压引起。处理方法：检查输液管，及时排除其弯折或受压的情况，恢复输液通畅。

（二）茂菲滴管内液面过高

当茂菲滴管内液面过高时，可以将输液瓶（袋）从输液架上取下，倾斜液体面，使输液管插入瓶（袋）内的针头露出液面上。必要时，可用手挤压输液管上端，瓶（袋）内空气即进入输液管内，使液体缓缓流下，直至露出液面，再挂于输液架上，继续进行输液。

（三）茂菲滴管内液面过低

当茂菲滴管内液面过低时，可用一手挤压茂菲滴管下端的输液管，另一手轻轻挤压茂菲滴管上端的输液管，使液体进入茂菲滴管内达到合适的高度。

（四）茂菲滴管内液面自行下降

输液过程中，如果茂菲滴管内的液面自行下降，应检查滴管上端输液管与滴管的连接是否松动、滴管有无漏气或裂痕，必要时更换输液器。

七、常见输液反应与护理

（一）发热反应（febrile reaction）

1. 原因 输入致热物质如致热原、游离菌体蛋白、死菌、药物成分不纯等引起的发热。造成致热物质输入机体的主要原因包括输液液体包装容器清洁灭菌不彻底；输入的溶液或药物制品不纯、消毒保存不良；输液器消毒不严格或被污染；输液过程中未能严格执行无菌操作等。

2. 临床表现 患者在输液过程中突然出现发热。临床上以寒战和高热为基本特征。轻者体温在38℃左右，停止输液后数小时可自行恢复正常。重者初起寒战，继之体温可达40~41℃，并伴有头痛、恶心、呕吐、脉速等周身不适症状。

3. 护理

（1）预防：①输液前认真检查药液的质量，输液用具的包装及灭菌日期、有效期；②严格无菌操作，防止输液器具、药液及穿刺部位被污染；认真检查输液用液体及输液管的质量及有效期；③输液用具的保管应注意避免污染。

（2）处理：①发热反应轻者，应立即减慢输液速度或停止输液，并及时通知医生；②发热反应严重者，应立即停止输液，并保留剩余溶液和输液器，必要时送检验科做细菌培养，以查找发热反应的原因；③对高热患者，应给予物理降温，严密观察生命体征的变化，必要时遵医嘱给予抗过敏药物或激素治疗。

（二）循环负荷过重反应

循环负荷过重反应（circulatory overload reaction）也称为急性肺水肿（acute pulmonary edema）。

1. 原因

（1）输液速度过快，短时间内输入过多液体，使循环血量急剧增加，心脏负荷过重。

（2）患者原有心肺功能不良，尤其多见于急性左心功能不全者。

2. 临床表现 患者突然出现呼吸困难、胸闷、咳嗽、咳粉红色泡沫样痰，严重时痰液可从口、鼻腔涌出。听诊肺部满布湿啰音,心率快且节律不齐。

3. 护理

(1) 预防:输液过程中密切观察患者情况,注意控制输液的速度和输液量,尤其对老年人、儿童及心肺功能不全的患者更需慎重。

(2) 处理:①患者一旦出现上述表现,应立即停止输液并迅速通知医生,进行紧急处理。如果病情允许,可协助患者取端坐位,双腿下垂,以减少下肢静脉回流,减轻心脏负担。同时安慰患者以减轻其紧张心理。②给予高流量氧气吸入,一般氧流量为 6~8 L/min,以提高肺泡内压力,减少肺泡内毛细血管渗出液的产生。同时,湿化瓶内加入 20%~30%的乙醇溶液,以减低肺泡内泡沫表面的张力,使泡沫破裂消散,改善气体交换,减轻缺氧症状。③遵医嘱给予镇静、平喘、强心、利尿和扩血管药物,以稳定患者紧张情绪,扩张周围血管,加速液体排出,减少回心血量,减轻心脏负荷。④必要时进行四肢轮扎。用橡胶止血带或血压计袖带适当加压四肢以阻断静脉血流,可有效减少回心血量。但加压时要确保动脉血仍可通过,且须每 5~10 min 轮流放松一侧肢体上的止血带,待症状缓解后,逐渐解除止血带。⑤静脉放血 200~300 ml 也是一种有效减少回心血量的最直接的方法,但应慎用,贫血者应禁忌采用。

(三)静脉炎(phlebitis)

1. 临床表现 沿静脉走向出现疼痛/触痛、红斑、发热、肿胀、硬化、化脓、可触及的条索状红线等症状。静脉炎种类包括:化学性静脉炎、机械性静脉炎、细菌性静脉炎。可根据症状的严重程度进行分级,详见表 15-1。

表15-1 静脉炎分级量表

等级	临床标准
0	没有症状
1	穿刺部位发红,有或无伴疼痛
2	穿刺部位疼痛伴有发红和(或)水肿
3	穿刺部位疼痛伴有发红 条索状物形成 可触摸到条索状的静脉
4	穿刺部位疼痛,伴有发红 条索状物形成 可触摸到条索状的静脉、其长度>2.54 cm 脓液流出

2. 原因

(1) 化学性静脉炎是因静脉血管壁受到化学物质的刺激引起的炎性反应,主要原因是长期输注高浓度、高刺激性的药物;消毒液未充分待干,导致在导管置入过程中进入静脉内。

(2) 机械性静脉炎是因静脉血管壁受到机械性刺激引起的炎性反应,主要原因是导管相对血管腔过大、导管活动、置管引起的创伤和导管材质过硬等。

(3) 细菌性静脉炎是因静脉血管壁受到感染而引起的炎性反应,主要原因是静脉导管置入和留置期间未能严格执行无菌操作;患者相关因素,包括免疫缺陷、糖尿病等。

3. 护理

(1) 预防:①选择合适的输液工具和输液部位,长期输入刺激性的药物时应选择中心静脉导管；②外周输液时，有计划地更换输液部位，以保护静脉。③穿刺时应确保消毒液充分待干；④选择满足治疗需要的最小管径、最少管腔的输液工具；⑤做好导管的固定，避免其在静脉内活动；⑥导管置入和维护过程需严格执行无菌技术操作。

(2) 处理：停止在此部位静脉输液，并将患肢抬高、制动。①局部用50%硫酸镁或95%乙醇溶液行湿热敷，每日2次，每次20 min。②超短波理疗，每日1次，每次15~20 min。③中药治疗，将如意金黄散加醋调成糊状，局部外敷，每日2次，具有清热、止痛、消肿的作用。④如为细菌性静脉炎，遵医嘱给予抗生素治疗，酌情拔除导管。

(四) 空气栓塞 (air embolism)

1. 原因

(1) 输液管、输液接头、注射器内空气未排尽；导管连接松动，出现漏气。

(2) 拔除较粗的、近胸腔的中心静脉导管时，体位不当及穿刺点封闭不严密。

(3) 药物输完未及时更换药液或拔针；加压输液时无人守护。

空气进入静脉后，随血流（通过上腔或下腔静脉）首先被带到右心房，然后进入右心室。如空气量少，则随血液被右心室压入肺动脉并分散到肺小动脉内，最后经毛细血管吸收，因而损害较小。如空气量大，空气进入右心室后阻塞在肺动脉入口，使右心室内的血液（静脉血）不能进入肺动脉，因而从机体组织回流的静脉血不能在肺内进行气体交换，可导致机体严重缺氧致死。

2. 临床表现 患者输液时突然出现胸部异常不适或有胸骨后疼痛，随即发生呼吸困难、连续性咳嗽和严重发绀等症状，并伴有濒死感。听诊心前区可闻及响亮、持续的"水泡声"。心电图呈现心肌缺血和急性肺心病的改变，也可出现神经病学的症状和体征。

3. 护理

(1) 预防：①输液前认真检查输液器的质量，确保输液导管内无气泡。②输液过程中加强巡视，及时更换输液瓶。输液完毕及时拔针。加压输液时应安排专人在旁守护。③输液装置使用螺口连接，有条件时使用具有检测或预防空气栓塞的安全性功能，如配有过滤器和带空气传感器的电子输液给药装置。④拔除中心静脉导管的注意事项：拔管时患者取卧位，拔管后使用无菌方纱压迫止血成功后，严密封闭穿刺点至少24 h，如果病情许可，鼓励患者在拔管30 min内都处于平躺或半卧位。

(2) 处理：①如出现空气栓塞的临床症状，立即将患者置于左侧卧位，并保持头低足高位。该体位有助于气体浮向右心室尖部，避免阻塞肺动脉入口。随着心脏的舒缩，空气被血液打成泡沫，可分次小量进入肺动脉内，最后逐渐被吸收。②采取必要措施以阻止更多空气进入血流之中，如关闭、折叠和夹住现有导管，或拔管后使用密闭敷料覆盖静脉穿刺处。③通知医生实施急救操作，给予高流量氧气吸入，以提高患者的血氧浓度，纠正缺氧状态。④严密观察患者病情变化，如有异常及时对症处理。

八、输液微粒污染

输液微粒 (infusion particles) 是指输入液体中的非代谢性颗粒杂质，其直径一般为1~15 μm，少数较大的输液微粒直径可达50~300 μm。输入溶液中微粒的多少决定了该液体的透明度，可由此判断液体的质量。输液微粒污染 (infusion particle pollution) 是指在输液过程中，将输液微粒带入人体，对人体造成严重危害的过程。

(一) 输液微粒的来源

1. 药液生产制作工艺不完善，混入异物与微粒，如水、空气、原材料的污染等。

2. 溶液瓶、橡胶塞不洁净，液体存放时间过长，玻璃瓶内壁和橡胶塞被药液浸泡时间过久，腐蚀剥脱形成输液微粒。

3. 输液器及加药用的注射器不洁净。

4. 输液环境不洁净，切割安瓿、开瓶塞、加药时反复穿刺橡胶塞导致橡胶塞撕裂等，均可导致微粒进入液体内，产生输液微粒污染。

（二）输液微粒污染的危害

进入静脉的微粒首先到达右心房，再进入右心室，向肺动脉移动。肺部的毛细血管床可以对微粒起到滤过作用，但仍有一部分微粒通过毛细血管床进入肺静脉，再进入体循环。因而输液微粒污染对机体的危害程度取决于微粒的大小、形状、化学性质以及微粒堵塞血管的部位、血流阻断的程度及人体对微粒的反应等。肺、脑、肝及肾等是最容易被微粒损害的部位。输液微粒污染对机体的危害包括：

1. 直接堵塞血管，引起局部供血不足，组织缺血、缺氧，甚至坏死。
2. 红细胞聚集在微粒上，形成血栓，引起血管栓塞和静脉炎。
3. 微粒进入肺毛细血管，可引起巨噬细胞增殖，包围微粒形成肺内肉芽肿，影响肺功能。
4. 引起血小板减少症和过敏反应。
5. 微粒刺激组织而产生炎症或形成肿块。

（三）输液微粒污染的预防措施

1. 制剂生产方面 根据我国 1995 年版药典的规定，制剂中 10 μm 以上的微粒含量必须低于每毫升 20 粒，25 μm 以上的微粒含量必须低于每毫升 2 粒。生产场所采用空气层流净化装置，防止空气中悬浮尘粒及细菌污染，生产场所的洁净度必须符合国家规定的生产标准；工作人员必须穿工作服、工作鞋、戴口罩、手套；选用符合药典规定的优质原料配制液体；制剂包装材料的质量如橡胶塞、输液瓶等必须符合规定。

2. 输液操作方面

（1）采用密闭式输液：尽量使用密闭式输液，即使用不需通气管的软包装输液制剂。如果使用半密闭式输液应注意输液操作中的空气净化，如在超净工作台进行液体准备；通气管内放置滤膜，阻止空气中的微粒进入液体；条件允许可在病室内安装空气净化装置，使输液环境洁净。

（2）应用合格的带有终端过滤器的一次性输液器：终端过滤器可截留微粒，是解决微粒危害的理想措施。

（3）认真检查无菌液体质量。

（4）输入的液体应现用现配，避免污染。

（5）严格执行无菌操作。

九、输液泵的使用

输液泵（infusion pump）是机械或电子的输液控制装置，它通过作用于输液导管达到控制输液速度的目的。常用于要严格控制输液速度和药液总量的情况，如应用升压药物、抗心律失常药物以及婴幼儿的静脉输液或静脉麻醉等。

（一）输液泵的分类与特点

按输液泵的控制原理，可将输液泵分为活塞型注射泵与蠕动滚压型输液泵两类，后者又可以分为容积控制型（ml/h）和滴数控制型（滴/分）两种。

1. 活塞型注射泵 其特点是输注药液流速平稳、均衡、准确，速率调节幅度为 0.01 ml/h，速率控制范围为 0.01~999 ml/h，而且体积小、充电系统好、便于携带，常在急救中使用。多用于危重患者、心血管疾病患者及年幼患儿等的治疗和抢救。

2. 蠕动滚压型输液泵

（1）容积控制型输液泵：只测定实际输入的液体量，不受溶液的浓度、黏度及导管内径的影响，输注剂量准确。速率调节幅度为 0.1 ml/h，速率控制范围为 0.1~999 ml/h。实际工作中只需选择所需输液的总量及每小时的速率，输液泵便会自动按设定的方式工作，并能自动进行各参数的监控。

（2）滴数控制型输液泵：利用控制输液的滴数调整输入的液体量，可以准确计算滴数，但因滴数的大小受输注溶液的黏度、输液器的输液系数、导管内径等的影响，故输入液量不够准确。

（二）输液泵的使用方法

输液泵种类繁多，但其主要结构与功能基本一致（图15-7）。

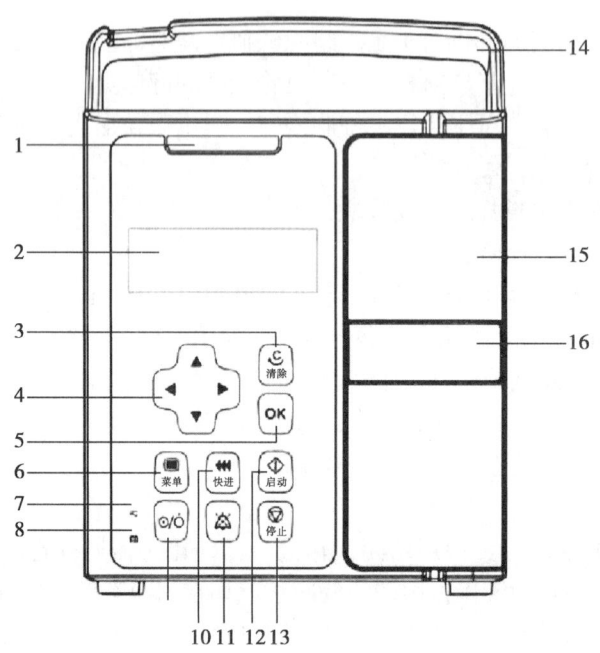

1. 警报灯；2. 显示屏；3. 清除/返回键；4. 方向键；5. OK键；6. 菜单键；7. 交流/直流指示灯；8. 电池指示灯；9. 电源键；10. 快进键；11. 声音暂停键；12. 启动键；13. 停止键；14. 握手；15. 门；16. 门扣

图15-7　静脉输液泵的基本结构

1. 将输液泵固定在输液架上。输液泵内的输液管应保持与地面垂直，输液瓶（袋）应高于输液泵 30 cm 以上，同时使输液泵的控制面板、电源接头处于患者不容易触及的适当位置。

2. 接通电源，打开电源开关。

3. 按常规排尽输液管内的空气。

4. 打开"泵门"，将输液管卡入输液泵的管槽中（图15-8A），再次确认输液管内无气体，关闭"泵门"，确认输液器安装正确。

5. 设定每小时滴速以及输液总量（图15-8B）。

6. 确认输液泵设置无误后，按压"启动键"，启动输液。

7. 当输液量接近预先设定的"输液总量"时，"输液员显示"键闪烁，提示输液结束。

8. 输液结束时，按压"停止键"，停止输液。

9. 按压"电源"键，关闭输液泵，打开"泵门"，取出输液管。

第十五章 静脉输液与输血

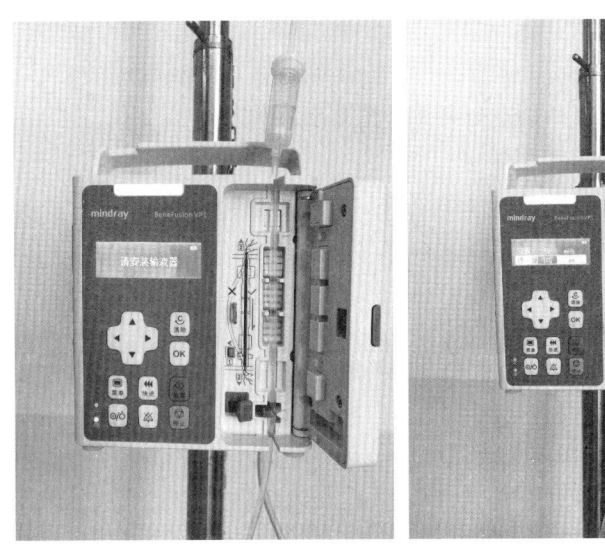

A. 安装输液器　　　　　　　　B. 调节滴速和液体总量

图 15-8　静脉输液泵的使用

（三）输液泵的使用注意事项

1. 护士应了解输液泵的工作原理，熟练掌握其使用方法。

2. 在使用输液泵控制输液的过程中，护士应加强巡视。如输液泵出现报警，应查找可能的原因，如有气泡、输液管堵塞或输液结束等，并给予及时处理。

3. 对患者进行正确的指导

（1）告知患者，一旦输液泵出现报警，应及时按铃呼叫护士，以便护士及时处理。

（2）患者及家属不要随意搬动输液泵，防止输液泵电源线因牵拉而脱落。

（3）告知患者输液侧肢体不要剧烈活动，防止输液管道被牵拉脱出。

（4）告知患者输液泵内有蓄电池，患者若需如厕，可以按呼叫铃，让护士帮忙暂时拔掉电源线，返回后再重新安装好。

（5）输液泵使用完后，应进行清洁和消毒，并妥善保管备用。

第二节　静脉输血

案例 15-2

患者，男，45岁。因"交通意外后剧烈腹痛 30 min"急诊入院。查体：T 36℃，P 100次/分，R 16次/分，BP 85/50 mmHg；患者神志不清，表情淡漠，面色苍白，四肢冰凉，腹膜刺激征（+）。急诊超声显示脾形态失常，腹腔内见大量游离液性暗区。初步诊断：外伤性脾破裂。急诊行剖腹探查术。护士遵医嘱建立静脉双通路，予以止血、吸氧、备皮、导尿、采集血标本测定血型及交叉配血试验。术中见腹腔有血性液体及血凝块约 2000 ml，脾呈粉碎性破裂，遵医嘱输注 B 型 Rh（+）新鲜全血 800 ml。术后患者安返病房，监测生命体征：T 36.5℃，P 70次/分，R 20次/分，BP 100/70 mmHg。

请回答:
1. 护士在进行静脉输血操作前应做好哪些准备工作?
2. 临床常见的输血不良反应有哪些?
3. 在给该患者输血过程中有哪些注意事项?

正常成人的血液总量相当于体重的7%~8%,即每千克体重有70~80ml血液。一般情况下,人体血容量保持相对恒定。人体血液中的主要成分有两大类:①血浆:主要含有凝血因子和一些抗凝因子;②血细胞:主要包括红细胞、白细胞、血小板,其中红细胞中的血红蛋白具有运输氧气的作用。白细胞属于机体免疫系统的一部分。血小板可以维持血管壁的完整性,在促进血液凝固方面起着非常重要的作用。所以,无论是人体血液中主要成分缺乏还是在短时间内血液丢失超过一定的量,都会使机体的脏器、组织和细胞的生理功能受到较严重的损伤,甚至威胁生命。

静脉输血是将一定量的全血或成分血,如血浆、红细胞、白细胞、血小板或凝血因子通过静脉输入体内的方法,从而达到抢救生命和治疗疾病的目的。输血疗法是现代医学的重要组成部分,在临床上被广泛应用。

一、静脉输血的目的与原则

(一)静脉输血的目的

1. 补充血容量 增加机体有效循环血量,改善心肌功能和全身血液灌注,提升血压,增加心输出量,促进血液循环。用于失血、失液引起的血容量减少或休克的患者。

2. 纠正贫血 增加血红蛋白含量,促进携氧功能。用于血液系统疾病引起的严重贫血和某些慢性消耗性疾病的患者。

3. 补充血浆蛋白 增加蛋白质,改善机体营养状态,维持血浆胶体渗透压,减少组织渗出和水肿,保持有效循环血量。用于低蛋白血症以及大出血、大手术的患者。

4. 补充各种凝血因子 改善凝血功能,达到止血目的。用于凝血功能障碍(如血友病)引起大出血的患者。

5. 补充抗体、补体等血液成分 增强机体免疫力,提高机体抗感染的能力。用于严重感染的患者。

6. 排除有害物质 人体发生一氧化碳、苯酚等化学物质中毒时,血红蛋白失去运氧能力或不能释放氧气供机体组织利用。为了改善组织器官的缺氧状况,可以通过换血疗法,将不能释放氧气的红细胞换出。输血时发生溶血反应及重症新生儿溶血症时,也可采用换血治疗。为了排除血浆中的自身抗体,可采用血浆置换法。

(二)静脉输血的原则

1. 不可替代原则 只有通过输血才能缓解病情和治疗疾病时,才考虑输血治疗。如果宜首选其他治疗方案缓解病情或治疗患者疾病,尽可能避免异体血液输注。如一定水平内的失血通过输注晶体液和(或)胶体液即可缓解患者症状时,无需输注血浆或红细胞;注射维生素K、凝血因子浓缩制剂可以缓解凝血功能障碍时,不建议输注血浆;择期手术患者根据其身体条件可优先选择自体输血等。

2. 最小剂量原则 临床输血剂量应考虑输注可有效缓解病情的最小剂量。患者进行输血治疗前应根据患者各项检测指标、病情、治疗或手术方案评估输注后各项指标的预期水平及患者病情缓解程度,申请理想状态下的最小输注剂量,输注后及时评价输注效果,调整输注剂量。

表15-3 ABO血型系统

血型	红细胞内抗原	血清中抗体
A	A	抗B
B	B	抗A
AB	A、B	无
O	无	抗A、抗B

2. Rh血型系统 Rh血型系统是红细胞血型中最复杂的一个系统。已发现40多种Rh抗原，医学上将红细胞上含有D抗原者称为Rh阳性；而红细胞上缺乏D抗原者称为Rh阴性。Rh阳性在我国汉族及大多数民族中占比约为99%，Rh阴性者的比例仅为1%左右。Rh阴性者通过输注Rh阳性者的血液或孕育Rh阳性的胎儿可以产生抗Rh（D）的抗体。因此，Rh阴性者在第二次或多次输入Rh阳性者的血液时，会发生溶血反应。当Rh阴性母亲孕育第一胎Rh阳性胎儿时，很少发生新生儿溶血症的情况，在第二次妊娠时，母体内的抗Rh抗体可进入胎儿体内而引起新生儿溶血症。

（二）血型鉴定与交叉配血试验

为保证输血安全，输血前供血者与受血者之间必须做血型鉴定和交叉配血试验。血型鉴定主要是鉴定ABO血型和Rh因子，交叉配血试验是检验其他次要的抗原与其相应抗体的反应情况。

1. 血型鉴定

（1）ABO血型鉴定：利用红细胞凝集试验，通过正（细胞试验）、反（血清试验）定型可以准确鉴定ABO血型。ABO血型系统正定型是指用定型试剂和被检红细胞反应所鉴定出的ABO血型（表15-4）。若被检红细胞在抗A血清中发生凝集，而在抗B血清中不发生凝集，说明被检血液为A型；若被检红细胞在抗B血清中发生凝集，而在抗A血清中不发生凝集，说明被检血液为B型；若被检红细胞在抗A血清和抗B血清中均凝集，说明被检血液为AB型；若被检红细胞在抗A血清和抗B血清中均不凝集，则被检血液为O型。反定型是指用被检者血清和已知ABO血型的试剂红细胞进行反应所鉴定出的ABO血型。正、反定型可以相互参照，发现ABO亚型的存在。

表15-4 ABO血型鉴定

与抗A血清的反应（凝集）	与抗B血清的反应（凝集）	血型鉴定
+	−	A
−	+	B
+	+	AB
−	−	O

（2）Rh血型鉴定：Rh血型主要是用抗D血清来鉴定。若受检者的红细胞遇抗D血清后发生凝集，则受检者为Rh阳性；若受检者的红细胞遇抗D血清后不发生凝集，则受检者为Rh阴性。

2. 交叉配血试验 为了确保患者输血安全，输血前除需要做血型鉴定外，还必须做交叉配血试验，以检验其他次要抗原与其相应抗体的反应情况，包括直接交叉配血试验和间接交叉配血试验（表15-5）。

（1）直接交叉配血试验：用受血者血清和供血者红细胞进行配合试验，检查受血者血清中有无破坏供血者红细胞的抗体。其结果绝对不可有凝集或溶血现象。

(2) 间接交叉配血试验：用供血者血清和受血者红细胞进行配合试验，检查供血者血液的血清中有无能破坏受血者红细胞的抗体。

直接交叉配血试验和间接交叉配血试验均没有凝集反应，称为交叉配血试验阴性，为配血相合，可以进行输血。

表15-5　交叉配血试验

	直接交叉配血试验	间接交叉配血试验
受血者	血清	红细胞
供血者	红细胞	血清

> **知识链接**
>
> **世界献血者日**
>
> 每年的6月14日是"世界献血者日"。这一天是发现ABO血型系统的奥地利医学家卡尔·兰德斯坦纳（Karl Landsteiner）的生日。1900年，他因为发现了ABO血型系统而获得了1930年的诺贝尔奖。为广泛引起社会各界对自愿无偿献血重要性的认识，鼓励更多的人无偿献血，宣传血液安全，世界卫生组织、红十字会与红新月国际联合会国际献血组织联合会、国际输血协会将每年的6月14日定为"世界献血者日"，旨在通过这一特殊的日子感谢那些拯救数百万人生命的自愿无偿献血者。世界各国也在当天组织各种形式的活动，表示对无偿献血者的敬意。2005年5月，世界卫生大会将这一天正式确立为世界卫生组织的官方法定节日。2020年世界献血者日活动主题是"**安全血液拯救生命**"，口号为"**献血，让世界更健康**"，意在关注个人献血为改善社区其他人的健康所做出的贡献。
>
> ——摘自《世界卫生组织官网》2020-6-14

五、静脉输血的方法

目前，临床上均采用密闭式静脉输血法，包括间接输血法和直接输血法。

间接输血法是将血液通过输血器按静脉输液法输注给患者的方法，是临床上最常用的静脉输血法。直接输血法是将供血者血液抽出后，立即输给患者的方法，适用于无库存血而患者又急需输血时，也适用于婴幼儿的少量输血。

（一）输血前准备

1. 患者知情同意　对于需要输血治疗的患者，医生必须先向患者或家属说明输注同种异体血的不良反应和可经血液传播疾病的可能性。在患者及家属充分了解输血的潜在危害后，有拒绝输血的权利。如果同意输血，必须填写"输血治疗同意书"，由患者或家属、医生分别签字后方可实施输血治疗。无家属签字的、无自主意识患者的紧急输血，应报医院职能部门，经医疗机构负责人或者授权的负责人批准后，可以立即实施输血治疗，做好备案工作并记入病历。未成年者，可由父母或指定监护人签字。

2. 备血　确认输血医嘱无误后，医护人员持《临床输血申请单》和贴好标签的采血试管，当面核对患者姓名、性别、年龄、病案号、病室/门急诊、床号、血型和诊断，采集血样。采血时禁止同时采集两个人的血样，以免发生混淆。抽取血样后注明患者姓名及住院号后送输血科做血型鉴定和交叉配血试验。受血者配血试验的血标本必须是输血前3天之内的。

3. 取血 输血科通知可以取血后,护士测量患者生命体征,患者体温正常方可携带专用取血箱到输血科取血;如患者体温异常,应及时通知医生确定是否取血。护士与输血科人员共同进行"三查八对"。三查包括:血液有效期、血液质量、输血装置是否完好。血液质量检查应注意确认:①血袋完整无破损;②库存血一般分为两层,上层为淡黄色的血浆,下层为暗红色的红细胞,二者边界清楚,无红细胞溶解;③血液无变色、混浊,无血凝块、气泡和其他异常物质。八对包括:患者姓名、性别、年龄、床号、病案号、门急诊/病室、血型及交叉配血试验结果、血制品的种类和血量。经上述核对无误,待输血液和输血记录单之间信息相符后,护士在取血单上签字后方可取血。

血袋有下列情形之一的,一律不得取血:①标签破损、字迹不清;②血袋有破损、漏血;③血液中有明显凝块;④血浆呈乳糜状或暗灰色;⑤血浆中有明显气泡、絮状物或粗大颗粒;⑥未摇动时血浆层与红细胞的界面不清或交界面上出现溶血;⑦红细胞层呈紫红色;⑧过期或其他须查证的情况。血液一经输血科取出后不得退回。

血液自血库取出后不可剧烈震荡,以免红细胞大量破坏而引起溶血。不能将血液加温,防止血浆蛋白凝固变性而引起不良反应,应在室温下放置15~20 min后再输入。

(二)静脉输血法

目前临床均采用密闭式静脉输血法,包括间接静脉输血法和直接静脉输血法两种。

【目的】

同"静脉输血的目的"。

【评估】

1. 评估患者的年龄、意识、病情(尤其是体温和心肺功能)及输血目的。
2. 评估患者的血型、输血史及过敏史。
3. 根据病情、年龄、输血量选择合适的静脉,评估穿刺部位皮肤及血管状况。
4. 评估患者的心理状态、合作程度及对输血相关知识的了解程度。

【操作前准备】

1. 患者准备

(1)排空二便,保持舒适卧位。

(2)了解输血的目的、方法、注意事项及配合要点。

2. 护士准备 衣帽整洁,修剪指甲,洗手,戴口罩,戴一次性手套。

3. 用物准备

(1)间接静脉输血法:同密闭式静脉输液,将一次性输液器换为一次性输血器(茂菲滴管内带有滤网)(图15-9),可以去除大的细胞碎屑和纤维蛋白等颗粒,血细胞、血浆等均可通过滤网;静脉穿刺针头为9号以上的针头。

(2)直接静脉输血法:同静脉注射,另备50 ml注射器及针头数个(根据输血量决定)、3.8%柠檬酸钠溶液、血压计袖带。

(3)生理盐水、血液制品(根据医嘱)、一次性手套。

4. 环境准备 整洁、安静、安全、舒适。

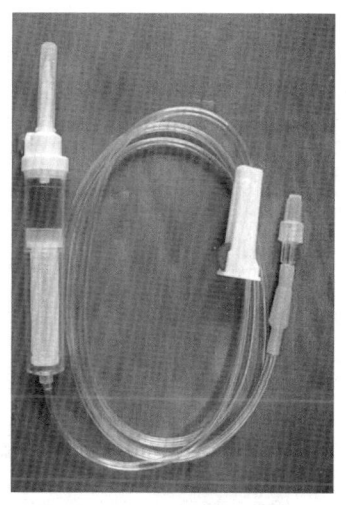

图 15-9 一次性输血器

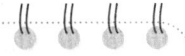

【操作流程】

操作主线	操作步骤	操作要点
▲ 间接输血法		
1. 输血前准备	（1）护士洗手，戴口罩，双人核对医嘱无误后，与另一名护士进行输血"三查八对"，确认无误后，备齐用物至患者床旁	• 输血前由两名医护人员持患者输血医嘱执行单和输血记录单与血袋做好"三查八对"，再次确定无误。同时让患者自述姓名及血型（ABO及Rh血型），如患者提出疑问，进一步核对，准确无误后方可输血
	（2）向患者解释输血的目的及注意事项	• 取得患者合作，消除紧张感
2. 建立静脉通道	按静脉输液法建立静脉通道，采用9号以上针头，穿刺成功后，先输入生理盐水	• 用生理盐水冲洗输血器管道可避免溶血的产生，是唯一适用于血液制品使用的溶液 • 选用粗针头，有利于红细胞通过，避免红细胞破坏引起溶血 • 严格执行无菌原则，减少微生物交叉感染
3. 输血过程	（1）再次根据医嘱由两名护士进行输血"三查八对" （2）以手腕旋转动作将血袋内的血液轻轻摇匀 （3）常规消毒血袋开口处胶管，戴一次性手套，将输血器针头从生理盐水瓶上拔下，插入输血器的输血接口，缓慢将储血袋倒挂于输液架上 （4）打开调节器，开始输血 （5）开始输血前15 min内输血速度宜慢，不超过20滴/分，密切观察患者情况，如无不良反应，根据病情或输注血液成分调节滴速 （6）再次进行输血"三查八对" （7）向患者及家属进行输血相关知识的健康宣教，讲解有关注意事项，将呼叫器置于患者易取处，告知患者如有不适及时反映 （8）如需连续输入不同供血者的血液，待前一袋输尽后，用生理盐水冲洗输血器，再接下一袋血继续输注	• 输血中核对，避免差错事故 • 避免剧烈震荡，以免破坏血细胞 • 戴手套是为了保护医务人员 • 注意输血器针头与血袋连接紧密，不要刺破血袋 • 输血时茂菲滴管液面保持在1/2~2/3，如果液面过低，血液成分冲击输血器滤网，会破坏血细胞；如果液面过高，则不便于观察滴速 • 一般成年人输血滴速为40~60滴/分，儿童酌减；年老体弱、严重贫血、心力衰竭患者速度宜慢 • 较严重的输血反应多发生于开始输血前15 min内，这段时间内减慢滴速可以减轻输血反应。输血前15 min的滴速一般≤20 gtt/min • 输血后再次查对 • 以便发生输血反应时可以得到及时处理，减轻不良反应程度 • 避免两袋血之间发生反应
4. 输血完毕后处理	（1）输血完毕继续滴入生理盐水，直到输血器内的血液全部输入体内，再拔针	• 保证输血量准确 • 输血针头较粗，拔针后穿刺部位按压时间应长一些，以不出血为宜
	（2）协助患者取舒适卧位，整理床单位，正确处理用物，洗手	• 严格按照消毒隔离原则处理

续表

操作主线	操作步骤	操作要点
4. 输血完毕后处理	（3）输血袋及输血器的处理：输血结束后，用剪刀将输血器针头剪下放入锐器盒中，将输血器管道放入医用垃圾桶，将输血袋送至输血科保留24 h	● 防止病原微生物传播 ● 输完血的血袋需保留，以备出现不良反应时查找原因 ● 避免发生针刺伤
	（4）在执行单上双人签字，记录输血时间、种类、量、血型、血袋号、滴速、生命体征及输血过程中有无不良反应	● 以备患者在输血后发生输血反应时检查分析原因 ● 执行护士及核对护士均需签名
▲直接输血法		▲将供血者的血液抽出后立即输给患者的方法。适用于无库存血又急需输血的患者及婴幼儿少量输血时
1. 解释	向供血者和患者解释目的、方法和注意事项	● 消除患者顾虑，取得合作
2. 核对	认真核对受血者和供血者姓名、血型、交叉配血试验结果	● 严格执行查对制度，防止差错发生
3. 卧位准备	请供血者和患者分别卧于相邻的两张床上，暴露各自供血或受血的一侧肢体	● 方便操作
4. 抽取抗凝剂	用注射器抽取一定量的抗凝剂	● 避免抽出的血液凝固 ● 一般50 ml血中需加入3.8%柠檬酸钠溶液5 ml
5. 充气	将血压计袖带缠于供血者上臂并充气	● 压力维持在13.3 kPa（100 mmHg）左右，使静脉充盈，易于操作
6. 穿刺静脉	选择粗大静脉，常规消毒皮肤，穿刺静脉	● 常用肘正中静脉
7. 抽、输血液	抽、输血液时需三人密切配合：用备好的已加入抗凝剂的注射器抽取供血者的血液，然后立即行静脉注射，将抽出的血液输给患者，一人抽血，一人传递，另一人输注，如此连续进行	● 从供血者血管内抽血时不可过急、过快，注意观察其面色、血压等变化，并询问有无不适 ● 推注速度不可过快，随时观察患者的反应 ● 连续抽血时，不必拔出针头，只需更换注射器，在抽血间期放松袖带，并用手指压迫穿刺部位前端静脉，以减少出血
8. 拔针	输血完毕，拔出针头，用无菌纱布块按压穿刺点至无出血	● 按压至不出血为止
9. 输血后处理	（1）协助患者取舒适卧位，整理床单位，正确处理用物，洗手 （2）将呼叫器放于患者易取处 （3）在执行单上双人签字，并记录输血时间、血型、血量、生命体征及输血过程中有无不良反应	

【操作注意事项】

1. 严格执行无菌技术操作原则和查对制度，避免交叉感染和差错事故的发生。
2. 全血、成分血和其他血液制品从血库取出后应在30 min内输注，1个单位的全血或成分血应在 4 h 内输完，避免久置导致血液变质或被污染。

3. 同时输注多种血液制品时，应按以下顺序输注：血小板、冷沉淀、血浆、红细胞。

医嘱需输注辐照血的患者，要检查储血袋上是否有"已辐照"的标志，以确保安全输血。

4. 冷藏血不可加温。需大量输血时，可在室温下放置 15~20 min 后输入。冷凝集阳性患者需要加温输血，最好使用血液加温仪。一旦血液加温后，必须使用，不能退回血库。

5. 严格控制输血速度，起始 15 min 速度宜慢，如患者无不适，可根据病情调节至合适的滴数。休克者可适当加快速度。小儿、老人、严重贫血、心力衰竭患者滴数宜慢。血小板或冷沉淀需要快速输注（80~100 滴/分）。

6. 输血前后及两袋血液之间，应使用生理盐水间隔冲管，直至冲净输血器内的所有残余血，避免产生不良反应。多次输血或输入多个供血者的血液时，输血前根据医嘱给予抗过敏药物。

7. 血液内不可随意加入其他药物，如钙剂、酸性或碱性药物、高渗或低渗液体，以防血液凝集或溶解。

8. 输血时间超过 4 h 或每输 2 U 血液应更换一次输血器。

9. 输血过程中应加强巡视，注意观察患者的局部是否有疼痛及肿胀，有无输血反应。一旦发生输血反应，应立即停止输血并通知医生配合给予积极处理。加压输血时必须有护士在床旁监测，以避免空气进入体内，发生空气栓塞。

10. 输完血的血袋应低温保存 24 h 备查。如发生输血反应，还应保留余血以备检查分析，查找原因。

11. 采用直接输血法从供血者血管内抽血时不可过急、过快，并注意观察其面色、血压等变化，询问供血者有无不适。

【健康教育】

1. 向患者说明输血速度调节的依据，告知患者切勿擅自调节滴速。

2. 向患者介绍常见输血反应的症状和防治方法，告知患者一旦出现不适反应，及时使用呼叫器通知医护人员。

3. 向患者普及血型的相关知识和做血型鉴定及交叉配血试验的意义。

六、自体输血和成分输血

（一）自体输血

自体输血（autotransfusion）是指采集患者体内血液或手术中收集自体的失血，经过洗涤、加工，在术后或需要时再输回给患者本人的方法，即回输自体血。自体输血是最安全的输血方法。

1. 优点

（1）无需做血型鉴定和交叉配血试验，不会产生免疫反应，避免了抗原抗体反应所致的溶血。

（2）可扩大血液来源，解决稀有血型患者的输血困难。

（3）可避免因输血而引起的艾滋病、肝炎及其他血源性疾病的传播。

（4）术前实施的多次采血，能刺激骨髓造血干细胞分化，增加红细胞生成，促进患者术后造血。

2. 适应证与禁忌证

（1）适应证：①胸腔或腹腔内出血，如脾破裂、异位妊娠破裂出血者；②估计出血量在 1000 ml 以上的大手术，如肝叶切除术；③手术后引流血液回输，一般仅能回输术后 6 h 内的引流血液；④体外循环或深低温下进行心内直视手术；⑤患者血型特殊，难以找到供血者时。

（2）禁忌证：①胸腹腔开放性损伤达 4 h 以上者；②凝血因子缺乏者；③合并心脏病、阻塞性肺部疾患或原有贫血的患者；④血液在术中受胃肠道内容物污染；⑤血液可能受癌细胞污染者；⑥有脓毒血症和菌血症者。

3. 形式 自体输血有贮存式自体输血、稀释式自体输血、回收式自体输血三种形式。

（1）贮存式自体输血：是指术前采集患者全血或血液成分并加以贮存，需要时再回输给患者的输血方法。一般于手术前 3～5 周开始，每周或隔周采血一次，直至手术前 3 天为止，以利机体应对因采血引起的失血，使血浆蛋白恢复正常水平。

（2）稀释式自体输血：于手术日手术开始前采集患者血液，并同时自静脉输入等量的晶体或胶体溶液，使患者的血容量保持不变，并降低血中的血细胞比容，使血液处于稀释状态，减少术中红细胞的损失。所采集的血液在术中或术后输给患者。

（3）回收式自体输血：是指采用血液回收装置，将患者体腔积血、手术失血及术后引流血液进行回收、抗凝、洗涤等处理，再回输给患者。多用于脾破裂、输卵管破裂、血液流入腹腔 6 h 内无污染或无凝血者。自体失血回输的总量应限制在 3500 ml 以内，大量回输自体血时，应适当补充新鲜血浆和血小板。

（二）成分输血法

1. 成分输血的概念 成分输血（component transfusion）就是输入血液的某些成分。用血液分离技术将血液分离成各种成分，再根据患者病情需要输入一种或多种成分。有一血多用、减少输血不良反应的作用。

2. 成分输血的特点

（1）成分血中单一成分少而浓度高，除红细胞制品以每袋 100 ml 为 1 单位外，其余血制品，如白细胞、血小板、凝血因子等，每袋规格均以 25 ml 为 1 单位。

（2）成分输血每次输入量为 200～300 ml，即需要 8～12 单位/袋的成分血，这意味着一次要给患者输入 8～12 位供血者的血液。

3. 成分输血的护理

（1）输注红细胞：①选择比较粗大的静脉；②选用 170 μm 的滤网输血器进行过滤，过滤面积大于 30 cm^2；③输注时间一般不超过 4 h，洗涤红细胞必须在 24 h 内完成输注；④悬浮红细胞在使用前必须充分摇匀，不要加任何药物，尤其是乳酸林格液、5% 葡萄糖或 5% 葡萄糖生理盐水，否则容易发生凝固/凝集或溶血。

（2）输注浓缩血小板：①适宜选用特殊的血小板标准输血器以去除白细胞；②输注速度要快，80～100 滴/分；③运输、传递及输注过程中应注意保暖，不要剧烈振荡，以免引起不可逆聚集。

（3）血浆输注：①冰冻血浆在 35～37℃ 水浴中快速融化，尽快输用，新鲜冰冻血浆不能保存于 4℃ 环境中；②选用带滤网的输血器，以免絮状沉淀物阻塞管道，输注速度 5～10 ml/min；③同型输注。

（4）血浆蛋白输注：①白蛋白不能与氨基酸、红细胞混合使用。5% 白蛋白输注速度为 2～4 ml/min，25% 白蛋白输注速度为 5 ml/min，儿童输注速度为成人的 1/4～1/2；②免疫球蛋白应单独输注，速度宜慢，前 30 min 的输注速度为 0.01～0.02 ml/(kg·min)，如无不良反应，将输注速度增至 0.02～0.04 ml/(kg·min)。

4. 成分输血的注意事项

（1）某些成分血，如白细胞、血小板等，存活期较短，为确保成分输血的效果，以新鲜血为宜，且必须在 24 h 内输入体内（从采血开始计时）。

（2）除白蛋白制剂外，其他各种成分血在输入前均需进行交叉配血试验。

（3）成分输血时，由于需一次输入多个供血者的成分血，因此在输血前应根据医嘱给予患者抗过敏药物，以减少过敏反应的发生。

（4）由于一袋成分血液只有 25 ml，几分钟即可输完，故成分输血时，护士应全程守护在患者身边，进行严密监护，不能擅自离开患者，以免发生危险。

（5）如患者在输成分血的同时，还需输全血，则应先输成分血，后输全血，以保证成分血能发挥最好的效果。

七、常见输血反应及护理

输血是临床治疗和抢救患者生命的重要手段，但也具有一定的危险性，可能会引起一系列输血反应，严重时甚至可危及患者生命。因此，为了保证患者的安全，应严格遵守输血原则，把握输血适应证。在输血过程中，护士须密切观察患者，并熟悉各种输血反应的临床表现，及时提供恰当的护理措施。临床常见的输血反应主要有以下几种。

（一）发热反应

发热反应是输血反应中最常见的。

1. 原因 ①输入致热原（蛋白质、细菌及细胞产物）：血液、输血用具或保养液被致热原污染；②细菌污染：输血时没有严格遵守无菌操作原则，造成污染；③免疫反应：患者多次受血后，血液中产生抗白细胞抗体和抗血小板抗体，再次输血时，所产生的抗体与所输入的白细胞和血小板发生免疫反应，引起发热。

2. 临床表现 发热反应多发生在输血中或输血结束后 4 h 内，患者基础体温升高 1℃ 以上或伴有寒战，排除原发病、过敏、溶血等所致发热，轻者仅感觉疲乏无力、畏寒、低热，并在 1~2 h 内自行缓解；重者有畏寒或寒战，继而发热，体温可高达 39~41℃，伴有皮肤潮红、出汗、头痛、恶心、呕吐等。

3. 护理

（1）预防：严格管理血库保养液和输血用具，有效预防致热原污染，严格执行无菌操作原则，防止发热反应的发生。

（2）处理：①反应轻者通过减慢输血滴速即可使症状缓解；②反应严重者应立即停止输血，换用生理盐水保留静脉通路，密切观察患者生命体征，给予对症处理，并通知医生。寒战时注意保暖，高热时给予物理降温；③必要时按医嘱给予解热镇痛药和抗过敏药，如异丙嗪或肾上腺皮质激素等；④将余血、血袋及输血器及时送检。

（二）过敏反应

1. 原因 ①患者是过敏体质，输入血中的异体蛋白质与过敏机体的蛋白质结合，形成全抗原而致敏；②供血者在献血前使用过可致敏的药物或食物，使输入的血液含致敏物质；③患者因多次输血使体内产生抗体，当再次输血时，产生抗原抗体反应，从而导致过敏反应；④供血者体内的变态反应性抗体随血液传递给受血者，一旦与相应的抗原接触，即可发生过敏反应。⑤部分先天性 IgA 缺乏的患者，且存在抗 IgA 抗体时，常在输血后 1 h 内发生过敏反应。

2. 临床表现 过敏反应大多发生在输血后期、输血即将结束或输血结束后 4 h 内，程度轻重不一，症状出现越早，过敏反应越严重。可分为局部与全身过敏反应。轻度反应主要表现为局部过敏反应，可出现皮肤瘙痒、荨麻疹、眼睑和口唇水肿，常在数小时后消退。中度反应会出现血管神经性水肿，多见于颜面部，表现为眼睑、口唇高度水肿，重型反应常表现为全身过敏反应，可发生支气管痉挛、喉头水肿、低血压、呼吸困难、过敏性休克等危及生命的症状，多发生于 IgA 缺陷的患者。

3. 护理

（1）预防：①正确管理血制品，不选用有过敏史的供血者；②供血者在采血前 4 h 内不宜进食高蛋白质和高脂肪的食物，宜进食清淡或饮糖水，以免血液中含有过敏物质。③对有过敏史的患者，输血前应遵医嘱给予抗过敏药物。

（2）处理：①轻度的局部皮肤表现，不须特殊处理。如出现大面积荨麻疹，则需减慢输血速度，遵医嘱给予抗过敏药物治疗，如苯海拉明或异丙嗪，用药后症状可缓解；②中、重度过敏反应者，应立即停止输血，换生理盐水保留静脉通路，通知医生，遵医嘱给予抗过敏药物或肾上腺皮质激素治疗，如异丙嗪、氢化可的松或地塞米松等，必要时皮下注射0.1%盐酸肾上腺素0.5～1 ml，危急情况下可行静脉注射；③呼吸困难者给予吸氧，严重喉头水肿者行气管插管或气管切开，以保持呼吸道通畅；④循环衰竭者应给予抗休克治疗；⑤IgA缺乏患者，给予输注IgA缺乏的供血者的血液成分或者输注洗涤红细胞；⑥严密观察患者的生命体征、意识及尿量等，并做好记录。

（三）溶血反应

溶血反应是指输入的红细胞或受血者的红细胞发生异常破坏，大量血红蛋白进入血浆而引起的一系列临床症状。溶血反应是输血中最严重的反应，可分为速发型溶血反应和迟发型溶血反应。

1. 速发型溶血反应 也称为急性溶血反应。

（1）原因：①输入了异型血液，多由于ABO血型不相容，供血者和受血者血型不符而引起；②输入了变质的血液，输血前红细胞已变质溶解，常见于血液储存过久、存储血液的环境温度过高、输血前血液被加热或振荡过剧、血液受细菌污染等；③血中加入了高渗或低渗溶液或能影响血液pH变化的药物，致使红细胞大量破坏溶解。

（2）临床表现：轻重不一，轻者与发热反应相似，重者一般输入10～20 ml血液后即可出现症状，死亡率较高。溶血反应的临床表现可分为3个阶段。

第一阶段：发生凝集反应，红细胞凝集成团，阻塞部分小血管，可出现头部胀痛、面部潮红、四肢麻木、恶心呕吐、心前区压迫感、腰背剧痛等症状。

第二阶段：凝集的红细胞溶解，大量血红蛋白进入血浆中，以致出现黄疸和血红蛋白尿（酱油色），伴寒战、高热、呼吸困难、发绀、血压下降等。

第三阶段：大量溶解的血红蛋白从血浆进入肾小管，遇酸性物质而形成结晶体，阻塞肾小管。另外，血红蛋白的分解产物使肾小管内皮细胞缺血、缺氧而坏死脱落，也可导致肾小管阻塞，引起急性肾衰竭，表现为少尿或无尿，管型尿或蛋白尿，高钾血症或酸中毒等急性肾衰竭症状，严重者可导致死亡。

（3）护理

预防：①认真做好血型鉴定和交叉配血试验；②输血前仔细查对，杜绝差错事故的发生；③严格执行血液保存规则，不可使用变质的血液。

处理：必须及时，一旦有溶血反应发生，应立即抢救。①立即停止输血并通知医生；②将余血、患者血标本和尿标本送化验室检验，并重新做血型鉴定和交叉配血试验；③给予吸氧；④用生理盐水维持静脉通道，给予升压药和其他药物以维持水、电解质与酸碱平衡，防治弥散性血管内凝血（DIC）等；⑤碱化尿液：静脉输注碳酸氢钠以碱化尿液，防止血红蛋白结晶阻塞肾小管；⑥双侧腰部封闭，并用热水袋热敷双侧肾区，解除肾血管痉挛，保护肾；⑦严密观察生命体征和尿量，留置导尿管，监测每小时尿量并做好记录，对少尿、无尿者，应控制入量，纠正水、电解质紊乱，防止高血钾，必要时行血液或腹膜透析；⑧若出现休克症状，应立即配合抗休克治疗；⑨安抚患者情绪，给予心理支持。

2. 迟发型溶血反应 也称为慢性溶血反应，一般为血管外溶血，多由Rh系统内的抗D、抗C和抗E抗体所造成。临床常见的Rh系统溶血反应中，绝大多数是由D抗原与其相应抗体所致，释放出游离血红蛋白转化为胆红素，循环至肝后迅速分解，通过消化道排出体外。一一般在输血后 24 h 至 2 周出现，症状较轻，有轻度发热伴乏力、血胆红素升高。对此类患者应查明原因，确诊后尽量避免再次输血。

（四）与大量输血有关的反应

大量输血一般指在 24 h 内紧急输血量大于或相当于患者总血容量。常见的与大量输血有关的反应有循环负荷过重、出血倾向、柠檬酸钠中毒、低血钙、高血钾等。

1. 循环负荷过重 大量快速输血使血容量及心输出量迅速增加，心脏负荷加重而导致心力衰竭，最多见的临床表现是急性肺水肿。治疗措施同输液反应中的循环负荷过重反应。

2. 出血倾向

（1）原因：输入大量库存血时，可因库存血中血小板破坏较多，凝血因子减少，凝血功能障碍，从而引起出血。

（2）临床表现：表现为皮肤、黏膜出血点、瘀斑、牙龈出血、穿刺部位出现大块瘀血或手术后伤口渗血。

（3）护理：大量输血时应输入新鲜血液，以补充足够的血小板和凝血因子。短时间内输入大量库存血时，应密切观察患者意识、血压、脉搏等变化，注意皮肤、黏膜或手术伤口有无出血。首选输入静脉注射用免疫球蛋白，免疫球蛋白可以减少血小板破坏和提升血小板数量。

3. 柠檬酸钠中毒反应

（1）原因：大量输血随之输入大量柠檬酸钠，如肝功能不全，柠檬酸钠尚未完全氧化即与血中游离钙结合而使血钙下降，导致凝血功能障碍、毛细血管张力减低、血管收缩不良和心肌收缩无力等。因血浆钾离子浓度随库存时间而增加，输血后可发生高血钾。

（2）临床表现：手足抽搐、出血倾向、血压下降、心率缓慢、心室颤动，甚至发生心搏停止。

（3）护理：严密观察患者的反应。输入库存血 1000 ml 以上时，需按医嘱静脉注射 10% 葡萄糖酸钙 10 ml，以补充钙离子。对于广泛创伤、体外循环、换血疗法的患者，宜输入新鲜血液。

（五）输血相关传染病

为保障输血安全性，我国于 2015 年底已经实现了血液核酸检测全覆盖，大幅度缩短了乙型肝炎病毒（HBV）、丙型肝炎病毒（HCV）和人类免疫缺陷病毒（HIV）检测的"窗口期"，降低了输血相关传染病的感染率，但是"窗口期"仍然存在。此外，目前已报道的可通过血液传播的其他病原微生物，如细小病毒 B19、人类嗜 T 细胞病毒、EB 病毒、巨细胞病毒、疟疾等，在我国尚未纳入常规检测项目。因此，输血仍有传播相关病原体的风险。

（六）其他

如体温过低、低血压、铁超负荷及空气栓塞等。

因此，严格遵守输血原则，把握输血适应证，管控采血、贮血和输血操作的各个环节，是预防输血反应的关键。

八、输血反应的监测与报告

（一）意义

输血理论与技术发展迅速，无论是在血液的保存与管理、血液成分的分离，还是在献血人员的检测以及输血器材的改进等方面，都取得了明显的进步，为临床安全、有效、节约用血提供了保障。但是输血不良反应仍时有发生，所以做好输血反应的监测与报告是一个连续的、规范化的数据收集和分析系统，贯穿于采血到输血的全过程，具有十分重要的临床意义。

1. 可以及时发现严重输血反应，多科室合作制订相应的措施和治疗方案，将受血者的损伤降低到最低程度。

2. 有助于提高采供血机构和用血医院的安全输血水平，对于严重的输血反应应及时上报，由医院输血管理委员会组织召开输血评估会，输血科负责人和有关临床科室参加，并将评估意见转报采供血机构。医院和采供血机构应进行内部质量评估，排除一切可能引发严重输血反应的因素。

3. 为制定政策、法规提供决策信息，测报制度有助于收集输血后肝炎等输血传染病的发病率、发生率数据，从而客观了解和分析输血传染病的流行病学状况，为政策、法规的制定提供决策依据。

4. 有助于输血新技术、新制品的研究和推广，针对输血反应，一些先进的输血技术和新型制品已用于临床，如成分输血、去白细胞过滤血液、经病毒灭活血浆等。

（二）工作程序

1. 填写"输血反应记录单"。医院输血科（血库）在发血的同时，附带发放"输血反应记录单"（表15-6），由输血科（血库）人员、医师和护士共同填写。患者在接受输血治疗以及输血后一段时间内，护士应密切观察患者情况。若出现严重输血反应症状，如短时间内体温急剧升高、过敏反应、输血后紫癜、休克、全身出血、血红蛋白尿、少尿或无尿等，应立即停止输血和（或）给予药物治疗，并重新核对用血申请单、血袋的标签等，由医师和护士共同填写"输血反应记录单"，并抽取患者血样 5 ml（1 ml 用 EDTA 抗凝，4 ml 不抗凝），连同血袋一起送回输血科（血库），将严重输血反应记录在受血者的病程记录中。

表15-6 输血反应记录单

患者姓名 _____ 性别 _____ 年龄 _____ 住院号 _____ 科室 _____ 床号 _____
主要诊断
输血不良反应 发生时间：输血过程中开始输血 ___ 小时（分钟）出现，输血后 ___ 天（或 ___ 小时） 处理 _____ _____ 临床表现：发热 □ 寒战 □ 皮肤潮红 □ 荨麻疹 □ 血管神经性水肿 □ 喉头水肿 □ 　　　　　休克 □ 呼吸困难 □ 发绀 □ 粉红色泡沫痰 □ 　　　　　肺部啰音 □ 腰背剧痛 □ 酱油色尿 □ 少尿 □ 无尿 □ 　　　　　皮肤瘀斑 □ 伤口渗血 □ 其他 □ 生命体征 T ___ ℃，P ___ 次/分，R ___ 次/分，BP ___ / ___ mmHg
输血日期 _____ 输血开始时间 _____ 停止时间 _____ 已输入量 _____
输血前患者是否有发热：是 □ 否 □　　药物过敏史：是 □ 否 □
患者与供血者之间的关系：无亲属关系 □ 一级亲属 □ 二级亲属 □ 其他 □
血型：A □ B □ AB □ O □ 其他 □ Rh：阴性 □ 阳性 □
输血品种：红细胞悬液 □ 白细胞浓缩悬液 □ 血浆 □ 　　　　　浓缩血小板 □ 全血 □ 其他 □
输血史：有 □ 无 □ 输血不良反应 有 □ 无 □ 妊娠史：孕次 ___ 产次 ___
其他需要说明的情况
填报医生签名 _____ 输血护士签名 _____ 填报日期 _____

2. 输血科（血库）收到"输血反应记录单"后，应对患者血样和输注的血液进行鉴定和检测，查明原因。对需要继续输血的患者，在排除引起输血反应的原因后，选用相配血液输注，如经不规则抗体筛选、白细胞抗体的交叉配合试验等的血液，或选用特殊制备的血液成分，如去白细胞血液成分、洗涤红细胞、照射血液等。也可将患者输血前、后的血样及血袋一起送交采血机构做进一步检测。

3. 如果患者在接受输血治疗一段时间内出现输血传染病症状，如病毒性肝炎、艾滋病、梅毒等，除向辖区疾病控制中心报告外，还应向供血机构进行书面报告。

（三）输血反应处理流程（图15-10）

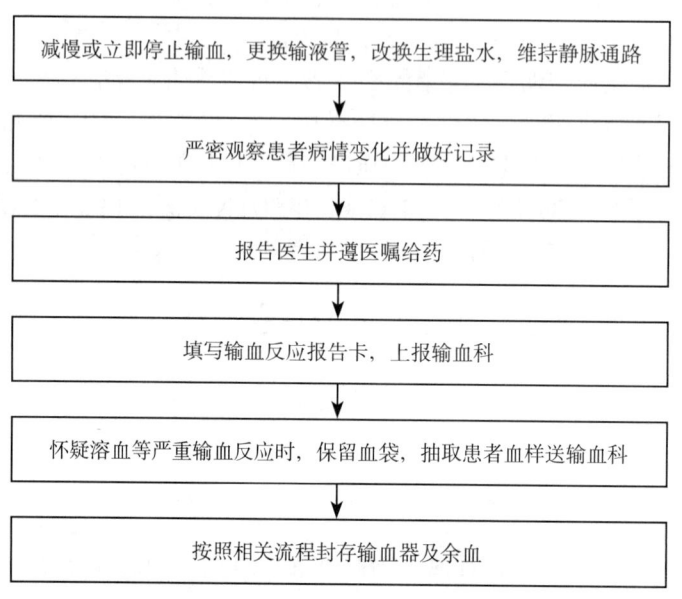

图15-10　输血反应处理流程

小　结

静脉输液与输血是临床上常用的重要的治疗措施，通过静脉输液和输血，可以达到治疗疾病、抢救生命的目的。护士须掌握静脉输液和静脉输血的基本理论、基本知识和基本技能，在临床工作中严格遵守静脉输液和静脉输血的原则，熟悉静脉输液及静脉输血的目的和操作流程，掌握临床常见的静脉输液和静脉输血不良反应类别及处理要求，熟知静脉输液和静脉输血的操作注意事项，在实践操作中遵守无菌技术操作原则和核对制度，全程密切观察患者的病情变化，加强与患者的沟通，提供良好的健康教育，采取适当的护理措施预防和处理静脉输液和静脉输血的不良反应，减少和杜绝医疗不良事件的发生；在执行静脉输液和静脉输血过程中，护士应具备严谨、细致的工作作风，高度的责任心和爱伤观念，关心患者、换位思考，体现良好的护理职业素养和人文关怀理念，在治疗疾病、挽救生命、保障患者安全过程中发挥积极、有效的作用。

第十五章 静脉输液与输血

思考题

一、单项选择题

1. 以下属于等渗平衡盐溶液的是
   - A. 5%葡萄糖
   - B. 碳酸氢钠
   - C. 5%葡萄糖氯化钠溶液
   - D. 20%甘露醇
   - E. 10%葡萄糖

2. 输液过程中发生空气栓塞时应采取的体位是
   - A. 半卧位
   - B. 端坐卧位
   - C. 右侧卧位、头低足高位
   - D. 左侧卧位、头低足高位
   - E. 左侧卧位、头高足低位

（以下病例为3~6题共用）

患者，女，36岁。因发热、咳嗽入院，诊断为肺炎。遵医嘱输注青霉素，输液30 min后，突然出现寒战，继之高热，体温40℃，并伴有头痛、恶心、呕吐。

3. 该患者出现了
   - A. 发热反应
   - B. 循环负荷过重反应
   - C. 静脉炎
   - D. 空气栓塞
   - E. 过敏反应

4. 值班护士为该患者提供的以下护理措施，错误的是
   - A. 停止输液
   - B. 丢弃剩余溶液
   - C. 通知医生
   - D. 物理降温
   - E. 抗过敏药物或激素治疗

5. 患者大量输入库存血后容易出现
   - A. 酸中毒和高血钾
   - B. 低血钾和酸中毒
   - C. 低血磷和碱中毒
   - D. 碱中毒和低血钾
   - E. 高血钠和酸中毒

6. 下列不属于输血适应证的是
   - A. 急性出血
   - B. 凝血功能障碍
   - C. 低蛋白血症
   - D. 消瘦
   - E. 重症感染

（以下病例为7~8题共用）

患者，女，55岁。患十二指肠溃疡，突发呕血，面色苍白，脉搏120次/分，血压60/45 mmHg。医嘱：输注A型Rh（+）全血400 ml。

7. 输血开始后1 h，患者出现寒战、高热、头痛、恶心、呕吐，皮肤潮红，体温39℃。该患者发生了
   - A. 发热反应
   - B. 溶血反应
   - C. 过敏反应
   - D. 输血过快
   - E. 空气栓塞

8. 给患者输血的目的是补充
   A. 凝血因子
   B. 血红蛋白
   C. 血小板
   D. 抗体
   E. 血容量

二、案例分析题

1. 患者，男，60岁。因"头痛3天，伴恶心、呕吐"来院就诊。平车入院，既往有高血压病史，平时服用降压药不规律。急查CT示"硬膜外血肿"。入院时神志清楚，精神欠佳，P 90次/分，BP 200/105 mmHg，医嘱予20%甘露醇100 ml静脉滴注。第2天护士接班时发现，患者手臂留置针处可摸到条索状的静脉并发红。

请回答：

（1）患者出现了何种输液反应？

（2）作为护士，应如何预防这种输液反应？

（3）患者出现该情况时，护士应该如何处理？

2. 患者，男，39岁。因车祸致脾破裂大出血，需立即手术，去手术室之前，护士遵医嘱迅速建立静脉通道并进行输血治疗。因时间紧迫，护士从血库取血后，为了尽早将血液输给患者，便将血袋放在热水中加温，5 min后便给患者输入。当输入10 min后，患者感到头部胀痛，并出现恶心、呕吐，腰背部剧痛。

请回答：

（1）此患者最可能出现了什么情况？

（2）出现该反应最可能的原因是什么？

（3）针对该患者出现的不良反应，护士应采取哪些护理措施？

（李 佳 熊吴燕）

第十六章 标本的采集

导学目标

通过本章内容的学习，学生应能够：

◆ **基本目标**
1. 解释标本采集的意义及标本采集的基本原则。
2. 说出留取 12 h 或 24 h 尿标本时常用防腐剂的种类、作用与用法。
3. 描述血液标本、尿标本、粪便标本、痰标本及咽拭子标本采集的目的及注意事项。
4. 比较不同类型的静脉血标本采集的目的、采血量及方法。
5. 熟练进行各种标本的采集，方法正确，操作规范。

◆ **发展目标**
1. 综合运用标本采集的方法解决临床各种标本采集的问题，确保高质量的采集检验标本。
2. 运用所学的标本采集的知识，在标本采集过程中，培养学生仁心仁术的职业素养，注重关心体贴患者，耐心为患者服务，培养热爱患者的高尚情怀，树立热爱护理职业的价值观，提升护理职业素养。

本章数字资源

案例 16-1

患者，男，70 岁。反复咳嗽、咳痰 30 年，痰呈白色泡沫状，晨间多。每年冬季发病，每次发作持续 2 个月以上，用抗生素治疗可减轻症状。近 20 年来气喘逐年加重。1 个月前因受凉再次出现咳嗽、咳痰，痰液颜色逐渐转黄，痰量明显增多，气喘更甚以致不能下床活动。在当地医院经 X 线胸片检查提示"慢性支气管炎、肺气肿"而住院治疗。住院期间给予"三代头孢、阿奇霉素"等抗感染治疗半个月后症状未见好转，气喘加重，近 2 天痰呈脓性，伴寒战、发热而转至本院。

体格检查：T 38.9℃，P 130 次/分，R 20 次/分，BP 130/80 mmHg。神志清楚，精神差，消瘦，高枕卧位。口唇发绀，口腔黏膜可见点状白膜。桶状胸，双肺语颤减弱，叩诊呈过清音，双肺满布湿啰音，少许干啰音。叩诊心脏浊音界缩小，心率 130 次/分，心律齐，心脏各瓣膜区无杂音。

入院医嘱：血常规"五项"，尿常规，粪便常规，肝功能"三项"，肾功能"四项"，血脂"四项"，血生化"八项"，动脉血气分析，痰细菌培养 + 药物敏感试验。

请回答：
1. 该患者的静脉血标本采集（真空采血器采血法）应如何排序？分别选用何种采血管？
2. 采集血生化分析标本的采血时间有何要求？
3. 为该患者进行动脉血气分析标本采集时，应注意哪些问题？
4. 如何指导该患者采集尿标本和粪便标本？
5. 为该患者进行痰培养标本采集时，应注意哪些问题？

现代医学越来越重视检验医学分析项目。标本的正确选择、采集和运送是保证实验质量的重要环节，也是病原学检查准确和有效的前提。临床检验项目涉及的标本如患者的血液、体液、分泌物、排泄物以及组织细胞等一般由护士采集，为保证检验标本的质量，护士应熟练、正确进行标本采集、保管及运送，使检验结果成为指导临床治疗、护理的重要依据。

第一节　概　述

标本采集（specimens collection）是指采集患者少许的血液、排泄物（尿液、粪便）、分泌物（痰、鼻分泌物）、呕吐物、体液（胸腔积液、腹水）和脱落细胞（食管、阴道脱落细胞）等样品，经物理、化学和生物学的实验室技术和方法对其进行检验，作为判断患者机体有无异常的依据。标本的检验结果可反映机体正常的生理现象和病理改变，对协助明确疾病的诊断、观察病情、制订防治措施和判断预后等均有重要意义，同时也是护士评估患者健康状况、确定护理诊断及制订护理计划的客观依据。标本采集和送检的方法正确与否与检验结果的准确性密切相关。高质量的检验标本是获得准确而可靠的检验结果的首要环节，因此，正确地进行标本采集和送检，是护理人员应掌握的基本知识和基本技能之一。

一、标本采集的意义

随着现代诊疗技术的发展，疾病诊断的各种方法日益增多，实验诊断可为临床诊断所用，为疾病的诊断和治疗计划的制订、分析病情、观察疗效、判断预后等提供科学依据。临床检验结果正确与否直接影响患者疾病的诊断、治疗和抢救。标本采集非常重要，可以协助疾病诊断，预测疾病进展，制订治疗措施，观察病情变化。

二、标本采集的原则

（一）按医嘱采集标本

采集各种标本均应严格按医嘱执行。医生填写检验申请单时，应字迹清楚，目的明确，申请人签全名。如护士对申请单有疑问，应及时找相关医生核实，核实无误后方可执行。

（二）做好充分准备

1. 操作前评估　明确标本采集的相关事宜，采集标本前护士应明确检验项目、检验目的、采集标本量、选择采集的方法及注意事项。

2. 护士准备　护士操作前应修剪指甲、洗手、戴口罩、帽子和手套。

3. 物品准备　根据检验目的，准备好必需物品，在标本容器外贴上检验标签。标签上注明的内容包括：患者姓名、科室、床号、住院号、检验目的、标本类型、送检日期及时间或条形码（电脑医嘱会自动生成电子条形码）。

4. 被检者准备 被检者应避免机体受到额外的影响和干扰，使之保持相对稳定的状态。常见的影响因素有饮食、运动、情绪过度波动、服用药物的干扰等。为了减少这些情况，一般要求在安静时采集，最好是在晨起空腹时采集标本，此时体力、精神、情绪等因素的影响都较小。

5. 环境准备 采集标本时环境应清洁、安静、光线充足、温湿度适宜，并注意保护患者的隐私。

（三）严格查对

采集前应认真查对医嘱，核对申请项目、患者姓名、床号、性别、住院号及腕带、检验内容等。采集完毕及送检前应重复查对，以保证标本采集无误。

（四）正确采集标本

采集方法、采集量和采集时间要正确，以保证标本的质量。如为细菌培养标本，应放入无菌容器内，采集时严格执行无菌操作技术，并应在使用抗生素前采集。若已使用抗生素，则应按抗生素的半衰期计算，在血药浓度最低时采集标本，并应在检验单上注明。

（五）及时送检标本

标本采集后应及时送检，不应放置过久，以避免标本变质或被污染，从而影响检验结果。特殊标本还应注明采集时间。各类标本应区分运送容器，注意容器的密闭性和安全性。运送途中应妥善放置，防止标本被污染、丢失和混淆，防止标本对环境的污染等。

第二节　各种标本的采集

不同标本的采集和处理要求依临床需要而定。为保证采集标本的有效性和可靠性，护理人员在采集标本时应严格遵守检验标本质量管理体系，并严格遵照医嘱，充分准备，科学查对，运用正确的采集方法，保证标本的质量。

一、血液标本的采集

血液检查是判断体内各种功能及异常变化的重要指标之一，也是临床最常用的检验项目之一。血液由血浆和血细胞两部分组成，在体内通过循环系统与机体所有组织器官发生联系，参与机体的各项功能活动，对维持机体的新陈代谢、功能调节和维持机体内、外环境的平衡有着重要的作用。血液系统发生病变时，可以影响全身组织器官，组织器官病变又可直接或间接引起血液及其成分改变。

根据血液标本的性质，临床收集的血液标本可分为3类：全血标本、血浆标本、血清标本。因此，血液检查是临床最常用的检验项目之一，可反映机体各种功能及异常变化，为患者病情进展以及治疗疾病提供参考。

（一）毛细血管采血法

毛细血管采血法（capillary blood sampling）主要用于各种微量检查法或进行大规模普查。常用的采血部位为耳垂和手指末梢。凡用血量较少的检查，一般从手指取血，手指采血操作方便，可获得较多血量，成人以左手环指为宜，婴幼儿可从拇指或足跟部采血。血常规检查以往多采用毛细血管血，但其检查结果波动大、重复性差且易发生凝块，现在多改用静脉抗凝血。该采血方法目前均由检验人员执行。

（二）静脉血标本采集法

静脉血标本采集 (intravenous blood sampling) 是自静脉抽取静脉血标本的方法。常用的静脉包括：①四肢浅静脉：上肢常用肘部浅静脉（贵要静脉、肘正中静脉、头静脉）、腕部及手背静脉；下肢常用大隐静脉、小隐静脉及足背静脉。②颈外静脉：婴幼儿在颈外静脉采血。③股静脉：股静脉位于股三角区，在股神经和股动脉的内侧。

【目的】

1. 全血标本 指抗凝血标本，测定血沉、血常规及血液中血糖、尿素氮、肌酐、尿酸、肌酸、血氨的含量。

2. 血浆标本 抗凝血经离心所得的上清液称为血浆，主要用于凝血因子的相关检查，也可用于部分临床化学的快速检查。

3. 血清标本 不加抗凝剂的血，经离心所得上清液称为血清，多用于大部分临床生化及免疫学检查，如测定肝功能、血清酶、脂类、电解质等。

4. 血培养标本 培养检测血液中的病原菌。

【评估】

1. 评估患者的病情、治疗情况、意识状态、肢体活动能力。

2. 评估患者对血标本采集的了解、认识及合作程度。

3. 评估患者有无情绪变化，如检验前紧张、焦虑等，以及有无饮食、运动、吸烟、药物以及饮酒、茶或咖啡等。

4. 了解所需做的检查项目、采血量及是否需要特殊准备。

5. 评估患者静脉充盈度及管壁弹性，穿刺部位的皮肤状况，如有无水肿、结节、瘢痕、伤口等。

【操作前准备】

1. 患者准备

（1）患者了解静脉血标本采集的目的、方法、临床意义、注意事项及配合要点。

（2）取舒适卧位，暴露穿刺部位。

2. 护士准备 衣帽整洁，修剪指甲，洗手，戴口罩，戴手套。

3. 用物准备

（1）治疗车上层：注射盘用物1套、静脉采血针（图16-1）及真空采血管（图16-2）、止血带、一次性治疗巾、注射用小垫枕、胶布、检验单（标明科室、床号、姓名、标本类型、标本采集时间）、手消毒剂。

（2）治疗车下层：生活垃圾桶、医用垃圾桶、锐器盒。

4. 环境准备 清洁、安静，温湿度适宜，光线充足，有足够的照明，必要时遮挡。

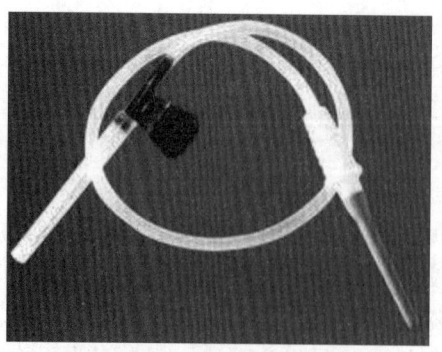

图16-1 静脉采血针

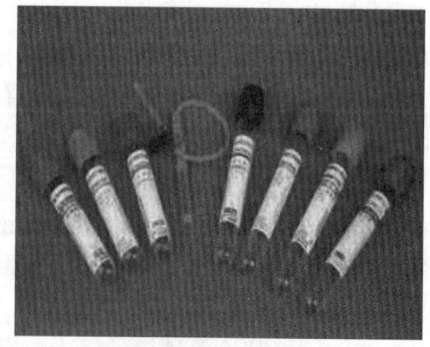

图16-2 真空采血管

第十六章 标本的采集

【操作流程】

操作主线	操作步骤	操作要点
▲ 真空采血器采血法		
1. 贴标签或条形码	核对医嘱、检验申请单、标签（或条形码）及标本容器（或真空采血管）无误后，贴标签（或条形码）于标本容器（或真空采血管）外壁上	• 防止发生差错 • 电子条形码应竖贴在管上，不能遮挡管中的刻度
2."一查"	(1) 携用物至床旁，依据检验申请单核对患者的床号、姓名、性别、住院号、检验内容及标本容器 (2) 向患者及家属说明标本采集的目的及配合方法	• 确认患者，操作前查对，避免差错事故的发生
3. 选择静脉	(1) 协助患者摆好坐位/卧位 (2) 暴露静脉穿刺的部位，嘱患者握拳，选择合适静脉 (3) 将一次性治疗巾置于穿刺部位下	• 嘱患者握拳，使静脉充盈 • 不可反复拍打采血部位，以免影响检验结果
4. 消毒皮肤、扎止血带	(1) 常规消毒皮肤，直径不小于 5 cm (2) 在穿刺点上方约 6 cm 处扎上止血带 (3) 再次消毒皮肤，待干	• 使用止血带时间不宜超过 1 min
5."二查"	再次核对患者的床号、姓名、性别、住院号、检验内容及标本容器	• 操作中查对
6. 穿刺静脉	(1) 打开静脉采血针包装 (2) 取下静脉采血针护套，手持静脉采血针，按静脉注射法行静脉穿刺 (3) 见回血再进针少许，固定针柄	• 穿刺时一旦出现局部血肿，立即拔出针头，按压局部，另选其他静脉重新穿刺
7. 松止血带、采血	(1) 松止血带 (2) 将静脉采血针另一端刺入真空管，玻璃面朝向自己	• 在开始采集第一管血时，即可松开止血带 • 若松开止血带后血流不顺畅，则等待 2 min 后再重新绑扎止血带 • 以便观察血流状态
	(3) 当血液断流（即血液完全停止流入管内）后，反折橡皮针头并垂直拔出采血管，根据排管顺序，立即插入下一支采血管	• 真空采血管是利用负压控制采血量，即自动计量，无须回抽，无须人工计量 • 当采血管内负压耗尽、血流停止后，再拔掉真空采血管 • 排管顺序：血培养管→柠檬酸钠抗凝管→含有促凝剂和（或）分离胶的血清采血管→肝素抗凝管→EDTA 抗凝管→葡萄糖酵解抑制管
	(4) 若采集血培养标本：打开密封瓶盖，常规消毒培养瓶塞，至少停留 2 min，待消毒剂完全干燥，将血液注入瓶内，轻轻摇匀	• 血培养标本应在使用抗生素前采集，如已使用抗生素，应在检验单上注明 • 一般血培养取 5 ml，对亚急性细菌性心内膜炎患者，为提高培养阳性率，采血 10～15 ml • 先注入需氧瓶，再注入厌氧瓶，以最大限度避免空气进入厌氧瓶
	(5) 含有添加剂的采血管在采集血液后宜立即轻柔颠倒混匀	• 混匀次数宜按照产品说明书的要求。不可剧烈振荡混匀，以避免溶血

操作主线	操作步骤	操作要点
8. 拔针	（1）当最后一支采血管内血液断流（即血液完全停止流入管内）时，嘱患者松拳 （2）将静脉采血针拔出采血管，然后用无菌干棉签轻压针刺处快速拔针	● 采血结束，先拔真空管，后拔针头
9. 按压、观察	（1）用干棉签按压局部，将静脉采血针放入锐器盒 （2）观察穿刺部位有无渗血、肿胀、淤血，观察患者全身有无不适等 （3）告知患者采血后注意事项，根据病情采取合适的按压时间和方法，按压5～10 min 至不出血为止	● 不宜屈肘按压，以免增加额外压力，导致局部出血、淤血等情况的发生 ● 采血肢体暂时不宜提重物及用力活动 ● 注意按压方法，且按压时间要足够长，防止皮下出血或淤血，凝血功能障碍者拔出针头后，要适当延长按压时间
10. "三查"	再次核对患者的床号、姓名、检验内容及标本容器	● 操作后查对
11. 安置患者	（1）取下一次性治疗巾和止血带，协助患者取舒适卧位，整理床单位 （2）交代注意事项	
12. 采血后处理	（1）整理用物 （2）记录采血时间并签名 （3）脱手套、洗手 （4）血标本及时送检	● 用物分类处置 ● 预防交叉感染 ● 及时送检，以免影响检验结果

【注意事项】

1. 严格执行查对制度、无菌操作原则、消毒隔离制度和标准预防原则。

2. 掌握采血时机 提前向患者讲解抽血检验的目的、方法和采集标本的时机，解除患者的恐惧或焦虑，安慰患者，避免因精神-体液变化影响检验的结果。根据检验项目的不同要求，采血的时间也不同。

（1）空腹采血：早晨空腹安静时采血，适宜做血糖、血脂、肝功能、肾功能、电解质等血液生化检验。指导患者晚餐后禁食，次日早晨采血，禁食时间至少8 h，以12～14 h 为宜，但不宜超过16 h，空腹期间可少量饮水；高血压患者早上应在采血后服用药物。理想的采血时间是早晨7:00～9:00。空腹时间过长，易引起低血糖虚脱。

（2）定时采血：采血时间有特殊要求的检测项目包括（不限于）：①血培养：寒战或发热初起时，在应用抗生素之前采集最佳；②促肾上腺皮质激素及皮质醇：生理分泌有昼夜节律性，常规采血时间点为8:00、16:00和24:00；③女性性激素：生理周期的不同阶段有显著差异，采血日期需遵循医嘱，采血前与患者核对生理周期；④药物浓度监测：具体采血时间需遵循医嘱，采血前与患者核对末次给药时间；⑤口服葡萄糖耐量试验：试验前3天正常饮食，试验日先空腹采血，随后将75 g 无水葡萄糖溶于300 ml 温水中，在5 min 内喝完。于服第一口糖时开始计时，并于2 h 后采血，其他时间点采血需遵循医嘱；⑥血液疟原虫检查：最佳采血时间为寒战发作时。

3. 做好身心准备 ①饮食：患者采血前不宜改变饮食习惯，24 h 内不宜饮酒；需空腹采血的项目应按要求禁食。②运动和情绪：采血前24 h 不宜剧烈运动，采血前宜休息5 min，避免情绪激动。

4. 正确选择采血部位 根据采血要求不同，选择毛细血管采血法或静脉采血法，遵循远端原则。切忌在有静脉穿刺针的肢体上采集血标本，以免影响检验的真实结果；若两只手都有输液,则选择下肢静脉,或在静脉滴注的上游采血。不宜选用手腕内侧的静脉,否则穿刺疼痛感明显且容易损伤神经和肌腱。不宜选用足踝处的静脉,可能会导致静脉炎、局部坏死等并发症。其他不宜选择的静脉包括:乳腺癌根治术后同侧上肢的静脉、化疗药物注射后的静脉、血液透析患者动静脉造瘘侧手臂的血管,以及穿刺部位有皮损、炎症、结痂、瘢痕的血管。

5. 规范采血操作　①肘部采血时不要拍打患者前臂。②一般止血带捆扎时间不要超过 1 min,时间过长,将影响结果。再次使用前应保证至少间隔 2 min。穿刺后应压迫穿刺点 5 min,凝血功能障碍者穿刺后应延长按压至少 10 min。③局部消毒待自然干燥后穿刺,以防止标本溶血及灼烧感。④采血宜使用直针采血及真空采血管。⑤当采血不顺利时,切忌在同一处反复穿刺,以免标本溶血或出现小凝块影响检验结果。⑥有抗凝剂的血标本要充分摇匀,防止凝血。使用真空采血器采血的全血标本或需抗凝的标本,采血后应立即上下颠倒 5~10 次混匀,不可用力振荡。

6. 掌握采血顺序

(1) 同时抽取不同种类的静脉血标本时,应根据不同采血管顺序采血:①血培养瓶;②柠檬酸钠抗凝采血管;③血清采血管,包括含有促凝剂和(或)分离胶;④含有或不含分离胶的肝素抗凝采血管;⑤含有或不含分离胶的 EDTA 抗凝采血管;⑥葡萄糖酵解抑制采血管。使用蝶翼针且仅采集柠檬酸钠抗凝标本时,宜弃去第一支采血管。被弃去的采血管用于预充采血组件的管路,无需完全充满。

(2) 特殊情况只能从静脉留置管中采血时,对于凝血功能检测,宜弃去最初的 5 ml 或 6 倍管腔体积的血液;对于其他检测,宜弃去最初的 2 倍管腔体积的血液,含有添加剂的采血管在采集血液后宜立即轻柔颠倒混匀。不可剧烈振荡混匀,以避免溶血。

7. 及时送检　采集标本后 2 h 内送检。

【健康教育】

1. 向患者或家属说明采集血液标本的目的与配合要求。

2. 向患者说明采血的正确时机,做好身心准备。采血后应正确按压穿刺点,以免产生皮下出血。

3. 需做血培养的患者,如在采集标本前已使用抗生素,应向医护人员说明。

(三) 动脉血标本采血法

动脉血标本采集(arterial blood sampling)是自动脉抽取动脉血标本的方法。常用动脉有桡动脉、肱动脉、股动脉。

【目的】

1. 采集动脉血进行血气分析。

2. 判断患者氧合及酸碱平衡情况,为诊断、治疗、用药提供依据。

3. 施行某些特殊检查,如乳酸和丙酮酸测定等。

【评估】

1. 评估患者的意识状态、病情、治疗情况及肢体活动能力。

2. 评估患者对动脉血标本采集的认识和合作程度。

3. 评估穿刺部位的皮肤及动脉状况。

4. 评估患者用氧或呼吸机使用情况(呼吸机参数的设置)。

【操作前准备】

1. 患者准备

(1) 患者了解动脉血标本采集的目的、方法、临床意义、注意事项及配合要点。

(2) 取舒适体位,暴露穿刺部位。

2. 护士准备　衣帽整洁,修剪指甲,洗手,戴口罩,戴手套。

3. 用物准备

（1）治疗车上层：注射盘用物 1 套、动脉采血针（内壁含肝素，图 16-3）、一次性治疗巾、注射用垫枕、无菌手套（按需准备）、无菌软木塞或橡胶塞、检验单、消毒液。

（2）治疗车下层：生活垃圾桶、医用垃圾桶、锐器盒。

4. 环境准备
清洁、安静、光线适宜，必要时用屏风或围帘遮挡患者。

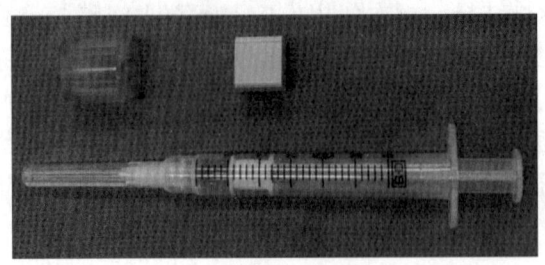

16-3 动脉采血针

【操作流程】

操作主线	操作步骤	操作要点
▲ 动脉采血针采血		
1. 贴标签或条形码	核对医嘱、检验申请单、标签（或条形码）及标本容器（动脉血气针或一次性注射器），无误后贴标签（或条形码）于标本容器外壁上	● 防止发生差错
2. "一查"	（1）携用物至床旁，依据检验申请单核对患者的床号、姓名、性别、住院号、检验内容 （2）向患者及家属说明标本采集的目的及配合方法	● 确认患者，操作前查对，避免差错事故的发生
	（3）根据需要为患者暂停吸氧	● 对于正在吸氧者，如病情许可，应停止吸氧 30 min 后再采血，否则应在检验申请单上注明采血时间、氧疗方法、给氧浓度、氧流量、给氧持续时间、机械呼吸的各种参数和体温，必要时注明血红蛋白浓度
3. 选择动脉	（1）协助患者摆好卧位，选择合适动脉 1）桡动脉穿刺点位于前臂掌侧腕关节上 2 cm 动脉搏动明显处，取仰卧或侧卧位，上臂外展，手心向上 2）股动脉穿刺点位于股三角区，取髂前上棘与耻骨结节连线中点、动脉搏动明显处，取仰卧位，采血下肢稍外展、外旋，便于穿刺及抽血 （2）将一次性治疗巾置于穿刺部位下	● 一般选择桡动脉或股动脉 ● 新生儿宜选择桡动脉穿刺，因股动脉穿刺垂直进针时易伤及髋关节
4. 消毒	穿刺部位常规消毒，范围大于 8 cm，操作者戴无菌手套或常规消毒示指、中指	● 严格执行无菌技术操作
5. "二查"	再次核对患者的床号、姓名、性别、住院号、检验内容	● 操作中查对
6. 穿刺采血	（1）将针栓推到底部，拉到预设位置 （2）除去针帽，定位动脉，动脉采血针与皮肤呈 45°~90° 进针，进入动脉后血液自然涌入动脉采血针空筒内	● 3 ml 动脉采血器预设至 1.6 ml ● 1 ml 动脉采血器预设至 0.6 ml

续表

操作主线	操作步骤	操作要点
7. 拔针按压	(1) 血液液面达到预设位置，拔出动脉采血针，用无菌纱布按压穿刺部位 5~10 min (2) 将动脉采血针针头垂直插入配套的橡皮针塞中 (3) 颠倒混匀 5 次，手搓样品管 5 s (4) 取下针头，戴上防护帽	• 采血器内不可有空气，以免影响检验结果 • 保证抗凝剂作用完全
8. "三查"	再次核对患者的床号、姓名、检验内容	• 操作后查对
9. 安置患者	(1) 取下一次性治疗巾和止血带，协助患者取舒适卧位，整理床单位 (2) 交代注意事项	
10. 采血后处理	(1) 整理用物 (2) 记录采血时间 (3) 洗手 (4) 血标本及时送检	• 用物分类处置 • 及时送检，以免影响检验结果 • 对于动脉血二氧化碳分压、血氧分压、乳酸等检测，采集标本后必须在 15 min 内进行

【注意事项】

1. 严格执行查对制度、无菌技术操作原则、消毒隔离制度和标准预防原则。

2. 拔针后局部用无菌棉签按压，必要时用无菌纱布或沙袋加压止血，以免出血或形成血肿。

3. 因空气中的氧分压高于动脉血，二氧化碳分压低于动脉血，采血时注射器内不能有气泡，采血后立即密封针头，使血气分析标本与空气隔绝，并立即送检。

4. 有出血倾向者慎用动脉穿刺法采集动脉血标本。

5. 对于正在吸氧者，如病情许可，应停止吸氧 30 min 后再采血，否则应在检验申请单上注明采血时间、氧疗方法、给氧浓度、氧流量、给氧持续时间、机械呼吸的各种参数和体温，必要时注明血红蛋白浓度。

【健康教育】

1. 向患者说明采集动脉血标本的目的与配合要求。

2. 采血完毕，告知患者局部按压时间要足够长，直至不出血为止。

二、尿标本的采集

尿液是体内血液经肾小球滤过、肾小管和集合管重吸收、排泄、分泌产生的终末代谢产物。尿液的组成和性状不仅与泌尿系统疾病直接相关，而且还受机体各系统功能状态的影响，因此可反映机体的代谢状况。

临床上常收集尿标本（urine specimen）进行物理、化学、细菌学等检查，以了解病情，协助诊断和观察疗效。尿标本包括常规尿标本、12 h 或 24 h 尿标本、尿培养标本。

【目的】

1. 尿常规标本 用于检查尿液的色泽、透明度、比重、蛋白质、糖、细胞和管型等。

2. 12 h 或 24 h 尿标本 用作各种尿生化检查或尿浓缩查结核分枝杆菌等检查。

3. 尿培养标本 主要采集清洁尿标本（如中段尿、导管尿、膀胱穿刺尿等）用于病原微生物学培养或药物敏感试验，以了解病情，协助临床诊断和治疗。

【评估】

1. 评估患者的病情、治疗情况（培养标本尤其要评估抗生素使用情况）、意识状态、肢体活动能力。

2. 评估患者对尿标本采集的认识和合作程度。

3. 评估患者有无情绪变化，如检验前紧张、焦虑等，有无饮食、运动、吸烟、药物以及饮酒、茶或咖啡等。

4. 了解所需做的检查项目、尿量及是否需要特殊准备。

5. 评估患者会阴部皮肤黏膜及清洁程度等。

【操作前准备】

1. 患者准备

（1）了解尿标本采集的目的、方法、临床意义、注意事项及配合要点。

（2）取舒适体位。

2. 护士准备　衣帽整洁，修剪指甲，洗手，戴口罩。

3. 用物准备

（1）治疗车上层：除检验申请单、标签或条形码、手消毒液外，根据不同检验目的备物。

1）尿常规标本：一次性尿常规标本容器，必要时备便盆或尿壶。

2）12 h 或 24 h 尿标本：集尿瓶（容量 3000~5000 ml）、防腐剂（表16-1）。

3）尿培养标本：无菌标本容器、无菌手套、无菌棉球、消毒液、便器或尿壶、屏风、肥皂水或 1∶5000 高锰酸钾水溶液、无菌生理盐水、导尿包（必要时）或一次性注射器及无菌棉签。

（2）治疗车下层：生活垃圾桶、医用垃圾桶、锐器盒。

4. 环境准备　清洁、安静、光线适宜，必要时用屏风或围帘遮挡患者。

表16-1　常用防腐剂的作用、用法和临床应用

防腐剂	作用	用法	临床应用
甲醛	防腐和固定尿中有机成分	每 100 ml 尿液加 400 mg/L 甲醛溶液 0.5 ml	尿 Addis 计数（12 h 尿细胞计数）等
浓盐酸	保持尿液在酸性环境中，防止尿中激素被氧化	24 h 尿中加入 5~10 ml/L 浓盐酸	内分泌系统的检验，如 17-酮类固醇、17-羟类固醇
甲苯	保持尿液的化学成分不变	每 100 ml 尿液中加 0.5%~1% 甲苯 0.5 ml，在第一次倒入尿液后再加，使之形成一薄膜，覆盖于尿液的表面，防止细菌感染	尿蛋白、尿糖的定量测定

【操作流程】

操作主线	操作步骤	操作要点
1. 贴标签或条形码	核对医嘱、检验申请单、标签（或条形码）及标本容器，无误后贴标签（或条形码）于标本容器外壁上	● 防止发生差错
2. "一查"	（1）携用物至床旁，依据检验申请单核对患者的床号、姓名、性别、住院号、检验内容及标本容器 （2）向患者及家属说明标本采集的目的及配合方法	● 防止发生差错事故
3. 留取尿标本	协助患者摆好卧位	
4. "二查"	再次核对患者的床号、姓名、性别、住院号、检验内容及标本容器	● 操作中查对

续表

操作主线	操作步骤	操作要点
▲ 尿常规标本	（1）可下床活动的患者给予标本容器，请其至厕所解尿，取晨起第一次尿的中段尿 5~10 ml 留于容器内 （2）对于不能自理的患者，应协助其在床上使用便盆，留尿于标本容器内 （3）留置导尿管的患者，更换集尿袋后，于集尿袋下方引流处打开橡胶塞收集尿液	● 晨尿浓度较高，未受饮食的影响，所以检验结果较准确 ● 中段尿液检验结果更具有准确性 ● 注意使用屏风遮挡，保护患者隐私 ● 婴儿或尿失禁患者可用尿套或尿袋协助收集
▲ 12 h 或 24 h 尿标本	（1）将检验单标签或条形码贴于集尿瓶上，注明留取尿液的起止时间 （2）留取 12 h 尿标本，嘱患者于 7 pm 排空膀胱（弃去尿液）后开始留取尿液至次日 7 am，留取最后一次尿液；若留取 24 h 尿标本，嘱患者于 7 am 排空膀胱（弃去尿液）后开始留尿，至次日 7 am 留取最后一次尿液 （3）请患者将尿液先排在便盆或尿壶内，然后再倒入集尿瓶内 （4）留取最后一次尿液后，将 12 h 或 24 h 的全部尿液盛于集尿瓶内，测总量，记录于检验单上	● 在医嘱规定的时间内留取，不可多于或少于 12 h 或 24 h，以得到正确的检验结果 ● 7 pm 开始计时的尿液为检查前存留在膀胱内的，不应留取 ● 集尿瓶应放在阴凉处，根据检验要求在集尿瓶中加防腐剂
▲ 尿培养标本	（1）中段尿留取法 1）屏风遮挡，协助患者取适宜卧位，放好便盆 2）嘱患者或协助患者晨起先用肥皂水或 1:5000 高锰酸钾水溶液清洗尿道口和外阴部，再用消毒液冲洗尿道口，用无菌生理盐水冲去消毒液 3）嘱患者排尿，弃去前段尿，接取中段尿 5~10 ml 于无菌标本容器中 4）盖紧无菌标本容器 5）清洁外阴，协助患者穿好裤子，整理床单位，整理用物 （2）导尿术留取法 1）按导尿术清洁患者外阴和尿道口 2）再按照导尿术插导尿管，见尿后弃去前段尿液 3）用无菌试管接取尿液 5~10 ml，盖好瓶盖 （3）留置导尿管术留取法 1）患者有留置导尿管时，先夹管 30 min 2）分离导尿管和集尿袋，消毒导尿管外部及导尿管口 3）松开导尿管的管夹，弃去前段尿，接取中段尿 5~10 ml 于无菌标本容器中 4）消毒集尿袋管端，重新连接导尿管和集尿袋	● 注意保护患者隐私 ● 防止外阴部细菌污染标本 应在患者膀胱充盈时留取，前段尿起到冲洗尿道的作用 ● 尿液中勿混入消毒液，以免产生抑菌作用而影响检验结果 ● 留取标本时勿触及标本容器口 ● 长期留置导尿管者应更换新导尿管再留尿 ● 不可采集尿液收集袋中的尿液送检
5. 操作后处理	（1）洗手、记录 （2）标本及时送检，用物按常规消毒处理	● 记录尿液总量、颜色、气味等 ● 保证检验结果的准确性

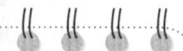

【注意事项】

1. 尿常规、妊娠试验等最好留取清晨第一次尿液为宜，因为其较浓缩，条件恒定，便于对比，故应向患者详细说明。急诊患者应随时留取标本。

2. 留取 12 h 或 24 h 尿标本，应做好交接班，将容器置于阴凉处，按检验要求加入防腐剂，避免尿液久放变质。收集完毕，应立即送到实验室（一般夏季 1 h 以内，冬季 2 h 内完成检验）。标本送检时要置于有盖容器内，以免尿液蒸发影响检验结果。尿液不能及时送检时应适当进行防腐，防腐剂的选择取决于要检测的物质所采用的检测方法。收集期间，应将标本放入冰箱或阴凉处，以免细菌繁殖、细胞溶解等。

3. 应在标签和申请单上写明标本收集的日期，核对姓名。

4. 会阴部分泌物过多时，应先清洁或冲洗后再留取尿标本；尿标本应避免混入经血、白带、精液、粪便等。

5. 女患者月经期不宜留取尿标本。不能留取尿袋中的尿液标本送检。

6. 应在应用抗生素前留取尿培养标本；留取尿培养标本时，应严格无菌操作，以防尿液被污染。

【健康教育】

1. 向患者说明正确留取尿标本的目的、方法、注意事项与配合要求。

2. 向患者说明正确留取尿标本对检验结果的重要性，教会留取方法，确保检验结果的准确性。

三、粪便标本的采集

正常粪便由已消化和未消化的食物残渣、消化道分泌物、大量细菌和水分组成。临床上常通过检查粪便来判断消化道有无炎症、出血、寄生虫感染、恶性肿瘤等情况，并根据粪便的性状、组成了解消化功能，以间接地判断胃肠、胰腺、肝胆的功能状况，还可检查粪便中有无致病菌以防治肠道传染病。粪便常规检查包括标本的外观和显微镜镜检。粪便标本（fecal specimen）分 4 种：常规标本、细菌培养标本、隐血标本和寄生虫或虫卵标本。

【目的】

1. 常规标本　检查粪便性状、颜色、细胞等。

2. 细菌培养标本　检查粪便中的致病菌。

3. 隐血标本　检查粪便内肉眼不能察见的微量血液。

4. 寄生虫或虫卵标本　检查粪便中的寄生虫、幼虫以及虫卵。

【评估】

1. 评估患者的病情、治疗情况（培养标本尤其要评估抗生素使用情况）、意识状态及心理状况。

2. 评估患者对粪便标本采集的认识和合作程度。

3. 评估患者有无饮食、运动、吸烟、用药以及饮酒、饮茶或咖啡等。

4. 了解所需做的检查项目、粪便量及是否需要特殊准备。

5. 评估患者留取粪便标本前膀胱是否排空等。

【操作前准备】

1. 患者准备

（1）了解粪便标本采集的目的、方法、临床意义、注意事项及配合要点。

（2）按要求在采集标本前排空膀胱。

2. 护士准备　衣帽整洁，修剪指甲，洗手，戴口罩。

3. 用物准备

（1）治疗车上层：检验申请单、标签或条形码、手套、手消毒液，另备：

1)常规标本:检便盒(内附棉签或检便匙)。
2)细菌培养标本:无菌培养瓶、无菌棉签。
3)隐血标本:检便盒(内附棉签或检便匙)。
4)寄生虫或虫卵标本:检便盒(内附棉签或检便匙)、透明胶带载玻片(查找蛲虫)。
(2)治疗车下层:生活垃圾桶、医用垃圾桶、清洁便盆(采集细菌培养标本时备消毒便盆)。
4. 环境准备 安静、安全、隐蔽。

【操作流程】

操作主线	操作步骤	操作要点
1. 贴标签或条形码	核对医嘱、检验申请单、标签(或条形码)及标本容器,无误后贴标签(或条形码)于标本容器外壁上	● 防止发生差错
2. 核对	(1)携用物至床旁,依据检验申请单核对患者的床号、姓名、性别、住院号、检验内容及标本容器 (2)向患者及家属说明标本采集的目的及配合方法	● 防止发生差错事故
3. 留取粪便标本	(1)再次核对患者的床号、姓名、性别、住院号、检验内容及标本容器 (2)协助患者摆好体位,根据检验项目留取粪便标本	● 操作中查对
▲ 常规标本	1)嘱患者排便于清洁便盆内 2)用检便匙或棉签取黏液、脓、血或粪便表面、深处及粪端多处约5g,放于检便盒内送检	● 注意使用屏风遮挡,保护患者隐私
▲ 细菌培养标本	1)嘱患者排便于消毒便盆内 2)用无菌棉签取中央部分粪便或黏液脓血部分2~5g,置于无菌培养瓶内,盖紧瓶塞送检	● 保证检验结果准确 ● 尽量多处取标本,以提高检验阳性率 ● 细菌检验用标本应全部无菌操作并收集于灭菌封口的容器内
▲ 隐血标本	按常规标本的方法留取粪便标本	
▲ 寄生虫或虫卵标本	1)检查寄生虫及虫卵:嘱患者排便于便盆内,用检验匙取不同部位带血或黏液部分5~10g送检	
	2)检查蛲虫:嘱患者睡觉前或清晨未起床前,将透明胶带贴于肛门周围处。取下并将已粘有虫卵的透明胶带面贴在载玻片上或将透明胶带对合,立即送检验室行显微镜检查	● 蛲虫常在午夜时或清晨爬到肛门处产卵 ● 有时需要连续采集数天
	3)检查阿米巴原虫:将便器加温至接近人体的温度。排便后标本连同便盆立即送检	● 保持阿米巴原虫的活动状态,因阿米巴原虫在低温的环境下会失去活力而难以查到 ● 及时送检,防止阿米巴原虫死亡
4. 操作后处理	(1)再次核对,洗手、记录 (2)标本及时送检,用物按常规消毒处理	● 记录粪便总量、颜色、气味等 ● 保证检验结果的准确性

【注意事项】
1. 查隐血标本者，采集标本3天前禁食肉类、肝、血及含大量绿叶素的食物或含铁剂药物。
2. 患者服用驱虫药时应留取全部粪便。检查阿米巴滋养体时，在采集标本前几天，不应给患者服用钡剂、油质或含金属的泻剂，以免金属制剂影响阿米巴虫卵或包囊的显露。
3. 灌肠后的粪便、过稀粪便及混有油滴的粪便不宜作为检验标本。
4. 粪便标本应新鲜，不可混入尿液及其他杂物。
5. 盛粪便标本的容器必须有盖，有明显标记。

【健康教育】
1. 向患者说明正确留取粪便标本对于检验结果的重要性。
2. 教会患者留取粪便标本的正确方法，确保检验结果的准确性。

四、痰液标本的采集

痰液是气管、支气管和肺泡的分泌物，正常情况下分泌很少，不会引起咳嗽等不适。当呼吸道黏膜受到刺激时，分泌物增多，可有痰液咳出。痰液主要由黏液和炎性渗出物组成，唾液和鼻咽分泌物虽可混入痰内，却非痰的组成成分。通过检查痰液内细胞、细菌、寄生虫等，并观察其性质、颜色、气味、量等可协助诊断呼吸系统的某些疾病。

临床上常用的痰标本（sputum specimen）分3种：常规痰标本、痰培养标本和24 h痰标本。

【目的】
1. 常规痰标本 检查痰液的一般性状，涂片检查痰内细胞、细菌、虫卵等，以协助诊断某些呼吸系统疾病。
2. 痰培养标本 检查痰液内有无致病菌，为治疗提供依据。
3. 24 h痰标本 检查24 h痰液的量及性状，协助诊断。

【评估】
1. 评估患者的年龄、病情、治疗情况（培养标本尤其要评估抗生素使用情况）、意识状态及营养状况，心理状态及合作程度。
2. 评估患者对痰标本采集的认识和合作程度。
3. 了解所需做的检查项目、痰量及是否需要特殊准备。

【操作前准备】
1. 患者准备
（1）了解痰标本采集的目的、方法、临床意义、注意事项及配合要点。
（2）按要求在采集标本前漱口。
2. 护士准备 衣帽整洁，修剪指甲，洗手，戴口罩。
3. 用物准备
（1）治疗车上层：检验申请单、手消毒液，另备：
1）常规痰标本：痰盒。
2）痰培养标本：无菌痰盒、漱口溶液。
3）24 h痰标本：广口大容量痰盒、防腐剂（如苯酚）。
4）无力咳嗽者或者不合作者：集痰器、吸痰用物、一次性手套。
（2）治疗车下层：生活垃圾桶、医用垃圾桶。
4. 环境准备 安静、安全。

【操作流程】

操作主线	操作步骤	操作要点
1. 贴标签或条形码	核对医嘱、检验申请单、标签（或条形码）及标本容器，无误后贴标签（或条形码）于标本容器外壁上	● 防止发生差错
2. 核对	（1）携用物至床旁，依据检验申请单核对患者的床号、姓名、性别、住院号、检验内容及标本容器 （2）向患者及家属说明标本采集的目的及配合方法	● 防止发生差错事故
3. 留取痰标本	（1）再次核对患者的床号、姓名、性别、住院号、检验内容及标本容器 （2）协助患者摆好体位，根据检验项目留取痰标本	● 操作中查对
▲常规标本	1）能自行留痰者：①时间：晨起并漱口。②方法：深呼吸数次后用力咳出气管深处的痰液，置于痰盒中	● 注意使用屏风遮挡，保护患者隐私
	2）无力咳痰或不合作者：①体位：合适体位，叩击胸背部。②方法：一次性集痰器分别连接吸引器和吸痰管吸痰	● 如痰液不易咳出，可配合雾化吸入等方法 ● 使痰液松动 ● 操作者戴手套，注意自我防护
▲痰培养标本	1）清醒患者：采用自然咳痰法。①清晨先用漱口溶液漱口，再用清水漱口。②深呼吸数次后用力咳出气管深处痰液，吐入无菌集痰器内。③痰咳出有困难时，可先雾化吸入生理盐水，再咳出痰液于无菌容器中 2）昏迷患者：可用无菌吸痰法吸取 3）小儿取痰法：用弯压舌板向后压舌，将无菌拭子探入咽部，小儿因压舌板刺激出现咳嗽时，喷出的肺或气管分泌物粘在拭子上即可送检	
▲24 h痰标本	1）时间：晨起漱口后（7 am）第一口痰起至次晨漱口后（7 am）第一口痰止	
	2）方法：24 h痰液全部收集在广口大容量痰盒内	● 正常人痰量很少，24 h约25 ml或无痰液
4. 操作后处理	（1）洗手、记录 （2）标本及时送检，用物按常规消毒处理	● 记录痰液总量、颜色、气味等 ● 保证检验结果的准确性

【注意事项】

1. 如查癌细胞，应立即送检，或用95%乙醇或10%甲醛固定后送检。
2. 不可将唾液、漱口水、鼻涕等混入痰液中。
3. 宜在清晨收集痰液，因此时痰量较多，痰内细菌也较多，可提高阳性率。
4. 做24 h痰量和分层检查时，应嘱患者将痰吐在无色广口大容量痰盒内，并加少许防腐剂（如苯酚）防腐。

【健康教育】

1. 向患者说明正确留取标本对于检验结果的重要性。
2. 教会患者留取标本的正确方法，确保检验结果的准确性。

五、咽拭子标本的采集

咽拭子（throat swab）细菌培养能分离出致病菌，有助于白喉、化脓性扁桃体炎、急性咽喉炎、新型冠状病毒感染等的诊断。

【目的】

从咽部和扁桃体采集分泌物做细菌培养或病毒分离，以协助诊断。

【评估】

1. 评估患者的年龄、病情、治疗情况、口腔黏膜和咽部感染情况，意识状态及营养状况，心理状态及合作程度。
2. 评估患者对咽拭子标本采集的认识和合作程度。
3. 了解所需做的检查项目及是否需要特殊准备。

【操作前准备】

1. 患者准备

（1）了解咽拭子标本采集的目的、方法、临床意义、注意事项及配合要点。

（2）按要求在采集标本前取舒适体位，愿意配合，进食 2 h 后再留取标本。

2. 护士准备 衣帽整洁，修剪指甲，洗手，戴口罩。

3. 用物准备

（1）治疗车上层：检验单、一次性无菌长棉签（咽拭子）、一次性无菌咽拭子培养管、无菌生理盐水、压舌板、手电筒、手消毒液。

（2）治疗车下层：生活垃圾桶、医用垃圾桶。

4. 环境准备 安静、安全、隐蔽。

【操作流程】

操作主线	操作步骤	操作要点
1. 贴标签或条形码	核对医嘱、检验申请单、标签（或条形码）及一次性无菌咽拭子培养试管，无误后贴标签（或条形码）于无菌咽拭子培养试管外壁上	● 防止发生差错
2. 核对	（1）携用物至床旁，依据检验申请单核对患者的床号、姓名、性别、住院号、检验内容及标本容器 （2）向患者及家属说明标本采集的目的及配合方法	● 防止发生差错事故
3. 标本采集	（1）协助患者摆好卧位，然后嘱患者张口发"啊"音，暴露咽喉（必要时用压舌板下压舌部） （2）用一次性无菌长棉签（咽拭子）蘸取少量无菌生理盐水，以轻快的动作擦拭两侧腭弓、腭扁桃体上的分泌物 （3）将咽拭子插入试管，弃去尾部，塞紧管盖	● 充分暴露咽部，便于采集标本 ● 注意棉签不可触及其他部位 ● 做真菌培养时，须在口腔溃疡面取分泌物 ● 防止标本污染，影响检验结果
4. 患者安置		● 根据需要给予患者漱口或口腔护理，安抚患者，注意心理护理
5. 送检		● 标本及时送检，保证检验结果的准确性
6. 洗手、记录		● 记录时间、标本的名称

【注意事项】

1. 做真菌培养时,须在口腔溃疡面取分泌物,避免接触正常组织。
2. 避免在进食后 2 h 内采集,以免引起呕吐。棉签不要触及其他部位,防止污染标本,以免影响检验结果。
3. 取标本时动作要轻柔、敏捷。
4. 采集的标本应及时送检。

【健康教育】

1. 向患者说明正确留取标本对于检验结果的重要性。
2. 教会患者留取标本的正确方法,确保检验结果的准确性。

知识链接

咽拭子对于新型冠状病毒核酸检测的临床价值

咽拭子作为发热门诊首选的 SARS-CoV-2 核酸采集方式,具有简便易行的优势。咽拭子标准的取样流程要求咽拭子在取样部位旋转,并停留 15~30 s。标本采集过程中应避免触碰到除患者扁桃体及咽喉壁以外的其他部位,采集后应于 2~4 h 内尽快将标本送至实验室。

小 结

标本采集是根据检验项目的要求采集患者的血液、体液(如胸腔积液、腹水)、排泄物(如尿液、粪便)、分泌物(如痰、鼻咽部分泌物)、呕吐物和脱落细胞(如食管、阴道脱落细胞)等标本,通过物理、化学或生物学的实验室检查技术和方法进行检验,作为疾病诊断、治疗、预防以及药物监测、健康状况评估等的重要依据。标本的检验结果可反映机体正常的生理现象和病理改变,对协助明确疾病的诊断、观察病情、制订防治措施和判断预后等均有重要意义,同时也是护士评估患者健康状况、确定护理诊断及制订护理计划的客观依据。因此,高质量的检验标本是获得准确而可靠的检验结果的首要环节,护士必须掌握各种标本采集的基本知识和基本技能,严格遵守标本采集原则,遵医嘱做好查对,确保采集方法、采集量和采集时间正确,且要及时送检,以保证标本质量,提高检验标本的合格率。此外,护士在操作中应培养仁心仁术的职业素养,动作轻柔,对患者有爱伤观念,关心、体贴患者,以更好地为患者提供优质服务。

思考题

一、单项选择题

1. 患者,女性,55 岁。诊断:血小板减少性紫癜。护士为其采集静脉血液标本,拔针后按压的时间为

　　A. 1 min　　B. 2 min　　C. 3 min　　D. 5 min　　E. 10 min

2. 患者,男,80 岁。诊断:慢性阻塞性肺疾病。因大量使用抗生素,怀疑有真菌感染,

做真菌培养时，须在口腔取分泌物的部位是

　　A. 咽部　　　B. 扁桃体　　　C. 咽扁桃体　　　D. 两侧腭弓　　　E. 溃疡面

（以下病例为 3~4 题共用）

患者，女，40 岁。因发热、腰痛入院。查体：体温 39℃，脉搏 150 次/分，血压 110/80 mmHg，心脏听诊有杂音，全身有多处出血点，怀疑亚急性细菌性心内膜炎。

3. 为明确诊断，医嘱应为患者留取的血液标本类型是

　　A. 全血标本　　　B. 血浆标本　　　C. 血清标本
　　D. 血培养标本　　E. 动脉血标本

4. 对亚急性细菌性心内膜炎患者，静脉采血量应为

　　A. 2 ml　　　B. 5 ml　　　C. 8 ml　　　D. 10~15 ml　　　E. 15~18 ml

二、案例分析题

患者，女，54 岁，教师。诊断"肺心病，呼吸衰竭"入院。患者入院后诉说呼吸困难，憋气，呼气不畅，判断可能有呼吸衰竭伴代谢紊乱情况。

请回答：

1. 遵医嘱首选的辅助检查是哪项？
2. 哪些部位可作为该项检查的采集部位？
3. 采集该类标本时，应注意哪些问题？

（张迎霞）

第十七章 护士的职业暴露与防护

导学目标

通过本章内容的学习,学生应能够:

◆ **基本目标**

1. 解释职业暴露、护士职业暴露、职业防护、护士职业防护的概念。
2. 说明护士职业暴露的有害因素和血源性病原体职业暴露、锐器伤、化疗药物职业暴露、负重伤、汞泄漏职业暴露、心理社会因素职业暴露发生的原因。
3. 在临床护理工作中对锐器伤、化疗药物职业暴露、汞泄露职业暴露能够进行紧急、正确的处理。

◆ **发展目标**

1. 具备护士的责任担当和职业安全素养,综合运用有效的护士职业暴露的预防措施,保障职业安全,维护身心健康。
2. 将护士职业防护的管理与职业防护的意义建立联系。

本章数字资源

案例 17-1

患者,男,36岁。3个月前无明显诱因出现左下腹痛,呈间断性钝痛,腹泻,呈黑色稀便,约10次/日,逐渐加重至20次/日,体重较前减少10 kg,伴低热、乏力,偶有气喘,同时全身皮肤出现散在大小不等的皮色丘疹伴瘙痒。入院后查体:颈下及腹股沟可触及约数十个蚕豆大小的淋巴结,压痛(+),可移动。右上肢、双股外侧及外生殖器可见大小不等的色素沉着斑。实验室检查:HIV-Ab(+)。诊断为艾滋病。护士在为该患者输液拔针时,不慎被针头扎伤了手指。

请回答:

1. 护士应立即采取哪些紧急措施处理伤口?
2. 护士应做哪些血清学检查和预防用药?
3. 护士在日常工作中应如何防止此类事件的发生?

护理工作环境是治疗与护理患者的场所,在为患者提供各项检查、治疗和护理的过程中,护士可能会暴露于传染病患者的血液、体液或其他传染媒介,以及受到心理社会等因素的影响

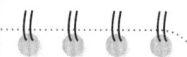

基础护理学

而损害健康或危及生命。因此，护士应能辨别职业损伤的危险因素，并采取积极、科学的防范措施，减少职业伤害，保障自身职业安全，维护身心健康。

第一节 概 述

随着医疗护理技术日新月异的发展，护士职业安全防护日益受到广泛的关注。作为一名护士，应提升职业防护意识，掌握有关护士职业防护的知识，维护自身的安全和健康。

一、护士职业防护的相关概念与意义

（一）职业防护的相关概念

1. 职业暴露（occupational exposure） 是指由于职业关系而暴露在有害因素中，从而有可能损害健康或危及生命的一种情况。

2. 护士职业暴露（occupational exposure of nurses） 是指护士在从事临床护理等职业活动的过程中，接触有毒、有害物质或传染病病原体，受到生物性、化学性、物理性或心理社会等因素的影响，直接或间接对个体身心健康造成损害或危及生命的情况。

3. 职业防护（occupational protection） 是针对可能造成机体损伤的各种职业性有害因素采取有效措施，以避免职业性损伤的发生，或将损伤降低到最低程度。

4. 护士职业防护（occupational protection for nurses） 是指护士在护理工作中采取多种有效措施，保护护士免受职业性损伤因素的侵袭，或将其危害降低到最低程度。

> **知识链接**
>
> **艾滋病病毒职业暴露级别**
>
> 1. 发生以下情形时，确定为一级暴露：暴露源为体液、血液或者含有体液、血液的医疗器械、物品；暴露类型为暴露源沾染了有损伤的皮肤或者黏膜，暴露量小且暴露时间较短。
>
> 2. 发生以下情形时，确定为二级暴露：暴露源为体液、血液或者含有体液、血液的医疗器械、物品；暴露类型为暴露源沾染了有损伤的皮肤或者黏膜，暴露量大且暴露时间较长；或者暴露类型为暴露源刺伤或者割伤皮肤，但损伤程度较轻，为表皮擦伤或者针刺伤。
>
> 3. 发生以下情形时，确定为三级暴露：暴露源为体液、血液或者含有体液、血液的医疗器械、物品；暴露类型为暴露源刺伤或者割伤皮肤，但损伤程度较重，为深部伤口或者割伤物有明显可见的血液。

（二）护士职业防护的意义

1. 保障职业安全，提高职业生命质量 通过职业防护可以保障护士的职业安全，维护护士的身体健康，减轻心理压力，增强社会适应能力，从而提高护士的职业生命质量。

2. 控制职业性有害因素，有效规避护理职业风险 通过职业防护知识的学习及规范化培训，提高护士对职业性损伤的防范意识，有效控制职业性有害因素和规避护理职业风险。

3. 营造和谐的工作氛围，激发工作热情 良好安全的护理职业环境，可使护士产生愉悦的心情，增加其职业满意度、安全感及成就感，使之形成对职业选择的认同感，缓解护士的心

理压力,激发工作热情,提高其职业适应能力。

二、护士职业暴露的有害因素

(一)生物性因素

生物性因素主要是指医务人员在从事规范的诊断、治疗、护理及检验等工作过程中,意外沾染、吸入或食入病原微生物或含有病原微生物的污染物。护士在护理工作中,每天与感染这些微生物的各种分泌物、排泄物及患者用过的各种器具、衣物等密切接触,因而容易受到病原微生物的侵袭。护理工作环境中主要的生物性因素为细菌和病毒。

1. 细菌 常见的致病菌为葡萄球菌、链球菌、肺炎球菌和大肠埃希菌等,主要通过呼吸道、消化道、血液、皮肤等途径感染护士。

2. 病毒 常见的病毒为肝炎病毒、艾滋病病毒、冠状病毒等,主要通过呼吸道和血液感染护士。其中最危险、最常见的是艾滋病病毒、乙型肝炎病毒和丙型肝炎病毒。

(二)物理性因素

在日常护理工作中,常见的物理性因素有机械性损伤、锐器伤、放射性损伤、温度性损伤和噪声等。

1. 机械性损伤 常见的有负重伤、跌倒、扭伤、撞伤等,特别是负重伤对护士造成的危害不容忽视。护士在护理工作中常常会搬动患者或较重物品,如身体负重过大或用力不合理,易导致不同程度的身体损伤。比较常见的负重伤是腰背痛、腰椎间盘突出症、下肢静脉曲张等。

2. 锐器伤 锐器伤是最常见的职业暴露因素之一,是由医疗锐器,如注射器针头、各种穿刺针、缝针、手术刀、剪刀、安瓿等造成的意外伤害。锐器伤是导致血源性疾病传播的最主要因素。

3. 放射性损伤 护士在为患者进行放射性诊断和治疗的过程中,如果防护不当或放射性物质发生泄漏,也会导致放射性损伤,引发皮肤、眼部甚至血液系统的功能障碍,如皮肤炎症、溃疡、癌症、眼部晶状体混浊等。

4. 温度性损伤 常见的损伤有热水袋、热水瓶等引起的烫伤,易燃易爆物品引起的烧伤,红外线烤灯、高频电刀、频谱治疗仪等导致的灼伤等。

5. 噪声 长期处于声音强度超过 35 dB 的环境中,可引起听力和神经系统的损害。医院噪声的主要来源包括:监护仪和呼吸机的机械声及报警声、患者的呻吟声、小孩的哭闹声、电话铃声等。

(三)化学性因素

化学性因素是指医务人员在从事规范的诊断、治疗、护理及检验等工作过程中,通过多种途径接触到的化学物质。在护理工作环境中,护士长期接触各种消毒剂、化疗药物、麻醉废气及汞等,可造成不同程度的身体损伤。

1. 化学消毒剂 护士在日常护理工作中,经常接触到的化学消毒剂(如甲醛、含氯消毒剂、过氧乙酸、戊二醛等)可通过皮肤、眼及呼吸道等途径对护士造成损伤。轻者可引起皮肤过敏、流泪、恶心、呕吐、气喘等症状,严重者可引起眼结膜灼伤、上呼吸道炎症、喉头水肿、肺炎等,甚至造成肝和中枢神经系统的损害。

2. 化疗药物 化疗药物不仅会使患者出现毒性反应,对于经常接触化疗药物的护士,如果防护不当也会造成潜在危害。护士在进行化疗药物的准备、注射及废弃物丢弃过程中,药物均有可能通过皮肤、呼吸道、消化道等途径侵入护士体内。长期接触化疗药物的护士更有可能受到伤害,常表现为白细胞数量减少、流产率增高,甚至导致畸形、肿瘤及脏器损伤等。

3. 麻醉废气 短时间吸入麻醉废气可引起头痛、注意力不集中、应变能力差及烦躁等症状；长时间吸入麻醉废气，在体内蓄积后，可导致慢性氟化物中毒，产生遗传性影响（包括突变、致畸、致癌等）和生育功能影响。

4. 汞 血压计、体温计、水温计等是常用的护理操作物品，其中汞是医院常见的有害因素之一。漏出的汞如果处理不当，可对人体产生神经毒性和肾毒性。临床上一支普通的棒式或内镶式玻璃体温计含汞量约 1 g，台式血压计含汞量约 50 g。一支体温计打碎后泄露的汞若全部蒸发，可使一间 15 m^2 的房间室内空气汞的浓度达到 22.2 mg/m^3，而我国规定的汞在室内空气中最大允许浓度为 0.01 mg/m^3。金属汞以蒸气形式由呼吸道侵入人体，皮肤吸收量很少，但皮肤破损及溃烂时吸收量较多，消化道基本不吸收，故健康人口服金属汞一般不会引起中毒。汞对肾的损伤以肾近曲小管上皮细胞为主，还可以引起免疫功能紊乱，产生自身抗体，引发肾病综合征或肾小球肾炎。汞可通过血脑屏障进入脑组织，并在脑中长期蓄积，而以小脑及脑干中最多。汞也可以通过胎盘进入胎儿体内，并蓄积致病。

（四）心理社会因素

护理工作导致护士出现心理问题的主要原因包括：人力资源不足、危重患者增加使临床护理工作更加繁忙；非常态的人际环境、护患纠纷时面临的潜在暴力损害；面对患者痛苦、死亡等的负性刺激；担心发生差错事故所致的压力；频繁倒班所致的身心疲惫等。这些因素不仅影响护士身体、心理的健康，也影响社会群体对护士职业的选择。

三、护士职业防护的管理

为了维护护士的职业安全，应加强对护士职业防护的规范化培训，提升职业性损伤的防范意识，规范护士的职业安全防护工作，预防护理工作中发生的职业暴露，保护护士及患者的健康与安全，避免医院感染的发生。发生暴露之后应做到及时处理，依据和参照国家有关法规，充分做好防护管理工作，创建良好的职业环境，营造和谐的工作氛围，缓解护士的心理社会压力，提高职业生命质量。

（一）完善职业安全的组织管理

职业安全组织管理分为三级管理，即医院职业安全管理委员会、职业安全管理办公室、科室职业安全管理小组，分别承担相应的职业安全管理工作。

（二）强化职业安全教育

加强护士的职业安全教育，提高健康防护意识是减少职业性损伤的关键。管理者应建立安全护理观和职业安全观，树立以人为本、促进健康的管理理念，加强职业防护理论培训、自我防护意识的教育，以及防护技能培训，强化预防观念，严格执行操作规程和安全防护措施，提高护士的职业防护能力。

（三）规范职业暴露报告、评估和随访管理

护士发生职业暴露后，医疗卫生机构应根据现有信息评估被感染的风险，包括暴露源的检查结果，职业暴露类型和持续时间，对其暴露的级别和暴露源的传播、致病水平进行评估，确定是否需要进行预防性用药及采取何种预防方案，并给予后续的咨询和回访。护士发生职业暴露后会存在不同程度的心理障碍，因此还应关注护士职业暴露后心理状况的变化，及时提供心理支持和干预，以保障护士的身心健康。

（四）规范各类操作行为

制定各种预防职业暴露的工作指南并完善操作规程，使护士职业防护工作有章可循、有法可依，从而减少各种职业暴露的机会，如血源性病原体职业暴露操作规程、预防锐器伤操作规程及预防化疗药物暴露操作规程等。

（五）改进和推广护理防护设备

医院管理者要充分认识到职业暴露的危害性，并创建安全健康的工作环境，完善的检测系统、医疗设备和职业防护措施，为护士提供全方位的安全保障。

1. 防护设备及用品 包括：①常用的防护设施及设备，如层流净化设施、感应式洗手设施、生物安全柜等；②个人防护用品，如N95、N99口罩，面罩，护目镜，围裙，一次性隔离衣，鞋套及人工呼吸专用防护面罩等；③安全用品，如安全注射装置和一次性锐器盒等。

2. 建立静脉药物配制中心 根据药物特性，建立符合国际标准的操作环境，并配备经过严格培训的药剂师和护士。严格按照操作程序配制全静脉营养液、化疗药物及抗生素等药物，以保证临床用药的安全性和合理性，减少药物对护士的危害。

（六）提高标准预防意识

标准预防（standard precaution）是针对医院所有患者和医务人员采取的一系列预防感染措施，是基于患者的血液、体液、分泌物（不包括汗液）、排泄物、非完整皮肤和黏膜均具有感染性的原则。包括手卫生，根据预期可能的暴露，选用手套、隔离衣、口罩、护目镜或防护面罩，以及安全注射，也包括穿戴合适的防护用品处理患者环境中污染的物品与医疗器械。采用标准预防进行护士职业防护，以预防和控制血源性病原体职业暴露的危害。护士必须正确掌握各级防护标准、防护措施及各种防护用品的使用方法，以防止防护不足或防护过度。

（七）合理配置人力资源

护理人员少，工作任务重，导致护士身心疲惫、烦躁、焦虑等是构成医院不安全因素的重要原因。护理管理者应合理配置人力资源，使护士数量与临床实际工作量相匹配，并结合护士的自身条件、业务能力、工作资历等因素，合理构建护理梯队，保证护理安全。

（八）重视护士的个人保健

管理者要从决策上重视安全防护，有相应的监督机制，组织和制订严格的防护方案。新护士上岗前必须体检，在岗护士定期进行体检，为每名护士建立健康档案。对于发生暴露的人员免费提供检验和用药，合理安排休假，保护护士合法权益。

四、护士的职业防护原则

根据防护对象和着装要求的不同，在遵守标准预防原则的基础上，将护士的职业防护分为以下3种。

（一）基本防护

1. 防护对象 医院内从事护理工作的护士。

2. 着装要求 工作服、工作帽、医用口罩、工作鞋。接触传染病患者时应穿隔离衣。

（二）加强防护

1. 防护对象 操作中有可能接触体液或可疑污染物的护士、传染病流行期间的门诊护士、传染病区的护士、转运疑似或确诊的传染病患者的护士。

2. 着装要求 在基本防护的基础上，按危险程度使用以下防护用品。进入传染病区时要戴一次性外科口罩、穿隔离衣、套鞋套；有可能发生血液、体液或其他污染物喷溅的操作时，应戴护目镜或面罩；操作人员皮肤或黏膜破损，或接触患者体液时，应戴手套。

（三）严密防护

1. 防护对象 进行有创操作的护士，如为重症急性呼吸综合征和新型冠状病毒肺炎等患者进行气管插管、经气管插管吸痰等操作的护士。

2. 防护要求 在加强防护的基础上进行全方位防护，使用面罩、呼吸防护器、防护服等。

第二节　护士的职业暴露与预防处理措施

护士在护理工作过程中可能会受到各种各样职业暴露有害因素的伤害，如何更好地、更有效地保护自身安全和健康，是每一位护士必须学会和掌握的技能。

一、血源性病原体职业暴露

（一）定义

血源性病原体是指存在于血液和某些体液中的，能引起人体疾病的病原微生物，例如 HBV、HCV 和 HIV 等。血液中含血源性病原体浓度最高，4μl 带有 HBV 的血液足以使受伤者感染 HBV，其他依次为伤口分泌物、精液、阴道分泌物、羊水等。血源性病原体职业暴露是指医务人员在从事诊疗、护理、医疗废物收集等工作过程中，高度暴露于血源性病原体的危险之中，意外被血源性传染病感染者或携带者的血液污染破损的皮肤或黏膜，或被含有血源性传染病的血液、体液污染的针头及其他锐器刺破皮肤，直接或间接对个体身心健康造成损害或危及生命的情况。

（二）原因

1. 与针刺伤有关的操作　导致护士职业暴露的主要原因是被污染的针头刺伤或出现其他锐器伤，针刺伤最容易发生在针头使用后的丢弃环节。

2. 接触血液与体液的操作　①在进行接触血液、体液的操作时未戴手套；②手部皮肤出现破损，在可能接触患者的血液或体液时，未戴双层手套；或发生意外，如患者的血液、分泌物溅入护士的眼部、鼻腔或口腔中；③在为患者实施心肺复苏时，徒手清理口腔内的分泌物及血液、口对口人工呼吸。

（三）预防措施

1. 所有患者的血液、体液、分泌物、排泄物及被其污染的物品均视为具有传染性，护士必须严格执行消毒隔离制度。对于传染病患者，应在标准预防的基础上，根据传播途径采取相应的防护措施。

2. 护士进行有可能接触患者的血液、体液、分泌物、排泄物、呕吐物及污染物品时必须戴手套。操作时若发现手套破损，应及时更换。护士为 HIV 抗体阳性者实施注射时，应戴一次性手套。操作完毕，脱去手套后立即洗手，必要时进行手消毒。

3. 在处理血液或其他潜在污染物的过程中，应尽量避免喷、溅、洒落、飞扬或产生飞沫。有可能发生血液、体液飞溅到护士的面部时，护士须戴一次性外科口罩、护目镜；有可能发生血液、体液大面积飞溅或者有可能污染护士的身体时，护士还应穿戴具有防渗透性能的隔离衣或者围裙。

4. 护士手部皮肤发生破损，在进行有可能接触患者血液、体液的诊疗和护理操作时，必须戴双层手套。

5. 护士在进行侵袭性诊疗、护理操作过程中，要保证充足的光线，并特别注意防止被针头、缝合针、刀片等锐器刺伤或划伤。

6. 使用过的针具和注射器应及时处理。禁止用手直接接触使用后的针头、刀片等锐器；禁止将使用后的一次性针头用双手重新回套针帽，如需盖帽只能用单手盖帽；禁止弯曲被污染的针具；禁止用手分离使用过的针具和针管；手术中避免经手传递锐器，建议使用传递容器，以免损伤他人；不能两人同时触摸任何锐器；使用后的锐器应当直接放入锐器盒，在容器装至容积的 3/4 时将其密封和处理，不得再打开，不得重复使用。

7. 在收集、处理、操作、储藏和运输过程中，可能造成血液或其他潜在传染性物质污染的标本应放在防泄漏的容器中。

8. 任何设备、环境或工作台面被血液或其他潜在传染物污染后，应立即清洁和消毒。工作结束后，应使用适当的消毒剂消毒被污染的工作台面。当工作台面被血液、体液或其他潜在传染物明显污染后，或在上次清洁后工作台面又被污染时，应立即消毒。

9. 严格执行医疗废物管理制度。处理污物时严禁用手直接抓取污物，尤其是不能将手伸入垃圾袋中向下压挤废物，以免被锐器刺伤。从事医疗废物收集、运送、储存、处置等的工作人员和管理人员，须配备必需的防护用品，垃圾回收人员必须戴口罩、帽子和胶皮手套，穿工作服，回收物品后和下班前要注意清洁双手、沐浴。

> **知识链接**
>
> **新型冠状病毒感染分级防护标准**
>
> 1. 普通门诊或病房（一级防护）
> 人员防护：一次性外科口罩、工作帽、工作服。
> 2. 新型冠状病毒高度感染疑似病例或确诊病例（二级防护）
> 人员防护：有效口罩、防护面屏、一次性工作帽、防护眼镜、工作服、工作鞋、隔离服、橡胶手套、鞋套（必要时应穿上连体防护服）。
> 3. 发热门诊或新型冠状病毒感染隔离诊区（三级防护）
> 人员防护：有效口罩、帽子、防护眼镜、工作服、工作鞋、隔离服、橡胶手套、鞋套、连体防护服（头盔、医用防水鞋及防水围裙：进行有创或侵入性操作时穿戴）。

二、锐器伤

（一）定义

锐器伤是一种由医疗锐器，如注射器针头、各种穿刺针、缝针、手术刀、剪刀、安瓿等造成的意外伤害。

（二）原因

1. 准备物品时被误伤。
2. 掰安瓿、抽吸药物时被划伤。
3. 双手回套针帽时被刺伤。
4. 注射、拔针时患者不配合被误伤。
5. 注射器、输液器毁形时被刺伤。
6. 分离、浸泡、清洗用过的锐器时被误伤。
7. 整理治疗盘、治疗室台面时被裸露的针头或碎玻璃刺伤，处理医疗污物时被误伤。
8. 手术中传递锐器时被误伤。

（三）预防措施

锐器伤防护的关键是建立锐器伤防护制度，提高自我防护意识，规范操作行为。

1. 进行侵袭性（有创性）操作时，光线要充足；严格按规程操作，防止被各种针具、刀片、破裂安瓿等医用锐器刺伤或划伤。
2. 掰安瓿时，应垫棉球或纱布以防损伤皮肤。
3. 抽吸药液时严格使用无菌针头，抽吸后立即单手操作套上针帽，经三通装置静脉加药时须去除针头。

4. 制定完善的手术器械（如刀、剪、针等）摆放及传递的规定，规范器械护士的基本操作。

5. 手持针头或锐器时勿将针尖或锐器面对他人，以免刺伤他人。

6. 禁止用手直接接触使用后的针头、刀片等锐器；禁止直接用手传递锐器，可以使用小托盘传递锐器。

7. 禁止将使用后的针头重新套上针帽（除外某项操作，如抽动脉血进行血气分析）；禁止用双手分离污染的针头和注射器，禁止用手折弯或弄直针头。

8. 严格执行医疗废物分类标准。使用后的锐器不应与其他医疗垃圾混放，须及时并直接放入耐刺、防渗漏的锐器盒内，以防被刺伤。锐器盒要有明显标志。

9. 为不合作的患者做治疗、护理时，须有他人协助。

10. 选用有安全装置、性能好的护理器材，如采用真空采血用品采集血液标本；使用自动毁形的安全注射器、带保护性针头护套的注射器及安全型静脉留置针等。

11. 加强护士职业安全教育与健康管理。护士在工作中发生锐器伤后，应立即做好局部处理。建立护士健康档案，定期为护士进行体检，并接种相应疫苗。建立损伤后登记上报制度、锐器伤处理流程、受伤护士监控系统，追踪伤者的健康状况，做好心理疏导，有效采取预防补救措施。

（四）应急处理流程

1. 发生针刺伤时，受伤护士要保持镇静，立即用手从伤口的近心端向远心端挤压，挤出伤口内血液。禁止进行伤口局部挤压或按压，以免产生虹吸现象，将污染血液吸入血管，增加感染机会。

2. 用肥皂水彻底清洗伤口，并在流动水下反复冲洗，用等渗盐水冲洗黏膜。

3. 用0.5%聚维酮碘或75%乙醇消毒伤口，并包扎。

4. 向主管部门报告并及时填写锐器伤登记表。

5. 根据患者血液中含病毒、细菌的数量和伤口的深度、暴露时间、范围等进行评估，做相应处理。

6. 锐器伤后的血清学检测结果与处理措施见表17-1。

表17-1 锐器伤后的血清学检测结果与处理措施

检测结果	处理措施
患者HBsAg阳性，受伤护士HBsAg阳性或抗-HBs阳性或抗-HBc阳性者	不需注射疫苗或乙肝免疫球蛋白（HBIG）
受伤护士HBsAg阴性或抗-HBs阴性且未注射疫苗者	24h内注射HBIG并注射疫苗。于受伤当天、第3个月、第6个月、第12个月随访和监测
患者抗-HCV阳性，受伤护士抗-HCV阴性者	于受伤当天、第3周、第3个月、第6个月随访和监测
患者HIV阳性，受伤护士HIV抗体阴性	①经过专家评估后可立即预防性用药，并进行医学观察1年 ②于受伤后第4周、第8周、第12周、第6个月时检查HIV抗体 ③预防性用药的原则：若被HIV污染的针头刺伤，应在4h内，最迟不超过24h进行预防用药。即使超过24h，也应实施预防性用药

三、化疗药物职业暴露

（一）定义

化学药物治疗是指对病原微生物和寄生虫所引起的感染性疾病以及肿瘤采用的治疗方法。

化疗药物职业暴露是指化疗药物在杀伤肿瘤细胞、延长肿瘤患者生存时间的同时，也可通过直接接触、呼吸道吸入及消化道摄入等途径，给经常接触化疗药物的护士带来一定的潜在危害，直接或间接地对个体身心健康造成损害或危及生命的情况。这些潜在的危害与其接触剂量有关，大量接触化疗药物可对人体造成毒性反应以及某些远期的潜在危险。

（二）原因

1. 化疗药物准备过程中可能发生的药物接触 从药瓶中拔针头时可导致药物飞溅；药物稀释时的振荡过程中，由于瓶内压力过大，排气时出现药物喷洒或针剂药瓶出现破碎而漏出药物；打开药瓶时，药物向外飞溅；药物从注射器及输液器接头处泄露。

2. 注射操作过程中可能发生的药物接触 静脉注射药物前排气，导致药液外溢；注射时针头连接不紧密，导致药液外溢；装有化疗药物的药瓶破裂后药物溢出。

3. 废弃物丢弃过程中可能发生的药物接触 使用过的化疗药物空瓶或剩余药物处理不当，污染工作环境或仪器设备；直接接触化疗患者的排泄物、分泌物或其他污染物，如患者的粪便、尿液、呕吐物、唾液及汗液中均含有低浓度的化疗药物，当其污染被服后，如果处理不当，也可使护士接触到化疗药物。

（三）预防措施

1. 配制化疗药物的环境要求 条件允许时应设专门的化疗药物配制中心或化疗药物配药间，配备空气净化装置，在二级或三级生物安全柜内配药，以防止药物对配制人员产生危害。操作台面应覆以一次性防渗透防护垫，以吸附溅出的药液，减少药液污染台面。做好溢出包的准备，溢出包内包括1件由无渗透性纤维织成的有袖的工作服、1双鞋套、1双乳胶手套、1双PVC手套、1副化学防溅眼镜、1个再呼吸面罩、1个一次性灰尘盘及1个塑料小扫帚（收集碎玻璃）、2块手巾及2块海绵、1个装尖锐物的容器及2个一次性垃圾袋。

2. 配制化疗药物的准备要求 ①配制前用流动水洗手，戴帽子、口罩、护目镜，穿防渗透隔离衣，戴聚氯乙烯手套，若需戴双层手套，则在外面再戴一副乳胶手套；②割锯安瓿前，轻弹其颈部，使附着的药粉降落至瓶底。掰安瓿时应垫纱布，避免药粉、药液外溅，防止玻璃碎片飞溅，划破手套。

3. 执行化疗药物操作的要求 ①溶解药物时，应使溶媒沿瓶壁缓慢注入瓶底，待药粉浸透后再晃动，防止药粉溢出；②瓶装药液稀释后抽出瓶内气体，以防瓶内压力过高，药液从针眼处溢出；③抽取药液后，不要将药液排于空气中；④抽取的药液以不超过注射器容量的3/4为宜；⑤操作结束后，擦洗操作台。脱去手套后彻底冲洗双手，漱口沐浴，以减轻药物的毒副作用；⑥进行密闭式静脉输液时戴手套，确保注射器及输液管接头连接紧密，以防药液外漏，加药速度不宜过快，以防药液从管口溢出。

4. 污染废弃物的处置要求 ①凡与化疗药物接触过的废安瓿及药瓶、一次性注射器、输液器、棉球、棉签等，须放置在专用的密闭垃圾桶及有特别标记的防刺破、防漏的专用容器中，由专人封闭处理，避免污染空气；②所有污染物、一次性防护衣、帽子等须焚烧处理，非一次性物品如隔离衣等，应与其他物品分开放置、标记、高温处理；③处理48 h内接受过化疗患者的分泌物、排泄物、血液等时，须穿隔离衣、戴手套；被化疗药物或患者体液污染的床单等应单独洗涤；④患者使用过的洗手池、马桶，用清洁剂清洗；⑤混有化疗药物的污水，应在医院污水处理系统中专门处理后再排入城市污水系统。

（四）应急处理流程

1. 若化疗药物外漏，应立即标明污染范围，避免他人接触。药液溢洒在桌面或地面上时，应用吸水毛巾或纱布吸附，若是药粉，则用湿纱布轻轻抹擦，以防药粉飞扬污染空气，再用肥皂水擦拭污染表面。

2. 在配制、使用化疗药物和处理污染物的过程中，若药液溅到工作服或口罩上，应立即更换；若药液溅到皮肤上，应立即用肥皂水和清水清洗污染部位的皮肤；若眼睛被污染，应立即用清水或生理盐水反复冲洗。

3. 记录接触情况，必要时就医治疗。

四、负重伤

（一）定义

负重伤是指护士由于工作需要，在搬动患者或移动重物时，身体负重过度或不合理用力等，导致肌肉、骨骼、关节的损伤。

（二）原因

1. 工作强度大 护士长期处于工作压力大、工作强度高、工作节奏快、精神高度紧张的状态中，身体承受力下降；在搬运患者、协助患者翻身时，腰部负荷过大，如用力不均衡或弯腰姿势不当，很容易造成腰部损伤。

2. 外界温差的刺激 较大的温差刺激会阻碍腰部的血液循环，减少营养的供给，加快椎间盘的退行性病变，引发腰肌劳损，使腰椎间盘突出症发生的危险大大增加。

3. 长期的积累性损伤 护士在执行护理操作过程中，弯腰、扭转的动作较多，长期积累可使腰部负荷过重，更易发生腰部损伤。

4. 长久站立 护士由于工作性质原因，站立时间较久，导致下肢静脉血液回流受阻，使静脉壁和瓣膜均受损，损伤积累到一定程度就会发生下肢静脉曲张。

5. 下肢负重增加 护士工作的强度较大，下肢承受的负重较多，下肢肌肉、血管所受损伤亦会增加，进而阻碍下肢静脉血液回流，最终导致静脉曲张的发生。

（三）预防措施

1. 加强身体锻炼 健美操、广播体操、太极拳、瑜伽等可以提高肌肉的柔韧性和关节的灵活性，预防下肢静脉曲张；加强腰部锻炼，尤其是腰背肌、腰椎活动度的锻炼，可以改善局部血液循环，预防腰椎间盘退行性病变。

2. 保持正确的工作姿势 ①工作间歇适当变换体位或姿势，缓解肌肉、关节疲劳，减轻脊柱负荷；尽可能抬高下肢或锻炼下肢，促进血液回流；②站立时，双下肢轮流支撑身体重量，适当做踮脚动作，促进小腿肌肉的收缩及静脉血液回流；③站立或坐位时，保持腰椎伸直，使脊柱支撑力增大，避免过度弯曲造成腰部韧带劳损；④弯腰搬重物时，伸直腰部，双脚分开，屈髋下蹲，膝关节用力，挺身搬起重物。

3. 使用劳动保护用品 ①工作期间，护士可以佩戴腰围以加强腰部的稳定性，休息时解下，以免长时间使用造成腰肌萎缩；②协助危重患者翻身时采用合适的辅助器材；③穿弹力袜或绑弹力绷带，减轻肢体沉重感或疲劳感，促进下肢血液回流。

4. 养成良好的生活习惯 ①选用硬板床或硬度、厚度适宜的床垫；②从事劳动或活动时，避免长时间弯腰，或尽量减少弯腰次数；③减少持重物的时间和重量；④合理膳食，均衡营养，适当增加蛋白质的摄入，多食富含维生素B、维生素E的食物，以营养神经，促进血液循环。

5. 避免过重的工作负荷 合理排班，避免工作强度过大或一次性工作时间过长，以减轻身体负荷和职业压力。

五、汞泄漏职业暴露

（一）定义

汞是对人体健康危害极大而且可产生持久环境污染的有毒物质，临床常用的血压计、体温计、水温计等都含有汞。汞泄漏职业暴露是指血压计、体温计、水温计等破裂后，泄漏出来的汞会通过饮食、呼吸、皮肤接触等方式进入人体，直接或间接地对个体身心健康造成损害或危及生命的情况。人体内汞含量超标,会引起循环、消化、神经系统等疾病,甚至危及生命。

(二)原因

1. 血压计使用方法不正确 ①护士在给血压计加压时,打气过快、过猛,压力过大,导致汞从玻璃管中喷出;②血压计使用完毕关闭汞槽开关时,未倾斜血压计,使部分汞没有回到零位线以下,当合上血压计盖时,玻璃管中的汞就会从玻璃管上端泄漏出来;③再次测量血压时,打开上盖后,残余的汞在还没有回到零位线处与贮汞瓶中出来的汞融合之前,护士已开始加压,导致上面残余的汞从玻璃管顶端喷出;⑤血压计开关轴心和汞槽吻合不好,加压时导致汞泄漏。

2. 体温计使用方法不正确 ①护士未给患者详细讲解体温计的正确使用方法,在收回体温计时未按规范放入容器内;②甩体温计方法不正确等使体温计破碎导致汞泄漏;③患者不慎摔破或折断体温计,导致汞泄漏。

3. 水温计使用方法不正确 护士使用水温计方法不正确,使水温计破碎导致汞泄漏。

(三)预防措施

1. 建立和完善汞泄露应急预案 建立汞泄露的应急预案,规范汞泄漏的处理流程,建立合理汞收集程序。科室配备汞泄漏处置包(内含:硫黄粉、三氯化铁、小毛笔及专用的收集汞的密闭容器),做到每个护士应知应会,防止汞污染扩大,为有效处理汞泄漏提供保障。

2. 提高护士对汞泄露危害的认知和防范意识 加强汞泄露的危害和正确处理汞泄露相关知识的教育,定期组织汞知识专题讲座或现场演示,强化护士对汞泄漏的处理能力。

3. 正确使用血压计、体温计和水温计

(1)正确使用血压计:①使用汞柱式血压计前,需检查汞槽开关有无松动、是否关闭,汞柱是否有裂缝、破损;②如在使用前发现部分汞没有回到零位线以下,需轻轻拍击血压计盖顶端,使汞液归到零位线以下;③在使用过程中,应平稳放置,不可倒置。充气不可过猛,测量完毕后,应将血压计右倾45°,使汞全部进入汞槽后再关闭汞槽开关;④血压计要定期检查,对有故障的血压计应及时送修,排除故障后方可再行使用。

(2)正确使用体温计:①存放体温计的容器应表面光滑无缝,垫多层塑料膜,不应垫纱布,以便于观察和清理泄露出的汞;②使用体温计前检查是否有裂缝、破损;③切忌将体温计放在热水中清洗或放在沸水中煮,避免引起爆炸;④在使用体温计过程中要防止损坏,甩体温计时确保空间宽敞,勿触击硬物;⑤测体温时应告知患者测体温的注意事项,用毕及时收回;⑥测量体温时患者不可随意走动,尽量平卧,同时避免过度翻动,防止压碎体温计;⑦避免使用汞柱式体温计测口温和肛温,以免破损,刺激黏膜,引起中毒;⑧禁止给婴幼儿或神志不清的患者测口温。测量体温时护士应在床旁观察,及时收回体温计。

(3)正确使用水温计:①存放水温计的容器应表面光滑无缝;②使用水温计前,检查是否有裂缝、破损;③切忌将水温计放在沸水中测量,避免引起爆炸;④在使用水温计过程中要防止损坏。

(四)应急处理流程

1. 先关掉室内所有加热装置,打开门窗通风,室内人员退出房间。

2. 戴上口罩、手套,用纸卷成筒,或用锡箔(用香烟的包装纸也可以)、胶带纸、湿润棉签回收,装入封口瓶中,并用水封,在受汞污染的位置撒些硫黄粉。

3. 若出现汞泄漏现象,千万不能将汞收集后直接倒入垃圾箱或冲入下水道,因为汞的毒性具有长达数十年的潜伏期;当汞滴散落在缝隙中或十分细小时,可取适量硫黄粉覆盖,硫和汞反应能生成不易溶于水的硫化汞,保留半小时左右就可倒入垃圾箱;若汞滴散落在被褥、衣服上面,应尽快找出汞滴,并按上述方法进行处理,还要将被污染的被褥和衣服在太阳下充分晾晒。

4. 清扫污染垃圾，包括打碎的玻璃，装于密闭容器内，妥善保管，用10%漂白粉冲洗被汞污染的地面。

5. 被汞污染的房间用 1 g/m³ 碘加酒精点燃熏蒸，或将 0.1 g/m³ 的碘分散在地面放置 8~12 h，使挥发或升华的碘与空气中的汞生成不易挥发的碘化汞，可以降低空气中汞蒸气的浓度。处理时，密闭门窗，室内人员退出，处理结束后，应先通风后进入。

6. 一旦汞泄露后现场有人出现中毒症状，要立即将中毒者撤离现场，并转移到空气新鲜处。

六、心理社会因素职业暴露

（一）定义

心理社会因素职业暴露是指护士在从事临床护理等职业活动过程中接触的非生物性、非物理性、非化学性的职业有害因素，并被这些有害因素影响，直接或间接地对个体健康造成损害或危及生命的情况。

心理社会因素职业暴露在护士工作过程中广泛存在，直接或间接地影响护士的职业健康，引起心理社会性损害。心理社会因素作用的方式、刺激量的大小、作用时间的长短以及同时存在的其他因素，共同决定了心理社会性损害的性质和程度。

（二）原因

1. 人力资源不足　护士人力资源缺乏所带来的频繁的倒班、夜班、节假日加班等可引起护士工作负荷过重、压力过大、家庭关系紧张等。由于持续的工作压力引起个体的"严重紧张"效应，从而出现一系列症状表现，主要为缺乏工作动机、回避与他人的交流、对事物多持否定态度、情感冷漠等。

2. 工作环境复杂　护士社会地位不高、学习晋升限制较多、福利待遇与其他卫生专业技术人员存在差距、角色模糊、归属感较低、长期的付出与回报（包括待遇、社会地位和工作机会等）间的不平衡是造成压力的最重要的原因，均可对护士健康产生负面的影响。

3. 语言及行为伤害　护士在工作过程中会遭受直接的或威胁性的语言攻击和行为伤害。伤害的来源包括护理对象、陪护人员、媒体、同事、上级主管部门等，其中患者及家属为主要来源，可以表现为辱骂、中伤、躯体伤害或骚扰等多种形式。

（三）预防措施

1. 合理配置人力资源　医院管理部门应改进管理模式，设立护士合理编制和应急机动编制，实行弹性排班制度，解决护士流失、生育、病休造成的护士人力资源不足问题。

2. 建立和完善护士激励机制　医院管理部门应根据技术要求、工作压力、工作风险等因素，综合考虑护士的岗位待遇，增加护士晋升机会，提供教育和培训机会，调动护士内在驱动力，激发护士工作热情。

3. 创造尊重护士的社会和工作环境　努力创造利于护士成长的社会和工作环境，有助于实现护士的工作价值感，增强应对工作疲溃的动力。营造和谐、愉快、团结进取的工作氛围，充分理解和尊重护士，使其安心于护理工作，减轻心理负担，改善心理健康状况。

4. 加强护士的心理疏导　医院管理者应充分认识心理社会因素给护士所造成的压力，关注护士的心理状况。有条件的医院应设立心理咨询室，开设相关课程，建立有效的疏导机制，注重培养护士对压力的适应和应对能力，帮助护士掌握放松技巧，科学有效地进行自我心理疏导。

5. 减少发生语言及行为伤害的因素　预防护理工作中的语言及行为伤害，首先要从护士自身做起，提高服务质量。护士要加强心理知识的学习，提高语言沟通技巧，并在实践中总结患者心理变化的规律，提高患者对护理工作的满意度。了解可能影响患者疾病和健康的心理社会因素，将潜在的冲突因素化解于发生之前，减少工作中发生冲突的机会。

6. 营造良好的社会舆论环境　发挥网络、报纸、杂志等媒体的舆论宣传作用，使社会理解和信任护士，尊重护理工作，有效减少由于误解和冲动等原因导致的语言及行为伤害。

7. 妥善处理语言及行为伤害事件　医院及卫生行政部门应认真对待护士遭遇的语言及行为伤害事件，支持护士的维权行为，维护护士的正当权益，树立良好的社会风气。护士要敢于面对工作中的语言及行为伤害，勇于维护自身权利，遭遇伤害行为后，积极寻找合理合法的途径解决问题。

8. 提高护士心理素质　护士应提高情绪管理的能力，积极参加体育、文娱活动，调整情绪，放松心情，使心理状态趋于稳定，在工作中保持旺盛的精力和健康的心理。护士也要学会自我放松、自我调节、自我心理疏导的方法，以减轻工作压力，舒缓紧张情绪，保持积极稳定的情绪，以最佳的心理状态投身到护理工作中，减少伤害发生。

9. 提高护士业务水平　护士个人知识的积累是不断完善自我、实现自我价值的根本途径，也是获取护士职业尊严的必由之路。护士应刻苦钻研业务，提高操作技能，吸取教育发展、科技进步的新信息，这样在应对工作中出现的一系列突发变故时，才能轻松自如、游刃有余、赢取时间、挽救生命，进而承担起救助患者的重要职责。

小 结

护士在工作中经常暴露于各种有害因素中，直接威胁着自身的安全和健康。这些有害因素主要包括生物性因素、物理性因素、化学性因素、心理社会因素。护士应能辨别职业暴露的有害因素，采取积极、科学的防范措施，保护自身免受职业暴露因素侵袭，减少职业伤害，保障自身职业安全。一旦发生伤害，应采取有效措施，使损伤降低到最低程度，体现护士的责任担当和职业安全素养。医疗机构应完善职业安全的组织管理、强化职业安全教育、规范职业暴露报告、评估和随访管理、规范各类操作行为、改进和推广护理防护设备、提高标准预防意识、合理配置人力资源、重视护士的个人保健，维护护士的职业安全。

思考题

一、单项选择题

1. 护士在执行 PICC 过程中发现手套破损，正确的做法是
   A. 加带 1 副手套 　　　　　　B. 用消毒液消毒破损处
   C. 用胶带粘贴破损处 　　　　D. 用无菌纱布覆盖破损处
   E. 立即更换手套

2. 护士用水银体温计为患者测量腋温，嘱咐患者测量体温期间不要随意走动。3 min 后，患者着急去卫生间，起身时不慎将体温计掉落在地上，体温计被摔碎，水银流出。正确的处理方法是
   A. 汞滴用稍硬的纸板或棉签收集，并丢弃
   B. 若汞滴散落在被褥、衣服上面，尽快找出汞滴即可
   C. 立即关闭室内所有加热装置，打开门窗，通风换气，室内人员暂退出房间
   D. 当汞滴散落在缝隙中或十分细小时，可取适量水覆盖

E. 清扫打碎的玻璃，用水冲洗已被汞污染的地面

（以下病例为3~4题共用）

护士小张在急诊科工作15年，由于工作期间长期处于紧张状态，在患者行动不便时还要协助搬运患者，劳动强度较大，小张经常感到身心疲惫。近期腰部不适感加重，诊断为腰椎间盘突出症。

3. 导致其损伤的职业暴露有害因素是
   A. 化学性因素　　　　B. 生物性因素　　　　C. 物理性因素
   D. 心理因素　　　　　E. 社会因素

4. 该损伤的预防措施不正确的是
   A. 加强锻炼，提高身体素质　　　B. 使用劳动保护用品
   C. 促进上肢血液循环　　　　　　D. 养成良好的生活习惯
   E. 科学合理饮食

二、案例分析题

护士小李，28岁，肿瘤科护士。在一次配制化疗药物的过程中，因药瓶内压力过大，不慎将药物溅到面部和眼内。

请回答：
1. 护士小李应采取哪些紧急措施处理化疗药物的暴露？
2. 护士在配制化疗药物时应采取哪些防护措施？

（刘晓慧）

第十八章 病情观察与危重症患者的管理

本章数字资源

导学目标

通过本章内容的学习,学生应能够:

◆ **基本目标**

1. 描述病情观察的内容及方法。
2. 描述并解释下列概念:意识状态、意识障碍、洗胃、心肺复苏。
3. 分析呼吸、心搏骤停的原因及临床表现。
4. 描述洗胃的目的、洗胃溶液的选择。
5. 分析和说明洗胃的注意事项。
6. 进行格拉斯哥昏迷评分分级。
7. 分析和说明心肺复苏的注意事项。
8. 比较分析嗜睡、意识模糊、昏睡、浅昏迷、深昏迷的意识障碍程度。
9. 按正确的方法进行洗胃、胸外心脏按压、人工呼吸、简易人工呼吸器操作。

◆ **发展目标**

1. 综合运用危重患者的病情观察和护理措施为患者提供全面、系统、深入的评估和支持性护理,培养学生生命至上、救死扶伤的职业精神。
2. 将病情观察的内容与患者的支持性护理建立联系,解决患者的护理问题,培养学生严谨、求实、探索的科学精神。

病情观察是指医务人员对患者的病史和现状进行全面、系统地评估,对病情做出综合判断的过程,包括从症状到体征、从生理到心理的全面观察。及时、准确、全面的病情观察可为临床诊断、治疗、护理及并发症的预防提供必要的依据。

危重症患者病情严重、病情变化快,随时可能出现危及生命的征象,如不能及时发现,则可能延误抢救而影响预后,甚至导致患者死亡。因此,在抢救和护理危重症患者的过程中,要求护士掌握病情观察的内容和方法,熟悉抢救的基本流程,及时准确地采取各项抢救措施,以保证抢救工作有效地进行。

第一节 病情观察

> **案例 18-1**
>
> 患者，男，63 岁。因肝硬化食管静脉曲张导致上消化道反复出血，住院已 15 天，今日上午再次呕血 1000 ml。查体：T 38.5℃，P 100 次/分，R 28 次/分，BP 80/50 mmHg。患者神志清楚，烦躁不安，暂禁食，无力更换体位。
>
> 请回答：
> 1. 根据体位的自主性，患者所取的是何种体位？
> 2. 对患者重点观察的内容是什么？

观察是有目的、有计划、有方向、比较持久的知觉，它是以视觉为主，融合其他感觉为一体的综合感知，包含着积极的思维活动，是知觉的高级形式。对患者的观察是获取疾病信息的重要途径，是一项系统工程，应贯穿于患者疾病过程的始终。

一、病情观察的概念与意义

病情观察是指医务人员运用视觉、听觉、嗅觉、触觉等感觉器官或借助体温表、血压计、听诊器、手电筒和叩诊锤等辅助检查器具，对患者身体进行检查，从而获得信息的过程。医务人员对患者的病情观察是一种有意识的、审慎的、连续的过程，在观察过程中既要有重点，又要认真全面；既要细致，又要准确、及时，能否认真细致地观察病情是衡量护士业务水平和工作责任心的标准之一。

准确、及时、细致的病情观察对临床工作具有重要的意义：①为疾病的诊断、治疗和护理提供科学的依据；②有助于判断疾病的发展趋势和转归；③及时了解患者用药后的反应及治疗效果；④有助于及时发现危重症患者病情变化的征象，以便及时采取有效措施，防止病情恶化，挽救患者生命。

二、病情观察的方法

在对患者进行病情观察时，护士可以运用各种感觉器官全面收集患者资料，同时，护士还可以利用相应的辅助检查器具监测患者病情变化的指标。

1. 视诊（inspection） 是护士通过视觉来观察患者全身或局部状态的评估方法，包括全身和局部视诊，以及呕吐物或排泄物的观察。全身视诊可用于了解患者的全身状况，如年龄、发育、营养、意识状态、面容、表情、体位、姿势及步态等。局部视诊可了解患者身体各部分的改变，如皮肤与黏膜的颜色、头颈、胸廓、腹部、骨骼、关节外形等。视诊方法简单、适用范围广泛，常能提供重要的健康资料和护理诊断线索，有时仅用视诊就可明确一些疾病的诊断。

2. 触诊（palpation） 是护士通过手接触被检查部位时的感觉，或观察患者的反应以判断有无异常的评估方法。触诊既可以进一步明确视诊发现的一些异常现象，还可以发现一些视诊所不能发现的体征，如体温、湿度、压痛、摩擦感等。触诊的适用范围很广，可遍及全身各部，尤以腹部检查时最常用。

3. 叩诊（percussion） 是护士用手指叩击身体表面某一部位，使之震动而产生声响，根据震动和声响的特点来判断受检部位的器官状态有无异常的方法。叩诊多用于确定肺下界、胸腔积液或积气、肺部病变的范围与性质、纵隔的宽度、心界的大小与形状、肝脾的边界、有无腹水、膀胱有无充盈等。

4. 听诊（auscultation） 是护士用耳或借助于听诊器听取患者身体各部分活动时发出的声音，以识别正常与病理状态，从而判断健康与否的方法。广义的听诊包括听身体各部分所发出的任何声音，如心音、呼吸声、咳嗽声、嗳气、呻吟、呼叫发出的声音以及肠鸣音、关节活动音等。

5. 嗅诊（smelling） 是通过嗅觉判断源自患者的异常气味与疾病关系的一种评估方法。这些异常气味多来自皮肤、黏膜、呼吸道、胃肠道、呕吐物、排泄物、分泌物、脓液等。

除了通过以上5种方法对患者病情进行观察外，还可以通过与医生、家庭、亲友的沟通交流，交接班，阅读病历、检验报告、会诊报告等相关资料，获取患者疾病相关信息，达到对疾病全面、细致观察的目的。

三、病情观察的内容

（一）一般情况的观察

1. 发育与体型 发育正常与否通常根据年龄、智力和体格成长状态（身高、体重和第二性征）及其相互间的关系进行综合判断。发育通常受种族、遗传、营养代谢、内分泌、生活条件和体育锻炼等多种因素的影响。发育正常者其年龄、智力与体格成长状态是均衡一致的。成人发育正常的指标包括：①头部的长度为身高的1/8~1/7；②胸围约为身高的1/2；③两上肢展开，左右手两中指指端之间的长度约等于身高；④身体的上部量（头顶至耻骨联合上缘的距离）与下部量（耻骨联合上缘至足底的距离）大致相等；⑤坐高约等于下肢的长度。

体型是身体各部分发育的外观表现，包括骨骼、肌肉生长与脂肪的分布状态。临床上将成人的体型分为3种类型：①正力型（匀称型）：身体各部分匀称适中，腹上角即两侧肋弓在胸骨下端会合处所形成的夹角在90°左右；②无力型（瘦长型）：身高瘦削，颈细长，肩窄下垂，胸廓扁平，腹上角<90°；③超力型（矮胖型）：身矮粗壮，颈粗短，肩宽而平，胸廓宽大，腹上角>90°。

2. 饮食与营养状态 饮食在疾病的诊断与治疗中都具有重要意义，在评估时应注意观察患者的食欲、食量、进食后的反应、饮食习惯，有无特殊的嗜好等情况。营养状态与食物的摄入、消化、吸收和代谢等因素有关，并受种族、遗传、心理、社会、文化、疾病等因素的影响。评估时可根据皮肤、毛发、皮下脂肪、肌肉等情况，结合身高和体重进行综合判断。常用的可测量的评价指标包括：①体重：监测一定时期内体重的变化是观察营养状态最常用的方法；②体质指数（body mass index，BMI）：由于体重受身高影响较大，常用体质指数来衡量体重是否正常。计算方法为体重（kg）/身高（m）^{2}；③皮褶厚度：可直接反映体内的脂肪量，与营养状态关系密切，可作为评估营养状态的参考。常用的测量部位有肱三头肌、肩胛下和脐部。临床上常采用良好、中等、不良三个等级对营养状态进行描述。

3. 面容与表情 面容与表情是评价个体情绪状态和身体状况的重要指标。正常人表情自然、神态安逸。情绪与疾病可引起面容与表情的变化，当疾病发展到一定程度时，可出现特征性的面容与表情。临床常见的典型面容包括：①急性面容：表现为面色潮红、表情痛苦、呼吸急促或躁动不安，可有鼻翼扇动、口唇疱疹等，常见于急性发热性疾病，如肺炎球菌性肺炎、流行性脑脊髓膜炎、疟疾等。②慢性面容：表现为面容憔悴、面色晦暗、目光暗淡、精神萎靡，常见于慢性消耗性疾病，如恶性肿瘤、严重结核病、肝硬化等。③二尖瓣面容：表现为面色晦暗、双颊紫红或口唇发绀，常见于风湿性心脏病二尖瓣狭窄患者。④贫血面容：表现为面色苍白、唇舌色淡、表情疲惫，常见于各类贫血的患者。⑤甲状腺功能亢进面容：表现为表情惊愕、眼裂增宽、眼球突出、烦躁易怒或兴奋不安，常见于甲状腺功能亢进症的患者。⑥满月面容：表现为面圆如满月、皮肤发红或伴痤疮，常见于皮质醇增多症（库欣综合征）及长期应用肾上腺皮质激素的患者。除了以上典型面容外，临床上还有黏液性水肿面容、肢端肥大症面容、肝病面容、肾病面容、面具面容等。

4. 体位 体位是指身体所处的状态。在不同疾病状态下，患者会主动或被动地采取相应体位，因此体位对诊断某些疾病具有一定的意义。临床上常见的体位有：自动体位、被动体位和强迫体位。正常人、轻症或疾病初期的患者身体活动自如，不受限制，为自动体位。极度衰弱或意识丧失的患者不能自己随意调整或变换肢体和躯干的位置，为被动体位。为减轻疾病的痛苦而被迫采取的体位为强迫体位，如急性腹膜炎患者采用强迫仰卧位以减轻腹部肌肉的紧张程度，发绀型先天性心脏病患者因呼吸困难和心悸，突然停止已在进行的活动，并采用蹲踞体位或膝胸位以缓解症状等。

5. 姿势与步态 姿势是指举止的状态，主要依靠骨骼结构和各部分肌肉的紧张度来保持，并受机体健康状况及精神状态的影响。健康成人躯干端正，肢体活动灵活适度。患病时可因疾病影响出现姿势的改变，如颈椎疾病时颈部活动受限，胃、十二指肠溃疡或胃肠痉挛性疼痛发作时患者常捧腹而行。步态是指走动时所表现的姿态。正常人步态因年龄、健康状态、所受训练、精神状态等因素的影响而表现不同，如小儿喜急行或小跑，青壮年步态稳健快速，老年人小步慢行。某些疾病可导致步态出现特征性改变，临床常见的典型步态包括：①蹒跚步态：走路时身体左右摇晃如鸭步，常见于佝偻病、大骨节病、进行性肌营养不良和先天性双侧髋关节脱位等。②酒醉步态：行走时躯干重心不稳，步态紊乱如醉酒状，常见于小脑疾患、乙醇或巴比妥中毒等。③共济失调性步态：起步时一脚高抬，骤然垂落，两脚间距很宽，摇晃不稳，双目下视，闭目时不能保持平衡，见于脊髓结核。④慌张步态：起步困难，起步后身体前倾，小步急行，难以止步，双上肢缺少摆动，常见于帕金森病。⑤跨阈步态：因踝部肌腱、肌肉迟缓，患足下垂，行走时必须高抬下肢才能起步，常见于腓总神经麻痹。⑥剪刀步态：因双下肢肌张力增高，尤以伸肌和内收肌张力增高较明显，行走时下肢内收过度，两下肢交叉呈剪刀状，常见于脑性瘫痪、截瘫等。

6. 皮肤与黏膜 皮肤、黏膜的表现常是全身疾病表现的一部分，主要应注意观察其色泽、弹性、温度、湿度及有无皮疹、出血、水肿等情况。如贫血患者，其口唇、结膜、指甲苍白；休克患者皮肤常苍白湿冷；肝胆疾病患者常表现为巩膜和皮肤黄染；严重缺氧患者常表现为口唇、指（趾）端发绀；严重脱水患者常表现为皮肤黏膜干燥；造血系统疾病患者的皮肤黏膜常有出血点、紫癜、瘀斑等；心源性水肿表现为下肢和全身水肿；肾性水肿多于晨起眼睑、颜面水肿。

（二）生命体征的观察

生命体征是评估生命活动是否存在及其质量的重要征象，包括体温、脉搏、呼吸和血压，是监测患者病情变化的重要指标之一，贯穿于对患者护理的全过程。机体患病时，生命体征的变化最为敏感。异常体温主要包括体温过高和体温过低。异常脉搏包括脉率、节律、强弱和动脉壁的异常。异常呼吸包括频率、深度、节律、声音、形态的异常以及呼吸困难。异常血压包括高血压、低血压和脉压异常。详细内容见第九章"生命体征的评估与护理"。

（三）意识状态的观察

意识状态（consciousness status）是人对周围环境及自身状态的认知和觉察能力，为大脑功能活动的综合表现，包括记忆、思维、定向力和情感，通过视、听、语言和复杂运动等与外界保持紧密联系。正常人意识清晰、思维合理、定向力和情感活动正常，语言准确、流畅、言能达意。意识障碍（disturbance of consciousness）是指个体对周围环境及自身状态的识别和觉察能力发生障碍的一种精神状态。任何原因引起高级神经中枢功能损害时，都可出现意识障碍。表现为对自身及外界环境的感知力、理解力、注意力、记忆力、定向力、思维、情感和行为等精神活动不同程度的异常。临床上根据意识障碍的程度一般可分为以下几种。

1. 嗜睡（somnolence） 程度最轻的意识障碍。患者陷入持续的睡眠状态，可被唤醒，醒时能正确应答和做出各种反应，但刺激去除后很快又再入睡。

2. 意识模糊（confusion） 程度深于嗜睡的意识障碍，患者能保持简单的精神活动，但对时间、地点、人物等定向能力发生障碍，可有错觉、幻觉、躁动不安、谵语或精神错乱。

3. 昏睡（stupor） 病理性的嗜睡状态。患者处于熟睡状态，不易被唤醒，虽在强烈刺激下（压迫眶上神经，摇动身体等）可被唤醒，但很快又入睡。醒时答话含糊或答非所问。

4. 谵妄（delirium） 一种以兴奋性增高为主的高级神经中枢急性功能失调状态。急性起病，表现为意识模糊、定向力丧失、注意涣散、言语增多、思维不连贯，常有错觉和幻觉，并在其影响下，患者表现紧张、恐惧和兴奋不安，大喊大叫，甚至发生冲动攻击行为。症状可持续数小时至数天，个别可持续更长时间。病情于夜间加重，白天减轻。常见于急性感染高热期、某些药物中毒、代谢障碍、循环障碍或中枢神经系统疾病等。

5. 昏迷（coma） 最严重的意识障碍，表现为意识持续的中断或完全丧失，按其程度可分为：①轻度昏迷：意识大部分丧失，无自主运动，对声、光刺激无反应，对疼痛刺激尚可出现痛苦的表情或肢体退缩等防御反应。角膜反射、瞳孔对光反射、眼球运动、吞咽反射等可存在。②中度昏迷：对周围事物及各种刺激均无反应，对于剧烈刺激可出现防御反射。角膜反射减弱，瞳孔对光反射迟钝，眼球无转动。③深度昏迷：全身肌肉松弛，对各种刺激全无反应。深、浅反射均消失。

在评估时，护士可通过与患者交谈了解其思维、反应、情感活动、定向力等，必要时做痛觉试验、角膜反射、瞳孔对光反射等，判断意识障碍程度。也可按格拉斯哥昏迷评分表（Glasgow coma scale，GCS）对意识障碍的程度进行评测（表18-1）。评分项目包括睁眼反应、运动反应和语言反应，分别检测这3个项目并予以计分，再将各项分值相加求其总分，即可得到意识障碍程度的客观评分。GCS总分为3~15分，其中14~15分为正常，8~13分为意识障碍，≤7分为浅昏迷，＜3分为深昏迷。评估中应注意运动反应的刺激部位应以上肢为主，以最佳反应计分。

通过动态观察或动态的GCS评分和记录可了解意识障碍演变的连续性。将3项记录值分别绘制成横向的3条曲线，如总分值减少，曲线下降，提示意识障碍程度加重，病情趋于恶化；反之，曲线上升，提示意识障碍程度减轻，病情趋于好转。

表18-1 格拉斯哥昏迷评分表

评分项目	反应	得分
睁眼反应	正常睁眼	4
	对声音刺激有睁眼反应	3
	对疼痛刺激有睁眼反应	2
	对任何刺激无睁眼反应	1
运动反应	可按指令动作	6
	对疼痛刺激能定位	5
	对疼痛刺激有肢体退缩反应	4
	疼痛刺激时肢体过屈（去皮质强直）	3
	疼痛刺激时肢体过伸（去大脑强直）	2
	对疼痛刺激无反应	1

续表

评分项目	反应	得分
语言反应	能准确回答时间、地点、人物等定向问题	5
	能说话，但不能准确回答时间、地点、人物等定向问题	4
	用字不当，但字意可辨	3
	言语模糊不清，字意难辨	2
	对任何刺激无语言反应	1

> **知识链接**
>
> **格拉斯哥预后评分**
>
> 格拉斯哥预后评分（Glasgow outcome scale，GOS）是一种常用的神经外科评分标准和基于功能的评估工具。它是由英国格拉斯哥大学的神经外科教授Bryan J. Jennett于1975年研制的，主要用于流行病学和早期管理研究，以便提供可靠的标准化结局分类。通过和格拉斯哥昏迷评分联合使用，目前已广泛应用于颅脑损伤、脑血管障碍等有意识变化患者的预后评价，可有效评价意识障碍患者的预后生存水平。
>
> GOS与格拉斯哥昏迷评分有所不同，它不是应用于患者的临床诊疗中病情管理的评估指标。GOS旨在对创伤性颅脑外伤患者的临床结局及其预后进行归纳和分类，更多地用于对患者预后康复水平的量化评估。GOS将患者发病后的状态定义为5个等级：1分为死亡，2分为植物生存状态（仅有最小反应），3分为重度残疾（清醒、残疾，日常生活需要照料），4分为轻度残疾（残疾但可独立生活，能在保护下工作），5分为恢复良好（恢复正常生活，尽管有轻度缺陷）。

（四）瞳孔的观察

瞳孔是许多疾病病情变化的重要指征。检查时应注意瞳孔的形状、大小、位置、双侧是否等圆、等大及对光反应的改变等。

1. 瞳孔的形状与大小 正常瞳孔呈圆形，双侧等大等圆，边缘整齐，位置居中，在自然光线下直径为2~5 mm。瞳孔形状与大小异常包括：①形状改变：患青光眼或眼内肿瘤时可呈椭圆形，虹膜粘连时形状可不规则。②瞳孔缩小：双侧瞳孔缩小常见于有机磷农药、氯丙嗪、吗啡等药物中毒；单侧瞳孔缩小常提示小脑幕裂孔疝早期。③瞳孔散大：双侧瞳孔散大常见于双侧小脑幕裂孔疝、枕骨大孔疝、颠茄类药物中毒等；单侧瞳孔散大、固定常提示同侧小脑幕裂孔疝等的发生；危重患者瞳孔突然散大常提示病情有急剧变化。④双侧瞳孔大小不等：常提示有颅内病变，如脑外伤、脑肿瘤、中枢神经梅毒、脑疝等。双侧瞳孔不等，且变化不定，可能是中枢神经和虹膜的神经支配障碍；如双侧瞳孔不等且伴有对光反射减弱或消失以及神志不清，往往是中脑功能损害的表现。

2. 对光反射 是检查瞳孔功能活动的测验。正常人眼受到光线刺激后瞳孔立即缩小，移开光源后瞳孔迅速复原。瞳孔对光反射迟钝或消失，见于昏迷患者。双侧瞳孔散大并伴有对光反射消失为濒死状态的表现。

（五）心理状态的观察

患者的心理状态是一般心理状态和患病时特殊心理状态的整合，如一般心理状态中的注意力、情绪、认知、动机和意志状态，与患病的适应状态的统一。通过观察患者的语言和（或）非语言行为、思维能力、认知能力、情感反应等，判断患者有无反应迟钝、思维混乱、记忆力减退、行为怪异等情况，以及有无恐惧、焦虑、绝望、忧郁等情绪反应。

（六）特殊检查或药物治疗的观察

1. 特殊检查后的观察 在临床工作中，会对未明确诊断的患者进行一些常规和特殊的专科检查，如冠状动脉造影、胃镜、腰椎穿刺、胸腔穿刺、腹腔穿刺、骨髓穿刺等。这些检查均会对患者产生不同程度的创伤，护士应重点了解检查流程及注意事项，密切观察患者生命体征，倾听患者主诉，防止并发症的发生。如冠状动脉造影后穿刺部位需加压包扎 6 h，穿刺侧肢体限制活动 6～12 h，护士应注意观察动脉搏动和远端皮肤颜色、温度及穿刺处有无渗血。

2. 特殊药物治疗后的观察 药物治疗是临床最常用的治疗方法。护士应注意观察药物疗效、副作用及毒性反应。如注射硝普钠时应注意观察是否有低血压和硫氰酸盐中毒；服用氨茶碱时应监测血药浓度，避免产生毒性反应；服用洋地黄类药物时应观察有无心律失常和胃肠道反应，服用止痛药时应注意疼痛的规律和用药后的效果等。

（七）其他方面的观察

除对患者进行以上内容的观察外，还应注意观察患者的睡眠情况及自理能力。充足的睡眠可以有效缓解疲劳及精神紧张，而疾病常给患者带来痛苦与不适，患者可因焦虑、不安而失眠。护士应注意观察患者睡眠的深度、时间长短、有无失眠或睡眠中易醒等现象。了解患者的自理能力有助于护士对患者进行有针对性的护理，临床常用日常生活活动能力量表（activities of daily living，ADL）评定患者的生活自理能力。

知识链接

ADL 常用评定量表

ADL 分为基础性日常生活活动能力（basic activity of daily living，BADL）和工具性日常生活活动能力（instrumental activity of daily living，IADL）。BADL 评定常用量表包括 Barthel 指数、Katz 指数、PULSES、修订的 Kenny 自理评定等。IADL 常用量表包括功能活动问卷（the functional activities questionary，FAQ）、快速残疾评定量表（rapid disability rating scale，RDRS）。

如单纯评定 BADL，首选 Barthel 指数；如评定 ABDL+ 认知功能，首选功能独立性量表（function independent measure，FIM）；如评定 IADL，首选 FAQ。

第二节 危重症患者的管理与护理

案例 18-2

患者，女，76 岁。因"头痛、恶心、呕吐伴意识障碍 5 h"入院。CT 示：左侧颞叶大面积出血，门诊以"脑出血"收入院。查体：深昏迷，体温测不出，血压测不到，无自主呼吸及自主心律，颈动脉搏动消失。双侧瞳孔等大等圆，直径 5 mm，双侧瞳孔直接与间接对光反射消失。

请回答：
1. 对患者应采取的急救措施是什么？
2. 对患者护理的重点是什么？

危重症患者是指那些病情危重，随时可能发生生命危险的患者。这些患者通常病情较重而且复杂，病情变化快，不仅随时可能发生生命危险，而且容易发生合并症，需要全面、仔细、缜密的病情观察和监护与治疗。因此护士必须做好充分的准备，并且需要常备不懈，只有这样才能在遇有急危重症患者时，全力以赴，及时地进行抢救，挽救患者的生命。

一、抢救工作的组织管理与抢救设备管理

（一）抢救工作的组织管理

1. 建立责任明确的组织结构 在接到抢救任务时，应立即指定抢救负责人，组成抢救小组，抢救过程中各级工作人员必须听从负责人的指挥。参与抢救的医务人员态度要严肃、认真，动作迅速、准确，既要分工明确，又要密切协作。所有抢救用品应合理放置，保证应急使用。抢救一般可分为全院性和科室（病区）性抢救两种。全院性抢救常见于大型灾难等突发情况，由院长（业务院长）组织实施，各科室均参与抢救工作。科室内的抢救一般由科主任、护士长负责组织实施。抢救时如医生尚未到现场，护士可根据病情需要予以吸氧、吸痰、人工呼吸、胸外心脏按压、建立静脉通道等适当、及时的紧急处理。

2. 制订抢救方案 根据患者情况，医生、护士共同制订抢救方案，使危重症患者能及时、迅速得到抢救。护士应评估患者的病情，明确护理诊断与预期目标，制订抢救护理计划，确定护理措施，解决患者现存的或潜在的健康问题。

3. 及时、准确做好各项记录及核对工作 一切抢救工作均应做好记录，要求字迹清晰、准确、详细全面，且注明执行时间与执行者。各种急救药物须经两人核对，核对正确方可使用。执行口头医嘱时，须向医生复述1遍，双方确认无误后方可执行，抢救完毕需及时由医生补写医嘱。抢救中各种药物的空安瓿、输液空瓶、输血空瓶（袋）等应集中放置，以便统计和查对。

4. 参加医生组织的查房、会诊、病例讨论 医护密切配合，护士应参与医生组织的查房、会诊、病例讨论，熟悉危重症患者的病情、重点监测项目及抢救过程，做到心中有数，以密切配合医生的治疗。

5. 严格管理抢救室内抢救器械和药品 严格执行定数量、定点安置、定专人管理、定期消毒灭菌、定期检查维修的"五定"制度，保证急救物品完好率100%。抢救室内物品一律不得外借，做好交接班及记录。护士还应熟悉抢救器械的性能和使用方法，并能排除一般故障。

6. 抢救用物的日常维护 抢救用物使用后，要及时清理，归还原处，并及时补充，要保持清洁、整齐。如抢救传染病患者，应按传染病要求进行消毒、处理，严格预防与控制医院感染。

（二）抢救设备管理

急诊科和病区均应设单独抢救室，由专职人员负责。急诊科的抢救室应设在急诊科入口处，病区抢救室宜设在靠近护士办公室的房间内。抢救室要求宽敞、整洁、安静、明亮。室内应备有"五机"（心电图机、洗胃机、呼吸机、除颤仪、吸引器）、"八包"（"腰穿"包、"心穿"包、"胸穿"包、"腹穿"包、静脉切开包、气管切开包、缝合包、导尿包）以及各种急救药品及抢救床。

1. 抢救床 最好选用能升降的多功能床，必要时另备1块木板，作为胸外心脏按压时使用。

2. 抢救车 应按照要求配置各种常用急救药品（表18-2）、急救用无菌物品以及其他急救用物。如各种无菌急救包（"八包"）、各种注射器及针头、输液器及输液针头、输血器及输血针头、开口器、压舌板、舌钳、牙垫、各种型号的医用橡胶手套、各种型号及用途的橡胶或硅胶导管、无菌治疗巾、无菌敷料、皮肤消毒用物等。其他非无菌用物，如治疗盘、血压计、听诊器、手电筒、止血带、玻璃接头、夹板、宽胶布、打火机、酒精灯、电源插座等。

表18-2 常用急救药品

类别	常用药物
"心三联"	利多卡因、阿托品、肾上腺素
"呼三联"	尼可刹米、洛贝林、二甲弗林（回苏灵）
升压药	多巴胺
强心药	毛花苷C
抗心绞痛药	硝酸甘油
平喘药	氨茶碱
促凝血药	垂体后叶素、维生素K_1
镇痛、镇静、抗惊厥药	哌替啶、地西泮、异戊巴比妥钠、苯巴比妥钠、氯丙嗪、硫酸镁
抗过敏药	异丙嗪、苯海拉明
激素类药	氢化可的松、地塞米松、可的松
脱水利尿药	20%甘露醇、25%山梨醇、呋塞米、依他尼酸
解毒药	碘解磷定、氯解磷定、硫代硫酸钠、乙酰胺

3. 急救器械 包括给氧系统［氧气筒和（或）给氧装置或中心供氧系统、加压给氧设备］，电动吸引器或中心负压吸引装置，电除颤仪、心脏起搏器、心电监护仪，简易呼吸器、呼吸机，电动洗胃机等。

二、危重症患者的护理

对于危重症患者的护理，护士不仅要全面、仔细、缜密地观察病情，详细记录观察结果，而且要注重患者的基础生理需求和心理需求。通过有效的护理措施满足患者的基本生理功能、基本生活需求、舒适安全的需求，预防压力性损伤、坠积性肺炎、失用性萎缩、退化及静脉血栓形成等并发症的发生。

（一）病情监测

危重症患者病情危重、病情变化快，通过对其各系统功能进行持续监测可以动态了解患者整体状态、疾病危险程度以及各系统脏器的损害程度，对于及时发现病情变化、及时诊断和抢救处理极为重要。根据需要每15～30 min观察并记录1次。病情监测最基本的内容是中枢神经系统、循环系统、呼吸系统、肾功能及体温的监测。

1. 中枢神经系统监测 包括意识水平监测、电生理监测如脑电图、影像学监测如CT与MRI、颅内压测定和脑死亡的判定等。

2. 循环系统监测 包括心率、心律、无创和有创动脉血压、心电功能和血动力功能监测如中心静脉压、肺动脉压、肺动脉楔压、心排血量及心脏指数等。

3. 呼吸系统监测 包括呼吸运动、频率、节律、呼吸音、潮气量、无效腔量、呼气压力测定、肺胸顺应性监测，痰液的性质、量、痰培养的结果，血气分析。其中血气分析是较重要的监测手段之一。

4. 肾功能监测 包括尿量，血、尿钠浓度，血、尿的尿素氮，血尿肌酐、血肌酐清除率测定等。

5. 体温监测 一项简便易行、可反映病情缓解或恶化的可靠指标，也是代谢率的指标。正常人体温较恒定，当代谢旺盛、感染、创伤、手术后体温多有升高，而极重度或临终患者体温反而下降。

> **知识链接**
>
> **危重症患者病情危重程度评估工具**
>
> 目前用于危重症患者病情危重程度评估的工具有很多，如急性生理与慢性健康状况评分Ⅱ（acute physiology and chronic health evaluation Ⅱ，APACHE Ⅱ）、治疗干预评分系统（therapeutic intervention scoring system，TISS）、改良早期预警评分（modified early warning score，MEWS）等。其中APACHE Ⅱ是目前临床上重症监护病房应用最广泛、最具权威的危重病病情评价系统。通过对ICU患者的病情评定和病死率的预测，可以客观地制订和修正医疗护理计划，为提高医疗质量、合理利用医疗资源以及确定最佳出院时机或选择治疗的时间提供客观、科学的依据。APACHE Ⅱ评估：A为"年龄"，B为"有严重器官系统功能不全或免疫损害"，C为"GCS"，D为生理指标，APACHE Ⅱ总分A+B+C+D，理论最高分71分，分值越高，表示病情越重。

（二）保持呼吸道通畅

清醒患者应鼓励并协助其定时做深呼吸或轻拍背部，以助分泌物咳出，预防分泌物淤积、坠积性肺炎及肺不张等。昏迷患者常因咳嗽、吞咽反射减弱或消失，呼吸道分泌物及唾液等积聚喉头，而引起呼吸困难甚至窒息，此时应将患者头偏向一侧，及时吸出呼吸道分泌物，防止误吸，保持呼吸道通畅。

（三）加强基础护理

1. 维持清洁

（1）眼部护理：对于眼睑不能自行闭合的患者，可涂眼药膏或覆盖凡士林纱布，防止角膜干燥而致溃疡、结膜炎。

（2）口腔护理：保持口腔卫生，防止口腔感染。对不能经口进食者，更应做好口腔护理，防止发生口腔炎症、口腔溃疡、腮腺炎、中耳炎、口臭等。

（3）皮肤护理：危重症患者由于长期卧床、二便失禁、大量出汗、营养不良及应激等因素，有发生皮肤压力性损伤的危险。故应加强皮肤护理，做到勤观察、勤翻身、勤擦洗、勤按摩、勤更换、勤整理，做好交接班。

2. 维持肢体功能　病情平稳时，应尽早协助患者进行肢体的主动或被动运动，每天2～3次，轮流将患者的肢体进行伸屈、内收、外展、内旋、外旋等活动，并同时按摩，以促进血液循环，增加肌肉张力，帮助恢复功能，预防肌腱和韧带退化、肌肉萎缩、关节僵直、静脉血栓形成和足下垂的发生。

3. 补充营养和水分　危重症患者机体分解代谢增强，消耗大，对营养物质的需要量增加，而患者多胃纳不佳，消化功能减退，为保证患者有足够营养和水分，维持体液平衡，应设法增加患者营养。对能进食者，鼓励多进食营养丰富且易消化吸收的食物；对不能进食者，可采用鼻饲或完全胃肠外营养。对大量引流或额外体液丧失等水分丢失较多的患者，应注意补充足够的水分，以维持体液平衡，防止水、电解质紊乱。

4. 维持排泄功能　协助患者排尿、排便，必要时给予人工通便及在无菌操作下行导尿术。留置尿管者应加强常规护理，保持引流通畅，防止泌尿系感染。

5. 保持引流管通畅　危重症患者身上有时会有多根引流管，如胃肠减压管、伤口引流管等，应注意妥善固定、安全放置，防止扭曲、受压、堵塞、脱落，保持其通畅。同时注意严格执行无菌操作技术，防止逆行感染。

6. 确保患者安全　对意识丧失、谵妄和躁动的患者，应合理使用保护具，防止意外发生。

对牙关紧闭、抽搐的患者，可用牙垫、开口器，防止舌咬伤，同时室内光线宜暗，工作人员动作要轻，避免因外界刺激而引起抽搐。

（四）心理护理

危重症患者由于突然置身于一个完全陌生的环境，短时间内丧失对周围环境和个人身体功能的控制，以及频繁的身体检查和各种声光的刺激等原因，容易产生恐惧、悲伤、多疑、焦虑、绝望等各种心理问题。患者的亲属也会因自己家人的生命受到威胁而经历一系列心理应激反应，因此必须采取有效的心理护理措施。

1. 态度要和蔼、宽容、诚恳，表现出对患者的关心、同情、尊重和接受。

2. 在操作前向患者做好解释，语言应精练、贴切、易于理解；举止应沉着、稳重；操作应娴熟认真、一丝不苟，给患者充分的信赖感和安全感。

3. 减少环境因素刺激，病室光线宜柔和，夜间减低灯光亮度，使患者有昼夜差别感，防止睡眠剥夺。在病室内适当位置悬挂时钟，使患者有时间概念；在操作检查治疗时使用床帘，注意保护患者隐私。

4. 对因人工气道或呼吸机治疗而出现语言沟通障碍者，应与患者建立其他有效的沟通方式，保证与患者的有效沟通。

5. 尽可能多地采取"治疗性触摸"，引起患者注意，传递关心、支持或接受的信息给患者。

6. 鼓励家属及亲友探视患者，与患者沟通，向患者传递爱、关心与支持。

第三节　常用急救技术

> **案例 18-3**
>
> 患者，男，30岁。因工作受挫自服安眠药，被亲友发现时已经昏迷不醒，遂立即将其送往医院抢救。
>
> 请回答：
> 1. 应为患者选择哪种合适的洗胃溶液？
> 2. 在洗胃时护士应注意哪些方面？

挽救生命是急救的最基本目的，护士对临床常用急救技术掌握的程度、抢救的质量直接关系到患者的生命和生存质量。护士必须掌握心肺复苏术、氧气吸入法、吸痰法、洗胃法、人工呼吸器的使用等常用急救技术，保证抢救工作及时、准确、有效地进行。本节主要介绍洗胃法、心肺复苏术和人工呼吸器的使用，氧气吸入法、吸痰法详见第九章第三节相关内容。

一、洗胃法

洗胃（gastric lavage）是将胃管经鼻腔或口腔插入胃内，将大量溶液灌入胃内反复冲洗，以排除胃内容物，减轻或避免吸收中毒的胃灌洗方法。

【目的】

1. 解毒　清除胃内毒物或刺激物，减少毒物吸收，还可利用不同灌洗液进行中和解毒，用于急性食物或药物中毒。服毒后 4~6 h 内洗胃最有效。

2. 减轻胃黏膜水肿　通过洗胃减轻潴留物对胃黏膜的刺激，减轻胃黏膜水肿、炎症，如为幽门梗阻患者洗胃，减轻患者痛苦。

3. 为某些手术或检查做准备 通过洗胃洗出胃内容物，便于手术和检查，如胃肠道手术前。

【适应证与禁忌证】

1. 适应证 经口摄入的非腐蚀性毒物中毒，如有机磷、安眠药、过量药物、重金属类、生物碱等及食物中毒的患者。

2. 禁忌证 ①吞服强酸（硫酸、硝酸、盐酸）、强碱（包括腐蚀性较强的氢氧化钠、氢氧化钾、氧化钠、氧化钾与腐蚀性较弱的碳酸钠、碳酸钾、氢氧化钙、氧化钙等）者。②有食管胃底静脉曲张、胸主动脉瘤、近期有上消化道出血及胃穿孔者。③上消化道溃疡及上消化道癌症患者。④为昏迷患者洗胃需谨慎。

【常用洗胃溶液与禁忌药物】

按医嘱根据毒物性质选择洗胃溶液（表18-3）。当中毒物质不明时，应抽取患者胃内容物送检，同时选用温开水或等渗盐水洗胃，待毒物性质明确后，再采取相应的洗胃溶液洗胃。洗胃液温度以 25~38℃ 为宜，一般用量为 10 000~20 000 ml。

表18-3 常用洗胃溶液和禁忌药物

毒物种类	洗胃溶液	禁忌药物
酸性物（非强酸）	镁乳、蛋清水①、牛奶	强酸药物
碱性物（非强碱）	5% 醋酸、白醋、蛋清水、牛奶	强碱药物
氰化物	3% 过氧化氢溶液②引吐，再用 1:（15 000~20 000）高锰酸钾洗胃	活性炭
敌敌畏	2%~4% 碳酸氢钠、1% 盐水、1:（15 000~20 000）高锰酸钾	
敌百虫	1% 盐水或清水、1:（15 000~20 000）高锰酸钾	碱性药物③
1605、1059、4049（乐果）	2%~4% 碳酸氢钠	高锰酸钾④
DDT（灭害灵）、666	温开水或生理盐水洗胃，50% 硫酸镁导泻	油性泻药
酚类	用温开水、植物油洗胃至无酚味，并在洗胃后多次服用牛奶、蛋清，保护胃黏膜	液状石蜡
苯酚（石炭酸）	1:（15 000~20 000）高锰酸钾	
巴比妥类（安眠药）	1:（15 000~20 000）高锰酸钾洗胃、硫酸钠导泻⑤	硫酸镁
异烟肼	1:（15 000~20 000）高锰酸钾洗胃、硫酸钠导泻	
磷化锌（灭鼠药）	1:（15 000~20 000）高锰酸钾洗胃、0.5% 硫酸铜⑥洗胃；0.5%~1% 硫酸铜溶液每次 10 ml，每 5~10 min 口服 1 次，并用压舌板刺激舌根催吐	牛奶、鸡蛋、脂肪及其他油性食物⑦
河豚、生物碱	1% 活性炭悬浮液	
发芽马铃薯、毒蕈	1%~3% 鞣酸	

注：①蛋清水可黏附于黏膜表面或创面上，从而起到保护作用，并可减轻患者疼痛。②氧化剂可将化学性毒物氧化，改变其性能，从而减轻或去除其毒性。③敌百虫遇碱性药物可分解出毒性更强的敌敌畏，其分解过程随碱性的增强和温度的升高而加速。④1605、1509、4049(乐果)等禁用高锰酸钾洗胃，否则可氧化成毒性更强的物质。⑤巴比妥类药物采用硫酸钠导泻，是利用其在肠道内形成的高渗透压，阻止肠道水分和残存的巴比妥类药物的吸收，促其尽早排出体外。硫酸钠对心血管和神经系统没有抑制作用，不会加重巴比妥类药物的中毒。⑥磷化锌中毒时，口服硫酸铜可使其成为无毒的磷化铜沉淀，阻止吸收，并促使其排出体外。⑦磷化锌易溶于油类物质，忌用脂肪性食物，以免促使磷的溶解吸收。

【评估】
1. 评估患者的年龄、病情、中毒情况、意识状态、生命体征、有无洗胃禁忌证等。
2. 评估患者的口鼻黏膜是否完好，有无活动义齿等。
3. 评估患者的心理状态以及对洗胃的耐受能力、合作程度、知识水平、既往经验等。

【操作前准备】
1. 患者准备
（1）了解洗胃的目的、方法、注意事项及配合要点。
（2）取舒适体位。
2. 护士准备　衣帽整洁，修剪指甲，洗手，戴口罩。
3. 物品准备　根据不同的洗胃方法进行用物准备。
（1）口服催吐法：①治疗盘内置：量杯（或水杯）、水温计、压舌板、弯盘、防水围裙、漱口杯、毛巾。②水桶2只：分别盛洗胃液、污水。③洗胃溶液：根据毒物性质准备洗胃溶液。④为患者准备洗漱用物（可取自患者处）。
（2）洗胃机洗胃法：①治疗盘内：无菌洗胃包（内有胃管、镊子、纱布或使用一次性胃管）、防水布、治疗巾、检验标本容器或试管、量杯、水温计、压舌板、弯盘、棉签、50 ml 注射器、听诊器、手电筒、液状石蜡、胶布，必要时备张口器、牙垫、舌钳放于治疗碗内。②水桶2只：分别盛洗胃液、污水。③洗胃溶液：根据毒物性质准备洗胃溶液。④洗胃设备：全自动洗胃机（图18-1）。
4. 环境准备　安静、整洁，光线明亮，温度适宜。必要时用屏风遮挡，保护患者隐私。

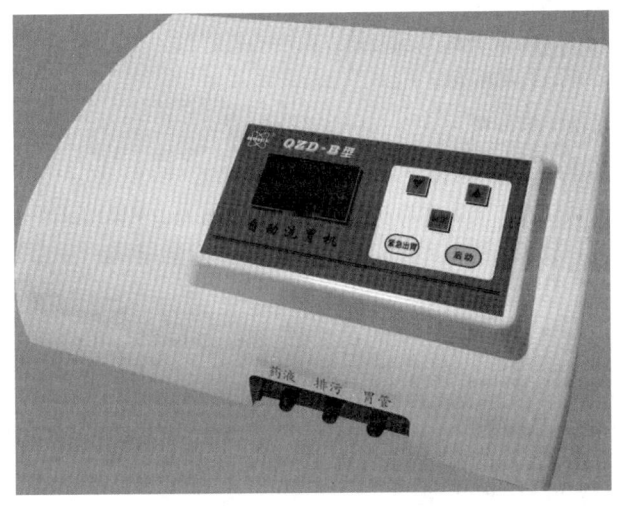

图18-1　全自动洗胃机洗胃

【操作流程】

操作主线	操作步骤	操作要点
▲ 口服催吐法		
1. 核对解释	将用物携至床旁，核对患者的床号、姓名、手腕带，向患者或家属做好解释	● 核对患者 ● 取得配合
2. 摆体位	（1）协助患者取坐位 （2）围好围裙，将污物桶置座位前或床旁，有义齿的患者取下义齿	

续表

操作主线	操作步骤	操作要点
3. 饮液	指导患者自饮灌洗液	● 一次饮液量 300～500 ml
4. 催吐	自呕或用压舌板刺激舌根催吐	
5. 结局	反复自饮→催吐，直至吐出的灌洗液澄清无味	● 表示毒物已基本洗干净
6. 记录	记录洗胃液的名称、量，洗出液的颜色、气味、性质、量及患者的反应	● 幽门梗阻患者洗胃，可在饭后 4～6 h 或空腹进行。记录胃内潴留量，便于了解梗阻程度；胃内潴留量＝洗出量－灌入量
▲ 全自动洗胃机洗胃		
1. 核对解释	将用物携至床旁，核对患者的床号、姓名、手腕带，向患者或家属做好解释	● 核对患者 ● 取得配合
2. 检查	接通电源，检查、调节自动洗胃机	
3. 插胃管	用石蜡油滑润胃管前端（一般滑润插入长度的 1/3），由口腔插入 55～60 cm（插入长度约为前额发际至剑突的距离），证实胃管在胃内后用胶布固定	
4. 连接洗胃管	将配好的洗胃液倒入水桶内，将 3 根橡胶管分别与机器的药管、胃管、污水管相连，药管的另一端放入洗胃液桶内，出液管的另一端放入空水桶内，胃管的另一端与插入胃内的胃管相连接，调节药量流速	● 药管口必须始终浸没在洗胃液的液面下
5. 吸出胃内容物	按"手吸"键，吸出胃内容物，必要时将吸出物送检	
6. 自动冲洗	按"自动"键，机器将自动进行冲洗。冲洗时"冲"灯亮，吸引时"吸"灯亮	● 如发现管道堵塞、流速减慢，可交替按"手冲"和"手吸"键，通畅后再按"自动"键
7. 观察	洗胃过程中，随时注意洗出液的性质、颜色、气味、量及患者面色、脉搏、呼吸和血压的变化	● 如患者有腹痛、休克、洗出液呈血性，应立即停止洗胃，采取相应的急救措施
8. 停机	反复灌洗直至洗出液澄清无味为止，按"停机"键，机器停止工作	
9. 拔管	洗胃完毕，反折胃管，迅速拔出	● 防止管内液体误入气管
10. 整理	协助患者漱口、洗脸，必要时更衣；整理床单位，助患者取舒适位，嘱其卧床休息	● 促进患者舒适
11. 清洁	自动洗胃机三管（药管、胃管、污水管）同时放入清水中，按"清洗"键，清洗各管腔后，将各管同时取出，待机器内水完全排尽后，按"停机"键关机	● 避免各管道被污物堵塞或腐蚀
12. 记录	记录洗胃液的名称、量，洗出液的颜色、气味、性质、量及患者的反应	● 幽门梗阻患者洗胃，可在饭后 4～6 h 或空腹进行。记录胃内潴留量，便于了解梗阻程度；胃内潴留量＝洗出量－灌入量

【注意事项】

1. 首先注意了解患者中毒情况，如患者中毒的时间、途径、毒物种类、性质、量等，来院前是否呕吐。

2. 急性中毒患者应紧急采用口服催吐法，以减少毒物的吸收。必要时进行胃管洗胃。不论采用何种方法洗胃，都应该先吸后洗。

3. 插管时，动作要轻、快，切勿损伤食管黏膜或误入气管。

4. 当中毒物质不明时，洗胃溶液可选用温开水或生理盐水。待毒物性质明确后，再采用对抗剂洗胃。

5. 患者吞服强酸、强碱等腐蚀性药物时，禁忌洗胃，以免造成穿孔。可按医嘱给予药物或迅速给予物理性对抗剂，如牛奶、豆浆、蛋清、米汤等以保护胃黏膜。

6. 每次灌入量以 300~500 ml 为宜，洗胃液过少会增加灌洗次数，延长洗胃时间；过多则导致急性胃扩张，一方面胃内压上升，促使胃内容物进入十二指肠，加速毒素吸收，另一方面胃突然扩张使迷走神经兴奋，可引起反射性心搏骤停；同时，洗胃液过多也可引起液体反流，导致呛咳、误吸或窒息。

7. 洗胃过程中应随时观察患者的面色、生命体征、意识、瞳孔变化、口鼻腔黏膜情况及口中气味等。洗胃并发症包括急性胃扩张、胃穿孔、大量低渗液洗胃致水中毒、水及电解质紊乱、酸碱平衡失调、昏迷患者误吸或过量胃内液体反流致窒息、迷走神经兴奋致反射性心搏骤停，护士应及时观察并做好相应的急救措施，并做好记录。

8. 注意患者的心理状态、合作程度及对康复的信心。向患者讲述操作过程中可能会出现不适，告知患者和家属有误吸的可能与风险，取得理解；对自服毒物者，应耐心劝导，做针对性心理护理，帮助其改变认知，要为患者保守秘密与隐私，减轻其心理负担。

9. 洗胃后注意患者胃内毒物的清除状况，中毒症状有无缓解或是否得到控制。

【健康教育】

1. 向患者及家属解释洗胃的目的、意义和方法，并鼓励其主动配合。

2. 向患者讲解洗胃的注意事项。

二、心肺复苏术

心肺复苏（cardiopulmonary resuscitation，CPR）是针对呼吸、心搏停止的患者所采取的抢救措施，即用心脏按压或其他方法形成暂时的人工循环，恢复心脏自主搏动和血液循环，用人工呼吸代替自主呼吸，达到恢复苏醒和挽救生命的目的。心肺复苏主要由基础生命支持、高级心血管生命支持和心搏骤停后的治疗三部分组成。本章主要介绍基础生命支持。

基础生命支持（basic life support，BLS）又称初步急救或现场急救，目的是在心搏骤停后，立即以徒手方法争分夺秒地进行复苏抢救，以使心搏骤停患者心、脑及全身重要器官获得最低限度的紧急供氧，为进一步复苏创造有利条件。其关键要点包括胸外心脏按压（circulation，C）、开放气道（airway，A）和人工呼吸（breathing，B）三个步骤（即 C-A-B）。

> **知识链接**
>
> ### 院内心搏骤停（IHCA）与院外心搏骤停（OHCA）生命链
>
> 为成功挽救心搏骤停患者的生命，1992 年 10 月，美国心脏协会（American Heart Association，AHA）正式提出"生存链"概念。成人生存链是指对突然发生心搏骤停的成年患者所采取的一系列步骤规律有序、规范有效的救护措施，将这些抢救环节以环链形

式连接起来，构成了一个挽救生命的"生命链"。2015年的国际心肺复苏指南将成人生存链分为了院内救治体系和院外救治体系，2020年的AHA心肺复苏指南不管是院内还是院外救治体系均由原来的5个环节延伸为6个环节，多一环"康复"（图1）。意味着治疗的持续性以及治疗的目标不仅仅是复苏成功，而且是以保证生活质量、恢复患者正常社会功能为目的。

图1 AHA 成人 IHCA 与 OHCA 生存链

（一）呼吸、心搏骤停的原因

1. 意外事件 如遭遇雷击、电击、溺水、自缢、窒息等。

2. 器质性心脏病 如急性广泛性心肌梗死、急性心肌炎等均可导致室性心动过速、心室颤动、Ⅲ度房室传导阻滞的形成而致心脏停搏。

3. 神经系统病变 如脑炎、脑血管意外、脑部外伤等疾病致脑水肿、颅内压增高，严重者可因发生脑疝损害生命中枢致心搏、呼吸停止。

4. 手术和麻醉意外 如麻醉药剂量过大、给药途径有误、术中气管插管不当、心脏手术或术中出血过多致休克等。

5. 水、电解质及酸碱平衡紊乱 严重的高血钾和低血钾均可引起心搏骤停；严重的酸碱中毒可引起血钾的改变，最终导致心搏停止。

6. 药物中毒或过敏 如洋地黄类药物中毒、安眠药中毒、化学农药中毒、青霉素过敏等。

（二）临床表现

1. 突然面色死灰、意识丧失 轻摇或轻拍并大声呼叫，如患者确无反应，说明意识丧失。

2. 大动脉搏动消失 首选颈动脉，颈动脉位于气管与胸锁乳突肌之间，可用示指、中指指端先触及气管正中，男性可先触及喉结，然后滑向颈外侧气管与肌群之间的沟内，触摸有无搏动。其次选股动脉,股动脉位于股三角区,可于腹股沟韧带稍下方触摸有无搏动。一般触摸 5~10 s,确认摸不到颈动脉或股动脉搏动,即可确定心搏骤停。应注意,如对尚有心搏的患者进行胸外心脏按压,会导致严重的并发症。

3. 呼吸停止　在保持气道开放的情况下进行判断。可听有无呼气声或用面颊部靠近患者的口鼻部,感觉有无气体逸出,脸转向患者观察胸腹部有无起伏。

4. 瞳孔散大　须注意循环完全停止超过 1 min 后才会出现瞳孔散大,且有些患者可始终无瞳孔散大现象,同时药物对瞳孔的改变也有一定影响。

5. 皮肤苍白或发绀　一般以口唇和指甲等末梢处最明显。

6. 心尖搏动及心音消失　听诊无心音。心电图表现为心室颤动或心室停顿,偶尔呈缓慢而无效的心室自主节律(心电-机械分离)。

7. 伤口不出血　心搏骤停时虽可出现上述多种临床表现,但其中以意识突然丧失和大动脉搏动消失最为重要,故仅凭这两项即可做出心搏骤停的判断,并立即开始实施 BLS 技术。由于 BLS 技术的实施要求必须分秒必争,因此,在临床工作中不能待心搏骤停的各种表现均出现后再行抢救。

(三)心肺复苏术

【目的】
1. 通过实施基础生命支持技术,建立患者的循环、呼吸功能。
2. 保证重要脏器的血液供应,尽快促进心搏、呼吸功能的恢复。

【评估】
患者心搏、呼吸骤停的判断:①突然意识丧失,有时伴有抽搐;②大动脉搏动消失;③呼吸停止或即将停止。一旦患者出现意识丧失伴大动脉搏动消失,即可判定为心搏骤停,需立即实施基础生命支持。

【操作前准备】

1. 护士准备　着装整洁。

2. 物品准备　治疗盘内放血压计、听诊器、纱布、手电筒,必要时备心肺复苏板、踏脚凳。

3. 环境准备　病室安静、光线充足,床单位周围宽敞,必要时用屏风遮挡,避免影响其他患者。

【操作流程】

操作主线	操作步骤	操作要点
1. 确认现场安全	确保现场对抢救者和患者均是安全的	
2. 判断意识	双手轻拍患者双肩,并在耳边大声呼唤,患者如无反应,说明其意识丧失	
3. 呼救或启动应急反应系统	呼叫他人帮忙或启动院内应急系统	● 如在院内,第一时间启动院内应急系统;自取或请他人取得自动体外除颤器(automated external defibrillator, AED)及急救设备
4. 判断呼吸	解开上衣看——患者胸部有无起伏;听——有无呼吸音;感觉——口鼻有无出气,约持续 5 s,确认呼吸有无停止	

续表

操作主线	操作步骤	操作要点
5. 判断颈动脉搏动	（1）用示指、中指指端先触及气管正中（或男性喉结），然后滑向颈外侧气管与肌群之间的沟内，触摸有无搏动，大于 5 s 且不超过 10 s	
	（2）如无呼吸（或仅有喘息），无脉搏，立即启动心肺复苏	
6. 摆放体位	（1）将患者仰卧位于硬板床或地上，如是卧于软床上的患者，需在其肩背下垫心脏按压板	● 避免随意移动患者
	（2）去枕、头后仰	
	（3）解开衣领口、领带、围巾及腰带	
7. 胸外心脏按压术（单人法）	（1）抢救者站在或跪于患者一侧	
	（2）按压部位及手法：以两乳头连线中点为按压点，定位手掌根部接触患者胸部皮肤，另一手以拇指根部为轴心叠于下掌指背上，十指交叉相扣，定位手的 5 个手指翘起（图 18-2）	● 间接压迫左右心室，以替代心脏的自主收缩；部位应准确，避免偏离胸骨而引起肋骨骨折
	（3）按压方法：双肘关节伸直，依靠抢救者的体重、肘及臂力，有节律地垂直施加压力；每次按压后迅速放松，放松时手掌根不离开胸壁，使胸廓充分回弹（图 18-3）	● 按压力度适当，姿势正确，两肘关节固定不动，双肩位于双手臂的正上方。抢救者必须避免在按压间隙倚靠在患者身上，应迅速解除压力，使胸骨自然复位
	（4）按压深度：成人 5～6 cm，儿童、婴儿至少胸部前后径的 1/3，儿童大约 5 cm，婴儿大约 4 cm	
	（5）按压频率：每分钟 100～120 次	● 按压有效性判断：①能扪及大动脉搏动（颈、股动脉），肱动脉收缩压＞60 mmHg。②面色、口唇、甲床、皮肤色泽转为红润。③瞳孔随之缩小，有时可有对光反应。④自主呼吸逐渐恢复。⑤面色、口唇、甲床、皮肤色泽转为红润。⑥室颤波由细小变为粗大，甚至恢复窦性心律。⑦昏迷程度减轻，出现反射或挣扎
8. 人工呼吸	（1）开放气道：清除口腔、气道内分泌物或异物，有义齿者应取下	● 使舌根上提，解除舌后坠，保持呼吸道畅通
	（2）开放气道方法 1）仰头提颏法：抢救者一手的小鱼际置于患者前额，用力向后压使其头部后仰，另一手示指、中指置于患者的下颌骨下方，将颏部向前上抬起（图 18-4）	● 注意手指不要压向颏下软组织深处，以免阻塞气道
	2）仰头抬颈法：抢救者一手抬起患者颈部，另一手以小鱼际部位置于患者前额，使其头后仰，颈部上托（图 18-5）	● 头、颈部损伤患者禁用此法

续表

操作主线	操作步骤	操作要点
8. 人工呼吸	3）双下颌上提法：抢救者双肘置于患者头部两侧，双手示、中、环指放在患者下颌角后方，向上或向后抬起下颌（图18-6）	• 患者头保持正中位，不能使头后仰，不可左右扭动。适用于怀疑有颈部损伤的患者
	（3）人工呼吸：每5~6 s 呼吸1次（每分钟10~12次呼吸），按压与人工呼吸的比为30∶2	• 给予患者足够的通气，每次须使胸廓隆起
	1）口对口人工呼吸法：在患者口鼻盖一单层纱布/隔离膜；抢救者用保持患者头后仰的拇指和示指捏住患者鼻孔；双唇包住患者口部（不留空隙），吹气，使胸廓扩张；吹气毕，松开捏鼻孔的手，抢救者头稍抬起，侧转换气，同时注意观察胸部复原情况	• 首选方法；防止吹气时气体从口鼻逸出；每次吹气时间不超过2 s。有效指标：患者胸部起伏，且呼气时听到或感到有气体逸出
	2）口对鼻人工呼吸法：用仰头抬颏法，同时抢救者用举颏的手将患者口唇闭紧→深吸一口气，双唇包住患者鼻部吹气，吹气方法同上	• 用于口腔严重损伤或牙关紧闭的患者
	3）口对口鼻人工呼吸法：抢救者用双唇包住患者口鼻部吹气	• 适用于婴幼儿；防止吹气时气体由口鼻逸出；吹气时间要短，均匀缓缓吹气，防止气体进入胃部，引起胃膨胀

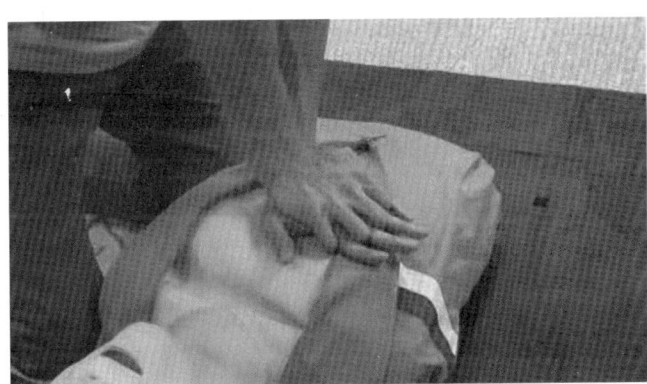

图 18-2　胸外心脏按压定位方法及手法

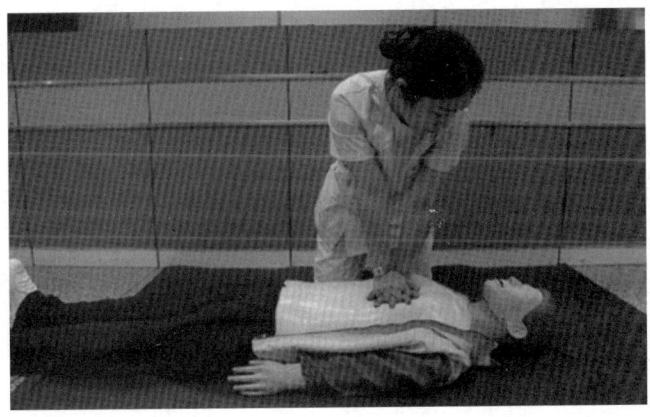

图 18-3　胸外心脏按压的姿势

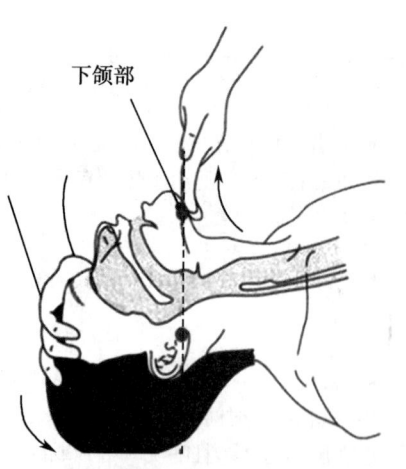

图 18-4 仰头提颏法

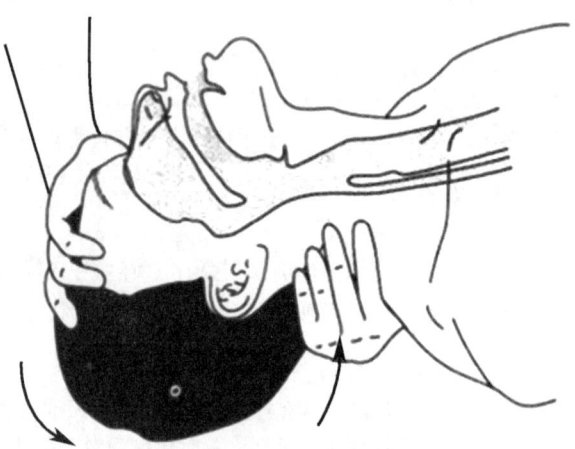

图 18-5 仰头抬颈法

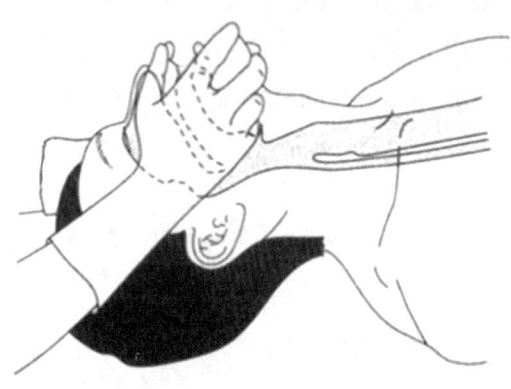

图 18-6 双下颌上提法

【注意事项】

1. 当发现无呼吸或不正常呼吸（如喘息样呼吸）的心搏骤停成人患者时，应立即启动紧急救护系统，立即进行 CPR。

2. 按压部位要准确，用力适当，防止胸骨、肋骨被压折。严禁按压胸骨角、剑突下及左右胸部。按压力度要适当，过轻达不到效果，过重易造成肋骨骨折、血气胸、甚至肝脾破裂等。按压深度在成人为 5~6 cm，儿童大约 5 cm，婴儿约 4 cm，儿童和婴儿至少为胸部前后径的 1/3，并保证每次按压后胸廓回弹。姿势要正确，注意两臂伸直，两肘关节固定不动，双肩位于双手的正上方。为避免心脏按压时呕吐物逆流至气管，患者头部应适当放低并略偏向一侧。

3. 单一施救者应先开始胸外心脏按压，然后再进行人工呼吸（心肺复苏的顺序是 C-A-B），即先进行 30 次的胸外心脏按压，后做 2 次人工呼吸；尽可能减少按压中的停顿，并避免过度通气。

三、人工呼吸器的使用

人工呼吸器（artificial respirator）是进行人工呼吸最有效的方法之一，可通过人工或机械装置产生通气，对无呼吸患者进行强迫通气，对通气障碍的患者进行辅助呼吸，达到增加通气量，改善换气功能，减轻呼吸肌做功的目的。常用于各种原因所致的呼吸停止或呼吸衰竭的抢救及麻醉期间的呼吸管理。

【目的】

1. 维持和增加机体通气量。

2. 纠正威胁生命的低氧血症。

【评估】

1. 评估患者的年龄、病情、体重、体位、意识状态等。
2. 评估患者的呼吸状况（频率、节律、深浅度），呼吸道是否通畅，有无活动义齿等。
3. 评估患者的心理状况及配合程度。

【操作前准备】

1. 患者准备

（1）了解人工呼吸器使用的目的、方法、注意事项及配合要点。

（2）取仰卧位，去枕、头后仰，如有活动义齿应取下。

（3）解开领扣、领带及腰带。

（4）清除上呼吸道分泌物或呕吐物，保持呼吸道通畅。

2. 护士准备 衣帽整洁，修剪指甲，洗手，戴口罩。

3. 物品准备 简易呼吸器：由呼吸囊、呼吸活瓣、面罩及衔接管组成（图 18-7）。

4. 环境准备 安静、整洁，光线明亮，温度适宜。

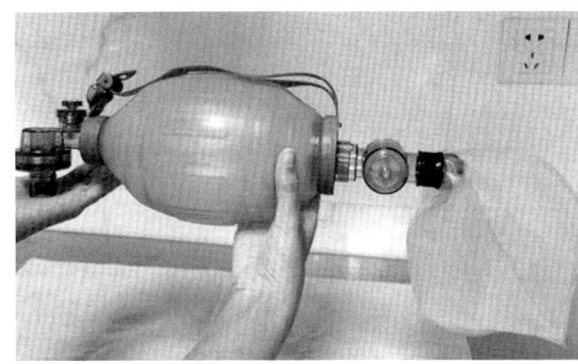
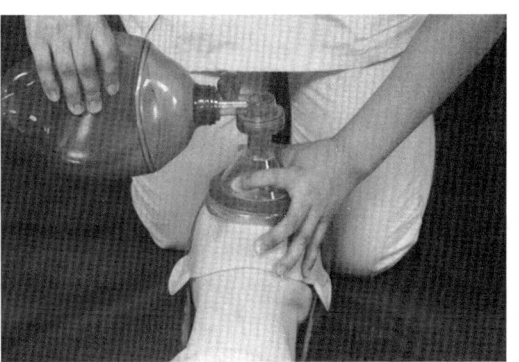

图 18-7　简易呼吸器

【操作流程】

操作主线	操作步骤	操作要点
1. 核对解释	将用物携至床旁，核对患者并做好解释	● 核对患者床号、姓名、手腕带
2. 检查性能	检查简易呼吸器性能	
3. 清理气道	（1）清理呼吸道分泌物	● 保持呼吸道通畅
	（2）在未行气管插管建立紧急人工气道的情况下，及辅助呼吸机突然出现故障时，使用简易呼吸器	
4. 协助患者采取适当体位	抢救者站于患者头顶处，患者头后仰，托起下颌，扣紧面罩，面罩紧扣口、鼻部	● 避免漏气
5. 挤压呼吸囊	（1）有节律地挤压呼吸囊，一次挤压可有 500 ml 左右的空气进入肺内；频率保持在 10 次/分 （2）使空气或氧气通过吸气活瓣进入患者肺部，放松时，肺部气体随呼气活瓣排出	● 患者若有自主呼吸，应注意与人工呼吸同步，即患者吸气初顺势挤压呼吸囊，达一定潮气量后完全松开气囊，使患者自行完成呼气动作
6. 记录		
7. 用物处理	做好呼吸器保养和物品的消毒	

【注意事项】
1. 介绍呼吸器使用的目的、方法和必要性，解除患者的恐惧、焦虑心理。
2. 做好卫生宣教工作，保持室内环境卫生。

小 结

病情观察是护士运用各种感觉器官和辅助检查器具全面收集患者资料的过程，要熟练掌握和运用病情观察的方法，必须反复练习和实践，同时还要有丰富的医学基础知识与护理专业知识的指导。病情观察的内容包括：一般情况、生命体征、意识状态、瞳孔、心理状态、特殊检查或药物治疗的观察等。危重症患者是指病情危重，随时可发生生命危险的患者。护士要做好对患者的病情监测，保持呼吸道通畅，注重临床基础护理以及心理护理等支持性护理。

对危重症患者的抢救成功与否除取决于抢救工作的组织管理工作以外，还与护士对临床常用急救技术掌握的程度密切相关。护士必须掌握心肺复苏术、氧气吸入法、吸痰法、洗胃法、人工呼吸器的使用等常用急救技术，保证抢救工作及时、准确、有效地进行。

思考题

一、单项选择题

1. 患者，男性，45岁，因在田间喷洒有机磷农药操作不当造成中毒，其瞳孔表现为
   A. 双侧瞳孔缩小   B. 双侧瞳孔扩大
   C. 双侧瞳孔不等大   D. 单侧瞳孔散大固定
   E. 双侧瞳孔同向偏斜

2. 患者，女性，75岁。入院时处于熟睡状态，不易唤醒，虽压迫眶上神经可被唤醒，但很快又入睡。醒时答话含糊或答非所问。患者的意识状态属于
   A. 嗜睡   B. 意识模糊   C. 昏睡
   D. 轻度昏迷   E. 中度昏迷

（以下病例为3~4题共用）
患者，男性，25岁。因误服"乐果"被家人急送入院，入院时患者意识不清。

3. 护士正确的做法是
   A. 立即口服催吐   B. 立即用温开水洗胃
   C. 立即用2%~4%碳酸氢钠洗胃   D. 立即用生理盐水洗胃
   E. 立即用高锰酸钾洗胃

4. 每次灌入的洗胃液量为
   A. 100~300 ml   B. 300~500 ml   C. 500~700 ml
   D. 700~900 ml   E. 800~1000 ml

二、案例分析题

患者，男，37岁。在检修电路时突然倒地，面色苍白，呼之不应，颈动脉搏动消失，无呼吸。

请回答：
1. 患者可能出现了什么情况？
2. 主要解救措施是什么？
3. 实施心肺复苏术后，如何判断复苏有效？

（王　娟）

第十九章 临终护理

本章数字资源

导学目标

通过本章内容的学习,学生应能够:
◆ **基本目标**
1. 解释临终、临终关怀、姑息护理、安宁疗护、死亡的定义和脑死亡的诊断标准。
2. 简述临终关怀的原则、服务模式和基本服务项目。
3. 阐述临终患者的生理变化和护理。
4. 分析临终患者和家属的心理反应阶段和护理。
5. 应用正确的操作流程对逝者进行尸体护理。
◆ **发展目标**
1. 综合运用护理程序及本章知识,解决临终患者及家属的生理、心理等方面的护理问题。
2. 运用所学知识,做安宁疗护的积极倡导者和实践者,敬畏生命。

案例 19-1

患者,女,46岁。半年前诊断为右下肺腺癌Ⅳ期,虽在一家市级肿瘤专科医院积极治疗,但病情仍在恶化。患者表现为恶病质,1周前出现二便失禁,腰痛难忍,难以入睡,骶尾部3期压力性损伤。近期社区卫生服务中心已无法缓解其症状。患者近来喜欢独处,谢绝了一些亲戚朋友的探视,并已经将身后事交代给其丈夫。

请回答:
1. 临终关怀有哪几种服务模式?哪种服务模式适合该患者?
2. 患者处于哪个心理反应阶段?该如何护理?
3. 患者最需优先解决的问题是什么?如何护理?

生老病死是自然规律,临终是每个生命的必经阶段,这个阶段对临终患者及家属而言都是痛苦和重要的经历,他们需要得到帮助和关怀。随着人口老龄化加剧和疾病谱的变化,全球每年临终患者的人数逐年增加,且伴随着社会文明的进步,人类对死亡质量问题日益关注,世界范围内对临终关怀的需求日益增长。护士要掌握临终关怀相关理论知识及技能,全方位满足患者及家属生理、心理、社会及精神的需求,以达到"去者善终、留者善别"的目标。

第十九章 临终护理

第一节 概 述

临终关怀的发展是一个全社会关注的民生问题,也是建设健康中国的一项重要任务。19世纪以来,临终关怀越来越受到社会的认可和重视。临终关怀是医学人道主义精神的重要体现,更应是人人都享有的一项基本权利。

一、相关概念

(一)临终

临终(dying)即濒死,世界各国的研究者对临终的定义各不相同,但普遍认为临终是临近死亡的阶段,即无论何种原因造成的人体主要器官功能趋于衰竭,虽经积极治疗,病情仍加速恶化,各种迹象显示生命即将终结的状态。

现有的医学手段无法准确预测生存期,目前世界各国对临终时限的界定尚无统一的标准,临终时限长短不一。例如,在美国,临终时限定为患者无治疗意义、估计只能存活6个月以内;在日本,则定为患者预期寿命在2~6个月之内;在英国,以存活期为1年或不到1年为临终期;在我国,当患者处于疾病末期,死亡在短期内不可避免要发生时即为临终阶段,一般为2~3个月;还有其他一些国家将垂危患者住院直至死亡这一段时间界定为临终阶段。

> **知识链接**
>
> **生存期评估**
>
> 生存期评估(prediction of survival)是临床医学的主要技能之一,也是临终关怀工作者必须具备的核心技能之一,在慢性和不可治愈性疾病的诊疗过程中意义重大。准确的生存期评估不仅能帮助患者和家属进行临床决策,缓解其焦虑情绪,而且有助于医护人员制订适当的诊疗计划,为临终关怀的介入时间和实施方式提供参考依据。生存期评估有两种方法:①临床生存期预测(clinical prediction of survival, CPS),指临床医生基于个人临床经验,结合患者病情对患者生存期做出的主观预测;②精算判断(actuarial judgement, AJ),指基于生存中位数和危险比等统计数据对患者生存期做出的客观判断。生存期评估的影响因素包括疾病诊断及分期、体能状态、症状和合并疾病。近几十年来,生存期评估虽然取得了一定的研究进展,但与现代诊疗技术发展水平相比,生存期评估的准确性仍有待提高。

(二)临终患者

临终患者(dying patients)指所患疾病在目前医疗条件和水平下已经没有治愈希望,病情不断恶化,并且预期存活时间不超过6个月的患者。如恶性肿瘤晚期患者、严重心肺疾病失代偿期病情危重者、多脏器衰竭病情危重者等。

(三)临终关怀

"hospice"原意是"招待所""济贫院""小旅馆"的意思。中世纪的欧洲使用该词意指修道院中设立的为朝圣者、旅游者提供休息、补充体力的一个中途驿站,后来将其功能引申为帮助临终患者控制病痛,为家属提供情感支持。随着时代的发展,这个词的含义有了延伸,在美国国立医学图书馆出版的"医学主题词"表中,将"hospice"解释为"为临终患者和家属提供缓和性和支持性的医护措施"。1988年，"hospice"被翻译为"临终关怀"，并在我国正式使用。临终关怀在我国香港地区被称为"善终服务"，在台湾地区被称为"安宁疗护"，也被称为宁养照护、终末护理、安息护理等。

临终关怀（hospice care）是指为临终患者及家属提供生理、心理、社会、精神等方面的全方位支持和照护，从而提高患者及家属的生命质量，帮助患者舒适、安详、有尊严地走完人生的最后旅程，同时维护、增强家属的身心健康。临终关怀服务人员包括医护人员、志愿者、社会工作者、社会慈善团体以及政府人员等。

（四）姑息护理

姑息护理是随着临终关怀运动产生、发展起来的，最早由加拿大外科医生Balfour Mount于1975年提出，并在维多利亚皇家医院（Royal Victoria Hospital）实施首个基于医院的姑息护理服务。WHO于1990年首次提出姑息护理的定义，并于2002年对其进行修改。WHO认为姑息护理（palliative care）是一种通过早期识别、正确评估和治疗来预防和缓解疼痛及其他症状，包括身体、心理、社会、精神上的问题，从而提高患有威胁生命疾病的患者（成人和儿童）及其家属的生活质量的措施。2014年，全球首份姑息护理治疗决议倡导各国积极将姑息护理纳入医疗卫生保健体系当中。

姑息护理的内容包括：①缓解疼痛和其他痛苦症状；②肯定生命并视死亡为正常过程；③不加速也不延缓死亡；④将患者的心理和精神方面的护理结合起来；⑤提供支持系统，帮助患者临终前积极地生活；⑥提供支持系统，帮助家属正确应对患者生病带来的困难或丧失亲人的哀痛；⑦必要时采用团队方法满足患者及其家属的需求，包括哀伤辅导；⑧提高患者生活质量，并可能对疾病发展产生积极影响；⑨在疾病早期，尽可能联合使用其他诊疗方法延长患者生命和更好地治疗临床并发症。

（五）临终关怀与姑息护理的区别

临终关怀与姑息护理虽然都是通过控制症状，为患者及其家属提供身体、心理、社会和精神的全方位照护，从而达到提高生活质量的共同目的，但二者在服务对象、介入时间、服务方式、预期结局等方面存在明显的区别，见表19-1。

表19-1 临终关怀与姑息护理的区别

	临终关怀	姑息护理
服务对象	临终患者及其家属	患有威胁生命疾病的患者及其家属
介入时间	生命终末期	疾病诊断早期，不受病程限制
服务方式	强调控制症状，不加入治疗性的医疗干预	强调治愈疾病与控制症状并重，加入根治性治疗措施
预期结局	强调死亡质量	强调死亡质量，也倡导积极生存

（六）安宁疗护

2017年2月，国家卫生计划生育委员会（现国家卫生健康委员会）颁布的《安宁疗护中心基本标准（试行）》中对安宁疗护的定义是：指以临终患者和家属为中心，以多学科协作模式进行，主要内容包括疼痛及其他症状控制、舒适照护、心理、精神及社会支持等。在我国，临终关怀、姑息护理和安宁疗护三者的概念一直处于混淆状态。姑息护理起源于临终关怀，它是临终关怀理念和模式的扩展和延伸，而安宁疗护则等同于临终关怀，是姑息照护模式在患者生命终末期的实践。长期以来，我国部分地区对临终关怀和安宁疗护不区别使用。2016年4月，全国政协首次将"安宁疗护"作为政策语言，随后逐步体现在国家政策和法律文件中。2017年，国家卫生计划生育委员会将临终关怀、舒缓医疗、姑息治疗统称为安宁疗护。2019

年,"安宁疗护"首次作为法律语言出现在《中华人民共和国基本医疗与健康促进法》中,当前我国用"安宁疗护"代替"临终关怀"已初步达成共识。

二、临终关怀的发展

现代临终关怀的创始人是英国的桑德斯博士(D. C. Saunders),她于1967年在伦敦创办了圣克里斯多弗临终关怀院(St. Christopher's Hospice),这是世界上第一所现代意义上的临终关怀机构,对世界各国开展临终关怀产生了重大影响。此后许多国家也相继开展临终关怀工作,截至2015年,全球有136个国家(地区)建立了临终关怀机构,20个国家(地区)将临终关怀纳入国民医疗保险体系。目前英国、美国、澳大利亚等国家的临终关怀发展相对比较成熟。在圣克里斯多弗临终关怀院的影响和带领下,英国的临终关怀事业发展跻身世界前列。截至2016年底,英国发展起来的临终关怀医院约有220所,每年服务的患者超过20万。

关心和照顾临终患者的观念和实践活动,在我国也有着悠久的历史,但我国现代临终关怀工作却是近30年才逐步开展起来的。1988年7月,天津医学院(现天津医科大学)成立了临终关怀研究中心,这是中国临终关怀兴起的标志。1988年10月,南汇护理院(现为上海浦东新区老年医院)在上海成立,这是中国首家机构型临终关怀医院。2006年4月,中国生命关怀协会在北京人民大会堂成立,标志着中国的临终关怀事业迈出了历史性的一步。

中国临终关怀开展较早且较成熟的是香港和台湾地区,在其他地区的推进活动比较缓慢,截至2018年,全国设有临终关怀科的医疗机构共2324家,服务覆盖率仅有1%,远低于欧美、澳大利亚等地区的配备,这与现实需求存在巨大的差距。为了全面推进临终关怀工作,近几年我国先后颁布了相关政策、文件,为我国临终关怀事业的发展谋划了蓝图,同时也提供了新的契机与平台。2017年2月,我国国家卫生计划生育委员会发布了《安宁疗护实践指南(试行)》《安宁疗护中心基本标准(试行)》和《安宁疗护中心管理规范(试行)》3个指导推进安宁疗护事业发展的文件,全面开启了我国安宁疗护事业发展的新局面,这也是我国安宁疗护事业发展的里程碑。2017年9月和2019年5月,国家卫生健康委员会先后启动了第一、第二批共1个直辖市和76个市(区)安宁疗护试点工作,积极探索安宁疗护模式,推动了我国安宁疗护政策的实施。2020年6月1日实施的《中华人民共和国基本医疗与健康促进法》,首次从立法层面将安宁疗护纳入国家健康体系,这是医学的价值取向和国家社会文明进步的标志。

三、临终关怀的原则

(一)以舒缓治疗为主的原则

临终关怀强调以照顾为中心的理念,最大程度地控制和缓解症状。临终关怀的核心是为临终患者提供适度的、缓和性治疗,从而提高临终患者的生命质量,而不是延长患者的生存时间。临终关怀工作应以患者为中心,尊重患者和家属的意愿,重视个人的需求。

(二)全方位照顾原则

主要包括"四全照顾":①对临终患者和家属提供照护的"全家照顾";②对临终患者和家属提供生理、心理、社会、精神多维度的"全人照顾";③从患者接受临终关怀服务到患者死亡,及患者死后其家属的哀伤辅导的"全程照顾";④根据患者的需要,由多学科团队包括护士、医师、社工、心理师、营养师、宗教人员等提供的"全队照顾"。

(三)人道主义原则

人的尊严和权利不能因身体衰竭而减少,临终患者同样拥有生命的尊严和选择的权利。对临终患者应倾注更多的爱心、同情与理解,尊重临终患者的正当愿望,尊重患者的生命价值,维护患者的隐私,允许患者参与制订照顾方案并在实施上取得共识。

（四）社会化原则

临终关怀是一项社会化的系统工程，必须在现有临终关怀专业人员和专门机构的基础上，大力开展临终关怀宣传教育，积极寻找和动员社会其他组织和资源，动员全社会共同关心、了解、参与和建设临终关怀事业。

四、临终关怀的服务模式与基本服务项目

（一）临终关怀的服务模式

经过多年的发展，由于各个国家地区的政治、经济、文化、宗教信仰、风俗习惯等不同，临终关怀服务模式的形成呈现本土化、多样化的特点。加拿大的临终关怀服务工作在综合医疗机构、专业临终关怀机构和社区进行。美国的临终关怀以基于社区的家庭临终关怀为主，英国则是以住院照料为主。在我国临终关怀发展比较成熟的上海、北京地区，主要是以社区居家临终关怀为主。我国临终关怀的服务模式仍在积极探索中，目前主要分为以下几种。

1. 住院临终关怀（hospital based hospice care） 住院临终关怀主要适用于受急危复杂症状困扰，在社区、居家等照护场所无法得到缓解的临终患者。住院临终关怀虽然也提供身体、心理、社会和精神全方位照护，但更倾向急性或复杂性的医疗护理处置。它有专属的独立病房、健全的医疗设备及充足的医疗人力资源等，但费用较高，且床位严重不足，医疗资源紧张，无法满足需求。提供住院临终关怀的服务机构包括：①独立的临终关怀院，如上海浦东新区老年医院、北京松堂关怀医院等；②附设的临终关怀机构或临终关怀项目，如内设于医院的临终关怀病区（病房）、四川大学华西第四医院姑息关怀科等，这是最常见的临终关怀服务机构类型。

2. 社区临终关怀（community based hospice care） 社区临终关怀是以社区卫生服务中心为主导，为临终患者和家属提供住院、门诊、居家相结合的临终关怀服务，具有及时、精准、便利的特点。临终患者和家属可以灵活选择社区病区、门诊或居家上门探访服务。

3. 居家临终关怀（residential hospice care） 居家临终关怀是在家庭环境下，由临终关怀服务团队通过上门访视、电话或互联网+咨询指导进行一般诊疗与处置，照护临终患者及家属心理和社会等方面的问题。这既可保证照护的连续性，满足临终患者在家"往生"的心愿，也能缓解临终关怀机构床位紧张的状况，更好地优化医疗服务资源配置。

临终患者接受的住院、社区、居家临终关怀服务模式不是一成不变的。临终关怀服务团队在综合评估当地临终关怀服务资源和相关政策、患者的情况和意愿、家庭照护能力及社会支持系统的基础上，在医院、社区、居家之间做好双向转介服务，为患者及家属提供畅通的转介渠道。

（二）临终关怀基本服务项目

1. 症状控制 控制症状，免于痛苦，是临终患者最基本的生理需求，也是患者最基本的生命权利。临终患者大多受疼痛、恶心、呕吐、便秘、水肿、呼吸困难、厌食、恶病质等的困扰，这些会严重降低患者的生命质量。缓解患者的疼痛及其他不适症状，提高患者的生活质量，是临终关怀的核心服务内容，也是满足临终患者及家属心理、社会、精神需求的基础。

2. 舒适照护 随着临终时间的缩短，患者自我照顾能力逐渐丧失，不适症状加剧，临终关怀服务应当为患者提供舒适照护，满足基本的生理需要，从而提高生活质量。例如，床单位管理、口腔护理、会阴护理、协助沐浴和床上擦浴、床上洗头、协助进食和饮水、排便异常的护理、协助更换体位等。

3. 心理支持和人文关怀 临终关怀服务团队运用恰当的沟通技巧，对临终患者及家属进行全面心理社会评估，尊重患者的知情权和隐私权，帮助患者及家属正确应对情绪反应，充分发挥社会支持系统的作用，为临终患者和家属提供心理咨询辅导、死亡教育等，帮助患者及家

属正视死亡、接纳死亡。鼓励患者及家属积极参与决策。所提供的照护处置（包括尸体护理等）应充分尊重患者的意愿，满足家属的需求，使患者舒适、安详、有尊严地离世，同时帮助家属顺利度过悲伤期，开始新的生活。此外，要特别重视特殊人群如丧亲父母和居丧儿童的照护。

> **知识链接**
>
> ### 死亡教育
>
> 死亡教育（death education）又称"生死教育"或"生命教育"，是以生命哲学、存在主义哲学、人本主义心理学和生命伦理学等为理论基础，运用与死亡相关的医学、护理学、心理学、精神学、经济学、法律学及伦理学等学科知识，对人们就如何认识和对待生与死进行的教育。其主旨在于帮助人们树立科学、合理、健康的人生观、生命价值观、生命伦理观，指导人们以科学、健康的观点谈论生死，使受教育者尊重生命、正确客观地对待和接受自己和他人的死亡，并提高其应对和处置死亡事件的能力。
>
> 死亡教育起源于1928年的美国。发达国家从20世纪60年代起就在幼儿、小学教育阶段开始进行死亡教育，现已逐渐发展为医学教育的一门学科。我国受传统文化的影响，人们普遍忌谈死亡，死亡教育发展相对比较迟缓，直到20世纪90年代，死亡教育才逐渐被我国学术界所关注。中国香港、台湾地区的死亡教育发展相对比较快速，已经普及到小学、中学、大学及社会学校，而且针对不同年龄层次的教育对象设置不同的教学内容。不同国家地区以及不同学科领域的学者对死亡教育的界定不同，国内外死亡教育的内容主要包括死亡的本质、死亡与濒死相关态度及情绪、死亡与濒死应对能力3个方面。

第二节　临终患者与家属的护理

在临终阶段，患者身体功能日益衰竭，逐渐丧失自我控制的能力。另外，面对健康和生命的巨大丧失，患者心理也大受打击，并出现一系列复杂的心理变化和反应。这个时候，临终患者家属往往也是身心俱疲，不仅经历着即将丧失亲人的悲痛，个人生活、工作、学习、社会活动等也受到了很大的影响。在护理临终患者和家属的过程中，护士要以尊重生命、权利和尊严为宗旨，充分、全面进行评估，及时满足临终患者和家属的需求，为其提供帮助和支持，使其得到全方位的关怀和照顾。

一、临终患者的身体评估与护理

（一）临终患者的身体评估

临终患者因为细胞、组织新陈代谢功能严重下降，脏器功能日渐衰竭，所以在身体上会有很多的改变。临终患者的生理变化随病情发展逐步恶化，并且因病因不同存在差异。大多数临终患者最初的生理改变有：面色苍白、无力、出汗、心悸、恶心、食欲下降、体重下降等。随着病情的发展，患者会逐渐出现以下变化，并在程度上不断加重。

1. 呼吸功能减退　表现为呼吸频率不规则，呼吸表浅、急促或慢而费力，出现鼻翼呼吸、张口呼吸、潮式呼吸，最终呼吸停止。由于分泌物无法或无力咳出，出现痰鸣音或鼾声呼吸，后期呼吸可有臭味。由于分泌物在支气管内潴留，临终患者呼吸时可出现死亡的"嘎嘎作响声"（death rattle）。

2. 疼痛 大部分临终患者主诉全身不适或疼痛，表现为烦躁不安，血压及心率改变，呼吸变快或变慢，大声呻吟，强迫体位，出现疼痛面容，即五官扭曲、眉头紧锁、眼睛睁大或紧闭、双眼无神、咬牙等。

3. 肌肉张力丧失 呈希氏面容，即面肌消瘦、面部呈铅灰色、下颌下垂、嘴微张、眼眶凹陷、双眼半睁、目光呆滞，可表现为吞咽困难，无法自主进食。二便失禁，严重者出现失禁相关性皮炎。肌肉张力降低、四肢腱反射消失，肢体软弱无力，不能进行自主躯体活动，无法维持良好舒适的功能体位，易出现压力性损伤且难愈合。

4. 循环功能减退 表现为体温下降、皮肤苍白、体表发凉，四肢发绀、出现斑点，脉搏弱而快、不规则或测不出，血压降低或测不出，心律出现紊乱，最后心尖搏动消失。

5. 胃肠道蠕动减弱 表现为恶心、呕吐、食欲减退、腹胀、便秘、粪便嵌塞等。患者可因液体入量减少出现口干，皮肤干燥、入量减少、出量增多，严重者出现脱水。

6. 知觉改变 眼睑干燥，分泌物增多，视觉功能逐渐减退，由视觉模糊发展到只有光感，目光呆滞，眼睛无法完全闭合，最后视力消失，部分患者可出现巩膜或球结膜水肿，甚至出现眼睑闭合不全。味觉改变，口干或口苦，可出现吞咽困难、口唇干裂等现象。听觉常是人体最后消失的感觉，能听到声音但无法回应。

7. 意识改变 若病变未侵犯中枢神经系统，患者可始终保持神志清醒；若病变在脑部，则很快出现嗜睡、意识模糊、昏睡或昏迷等。有的患者表现为谵妄、定向障碍、躁动不安或出现幻觉，例如，看到其他人看不到的人或物，或看到幻影等。

（二）临终患者的身体护理

1. 改善呼吸功能

（1）定时通风换气，保持室内空气新鲜，调整合适的温湿度。

（2）观察患者的呼吸频率、节律、深浅度，有无呼吸困难、缺氧及咳嗽、咳痰等情况。评估患者神志、面容与表情、口唇、指（趾）端皮肤颜色、体位、外周血氧饱和度、血压、心率、心律等。

（3）根据病情调整适当的卧位，以患者自觉舒适为原则。神志清醒的患者可采用坐位或半卧位，以扩大胸腔容量，减少回心血量，改善呼吸困难；昏迷者可采用仰卧位头偏向一侧或侧卧位，防止呼吸道分泌物误入气管引起窒息或肺部并发症。

（4）协助拍背排痰，应用雾化吸入，必要时使用吸引器吸出痰液，保持呼吸道通畅。

（5）根据呼吸困难程度给予氧气吸入，纠正缺氧状态，改善呼吸功能。无明显低氧血症的终末期患者给予氧疗也有助于减轻呼吸困难。

（6）阿片类药物是使用最为广泛的具有中枢活性的治疗呼吸困难的药物，如有使用，应明确告知呼吸抑制、镇静的作用机制，密切观察患者的生命体征。

（7）指导患者进行正确、有效的呼吸肌功能训练。

（8）指导患者有计划地休息和活动。

2. 改善血液循环

（1）监测患者生命体征的变化，注意观察四肢皮肤的色泽和温度、湿度。但不能因测量生命体征而干扰患者的休息，不应视测量生命体征为例行的工作。

（2）保持患者皮肤清洁、干燥，如四肢冰冷不适时，应加强保暖，必要时给予热水袋，使用热水袋时注意温度不宜过高，应低于50℃，避免烫伤。

3. 减轻疼痛

（1）评估和观察：评估患者疼痛的部位、性质、程度、发生及持续的时间，疼痛的诱发因素、伴随症状、既往史及患者的心理反应。根据患者的认知能力和疼痛评估的目的，选择合适的疼痛评估工具，对患者进行动态的连续评估，并记录疼痛控制情况。

(2) 选择有效的方法缓解患者的疼痛：药物止痛是治疗疼痛最基本、最常用的方法。护士应遵循口服给药、按阶梯用药、按时用药、个体化给药、注意具体细节的药物止痛治疗基本原则，正确给药，及时评估、记录止痛药物的效果并积极处理其不良反应。非药物止痛治疗的方法临床上常选用音乐疗法、注意力分散法、自我暗示法、按摩、针灸疗法等。根据疼痛的部位协助患者采取舒适的体位。为患者提供安静、舒适的环境。

(3) 有针对性地开展多种形式的疼痛教育：鼓励患者主动讲述疼痛，教会患者疼痛自评方法，告知患者及家属疼痛的原因或诱因。告知患者和家属应在医务人员指导下正确进行止痛治疗，规律用药，不宜自行调整剂量和方案。

4. 促进患者舒适

(1) 为患者提供安全舒适的环境：临终患者可在专门的临终关怀医院、综合医院中的临终关怀病房，或在自己熟悉的家庭中，鼓励亲人陪伴患者。患者的生活环境应保持安静、空气新鲜、通风良好，有一定的保暖设施和适当的照明。

(2) 加强口腔护理：护士每天要仔细检查患者的口腔黏膜是否干燥或疼痛，观察是否有可提示念珠菌感染的特征性的粘连白斑和成片红色的粗糙黏膜。在晨起、餐后和睡前协助患者漱口，保持口腔清洁卫生；口唇干裂者可涂液体石蜡油；有溃疡或真菌感染者酌情涂药；口唇干燥者可适量喂水，也可用湿棉签湿润口唇或用湿纱布覆盖口唇。对于口腔卫生状况较差并且感觉有明显疼痛者，可用稀释的利多卡因和氯己定含漱液清洗口腔。

(3) 眼部护理：及时用湿纱布拭去眼角分泌物，如患者眼睑不能闭合，应定时涂眼药膏或用凡士林纱布覆盖，防止角膜干燥。

(4) 加强皮肤和头发护理：按需进行皮肤和头发的清洁，可使患者感觉舒适，尊严得到维护。对于尿失禁者，根据患者性别以及活动情况选择合适的失禁产品，比如纸尿片、尿套等，必要时留置导尿管；对于便失禁者，需及时清理粪便，用清水或弱酸性皮肤清洁剂轻柔清洁肛周皮肤，可选择凡士林、护臀膏、造口粉、液体敷料等对肛周进行皮肤防护，隔离粪便的侵蚀，可以贴造口袋收集水样便；大量出汗时，应及时擦洗干净，勤换衣裤，保持皮肤干爽。

(5) 维持良好、舒适的体位，预防压力性损伤。

1) 床单位保持清洁、干燥、平整、无碎屑。

2) 正确的体位能保持身体的稳定，最大程度地分散身体的受压部位，侧卧时尽量选择30°侧卧位，避免采用使压力加大的90°侧卧位。除非病情需要，尽量避免长时间摇高床头超过30°的体位，避免身体下滑形成剪切力。

3) 持续的压力是导致压力性损伤最主要的原因，因此体位变换是简单有效的预防压力性损伤的护理措施。建立翻身卡，定时翻身，更换体位，促进血液循环，避免某一部位长期受压，防止压力性损伤的发生。鼓励患者自主活动，需要协助变化体位的，应抬起患者，尽量减少摩擦力和剪切力，避免拖、拉、拽，可使用滑动垫辅助移动患者和协助翻身，减少摩擦力。对于有高危风险的患者可预防性使用敷料，如水胶体敷料、氨酯泡沫敷料、软聚硅酮泡沫敷料等。

4) 合适的支撑面可使身体压力再分布，可调整组织负荷和微环境情况，如泡沫床垫、气垫床、减压坐垫等。选择支撑面时需考虑患者制动的程度、对微环境控制和剪切力降低的需求、患者的体型和体重，以及压力性损伤发生的危险程度等因素。

5. 减轻消化道症状

(1) 恶心、呕吐

1) 评估患者恶心与呕吐发生的时间、频率、原因或诱因，呕吐的特点及呕吐物的颜色、性质、量、气味、伴随症状等；评估患者的生命体征、神志、营养状况，有无脱水表现，腹部体征；了解患者呕吐物或细菌培养等检查结果；注意有无水、电解质紊乱和酸碱平衡失调。

2）寻找引发症状的诱因及病因，如消化、代谢、中枢神经系统疾病和药物不良反应等，有针对性地治疗，遵医嘱予止吐药物对症治疗。

3）出现前驱症状时，协助患者取坐位或侧卧位，预防误吸；清理呕吐物，更换清洁床单；记录每日出入量、体重情况等；剧烈呕吐时暂禁饮食，遵医嘱补充水分和电解质。

（2）腹胀

1）评估患者腹胀的程度、持续时间，伴随症状，腹胀的原因，排便、排气情况，治疗情况，心理反应，既往史及现病史。了解患者相关检查结果。

2）寻找可能的诱因及可实施的干预措施，如调整肠内营养种类、温度、可疑药物，必要时调整营养支持方式。

3）根据病情协助患者采取舒适体位或行腹部按摩、肛管排气、补充电解质等方法减轻腹胀；遵医嘱给予胃肠减压、通便或灌肠等治疗措施，观察疗效和副作用。

6. 加强营养，增进食欲

（1）在进餐时减少任何可能导致情绪紧张的因素，创造良好的进食环境，稳定患者情绪，必要时可为患者和家属创造共同进餐的条件。

（2）向临终患者及家属解释恶心、呕吐的原因，以减轻其焦虑心理，获得心理支持。

（3）依据患者的饮食习惯调整饮食，尽量创造条件增加患者的食欲，但不要强迫患者进食、进水。注意食物的色、香、味，少量多餐，应给予高蛋白、高热量、易于消化的饮食，并鼓励患者多吃新鲜的水果和蔬菜。

（4）根据具体病情及患者、家属意见选择喂养或营养支持方式，如经口、鼻饲、胃空肠造瘘管饲或静脉营养。

7. 缓解知觉、意识改变对患者造成的影响

（1）居住环境应光照适宜，宜采用柔和的照明设施，避免临终患者因视觉改变产生害怕、恐惧心理，增加安全感；当患者视觉丧失后，可用语言和触觉方式与其保持联系，为患者提供生活上的照顾和心理上的支持。

（2）患者的听觉往往最后消失，所以应避免在患者周围窃窃私语，更不要在床旁讨论病情或哭泣。护理患者时，应以温和的语调、清晰的语言交谈，不要用耳语式的喃喃低语。无论对患者做何种治疗和护理，均应告诉患者。

（3）对意识不清或肌张力松弛的患者，要保护其免于受伤，可拉起床档。

8. 做好延续护理　患者出院后，护理照料仍需持续系统地在门诊或家中进行。在进行家庭护理时需要做好症状控制工作，即对患者有可能出现的失眠、疼痛、恶心、呕吐、便秘、幻想等症状进行缓解。

二、临终患者的心理评估与护理

（一）临终患者的心理评估

1. 对死亡的态度和认识　每个人都有其对死亡的独特态度与认识。一个人的年龄、性别、社会文化背景、宗教信仰、死亡经验，例如，是否见证过其他人的死亡等，都会影响其对死亡的态度和认识。有的人持接受死亡的态度，可从容地面对死亡，期望一个愉快的"死后"或期待下一个轮回；有的人没有"死后"的想法，但同样对死亡持接受的态度；还有的人害怕死亡，认为死亡是神秘、不可思议的。护士要以不带任何批判的、真诚的态度来护理临终患者，应特别注意不同年龄阶段对死亡的认识的差异。

（1）5岁以内：不理解死亡的概念，以为死亡是可逆的，是暂时的分离或沉睡，侧重认为静止是死亡的属性。婴儿的分离感为以后对丧失和死亡的理解奠定了基础。

（2）5～9岁：明白死亡是最终的结局，但相信自己的死亡是可以避免的，把死亡与伤害或暴力联系在一起。

(3) 9~12岁：能理解死亡是不可避免的生命的终止，会对死亡感到恐惧，开始了解自己的死亡，有的对来世感兴趣。

(4) 12~18岁：达到"成人"对死亡的认识，但情感上可能仍无法接受死亡，尚不完全具有成人成熟的悲哀反应。有的很少想到死亡，而是从宗教和哲学的角度来看待它。

(5) 18~45岁：对死亡的态度受文化和宗教信仰的影响。

(6) 45~65岁：能接受自己的死亡，经历死亡焦虑的高峰，死亡焦虑随着情绪健康而减轻。

(7) 65岁以上：害怕漫长的疾病折磨，认为死亡有多重含义，例如，从痛苦中解脱或与已经去世的家人团聚。

2. 临终患者的心理反应 临终患者面临人生最大的丧失 (loss)——健康和生命，患者既有对生的渴望，也有对死的恐惧，这给患者带来了十分复杂的心理体验。临终患者的心理反应虽然十分复杂，但是对临终患者的心理研究发现，其心理反应还是有其特点和规律的。

美国精神病学家艾弗里威丝曼（Avery Weisman）于1972年提出濒死心理阶段理论，将临终患者的心理过程分为可怕境况笼罩期、缓和顺应期、衰退恶化期和濒死临终期4个阶段。美国心理学家伊丽莎白·库伯勒·罗斯（Elisabeth Kubler-Ross，1926—2004年）是研究临终患者心理反应这一领域的先锋，她通过对400名临终患者的观察及调查研究，将临终患者的心理反应总结归纳为否认期、愤怒期、协议期、忧郁期、接受期5个发展阶段。罗斯博士提出的理论清楚地描述了临终患者心理反应的变化，这一理论得到了中西方研究者的广泛引用和认可。这5个不同阶段的心理反应及应对方式表现如下。

(1) 否认期（denial）：当意识到自己处于生命的终末期、即将面临死亡时，多数患者往往拒绝接受现实，出现否认的情绪。最典型的反应是"不，不是我，绝不可能"或"肯定是哪里出错了"。患者可能会采取到上一级医疗机构复查、寻访名医等方式试图推翻现有诊断。这个阶段的患者无法听取对病情任何相关解释及后续处置。这些反应其实是一种正常的心理防御机制，可以减少不良信息对患者的刺激，可使患者暂时逃避现实的压力，有较多的时间来调整自己。这段时间的长短因人而异，极少数患者可能会始终无法接受现实，甚至到死亡也一直停留在否认阶段。

(2) 愤怒期（anger）：当最初的否认无济于事，病情危重被证实时，愤怒、无助、易激怒、嫉妒的情绪就开始出现。患者会出现"为什么是我而不是他""老天为什么这么不公平"等怨恨情绪。这一时期的患者往往容易怨天尤人，诸事百般挑剔。例如，对医院的制度、病房的环境、治疗护理措施或者家属朋友的照护不满，甚至通过随意指责、辱骂医护人员和其他照护人员来发泄内心的痛苦。

(3) 协议期（bargaining）：患者承认已存在的事实，但祈求会有奇迹发生，出现"讨价还价"。患者会和他们信仰的神佛、上帝、照护人员进行磋商，例如，他们常常会表示"如果多给我……时间，我一定会……"，愿意作出承诺来换取生命的延续。这个阶段持续时间比较短，患者的表现也没有前两个阶段明显。此期患者变得和善，愿意积极配合治疗，希望尽一切力量延长生命，协议期是人的生存欲望本能的体现。

(4) 忧郁期（depression）：随着身体状况的下降，患者知道"讨价还价"无效，死亡即将来临，患者心理出现剧烈的失落感和悲伤，会意识到"是啊，就是我……"。患者表现出淡漠、言语减少、对周围的任何事物都不感兴趣、退缩、食欲下降、抑郁、悲伤等，有时会独自哭泣，甚至会产生自杀的想法。患者感受到是时候准备后事的悲哀。这个时期患者希望与亲朋好友见面，渴望由其喜爱的人陪伴照顾。

(5) 接受期（acceptance）：在经过一切努力无果之后，患者开始接受死亡即将来临的事实，产生"好吧，既然是我，那就去面对吧"的心理，默默地等候离去的那一刻。此时患者通常很坦然、平静，也很虚弱、疲惫，睡眠的时间越来越长。他们希望探视的人不要太多，喜欢独处，为后事做准备。

罗斯博士认为临终患者心理反应阶段是因人而异的，以上5个阶段没有明显的分界线，各阶段的发生顺序、程度、持续时间因人而异。并非每个人都会出现所有的阶段，但是至少会出现一种。有的阶段可能会提前，有的会推后，有的会重叠，有的可能会在情况改变时重复出现。

（二）临终患者的心理护理

1. 照护患者时，要保持真诚的态度，保护患者的隐私权和知情权。根据患者对死亡的接受程度告诉患者其疾病的严重程度，但应使患者维持一定的希望，并且让患者知道医护人员会陪伴其走到生命的终点。

2. 关心患者，用爱心、耐心、细心、同情心给予患者身心支持。与患者交谈时，要保持适度的目光接触，注意倾听；积极动员家属、亲人、朋友等社会支持系统，给予必要的陪伴，避免患者出现独自面对死亡的孤独感；满足其心理需求，对患者微小的愿望也应加以重视。

3. 评估患者的心理反应阶段，根据不同阶段的心理反应给予针对性的护理。

（1）否认期

1）护士应尊重患者的反应，既不揭穿其防御心理，也不强化患者的否认反应，更不能对其撒谎，与患者谈及病情时，应特别注意所有医护人员和家属保持言语一致性。

2）保持真诚、理解、同情、温和的态度，倾听患者谈话，了解患者对病情的了解程度和感受，因势利导，循循善诱，使患者逐步面对现实。

（2）愤怒期

1）护士应理解愤怒是患者心理调适的正常反应，患者发怒是源于害怕、无助或悲哀，而不是针对护士本身。工作中可以采取避让、宽容的态度，不能因患者的愤怒而影响自己的情绪、行为和护理质量，更不能出现任何报复性或攻击性的行为。

2）采用治疗性的沟通技巧，如倾听、沉默、触摸等，缓解患者的情绪，协助其理解愤怒是一种正常的心理反应，并为其提供表达或宣泄情绪的环境，必要时加以心理疏导，协助其渡过这一时期。

3）为患者提供及时、有效的护理，重视患者对日常生活的自主权，尽量满足其合理需求。

4）对情绪失控的患者，注意做好安全防护，预防其过激行为。

（3）协议期

1）这个时期患者对治疗的态度是比较积极的，但患者的协议行为往往比较隐匿、不易察觉，护士要仔细观察患者的反应，积极主动关心、指导患者，尽量满足患者的治疗护理需求，帮助其减轻不适，控制症状。

2）尊重患者的信仰，鼓励患者说出内心的感受，满足患者的心理需求，积极引导、教育患者。

（4）忧郁期

1）忧郁和悲伤对于临终患者是正常的心理反应，也是安详离世的必经阶段，有助于患者接纳死亡。护士应给予精神支持、同情、鼓励患者，为患者创造安静的环境，允许患者用忧伤、哭泣等不同方式及时宣泄情感，注意维护患者的形象和尊严，特别是对于已经习惯于维持勇敢形象、不随意流露忧郁和悲伤的男性患者。

2）争取社会的支持，满足患者的心理需求，可安排亲友见面，鼓励家属陪伴。

3）护士应经常陪伴患者，给予及时的心理疏导和合理的死亡教育，预防患者出现自杀倾向。此时的陪伴有时是无声胜有声,手与手的轻轻接触、温柔地为患者梳头等都能很好地帮助患者排解忧愁。

(5) 接受期

1) 尊重患者,给予患者安静、舒适、单独的环境,减少干扰。鼓励家人陪伴,但不强求与患者有互动行为。

2) 护士从容地面对患者,默默地陪伴患者。协助其做好家庭、工作等后事的安排,协助患者完成未了心愿。提供舒适照护,使患者平静、安详、有尊严地度过生命的最后时光。

(三) 临终患者的灵性护理

1. 灵性(spirit) 灵性一词源自拉丁字母"spiritus"。《汉语大字典》将灵性形容为精神上的、心灵的、鬼魂或超自然的,也形容为与宗教或鬼神相关的,如教会的、神圣的、教堂或教士之财产及收入等。

美国人本主义心理学家亚伯拉罕·马斯洛(Abraham H. Maslow,1908—1970 年)认为,灵性是自我认同、内在核心及圆满人生的一部分;缺乏灵性的人会生病,会变得残暴、空虚、无望或冷漠。中国台湾安宁疗护专家赵可式把灵性定义为"与天、人、物、我的关系上寻求共融、寻求永恒生命意义与价值,并在不断超越的整合过程中达到平安的感受"。

尽管目前有关灵性的研究很多,但由于文化、喜好个性化、心理精神等差异,灵性的定义尚未达成一致意见。现普遍认为,灵性是指存在于个体中的内在本质,渗透个体的生理、心理、社会道德与伦理层面并相互影响,且与个体的文化背景相互连结,是使生理、心理、社会在内的生命得以统一的力量,也是人类在困难面前依靠的重要力量源泉。灵性不受宗教和制度的限制,根据个人不同的信仰,可以包括或者不包括宗教成分。

2. 灵性护理(spiritual care) 也称为精神护理或精神抚慰。灵性护理是护士在评估个体的灵性需求或困扰后,提供符合个体的文化、信仰,通过陪伴、照护、倾听,以达到生理、心理、灵性的健康与安适的护理方式或活动。

3. 临终患者的灵性护理 对于某些临终患者而言,灵性护理能够缓解他们灵性的困扰,缓解其心理痛苦、焦虑和抑郁,减轻其生理症状,同时帮助他们树立良好的生命观,珍惜拥有的一切,使患者内心平静,最终达到善终的目的;对于其家属而言,灵性护理可以使他们获得心理上的慰藉,顺利度过丧亲阶段的悲伤。灵性护理措施包括:①评估患者的灵性需求;②协助患者与家属四道人生,即"道谢、道歉、道爱、道别";③引导患者回顾生命,协助安排后事;④合理应用陪伴、倾听、同理等抚慰技巧;⑤必要时采取艺术和音乐疗法、梦境疗法、沉思疗法、触摸疗法或芳香疗法等;⑥尊重患者的信仰。

三、临终患者家属的心理反应与护理

(一) 临终患者家属的心理反应

临终患者家属的心理反应主要表现为失落与悲哀。在感觉到自己所爱的人即将离去时,他们也会出现否认、愤怒、协商、忧郁、接受等和临终患者相类似的心理反应过程,但家属的心理反应阶段可能会出现和患者的心理反应阶段不同步的情况,例如,临终患者已经处于接受死亡的阶段,家属可能还处在否认、愤怒等心理反应阶段。不同个体的心理反应和反应程度是不同的,临终患者家属的心理反应主要受以下因素的影响,并出现相应的表现。

1. 患者临终时间的长短 根据美国社会学家巴尼·杜拉泽(Barney G. Glaser)和安塞姆·斯博斯(Anselm Leonard Strauss)的临终抛物曲线(dying trajectory)学说,临终患者临终时间的长短与家属的心理反应有着非常密切的关系。如果死亡适时到来,与家属预料的一致,家属已经竭尽全力给予照护,则家属的心情相对比较平静,有一定的心理准备。如果临终时间过短,死亡来得太快或者患者由于突然的意外导致死亡,如车祸、猝死等,家属由于完全没有心理准备,心理突然失衡,在短时间内无力应对巨大的应激而产生内疚、怀疑、愤怒、冲动等复杂的心理反应和行为。如果患者临终时间过长,或者病情起伏波动较大,家属由于悲痛过久,身心疲惫,再加上经济、时间等方面的压力,会产生厌烦、焦虑、愤怒等心理反应;有的家属会出现既欲其生、又欲其死的矛盾心理。欲其死的心理又会使家属产生强烈的罪恶感和内疚。一旦亲人逝去,家属又因为无力应对强烈的内疚、罪恶感而产生新的心理问题。

2. 患者对病情的了解程度 当家属知道病情却需要对患者隐瞒病情时,家属的心理压力会加大。这种情况下,家属要装作若无其事,掩饰自己的真实情感,抑制自己的悲伤,无法与患者分享自己的悲伤,也无法与患者谈论生死或者互相安慰,这对家属来说,压力是巨大的。

3. 患者在家庭中的角色功能 患者在家庭中的角色功能越重要,如是家庭的经济支柱、精神支柱等,则患者患病对家属的影响越大。临终患者的治疗照护不仅给家庭带来经济、人力上的负担,也会造成家庭角色及任务分工的改变。家属需对自我家庭角色和功能进行调整以维持家庭的稳定性,继而可能引起家属个人社交减少,需要延迟或放弃,如放弃上学、延迟就业等。

(二)临终患者家属的护理

从患者生病到死亡,家属承受着巨大的身心压力。一方面,家属要参与照护陪伴患者,在体力、精力、金钱方面面临巨大的压力;另一方面,家属在经受即将丧失亲人的心理痛苦的同时,还要给患者心理支持与安慰,这无疑会增加家属的心理压力。护士要维护、增强家属的身心健康,满足家属的心理需求。

1. 尽量满足家属提出的合理要求 尽可能地提供各种便利条件和环境,使患者和家属都能感觉到温暖和善意。例如,可以适当放宽探视或陪护的限制,允许家属多陪伴患者,允许家属为患者做喜欢吃的食物等。

2. 心理支持与情绪疏导

(1)鼓励家属宣泄情绪、表达情感:护士要积极、真诚地与家属沟通,建立信任、良好的关系。创建安静、温馨、宽松、隐私的谈话环境,并给予家属充分表达情感、宣泄痛苦的谈话时间。耐心倾听家属内心的真实感受和困惑,引导家属宣泄负面情绪。鼓励家属表达情感,协助家属与患者进行"道谢、道歉、道爱、道别"四道人生,帮助家属自然地面对和看待死亡,减轻家属与患者离别的哀伤程度。由于家属也可能出现否定、愤怒等应激情绪和言行,护士应给予谅解和劝导,避免纠纷的发生,使家属知道医护团队会一直陪伴和支持他们,给予家属心理上的安全感。

(2)引导家属智慧面对临终:当家属面对患者病情的加重、情绪的起伏和临终的现状不知所措时,应为其提供专业的指导和解释,包括疾病的现状、患者心理反应的原因和可能面对的预后,使家属对即将面对的患者死亡有心理准备。给予家属一些专业的建议和指导,包括传授家属与患者沟通的技巧,鼓励并指导家属参与患者日常照护,例如,参与照护计划的制订、握住患者的手、协助患者清洁卫生等。一方面,家属可以在照护患者的过程中获得心理的慰藉,减少悲伤;另一方面,家属的照料可以减少患者的孤独感。

(3)协助维持家庭的完整性:在医院的环境中,创造安静、温馨、独立的环境,协助安排家属与患者的日常家庭活动,如共同进餐、下棋、聊天等,使患者和家属的心情得到调适。

(4)鼓励家属间相互支持和关怀,维持社会交往:应鼓励家庭成员之间相互支持和关怀,共同分担照顾责任。指导家属合理安排作息时间,保存精力,维持社会交往,维持社会支持网络,振奋精神和进行自我心理疏导。避免家属由于长期过度疲劳和精神压力过大而影响身心健康。

第三节 死亡后的护理

患者的死亡并不意味着对其护理的结束，死亡后的护理也是临终护理非常重要的组成部分，包括尸体护理（postmortem care）和丧亲者的护理。尸体护理是对患者整体护理的延续，既是对逝者的同情和尊重，也可使丧亲者心理得到慰藉，从而减轻丧亲者心理悲伤的程度，是生命全周期照护和人道主义精神的体现。护士要按照当地的法律法规和规章制度要求，尊重逝者和丧亲者的宗教信仰、风俗习惯和意愿，怀着对生命的敬畏之心，严肃认真地进行尸体护理。患者逝世给丧亲者带来的悲痛和影响是深远的，做好丧亲者的支持和心理疏导工作，协助其顺利度过居丧期，尽快回归正常生活，也是患者死亡后护士的主要工作之一。

一、死亡的概念

（一）死亡的定义

1951年美国《Black法律词典》对死亡（death）的定义是："生命之终结，在于血液循环完全停止，呼吸、脉搏停止之时。"基于这种传统的死亡概念，生物医学将死亡定义为"死亡是个体生命活动和新陈代谢的不可逆的永久终止"。临床上，当患者呼吸、心搏停止，瞳孔散大而固定，所有反射消失，心电波平直时，即可宣布患者死亡。

（二）死亡的标准

1. 心肺死亡（heart-lung death）标准　传统医学认为呼吸循环功能的永久性停止是判定死亡的标准，是经典的死亡标准。在20世纪50年代，机械通气技术和心肺复苏出现前，这是判定死亡的唯一标准，已经被沿袭使用了数千年。临床表现为心搏、呼吸永久性停止，各种反射消失，瞳孔散大。随着机械通气技术、心肺复苏技术和心肺移植技术的发展，只要脑功能健全，心脏停搏和呼吸停止的危重症患者在体外生命支持技术的辅助下仍能够长时间维持呼吸和循环功能，生命得以延续，而心脏死亡或肺死亡的患者在移植术后基本也能重获新生。若患者的脑功能完全丧失，虽然其呼吸循环功能在现代医学技术的支持下得以延续，但其已经丧失了人的本质特征，仅仅是以植物生命的状态存在。由此可见，心肺死亡作为死亡的诊断标准，在现有医学技术水平下其权威性遇到了严峻的挑战。为此，世界各国医学研究者对死亡的新定义和新标准进行了大量的探索研究。

2. 脑死亡（brain death）标准　1968年，在世界第22次医学大会上，美国哈佛大学医学院特设委员会提出"脑死亡"概念，又称全脑死亡，并制定了哈佛脑死亡标准。经过近半个世纪的发展，脑死亡已成为公认的死亡判定标准。世界各国在沿用哈佛脑死亡标准的基础上，对脑死亡的诊断标准及诊断流程进行了大量的研究探讨并不断进行完善更新，但至今世界尚无统一的脑死亡标准。为统一临床实践并使"脑死亡/符合神经病学标准的死亡判定"更加严格，世界脑死亡项目基于文献回顾以及一项大型跨学科国际专家小组的共识，制定了2020版《脑死亡/符合神经病学标准的死亡判定》，但该标准与我国的临床实践存在一定的差异。

我国于1986年草拟了国内第一个《脑死亡诊断标准》草案。经过多年的实践与研究，国家脑损伤质控评价中心于2013年制定了《脑死亡判定标准与技术规范（成人）（质控版）》。从此，中国有了脑死亡判定的行业标准。为了提高脑死亡诊断工作的科学性、严谨性、安全性和可行性，国家卫生健康委员会脑损伤质控评价中心以5年临床实践为基础，以病例质控分析结果为依据，以专家委员会、技术委员会和咨询委员会意见为参考，修改完善并于2019年发布中国成人《脑死亡判定标准与操作规范（第2版）》。

中国成人《脑死亡判定标准与操作规范（第2版）》将脑死亡定义为：包括脑干在内的全

脑功能不可逆转的丧失。在满足脑死亡判定先决条件的前提下，3项临床判定和2项确认试验完整无疑，并均符合脑死亡判定标准，即可判定为脑死亡。具体判断标准如下。

（1）判定先决条件：①昏迷原因明确；②排除各种原因的可逆性昏迷。

（2）临床判定标准：①深昏迷；②脑干反射消失；③无自主呼吸：依赖呼吸机维持通气，自主呼吸激发试验证实无自主呼吸。以上三项临床判定标准必须全部符合。

（3）确认试验标准：①脑电图（electroencephalogram，EEG）显示电静息；②短潜伏期体感诱发电位（short-latencysomatosensory evoked potential，SLSEP）：正中神经SLSEP显示双侧N9和（或）N13存在，P14、N18和N20消失；③经颅多普勒超声（transcranial Doppler，TCD）显示颅内前循环和后循环血流呈振荡波、尖小收缩波或血流信号消失。以上3项确认试验至少符合2项。

以上判断标准，如果临床判定缺项或有疑问，则3项确认试验需全部完成，并在首次判定6h后再次判定（至少完成一次自主呼吸激发试验并证实无自主呼吸），复判结果符合脑死亡判定标准，即可确认为脑死亡。脑死亡的判定须由两名具有判定资格的临床医师同时在场分别判定并且意见一致。

世界各国一般是先制定脑死亡判定标准和操作规范，再对脑死亡判定进行立法。现已有100多个国家制定了脑死亡判定标准，其中有90多个国家已经对脑死亡进行立法，例如，美国、德国、日本、法国、芬兰等。现阶段我国没有出台关于脑死亡的法律法规，我国司法实践中采用的死亡标准仍为传统的心脏死亡标准。在我国医学界，脑死亡标准已被普遍接受并广泛应用。脑死亡判定是一个严谨、细致、专业性很强的工作，并同时面临伦理、道德、法律方面的挑战，推行脑死亡判定标准应严格按照法律法规及标准规范进行。

（三）安乐死

安乐死一词源自古希腊语，是一种特殊的死亡形式，有"无痛苦死亡"或"幸福死亡"之意。安乐死（euthanasia）是指：对患有不治之症的患者在危重濒死状态时，由于精神及身体的极端痛苦，在患者或家属的自愿请求下，经医生的认可，停止救治或用人工的方法使患者在无痛苦状态下度过死亡阶段而终止生命的全过程。由此可见，安乐死包含了"无痛苦死亡"和"无痛致死术"两层含义。

根据安乐死的形式，可分为主动安乐死和被动安乐死。主动安乐死指医务人员采取措施主动结束患者生命或加速患者死亡的过程；被动安乐死指医务人员撤除对患者的救治措施或者通过不治的行为使患者自然死亡。

在各国安乐死实践中，其合法性和适用条件仍存在很多争论。有的国家已经立法，使安乐死全面合法化，如荷兰和比利时；有的国家只允许"被动"安乐死，如奥地利、丹麦、法国、德国、瑞典、瑞士等；有的国家禁止安乐死，如希腊和波兰。安乐死涉及社会、伦理、法律、医学等问题，争议由来已久，在我国安乐死还属于学术范畴，尚未立法。我国学界普遍认为实施安乐死的条件必须包括：①安乐死的目的是为患者解除痛苦，而不是为了家属、国家或社会的利益；②安乐死的对象是没有救治希望、濒临死亡的患者，患者必须有躯体或精神的痛苦，患者完全自愿；③安乐死的方法是法律、社会伦理规范所能接受的；④安乐死的实施者是合法的医务人员。

（四）死亡过程的分期

大量医学研究和临床实践资料表明，死亡不是骤然发生的，而是一个从量变到质变逐渐进展的过程。一般将死亡过程分为3期：濒死期、临床死亡期和生物学死亡期。

1. 濒死期 濒死期（agonal stage）是死亡过程的开始阶段，又称临终状态。此期机体各系统的功能发生严重障碍，中枢神经系统脑干以上部位的功能处于深度抑制状态或丧失，表现为意识模糊或丧失，各种反射减弱或迟钝，肌张力减退或消失，心搏减弱，血压下降，呼吸微弱或出现潮式呼吸及间断呼吸。濒死期的持续时间可因患者机体状况及死亡原因而异，一般来说，年轻强壮者比年老体弱者濒死期长，慢性病患者比急性病患者濒死期长；猝死、严重的颅脑损伤等患者可直接进入临床死亡期。此期原则上属于死亡的一部分，但生命处于可逆阶段，若及时进行有效的抢救治疗，生命可复苏，故不属于死亡，但在死亡学中有重要的地位和研究价值；若不能得到及时有效的抢救治疗，则进入临床死亡期。

2. 临床死亡期 临床死亡期（clinical death stage）是指中枢神经系统的抑制过程已由大脑皮质扩散到皮质下部位，延髓处于极度抑制状态。表现为心搏、呼吸完全停止，瞳孔散大，各种反射消失，这也是临床上判断死亡的标准。此期各种组织细胞仍有微弱而短暂的代谢活动，若及时采取积极有效的急救措施，仍有复苏的可能，例如，救治溺水、触电、大出血等致死的患者。此期一般持续 5~6 min，超过这个时间，大脑将发生不可逆的变化。但在低温条件下，尤其是采取头部降温降低脑耗氧时，临床死亡期可延长达 1 h 或更久。

3. 生物学死亡期 生物学死亡期（biological death stage）是指全身器官、组织和细胞生命活动全部终止，也称细胞死亡（cellular death），是死亡过程的最后阶段。此期整个中枢神经系统及全身各器官的新陈代谢完全停止，并出现不可逆的变化，整个机体已不可能复活。随着生物学死亡期的不断进展，尸体会出现尸冷、尸斑、尸僵、尸体腐败等现象。

（1）尸冷：尸冷（algor mortis）是指死亡后尸体温度逐渐下降的现象。随着死亡后体内产热停止，散热继续，尸体温度逐渐降低，直到与环境温度相同。尸冷是死亡后最先出现的尸体现象，测量尸温一般以直肠温度为准。

（2）尸斑：死亡后血液循环停止，红细胞破坏并释放出血红蛋白，在地心引力的作用下，血液向身体的最低部位坠积，使该处皮肤呈现暗红色斑块或条纹称尸斑（livor mortis）。开始出现尸斑的时间是死亡后 2~4 h。因此，患者死亡后应将其安置为仰卧位，头下垫枕，以防面部出现尸斑，影响尸体外观。

（3）尸僵：尸体肌肉僵硬，并使关节固定称为尸僵（rigor mortis）。形成机制主要是三磷酸腺苷（adenosine triphosphate，ATP）学说，即死后肌肉中 ATP 不断分解而不能再合成，致使肌肉收缩，尸体变硬。尸僵多从小块肌肉首先开始，向下发展最为多见，多先由头颈部，特别是咬肌、颈肌开始，向下至躯干、上肢和下肢。因此，患者死亡后应根据情况尽快为其带上牙套、闭合双眼和口唇，以保持尸体外观自然。尸僵一般在死后 1~3 h 开始出现，4~6 h 扩展到全身，12~16 h 发展至高峰，24 h 后尸僵开始减弱，肌肉逐渐变软，称为尸僵缓解。尸僵一般于死亡后 96 h 消失。

（4）尸体腐败：死亡后机体组织的蛋白质、脂肪和糖类因腐败细菌的作用而分解的过程称为尸体腐败（postmortem decomposition）。一般在死亡后 24 h 出现。环境温度越高，尸体腐败的发生及速度越快。患者生前存在于口腔、呼吸道、消化道的各种细菌，可在死亡后侵入血管和淋巴管，并在尸体内大量生长繁殖，体外细菌也可侵入人体繁殖，尸体成为腐败细菌生长繁殖的温床。尸体腐败常见的表现有尸臭、尸绿等。尸臭是指肠道内的有机物分解，从口、鼻、肛门逸出腐败气体。尸绿是尸体腐败时出现的色斑，一般在死后 24 h 出现，先在右下腹出现，逐渐扩展至全腹，最后波及全身。

二、遗体护理

【目的】
1. 使遗体整洁，维持良好外观，易于辨认。
2. 给家属以安慰，减轻悲痛。

【评估】
1. 患者的诊断、治疗、抢救过程、死亡原因及时间。

2. 遗体清洁程度，有无引流管、静脉导管及伤口等。

3. 丧亲者对死亡的态度，并向丧亲者解释遗体护理的目的、方法、注意事项及配合要点。

【操作前准备】

1. 患者准备

（1）确认患者死亡。

（2）停止一切治疗和护理。

2. 护士准备

（1）着装整齐，严肃认真。

（2）修剪指甲，洗手，戴口罩，戴手套。

3. 物品准备

（1）治疗车上层：血管钳、剪刀、松节油、绷带、不脱脂棉球、梳子、尸袋或尸单、衣裤或尸袍、鞋袜等；填写尸体识别卡3张；有伤口者备换药敷料；擦洗用具、手消毒液、手套。

（2）治疗车下层：生活垃圾桶、医用垃圾桶。

（3）其他：根据需要备屏风、隔离衣。

4. 环境准备 安静、肃穆，必要时屏风遮挡。

【操作流程】

操作主线	操作步骤	操作要点
1. 核对死亡通知单	接到医生开出的死亡通知单后，再次核实	● 再次查对，避免差错事故发生
2. 填写尸体识别卡	填写尸体识别卡3张，内容包括姓名、性别、年龄、民族、身份证号、常住户口地址、死亡原因、家属姓名及联系方式、死亡日期、医生签字等	
3. 备齐用物	备齐用物携至床旁，拉帘或屏风遮挡	● 环境宜安静肃穆，维护逝者隐私并避免影响其他患者的情绪
4. 劝慰家属	请家属暂时离开或共同进行遗体护理	● 若家属不在，应通知其尽快来院
5. 撤去一切治疗用物	撤去输液管、鼻饲管、吸氧管、导尿管或引流管等；有引流管者，应在拔出后缝合伤口或用弹力绷带加压包扎	● 便于遗体护理，应注意防止损伤皮肤
6. 放置仰卧位	摇平病床，使遗体仰卧，双臂放在身体的两侧，头下放置枕头	● 防止面部淤血
7. 清洁面部，整理仪容	洗脸，轻柔闭合口唇和眼睑，梳理头发。若眼睑不能闭合，可用毛巾湿敷、按摩或于上眼睑下垫少许棉花，使上眼睑下垂闭合。口不能闭合者，可轻揉下颌，必要时用绷带托起下颌固定。若有义齿，应为其装上	● 避免脸部变形，使逝者保持良好、自然面容，符合习俗
8. 填塞孔道	用弯止血钳夹取棉球填塞口腔、鼻腔、外耳道、肛门、阴道、造瘘口等孔道	● 防止体液外溢，注意棉花不可外露
9. 清洁身体	撤去盖被，用大单遮盖遗体，脱去逝者身上的衣物；依次擦净上肢、胸、腹、背、臀、会阴、下肢；用松节油去除逝者身上的胶布及药物痕迹；有伤口者更换敷料	● 保持清洁，维护良好的尸体外观

续表

操作主线	操作步骤	操作要点
10. 更换衣裤或尸袍	更换衣裤或尸袍，系尸体识别卡于逝者腕部	● 便于识别
11. 包裹遗体	（1）将遗体放进尸袋，拉链拉好，或者用尸单包裹，先包脚，然后由近侧至远侧，最后包好头部，用绷带在胸部、腰部、足部将尸单扎牢固 （2）将第二张尸体识别卡系于遗体腰部上	● 便于遗体运送和识别
12. 交接遗体	协助移遗体于停尸箱内，第三张尸体识别卡系于停尸箱外，做好与停尸间或殡仪服务中心的交接	
13. 操作后处理	（1）洗手及整理用物	
	（2）床单位终末消毒	● 非传染病患者按一般出院患者方法处理；传染病患者按传染病患者终末消毒处理
	（3）注销各种执行单，书写各项记录，办理结账	● 体温单上记录死亡时间，注意所有记录的死亡时间必须一致
	（4）整理逝者遗物交还家属	● 若家属不在，应由双人清点，列出清单签名后一并交由护士长妥善保管

【注意事项】

1. 必须先由医生开出死亡通知，并得到家属许可后，护士方可进行遗体护理。
2. 在向家属解释过程中，护士应具有同情心和爱心，沟通的语言要体现对逝者家属的关心。
3. 遗体护理应在患者死亡后尽快开始，这样既可减少对其他患者的影响，也能防止遗体的僵硬。
4. 操作中态度严肃，尊重死者，注意维护逝者的隐私和尊严。
5. 传染病患者的遗体应用消毒液擦洗，并用消毒液浸泡的棉球填塞各孔道。遗体用一次性尸单包裹，装入不透水的尸袋中，并作传染标志。

三、丧亲者的护理

丧亲者（the bereaved）即死者家属，主要指失去直系亲属者（父母、配偶、子女）。丧亲作为生活中最强烈的应激事件，对丧亲者的身心健康、生活、工作都有很大的影响。丧亲带来的悲伤，一般随着时间的流逝，丧亲者能从悲伤中解脱出来，但有些在失去亲人数年仍持续存在。居丧期是丧亲者在亲人去世后所经历的特殊阶段，做好居丧期的护理，缩短悲伤期，促进丧亲者尽快回归正常的生活是护士的重要工作之一。

（一）丧亲者的心理反应

悲伤是丧亲者必经的心理反应过程。丧亲者的悲伤反应因人而异。悲伤的过程是动态变化、有阶段性的，也是一种适应性的发展过程。护士应该了解悲伤的特征和过程，识别丧亲者悲伤的反应和表现，及时评估丧亲者的需求，帮助丧亲者接受与适应，减少精神心理和不良行为问题。很多学者对悲伤心理进行了研究，并提出相应的悲伤学说。加拿大心理学家罗伯特·凯文纳夫（Robert Kavanaugh）于1974年提出了悲伤过程七阶段理论。

1. **震惊（shock）** 这种反应在患者急性死亡事件中最明显，是家属突然意识到亲人离世而采取的正常的保护性反应，是一种心理防卫机制。有时会出现否认的心理反应，家属难以相信发生的事实，可能会出现反常的行为或怪异的言行，如哭泣、摔东西、想自杀等。

2. **不知所措（disorganization）** 震惊之后，家属可能会感到不知所措，仍无法理智地面对，感到自己与现实有很大距离，思维、行动不能与现实相融合。

3. **情绪反复无常（unlatile emotion）** 情绪波动显著，反复无常，可能会出现对逝者或其他人的怨恨，家属往往有创伤、挫折感。

4. **负罪感（guilt）** 觉得自己对不起患者，出现罪恶感和愧疚感，有时会责备自己以前对逝者不够好，甚至认定患者生病或死亡一定与自己有关，自己负有一定的责任。

5. **失落与孤独（loss and loneliness）** 见到与死者有联系的事物往往会不由自主地睹物思人，丧亲者常常出现难过、空虚等悲伤情绪，进而感到深深的孤独和悲凉。

6. **解脱（relief）** 丧亲者认清逝者已逝的事实，精神和心理上的压力和负罪感得到解脱，结束自我折磨。有的患者临终期比较长，家属身心疲乏，患者逝世后负责照护的家属在悲伤过后会有解脱的感觉，觉得患者和自己都得到了解脱。

7. **重组和恢复（reorganization）** 这个阶段丧亲者会学习如何回归正常生活，建立新的社会关系。对死者的怀念慢慢淡化，但怀念和悲伤也可能反反复复，尤其是在节日期间，例如，逝者的生日、忌日、中国传统的团圆节日等。

实际上，悲伤的反应不一定都是按照这样的阶段发展的，也是不断变化的。悲伤的持续时间一般需要6个月到2年，也有学者认为悲伤的终止没有明确的时间界限，幼年痛失双亲的悲伤可能要到成年后才能渐渐消失。中年丧偶者，再婚后在新的生活中其悲伤可慢慢减轻。白发人送黑发人是最令人悲伤的事，常会导致老年人的死亡，这些都是护士提供居丧期护理时应该注意的。

（二）影响丧亲者居丧期悲伤心理的因素

1. **与逝者关系的亲密度和依赖程度** 对逝者的感情越深，丧亲者的悲伤程度就越深，如中年丧偶。对逝者经济、情感、生活上的依赖性越强，死亡后亲人的心理调适越困难。失去逝者支持的瞬间，他们不仅要面对生活方式上的巨大改变，心理上也会出现强烈的无助、失落感。

2. **死亡的性质** 若死亡的性质和过程与丧亲者认为的"善终"越接近，如寿终正寝，对丧亲者的心理冲击就越小，丧亲者的悲伤感受就越轻。若是痛苦的死亡，如逝者临终时疼痛或是呼吸困难没有得到有效缓解，丧亲者可能会自责、愧疚、悲痛，难以从悲伤中走出来；若是突然意外的死亡，家属完全没有心理准备，各个阶段的心理反应会在不同程度上同时加在丧亲者身上，使丧亲者一时难以适应，打击过大，甚至会精神崩溃。

3. **逝者的年龄和丧亲者的年龄** 年长者去世，丧亲者会认为是自然规律，悲痛感相对比较弱。逝者年龄越小，丧亲者越觉得不舍和悲伤，特别是儿童去世，其父母往往会悲痛欲绝。丧亲者的年龄反映了其人生经历和人格的成熟度，这些会影响其应对丧失、变故的能力，直接影响其悲伤心理的反应。

4. **丧亲者的文化水平、性格、信仰** 文化水平高的丧亲者，对疾病、死亡易于理解，相对容易接受死亡的现实。性格外向的人，其悲伤能及时宣泄出来，悲痛时间会缩短；性格内向的人，往往会作无效应对，并把注意力集中在自己身上，这会加剧悲伤体验。信仰对丧亲者心理有很大的影响，不同的信仰对人死亡后的归宿和定论不一样，如有的人相信生命永存，有的人则认为死亡如同再生。

5. **支持系统** 支持系统在整个居丧期都很重要。如果家庭社会支持系统完好，能提供及时有效的支持，满足丧亲者的需要，则丧亲者较易调适悲伤情绪。例如，有义工组织临时帮忙看管无人照顾的小孩，可减轻无助感；或者是有亲友的陪伴，一起听音乐聊天等，抒发内心的情感，获得心理安慰，这些都有助于减轻悲伤。

（三）丧亲者居丧期的护理

1. 尊重逝者或者丧亲者的习俗和意愿，做好尸体护理，既是对逝者的尊重，也是对丧亲者有效的心理抚慰。如果丧亲者觉得自己已经很好地完成了逝者的遗愿，会感到安心，更容易接受逝者已逝的事实，从而更好地应对失落。

2. 心理疏导，鼓励丧亲者的情感宣泄。

（1）全面评估丧亲者的悲伤反应和影响因素，按其悲伤不同的阶段给予相应的护理。

（2）对悲伤的压抑会造成行为的改变。过分的压抑会对身心健康造成严重的危害。护士应鼓励丧亲者充分宣泄情感，不能告诉丧亲者控制自己的情感或者要求他们勇敢，更不能对丧亲者的情感表达进行任何的批判。

（3）护士对待丧亲者应态度真诚，富有同情心，对丧亲者各种激烈情绪、消极想法或者过激的行为应予谅解。

（4）若患者去世时家属不在现场，可以向家属描述死者辞世时安详的状况，减缓家属的负疚感；丧亲者悲痛哭泣时，可恰当应用非语言沟通技巧，如默默陪伴、倾听等，并同时为丧亲者创造隐私、安静的环境，这有利于丧亲者表达悲伤情感，也可鼓励丧亲者之间相互安慰。

（5）一般来说，死后1周内是悲伤最强烈的时候，对过度悲伤者要防止其发生意外。当丧亲者的悲伤过于强烈，持续时间很长时，可建议寻求专家的咨询和帮助。

3. 尽量满足丧亲者的需要，为丧亲者提供生活指导和建议。

（1）尽量满足丧亲者的需要，特别是与逝者后事有关的事情，当无法满足需求时，注意做好沟通解释，取得丧亲者的理解和支持。

（2）与逝者及其家属的亲友、同事或者有组织的支持团体合作，如丧亲家庭组织（bereavement family organization，BFO），为丧亲者提供良好的社会支持系统。

（3）鼓励丧亲者参加各种社会活动，建立新的生活方式，获得新的经历和生活感受，这有利于抒发悲伤，获得安慰。

（4）协助和引导丧亲者对逝者作出情感撤离，建立新的人际关系，如重组家庭。

（5）提出合理的建议，帮助解除丧亲者的后顾之忧，如经济问题、家庭重组、子女抚养等问题，使家属感受社会关怀，尽早从悲伤中解脱，开始适应新的生活。需要注意的是，不宜指导丧亲者在居丧期作出重大的决定或改变。

4. 居丧期随访支持　居丧期丧亲者的表现各异，护士应合理有效利用资源，为丧亲者主动提供随访支持。通过信件、电话、家庭访视、线上访视或者互联网＋护理服务等方式对丧亲者进行随访，保证居丧期对丧亲者关爱和支持的延续，给予恰当的支持和辅导，帮助其顺利度过悲伤期。

小 结

享受临终关怀是人的一项基本权利，也是保障生命全周期健康服务的前提。护士作为临终关怀服务的主力军，要以临终患者和家属为中心，采用多学科协作的模式，以舒缓治疗为主、全方位照顾、人道主义和社会化为原则，选择适当的临终关怀服务模式，帮助患者舒适、安详、有尊严地走完人生最后的旅程，同时维护、增强家属的身心健康。

护士要重视临终患者的症状控制、舒适护理、心理护理和灵性护理，提高其生命质量。另外，护士应尽量满足家属提出的合理要求，做好心理支持与情绪疏导，特别应重视居丧期哀伤辅导，为其提供帮助和支持，使其得到全方位的关怀和照顾。护士应在遵守法律法规和尊重患者及其家属的宗教信仰、民族风俗和意愿的情况下开展临终关怀服务工作。

思考题

一、单项选择题

1. 患者，男，45岁。肝癌晚期，患者意识丧失，肌张力消失，血压下降，心音低钝，呈间歇呼吸。有关患者的状态及护理措施正确的是
   A. 患者处于临床死亡期
   B. 患者生命处于不可逆阶段
   C. 减少巡视，减少对患者的干扰
   D. 适量喂水，避免口唇干燥
   E. 患者最后消失的感觉是听觉

2. 护士正在为逝者进行尸体护理，不正确的是
   A. 撤去一切治疗用物
   B. 放平尸体，去枕仰卧位
   C. 若有义齿，应为其装上
   D. 用棉球填塞孔道
   E. 整理逝者遗物交还家属

（以下病例为3~4题共用）
患者，男，87岁，因心力衰竭治疗无效被纳入临终关怀照护对象。

3. 患者可能出现的临床表现不包括
   A. 潮式呼吸或张口呼吸
   B. 四肢发绀，心律紊乱
   C. 意识模糊或昏迷
   D. 胃肠蠕动增强而腹胀
   E. 视物模糊

4. 护士为患者进行临终关怀照护不恰当的是
   A. 最大程度地控制缓解症状
   B. 提供全方位照顾
   C. 尊重患者的生命价值，维护患者的隐私
   D. 由于患者一般缺少医学相关知识，因此不建议患者参与制订照顾方案
   E. 尊重家属的意愿，重视个人的需求

二、案例分析题

患者，女，35岁。未婚，以"卵巢癌晚期"收入某医院的临终关怀病区。患者时常抱怨老天的不公平，并且多次投诉吸氧管的味道难闻，对护士的照护百般挑剔，难以沟通。
请回答：
1. 临终关怀的基本服务项目有哪些？
2. 库伯勒·罗斯博士将临终患者的心理反应总结归纳为哪几个发展阶段？
3. 该患者的心理反应处于哪个发展阶段？应如何进行针对性心理护理？

（郭植君）

主要参考文献

1. 李小寒，尚少梅. 基础护理学. 6 版. 北京：人民卫生出版社，2017.
2. 李小寒，尚少梅. 基础护理学. 7 版. 北京：人民卫生出版社，2022.
3. 张连辉，邓翠珍. 基础护理学. 北京：人民卫生出版社，2019.
4. 程玉莲，余安汇. 护理学基础. 北京：人民卫生出版社，2016.
5. 姜安丽，钱晓路. 新编护理学基础. 北京：人民卫生出版社，2018.
6. 李映兰，王爱平. 护理综合实训. 北京：人民卫生出版社，2019.
7. 江智霞，王万玲，张咏梅. 护理技能实训与创新性实验. 北京：人民卫生出版社，2020.
8. 周阳. 疼痛评估实用手册. 北京：化学工业出版社，2020.
9. 国家卫生健康委合理用药专家委员会，中国药师协会. 癌痛合理用药指南. 北京：人民卫生出版社，2020.
10. 燕铁斌，尹安春. 康复护理学. 4 版. 北京：人民卫生出版社，2017.
11. 万丽红，陈妙霞. 基础护理学基本技能（汉英对照）.2 版. 广州：广东科技出版社，2017.
12. 葛均波，徐永健，王辰. 内科学 .9 版. 北京：人民卫生出版社，2018.
13. Unger T, Borghi C, Charchar F, et al. 2020 International Society of Hypertension Global Hypertension Practice Guidelines. Hypertension, 2020, 75（6）：1334-1357.
14. 中国高血压联盟《动态血压监测指南》委员会. 中国动态血压监测指南. 中国医学前沿杂志（电子版），2021，13（3）：13-51.
15. 陈丽娟，孙林利，刘丽红，等. 2019 版《压疮 / 压力性损伤的预防和治疗：临床实践指南》解读. 护理学杂志，2020，35（13）：41-43.
16. 王泠，胡爱玲译. 压力性损伤临床防治国际指南 2019.3 版. 北京：人民卫生出版社，2021.
17. 中国研究型医院学会神经再生与修复专业委员会心脏重症脑保护学组. 亚低温脑保护中国专家共识. 中华危重病急救医学，2020，32（04）：385-391.
18. 孙长颢. 营养与食品卫生学 .8 版. 北京：人民卫生出版社，2017.
19. 任顺成. 食品营养与卫生. 北京：中国轻工业出版社，2019.
20. 邢爱红，王君华. 基础护理技术. 北京：科学出版社，2020.
21. 杨立群，高国贞. 基础护理学 .2 版. 北京：人民卫生出版社，2018.
22. 刘忠. 全血和成分血使用标准释义. 北京：人民卫生出版社，2019.
23. 杨成民，刘进，赵桐茂. 中华输血学. 北京：人民卫生出版社，2017.
24. 宋莉娟，杜苗，蒋颖. 护士职业性危害与安全防护. 北京：科学出版社，2019.
25. 武迎宏，蒋荣猛. 临床医务人员职业安全防护指导手册. 北京：人民卫生出版社，2020.
26. 么颖，高玉雷. 急危重症患者病情评估工具在预检分诊中的应用及展望. 护理实践与研究，2020，17（23）：21-23.
27. 吴欣娟，谌永毅，刘翔宇. 安宁疗护专科护理. 北京：人民卫生出版社，2020.

中英文专业词汇索引

A

安乐死（euthanasia） 490

B

保护具（protective device） 123
保护性隔离（protective isolation） 67
被动卧位（passive lying position） 88
被迫卧位（obsessive lying position） 88
鼻饲法（nasogastric gavage） 289
毕奥呼吸（Biot respiration） 201
标本采集（specimens collection） 422
标准预防（standard precaution） 63，443
濒死期（agonal stage） 490
不规则热（irregular fever） 190
不舒适（discomfort） 116

C

超声雾化吸入法（ultrasonic nebulization inhalation） 364
陈-施呼吸（Cheyne-Stokes respiration） 201
成分输血（component transfusion） 413
弛张热（remittent fever） 189
出院准备度（readiness for hospital discharge） 102
出院准备服务（discharge preparation service） 103
触诊（palpation） 454

D

导尿术（catheterization） 302
等长运动（isometric exercises） 165
等张运动（isotonic exercises） 165
低血压（hypotension） 213
动脉血标本采集（arterial blood sampling） 427
动脉注射法（arterial injection） 357
都保装置（turbuhaler） 371

F

发热反应（febrile reaction） 396
发作性睡眠（narcolepsy） 155
非快速眼球运动睡眠（non rapid eye movement sleep, NREM sleep） 150
非无菌区（non-aseptic area） 52
非无菌物品（non-aseptic supplies） 52
粪便标本（fecal specimen） 432
愤怒期（anger） 485
否认期（denial） 485

G

干粉吸入器（dry powder inhaler） 371
杠杆（lever） 106
高血压（hypertension） 213
隔离（isolation） 62
给药（administering medication） 326
姑息护理（palliative care） 478
灌肠法（enema） 316

H

洪脉（bounding pulse） 197
呼吸（respiration） 200
呼吸过缓（bradypnea） 201
呼吸过速（tachypnea） 201
呼吸困难（dyspnea） 202
护理信息系统（nursing information system, NIS） 178
护士职业暴露（occupational exposure of nurses） 440
护士职业防护（occupational protection for nurses） 440
缓冲间（buffer room） 62
黄疸（jaundice） 229
昏迷（coma） 457
昏睡（stupor） 457
活动范围（range of motion, ROM） 163
活动耐力（activity tolerance） 162
活动受限（immobility） 159

J

肌内注射法（intramuscular injection, IM） 349
肌肉骨骼损伤（musculoskeletal disorders, MSDs） 111
奇脉（paradoxical pulse） 197
基本饮食（basic diet） 279
基础代谢（basal metabolism） 270
基础生命支持（basic life support, BLS） 467
稽留热（constant fever） 189
间断呼吸（cogwheel breathing） 201
间歇脉（intermittent pulse） 197

间歇热（intermittent fever） 189
剪切力（shearing force） 235
渐进抗阻练习法（progressive resistance exercise, PRE） 165
交替脉（alternating pulses） 197
胶体溶液（colloidal solution） 386
接受期（acceptance） 485
晶体溶液（crystalloid solution） 385
颈肩腕综合征（neck, shoulder, wrist syndrome） 111
静脉输液（intravenous infusion） 384
静脉血标本采集（intravenous blood sampling） 423
静脉血栓形成（venous thrombosis） 160
静脉炎（phlebitis） 397
静脉注射法（intravenous injection, IV） 353

K

空气栓塞（air embolism） 398
口服给药（administering oral medications） 335
叩诊（percussion） 454
库存血（banked blood） 403
库斯莫尔呼吸（Kussmaul respiration） 201
快波睡眠（fast wave sleep, FWS） 150
快速眼球运动睡眠（rapid eye movement sleep, REM sleep） 151

L

冷疗法（cold therapy） 252
两通道（two passages） 62
临床死亡期（clinical death stage） 491
临终（dying） 477
临终关怀（hospice care） 478
临终患者（dying patients） 477
灵性护理（spiritual care） 487
留置导尿术（retention catheterization） 306

M

脉搏短绌（pulse deficient） 197
脉律（pulse rhythm） 196
脉率（pulse rate） 196
脉压（pulse pressure） 212
慢波睡眠（slow wave sleep, SWS） 150
毛细血管采血法（capillary blood sampling） 423
灭菌（sterilization） 28
灭菌保证水平（sterility assurance level, SAL） 28
摩擦力（friction） 235

N

脑死亡（brain death） 489
内呼吸（internal respiration） 201
内收（adduction） 163

内旋（internal rotation） 163
内源性医院感染（endogenous nosocomial infection） 22
尿标本（urine specimen） 429
尿急（urgent micturition） 300
尿频（frequent micturition） 300
尿痛（dysuria） 300

P

膀胱冲洗法（bladder irrigation） 308
皮内注射法（intradermal injection, ID） 342
皮下注射法（subcutaneous injection/hypodermic injection, H） 345
平衡杠杆（balance lever） 107
破伤风抗毒素（tetanus antitoxin, TAT） 362

Q

气体运输（gas transport） 200
潜在污染区（potentially contaminated area） 62
清洁（cleaning） 27
清洁区（cleaning area） 62
清洗（washing） 28
屈曲（flection） 163
全血（whole blood） 403

R

热疗法（heat therapy） 260
热能（heat energy） 270
热型（fever type） 189
人工呼吸器（artificial respirator） 472
人体力学（body mechanics） 105

S

丧亲者（the bereaved） 493
伸展（extension） 163
伸展过度（过伸）（hyperextension） 163
生命体征（vital signs） 186
生物学死亡期（biological death stage） 491
省力杠杆（labor saving lever） 107
尸斑（livor mortis） 491
尸僵（rigor mortis） 491
尸冷（algor mortis） 491
尸体腐败（postmortem decomposition） 491
失眠（insomnia） 154
试验饮食（test diet） 280
视诊（inspection） 454
嗜睡（somnolence） 457
收缩压（systolic pressure） 212
手卫生（hand hygiene） 49
舒适（comfort） 116
舒张压（diastolic pressure） 212

输液泵（infusion pump） 399
输液微粒（infusion particles） 398
水冲脉（water hammer pulse） 197
睡眠（sleep） 150
睡眠剥夺（sleep deprivation） 155
睡眠的时相（sleep phase） 150
睡眠过度（hypersomnia） 155
睡眠呼吸暂停（sleep apneas） 155
睡眠周期（sleep cycle） 152
死亡（death） 489

T

疼痛（pain） 130
疼痛耐受力（pain tolerance） 135
疼痛阈（pain threshold） 135
体核温度（core temperature） 187
体温（body temperature） 187
体温过高（hyperthermia） 188
体质指数（body mass index，BMI） 455
听诊（auscultation） 455

W

外呼吸（external respiration） 200
外旋（external rotation） 163
外源性医院感染（exogenous nosocomial infection） 23
腕管综合征（carpal tunnel syndrome，CTS） 111
卧位（lying position） 87
污染区（contaminated area） 62
无菌技术（aseptic technique） 52
无菌区（aseptic area） 52
无菌物品（aseptic supplies） 52
无针注射（needle-free injection/needleless injection） 349

X

吸入给药法（inhalation administration） 364
洗手（hand washing） 49
洗胃（gastric lavage） 463
细脉（small pulse） 197
下背痛（low back pain，LBP） 111
消毒（disinfection） 28
消毒供应中心（central sterile supply department，CSSD） 45
协议期（bargaining） 485
心动过缓（bradycardia） 197
心动过速（tachycardia） 197
心肺复苏（cardiopulmonary resuscitation，CPR） 467
心肺死亡（heart-lung death） 489

新鲜血（fresh blood） 403
休息（rest） 149
嗅诊（smelling） 455
血型（blood group） 406
血压（blood pressure，BP） 212
循环负荷过重反应（circulatory overload reaction） 396

Y

压力性损伤（pressure injury） 234
压缩雾化吸入法（compression atomized inhalation） 368
延续性护理（continuing care） 104
氧气雾化吸入法（oxygen nebulization inhalation） 366
要素饮食（elemental diet） 287
医院感染（nosocomial infection） 22
医院信息系统（hospital information system，HIS） 178
疫源地消毒（disinfection for infectious focus） 30
意识模糊（confusion） 457
意识障碍（disturbance of consciousness） 456
意识状态（consciousness status） 456
阴道栓剂（vaginal suppository） 376
饮食与营养（diet and nutrition） 270
营养风险（nutrition risk） 284
营养素（nutrient） 271
忧郁期（depression） 485
诱发补偿现象（vulnerability to rebounds） 156
预防性消毒（preventive disinfection） 30

Z

谵妄（delirium） 457
正相睡眠（orthodox sleep，OS） 150
直肠栓剂（rectal suppository） 376
直立性低血压（orthostatic hypotension） 160
职业暴露（occupational exposure） 440
职业防护（occupational protection） 440
职业性肌肉骨骼疾患（work-related musculoskeletal disorders，WMSDs） 111
职业性肌肉骨骼损伤（occupational musculoskeletal injury，OMI） 111
治疗饮食（therapeutic diet） 279
昼夜性节律（circadian rhythm） 153
昼夜性节律去同步化（desynchronization） 156
主动卧位（active lying position） 88
注射给药法（administering injection） 338
自动化智能药柜（automated dispensing cabinet/automated dispensing machine） 328

体 温 单

姓名：王某　　年龄：45岁　　性别：男　　科别：心内科　　床号：8

入院日期：2022-10-26　　住院病历号：53102614

日期	2022-10-26	27	28	29	30	31	11-1
住院天数	1	2	3	4	5	6	7
手术后天数							

（体温脉搏图，入院时间九时四十分）

呼吸(次/分)	18/18 20	20 18 18	18 20 22 20	18 20 18	18	20	18
血压(mmHg)	130/80	135/85	130/75　135/80	125/75	140/90	130/85	125/80
入量(ml)	2000	1900	0	2600	2200	2200	2000
出量(ml)	1000	1000	1200	1100	1300	1400	1400
大便(次/日)	1	0	0	1	0	1	1
体重(kg)	68	卧床					
身高(cm)	170						